PRINCÍPIOS DO PROJECT FINANCE

CONTRACORRENTE

E. R. Yescombe

PRINCÍPIOS DO PROJECT FINANCE

Tradução da 2ª edição por
Augusto Neves Dal Pozzo

São Paulo
2022

CONTRACORRENTE

Alameda Itu, 852 | 1° andar |
CEP 01421 002
www.loja-editoracontracorrente.com.br
contato@editoracontracorrente.com.br

EQUIPE EDITORIAL
COORDENAÇÃO DE PROJETO: Juliana Daglio
REVISÃO: Débora Bononi
REVISÃO TÉCNICA: Amanda Dorth
DIAGRAMAÇÃO: Gean Paulo Pierre
CAPA: Gustavo André

EQUIPE DE APOIO
Fabiana Celli
Carla Vasconcelos
Fernando Pereira
Valéria Pucci
Regina Gomes

Dados Internacionais de Catalogação na Publicação (CIP)
(Câmara Brasileira do Livro, SP, Brasil)

Yescombe, E. R.
Princípios do project finance / E. R. Yescombe ; tradução Augusto Neves Dal Pozzo. -- São Paulo : Editora Contracorrente, 2022.

Título original: Principles of project finance
Bibliografia.
ISBN 978-85-69220-86-2

1. Economia 2. Financiamento de projetos 3. Gerenciamento de projetos 4. Serviços públicos 5. Riscos corporativos I. Título.

22-98744 CDD-658.404

Índices para catálogo sistemático:

1. Financiamento de projetos : Administração de empresas 658.404

Aline Graziele Benitez - Bibliotecária - CRB-1/3129

@editoracontracorrente
Editora Contracorrente
@ContraEditora

APRESENTAÇÃO E AGRADECIMENTOS

A presente obra é a mais importante referência mundial sobre *Project Finance*. Não há qualquer exagero nessa afirmativa. Sua tradução se provou um desafio bastante expressivo e gratificante: apenas para se ter uma ideia de sua grandeza, a obra é a mais citada no mundo acerca da temática, consoante a plataforma do *Google Scholar*, inclusive em suas traduções para outros idiomas.

O autor, E. R. Yescombe, é também uma das maiores autoridades mundiais em matéria de infraestrutura, conhecedor inigualável dos principais desafios que se apresentam na estruturação de projetos, nos mais variados setores. Formou-se em direito pela renomada Universidade de Oxford e, por muitos anos, foi o líder de *Project Finance* do Banco Tokyo-Mitsubishi, dentre outras inúmeras relevantíssimas experiências, ostentando, por conseguinte, uma vivência profissional realmente única e inigualável. As lições depreendidas de suas obras, edificadas inicialmente com foco na práxis, espraiaram-se para os campos científicos e hoje conformam a bibliografia dos principais cursos acadêmicos e profissionais ao redor do globo. Firmou-se, também, como uma das maiores referências no conhecimento de melhores práticas do setor, assumidas expressamente pelos mais relevantes órgãos multilaterais. Temos a honra de tê-lo no quadro de consultores do escritório Dal Pozzo Advogados, algo que realmente nos enobrece sobremaneira.

A tradução da obra *Princípios do Project Finance* nasceu com o propósito de oferecer aos leitores brasileiros (e também todos aqueles que falam o idioma português) conhecimento de altíssima qualidade, na esperança de auxiliar todos aqueles que, de alguma forma, encontram-se responsáveis pela adoção de posturas para o aprimoramento da infraestrutura nacional.

O poder de transformação social de projetos de infraestrutura é inigualável, constitui a base nuclear para o pleno desenvolvimento econômico e social. A oportunidade de sua veiculação no mercado editorial brasileiro é extremamente tempestiva, já que presenciamos uma maior participação da iniciativa privada em projetos de infraestrutura e serviços públicos e, com isso, a necessidade de um conhecimento técnico e científico mais aprofundado a respeito da matéria, que não é para amadores. Esse cenário revela uma contribuição efetiva para se granjear a tão sonhada segurança jurídica, com projetos frutuosos e que se transmutam em resultados concretos.

Assim sendo, para facilitar a compreensão da obra, é preciso registrar, aqui, alguns avisos ao leitor. A obra, em seu original, contém dezenas de termos definidos no Glossário pelo próprio autor, porém encontram-se passagens em que um termo definido ora se apresenta em capitular, ora em minúscula. A tradução preserva essas passagens, tais como no original, sendo que, no contexto, o significado será o mesmo definido pelo autor no Glossário.

Outro aspecto relevante são as siglas. Há diversos termos e expressões, como, por exemplo, "BAFO", que significa *Best and Final Offer*, ou, em português, Melhor Oferta Final. Como as siglas são reconhecidas internacionalmente em seus acrônimos em inglês, a tradução as preserva dessa forma.

Em função da natureza pragmática da obra, há passagens em que termos relevantes, como "Tomador/Autoridade Contratante", repetem-se na mesma frase diversas vezes. Embora seja possível empregar dêiticos em favor de tornar a leitura menos repetitiva, na grande maioria dos casos a opção foi por preservar a forma como o autor escreveu. Ainda que essas passagens possam parecer repetitivas, elas têm o aspecto positivo de reduzir ou eliminar o risco de ambiguidade.

Para arrematar as informações relevantes que servem de arrimo à plena compreensão da presente obra, é de se registrar que foram inseridas notas de tradução, que servem para clarificar pontos controvertidos, especialmente tratando de especificidades do regime jurídico brasileiro, tudo com a intenção de facilitar os estudos dos preciosos ensinamentos contidos no texto.

Importante também enaltecer o trabalho de pessoas que contribuíram vivamente para que essa tradução pudesse se tornar realidade. Agradeço à Marina Bevilacqua de La Touloubre, que se dedicou arduamente a me apoiar nos primeiros trabalhos de tradução do texto original, bem como na concepção originária do glossário, e ao brilhante Renan Marcondes Facchinatto, que consagrou centenas de horas de trabalho, auxiliando-me na primorosa e detalhada revisão técnica da obra. Também devo agradecer muitíssimo ao fantástico trabalho desenvolvido pelo estimado Gean Paulo Pierre, responsável pela desafiadora missão de diagramação visual e à Débora Bononi, que se incumbiu, prodigiosamente, da revisão dos aspectos estruturais e gramaticais do texto, garantindo-lhe maior fluidez.

Há que se promover também um agradecimento muitíssimo especial à Editora Contracorrente, na pessoa do Professor Rafael Valim, que, desde a concepção inicial do projeto, ofereceu incondicional apoio para a sua concretização, pela compreensão, digna das mentes brilhantes, da envergadura e representatividade da presente obra, cuidando minuciosamente de todos os detalhes editoriais para assegurar ao mercado uma edição impecável, tanto sob o ponto de vista estético quanto conteudístico.

Por derradeiro, agradeço ao querido E. R. Yescombe, cuja amizade e carinho me permitiu chamá-lo de "Ned", por me confiar a tradução desse ícone literário, trabalho de enorme responsabilidade, mas que me proporcionou prazer e satisfação irrepreensíveis, com lições atemporais, que guardarei para o resto da vida. O trabalho de tradução é algo extremamente fecundo, trata-se de mergulhar nas raízes do pensamento do autor, de forma a conceber suas lições em sua pureza e vertê-las em formato cognoscível para a língua traduzida. Aos leitores, o profundo desejo de que desfrutem virtuosamente do presente trabalho!!!

AUGUSTO NEVES DAL POZZO

Professor de Direito Administrativo e Fundamentos de Direito Público da Faculdade de Direito da Pontifícia Universidade Católica de São Paulo (PUC-SP). Doutor e Mestre pela Pontifícia Universidade Católica de São Paulo (PUC-SP). Presidente do Instituto Brasileiro de Estudos Jurídicos da Infraestrutura (IBEJI). Advogado e Parecerista. Sócio-fundador do Dal Pozzo Advogados.

SUMÁRIO

PREFÁCIO À EDIÇÃO BRASILEIRA

Desde a primeira edição dessa obra até os dias de hoje, passaram-se 20 anos e, durante esse período, os investimentos privados em infraestrutura cresceram de um patamar limitado em alguns países para um fenômeno global, tanto em países desenvolvidos como em desenvolvimento. Agora, as Parcerias Público-Privadas para infraestrutura são reconhecidas pela maior parte dos governos como um mecanismo-chave de aceleração do desenvolvimento econômico.

O *project finance* assumiu um papel vital no desenvolvimento das PPPs, iniciando com a indústria de geração de energia e outros setores de "infraestrutura econômica", tais como transportes e serviços públicos em rede, sendo, agora, estendido para os setores de "infraestrutura social", tais como escolas e hospitais.

Uma outra tendência significativa das últimas décadas tem sido a privatização de setores da infraestrutura, como, por exemplo, alguns setores de serviços públicos e nas telecomunicações e, novamente, o *project finance* assumiu seu papel de financiar esse intenso processo.

Os projetos desenvolvidos por meio da utilização da técnica do *project finance* tiveram sucesso recorde, significativamente melhores que os projetos "padrão" do setor público. As técnicas apresentadas neste livro explicam por que isso acontece — a análise cuidadosa e detalhada trazida pelos mutuantes do *project finance* constituem "um terceiro par de olhos" que se soma ao dos investidores do projeto e das demais partes contratantes, promovendo uma "checagem" na viabilidade do projeto, enquanto o controle dos mutuantes sobre os contratos e fluxo de caixa ajudam a assegurar que os projetos sejam concluídos dentro do prazo e do orçamento previstos.

Além disso, em termos de custos, o *project finance* é sempre a maneira mais efetiva para o financiamento de grandes projetos e, dessa forma, propicia que os serviços públicos sejam prestados a um custo mais acessível.

Devido ao comprometimento e ao entusiasmo do professor Augusto Neves Dal Pozzo, a obra *Princípios do Project Finance* se torna, agora, à disposição do mercado brasileiro (assim como dos demais países lusófonos). Conquanto o *project finance* não seja novo para a realidade brasileira, espero que essa tradução auxilie no avanço do conhecimento da matéria e propicie uma pequena contribuição ao desenvolvimento econômico e social do Brasil.

E. R. Yescombe
Londres, Janeiro de 2022

PREFACE TO THE PORTUGUESE EDITION

It is some twenty years since the first edition of this book, and over that time private investment in infrastructure has grown from a limited base in a few countries to a worldwide phenomenon in both developed and developing countries. Public-private partnerships for infrastructure are now recognised by most governments as a key tool for acceleration of economic development.

Project finance has played a vital rôle in the development of PPPs, beginning with the power-generation industry and other 'economic infrastructure' sectors such as transportation and utility networks, but now extending to 'social infrastructure' such as schools and hospitals.

Another key trend in recent decades has been the privatisation of infrastructure, for example in the utilities and telecommunications sector, and again project finance has played its part in funding this process.

Projects developed using project-finance techniques have a good record of success, often significantly better than 'standard' public-sector projects. The techniques set out in the book explain why this is the case—the careful and detailed analysis carried out by project-finance lenders are a 'third pair of eyes' in addition to the project's investors and their contracting counterparties and so provide a 'sense check' on the project's viability, while lenders' controls over contracts and cash flow help to ensure projects are complete on-time and on-budget.

Furthermore, project finance is often the most cost-effective approach to financing major projects, and so enables public services to be delivered at a more affordable cost.

Thanks to the commitment and enthusiasm of Professor Augusto Neves Dal Pozzo, *Principles of Project Finance* is now being made available for the Brazilian (and wider Lusophone) markets. While project finance is not new to Brazil, I hope that this new translation will help to increase knowledge of the subject, and so make a small contribution to Brazil's economic and social development.

E. R. Yescombe
London, January 2022

CAPÍTULO I

INTRODUÇÃO

Financiamento estruturado, ou *project finance*,[i] é o método empregado para viabilizar a obtenção de financiamentos de longo prazo destinados a projetos de grande porte para que, por meio da técnica da "engenharia financeira", o fluxo de caixa gerado pelo próprio projeto seja empregado para pagar os valores levantados via financiamento e garantir o retorno do investimento. Depende de uma avaliação detalhada das condições de construção do projeto, dos riscos operacionais e de receita, e da adequada alocação dos riscos inerentes ao empreendimento entre investidores, financiadores e outras partes interessadas por meio da celebração de contratos e outros tipos de ajuste. Em 2012, pelo menos US$ 375 bilhões de dólares em investimentos em projetos no mundo foram financiados ou refinanciados por meio das técnicas de *project fnance.*

"*Project finance*" (financiamento estruturado) não é o mesmo que "*financing projects*" (financiamento de projetos), porque projetos podem ser financiados de várias e diversas maneiras. Tradicionalmente, projetos de grande escala do setor público em países desenvolvidos foram financiados por emissão de dívida pública; projetos do setor privado foram financiados por grandes empresas por meio de empréstimos bancários convencionais.

Em países em desenvolvimento, muitos projetos foram financiados pelo governo por meio de empréstimos obtidos junto ao mercado bancário internacional, a instituições financeiras de desenvolvimento, tais como o Banco Mundial, ou por meio de concessão de créditos à exportação.

Porém, essas abordagens mudaram, à medida que a privatização, a desregulamentação e a injeção de recursos privados em parcerias público-privadas mudaram a abordagem do investimento em projetos importantes de infraestrutura, com a transferência de parcela significativa da respectiva carga financeira para o setor privado.

Diferentemente de outras modalidades de financiamento de projetos, a de *project finance* se assemelha a uma rede integrada que produz efeito sobre todos os aspectos do desenvolvimento de um projeto e dos respectivos ajustes contratuais e, portanto, o financiamento não pode ser tratado de forma isolada.

Se um projeto emprega a metodologia de *project fnance*, não apenas o diretor financeiro e os *financiadores* do projeto, mas todos os envolvidos no empreendimento (por exemplo, gerentes do projeto, engenheiros, empreiteiras, fornecedores de equipamento, distribuidoras para abastecimento de combustível, usuários de produto final e, quando operações de *project finance* são implementadas para contratos de infraestrutura pública – o setor público) precisam ter algum entendimento de seu mecanismo de funcionamento e de como cada uma das partes está interligada e será afetada pela estruturação desenvolvida.

O *nexus* dos contratos que constituem um projeto não pode ser considerado apenas sob a perspectiva comercial. Também a perspectiva financeira é essencial para não haver desperdício de tempo e de dinheiro na criação de projetos que, em teoria, funcionarão, mas que na prática se revelam inviáveis.

Este livro pretende oferecer um guia sobre os princípios de *project finance* e as questões práticas que podem causar grande dificuldade no momento das negociações comerciais e financeiras, com base nas experiências do próprio autor, seja como especialista do setor bancário, ou como consultor independente em matéria de *project finance.*

O livro servirá como uma introdução estruturada para os novatos no assunto e um *aide-mémoire* para os praticantes que habitualmente desenvolvem e negociam operações de *project finance.* Não é preciso ter, e tampouco se pressupõe que se tenha qualquer conhecimento prévio sobre mercado ou sobre seus termos financeiros.

"O diabo mora no detalhe" é uma das máximas preferidas entre financiadores de projetos. De fato, explicações detalhadas são absolutamente necessárias para que um livro sobre *project finance* sirva como um guia prático sobre o assunto, em vez de ser apenas um estudo genérico ou um resumo vago. Porém, com uma abordagem sistemática e o entendimento dos princípios que estão por trás de cada detalhe, encontrar o caminho para atravessar a densa floresta se tornará uma tarefa menos temível.

O tema *project finance* é apresentado neste livro de forma muito semelhante à de um projeto específico que é apresentado ao mercado financeiro (*vide* § 5.2.8), ou seja:

- *Antes de tudo, o histórico geral sobre o mercado de* project finance *e os papéis desempenhados pelos principais participantes*:
    - O Capítulo 2 explica como a modalidade de *project finance* se desenvolveu, elenca suas características fundamentais e aborda as diferenças em comparação a outros tipos de financiamento, além das razões para sua escolha.
    - O Capítulo 3 explica como os investidores desenvolvem os projetos, bem como o processo de fomento de projetos do setor público com utilização de *project finance.*
    - O Capítulo 4 traz informações sobre os mercados do setor privado em que se podem captar recursos para o financiamento da dívida dos projetos.
    - O Capítulo 5 explica os procedimentos destinados à obtenção de recursos de *financiadores* do setor privado.

- *Em seguida, apresenta-se a revisão dos contratos comerciais que podem auxiliar a construir um arcabouço dedicado ao levantamento de recursos para os projetos:*
    - O Capítulo 6 avalia as diferentes características dos principais tipos de Contrato Principal do Projeto [Contrato Principal do Projeto, no gênero, e Contrato de Concessão[ii] para os projetos do setor público] que desempenham papel central em várias estruturas de *project finance.*
    - O Capítulo 7 aborda termos e condições que são comuns à maioria dos Contratos Principais do Projeto.
    - O Capítulo 8 trata dos Contratos Subordinados que formam uma parte essencial da estruturação típica de *project finance*, inclusive os referentes à construção, operação e manutenção do projeto, abastecimento de combustível, fornecimento de matérias-primas e outros insumos e seguros.
- *Análise dos riscos envolvidos em project finance:*
    - O Capítulo 9 explica quais análises são realizadas pelos financiadores para identificar e mitigar os riscos comerciais inerentes a determinado projeto.
    - O Capítulo 10 examina, de forma semelhante, o efeito dos riscos macroeconômicos (inflação e flutuações das taxas de câmbio e de juros) sobre o financiamento de projetos e de que modo é possível mitigá-lo.
    - O Capítulo 11 analisa riscos regulatórios e políticos e seus efeitos sobre determinado projeto.
- *Descrição da documentação e da estruturação financeira de um projeto:*
    - O Capítulo 12 explica como a estrutura básica de um projeto é definida.
    - O Capítulo 13 resume os insumos empregados em um dado modelo financeiro de projeto e como os resultados do modelo são usados pelos investidores e financiadores.
    - O Capítulo 14 aborda o que os financiadores geralmente exigem quando negociam um empréstimo de longo prazo em *project finance.*

- *Tipos de apoio externo para projetos:*
  - O Capítulo 15 explica como o setor público pode fornecer apoio financeiro como parte da estrutura de financiamento.
  - O Capítulo 16 avalia os papéis das instituições financeiras de desenvolvimento e das agências de crédito à exportação.

Finalmente, o Capítulo 17 aborda os recentes projetos do mercado, novos modelos financeiros e perspectivas futuras para *project finance*.

Os termos técnicos empregados neste livro e particularmente relacionados ao tema de *project finance* estão grafados em maiúsculas, e brevemente explicados no Glossário, que contém referências cruzadas às respectivas seções [sequência numérica precedida do símbolo "§"] do texto principal, em que explicações mais detalhadas podem ser encontradas. Outros termos financeiros especializados também são traduzidos e explicados, além de se apresentar as referências cruzadas no Glossário, bem como as diversas abreviações e siglas.

As planilhas que contêm os cálculos detalhados nos quais várias tabelas neste livro estão baseadas podem ser baixadas de www.yescombe.com.

As menções a livros e artigos têm muito mais o intuito de indicar leituras adicionais para os interessados em algum tópico em particular do que servir de referência ao assunto. Portanto, não são apresentadas com bibliografia completa. O objetivo principal dessas referências está naquelas que, no momento da confecção deste livro, permitem ser consultadas ou obtidas gratuitamente da internet (marcadas com um *). E mais, os *links* para estes e outros recursos semelhantes podem ser encontrados em www.yescombe.com.

Notas do Tradutor

i N.T. Um dos principais propósitos almejados pela obra em seu original é o de harmonizar e nivelar a linguagem especializada que se emprega em grandes projetos, de tal forma que se possam discutir tais assuntos em qualquer lugar do mundo com baixa probabilidade de ruído comunicacional entre falantes de línguas distintas. Notamos a importância disso ao participarmos do curso *Infrastructure in a Market Economy*, ministrado pela *Harvard School*, e a influência da obra no Guia de PPP editado, recentemente, pelo Banco Mundial em conjunto com diversos outros órgãos multilaterais de fomento, é inegável. A presente tradução foi elaborada de modo a preservar, ao máximo, a camada de sentido dos termos propostos pelo Autor, conciliando-os, sempre que possível, com termos equivalentes ou consagrados em língua portuguesa. *Vide* Glossário para maiores detalhes.

ii N. T. Contrato de concessão, aqui, é uma expressão também mais abrangente que engloba os contratos de concessão comum, patrocinada e administrativa empregados para viabilização de investimentos em projetos de infraestrutura pública no Brasil.

CAPÍTULO II

O QUE É *PROJECT FINANCE*?

§ 2.1 INTRODUÇÃO

Este capítulo aborda as características básicas contidas no conceito de *project finance* (§ 2.2), os fatores que justificam seu desenvolvimento (§ 2.3) e os alicerces de uma estrutura de *project finance* (§ 2.4), com exemplos (§ 2.5).

Os benefícios de se usar *project finance* são, então, considerados do ponto de vista de várias partes envolvidas no projeto (§ 2.6).

§ 2.2 DEFINIÇÃO E CARACTERÍSTICAS BÁSICAS

As estruturas de *project finance* diferem entre os diversos setores da economia[i] e conforme a atividade, já que cada projeto tem suas características próprias. Mas, há princípios comuns subjacentes à abordagem do *project finance*.

O Export-Import Bank dos Estados Unidos (§ 16.4.4) define *project finance* como:

> ... o financiamento de empreendimentos que dependem do fluxo de caixa do projeto para amortização da dívida, conforme definido

> pelas relações contratuais existentes em cada projeto. Por sua própria natureza, esse tipo de projeto depende de uma série de contratos integrados para que sua implantação e subsequente operação sejam bem-sucedidas. As relações contratuais devem estar equilibradas de modo que os riscos sejam alocados às partes com maior capacidade para suportá-los, e devem refletir uma distribuição justa entre risco e retorno. Todos os contratos relativos ao projeto devem estar perfeitamente integrados para que os riscos sejam distribuídos de maneira a assegurar sua viabilidade financeira e seu sucesso.[1]

A agência de risco Standard & Poor's (§ 5.3.1) o define como:

> ...o financiamento de um único ativo ou carteira de ativos físicos, sem que haja garantias corporativas (*non recourse*), em que os financiadores (*lenders*) contam, apenas, com o fluxo de caixa gerado pelos referidos ativos específicos para atender a seus compromissos fixos, sendo os principais: o pagamento de juros e a amortização do principal. Os contratos e os ativos físicos do projeto são as únicas garantias dos financiadores, que não dispõem de garantias corporativas sobre o patrimônio dos acionistas controladores do projeto. Em contrapartida, os financiadores do projeto ficam blindados em relação a eventuais problemas financeiros dos acionistas do projeto.
>
> As transações de *project finance* normalmente envolvem uma série de ajustes e contratos entre financiadores, empreendedores do projeto e outras partes interessadas, que se obrigam reciprocamente para estabelecer uma forma de organização de negócio que produzirá uma quantidade certa de dívida no início e operará uma linha de negócios focada e específica por um período determinado.[2]

---

1 www.exim.gov — Home>Products>Loan Guarantee>Project & Structured Finance>Our Approach to Project Finance*.

2 *Updated Project Finance Summary Debt Rating* Criteria (Standard & Poor's, New York, 2007)*.

O Comitê da Basiléia de Supervisão Bancária — CBSB tem uma definição "oficial" de *project finance* no contexto das regras do acordo de capitais comumente denominado "Basiléia II" (§ 17.3):

> O *project finance* é um método de captação de recursos financeiros por meio do qual o financiador visa, primordialmente, as receitas geradas por um único projeto, tanto como fonte de amortização dos empréstimos quanto como garantia pela exposição aos riscos. Em geral, esse tipo de financiamento é destinado a instalações de grande porte, complexas e custosas, dentre as quais: centrais elétricas, indústrias de processamento de produtos químicos, minas para exploração de recursos naturais e infraestrutura de transportes, meio ambiente e telecomunicações. O *project finance* pode assumir a forma de financiamento da construção de novas fábricas ou instalações ou de refinanciamento de instalação existente, com ou sem melhorias. Em tais transações, o financiador é, geralmente, pago unicamente ou quase exclusivamente, pelo caixa gerado pelos contratos celebrados para garantir a entrega da produção final fruto do projeto, a exemplo da eletricidade vendida por uma central elétrica. O tomador do empréstimo normalmente é uma SPE (Sociedade de Propósito Específico) que não tem permissão para desempenhar nenhuma outra função a não ser a de implantar, controlar e operar as instalações do projeto. Consequentemente, o pagamento do serviço da dívida depende, principalmente, do fluxo de caixa do projeto e dos tipos de garantia com base no valor dos ativos do projeto.[3]

A OCED (Organização para a Cooperação Econômica e Desenvolvimento) oferece outra definição "oficial" de *project finance* no contexto das Diretrizes sobre Crédito à Exportação (*Export-Credit Consensus*) (§ 16.2.3):

> a) Trata-se do financiamento de uma determinada unidade econômica em que o financiador se satisfaz em ter os correspondentes fluxos

---

3 Basel Committee on Banking Supervision, *International Convergence of Capital Measurement and Capital Standards—A Revised Framework* (Bank for International Settlements, Basel, 2005), p. 49*.

de caixa e rendimentos como única fonte de recursos para o pagamento do financiamento e seus respectivos ativos como garantia.

b) O financiamento de transações de exportação com uma empresa do projeto que seja independente (em termos jurídicos e econômicos), como, por exemplo, uma sociedade de propósito específico em projetos de investimento capazes de gerar suas próprias receitas.

c) Alocação adequada dos riscos entre os parceiros do projeto, tais como: acionistas públicos ou privados com boa capacidade de crédito, exportadores, financiadores e tomadores de serviço (*offtakers*), incluindo capital próprio (*equity*).

d) Fluxo de caixa suficiente gerado pelo projeto durante o período de pagamento integral para cobrir os custos operacionais e o serviço de dívida decorrente de recursos externos.

e) Dedução prioritária dos custos operacionais e do serviço de dívida das receitas geradas pelo projeto.

f) Existência de comprador/tomador do empréstimo não soberano, sem garantia prioritária de pagamento (exceto as garantias de cumprimento, tais como contratos de compra e venda, ou *offtake arrangements*).

g) Garantias baseadas em ativos ou lucros provenientes do projeto, por exemplo: direitos de cessão de crédito, de penhor ou caução, contas de reserva de caixa destinada a honrar compromissos (*proceed accounts*).

h) Sem garantia corporativa ou com garantia corporativa limitada ao patrimônio dos empreendedores após a conclusão do projeto.[4]

Logo, os princípios de *project finance* podem ser resumidos assim:

- O projeto, geralmente, é relacionado a um empreendimento de grande porte do setor de infraestrutura com extenso período de construção e longa vida útil operacional.
    - Desse modo, o financiamento correspondente também deve ser de longo prazo (normalmente de 15 a 25 anos).

---

4 Organization for Economic Co-operation and Development, *Arrangement on Officially Supported Export Credits* v. TAD/PG(2013)1 (OECD, Paris, 2013), Annex X: 'Terms and Conditions Applicable To Project Finance Transactions', Appendix 1: 'Eligibility Criteria for Project Finance Transactions", I.: Basic Criteria★.

- Os *financiadores* dependem do fluxo de caixa futuro projetado a ser gerado pelo empreendimento a fim de saldar os juros e taxas do financiamento concedido e quitar sua dívida.
  - Portanto, o projeto deve ser completamente "independente", ou seja, autônomo do ponto de vista jurídico e econômico.
  - Esta é a razão pela qual o projeto é posto em prática por meio de uma sociedade de propósito específico (em geral, uma empresa de responsabilidade limitada) cujo único negócio é o projeto (a Empresa do Projeto).[ii]
- Há um alto coeficiente de dívida sobre *equity* (também conhecido como índice ou grau de alavancagem) — grosso modo, pode-se dizer que a dívida contraída deve cobrir de 70% a 90% do custo de capital de um projeto.
  - O efeito desse alto grau de alavancagem é reduzir o custo combinado entre o recurso da dívida e *equity* e, por conseguinte, o custo total do financiamento do projeto.
- O valor dos ativos físicos da Empresa do Projeto tende a ser muito inferior ao montante da dívida se esses ativos precisarem ser vendidos em caso de inadimplemento e, em alguns projetos que envolvem infraestrutura pública, os ativos nem podem ser vendidos.[iii]
  - Sendo assim, a maior garantia para os financiadores são os contratos, as licenças ou outros direitos que envolvam a Empresa do Projeto, que constituem a fonte de seu fluxo de caixa.
  - Por isso, os financiadores analisam detalhadamente os contratos e os riscos do projeto e a forma como estes últimos são alocados entre as diversas partes dele integrantes.
- O projeto tem vida útil determinada, baseada em fatores tais como a duração dos contratos e das licenças ou das reservas de recursos naturais.
  - Por essa razão, o financiamento do projeto deve ser totalmente quitado ao fim do respectivo ciclo de vida.
- Os investidores da Empresa do Projeto não oferecem garantias corporativas ou pessoais para as dívidas do empreendimento.

- Portanto, trata-se de financiamento do tipo "*non-recourse*", ou sem garantias corporativas.[5,iv]

Consequentemente, o *project finance* difere de finanças corporativas *(corporate finance)*, em que os financiamentos:

- são, primordialmente, concedidos após análise do balanço patrimonial da empresa e das projeções financeiras extrapoladas a partir do fluxo de caixa e dos lucros registrados no exercício passado;
- têm acesso ao fluxo de caixa geral de todas as atividades em que o tomador opera, a título de garantia, ao invés de ao fluxo de caixa limitado de um projeto específico — desse modo, se um determinado projeto não for bem-sucedido, os financiadores corporativos podem ter razoável certeza de serem pagos;
- são baseados na premissa de que a empresa permanecerá nos negócios por tempo indeterminado; logo, as linhas de crédito das empresas podem ser renovadas constantemente a evitar a concessão de empréstimos com prazos muito longos; e
- podem ser garantidos sobre os ativos físicos da empresa (escritórios, fábricas etc.) e, no caso de inadimplemento da dívida, esses ativos podem ser liquidados para contribuírem na respectiva quitação.

§ 2.3 DESENVOLVIMENTO DE *PROJECT FINANCE*

Há algum tempo, a modalidade de *project finance* tem sido bastante utilizada no setor de recursos naturais, estabelecendo a linha de crédito com base no fluxo de caixa que será produzido pela extração dos recursos: por exemplo, nos anos 1880, o banco francês Crédit Lyonnais concedeu empréstimos de longo prazo para o desenvolvimento dos campos

---

5 Ou com garantias corporativas limitadas oferecidas por investidores, nesse caso o financiamento passa a ser do tipo "*limited recourse*" (§ 9.13).

de petróleo de Baku na Rússia.[6] Técnicas de financiamento também foram desenvolvidas nos campos de petróleo do Texas nos anos 1930.

Os projetos no setor de extração de recursos naturais financiados dessa forma tiveram considerável impulso a partir dos aumentos do preço do petróleo nos anos 1970 e a modalidade teve papel essencial no desenvolvimento dos campos de petróleo do Mar do Norte, assim como, também, no setor de gás e em outros projetos de extração de recursos naturais na Austrália e outros países desenvolvidos. O *boom* de *commodities* dos anos 2000 alimentou o ressurgimento do mercado de *project finance*.

De modo semelhante, o uso dessa modalidade de financiamento para projetos de infraestrutura de serviços públicos não é um conceito novo: por exemplo, o sistema rodoviário inglês foi renovado, nos séculos XVIII e início do XIX, por meio de financiamento do setor privado baseado nas receitas originadas pelas tarifas de pedágio; os setores da indústria ferroviária, de saneamento básico (água e esgoto), gás, do setor elétrico e de telefonia foram desenvolvidos, em todo o mundo, nos séculos XIX e início do XX, a partir do investimento de recursos levantados junto ao setor privado obtidos através da emissão de títulos de dívida.[7] Durante a primeira metade do século XX, o Estado passou a controlar essas atividades em diversos países. Porém, esse processo começou a se reverter nos anos 1980. Da mesma forma, nos países desenvolvidos, as expropriações de investimentos estrangeiros nos anos 1950 e 1960 fizeram o investimento transnacional do setor privado desaparecer gradualmente dos principais setores como o de infraestrutura e recursos naturais. Contudo, esse processo também começou a se reverter nos anos 1980.

---

6 YERGIN, Daniel. *The prize*. Nova York: Simon & Schuster, p. 60, 1991.

7 *Vide* EICHENGREEN, Barry. *Financing infrastructure in developing countries*: lessons from the railway age. Washington: World Bank, 1994; JACOBSON, Charles D.; TARR, Joel A. *Ownership and financing of infrastructure*: historical perspectives. Washington: World Bank, 1995.

O processo mundial de desregulamentação e privatização dos serviços públicos, aliado ao uso de financiamento privado em empreendimentos de infraestrutura pública em casos onde a privatização não é possível ou desejada, têm sido fatores cruciais para o crescimento do financiamento de projetos desde os anos 1980. O *project finance,* enquanto método de estruturação mais apropriado ao financiamento de longo prazo para projetos de uso intensivo de capital onde o investimento financiado conta com um fluxo de caixa relativamente previsível, tem desempenhado importante papel no levantamento de recursos necessários a essa inversão de papéis, que também influenciou seu desenvolvimento e resultou nas estruturações modernas. Isso tem ocorrido tanto no mundo desenvolvido quanto nos países em desenvolvimento. O crescimento da modalidade também tem sido promovido pela internacionalização de investimentos em importantes projetos de infraestrutura: os principais desenvolvedores de projetos agora operam portfólios mundiais e podem aplicar as lições aprendidas num país a outros, e o mesmo vale para os bancos e assessores financeiros. Os governos e o setor público também se beneficiam muito com essas trocas de experiência.

O desenvolvimento moderno do financiamento de projetos pode ser observado por meio de "ondas" sucessivas de:

- *Project finance* para empreendimentos que envolvem recursos naturais desenvolvidos a partir dos anos 1970, conforme abordado acima.
- *Project finance* para Produtores Independentes de Energia (IPP, na sigla em inglês para *Independent Power Producers*) no setor elétrico foi desenvolvido, pela primeira vez, a partir da promulgação da Lei de Políticas Regulatórias sobre Serviços Públicos (*Private Utility Regulatory Policies Act — PURPA*) nos Estados Unidos, em 1978, que foi aprovada para incentivar o desenvolvimento das usinas e centrais de cogeração de energia a permitir a venda de energia com base em contratos de longo prazo pelo custo marginal dos serviços públicos regulados. As técnicas do *project finance* desenvolvidas para essa finalidade, que começaram a ser usadas em projetos de energia nos países em desenvolvimento, tais como Filipinas e Chile, nos anos 1980, alcançaram a Europa

com a privatização do setor de energia elétrica no Reino Unido no início dos anos 1990, e, depois, multiplicaram-se, rapidamente, por outros lugares do mundo. Recentemente, o *project finance* tem sido amplamente aplicado ao setor de energia renovável (a exemplo da geração de energia eólica e solar).

- *Project finance* para outros setores econômicos de infraestrutura (especialmente de transportes) teve início na metade dos anos 1980 com o primeiro grande projeto moderno de infraestrutura financiado pela iniciativa privada: o Eurotúnel entre a Grã-Bretanha e a França (assinado em 1987), seguido por dois outros grandes projetos de construção e implementação de pontes pedagiadas na Grã-Bretanha, em paralelo aos programas de concessão de rodovias pedagiadas financiados pela iniciativa privada na Austrália, no final dos anos 1980, e, no Chile, no início dos anos 1990.
- *Project finance* para infraestrutura social (escolas, hospitais, presídios, moradia popular e outros prédios públicos, como escritórios do governo ou delegacias de polícia etc.) foi desenvolvido, pela primeira vez, por meio de iniciativas de financiamento privado (PFI, na sigla em inglês para *Private Finance Initiative*) na Grã-Bretanha no início dos anos 1990. As PFIs têm repercutido amplamente em outros lugares do mundo.
- *Project finance* para o crescimento mundial estrondoso das redes de telefonia celular foi desenvolvido entre a metade e o final dos anos 1990, embora já não seja tão significativo na atualidade.

Dentre as mudanças nas técnicas de financiamento, desenvolvidas no começo dos anos 1970, que auxiliaram na evolução da modalidade de *project finance,* estão:

- *Financiamento bancário de longo prazo* para clientes corporativos - antes disso, os bancos comerciais emprestavam somente em curto prazo, para coincidir com seus depósitos (§ 10.3);
- *Linhas de crédito à exportação* para financiar projetos de grande porte (§ 16.2);

- *Financiamento marítimo,* pelo qual os bancos concedem empréstimos para custear a construção de grandes embarcações, com garantia dos fretamentos de longo prazo, ou seja, empréstimo da construção baseado no fluxo de caixa contratual, sendo, o tomador, uma Empresa do Projeto (sociedade de propósito específico) independente, que é a proprietária do navio, de modo muito semelhante às estruturas de *project finance* posteriores;
- *Financiamento imobiliário,* novamente envolvendo empréstimos para a construção, com contratos de garantias baseado nas projeções de fluxo de caixa (aluguel) de longo prazo;
- *Arrendamento financeiro baseado em impostos,* que fez com que os bancos adquirissem o hábito de analisar fluxos de caixa complexos (§ 4.5.2).

O elemento final vital ao desenvolvimento do *project finance* foi o lançamento (em meio aos anos 1980) do *software* de fácil acesso desenvolvido para elaboração de planilhas eletrônicas, sem o qual o *project finance* seria praticamente impossível.

A Tabela 2.1 apresenta uma relação dos compromissos de financiamento por setor da economia na modalidade de *project finance,* concedidos recentemente por financiadores do setor privado. O efeito da crise financeira global após 2008 pode ser claramente observado, bem como a recuperação relativamente forte do mercado a partir de 2010. (Para uma análise mais completa e com distribuição geográfica, *vide* § 4.2.1). O setor de geração de energia continua a ser o mais atuante e importante, embora os números da Tabela 2.1 não espelhem a queda brusca de US$ 65 bilhões para US$ 25 bilhões em empréstimos concedidos ao setor de energia em 2001, produto do escândalo desastroso da Enron e de seus efeitos em cadeia que atingiram a todos os *players* da indústria de energia. O setor de infraestrutura pública, em especial o de transportes, demonstrou crescimento notável nos anos 2000, assim como o de recursos naturais. Em contrapartida, o declínio no setor de telecomunicações pode ser claramente observado a partir dos primeiros anos do *boom* até 2012.

Tabela 2.1 — Compromissos do Setor Privado em *Project Finance*, 2000–2012

(US$ milhões)	**2000**	**2007**	**2008**	**2009**	**2010**	**2011**	**2012**
Energia	56.512	76.518	90.236	57.642	78.177	85.947	73.416
Recursos Naturais — dos quais:	16.518	56.432	67.859	38.005	50.589	59.756	75.485
Mineração	629	4.607	11.486	4.071	10.858	11.158	4.745
Petróleo & Gás	12.552	34.311	42.960	31.137	28.425	43.983	66.139
Petroquímicos	3.337	17.519	13.413	2.797	11.306	4.615	4.601
Infraestrutura — da qual:	16.755	67.620	65.212	40.233	64.998	56.676	65.610
Transportes	44.027	54.789	25.451	52.315	43.607	40.467	
Outras Infraestruturas	16.423	6.940	8.890	9.838	11.348	21.060	
Lixo & reciclagem	2.989	550	1.194	1.267	724	842	
Água e esgoto	4.181	2.933	4.699	1.578	997	3.241	
Indústria	3.538	17.473	11.979	3.454	6.306	12.155	6.833
Lazer e Imobiliário	1.638	22.759	20.836		14,424	15.439	
Telecomunicações	36.735	5.556	6.260	8.118	13.383	5.314	1.529
Agricultura		452	61		86	479	
Total	**131.696**	**246.809**	**262.442**	**147.452**	**227.964**	**235.766**	**222.873**

Fonte: Adaptado dos dados publicados na revista *Project Finance International*, edições 185 (26 de Janeiro, 2000), 353 (9 de Janeiro de 2008), 400 (9 de Janeiro de 2009), 424 (10 de Janeiro de 2010), 448 (13 de Janeiro de 2011), 472 (12 de Janeiro de 2012), 496 (16 de Janeiro de 2013). As imagens referem-se aos financiamentos bancários e títulos (*vide* Capítulo 4).

Estas cifras não incluem:

- financiamentos diretos (ou financiamento através de recursos da dívida emitida para o projeto) de financiadores não bancários do setor privado (§ 4.4; § 17.4);
- financiamento do setor público para projetos (*vide* Capítulo 15);
- financiamento de agências de fomento à exportação, seguradoras ou bancos, comumente conhecidos como Agências

fomentadoras de Crédito à Exportação — ECA (*Export-Credit Agencies*), ou Instituições Financeiras bilaterais ou multilaterais de Desenvolvimento — DFI (*Development Finance Institutions*), que são detalhados no Capítulo 16.

Em linhas gerais, se essas outras fontes de recursos fossem acrescentadas aos números da Tabela 2.1, o total da dívida captada por meio de financiamento de projetos em 2012 excederia 300 bilhões de dólares. A partir da pressuposição de que a dívida, em média, cobre, aproximadamente, 80% do total dos custos do projeto, com base nessa estimativa, cerca de 375 bilhões de dólares de novos investimentos mundiais foram financiados ou refinanciados (*vide* § 14.16.1 — esses números incluem os refinanciamentos) por meio da modalidade de *project finance* em 2012.

É importante observar, no entanto, que as estatísticas de mercado compiladas por diferentes fontes podem variar consideravelmente[8] devido à discussão sobre a classificação de determinados empréstimos estruturados como *project finance* (§ 5.2.2), uma vez que a linha divisória entre a modalidade de *project finance* e de financiamento de projetos nem sempre é clara (*vide* Capítulo 1).

§ 2.4 ELEMENTOS DA ESTRUTURA DE *PROJECT FINANCE*

Ao analisar, com detalhe, a estrutura do financiamento de um projeto, são identificados dois elementos principais:

- *equity*, ou o capital próprio, aplicado pelos investidores do projeto;
- a dívida baseada no financiamento do projeto, fornecida por um ou mais grupos de financiadores.

A dívida de *project finance* tem prioridade de pagamento com os resultados provenientes do fluxo de caixa operacional líquido do projeto;

---

8 Por exemplo, o banco de dados *Dealogic* registrou US$ 358 bilhões em investimentos de *project finance* (ou seja, dívida mais capital próprio) em 2011 contra US$ 406 em 2012. A classificação de financiamentos reportados por diferentes setores do mercado também não é muito clara, tanto na publicação de *Project Finance International*, quanto nos números registrados no *Dealogic*.

portanto, a dependência do sucesso do empreendimento é muito maior por parte dos investidores. Uma vez que assumem riscos mais altos, os investidores têm expectativas de retorno mais alto sobre o investimento realizado e o contrário vale para os financiadores.

A integração de todos os contratos e ajustes celebrados pela Empresa do Projeto oferece suporte ao financiamento. Frequentemente, o Contrato Principal do Projeto constitui o cerne dessa estrutura contratual, que pode apresentar-se de duas formas:

ou por meio de um "Contrato de Compra", também chamado de "Contrato *Offtake*", de acordo com o qual o produto fornecido pelo projeto será vendido com base em fórmula de precificação de longo prazo a um "Tomador", também conhecido como "*Offtaker*";[9]

ou por meio de um contrato com um órgão ou autarquia do governo federal, estadual ou municipal, com uma empresa pública ou sociedade de economia mista ou outra agência governamental (a expressão "Autoridade Contratante" será empregada para abranger todos estes),[10] o que dá à Empresa do Projeto o direito de construir e operar o projeto e de ser remunerada pelas receitas geradas por seu fluxo de caixa.

Alternativamente, a Empresa do Projeto pode vender sua produção nos mercados de *commodity* (o que se aplica, por exemplo, aos projetos de energia ou recursos naturais) ou obter uma licença para operar nos termos de legislação em vigor para o setor da indústria (por exemplo: um porto ou aeroporto privatizado, ou uma rede de telefonia móvel),

9 O Contrato de Compra, ou Contrato *Offtake*, pode ser assinado tanto com uma contraparte do setor privado quanto com uma Autoridade Contratante.

10 Outros termos designados para a Autoridade Contratante são: "Entidade Pública", "Parte Pública", "Entidade Governamental Contratante", "Instituição", "Autoridade Pública", "Autoridade" ou "cedente". No mesmo contexto, a *Project Company* ("SPE") pode ser chamada de "Empresa do Projeto"; "Empresa-Empreendimento", "Parte Privada", "Sociedade de Propósito Específico", ou ainda "SPE".

em ambos os casos sem um Contrato *Offtake* ou Contrato Principal do Projeto, como será discutido mais adiante.

Em geral, a Empresa do Projeto assina os "Contratos Subordinados" que fornecem suporte para o *project finance*, particularmente, para garantir a transferência de riscos do projeto para outras partes interessadas e que integram o pacote de "segurança" dos financiadores.

O Contrato Principal do Projeto e os chamados Contratos Subordinados são conhecidos, em conjunto, como "Contratos do Projeto". Os Contratos Principais do Projeto serão discutidos, em detalhe, nos Capítulos 6 e 7, sendo que os Contratos Subordinados serão discutidos no Capítulo 8.

§ 2.5 EXEMPLOS DE ESTRUTURAS DE *PROJECT FINANCE*

Nesta seção, serão apresentados alguns exemplos simplificados dessas estruturas em determinados setores, a saber, projetos de usinas de processamento (§ 2.5.1) e projetos de infraestrutura, incluindo parcerias público-privadas (§ 2.5.2), que ampliam os conceitos estruturais discutidos acima.

§ 2.5.1 Projetos de Implantação de Usinas de Processamento

São projetos onde há uma entrada de insumos (*inputs*) em uma das pontas do projeto, que são transformados mediante processamento específico dentro das instalações do projeto e, na outra ponta, há a saída de um produto (*output*), por exemplo:

- *geração de energia termoelétrica*: insumo: carvão ou gás; processamento: queima/conversão para vapor; produto: eletricidade (e, às vezes, calor);
- *tratamento de água*: insumo: água bruta; processamento: tratamento de água; produto: água potável;

- *incineração de resíduos:* insumo: lixo doméstico ou comercial; processamento: incineração; produto: eletricidade (e, às vezes, calor) e resíduos de cinza;
- *GNL terminal (gás líquido natural, ou GLN):* insumo: gás natural liquefeito, transportado em navio-tanque por mar; processamento: "regaseificação"; produto: gás para o gasoduto.

Os elementos básicos desse tipo de projeto, com uma central energética movida a gás como exemplo, são apresentados na Figura 2.1.

Nesse caso, o Contrato Principal do Projeto está estruturado sob a forma de Contrato *Offtake*, a exemplo do Contrato de Compra de Energia (PPA, na sigla em inglês para *Power Purchase Agreement*), de acordo com o qual uma distribuidora de eletricidade adquire o produto, ou resultado (*output*) do projeto: eletricidade, baseada em "Tarifa"[11] pré-acordada, ou seja, o preço de venda a ser pago pelo montante energia a ser vendido (§ 6.2). Esse Tomador pode ser tanto uma entidade do setor público quanto uma instituição privada, a depender do fato de a indústria de energia ser ou não regulamentada no país em questão. Os principais Contratos Subordinados, para esse projeto, são:

- *Contrato de Engenharia, Licitação e Construção* (Contrato EPC, na sigla em inglês para *Engineering Procurement and Construction Contract*)[12] para projeto e construção de usina de energia;

---

11 A Tarifa, ou preço público, a ser paga conforme estabelecido nos termos de um Contrato de Compra de Energia (PPA, na sigla em inglês para *Power Purchase Agreement*) ou outros projetos de usina de processamento; a Comissão de Serviços paga pela Autoridade Contratante em um Modelo de Contrato PFI (Financiamento de Iniciativa Privada); e a Tarifa do Usuário de uma Concessão (*vide* abaixo), que serão designadas coletivamente daqui por diante "Pagamentos do Contrato Principal", enquanto as fórmulas constantes do Contrato Principal do Projeto empregadas para calcular os referidos Pagamentos do Contrato Principal serão denominadas "Mecanismo de Pagamento".

12 Também conhecido como um contrato de projeto, compras e suprimento e construção (DPC, na sigla em inglês para *Design, Procurement, and Construction*).

Figura 2.1 — Projeto de Implementação de Unidade de Processamento

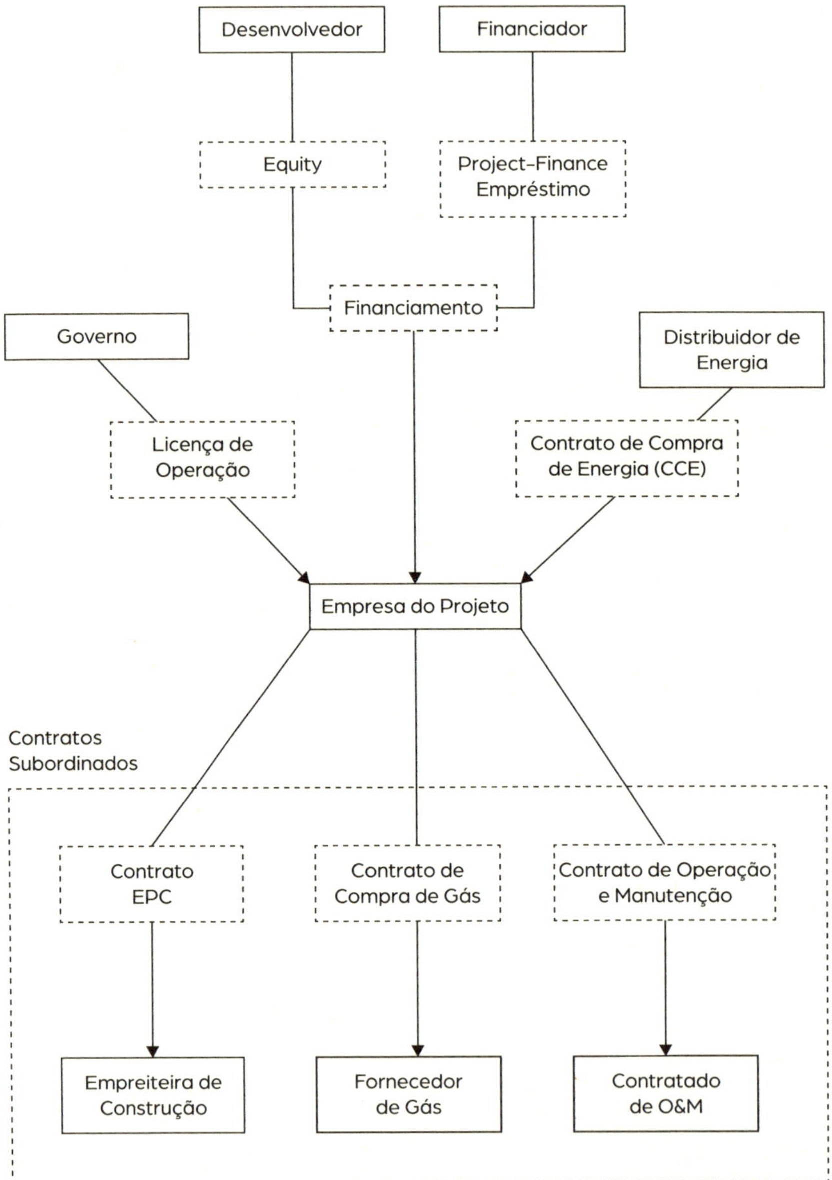

- *Contrato de Fornecimento de Matéria-Prima e Insumos,* que neste caso é um Contrato de Fornecimento de Gás, que disciplina o abastecimento de gás combustível para a operação da usina;
- *Contrato de Operação e Manutenção* ("Contrato O&M"), firmado com experiente operador de usina de energia.

§ 2.5.2 Projetos de Infraestrutura

Sob essa rubrica, há três categorias principais:[13]

Infraestrutura do Setor Privado ou Privatizada. Empreendimentos de infraestrutura econômica, tais como portos e aeroportos, podem ser privatizados. Nesses casos, a empresa de infraestrutura pode captar recursos para financiamento na forma de financiamentos convencionais (*corporate finance*),[14] cuja base para concessão, por parte dos financiadores, concentra-se na análise de fluxo de caixa do negócio como um todo e das garantias reais com base nos ativos da empresa, ou, então, uma operação para financiar um novo empreendimento autônomo e específico pode ser estruturada na modalidade de *project finance* (como, por exemplo, um novo terminal em portos e aeroportos existentes). Nesse último exemplo, em geral, não existe Contrato Principal do Projeto, mas, certamente, há um ou mais Contratos Subordinados com usuários das instalações, tais como as companhias aéreas ou marítimas, que são muito similares aos Contratos *Offtake,* uma vez que as contrapartes se obrigam a pagar pelo uso dos serviços disponíveis nas instalações. Da mesma forma, um projeto privado de infraestrutura,

---

13 É evidente que centrais de energia e outras usinas de processamento também são projetos de infraestrutura (sendo ou não do setor público), mas em vista de suas características particulares são abordadas separadamente nesta obra.

14 *Corporate finance* é também denominado "financiamento do capital" ou, em inglês, "*equity finance*", uma vez que não há aumento de dívida relacionada especificamente ao projeto. Contudo, o termo gera dúvidas porque poderia se referir à parcela de capital próprio que integra o financiamento de projeto.

a exemplo de um estádio esportivo, pode ser financiado com base na geração de fluxo de caixa proveniente de contratos de médio e longo prazo com usuários de cadeiras cativas ou programa de fidelização de sócio torcedor.

Parcerias Público–Privadas.[15] São projetos nos quais a Empresa do Projeto do setor privado financia, opera e mantém em boas condições uma instalação de infraestrutura pública e recebe pelo respectivo uso ou disponibilidade; o ativo, geralmente, é revertido ao controle do Estado no término da vigência do contrato. São conhecidas como Parcerias Público-Privadas ("PPPs" ou "3Ps") e baseadas em contrato firmado entre a Empresa do Projeto e a Autoridade Contratante. Há dois modelos muito usados de parcerias público-privadas:

- "Concessões": construção ou reforma de ativos afetos à infraestrutura pública, tais como rodovias, pontes, túneis, ferrovias etc., com receita proveniente da arrecadação de pedágios, passagens ou outra forma de pagamento pelos usuários do serviço ("Tarifas[v] de Usuários");[16]

---

15 Para mais informações sobre as PPPs, *vide* YESCOMBE, E. R. *Public–private partnerships*: principles of policy and finance. Oxford: Butterworth-Heinemann, 2007; YESCOMBE, E. R. *Public–private partnership handbook*. Manila: Asian Development Bank, 2008*; EUROPEAN INVESTMENT BANK. *The guide to guidance*: how to prepare, procure and deliver PPP projects. Luxemburgo: EIB, 2011*; PPIAF. *Public–private partnerships reference guide*. Washington: World Bank, 2012*.

16 A modalidade relativamente recente de Concessão do tipo PPP deve ser diferenciada do antigo formato de concessão como o utilizado na construção dos Canais de Suez e Panamá, mais parecido com privatização, tendo em vista sua típica contratação por prazos bastante longos (de 100 anos ou mais), não contando com os controles contratuais detalhados e outros termos e condições encontradas nas Concessões modernas (*vide* Capítulos 6 e 7), e direitos outorgados não mais concedidos a exemplo da extraterritorialidade (não sujeição às leis locais). Com frequência, as concessões antigas se assemelhavam a um tipo de colonialismo econômico, e não um acordo entre duas partes iguais. Concessões PPP são também muito diferentes das concessões no setor de recursos naturais.

- "Modelo PFI":[17] construção ou reforma de uma obra pública, tais como escolas, hospitais, presídios, conjuntos habitacionais de moradia popular, repartições públicas etc., ou de ativos afetos à infraestrutura pública, tais como: rodovias, ferrovias, estações de tratamento de água e esgoto,[18] com receitas derivadas de pagamentos efetuados pela Autoridade Contratante ("Tarifa de Serviço");[19]

Deve-se observar que o termo PPP é, frequentemente, empregado de maneira mais ampla, uma vez que PPPs não envolvem, necessariamente, operações de *project finance* (§ 6.6). De certo modo, as Concessões dizem respeito à infraestrutura econômica, enquanto o Modelo PFI se volta mais para a infraestrutura social, ainda que não exista uma linha divisória muito precisa. Qualquer projeto que seja estruturado no formato de uma Concessão pode ser estruturado alternativamente como um Modelo PFI-PPP (embora a recíproca não seja verdadeira): a diferença é, simplesmente, a fonte de pagamentos. Projetos de usinas de processamento como aqueles discutidos na seção § 2.5.1, nos

17 O termo se refere ao programa de Financiamento da Iniciativa Privada (FIP, ou PIF — na sigla em inglês para *Private Finance Initiative*) do governo britânico que teve início em 1992 quando do primeiro importante uso dessa estrutura, que vem sendo amplamente adotada em outros lugares do mundo. Em 2012, o PIF foi renomeado PF2 (e não se trata de acrônimo).

18 Observe-se que os serviços efetivos oferecidos ao público continuam com o setor público segundo esse modelo, por exemplo: uma escola pode ser construída, operada e mantida mediante um contrato PPP; porém, o ensino na escola ainda é uma atividade desempenhada diretamente pelo setor público.

19 Refere-se ao modelo baseado em "Disponibilidade", tendo em vista que, na maioria dos casos, a SPE é paga para disponibilizar o projeto à Autoridade Contratante, não para o uso *per se*. Entretanto, não é correto empregar o termo Contrato baseado em Disponibilidade para se referir a todos os contratos no Modelo PFI, porque há exceções onde o modelo não usa essa estrutura, a exemplo das rodovias com pedágio sem custo para o usuário, ou estradas "*Shadow Toll*" (§ 6.4.6), onde a SPE recebe da Autoridade Contratante com base no número de veículos que trafega pela rodovia, ou seja, a Autoridade Contratante paga o preço do pedágio, em vez de os usuários do serviço fazerem tal pagamento. Esse termo, entretanto, será empregado em capítulo do livro onde terá mais pertinência.

quais o Tomador é a Autoridade Contratante, estão, também, incluídos na modalidade PPP, mas, dada a sua estrutura diferenciada, e o fato de Contratos *Offtake* com Tomadores do setor privado serem comuns e trabalharem quase que com a mesma base, tais projetos são tratados separadamente neste livro. Por outro lado, também é possível que contratos semelhantes àqueles usados para as PPPs sejam celebrados com uma contraparte do setor privado. Porém, essa hipótese não é usual.

Infraestrutura privatizada e PPPs são conhecidas, geralmente, como participação privada em infraestrutura (ou PPI, na sigla em inglês para *Private Participation in Infrastructure*).

Títulos de Receita. Estrutura encontrada apenas no mercado americano que possibilita, a um projeto controlado e gerenciado pelo setor público, utilizar financiamento baseado em *project finance* (§ 4.3.1).

A Figura 2.2 apresenta a estrutura típica de rodovia pedagiada. O Contrato Principal do Projeto, nesse caso, é denominado "Contrato de Concessão", segundo o qual as Tarifas de Usuário (pedágios) são pagas pelos usuários da rodovia à Empresa do Projeto. Dentre os principais Contratos Subordinados estão:

- *Contrato de Projeto & Construção* ("Contrato D&B", na sigla em inglês para *Design & Build Contract*) para projetar e construir a rodovia;[20]

---

20 A diferença entre o Contrato EPC e o Contrato D&B diz respeito ao fornecimento do equipamento. No Contrato EPC, a empreiteira principal geralmente também fornece equipamentos (por exemplo, turbinas de geração de energia), que representam a maior parte dos custos do projeto, e posteriormente subcontrata o construção das obras civis (por exemplo, a preparação do terreno do projeto e construção de todas as edificações). No Contrato D&B, as obras civis (por exemplo, da construção de uma rodovia) representam a maior parte dos custos do contrato, enquanto o fornecimento de equipamento (por exemplo, o sistema de iluminação da rodovia) é efetuado através de "sub" subempreiteiras. O termo "Contrato de Construção" será empregado daqui para frente para se referir tanto ao Contrato EPC quanto ao Contrato D&B.

- *Contrato Operacional* para gerenciar as operações do sistema de pedágio;
- *Contrato de Manutenção* para gerenciar a manutenção contínua da rodovia.

A Figura 2.3 mostra a estrutura básica de um Modelo PFI e sua utilização em um projeto de infraestrutura social, como escolas ou hospitais. A expressão "Contrato Principal do Projeto", geralmente, refere-se ao Contrato[vi] celebrado com a Autoridade Contratante, cujos termos disciplinam os pagamentos das Tarifas de Serviço feitos à Empresa do Projeto. Nesse contexto, os principais Contratos Subordinados incluem:

- *Contrato de Projeto & Construção* ("Contrato D&B") para projetar e construir os edifícios;
- *Contrato de Manutenção*[21] para manutenção da estrutura física dos edifícios e principais equipamentos;
- um ou mais "*Contratos de Serviços de Construção*" para a prestação de serviços de limpeza, alimentação e segurança.[22] (Também pode ser oferecido em um único contrato de manutenção e serviços).

§ 2.5.3 Outras Estruturas

Há diversas variantes nas estruturas abordadas acima, mas nem todos os "elementos estruturais" constantes das Figuras 2.1–2.3 são

21 Também conhecido como Contrato de Manutenção de Instalações ("MI" ou "FM", na sigla em inglês para *Facilities Maintenance*), e como Contato FM "Hard" em contraste com Contrato MI "Soft" (ver próxima nota).

22 Serviços de Construção podem ser fornecidos como parte do pacote de Contrato Principal do Projeto, mediante contratos separados com prazo mais curto. O Contrato de Serviços de Construção pode também ser chamado de Contrato MI "Soft".

Figura 2.2 — Concessão de Estrada Pedagiada

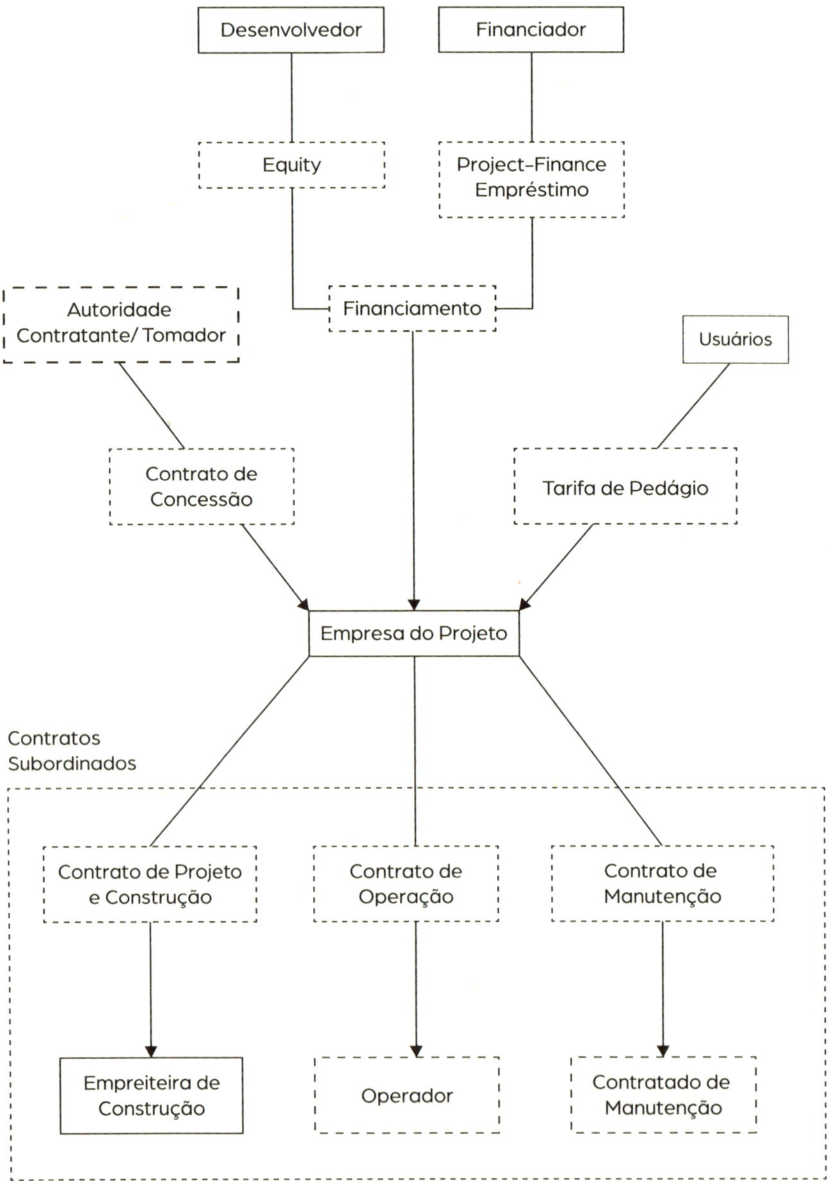

Figura 2.3 — Modelo PFI

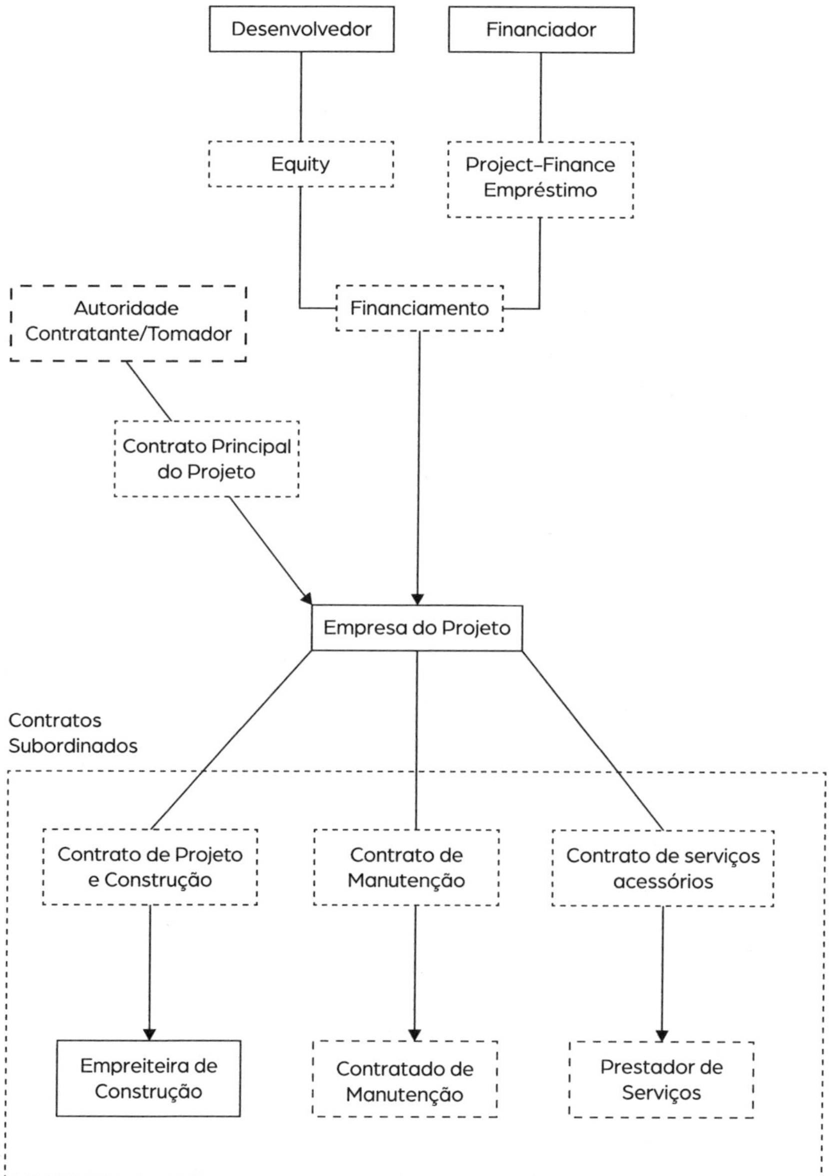

encontrados em cada financiamentos de projeto da modalidade *project finance*, como, por exemplo:

- Vários tipos de projeto não operam com base em um Contrato Principal do Projeto; por exemplo, os que vendem produtos ou prestam serviços para os compradores do setor privado baseados em mercados de *commodities* ou em mercados de livre concorrência, tais como projetos de petróleo, gás, mineração ou telecomunicações, ou centrais de energia negociada em ambiente de contratação livre (§ 9.6.2), embora, geralmente, possuam algum tipo de licença ou autorização que permita usá-las em lugar do Contrato Principal do Projeto.
- Infraestrutura privatizada, tais como portos e aeroportos, baseia-se em licenças de operação em vez de em Contrato Principal do Projeto (exceto em projetos de PPP, para os quais, normalmente, seria celebrado um Contrato Principal do Projeto).
- A Empresa do Projeto pode operar o projeto ela própria, em vez de subcontratar os serviços de operação e manutenção, talvez com um acordo de assistência técnica junto a um de seus acionistas.[vii]
- Se o produto do projeto é uma mercadoria negociada em mercado amplo (como petróleo), não existe necessidade de celebrar Contrato *Offtake* (e como pode ser visto na Figura 2.2, na Concessão não há Contrato *Offtake*).
- Projetos que não utilizam combustível ou matéria-prima semelhante, por exemplo: geração de energia hídrica, eólica, ou solar, não requerem Contrato de Fornecimento de Insumos.
- Projetos para instalação de rede de telefonia móvel (e projetos similares para outros tipos de rede) são, geralmente, implantados em estágios em vez de cumprir um único Contrato de Construção e não há Contrato *Offtake*.

É claro que esses tipos de estruturas ou relações contratuais não são exclusividade de operações de financiamento de projetos: qualquer empresa pode ter investidores, celebrar contratos, obter licenças e alvarás do governo, e assim por diante; entretanto, a importância relativa desses elementos e a forma como se conectam são características presentes em operações de *project finance*.

§ 2.6 POR QUE USAR O *PROJECT FINANCE*?

Um projeto pode ser financiado por uma empresa como acréscimo a uma atividade existente em vez de operação única e autossustentável de *project finance*. Nesse caso, a empresa emprega sua disponibilidade de caixa e linhas de crédito para financiar o projeto e, se for necessário, capta novas linhas de crédito e solicita novo aporte de capital dos acionistas (isto é, recorre à modalidade de *corporate finance*). Desde que tenha o suporte do balanço patrimonial e do demonstrativo de resultados da empresa, o financiamento convencional concedido no mercado bancário é relativamente simples, rápido e barato de ser contratado.

A Empresa do Projeto, ao contrário de uma empresa tomadora de financiamento convencional, possui registros financeiros de suas atividades que servem de base para a decisão de concessão de financiamento (exceto no caso de refinanciamento de empréstimos dentro de uma estrutura de *project finance*). Não obstante, os credores têm que ter certeza de que serão pagos, levando em especial consideração o risco adicional inerente ao elevado montante da dívida, característico das transações de *project finance*. Isso significa que precisam ter um alto grau de confiança de que o projeto será concluído no prazo e dentro do orçamento previsto, de que será tecnicamente capaz de operar conforme as especificações projetadas e de que haverá fluxo de caixa líquido da operação do projeto suficiente para cobrir o serviço da dívida a contento. Os indicadores de projeto também necessitam ser suficientemente sólidos para cobrir quaisquer problemas temporários que possam surgir.

Portanto, os financiadores precisam avaliar os termos e condições dos contratos do projeto na medida em que esses possam oferecer uma base de cálculo dos custos de construção e do fluxo de caixa operacional, bem como quantificar, com cautela, os riscos inerentes ao projeto. Também precisam se assegurar de que os riscos do projeto sejam alocados às partes apropriadas além da Empresa do Projeto, ou, se a alocação não for possível, mitigá-los por meio da adoção de outras medidas. Esse processo, conhecido como "*due diligence*", costuma impor progressos em ritmo lento e frustrante para a parte que desenvolve o projeto, uma vez que os financiadores, inevitavelmente, tendem a se envolver, direta ou indiretamente, na negociação dos Contratos do Projeto, porém isso é um aspecto inerente à captação de recursos para financiamento de projetos. (As questões analisadas durante o processo de *due diligence* serão discutidas nos Capítulos 9 a 13).

Os financiadores também continuam a monitorar e controlar as atividades da Empresa do Projeto a fim de assegurar que a base sobre a qual os riscos foram avaliados não seja prejudicada. Esse fato também pode resultar em muito menos independência do investidor sobre a gestão do projeto do que ele teria no caso de financiamento via empréstimos convencionais para a empresa (*corporate finance*). (Os controles impostos pelos financiadores serão discutidos no Capítulo 14).

Além de ser lento, complexo, e de ocasionar alguma perda de controle gerencial, é, também, uma modalidade de financiamento bastante cara. A margem dos financiadores sobre o custo de provisão de recursos pode ser de duas a três vezes maior do que a de um financiamento convencional para as empresas em geral; além disso, os processos de *due diligence* promovidos pelos financiadores e a contratação de consultores para essa finalidade específica (§ 5.5) elevam significativamente os custos do projeto.

É importante enfatizar que a modalidade *project finance* não pode ser usada para financiar um projeto que não seria financiável por outra modalidade.

Tabela 2.2 — Benefícios da alavancagem sobre o Retorno dos Investidores

		Alavancagem Baixa	Alavancagem Alta
Custo do Projeto		1.000	1.000
a) Recurso da Dívida (*debt*)		300	800
b) Capital próprio (*equity*)		700	200
c) Receitas do projeto		100	100
d) Taxa de juros sobre a dívida (a.a.)		5%	7%
e) Juros a pagar	[(a)×(d)]	15	56
f) Lucro	[(c)–(e)]	85	44
Retorno sobre *equity*	[(f)÷(b)]	12%	22%

§ 2.6.1 O porquê do uso de *Project Finance* pelos Investidores

Por que, apesar desses fatores, os investidores empregam o *project finance*?[23] Há diversas razões:

Alavancagem Elevada. Uma razão importante para usar o *project finance* é o fato de investimentos em empreendimentos tais como geração de energia ou construção de rodovias terem que ser de longo prazo, embora não ofereçam um retorno intrinsecamente alto: a alavancagem alta melhora o retorno para o investidor.

A Tabela 2.2 mostra um exemplo (muito simplificado) dos benefícios do grau de alavancagem sobre o retorno do investidor. Ambas as colunas de alavancagem (alta e baixa) registram o mesmo investimento de 1.000, que produz uma receita de 100.

Se for financiado com 30% de dívida, como na coluna de alavancagem baixa (um nível típico de dívida para um bom crédito corporativo), o retorno do capital próprio é de 11%. Por outro lado, se for financiado com 80% de alavancagem (no modelo de *project finance*), o retorno sobre o (nível reduzido de) capital

23 *Vide* ESTY, Benjamin C. *The economic motivations for using project finance*. Boston: Harvard Business School, 2003★.

próprio (*equity*) é de 22%, apesar de haver um aumento no custo da dívida (refletindo o alto risco para os credores). A operação de *project finance* oferece, assim, vantagem porque o recurso da dívida (*debt*) é mais barato do que o capital próprio (*equity*), então, quanto mais alto o nível da dívida (alavancagem), melhor o retorno do capital próprio. Este exemplo é altamente simplificado, e, como veremos mais adiante, a alavancagem é ditada, em grande parte, pelas exigências feitas pelos financiadores por um fluxo de caixa adicional (reserva de caixa), que, por sua vez, dita o retorno do capital próprio investido no projeto (§ 12.8). A Tabela 2.2 também ignora o momento de entrada das receitas (§ 10.2).

Segundo a teoria de *corporate finance*, o investidor em uma empresa com alavancagem alta espera obter um retorno mais alto do que se investisse em uma empresa com alavancagem baixa com base no princípio de que alta alavancagem equivale a alto risco, e, de modo contrário, os financiadores se satisfazem com um retorno mais baixo onde há alavancagem mais baixa. Logo, o custo global para financiar uma empresa deveria ser o mesmo independentemente do nível do índice da dívida sobre o capital próprio (*debt:equity ratio*).[24] Entretanto, esta correlação não é tão alta em investimentos de *project finance*, já que o grau elevado de alavancagem não implica risco elevado — o nível de alavancagem só será maior em *project finance* quando o nível de risco do projeto for limitado, por exemplo, com a transferência dos riscos para as Subcontratadas (ou Empreiteiras).

---

24 Este princípio (conhecido como Teorema de Miller–Modigliani) estabelece que o valor de uma empresa não é afetado pela forma como é financiada; consequentemente o custo médio do capital ponderado de uma empresa deveria ser sempre o mesmo, independentemente de sua estrutura financeira (índice da dívida sobre capital próprio). Entretanto, há exceções reconhecidas que distorcem essa abordagem, sendo uma delas o fato de os juros da dívida serem passíveis de dedução de impostos, enquanto não o são os dividendos do capital próprio (ver abaixo os comentários sobre benefícios de impostos, *vide* § 12.2.2), o que produz outra razão para se utilizar a estrutura de *project finance*. Deve-se supor que existe uma eficiência perfeita nos mercados financeiros tanto para o recurso da dívida (*debt*) quanto para o capital próprio (*equity*), o que na realidade não acontece, especialmente em países em desenvolvimento.

Tabela 2.3 — Efeito da Alavancagem sobre o Custo do Tomador/Autoridade Contratante

		Alavancagem Baixa	Alavancagem Alta
Custo do Projeto		1.000	1.000
• Recurso da Dívida (*debt*)		300	800
• Capital próprio (*equity*)		700	200
• Retorno sobre o capital próprio	[(b)×15%]	105	30
• Taxa de juros sobre a dívida (a.a.)		5%	7%
• Juros a pagar	[(a)×(d)]	15	56
Receitas exigidas	[(c)+(e)]	120	86

Custo Menor. Se a Empresa do Projeto vende uma *commodity* como eletricidade ou GLN no mercado, quanto menores forem seus custos de financiamento, mais competitiva sua tarifação será, e, portanto, uma alavancagem mais alta pode ser vantajosa se o custo médio ponderado do capital do investidor (ou seja, capital próprio e dívida em seu próprio balanço patrimonial) for mais alto (*vide* Tabela 2.3).

Capacidade de Tomada de Empréstimo. O *project finance* eleva o nível da dívida que pode ser tomada em função da geração de fluxo de caixa de um projeto; além disso, um financiamento do tipo "sem garantias corporativas" (em inglês, *non-recourse*) obtido pela Empresa do Projeto não é incluído no total de linhas de crédito da empresa (e, portanto, registradas *off-balance sheet*, isto é, fora do balanço patrimonial); portanto, a elevar a capacidade global de um investidor de contrair empréstimos e, consequentemente, também sua capacidade de participar de diversos projetos de grande porte simultaneamente.

Limitação de Risco. O investidor em um projeto com captação de recursos através de uma operação de *project finance,* normalmente, não garante o pagamento da dívida[25] — o risco é, portanto,

25 *Vide* § 9.13 para garantias na modalidade de garantias corporativas limitadas (*limited-recourse*) fornecidas por investidores.

limitado ao investimento de *equity* (§ 12.2). Se o projeto der certo, o investidor ganhará um bom retorno sobre o investimento, mas, se der errado, o investidor pode, simplesmente, retirar-se e, assim, limitar a perda à quantia do investimento de capital próprio. Na verdade, por uma taxa relativamente pequena (sua participação acionária), um investidor estabelece um "*option price*", um limite de preço a partir do qual mantém seu investimento se for bem-sucedido ou, caso contrário, retira seu investimento na hipótese de o insucesso provocar impacto significativo sobre suas outras atividades.

Compartilhamento de Riscos e *Joint Ventures*. Determinado projeto pode ser grande demais para ser assumido por um único investidor, portanto outros investidores podem ser convidados a participar do projeto a fim de compartilharem os riscos em uma *joint-venture* com a Empresa do Projeto. Essa estratégia possibilita a divisão dos riscos a serem compartilhados entre investidores e limita o valor do risco de cada investidor devido à natureza *non-recourse* (sem garantias corporativas) do financiamento da dívida da Empresa do Projeto. Como o processo de desenvolvimento do projeto envolve despesas muito elevadas e, primordialmente, diferidas, com risco significativo de ter que lançá-las como perdas ("*write-off*") caso o projeto não vingue (§ 3.3), um dos desenvolvedores poderá trazer um novo sócio para a fase de desenvolvimento e compartilhar seus riscos. Essa abordagem também se aplica para incorporar "sócios de responsabilidade limitada" ao projeto, por exemplo, dando uma participação no capital da Empresa do Projeto a um Tomador (*Offtaker*) que, dessa forma, é induzido a assinar um Contrato *Offtake* de longo prazo, sem ter que fazer um substancial investimento de caixa.

Alavancagem do Desenvolvedor. De forma geral, os projetos são estruturados por um desenvolvedor com boas ideias, mas pouco dinheiro e precisa, portanto, encontrar investidores. Uma estrutura de *project finance* que requeira menos capital próprio facilita ao desenvolvedor economicamente mais fraco a manutenção de uma participação igualitária, porque, se o nível absoluto de *equity* no projeto for baixo, o investimento necessário do sócio mais fraco também será baixo.

Parcerias Desiguais. Graças ao alto grau de alavancagem, a relativamente pequena quantia de *equity* necessária para um projeto de grande porte no qual se utiliza uma estrutura de *project finance* permite que partes com forças financeiras diferentes trabalhem juntas. Seria normal, por exemplo, que o conjunto de investidores fosse formado por um investidor financeiro (suponhamos: um fundo de investimento de infraestrutura), uma construtora, e uma empresa de manutenção, cuja solidez dos balanços patrimoniais provavelmente seria bastante irregular; entretanto, cada um traria certas habilidades à parceria, a formar, desse modo, uma *joint venture* apta a mitigar os riscos do projeto por intermédio da combinação de competências e experiências. Nesse contexto, os Contratos do Projeto de maior relevância (como os Contratos de Construção, de O&M/Manutenção ou de Serviços) são, geralmente, alocados ao sócio com a competência de maior relevância (porém, *vide* § 3.2).

Financiamento de Longo Prazo. Os financiamentos concedidos pela técnica de *project finance* têm, normalmente, duração mais longa que os celebrados pela forma de *corporate finance.* O financiamento de longo prazo é necessário para os casos em que os ativos têm custo de capital elevado sem possibilidade de recuperação no curto prazo sem aumentar ainda mais o preço que deve ser cobrado pelo produto final do projeto. Portanto, os financiamentos para projetos de energia podem durar cerca de 20 anos e ainda mais tempo para projetos de infraestrutura. (Projetos de recursos naturais, geralmente, têm uma duração mais curta porque as reservas extraídas se exaurem mais rapidamente e projetos de telecomunicação também têm uma duração mais curta porque a tecnologia envolvida tem vida útil relativamente curta).

Melhoria no Crédito. A classificação de crédito de uma empresa é menos passível de ser rebaixada se seus riscos nos investimentos do projeto forem limitados em decorrência da adoção de uma estrutura de *project finance*. Além disso, se o Tomador (*Offtaker*) tiver posição de crédito melhor que a do investidor (o que é possível em um Contrato de PPP com determinada Autoridade Contratante), isso possibilita o aumento do valor do recurso da dívida a ser levantado para o projeto em condições melhores do que o investidor seria capaz de obter através de um financiamento convencional (*corporate finance*).

Redução da Necessidade de Investidores Externos. Outro importante incentivo para a manutenção de endividamento elevado nas Empresas do Projeto se resume ao fato de que quanto mais *equity* for necessário, mais complexo se torna o gerenciamento do projeto (especialmente durante as fases de licitação e desenvolvimento), se, em função da necessidade de aumento do capital próprio, for necessário o ingresso de mais investidores. Além disso, caso mais investidores decidam participar, isso significa que os desenvolvedores originais, provavelmente, perderão uma parcela considerável do controle do projeto.

Benefícios Fiscais. Outro fator que torna a alavancagem alta mais atraente é o fato de os juros serem dedutíveis de tributação em muitos países,[viii] enquanto os dividendos dos acionistas não o são, o que torna a dívida ainda mais barata que o próprio capital, e, portanto, incentiva a manutenção de níveis elevados de alavancagem. Assim, no exemplo na Tabela 2.2, se a alíquota de imposto é 30%, o lucro após a tributação no caso da alavancagem baixa é 60 (85×70%), ou tem retorno após o imposto sobre o capital próprio de 8,5%, enquanto que, no caso da alavancagem alta, é 31 (44×70%), ou tem retorno após o imposto sobre o capital próprio de 15,4%. Em projetos de grande porte, entretanto, pode haver um nível alto de deduções tributárias de qualquer forma durante os estágios iniciais do projeto porque o custo do capital é depreciado contra a tributação (§ 13.7.1), então a capacidade de realizar uma dedução adicional de juros sobre a tributação ao mesmo tempo pode não ser significativo. Além disso, se os acionistas investem a maior parte de seus recursos a título de dívida subordinada em vez de como capital próprio, os juros incidentes também serão dedutíveis de tributação (§ 12.2.2).

Financiamento fora do Balanço Patrimonial (*Off-Balance Sheet*). Se o investidor tiver que captar recursos para depois injetá-los no projeto, essa transação certamente deverá ser claramente registrada em seu balanço patrimonial. A estrutura do *project finance* permite ao investidor manter a dívida fora do seu balanço consolidado, mas somente se o investidor for acionista minoritário no projeto — o que é possível se o projeto for controlado por uma *joint-venture*. A manutenção da dívida fora do balanço, às vezes, é benéfica para a posição de crédito da empresa nos mercados financeiros; todavia, acionistas e credores devem sempre levar em consideração os riscos envolvidos em quaisquer atividades fora do balanço, que, geralmente, são informadas em notas explicativas às demonstrações financeiras publicadas, mesmo que não estejam incluídas nos números contabilizados no balanço; portanto, embora *joint-ventures* utilizem *project finance* por outras razões (conforme considerações acima), o *project finance* não é, geralmente, adotado apenas para manter a dívida fora dos balanços dos investidores. Porém, o investimento em um empreendimento por meio de uma empresa coligada não consolidada pode ser muito útil durante a fase de construção de um projeto, quando ele é um "peso morto" para o resto do negócio da empresa, já que exige investimento de capital elevado no balanço patrimonial que não gera nenhuma receita.

§ 2.6.2 Os Benefícios do *Project Finance* a Terceiros

Igualmente, há benefícios para o Tomador/Autoridade Contratante:

Custo Mais Baixo do Produto ou Serviço. A fim de pagar o preço mais baixo pelo produto ou serviço do projeto, o Tomador/Autoridade Contratante desejará que o projeto aumente seu nível de dívida tanto quanto possível e, desse modo, a estrutura de *project finance* será benéfica. Tal aspecto pode ser ilustrado fazendo-se o cálculo da Tabela 2.2 ao contrário: suponhamos que o investidor exija um retorno de, no mínimo 15%, então, como mostra a Tabela 2.3, a receita de 120 é necessária para gerar esse retorno usando um financiamento de alavancagem baixa, mas apenas 86 mediante o emprego de *project finance* com alavancagem alta e, portanto, o custo do projeto é reduzido proporcionalmente. Assim, se o Tomador/Autoridade Contratante almejar atingir o custo mais baixo de longo prazo para o projeto, e for capaz de influenciar a forma de financiamento do projeto, o uso do *project finance* deve ser incentivado, por exemplo, mediante a aquiescência em assinar um Contrato Principal do Projeto (Contrato de Concessão ou de PPP) que se enquadre nos requisitos das operações de *project finance.*

Investimento Adicional em Infraestrutura Pública. O *project finance* pode fornecer recursos para investimentos adicionais em infraestrutura implantada ou operada por meio de PPP que o setor público talvez não possa, de outro modo, assumir devido a restrições econômicas ou de recursos no orçamento fiscal. Claro que, se a Autoridade Contratante paga pelo projeto por meio de um Contrato Principal do Projeto de longo prazo, pode-se dizer que o projeto financiado desta maneira não passa de um financiamento fora do balanço e, portanto, deveria estar incluído de qualquer modo no orçamento do setor público. Mas, se há restrições no orçamento de investimento do setor público, tais questões contábeis atinentes às contas públicas têm pouca relevância.

Capital em Risco. Uma estrutura de *project finance* transfere riscos do Tomador/Autoridade Contratante à Empresa do Projeto, a exemplo dos excedentes de custos orçados ou custos de manutenção de longo prazo (*vide* Capítulo 9). Além disso, geralmente, prevê pagamentos apenas quando objetivos específicos de desempenho são alcançados, transferindo, assim, riscos de desempenho à Empresa do Projeto.

Essa transferência de risco se torna mais efetiva em estruturas de *project finance* porque tanto investidores quanto financiadores possuem substancial "capital em risco". Em projetos que não são financiados nessa modalidade (*project finance*), as principais empreiteiras responsáveis pela construção ou manutenção, por exemplo, têm responsabilidade limitada que dizem respeito aos lucros que recebem da transação: por exemplo, a responsabilidade de uma empreiteira contratada para a construção ou manutenção de um projeto poderá equivaler a, no máximo, dois anos de remuneração contratual (§ 8.3.4). Portanto, se os custos da manutenção excederem os patamares projetados, é bem provável que a maioria dos excedentes de custos não seja reembolsada pela empresa contratada para executar o serviço de construção ou manutenção. Dentro de uma estrutura de *project finance,* esses excedentes de custos recaem, primeiro, sobre a respectiva Subcontratada (ou Empreiteira) e, quando a responsabilidade desta se esgota, são assumidos primeiramente pelos investidores e depois pelos financiadores, nessa ordem. Somente no caso de os excedentes de custos serem tão elevados a ponto de nem investidores nem financiadores considerem válido injetar recursos extras a fim de proteger seus investimentos, ambos então abandonam o projeto (ambos incorrendo em prejuízos substanciais). Este quadro é bem pouco provável na maioria dos projetos.

Custo de Projeto Mais Barato. Como abordado acima, o financiamento privado tem sido muito utilizado em projetos de infraestrutura que, há alguns anos, teriam sido construídos e operados pelo setor público. Além de aliviarem as pressões sobre o orçamento de investimentos do setor público, os projetos implementados por meio de parcerias público-privadas têm seu mérito associado ao fato de o setor privado ter capacidade de construir e administrar os referidos investimentos de forma mais eficiente em termos de custos do que o setor público. O custo mais baixo é consequência do seguinte:

- tendência geral do setor público de "supervalorizar" a parte de engenharia dos projetos;

- maior competência do setor privado no controle e gerenciamento da construção e operação do projeto (baseada na capacidade de o setor privado oferecer melhores incentivos financeiros aos bons gestores);
- transferência de risco, conforme discutida acima, com assunção, pelo setor privado, em primeiro lugar, do risco de excedentes de custos relativos à construção e operação, pelos quais os projetos do setor público são notórios;
- gerenciamento da manutenção de longo prazo por todo o ciclo de "vida útil" do projeto em vez de por meio de acordos *ad hoc* para manutenção dependente da disponibilidade de custeio adicional do setor público.

Entretanto, é difícil de calcular se os benefícios gerados compensam os custos mais elevados de financiamento do setor privado devido às diversas variáveis envolvidas e às suposições que devem ser feitas para essa análise.

E, claro, o custo mais baixo é resultado do envolvimento do setor privado na equação, e não do *project finance*.

***Due Diligence* de Terceiros.** O Tomador/Autoridade Contratante pode se beneficiar dos resultados do relatório de auditoria independente resultante do processo de *due diligence* do projeto a pedido dos financiadores, que, certamente, desejarão se certificar de que todas as obrigações regidas pelo Contrato Principal do Projeto sejam integralmente cumpridas e que outros Contratos do Projeto disciplinem, de forma adequada, os fatores de risco do empreendimento.

Transparência. Tendo em vista que o financiamento de projeto é autônomo (ou seja, envolve somente os ativos e passivos, custos, e receitas de um determinado projeto), os custos efetivos do produto ou serviço podem ser medidos e monitorados com mais facilidade. Além disso, se o investidor opera em um setor regulamentado (como de distribuição de energia), a parte do negócio que atua em setor não regulamentado pode ser apresentada, analisada e financiada, de forma independente, por meio de uma estrutura de *project finance*.

Investimento Interno Adicional. Para um país em desenvolvimento, a modalidade de *project finance* oferece novas oportunidades de investimento em infraestrutura, já que pode ser aplicada na criação de demanda para o investimento interno que, de outra forma, não ocorreria. Além disso, um caso bem-sucedido de *project finance* aplicado a um empreendimento de peso, como a implementação de uma central de energia, pode funcionar como vitrine para a promoção de novos investimentos na economia de forma global.

Desenvolvimento do Mercado Financeiro. A modalidade de *project finance* também pode auxiliar a desenvolver o mercado financeiro interno dos países desenvolvidos, em especial dos bancos nacionais que concedem somente empréstimos de curto prazo. O envolvimento das instituições financeiras de desenvolvimento (DFI, na sigla em inglês) e outras contrapartes transnacionais (*vide* Capítulo 16) podem, paralelamente, ajudar no desenvolvimento do mercado financeiro local.

Transferência de Tecnologia. Para países em desenvolvimento, o *project finance* oferece um modo de gerar investimentos em projetos de infraestrutura financiados pelo mercado para os quais a economia local talvez não tenha os recursos nem as competências necessárias para sua implementação.

Notas do Tradutor

i N.T. A expressão "*industry*", no contexto empregado, refere-se ao conceito de setor da economia, como, por exemplo, petroquímico, hospitalar etc.

ii N.T. No Brasil, quando se trata, especificamente, de serviços públicos ou de atividades de infraestrutura, há dois regimes a serem considerados: o das *concessões comuns*, regido pela Lei Federal n. 8.987/95, e o das *parcerias público-privadas*, regido pela Lei Federal n. 11.079/04. No primeiro, a constituição de uma SPE é facultativa e depende de previsão em cada caso por parte do Poder Público. No segundo, a criação de uma SPE é sempre obrigatória, sendo possível, ainda, que seja autorizada listagem em mercado de balcão.

iii N.T. No caso de serviços públicos ou de atividades de infraestrutura no Brasil, os ativos públicos, ainda que construídos pelo concessionário ou parceiro privado, nunca podem ser alienados, leiloados ou liquidados, razão pela qual, pelas regras contábeis mais atuais, os direitos de exploração concedidos devem ser escriturados ou sob a rubrica de um ativo financeiro, quando há pagamento fixo feito pela Autoridade Contratante, ou de um ativo intangível, quando há o direito de exploração direta da infraestrutura mediante recebimento de tarifa.

iv N.T. A estrutura de *project finance* analisada no livro consiste em viabilizar o projeto, exclusivamente, com as receitas oriundas do fluxo de caixa projetado da operação a ser financiada e sem nenhuma prestação de garantia corporativa, bancária ou pessoal, aval ou qualquer forma de compromisso patrimonial por parte dos acionistas ou patrocinadores do projeto. Essa é a chamada estrutura *non recourse* (sem garantias corporativas). A nota de rodapé nº 05 menciona a hipótese de *limited recourse* (com garantia corporativa limitada), quando algum tipo limitado de garantia corporativa é exigido do acionista ou patrocinador. Há, por fim, os projetos *full recourse* (plenas garantias corporativas) que, embora considerem a possibilidade de quitação da dívida a partir da receita gerada pelo fluxo de caixa projetado, exigem garantias corporativas plenas por parte dos acionistas ou patrocinadores do projeto.

v N.T. A expressão originalmente usada no texto (*Service-Fee*) poderia ser traduzida como "taxa" ou "tarifa". Optou-se, nessa tradução para português brasileiro, pelo termo "tarifa", dado que, no sistema jurídico nacional, o termo "taxa" é reservado para o pagamento pela prestação de serviços disponibilizada diretamente pelo Poder Público e revela uma relação de natureza tributária em sentido estrito.

vi N.T. Trata-se, em regra, de um Contrato de Concessão em sentido amplo. Há vários modelos no sistema jurídico brasileiro: concessão comum (regida pela Lei Federal n. 8.987/95) concessão patrocinada ou administrativa (as "PPP" regidas pela Lei Federal n. 11.079/04), concessão de uso, concessão de direito real de uso e, até mesmo, pode-se cogitar da possibilidade de que um modelo de locação de ativo seja estruturado pela técnica de *project finance*, embora, empiricamente, não se tenha notícia de algum caso no Brasil estruturado dessa forma sem nenhuma garantia prestada pelos acionistas do projeto.

vii N.T. Possivelmente, essa é uma das questões mais controversas no Brasil quando se trata de contratos de concessão em sentido amplo de serviços públicos ou de atividades de infraestrutura. Com efeito, concessões são, fundamentalmente, mecanismos de alavancagem empregados pelo Estado para investir na infraestrutura sem precisar despender recursos próprios e, nesse contexto, a principal função da SPE (do concessionário ou do parceiro privado) consiste em gerenciar todos os riscos e obrigações atrelados ao projeto. Todavia, em função da cultura consolidada dos contratos de obras públicas (Contratos do tipo *Design Build* ou *Design-Bid Build*) em que o contratado é quem deverá se responsabilizar pela construção em sentido estrito, as primeiras experiências, principalmente, com contratos de PPP, enfrentaram resistência à dissociação das funções de gestão e de construção do ativo. Não raro, editais mais antigos de licitações de serviços públicos ou de atividades de infraestrutura focavam, prioritariamente, em avaliar a experiência pretérita dos proponentes na execução de obras de engenharia e não na prestação de serviços de gestão do ativo concedido de forma mais ampla.

viii N.T. Trata-se do conceito de "*tax shield*" que é evidenciado, com muita clareza, ao se compor o custo de capital do projeto por meio da fórmula do Custo Médio Ponderado de Capital (WACC): o custo da dívida é calculado por meio do abatimento do imposto de renda sempre que a legislação local assim o permitir e, no Brasil, tal operação é possível.

CAPÍTULO III

DESENVOLVIMENTO E GESTÃO DO PROJETO

§ 3.1 INTRODUÇÃO

A vida de um projeto pode ser dividida em três fases:

- *Desenvolvimento* — Período durante o qual o projeto é concebido, os Contratos do Projeto são negociados, assinados e entram em vigor, sendo o *equity* aportado[i] e o recurso da dívida do projeto disponibilizado para saque — o final desse processo é conhecido como "Assinatura do Contrato de Financiamento" (*Financial Close*).[26] Essa fase é mais complexa do que pode parecer à primeira vista e, às vezes, estende-se por muitos anos.

- *Construção* — Período durante o qual o recurso da dívida é sacado e o projeto é construído — o final deste processo será denominado, daqui em diante, Conclusão do Projeto (*Project Completion*).

---

26 Também conhecida como "Data de Início de Vigência", ou seja, a data na qual todos os Contratos do Projeto entram em vigor.

- *Operação* — Período durante o qual o projeto dá início à operação comercial e gera fluxo de caixa para pagar o serviço da dívida dos financiadores (*lenders*) e o retorno sobre o *equity* dos investidores.

Os Empreendedores (*Sponsors*) (§ 3.2) desempenham papel primordial durante a fase de desenvolvimento do projeto porque gerenciam esse processo (§ 3.3) com o suporte de consultores externos (§ 3.4). Quando há mais de um Empreendedor envolvido, uma estrutura de *joint venture* deve ser organizada e aprovada (§ 3.5). A Empresa do Projeto é, geralmente, constituída próximo ao final da fase de desenvolvimento e gerenciará o projeto a partir da Assinatura do Contrato de Financiamento (§ 3.6). O projeto costuma ser desenvolvido, inicialmente, por outras partes, que não os Empreendedores, por meio de um processo de licitação pública para a implementação de um projeto de PPP organizado por uma Autoridade Contratante (§ 3.7).

§ 3.2 EMPREENDEDORES E OUTROS INVESTIDORES

A fim de se obter recursos para o empreendimento, os investidores têm que dar prioridade de pagamento aos financiadores, aceitando, desse modo, que eles próprios somente receberão o retorno sobre o *equity* após o serviço da dívida ter sido amortizado. Portanto, os investidores assumem o maior risco financeiro do projeto, mas, ao mesmo tempo, têm maior participação sobre os seus lucros (*pro rata* em relação ao volume de investimento em risco), caso tudo ocorra conforme o planejado.

Os investidores ativos num projeto são, geralmente, denominados "Empreendedores",[27] que significa que seu papel consiste na promoção, desenvolvimento e gerenciamento do projeto. Ainda que

---

27 Os termos "promotores" ou "desenvolvedores" também são empregados, o que pode causar certa confusão em projetos de PPP, uma vez que a Autoridade Contratante, às vezes, também é denominada promotora.

o financiamento seja do tipo sem garantias corporativas (*non-recourse*) (ou seja, os financiadores não recebem garantias corporativas dos Empreendedores), seu envolvimento é extremamente importante. Um dos primeiros fatores que o financiador leva em conta ao decidir participar do financiamento de um projeto é a adequação de seus Empreendedores.

Os financiadores esperam que os Empreendedores tenham:

- experiência no mercado específico; portanto, a capacidade para fornecer suporte técnico ou operacional necessário ao projeto;
- negociações comerciais equivalentes às condições praticadas no mercado para os Contratos Subordinados celebrados com a Empresa do Projeto (caso o Empreendedor também seja uma Empreiteira, ou Subcontratada, conforme denominação adotada no mercado);
- montante razoável de *equity* investido no projeto, que forneça um incentivo aos Empreendedores para dar suporte no sentido de proteger seu investimento caso o projeto venha a enfrentar dificuldades;[28]
- razoável retorno sobre seu investimento de *equity*: se o retorno for demasiadamente baixo isso pode reduzir o incentivo para que os Empreendedores permaneçam na Empresa do Projeto, além de representar cobertura limitada de fundo de caixa para os financiadores (§ 12.3);
- capacidade financeira para (sem que haja a obrigação de) apoiar o projeto, caso este enfrente alguma dificuldade.

28 Nesse contexto, se um Empreendedor recebe uma comissão demasiadamente alta pelo desenvolvimento (*vide* § 12.2.5), a quantia correspondente reduz seu patrimônio líquido de tal forma que poderia se dizer, até mesmo, que não teria mais participação acionária efetiva no projeto. Os financiadores veem com ceticismo os desenvolvedores que apenas desenvolvem os projetos, afastando-se do risco de capital após o recebimento de suas comissões pelo desenvolvimento.

Os Empreendedores mais frequentes em empreendimentos que utilizam a estruturação de *project finance* incluem:

- Empreiteiras de Construção, que aproveitam o investimento em projetos como forma de assegurar contratos de serviços "cativos";
- fornecedores de equipamento, que também aproveitam seu investimento para assegurar contratos de serviços "cativos";
- operadores ou construtoras que prestam serviços de O&M que, também, aproveitam seu investimento para desenvolver suas atividades;
- Fornecedores de Combustível ou de outros Insumos, que se valem do projeto como meio para vender seu produto (uma companhia que forneça gás natural para um projeto de energia, por exemplo);
- Usuários de produtos do projeto (como, por exemplo, a geração de eletricidade) que não pretendem (ou não têm capacidade financeira para) custear a construção de um projeto diretamente ou que estão impedidos de fazê-lo devido à política ou regulamentação governamental, mas que têm os recursos para participar com parte do *equity* da estrutura de financiamento (ou recebem oferta de ações do capital pela celebração de um Contrato *Offtake*);
- empresas que desejam melhorar seu retorno sobre o *equity*, ou distribuir seus riscos em uma carteira de ativos mais ampla no setor em questão para o que poderia ser financiada via *corporate finance* com base na situação de seu balanço patrimonial (§ 2.6.1).

É evidente que um Empreendedor pode ter potenciais conflitos de interesse quanto à sua condição de Empreendedor e enquanto parte de outras relações contratuais com a Empresa do Projeto.[ii] Se o projeto passar pela *due diligence* dos financiadores, estas relações contratuais precisam ter as mesmas condições de (imparcialidade) do mercado.

A Empresa do Projeto que celebrar um Contrato de Construção com acionista contratado como Empreiteira que divirja consideravelmente das condições normais vigentes no mercado (seja com relação a preço ou condições) provavelmente não conseguirá obter financiamento (§ 9.5.4).

Os financiadores não são os únicos a se preocupar com os Empreendedores. Outras partes contratantes com a Empresa do Projeto podem assumir mais riscos do que o risco normal de pagamento na ausência de garantias corporativas. Por exemplo, a Empreiteira de Construção sabe que se os financiadores não liberarem recursos para a Empresa do Projeto, os pagamentos em aberto para com a Empreiteira de Construção provavelmente não são efetuados (§ 9.5.11).

A presença de Empreendedores com os quais a Empreiteira de Construção tenha outros relacionamentos comerciais e tenha concluído Contratos de Construção em outros projetos é certamente relevante, bem como seu comprometimento financeiro junto ao projeto. Da mesma forma, a Autoridade Contratante deseja se assegurar de que o projeto seja desenvolvido, financiado e operado com propriedade (§ 9.14).

Em resumo, um projeto que pareça viável, mas que não tenha Empreendedores confiáveis, ainda que o *project finance* seja sem garantias corporativas, é provável que não obtenha financiamento (a credibilidade financeira dos Empreendedores também é fator crucial, caso tenham que preencher alguma lacuna e assumir mais riscos do projeto fornecendo garantias corporativas limitadas, conforme abordado na seção § 9.13).

§ 3.2.1 Investidores Passivos e Secundários

Os Empreendedores podem trazer outros investidores mais "passivos" ao projeto, tais como:

- fundos de investimento de capital especializados em *project finance,* sobretudo no setor de infraestrutura (apesar da possibilidade de atuarem eles mesmos como Empreendedores);

- investidores institucionais, tais como empresas de seguro de vida[29] e fundos de pensão,[30] que estão preparados para fazer investimentos de capital próprio diretamente nos projetos, em vez de aplicar via fundos de investimentos existentes no mercado;
- acionistas detentores de quotas emitidas pela Empresa do Projeto em bolsa de valores;
- Autoridades Contratantes (§ 3.2.2);
- parceiros locais, sendo, o Empreendedor um investidor estrangeiro;
- As DFIs (sigla em inglês para *Development Financial Institutions*), tais como o International Finance Corporation — IFC (§ 16.5.2), investem diretamente ou por intermédio dos fundos de investimentos;
- fundos soberanos de governos internacionais, que começaram a investir no setor, diretamente, ou por intermédio de fundos de investimentos.

Talvez, investidores passivos prefiram aderir ao projeto no momento da Assinatura do Contrato de Financiamento, em vez de se associarem aos Empreendedores originais, em casos onde o grupo de Empreendedores está concorrendo em licitação pública, por não estarem dispostos a assumir o risco da proposta ou o risco de custo

29 Algumas empresas de seguro de vida também gerenciam fundos próprios de investimento em projetos de infraestrutura.

30 Normalmente, fundos de pensão com patrimônio elevado como os que existem nos Estados Unidos (como o fundo de pensão dos professores do estado da Califórnia), canadenses (como o Plano de Pensão do Canadá, o plano de pensão dos professores do estado de Ontário), de alguns países europeus (Grã Bretanha, Dinamarca, França, Holanda, Suécia) e de outros países do mundo (Austrália, Brasil, Chile). Os fundos de menor porte investem por intermédio de administradores que gerenciam fundos de investimentos. *Vide* CROCE, Raffaele Della. *Trends in large pension fund investment in infrastructure*. Paris: OECD, 2012*.

do desenvolvimento do projeto objeto da licitação promovida pela Autoridade Contratante (§ 3.3; § 3.7; § 12.2.5).

Os investidores que se associam no momento da Assinatura do Contrato de Financiamento são conhecidos coletivamente como "investidores primários", em oposição aos "investidores secundários", ou seja, aqueles que entram em estágio posterior do projeto, através da compra de ações dos investidores primários (§ 14.17).

Os financiadores normalmente exigem dos Empreendedores originais do projeto a manutenção inalterada de sua posição acionária de capital até que a construção tenha sido concluída e esteja a operar por um período razoável; do contrário, os benefícios percebidos de determinados Empreendedores envolvidos no projeto se perderiam (§ 6.3.2; § 7.11; § 9.13). Uma vez que empreiteiras e fornecedores de equipamento, na condição de Empreendedores, talvez não tenham interesse de longo prazo no projeto, os financiadores se sentirão mais confortáveis quando, nesses casos, os Empreendedores formarem parceria com Empreendedores que tenham interesse de longo prazo e, desse modo, possam assegurar que os contratos com o fornecedor de equipamento ou a empreiteira sejam estabelecidos e executados em condições normais de mercado.

§ 3.2.2 Acionistas do Setor Público

A Autoridade Contratante (ou outra entidade do setor público) pode ser acionista em um projeto do qual tenha participação societária, ou seja, um Contrato Principal do Projeto ou um Contrato *Offtake* em que o Tomador é a contraparte do setor público. Em geral, as motivações para a referida participação acionária são:

- reduzir o custo do projeto por meio da compensação de receitas de capital com os Pagamentos do Contrato Principal (porém, se for este o motivo, a análise do setor público deve considerar o grau relativo de incerteza no recebimento de receitas comparado à relativa certeza de sua obrigação de efetuar os

Pagamentos do Contrato Principal, ou seja, o primeiro deveria ser descontado em virtude do risco);

- compartilhar dos ganhos inesperados recebidos dos investidores do setor privado pelas vendas das ações (§ 14.17.1);
- assegurar que o setor público tenha pleno conhecimento em relação aos avanços do projeto.

A dificuldade nessa situação é a possibilidade de conflito de interesses caso o projeto enfrente dificuldades, isto é, se a Autoridade Contratante exercer seus direitos previstos no Contrato Principal do Projeto, poderá perder o seu investimento de *equity*. Entretanto, essas participações (acionárias) são o procedimento padrão de alguns mercados, a exemplo dos projetos de implantação de usinas de processamento no Golfo Pérsico. Em 2012, o Tesouro Britânico também anunciou a exigência de participação (acionária) do governo em projetos de PPP futuros promovidos no Modelo PFI (§ 2.5.2; § 17.5.5). As ações não serão propriedade da Autoridade Contratante, mas de uma unidade separada do Tesouro para mitigar a questão de conflito de interesses.[31]

§ 3.3 DESENVOLVIMENTO DO PROJETO

Como qualquer atividade, o gerenciamento de projeto dentro de uma estrutura de *project finance* requer uma abordagem sistemática e bem-organizada para executar uma série de tarefas complexas e inter-relacionadas. O fator adicional, presente no *project finance,* diz respeito ao fato de os Empreendedores estarem preparados para que as partes externas — financiadores e seus consultores — revisem e, talvez, envolvam-se mais e acompanhem de perto o que os Empreendedores têm feito e estão a fazer, processo que demanda trabalho e tempo adicionais. O financiamento pode, desse modo, tornar-se um importante elemento crítico do processo.

---

31 De forma similar, a Autoridade Contratante enfrenta conflito de interesses ao conceder ou garantir financiamentos para a Empresa do Projeto, como abordado no Capítulo 15.

Como, em qualquer investimento novo, os Empreendedores costumam encomendar um estudo de viabilidade econômica quando estão na fase de considerações iniciais sobe eventual participação no empreendimento, se a estrutura de *project finance* for empregada, os requisitos estruturais resultantes deste estudo (como prazos de vigência dos Contratos do Projeto) também necessitam ser considerados nesse estágio inicial, já que podem afetar a abordagem comercial e, consequentemente, a viabilidade do projeto.

Os Empreendedores precisam montar uma equipe de desenvolvimento interdisciplinar, a depender da natureza do projeto, vinda de áreas como:

- *design,*[iii] engenharia e construção;
- operação e manutenção;
- jurídica;
- contabilidade e tributária;
- estruturação financeira;
- modelagem financeira.

É importante que esta equipe seja bem coordenada: um dos erros mais comuns durante o desenvolvimento de projeto é a aprovação de um Contrato do Projeto comercialmente sólido por parte dos Empreendedores, porém não aceitável de ponto de vista do *project finance*: por exemplo, o combustível pode ser barato, mas em contrapartida o contrato de fornecimento não cobre todo o período do empréstimo, ou ainda, o Contrato de Construção pode ter preço baixo, mas as multas financeiras sobre a Empreiteira da Construção por falta de cumprimento do prazo de entrega da construção não atendem as especificações aprovadas pelos financiadores (§ 8.2.8). Se os Empreendedores não contarem com a competência interna necessária para executar todas essas tarefas, consultores externos devem ser contratados (§ 3.4).

Tendo em vista que o processo de desenvolvimento de todos os projetos pode durar meses, e, até mesmo, anos, a depender do caso, os Empreendedores não devem subestimar a escala dos custos envolvidos. Custos elevados são inevitáveis, dado que a própria equipe da área de desenvolvimento dos Empreendedores pode trabalhar por longos períodos de tempo em determinado projeto, talvez viajando muito ou tendo que estruturar escritório local no país do projeto. Os custos de contratação de consultores externos devem ser acrescentados à soma total. Os custos de desenvolvimento podem chegar a 5–10% dos custos totais do empreendimento, e sempre existe o risco de o projeto não decolar e de os custos respectivos terem que ser liquidados e lançados como prejuízo.[32] Portanto, os sistemas de controle de custos são elementos essenciais. (Há algumas economias de escala; porém, projetos de grande porte tendem a ser mais complexos em termos de estrutura. Assim, os custos de desenvolvimento tendem a ser proporcionalmente mais elevados).

Se os Empreendedores estiverem participando de processo de licitação pública, em vez de desenvolverem seus próprios projetos (§ 3.7), é inevitável que, na melhor das hipóteses, ganhem uma parte das ofertas feitas e, desse modo, os custos das propostas perdidas têm que ser recuperados nas licitações em que forem vencedores (§ 12.2.1).

§ 3.4 O PAPEL DOS CONSULTORES

Vários consultores externos costumam ser contratados pelos Empreendedores durante o processo de desenvolvimento e financiamento do projeto por desempenharem um papel valioso, sobretudo, se o Empreendedor não tiver participado de projetos semelhantes no passado. É provável que tenham tido experiência maior, em vários projetos, do que a equipe interna dos Empreendedores; se um Empreendedor não estiver a executar um cronograma contínuo de investimentos em projetos, empregar pessoas com a competência necessária somente para trabalhar em único projeto pode ser contraproducente. Lançar mão

32 *Vide* DUDKIN, Gerti; VÄLILÄ, Timo. "Transaction costs in public-private partnerships: a first look at the evidence". *Economic and Financial Report*. Luxemburgo, 2005. no contexto da licitação pública de Contratos de PPP (*vide* § 3.7).

de consultores com comprovada experiência de trabalho em projetos bem-sucedidos confere credibilidade ao projeto junto aos financiadores.

Os Empreendedores também contam com outras contrapartes em sua equipe de consultoria, por exemplo, mesmo que a Empreiteira da Construção ou do serviço de O&M não seja um dos Empreendedores, ela pode oferecer consultoria na concepção do projeto baseada em sua experiência prática na operação de projetos semelhantes.

Os financiadores têm um time de consultores a trabalhar em paralelo com os contratados pelos Empreendedores (além do Consultor Financeiro), como parte de seu processo de *due dilligence* (§ 5.5).

§ 3.4.1 Consultor Financeiro

A menos que os Empreendedores já tenham experiência comprovada em desenvolvimento de projetos, correm o risco de se depararem com problemas causados pelas negociações dos termos e condições de Contratos do Projeto que, mais tarde, poderão ser considerados inaceitáveis pelo mercado financeiro. Portanto, Empreendedores sem equipe interna competente e experiente em operações de *project finance* devem contratar uma consultoria financeira para se assegurar de que estão no caminho certo enquanto desenvolvem o projeto. Serviços de consultoria financeira são oferecidos por bancos de investimento, escritórios de contabilidade ou butiques de consultoria. Há três tipos de envolvimento possíveis por parte dos consultores financeiros:

- assessoria aos Empreendedores que desenvolvem seus próprios projetos;
- assessoria à Autoridade Contratante que promove uma licitação pública (§ 3.7.1);
- assessoria a potenciais Empreendedores que concorrem em licitações públicas.

A Tabela 3.1 apresenta a relação dos "*top* 20" consultores financeiros do mercado de *project finance* em 2012, baseada no porte do projeto na

Tabela 3.1 — Os Top 20 consultores financeiros e montantes dos projetos assinados, 2012.

Consultor	**Tipo**	**País**	**Valor (US$ milhões)**
Crédit Agricole	Banco	França	41.207
Mizuho	Banco	Japão	40.000
Royal Bank of Scotland	Banco	Grã-Bretanha	16.625
Macquarie	Banco	Austrália	13.392
HSBC	Banco	Grã-Bretanha	12.053
KPMG	Consultoria contábil	Grã-Bretanha	9.830
Rothschild	Banco de Investimento	Grã-Bretanha	9.570
Société Générale	Banco	França	9.470
Ernst & Young	Consultoria contábil	Grã-Bretanha	9.915
PwC	Consultoria contábil	Grã-Bretanha	8.439
Sumitomo Mitsui Banking Corp	Banco	Japão	8,065
BNP Paribas	Banco	França	4.696
ING	Banco	Holanda	4.000
State Bank of India	Banco	Índia	3.342
Citigroup	Banco	E.U.A.	3.109
Natixis	Banco	França	2.468
Green Giraffe Energy Bankers	Butique de consultoria	França	1.745
Bank of Tokyo-Mitsubishi UFJ	Banco	Japão	1.600
Unicredit	Banco	Itália	1.238

Fonte: *Project Finance International, issue* 496 (January 16, 2013).

Assinatura do Contrato de Financiamento. Com frequência, os bancos de investimento atuam acumulando as funções de bancos-líderes, e de consultor financeiro (§ 5.2.3): daí a ocorrência dos mesmos nomes dos maiores financiadores listados na Tabela 4 do Capítulo 4. Como pode ser observado nessa tabela, os principais consultores financeiros são os escritórios de contabilidade, os bancos de investimento e as butiques de assessoria.

O consultor financeiro em operações de *project finance* tem um papel mais abrangente do que em operações de financiamento convencional de empresas (*corporate finance*). A estrutura do projeto deve atender os requisitos estabelecidos pelos contratos de *project finance*, portanto o consultor financeiro deve prever os problemas mais prováveis que podem ocorrer durante o processo de *due diligence* dos financiadores, assegurando-se de que eles sejam discutidos nos Contratos do Projeto ou nos demais documentos do projeto.

As condições de contratação do assessor financeiro são previstas em um contrato de consultoria, geralmente celebrado com os Empreendedores. (Os Empreendedores podem transferir o contrato de consultoria à Empresa do Projeto nos estágios posteriores do processo de desenvolvimento). O âmbito dos trabalhos do consultor financeiro previsto no acordo de consultoria costuma compreender:

- assessoria nas questões que envolvem a estrutura financeira ideal para o projeto;
- elaboração do modelo financeiro para o projeto;
- suporte na elaboração de um plano financeiro;
- assessoria sobre as fontes de financiamento e prováveis condições e prazos financeiros;
- assessoria quanto às implicações financeiras dos Contratos do Projeto e assistência na negociação de cada um deles;
- elaboração de memorando de informação para apresentar o projeto aos mercados financeiros;
- assessoria quanto às propostas de avaliação do financiamento;
- assessoria quanto à seleção comercial de bancos financiadores ou à emissão de títulos;
- assistência na negociação da documentação do financiamento.

Os consultores financeiros são, geralmente, pagos por meio de um pacote de remuneração que combina honorários fixos ou contratação baseada nas horas trabalhadas e uma comissão *ad exitum* pela obtenção do financiamento. Os custos mais comuns, tais como diárias de viagem, também são pagos pelos Empreendedores e são cobrados da Empresa do Projeto no devido tempo como parte do custo de desenvolvimento (§ 13.5.1).

É evidente que o consultor financeiro precisa ter um bom histórico de sucesso em fechamento de projetos de mesma espécie, e (se possível) no mesmo país do empreendimento. Os Empreendedores também precisam se assegurar de que o profissional que executa o trabalho na prática tenha experiência, em vez de confiar apenas na reputação e histórico de sucesso do consultor financeiro.

Estes serviços financeiros de consultoria são fundamentais ao desenvolvimento bem-sucedido do projeto, porém, têm custo elevado (cerca de 1% do volume de financiamento captado em projetos de médio porte; entretanto, uma grande parte desse montante é baseada no sucesso). É possível reduzir o custo usando os serviços de uma butique de consultoria menor, ou ainda consultores individuais; porém, desenvolvedores menos experientes podem se sentir desconfortáveis por não contratar consultores de renome. Há, sempre, o risco de que o consultor financeiro — embora bem qualificado — seja da opinião de que o projeto seja financiável, mas com o qual o mercado financiador não concorde.

§ 3.4.2 Consultor Jurídico

Consultores jurídicos têm que lidar não apenas com os Contratos do Projeto, mas, também, com as interações com os requisitos do *project finance*, assim como estar familiarizados com a documentação dos ajustes e contratos envolvidos em *project finance*. Esse trabalho tende a se concentrar em um seleto grupo de grandes e renomados escritórios de advocacia americanos e ingleses que acumularam a necessária combinação de competências. Entretanto, para projetos fora dos Estados Unidos e Grã-Bretanha, também é possível contratar consultores jurídicos locais com competência para tratar de negócios no país residente do projeto. Portanto, às vezes, é necessário coordenar duas equipes de advogados.

Devido ao fato de grande parte do financiamento de projetos se concentrar na estruturação de contratos, os consultores jurídicos têm papel fundamental e o tempo disponibilizado por eles deve ser consumido de modo eficiente, sobretudo, se forem remunerados por horas trabalhadas, em vez de por honorários fixos.[33] Por exemplo, o advogado não deve se envolver, desnecessariamente, nas decisões a serem tomadas sobre a estrutura econômica do projeto, tampouco começar a redigir minutas de contratos até que se decida como a operação será delineada. Por outro lado, a experiência dos advogados em soluções comerciais em transações anteriores pode ser muito útil para os Empreendedores no processo de negociação.

§ 3.4.3 Outras Consultorias

Frequentemente, outras consultorias são contratadas e, de modo geral, seus custos são muito mais baixos que os dos consultores jurídicos e financeiros; entre elas, tem-se:

Engenharia. Para a função de Engenheiro do Acionista, *vide* § 8.2.4.

Ambiental. Na maioria dos países, a elaboração de um Estudo de Impacto Ambiental (EIA) é necessária antes de dar continuidade a um projeto de grande porte para a qual os Empreendedores, provavelmente, terão que contratar consultores especializados. Questões ambientais são de suma importância para os Investidores, que não querem sua imagem associada a projetos que causam dano ambiental, mesmo que não tenham reponsabilidade jurídica sobre eles (§ 9.10).

Risco de Mercado. Os consultores de risco de mercado são necessários para analisar aspectos do projeto não abrangidos pelos contratos (a exemplo do fornecimento de combustível,

---

33 Os chamados honorários "fixos" dos consultores tanto financeiros quanto jurídicos raramente são 100% pré-fixados, pois estarão sujeitos a um limite máximo definido com base, por exemplo, no fato de que, se a Assinatura do Contrato de Financiamento não ocorrer até determinada data final acordada previamente, honorários adicionais são cobrados daquela data em diante. Como os cronogramas do processo de desenvolvimento do projeto são comumente otimistas, sobretudo no início dos trabalhos, o pagamento por tempo excedente ao previsto são bastante comuns.

compra de produto, ou riscos do fluxo de tráfego), caso os Empreendedores não tenham competência ou conhecimento do mercado. A experiência destes consultores e seu grau envolvimento no projeto são elementos fundamentais ao processo de *due diligence* promovido pelos Investidores.

Contadores. Os contadores prestam assessoria sobre os aspectos contábeis e fiscais do projeto, tanto para a Empresa do Projeto em si, quanto para os Empreendedores (se o contador acumular a função de consultor financeiro, esta função será incluída nessa categoria).

Modelador Financeiro. Se os Empreendedores têm confiança suficiente em sua própria capacidade de captação de recursos para um financiamento, podem dispensar o consultor financeiro; porém, costumam manter o analista de modelagem financeira que, geralmente, trabalha em uma butique de modelagem.

Seguro. Para a função de corretor de seguros, *vide* § 8.6.

§ 3.5 *JOINT VENTURES*

O montante de investimento de *equity* na Empresa do Projeto pode ser dividido entre diversos Empreendedores (§ 2.6.1), conhecidos como "consórcio", embora este termo não tenha nenhum significado estritamente jurídico.[iv] O desenvolvimento de um projeto por meio de uma *joint venture* acrescenta uma dose de complexidade: um sócio pode ter um bom entendimento da operação e outro não; as diferenças culturais se tornam mais críticas durante a análise detalhada dos contratos de *project finance*; ou as negociações com os financiadores podem ser realizadas antes de que todas as questões relacionadas às parcerias internas tenham sido resolvidas. De fato, são comuns os atrasos no desenvolvimento de um projeto, não porque os financiadores criem problemas, mas porque os Empreendedores não conseguem chegar a um acordo sobre questões de maior relevância.

A boa comunicação entre os Empreendedores é, portanto, crucial, sobretudo, quando se trata de uma operação de *project finance*. É fundamental montar uma equipe comprometida e assegurar uma clara divisão de funções e responsabilidades. Por exemplo, um Empreendedor pode ser o responsável primário pelo financiamento, outro, pelo Contrato de Construção. Caso um dos Empreendedores celebre um Contrato Subordinado com a Empresa do Projeto, outro Empreendedor deve supervisionar a negociação desse contrato, em nome da Empresa do Projeto para evitar evidente conflito de interesses. Empreendedores que desenvolvem um projeto em parceria celebram um Acordo de Desenvolvimento, que disciplina assuntos como:

- âmbito e estrutura do projeto;
- compromisso de exclusividade;
- funções e responsabilidades do gerenciamento;
- programa de estudos de viabilidade, contratação de consultores, negociações com a Empreiteira da Construção e demais partes dos Contratos do Projeto e relacionamento com financiadores;
- normas para o processo de tomada de decisões;
- arranjos para a captação de recursos para financiar os custos de desenvolvimento, ou seja, custos de pessoal e dos consultores externos contratados pelos Empreendedores durante a fase de desenvolvimento do projeto (que podem ser recuperados somente se o projeto de fato seguir em frente), e para creditar estes custos contra toda a alocação de *equity* de cada Empreendedor, levando-se em consideração o montante de custos e a data de ocorrência (§ 12.2.5);
- disposições disciplinadoras da "reserva de funções" (por exemplo, se um dos Empreendedores for escolhido como Empreiteira da Construção sem ter participado de concorrência com terceiros); trata-se de uma disposição complexa, a menos que se possa estabelecer, ao mesmo tempo, o âmbito e a base de preço;
- qualquer tipo de garantia (de conclusão, custos excedentes ou demais garantias oferecidas por um ou mais Empreendedores) (§ 9.13);
- disciplina que disponha sobre a retirada de um Empreendedor do projeto e sobre a respectiva venda de sua participação acionária;
- disposições sobre solução de conflitos.

As decisões importantes sobre o projeto têm que ser tomadas unanimemente porque se o projeto se desenvolve em uma direção não aceitável para um parceiro, este não desejará continuar a patrocinar o projeto. Questões menores, como a nomeação de um consultor, podem ser aprovadas por maioria de votos. Se um Empreendedor deseja se retirar, os demais Empreendedores têm preferência na compra da participação acionária. O Acordo de Desenvolvimento é, posteriormente, substituído por um Acordo de Acionistas, quando a Empresa do Projeto é formalmente constituída e assume a responsabilidade pelo projeto (§ 3.6.2).

§ 3.6 A EMPRESA DO PROJETO

§ 3.6.1 Estrutura

A Empresa do Projeto está no cerne de todas as relações contratuais e financeiras da estrutura de *project finance*[34] Essas relações devem estar contidas dentro de um "pacote" do *project finance,* que significa que a Empresa do Projeto não está autorizada a realizar nenhuma outra transação ou negócio que não faça parte do projeto (já que o *project finance* depende da capacidade dos financiadores de avaliarem o projeto enquanto entidade autônoma). Assim, na maioria dos casos, uma nova empresa é constituída, especificamente, para a execução do projeto. Por razões de segurança e controle, os financiadores preferem que seja constituída na modalidade de sociedade de responsabilidade limitada e com propósito específico (§ 14.7.2).

Em geral, a Empresa do Projeto é constituída para atuar no país onde o projeto se realizará, embora possa, ocasionalmente, ser vantajoso constituí-la fora do país. Os Empreendedores podem usar uma *holding* intermediária em um terceiro país de regime fiscal mais favorável, por exemplo, para evitar a cobrança de tributos sobre ganho de capital no

---

34 Também é chamada de "Sociedade de Propósito Específico" (SPE), "Veículo de Propósito Específico" (VPE, na sigla em português para *Special Purpose Vehicle*), 'Sociedade de Propósito Especial' (também SPE na sigla em português para *Special Purpose Entity*) ou, no caso das PPPs, a "Empreiteira" ou "Particular".

caso de lucro com a venda das ações de sua participação na Empresa do Projeto (ao invés de vender apenas a *holding*), ou para garantir que não haja retenção de imposto de renda sobre os dividendos (§ 13.7.6). A estrutura da *holding* pode ser também necessária como parte do pacote de garantia oferecido aos financiadores (§ 14.7.2).

Em certos projetos, adota-se uma forma diferente da sociedade limitada. A alternativa mais comum é a chamada "*limited partnership*" [em que os investidores pertencem à categoria de sócios com responsabilidade limitada, sendo que os gestores pertencem à categoria de sócios com responsabilidade ilimitada], em que a responsabilidade dos Empreendedores permanece limitada como se fossem sócios de uma sociedade limitada, mas sendo o resultado do projeto tributado diretamente do *quantum* dos Empreendedores, podendo a depreciação fiscal sobre os custos de capital ser deduzida diretamente de outras receitas que não as da Empresa do Projeto.

Em empreendimentos no setor de petróleo e gás, os Empreendedores podem usar uma *joint venture* sem personalidade jurídica como veículo para captar recursos junto aos financiadores. Os Empreendedores assinam um contrato [típico de *joint ventures*] que dispõe sobre a operação do negócio, permitindo que um dos "sócios" seja o gestor-operador, responsável pelas tarefas de gerenciamento do dia a dia e sujeito ao controle de um comitê operacional. Esse sócio operador assina Contratos do Projeto (por exemplo, para a construção de uma plataforma de petróleo) e faz solicitação de aportes de capital ou injeção de caixa dos demais Empreendedores. Se um Empreendedor deixa de cumprir sua parte, os demais podem se encarregar do pagamento, ficando perdida a participação societária do inadimplente que não remediar a situação.

A responsabilidade do operador para com terceiros precisa ser bem clara e definida nos termos dos Contratos do Projeto: fica o operador diretamente responsável e confiando no reembolso a partir dos aportes de caixa, ou age na qualidade de representante dos demais Empreendedores, incorrendo em responsabilidade em nome deles? Nessa estrutura, os Empreendedores, geralmente, participam através de SPEs individuais, podendo captar recursos, individualmente, por intermédio dessas empresas para cobrir a sua participação nos custos do projeto, ao invés de levantarem fundos coletivamente para o projeto. Esse tipo de estrutura traz vantagens para os Empreendedores com boa classificação de crédito e que desejem captar fundos em regime de *corporate finance*, enquanto outros sócios financeiramente mais fracos usam o *Project Finance* para cobrir sua participação. (Entretanto, a posição das garantias dos financiadores pode ficar aquém do ideal nesses casos).

§ 3.6.2 Acordo de Acionista

No caso de haver mais de um Empreendedor, assim que a Empresa do Projeto tenha sido constituída e se tornado responsável por gerenciar a implementação do projeto, o Acordo de Desenvolvimento celebrado, previamente pelos Empreendedores (§ 3.5) é, normalmente, substituído por um Acordo de Acionistas (sendo possível haver um único acordo para ambas as fases do projeto). O Acordo de Acionistas disciplina questões como:

- participação societária percentual;
- procedimentos para subscrição de *equity* (ações);
- *quantum* de votação na assembleia geral;
- votação e representação no Conselho de Administração;
- nomeação e alçadas de aprovação da gestão/diretoria;
- conflitos de interesse (por exemplo, se a Empreiteira da Construção for, também, um Empreendedor, talvez não seja permitido participar das discussões ou votações do Conselho sobre aspectos relacionados ao Contrato de Construção);
- elaboração do orçamento;
- distribuição de lucros;

- venda de ações dos Empreendedores, geralmente, com direito de preferência para os demais Empreendedores, ou direito do tipo "*tag along*", ou seja, se um Empreendedor decide vender suas ações a terceiros, os demais terão a opção de vender as suas a esses terceiros pelo mesmo preço;
- matérias reservadas, ou seja, decisões que exigem a aprovação unânime dos acionistas;
- disposições para solução de conflitos.

Algumas dessas disposições podem ser incluídas no contrato ou estatuto da Empresa do Projeto em vez de constar do Acordo de Acionistas. Os Empreendedores também celebram um Acordo de Subscrição de *Equity* separado com a Empresa do Projeto para aportar os valores correspondentes à sua participação no capital, como e quando requisitado, durante a construção do projeto (§ 12.2.3); e, portanto, o acordo é subscrito com os financiadores como parte de seu pacote de securitização (§ 14.7.1).

Joint ventures "50:50", isto é, com participação igualitária entre dois Empreendedores, não são incomuns no mercado de *project finance*, e causam problemas óbvios na tomada de decisões. Mesmo em casos com maior número de Empreendedores, ainda assim nem sempre é possível chegar a um consenso se um sócio minoritário puder bloquear uma votação sobre questões importantes. A arbitragem ou outros procedimentos legais raramente são um meio prático a seguir neste contexto. Claramente, se gerado um impasse, um dos sócios terá que comprar a participação do outro, e para isso deve-se estabelecer um processo adequado. Outra abordagem seria solicitar que ambas as partes fizessem lances para aquisição das ações da outra parte, vencendo o lance mais alto para a compra da participação do outro Empreendedor.

§ 3.6.3 Gerenciamento e Operações

A Empresa do Projeto não deve ter ativos nem passivos, exceto aqueles diretamente relacionados ao projeto, e essa é a razão pela qual uma nova empresa deve ser constituída em vez de se utilizar uma já existente, que pode ter obrigações e passivos acumulados. A Empresa do Projeto também se compromete junto aos financiadores a não receber ativos ou passivos alheios ao projeto no futuro (§ 14.10.2).

De modo geral, a Empresa do Projeto é constituída em estágio posterior no processo de desenvolvimento do projeto (a menos que Licenças e Autorizações para o projeto tenham que ser emitidas antes ou que se tenham que celebrar Contratos do Projeto) porque, em princípio, não tem nenhuma função a desempenhar até que o *project finance* esteja em funcionamento. Os Empreendedores podem, até, celebrar alguns dos Contratos do Projeto num primeiro momento (por exemplo, um Contrato de Construção) e transferi-los, oportunamente, à Empresa do Projeto (§ 8.2.2).

Do mesmo modo, a Empresa do Projeto pode não ser formalmente constituída nem contar com estrutura de gestão até um estágio posterior, enquanto os funcionários dos Empreendedores vão fazendo o trabalho de desenvolvimento do projeto. Há, entretanto, uma coincidência muito limitada entre as competências necessárias no estágio de desenvolvimento e aquelas necessárias assim que a Empresa do Projeto inicie suas atividades quando o projeto estiver em execução, momento em que uma nova equipe passa a assumir a gestão do projeto após a Assinatura do Contrato de Financiamento. Há que se fazerem ajustes para assegurar uma transição tranquila entre as duas fases do projeto, como trazer a equipe do pós Assinatura do Contrato de Financiamento para participar das negociações no momento adequado a fim de que compreendam o que é exigido. Também útil para a equipe de desenvolvimento é a redação de um "manual de operações" sobre aspectos relacionados ao financiamento do empreendimento, de modo que seja fornecido um guia sobre a documentação e resumo dos requisitos estabelecidos pelos financiadores.[35]

Assim como a transição da fase de desenvolvimento à Assinatura do Contrato de Financiamento precisa ser bem gerenciada, também a

---

35 *Vide* § 7.4 para um exercício semelhante com as figuras do Tomador e da Autoridade Contratante.

transição posterior da fase de construção à fase de operação deve envolver uma nova equipe na Empresa do Projeto, sendo necessária uma transição de gestão semelhante.

Há dois modelos de organização para que a Empresa do Projeto execute o projeto após a Assinatura do Contrato de Financiamento. O primeiro é operar o projeto com seus próprios funcionários, e, o outro, é terceirizar todas suas operações ou parte delas para os acionistas, Investidores ou terceiros (e pagar comissões pelos serviços). A organização pode combinar as duas abordagens, sendo algumas funções executadas internamente e as demais terceirizadas. A decisão sobre quais funções devem ser mantidas internamente ou terceirizadas envolve, antes de tudo, uma análise de custo-benefício. Se os Empreendedores estão realizando uma série de projetos semelhantes, uma gestão mais centralizada de várias Empresas do Projeto pode ser a abordagem mais econômica.

Portanto, durante a fase de construção, a equipe de pessoal da Empresa do Projeto pode ser formada pela combinação de seu próprio *staff*, pelos funcionários da Empreiteira da Construção, e por consultores externos como o Engenheiro do Acionista (§ 8.2.4). Uma vez que o projeto esteja concluído, a operação e a manutenção podem ser executadas pela própria Empresa do Projeto ou por terceiros no papel de gestor-operador dentro de um Contrato de O&M ou de Manutenção (§ 8.3).

Caso um dos Empreendedores tenha que assumir o papel de gestor (sem ser Empreiteiro de O&M, ou de Manutenção, que é examinado separadamente como discutido na seção § 8.3), será necessária a assinatura de um Contrato de Gestão (que, após revisão, terá sua versão final aprovada pelos financiadores), a definir o âmbito e os custos de tais serviços, que podem incluir contabilidade e tributação ou gestão de pessoal, dentre outras atividades.

Os Empreendedores devem estar bastante organizados no que diz respeito a assegurar que a gestão de engenharia e construção esteja funcional na data da Assinatura do Contrato de Financiamento, embora, por vezes sejam omissos em relação à organização do financiamento da Empresa do Projeto. A nova Empresa do Projeto precisa contar com sistemas em operação para fazer com que a equipe tenha compreensão imediata dos complexos requisitos da documentação relativa ao financiamento, não apenas em relação à liberação ou ao uso dos recursos fornecidos por esses arranjos, mas também para lidar com os requisitos de reporte impostos pelos financiadores (§ 14.5).

Se a Empresa do Projeto pretender usar seu próprio *staff* para operar o projeto (ou seja, sem contratar Empreiteira de O&M externa), é natural que os financiadores desejem obter a comprovação de seus requisitos de experiência pelo pessoal interno. Embora os funcionários da área operacional não precisem começar a trabalhar até que o processo da construção esteja concluído, os funcionários essenciais devem estar a postos no início da construção: em primeiro lugar, para usar suas competências e conhecimento especializado para assegurar que o planejamento do projeto esteja apropriado do ponto de vista operacional e, segundo, porque os financiadores desejam se certificar de que os funcionários essenciais estejam lá antes de iniciarem a liberação dos fundos. A Empresa do Projeto também terá que estabelecer diretrizes claras sobre a estrutura e grau de autonomia de sua gestão e sobre quais situações devem ser relatadas à diretoria: essa matéria faria parte do Acordo de Acionistas (*vide* § 3.6.2).

Um Contrato de Prestação de Serviços de Suporte, com um ou mais Empreendedores com a devida experiência operacional para fornecer suporte técnico de retaguarda, peças sobressalentes etc. à Empresa do Projeto, pode também oferecer alguma tranquilidade aos financiadores, mesmo que se possa esperar que, havendo ou não tal contrato, os Empreendedores fornecerão suporte técnico e operacional a fim de proteger de alguma forma o investimento feito por eles. Em função de o Contrato de Prestação de Serviços de Suporte não custar nada a não ser que o suporte seja de fato solicitado, não há razão para a Empresa do Projeto não celebrá-lo caso os financiadores considerem necessário. Nada obstante, os Empreendedores têm que cuidar para que o Contrato de Prestação de Serviços de Suporte não seja usado, pelos financiadores, como artifício para responsabilizá-los pelo desempenho do projeto por meio, por exemplo, da inserção de cláusulas genéricas que responsabilizem os Empreendedores por culpa.[36]

---

36 Também conhecido como Contrato de Suporte Técnico.

§ 3.7 LICITAÇÃO PÚBLICA

A descrição do processo de desenvolvimento do projeto contida na seção acima pressupõe que o projeto esteja, inteiramente, sob o controle dos Empreendedores. Porém, nem sempre é esse o caso. Os projetos que envolvem fornecimento de produtos ou serviços para o setor público nos termos de um Contrato Principal do Projeto são, inicialmente, desenvolvidos por uma Autoridade Contratante, que, então, realiza o chamamento público,[v] via edital, de propostas de financiamento e construção do projeto e fornecimento do produto ou serviço. (Determinado Tomador do setor privado, por exemplo uma distribuidora de energia elétrica privatizada que precise que uma central elétrica seja construída para suprir suas necessidades, pode escolher passar pelo mesmo processo). Certamente, muito do que foi dito acima sobre o processo de desenvolvimento de projeto próprio dos Empreendedores ainda se aplica, mesmo que estejam participando de licitação por contrato desenvolvido por uma Autoridade Contratante.

A licitação pública de Contratos Principais de PPPs é um processo inevitavelmente complexo. Em uma licitação pública tradicional, o projeto é desenvolvido pela Autoridade Contratante e, em seguida, as empreiteiras são contratadas para construí-lo. O âmbito do processo de concorrência pública em PPP é muito mais amplo:

- Projeto e construção são normalmente integrados;
- A contratação também tem que lidar com a operação de longo prazo do projeto;
- A Autoridade Contratante precisa entender os requisitos da estrutura de *project finance* e consequentemente a capacidade de financiamento das propostas (viabilidade creditícia).

O mesmo se dá com os Empreendedores. É importante, para a Autoridade Contratante, valer-se de um processo eficiente de gestão de projeto para lidar com a contratação pública (§ 3.7.1), bem como contar com a *expertise* de consultores externos (§ 3.7.2). Aprovações formais são geralmente exigidas a cada estágio do processo de desenvolvimento do projeto (§ 3.7.3). Há vários tipos de modalidades de licitação pública (§ 3.7.4). Em geral, o próprio processo de licitação pública é realizado em diversos estágios:

- pré-qualificação (§ 3.7.5);
- solicitação para propostas para os licitantes pré-qualificados (§ 3.7.6);
- negociação (§ 3.7.7);
- avaliação das propostas (§ 3.7.8).

Várias questões podem se apresentar durante o processo de licitação pública (§ 3.7.9). Em alguns casos, os próprios Contratos Subordinados da Empresa do Projeto podem ter que passar por um processo semelhante (§ 3.7.10). A Autoridade Contratante também pode ter de lidar com propostas não solicitadas (§ 3.7.11). Os potenciais financiadores que apoiam o licitante (ou proponente) também desempenham papel fundamental neste processo (§ 3.7.12).

Quando da Conclusão do Projeto, a Autoridade Contratante precisará de um eficiente sistema de monitoramento contratual (§ 3.7.13).

§ 3.7.1 Gerenciamento do Projeto

A melhor prática de gerenciamento de projetos para a Autoridade Contratante em processo de licitação pública para PPPs é criar uma diretoria de projeto separada da equipe do projeto.

Diretoria do Projeto. A diretoria do projeto é formada pelos responsáveis pelas áreas mais importantes na estrutura organizacional da Autoridade Contratante e de outras partes pertinentes dentro do setor público. Seu papel consiste na supervisão geral da licitação pública e aprovação em todas as esferas políticas relevantes, geralmente sujeitas a aprovação final perante o escalão ministerial. Entretanto, a diretoria não pode se envolver no detalhamento da negociação, pois essa função fica a cargo da equipe do projeto, que seguirá as diretrizes de políticas aprovadas.

A diretoria do projeto é, geralmente, presidida por um funcionário de escalão elevado da Autoridade Contratante, frequentemente, conhecido como o Secretário Executivo (*Accounting Officer*), responsável, em primeiro lugar, por assegurar que o andamento do projeto progrida da melhor forma.

Equipe do Projeto. A própria equipe do projeto deve ser liderada por um diretor de projeto, para quem este deveria ser um cargo em tempo integral, e não um conjunto de responsabilidades diversas na estrutura organizacional da Autoridade Contratante. O diretor de projeto deve se reportar à diretoria do projeto em períodos regulares. Outros integrantes da equipe do projeto devem ser selecionados (e, depois, contratados) nos setores e departamentos especializados na organização da Autoridade Contratante, tanto técnicos quanto financeiros, de modo a cortar os caminhos das linhas de subordinação tradicional. Alguns dos integrantes da equipe serão capazes de combinar o seu trabalho com responsabilidades rotineiras, mas outros, por exemplo, funcionários técnicos essenciais, não poderão.

Buscar pessoas dentro do quadro funcional da Autoridade Contratante para realizar esse trabalho não é tarefa fácil. Servidores públicos nem sempre têm experiência prévia de trabalho em uma PPP, e talvez nunca voltem a trabalhar em outra. Logo, a licitação pública (de uma PPP) não se encaixa, facilmente, dentro do curso normal da carreira deles, e eles podem não se sentir inclinados nem dispostos a se envolver, já que os riscos de algo dar errado são maiores do que os benefícios resultantes para a carreira, caso tudo dê certo. Além disso, uma vez que os funcionários públicos tenham adquirido a experiência de trabalhar em uma importante PPP, imediatamente se tornam atraentes para o setor privado, cujos salários não se equiparam aos do setor público, a relegar o setor público à constante situação de desvantagem em relação ao setor privado. Mesmo que isso não aconteça, funcionários públicos com experiência em PPP podem ser reintegrados a seus postos nos departamentos originais e não retornar da próxima vez que uma PPP aparecer em outro departamento, ou seja, a base de conhecimento e experiência do setor público em PPPs pode se perder com muita facilidade.

Esse problema pode ser parcialmente superado se houver uma unidade central de PPP no país em questão para fornecer suporte (e, em alguns, casos para controlar) as licitações públicas de PPP. Muitos países têm criado tais unidades, em geral, mas não sempre, como um departamento ou órgão do Ministério da Fazenda[37] para oferecer conhecimento especializado, tanto no nível de diretoria do projeto quanto no de equipe do projeto como um todo, a garantir coerência à abordagem da Autoridade Contratante da PPP dentro do governo (ainda que tenha de lidar com a "evasão" de funcionários para o setor privado).

§ 3.7.2 Consultores

A Autoridade Contratante também pode contratar consultores externos, que desempenham papéis semelhantes àqueles realizados pelos Empreendedores e discutidos na seção § 3.4, e que passam a fazer parte da equipe do projeto. É importante garantir que eventual gestão fraca do projeto por parte da Autoridade Contratante não resulte na captura da gestão da contratação pelos interesses dos consultores.[38]

---

37 Cf. *Public-Private Partnership Units: Lessons for their Design and Use in Infrastructure* (World Bank/PPIAF, Washington DC, 2007)*, *Dedicated Public-Private Partnership Units: A Survey of Institutional and Governance Structures* (OECD, Paris, 2010)*; Emilia Istrate & Robert Puentes, *Moving Forward on Public Private Partnerships: U.S. and International Experience with PPP Units* (Brookings Institution, Washington DC, 2011)*.

38 Cf. Toolkit: A guide for hiring and managing advisors for private participation in infrastructure (World Bank/PPIAF, Washington DC, 1999)*.

Os custos dos consultores são substanciais (sobretudo consultores jurídicos e financeiros), e a Autoridade Contratante pode não ter orçamento disponível para cobrir estes custos. Há várias soluções possíveis:

- *Custos pagos pelo licitante vencedor*[vi] — O licitante vencedor paga os custos dos consultores da Autoridade Contratante e os acrescenta ao custo total do projeto, a fim de que sejam cobertos pelos Pagamentos do Contrato. O único problema é se a Autoridade Contratante decidir não seguir com a operação, hipótese em que arcará com esses custos, o que, na pior das hipóteses, pode incentivar a Diretoria do Projeto a impulsionar um projeto que ela está ciente de que deveria ser realmente ser abandonado.

- *Custos pagos pelo Ministério da Fazenda* — O Ministério da Fazenda pode fornecer recursos para custeio das despesas com consultores, que se recuperam na assinatura do Contrato Principal do Projeto. Essa é uma abordagem bastante comum, mas ainda exerce pressão para assinar o negócio, embora essa possa não ser a melhor escolha.[39]

- *Instalações de Preparação do Projeto* — Há diversas fontes para subvenções não reembolsáveis voltadas ao desenvolvimento de países em desenvolvimento.[40]

---

39 Alguns países oferecem fundos especiais que atuam de forma semelhante. Por exemplo, o IIPDF (na sigla em inglês para *Infrastructure Project Development Fund*) foi criado pelo governo em 2008, e financia até 75% dos custos do desenvolvimento do projeto caso a Autoridade Contratante concorde em financiar o saldo remanescente; novamente, esta captação de recursos é recuperável da parte do proponente vencedor.

40 Cf. Infrastructure Consortium for Africa (ICA), *Infrastructure Project Preparation Facilities: User Guide–Africa* (ICA/PPIAF, Tunis, 2006)*; LEIGLAND, James; ROBERTS, Andrew. "The African project preparation gap". *Gridlines*, nº 18, Washington, 2007*. Cambridge Economic Policy Associates, *Assessment of Project Preparation Facilities for Africa (Report for ICA)* (African Development Bank, Tunis, 2012)*.

§ 3.7.3 Desenvolvimento do Projeto

As melhores práticas para contratação pública em PPPs envolvem revisões e aprovações formais (por exemplo, do departamento de PPP do Ministério da Fazenda) em vários estágios do desenvolvimento do projeto e processos de concorrência, que fornecem uma base para seguir adiante para o próximo estágio. Os estágios típicos de revisão são:

Plano de Negócio Inicial.[41] Nessa etapa, o projeto é avaliado a partir de um nível elevado para confirmar se se encaixa na estratégia do governo, e são verificadas as várias opções para concretizá-lo e se é o caso de enquadrá-lo na aquisição por meio do regime de PPP. Normalmente, é curto e simples. Se o Plano de Negócio é aprovado, a Autoridade Contratante então contrata Consultores externos.

Esboço de Plano de Negócio.[42] Nessa etapa avalia-se, em detalhe, se o projeto é necessário, com base em análise de custo-benefício (que se aplica a qualquer investimento de grande porte do setor público). Em seguida, o âmbito e os custos estimados de um Contrato Principal do Projeto são projetados em detalhe e um modelo financeiro baseado nestas estimativas (conhecido como "Modelo *Shadow Bid*" ou "Modelo de Licitação Sombra") é elaborado, levando em consideração: os custos de capital previstos (na construção), custos operacionais e custos permanentes, e os custos prováveis da estruturação do *project finance* do setor privado (*vide* Capítulo 12 e Capítulo 13), de modo que sejam estimados os custos totais do projeto para a Autoridade Contratante por toda a vida útil do projeto.

Portanto, esse modelo permite que a Autoridade Contratante determine se o projeto é viável sob o ponto de vista orçamentário, ou seja, se tem "capacidade para ser financiado" dentro

---

41 Esta análise pode também ser descrita como "estudo de pré-viabilidade", ou "caso estratégico" de negócio.

42 Mesmo que "estudo de viabilidade".

de seu próprio orçamento fiscal, seja no caso de um modelo PFI de instalação de uma unidade de processamento, seja para os usuários, no caso de uma Concessão. Essas estimativas de custo da PPP podem ser comparadas às estimativas de custos da contratação pública tradicional para o mesmo projeto pelo método conhecido como Indicador Comparativo do Setor Público ("PSC", na sigla em inglês para *Public Sector Comparator*). Normalmente, o financiamento privado é intrinsecamente mais caro do que o financiamento público, então, em uma primeira análise, é de se esperar que a comparação aponte para a rejeição do modelo de PPP.

Entretanto, o custo do financiamento público não considera os efeitos financeiros dos riscos inerentes ao projeto (que, geralmente, são absorvidos pelos contribuintes de forma difusa),[43] enquanto o financiamento privado os considera, de forma que a equalização do risco tem que ser feita na comparação pelo método PSC. Além disso, determinado grau de "viés otimista" (ou seja, de superestimar o nível de utilização de um projeto e, portanto, de subestimar seus custos) em processos convencionais de contratações do setor público deve ser levando em conta.

A quantificação de risco e os ajustes relativos ao viés otimista são cálculos difíceis de serem feitos com exatidão, o que deixa margem à contestação e impugnação dos números resultantes do PSC.[44]

O PSC, portanto, tem que ser considerado como uma comparação indicativa e aproximada com uma PPP, ao invés de como medição real de custo comparativo. Além disso, o PSC não terá tanta relevância se o orçamento do governo não tiver recursos para o projeto em função dos limites sobre gastos impostos internamente ou pela necessidade de captar

---

43 Cf. KLEIN, Michael. *Risk, taxpayers, and the role of government in project finance.* Washington: World Bank, 1996★.

44 A transferência efetiva do risco pode ser eliminada pelo *deal creep* (alongamento artificial da etapa de negociação — *vide* § 3.7.7).

recursos financeiros por meio da tomada de empréstimos para o projeto.[45]

Predisposição para o Mercado. O erro mais comum cometido pelo setor público durante a fase de licitação de uma PPP é a falta de preparação adequada antes da aproximação ao mercado, conhecida como "*gap* na preparação do projeto".[46] Pode não ser culpa da equipe do projeto, mas da pressão política por "resultado", por ter que aparentar estar "fazendo algo", sendo que o trabalho de bastidores não é evidente o suficiente para atender tais imperativos políticos.

De fato, ao longo de uma licitação pública, pode haver conflitos entre o calendário político e a abordagem realista e prudente. Como parte do processo de preparação, o projeto precisa ser estruturado para assegurar que possa, de fato, atrair financiamento privado: ou seja, a transferência de risco para o setor privado deve ser "financiável" (§ 9.3). Isso pode envolver um teste preliminar de mercado[47] — às vezes por meio da convocação de potenciais licitantes para apresentar uma manifestação de interesse ("EoI" na sigla em inglês para *Expression of Interest*) de forma a aferir o apetite do mercado para esse tipo de investimento e para financiá-lo e quais as empreiteiras potenciais e com *expertise* interessadas em se unir às propostas do processo.

---

45 Para discussão mais detalhada sobre o assunto, *vide* YESCOMBE, E. R. *Public-private partnerships:* principles of policy and finance. Oxford: Butterworth-Heinemann, cap. 2 e 5, 2007; James Leigland and Chris Shugart, *Is the public sector comparator right for developing countries?* (Gridlines Note No. 4, PPIAF, Washington DC, 2006)*; Federal Highway Administration, *Value for Money: State of the Practice* (US Department of Transport, Washington DC, 2011)*.

46 Para revisão mais detalhada desse processo *vide* FARQUHARSON, Edward; MÄSTLE, Clemencia Torres de; YESCOMBE, E. R.; ENCINAS, Javier. *How to Engage with the Private Sector in Public-Private Partnerships in Emerging Markets.* Washington: World Bank, 2011*.

47 Às vezes denominado avaliação "sutil" de mercado.

Pode-se organizar uma apresentação formal do projeto para todas as partes interessadas, bem como reuniões informais com os prováveis licitantes, que podem ser solicitados a comentar sobre os Contratos Principais de Projeto propostos. A Autoridade Contratante pode, então, promover ajustes com base no *feedback* recebido, e emitir a Chamada de Propostas ("RFP", na sigla em inglês para *Request for Proposal*, *vide* § 3.7.6).[vii]

A preparação do projeto também compreende o "envolvimento das partes interessadas" (*stakeholders*): a boa comunicação entre a Autoridade Contratante e as partes interessadas no empreendimento, tanto usuários do projeto quanto os cidadãos em geral, para assegurar que a decisão por uma PPP seja totalmente entendida. Além disso, é importante — sobretudo onde são cobradas Tarifas de Usuários[viii] — que o público avalie se a relação custo-benefício é positiva, por exemplo, se a PPP fornecerá um novo serviço atraente ou a modernização significativa de um inadequado serviço já existente.

A "disposição para pagar" por parte dos usuários é um fator de risco crucial em projetos como estradas pedagiadas (§ 9.6.3). As PPPs podem, facilmente, ser mergulhadas em disputas políticas (§ 11.2): é frequente haver comparações inadequadas entre o custo da licitação pública e de uma PPP, que ignoram a transferência de risco, ou entre os custos iniciais da construção no setor público e os custos permanentes de uma PPP.

Aqueles que se opõem ao empreendimento podem, também, alegar que o setor privado não deveria obter lucros a partir da prestação de serviços públicos. Novamente, uma boa comunicação desde o estágio inicial é fundamental para assegurar a compreensão e o apoio do público. A "predisposição para o mercado" é, portanto, um elemento fundamental no processo de tomada de decisão.

Plano de Negócio Final.[48] Este será elaborado quando o processo de licitação pública for reduzido a um licitante, denominado "Licitante Vencedor", e levar em conta as mudanças que estão a ocorrer na estrutura do projeto,[ix] na transferência de risco e custos desde o Plano de Negócio Referencial, com o objetivo de confirmar que a base original sobre a qual o projeto da PPP foi aprovado ainda vale.

§ 3.7.4 Modalidades de Licitação Pública

O processo competitivo de licitação pública é um requisito legal na maioria dos países onde se faz a captação de recursos (por exemplo, para um contrato do Modelo PFI) ou em que serviços são prestados ao público (por exemplo, em uma Concessão), e geralmente é necessário quando envolve financiamento ou garantias concedidas por DFIs multilaterais, a exemplo do Banco Mundial.[49]

A estrutura central para procedimentos de licitação pública na contratação de projetos junto aos governos é estabelecida pelo Acordo sobre Compras Governamentais (ACG ou "GPA", na sigla em inglês para *Government Purchases Agreement*), elaborado pela Organização Mundial de Comércio ("OMC", ou "WTO", na sigla em inglês para *World Trade Organization*) celebrado, pela primeira vez, em 1979, e cuja última alteração é de 1994, do qual a maioria dos países desenvolvidos é signatária. Esses procedimentos também podem ser considerados melhores práticas por países que não são signatários do GPA, que estabelece vários procedimentos, regras e regulamentações para realização de compras (aquisições) junto à administração pública, conforme resumido na Figura 3.1.[x]

Licitação Aberta. Esse procedimento permite que qualquer entidade ingresse na licitação, ou seja, não há estágio de

---

48 Também chamado de "relatório de proposta" ou "avaliação de proposta".

49 *Vide* South Africa National Treasury, *Public-Private Partnership Manual* (Pretoria, 2004)* para uma manual bastante útil sobre o processo de compras governamentais.

Figura 3.1 — Modalidades de Licitação Pública de Contratos Principais de Projetos nos termos do Acordo de Compras Governamentais ("GPA", na sigla em inglês para *Global Procurement Agreement*)

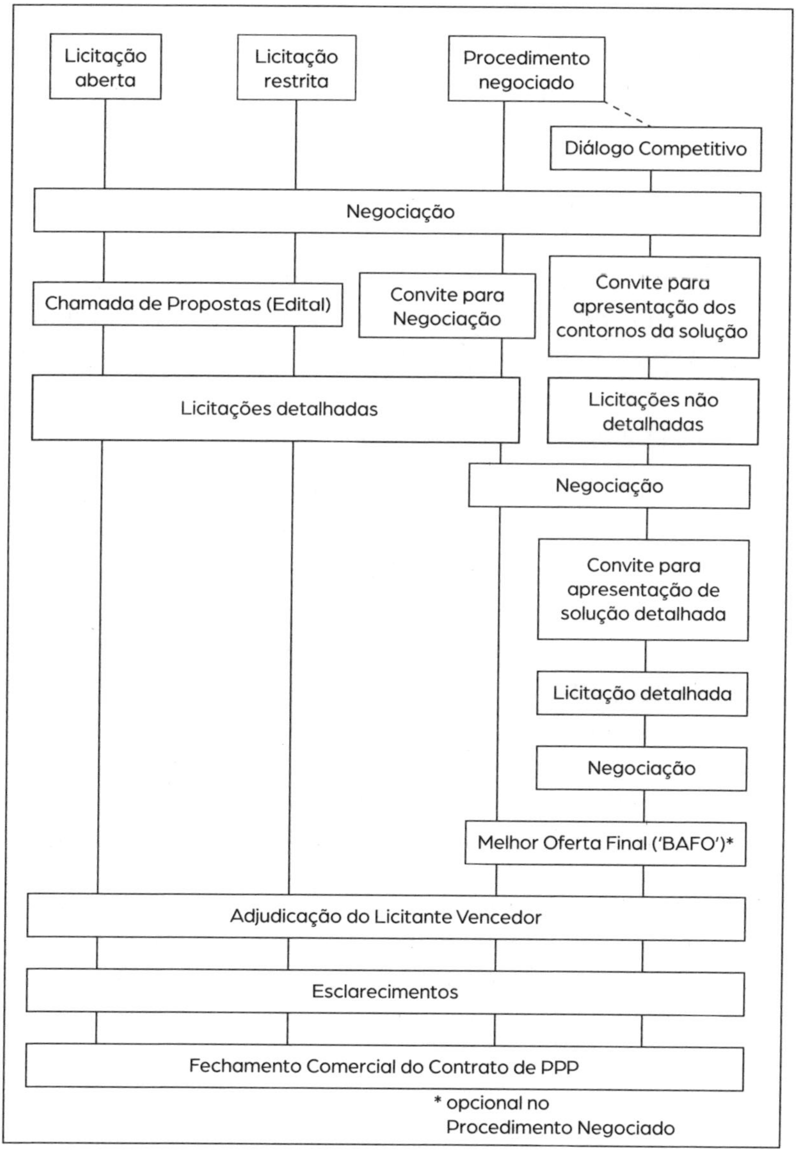

pré-qualificação (*vide* § 3.7.5; dada a complexidade de uma PPP, a pré-qualificação dos licitantes é preferível, de modo a não haver desperdício de tempo e recursos com licitantes claramente inadequados).

Licitação Restrita. Nesse procedimento, posterior à pré-qualificação, os requisitos da licitação podem ser discutidos com os licitantes, e, em seguida, é emitida a "Chamada de Propostas" (RFP) (§ 3.7.6). Esclarecimentos posteriores são efetuados a partir desse ponto, mas, uma vez recebidas as propostas, encerra-se o processo: a decisão será tomada com base nos lances e condições das propostas, não havendo a possibilidade de qualquer negociação posterior com os licitantes, exceto para esclarecimentos de menor relevância, esperando-se que os licitantes assinem o Contrato Principal do Projeto, cujas condições já se encontram na própria proposta apresentada.

Essa abordagem fornece um procedimento relativamente rápido e, portanto, potencialmente de baixo custo para os licitantes. Também é considerada preferível em países onde há preocupação sobre a discussão pós-licitação ser aberta a sugestões de corrupção. Porém, somente pode ser usada se houver consenso do mercado sobre os requisitos do projeto e os termos do Contrato de PPP, a fim de que uma negociação detalhada não seja considerada necessária. Nesse caso, os licitantes apenas assinam o Contrato Principal do Projeto e demais documentos elaborados pela Autoridade Contratante.

Procedimento com Negociação. Esse procedimento é destinado a contratos complexos, nos quais os requisitos da Autoridade Contratante não podem ser especificados completamente no estágio inicial e os licitantes podem fornecer soluções diferentes para o serviço objeto da concorrência, de modo que se necessita, assim, de discussão posterior após as propostas serem recebidas. Portanto, o procedimento ocorre da seguinte forma:

- Pré-qualificação (§ 3.7.5).

- Os licitantes pré-qualificados recebem um "Convite para Negociar" (Carta-Convite ou "ITN", na sigla em inglês para *Invitation to Negotiate*), que é, basicamente, o mesmo que uma "Chamada de Proposta" (§ 3.7.6).

- As propostas são apresentadas e são convocados, para negociação, todos os licitantes e, dentre eles, é escolhido o "Licitante Vencedor". [50,xi]

- Após a seleção do Licitante Vencedor, um único "esclarecimento" é permitido para essa proposta escolhida. Na prática, entretanto, é difícil traçar a linha entre esclarecimentos e mudanças significativas aos termos da proposta.

  A experiência desse modelo, na Grã-Bretanha, demonstrou que o interregno transcorrido entre a seleção do Licitante Vencedor e a Assinatura do Contrato de Financiamento era muito longo, de cerca de dois anos ou até mais, em determinados casos, e é óbvio que lidar com esclarecimentos de menor relevância não necessita de tanto tempo. De fato, o alongamento artificial da negociação (§ 3.7.7) era endêmico.

Diálogo Competitivo. Esta é uma variação do Procedimento com Negociação introduzido na União Europeia, em 2006, para lidar com as inadequações do modelo anteriormente descrito. Um procedimento típico (como é usado na Grã-Bretanha) funciona da seguinte forma:

- Pré-qualificação (§ 3.7.5).

- Em seguida, a Autoridade Contratante emite um Convite para Apresentação de Soluções Conceituais ("ISOS", na sigla em inglês para *Invitation to Present Outline Solutions*) aos proponentes pré-qualificados. Não se espera que os proponentes produzam

---

50 Ou é exigido que os proponentes apresentem sua Melhor Oferta Final ("BAFO", na sigla em inglês para *Best and Final Offer*) após essa negociação, com base nas condições da proposta do "Licitante Vencedor" que for selecionado.

uma proposta completa neste estágio, basta um projeto conceitual, com modelo de precificação e posições de transferência de risco.

- A partir da avaliação das respostas ao Convite para Apresentação de Soluções Conceituais (ISOS), os proponentes são reduzidos a dois, em função de sua capacidade e disposição para atender os requisitos do projeto.
- Depois, a Autoridade Contratante emite um Convite para Apresentação de Soluções Detalhadas ("ISDS", na sigla em inglês para *Invitation to Present Detailed Solutions*), que é basicamente o mesmo que uma 'Chamada de Propostas (§ 3.7.6).
- Posteriormente, a Autoridade Contratante inicia negociações detalhadas com os licitantes sobre questões surgidas a propósito do âmbito das especificações exigidas no projeto e sobre os termos do Contrato Principal do Projeto.
- Finalmente, os proponentes devem apresentar a sua Melhor Oferta Final ("BAFO", na sigla em inglês para *Best and Final Offer*) levando em conta o resultado dessas negociações, em função das quais devem apresentar seus prazos e preços finais.[51]
- Além disso, podem-se fazer esclarecimentos sobre as propostas após sua apresentação, mas o ideal é que sejam mínimos e o Contrato Principal do Projeto deve ser celebrado sem maiores delongas.

Esse sistema torna as licitações significativamente mais caras para ambos os lados: a Autoridade Contratante tem que realizar pelo menos duas negociações completas, enquanto um dos licitantes terá gasto tempo e recursos com a preparação de sua proposta para a licitação (por exemplo, os custos do projeto e gastos com consultores de engenharia, jurídicos, etc.), mas há pouca dúvida de que se possa oferecer uma opção melhor para a Autoridade Contratante, na medida em que a competitividade entre os proponentes é mantida o tempo todo (§ 3.7.7).

---

51 Chamado também de "Chamamento das Propostas Finais" ("CFT", na sigla em inglês para *Call for Final Tenders*).

§ 3.7.5 Pré-Qualificação

O primeiro estágio no processo de pré-qualificação formal é anunciar o projeto na imprensa oficial e especializada (financeira e comercial). Grupos interessados em participar da licitação recebem a "Chamada de Qualificação" (CdQ), que é um sumário do projeto e de seus requisitos.

Futuros proponentes são, então, convidados a apresentar suas qualificações para assumir o projeto,[52] demonstrando:

- capacidade técnica para executá-lo;
- experiência dos profissionais a ser envolvidos;
- experiência e desempenho em projetos similares;
- capacidade financeira para executar o projeto;

e, também, fornecer cartas de recomendação dos potenciais financiadores.

Isso pode ser seguido de uma audiência com os licitantes na qual a Autoridade Contratante explica o projeto às partes interessadas e responde questionamentos preliminares sobre o projeto ou sobre o procedimento da licitação.

Os licitantes que não atendem aos critérios mínimos nesse estágio são desclassificados do certame e os habilitados são convidados a participar.

A pré-qualificação pode ir mais adiante e prever uma seleção de licitantes (preferivelmente não mais do que quatro), caso as regras da licitação pública assim permitam (as regras sobre compras governamentais do Banco Mundial, por exemplo, não o permitem). Este procedimento é conveniente quando o número de licitantes for muito alto para o projeto, sendo muito pequenas as chances de vencerem a licitação para valer a pena participar, dado o tempo despendido e as despesas envolvidas na

---

52 Conhecido como "Questionário de Pré-qualificação" ("PQQ", na sigla em inglês para *pre-qualification questionnaire*).

preparação e apresentação da proposta. É claro, por outro lado, que o número reduzido de proponentes simplifica o processo como um todo.

§ 3.7.6 Chamada de Propostas

A Chamada de Propostas formal ("RFP", na sigla em inglês para *Request for Proposal*)[53] é, então, enviada aos licitantes pré-qualificados ou pré-selecionados em lista reduzida, se houver, e acompanhada de um pacote de documentos que contém, por exemplo:

- sumário executivo;
- histórico geral da legislação;
- histórico do projeto e fundamentação;
- disponibilidade, serviço, e outros requisitos de resultado (§ 5.6);
- matriz de riscos que contenha sua respectiva alocação (§ 9.2);
- dados sobre o mercado, fluxos de tráfego e assim por diante (sobretudo, para os projetos da Concessão);
- proposta de fórmula de precificação;
- minuta do Contrato Principal do Projeto;
- informações do contato para esclarecimentos ou pedidos de mais informações;
- cronograma do procedimento de licitação;
- instruções sobre a apresentação da proposta:

53 Também conhecido como "edital de licitação" ("ITT" na sigla em inglês para *Invitation to Tender*), e como "carta-convite" ("ITN" na sigla em inglês para *Invitation to Negotiate*) no caso do Procedimento com Negociação.

- o premissas financeiras básicas, isto é, os proponentes devem usar as mesmas premissas básicas para facilitar a comparação entre as diversas propostas:
  - o taxas de juros do mercado;
  - o taxas de câmbio;
  - o indexadores de inflação dos Pagamentos do Contrato (§ 10.4.1).
- o configuração da resposta à proposta financeira, que deve fornecer informações detalhadas sobre:
  - o custos da construção e da operação;
  - o estrutura financeira (inclusive a comprovação de suporte por parte dos potenciais financiadores);
  - o cálculos dos Pagamentos do Contrato (que devem ser dispostos em planilha em modelo financeiro padronizado e fornecido Autoridade Contratante para garantir que se permita fazer a comparação das propostas).

- período de validade exigido da proposta;
- critérios de avaliação da proposta (§ 3.7.8);
- direito de cancelamento do processo licitatório por parte da Autoridade Contratante.

É importante que a Chamada de Propostas não se aprofunde demais nas especificações do que foi solicitado. Sobretudo, o parâmetro de resultado de um produto ou serviço deve ser especificado (§ 6.4.2). Portanto, na chamada de propostas para uma central elétrica, a RFP deve especificar a capacidade em megawatts, mas não o modelo de turbina que será usado para gerar a energia. Em alguns projetos, entretanto, sobretudo se os ativos tiverem vida útil mais longa e forem revertidos ao final do período do contrato em uma estrutura de PPP (§ 7.10.7), deverá haver, inexoravelmente, algum grau de especificação de meios e processos.

É provável que, na resposta à RFP, seja necessário abordar alguns elementos específicos, tais como:

- tecnologia;
- projeto e engenharia;
- cronograma da construção;
- detalhes dos trabalhos ou serviços oferecidos;
- estruturas de gestão, tanto para a fase de construção quanto para as fases de operação;
- programas de qualidade e procedimentos de segurança;
- viabilidade comercial (projeções sobre o fluxo de tráfego ou demanda de usuários);
- política de operação e manutenção;
- coberturas de seguro;
- estratégia e estrutura de financiamento;
- qualificações para a RFP e demais requisitos;
- propostas para os Pagamentos do Contrato.

Será exigido que os licitantes apresentem um modelo financeiro em sua proposta, que deve demonstrar, dentre outros requisitos, como chegaram ao preço de sua proposta de licitação. Há certa preocupação sobre a confidencialidade dessas informações; porém, o modelo é necessário à Autoridade Contratante, em parte porque permite a correta avaliação da viabilidade financeira da proposta, e porque *é mais* difícil lidar com posteriores mudanças de contexto (§ 7.6.5), ou pagamentos de indenização por rescisão antecipada (§ 7.10.1).

Além de atender aos requisitos específicos da Chamada de Propostas (RFP), os licitantes devem demonstrar:

- compreensão das especificações e exigências do projeto;
- como pretendem atender aos requisitos;
- as vantagens que sua proposta tem sobre as dos demais concorrentes da licitação.

Imparcialidade e transparência são componentes fundamentais para um processo de licitação bem-sucedido: se os proponentes não entendem, não confiam no processo ou não acreditam que haja uma competição equânime na qual têm uma boa perspectiva de vencer, é evidente que os melhores resultados não serão alcançados. Desse modo, é necessário o registro completo e detalhado das análises comparativas das propostas, além da fundamentação da escolha da proposta vencedora.

§ 3.7.7 Negociação

O prolongamento da fase de negociação realizada após a apresentação das propostas para avaliação depende da modalidade de licitação pública empregada, conforme indicado na seção § 3.7.4. Admitindo-se que haja negociações, a Autoridade Contratante deve disponibilizar a mesma informação a todos proponentes do certame por meio de:

- reuniões e visitas em locais em que todos os proponentes possam comparecer para que sejam dirimidas as dúvidas mais relevantes que tenham sobre o projeto;
- respostas por escrito a perguntas ou questões levantadas por um licitante podem ser também copiadas e encaminhadas a todos os participantes, sem indicação do autor da pergunta original; entretanto, informação confidencial de um proponente não deve, obviamente, ser divulgada aos demais proponentes.

Independentemente da modalidade de licitação pública empregada, o principal objetivo da Autoridade Contratante é manter a tensão da competitividade entre as partes. A partir do momento em que restar apenas um único proponente, a Autoridade Contratante passa a uma posição de desvantagem. A pressão política para viabilizar o projeto pode prejudicar muito a capacidade da Autoridade Contratante de resistir a mudanças impostas pelo "Licitante Vencedor" ao Contrato Principal do Projeto, mesmo depois de uma solicitação detalhada. Esse perigo de alongamento artificial da negociação aumenta se os requisitos do projeto não forem, inicialmente, especificados com suficiência de detalhes, ou se forem alterados após a escolha do "Licitante Vencedor", o que é bastante provável, sobretudo, em projetos complexos e de grande porte.

Grande parcela do benefício que favorece o setor público ao fazer uso de financiamento privado desaparece por essa razão. A situação ideal, para a Autoridade Contratante, seria manter um ou mais proponentes com suas propostas em espera para o caso de o "Licitante Vencedor" tentar tirar vantagem de sua posição privilegiada. No entanto, o licitante perdedor não se disporá a gastar tempo e dinheiro para manter a proposta e sua equipe em compasso de espera. Essa questão nem seria levantada se fosse empregado o procedimento do Diálogo Competitivo (§ 3.7.4).

§ 3.7.8 Critérios de Avaliação de Propostas

A Autoridade Contratante, obviamente, precisa ser capaz de comparar as propostas entre si. Isso significa que as propostas devem ser apresentadas com base em premissas comuns onde for o caso (por exemplo, para custos do combustível, matérias-primas, taxas de juros, inflação, etc.), mediante o uso de modelo financeiro mencionado no § 3.7.6. É muito provável que o processo de pré-qualificação tenha eliminado os proponentes que ensejem dúvidas sobre sua capacidade financeira (enquanto Empreendedores), tecnologia, ou capacidade de execução do projeto; portanto, outras comparações qualitativas fundamentais desta natureza devem ser de âmbito limitado. Entretanto, o modelo financeiro e o plano geral de financiamento para o projeto (ou seja, os prazos pelos quais os recursos da dívida foram levantados) precisam ser examinados invariavelmente (§ 9.14).

Há duas abordagens principais para comparar as propostas:

Comparação de Preços. Em princípio, se as propostas são apresentadas em bases exatamente idênticas, a decisão final será tomada simplesmente em função de seus preços. Se as bases de preço de diferentes propostas sofrerem flutuações ao longo do tempo (ou seja, pagamentos nos termos de um Contrato Principal do Projeto de longo prazo), é necessário trazer a Valor Presente Líquido os preços a pagar no futuro (VPL, *vide* § 10.2.1) para comparar elementos semelhantes entre si.

Pontuação. Entretanto, se as propostas não forem idênticas a não ser pelo preço, é preciso um sistema mais sofisticado: esse sistema costuma ser baseado na pontuação de diferentes aspectos da proposta — atribuem-se pontos pelo preço, rapidez da Conclusão do Projeto, confiabilidade, quantidade ou qualidade de que quer seja fornecido, a tecnologia ou a proposta técnica, a assunção de risco pelo licitante (ou seja, diminuição do risco da Autoridade Contratante), e quaisquer outras características que sejam consideradas importantes para o projeto. Ajustes adicionais podem ser feitos às propostas que sejam consideradas demasiado ambiciosas em suas projeções de desempenho e financiamento, como, também, para o custo das exceções dos termos propostos do Contrato Principal do Projeto. O objetivo é, assim, identificar a proposta que seja não só realista, mas também a mais economicamente vantajosa para o projeto. Geralmente, uma pontuação mínima de aprovação é necessária em cada aspecto da proposta avaliada.

Uma alternativa intermediária entre a análise comparativa de preços e o sistema de pontuação seria dividir as propostas em dois grandes grupos: técnicas e financeiras. As propostas são avaliadas, em primeiro lugar, por um sistema de pontuação e somente aquelas que alcançarem, suponhamos, 75% da pontuação máxima serão, então, comparadas em relação ao preço, vencendo a que tiver o lance mais alto.

Algumas licitações públicas não são baseadas no preço a ser cobrado pelo produto ou serviço, mas, sim, pelo nível de subsídio concedido pelo governo (§ 15.19). Esta abordagem é relevante quando a proposta se referir a uma Concessão, na qual as Tarifas de Usuário não geram receitas suficientes para cobrir o pagamento do financiamento exigido para o projeto.

§ 3.7.9 Análise das Propostas

Durante o processo de licitação, apresentam-se diversas questões a esse respeito:

Não conformidade das Propostas. A vantagem de não ser tão descritivo nos requisitos das propostas é o fato de se dar aos proponentes a oportunidade de criar soluções inovadoras para o projeto que, embora não consideradas previamente, podem, de fato, ser mais benéficas. O procedimento tradicional consiste em permitir que os proponentes apresentem pelo menos uma proposta em conformidade com os requisitos da RFP, mas com a possibilidade de acrescentar propostas alternativas não conformes. A Autoridade Contratante tem a opção de escolher uma proposta não conforme se lhe oferecer uma melhor solução.

Alterações. As discussões com os licitantes podem levar a alterações nos requisitos da licitação: nesses casos, o cronograma terá que ser postergado para conceder tempo hábil para que os licitantes administrem as modificações.

Alteração no Consórcio Proponente. Após um determinado consórcio haver sido pré-qualificado, um de seus integrantes pode não desejar continuar e o consórcio pode desejar introduzir um novo integrante, talvez, um proponente de um consórcio que não haja sido pré-qualificado anteriormente. Outros proponentes podem fazer objeções a essa inclusão, mas preferível não excluir essa possibilidade e deixar uma margem de discricionariedade sobre o assunto (por exemplo, se o novo integrante demonstrar que é tão bem qualificado quanto o que será substituído). Uma abordagem alternativa seria permitir alterações no consórcio somente depois que a proposta vencedora houver sido selecionada; entretanto, nenhum licitante pode participar de mais de um consórcio ao mesmo tempo, porque isso pode ocasionar vazamentos de informação ou conluio entre os consórcios.

Seguro-Garantia. Os proponentes devem, às vezes, garantir as propostas à Autoridade Contratante junto a seus bancos, como forma de assegurar sua capacidade financeira para fazer frente a sua proposta uma vez que submetida à análise. O seguro-garantia é liberado no momento da assinatura da documentação do contrato, ou quando a construção do projeto tiver início. O montante do seguro-garantia pode ser bem significativo em termos absolutos, entre 1 a 2% do valor total do projeto. Esse instrumento de garantia ajuda a lidar com o problema da entrega, ou "*deliverability*" (ou seja, a apresentação de uma proposta agressiva que não conta com recursos para ser financiada, ou na qual os licitantes tentarão melhorar sua posição financeira quando forem escolhidos como "Licitantes Vencedores"). É possível que licitantes sérios percam o interesse de participar da licitação com receio de que a garantia seja resgatada sem motivo justo, sendo que o respectivo custo será, no fim das contas, arcado pela Autoridade Contratante.[54]

Indenização por Cancelamento. O corolário dessa garantia aos licitantes é um acordo pelo qual a Autoridade Contratante responsável por realizar o procedimento de licitação pública, em caso de seu cancelamento a qualquer tempo, indenizará os proponentes pelos custos incorridos por eles para participar do processo licitatório, dentro de um determinado limite máximo. Os licitantes perdedores também recebem uma parcela de indenização pelos seus custos em todo caso, de modo a incentivar a concorrência em projetos de alta complexidade cujos custos costumam ser bastante elevados.[xii]

---

54 N.B.: O termo "seguro-garantia" [que aqui traduz "*bond*", do original em inglês] neste contexto não guarda qualquer relação com valor mobiliário ou ação, enquanto instrumentos de captação de recursos para financiamento de projetos descrito no § 4.3. *Vide* § 7.5, § 14.8.1. [Esta ressalva faz mais sentido para o original em inglês, já que "*bond*" admite essas duas acepções — que, entretanto, não se aplicam a "seguro-garantia".]

Impugnação. Um proponente que considerar ter sido tratado de forma parcial ou injusta durante o processo de licitação tem o direito de processar a Autoridade Contratante por danos (como lucros cessantes), ou mesmo, em certos casos, obter a anulação do Contrato Principal do Projeto. Por exemplo, a Autoridade Contratante pode decidir, ao final da licitação pública, que o único modo de tornar o projeto viável é conceder uma subvenção de capital (§ 15.10) ao seu Licitante Vencedor. Se o referido suporte não foi disponibilizado aos demais licitantes desclassificados, estes podem impugnar a adjudicação com base no fato de que eles também poderiam ter modificado suas propostas de forma semelhante, mas não lhes fora dada a oportunidade de fazê-lo. Portanto, os financiadores talvez não estejam dispostos a permitir a liberação dos recursos prometidos para o financiamento até que seja tomada decisão judicial sobre a matéria. Deve-se levar em consideração que mudanças significativas na proposta vencedora não podem ser aceitas sem o risco de os demais proponentes desclassificados impugnarem a decisão com base no fato de que poderiam ter modificado suas propostas de modo semelhante, mas não lhes fora dada a oportunidade de fazê-lo.

Assistência Estatal. Esta é uma questão corrente em licitações públicas na União Europeia. A legislação da UE não permite a um estado-membro dar suporte financeiro a empresas do setor privado em prazos que distorçam os princípios da livre concorrência de mercado, por exemplo, ao concederem subvenção de capital na forma de Financiamento de Lacuna de Viabilidade (§ 15.7) com condições mais favoráveis do que as de mercado, onde a Empresa do Projeto concorreria com outras empresas que não foram beneficiadas por esse tipo de assistência. Essa situação ocorre, sobretudo, em negociações com o Licitante Vencedor (§ 3.7.7). Os financiadores, mais uma vez, vão querer se assegurar de que o projeto não seja contestado por alegações de recebimento de ajuda estatal.

§ 3.7.10 Licitação Pública para Contratos Subordinados

Quanto aos Contratos Subordinados, de acordo com a lei de licitação da União Europeia, a Empresa do Projeto não necessita promover um processo licitatório para celebrar um contrato de prestação de serviços com um acionista controlador, mas pode ter que fazê-lo em outros casos.

De acordo com as regras de licitação pública do Banco Mundial, se a própria Empresa do Projeto (ou os seus Empreendedores) tiver participado de um processo de licitação para ganhar o Contrato Principal do Projeto, então a Empresa do Projeto não necessita submeter seus próprios Contratos Subordinados ao mesmo processo; mas se não o fizer, quaisquer Contratos do Projeto a serem financiados diretamente pelo Banco Mundial terão que passar por concorrência pública.

§ 3.7.11 Propostas Não Solicitadas

Os Empreendedores podem apresentar propostas à Autoridade Contratante para a construção e operação de um projeto de PPP sem chamamento público prévio, nem edital de convocação para licitação. De modo geral, adjudicar um Contrato Principal do Projeto a uma proposta não solicitada está longe de ser desejável:

- Não há garantia de que a precificação da proposta seja competitiva, e, assim, a Autoridade Contratante poderia acabar pagando mais do que teria sido o caso em um procedimento completo de licitação.
- A licitação pública de projetos PPP deve ser parte de um plano global de investimento em infraestrutura da Autoridade Contratante. Portanto, propostas não solicitadas distorcem as prioridades desse planejamento.

- Lidar com propostas não solicitadas pode exaurir os limitados recursos humanos da Autoridade Contratante, e, assim, distorcer suas prioridades.
- Propostas não solicitadas frequentemente estão ligadas à corrupção.

Essas propostas podem parecer atraentes porque a Autoridade Contratante não tem que incorrer na despesa do desenvolvimento do projeto *per se*; porém, na realidade, essas propostas ainda têm que ser revistas do mesmo modo que um projeto adquirido pela Autoridade Contratante.

Se, por qualquer razão, a proposta não solicitada for considerada merecedora e digna de prosseguir, a licitação ainda deveria ser introduzida, por exemplo:

- BAFO — O processo de licitação sempre inclui uma melhor oferta final, e o licitante original não solicitado é automaticamente qualificado para ser incluído neste estágio.
- *Comissão de desenvolvimento* — O proponente não solicitado compete com outros proponentes habitualmente; porém, se ele não vencer o certame, uma comissão pelo desenvolvimento *é paga* para reembolsar seus custos, ou fornecer um retorno sobre estes custos (§ 9.5.6). A comissão deve, tamb*ém*, incluir um pagamento para eventuais direitos de propriedade intelectual que o licitante tenha em sua proposta original. Alternativamente, o licitante vencedor pode pagar a comissão de desenvolvimento (mas esta será então incluída por este proponente no custo do projeto e, então, a Autoridade Contratante pagará por ela no final).
- *Bônus da proposta* — O proponente não solicitado recebe pontos extras na avaliação de sua proposta (§ 3.7.8).
- *Desafio suíço* — A proposta não solicitada é publicada, seguida de abertura de procedimento de licitação pública. Vence o proponente que oferecer as melhores condições (daí o "desafio"). Por outro lado, ao proponente não solicitado é

concedido o direito de cobrir as propostas apresentadas via licitação pública aberta.

Todavia, surge uma questão crucial com respeito ao acima exposto: o prazo de que os novos proponentes disporão para preparar suas propostas. Obviamente, o proponente não solicitado levará vantagem nesse quesito.[55]

§ 3.7.12 Relacionamento com os Financiadores

Assegurar que o Licitante Vencedor terá capacidade, de fato, para captar recursos na modalidade *project finance* é, obviamente, outro elemento fundamental a ser analisado pela Autoridade Contratante. Esta questão é abordada na seção § 5.6.

§ 3.7.13 Gerenciamento de Contrato

O gerenciamento de contratos (após a Assinatura do Contrato de Financiamento) pela Autoridade Contratante é abordado na seção § 7.4.

55 Cf. HODGES, John T.; DELLACHA, Georgina. *Unsolicited infrastructure proposals*: how some countries introduce competition and transparency. Washington: World Bank, 2007* para um exame mais detalhado sobre essa modalidade.

Notas do Tradutor

i N.T. Para efeito desta tradução, adotou-se o termo "aporte" para indicar o ato pelo qual os acionistas da SPE (Empresa do Projeto), assim como ocorre em qualquer sociedade empresária, injetam capital no negócio. Do ponto de vista jurídico, isso ocorre no momento da formação de uma SPE, mediante a *subscrição* do capital social, que consiste no compromisso pelo qual os acionistas se comprometem, formalmente, com a *integralização* do capital social, que corresponde à injeção propriamente dita do capital. Note, todavia, que, para efeito de projetos de infraestrutura capitaneados pelo setor público, as etapas de negociação do crédito e obtenção da dívida e aporte de *equity* somente podem ocorrer após a conclusão da licitação pública e adjudicação do projeto ao vencedor.

ii N.T. Trata-se da questão das Transações entre Partes Relacionadas — TPR, tema que ainda gera muita controvérsia, principalmente, no aspecto *político*, mas que é parte da realidade habitual do mercado de grandes projetos. A Lei Federal n. 9.427/96, que instituiu a regulação independente no setor elétrico por meio da atuação da Agência Nacional de Energia Elétrica — ANEEL, já reconhecia essa realidade (artigo 3º, inciso XIII). Atualmente, no setor elétrico, a regulação desse tipo de transação é objeto da Resolução Normativa nº 699/16, da ANEEL.

iii N.T. No sentido muito difundido em nossa linguagem de projeto executivo de engenharia.

iv N.T. Especificamente para a realidade brasileira, o termo "Consórcio" tem sentido jurídico próprio e é regido pela Lei das Sociedades Anônimas. Nos projetos de infraestrutura capitaneados pelo Poder Público, é comum que se permita a união de esforços entre diversos setores de especialidade para compor a prova da experiência anterior necessária para habilitação na respectiva licitação. Essa forma de participação é realizada em Consórcio em sentido estrito. Também é possível empregar a estrutura do Consórcio para o desenvolvimento de um projeto por meio de Procedimentos de Manifestação de Interesse — PMI. Em projetos estruturados pelo regime da concessão comum (Lei Federal n. 8.987/95), é possível que o contrato (Contrato Principal do Projeto) seja não apenas disputado, mas também executado pelo Consórcio de empresas que venceu a licitação. Já em projetos estruturados pelo regime de PPP (Lei Federal n. 11.079/04), em que a constituição de uma SPE é obrigatória, a participação do Consórcio se limita à etapa competitiva e se encerra com a assinatura do Contrato Principal do Projeto.

v N.T. Em se tratando de projetos de infraestrutura capitaneados pelo Poder Público no Brasil, é preciso ter cautela com determinadas terminologias. O edital a que o texto se refere consiste no efetivo edital de *concorrência pública*, tal como exigido pelas Leis Federais n. 8.987/95 e 11.079/04, para a seleção da proposta mais vantajosa para celebração do Contrato de Concessão (em sentido amplo "Contrato Principal do Projeto", na terminologia da obra). Não se pode confundir a expressão "chamamento público", empregada de forma instrumental no texto, com o que a prática consagrou designar o edital de chamamento público para apresentação de modelagens de projetos em Procedimentos de Manifestação de Interesse — PMI — impulsionados, originariamente, pelo próprio Poder Público, ou em decorrência de uma Manifestação de Interesse da Iniciativa Privada — MIP, que se restringem à modelagem do projeto.

vi N.T. Essa possibilidade está, expressamente, prevista, na legislação brasileira, desde 1995. Trata-se da regra contida no texto do artigo 21, da Lei Federal n. 8.987/95, que regula o regime geral das concessões comuns. A Lei de PPP, de 2004, faz expressa remissão a ela em seu artigo 3°. O regulamentado dessas regras foi introduzido pelo Decreto Federal n. 5.977/06, com a instituição do denominado Procedimento de Manifestação de Interesse — PMI. Todavia, o uso do mecanismo se difundiu, com mais vigor, apenas na década de 2010, vindo a ser atualizado pelo Decreto Federal n. 8.428/15, que o substituiu. Mais recentemente, com a edição da Lei Federal n. 14.133, de 1° de abril de 2021, o Procedimento de Manifestação de Interesse — PMI passou a ser autorizado, também, para contratações públicas tradicionais.

vii N.T. No procedimento mais comum adotado no Brasil, essa etapa de "consulta ao mercado", normalmente, deveria ocorrer no momento da realização de audiências e consultas públicas requeridas, expressamente, pela legislação em vigor. No caso da Lei de PPP, a regra está no inciso VI do artigo 10 da respectiva lei de regência. No caso da Lei de Concessões, embora não exista regra expressa, pode-se entender que o procedimento de consulta pública é obrigatório se o valor estimado do investimento do projeto exceder a cem vezes o valor-piso do rito da concorrência pública de acordo com as regras gerais para licitações públicas e contratos administrativos (conforme artigo 39, da Lei Federal n. 8.666/93, e artigo 21, parágrafo único, da Lei Federal n. 14.133/21).

viii N.T. Conforme exposto em nota no Capítulo anterior, o termo Taxa se aplica, no Brasil, para quando serviços públicos são disponibilizados ou prestados por entidade do setor público e, nesse contexto, tem natureza tributária. Pode ocorrer de que o serviço seja prestado pelo próprio poder público, ou que já exista uma concessão ou PPP anterior que não esteja a disponibilizar serviço adequado ou cujo contrato tenha se extinguido por qualquer razão.

ix N.T. Talvez, por conta da larga experiência brasileira com *obras públicas*, e de tantas experiências com alterações contratuais, os órgãos públicos, especialmente os de controle, desenvolveram uma aversão, mais de natureza política do que jurídica, a mudanças nos contratos. A rigor, durante uma licitação, é difícil imaginar um caso em que haja algum tipo de revisão nas condições do projeto quando somente restar o licitante vencedor, até pelo risco de que a Autoridade Contratante seja acusada de favorecimento indevido. De todo modo, o serviço público é radicalmente distinto da obra pública, e suas condições são, permanentemente, mutáveis, e, assim, também devem ser os contratos de PPP. Não é possível "esgotar" a realidade por meio de um Contrato de PPP que não tenha nenhuma abertura para as contingências e os imprevistos que sempre se podem esperar no serviço público, mas que, via de regra, não deveriam ocorrer nas obras públicas.

x N.T. No Brasil, a licitação é exigência constitucional, tanto para obras (artigo 37, inciso XXI, da Constituição), quanto para concessões (artigo 175, também da Constituição). As regras procedimentais gerais para licitações de concessões comuns estão estabelecidas na Lei Federal n. 8.987/95, e, as de PPP, na Lei Federal n. 11.079/04. Adicionalmente, as regras gerais acerca de licitações públicas estabelecidas na Lei Federal n. 8.666/93 e na Lei Federal n. 14.133/21 podem ser, subsidiariamente, aplicadas quando necessário.

xi N.T. Vale lembrar que, no Brasil, é vedada a possibilidade de que propostas sejam apresentadas contendo condições baseadas nas apresentadas pelos demais licitantes, como previsto no § 2º do artigo 44 da Lei Federal n. 8.666/93, sem correspondente direto na Lei Federal n. 14.133/21, que, por se tratar de norma geral acerca de procedimentos licitatórios, presume-se igualmente aplicável a licitações de concessões e PPPs.

xii N.T. Como regra geral, a indenização de prejuízos em função da revogação da licitação não é possível por força da regra introduzida no texto do artigo 49 da Lei Federal n. 8.666/93 e nos artigos 71 e 147 da Lei Federal n. 14.133/21.

CAPÍTULO IV

OS MERCADOS DE *PROJECT FINANCE*

§ 4.1 INTRODUÇÃO

Tradicionalmente, o financiamento do setor privado para estruturação da dívida em operações de *project finance* se dá por meio de duas principais fontes de recursos: Bancos Comerciais (§ 4.2) e títulos, ou valores mobiliários (§ 4.3). Os Bancos Comerciais concedem os financiamentos de longo prazo à Empresa do Projeto; os detentores de títulos privados (normalmente companhias de seguro de vida e os fundos de pensão que necessitam de fluxo de caixa de longo prazo) adquirem os títulos de longo prazo (títulos de dívida negociáveis) emitidos pelas Empresas do Projeto. Recentemente, esses Financiadores, não oriundos do mercado bancário, também começaram a conceder empréstimos diretos aos projetos e a participar de fundos mútuos de investimento (*debt funds*) (§ 4.4). Outros instrumentos financeiros privados também são às vezes utilizados nos projetos (§ 4.5).

Embora os procedimentos e estruturas financeiras e legais sejam distintos entre si, os critérios que norteiam a captação de recursos em cada um desses mercados são, basicamente, os mesmos. (Portanto, o termo "financiador", quando empregado neste livro, pode se referir tanto ao banco financiador quanto ao detentor de título privado, ao financiador não oriundo do mercado bancário, como ainda aos fundos mútuos de investimento).

As fontes de financiamento dedicadas aos países em desenvolvimento, incluindo as DFIs e ECAs (a exemplo do World Bank e do Eximbank americano, respectivamente), bem como os aspectos peculiares que surgem durante a estruturação de uma operação de *project finance* nesses mercados, são discutidos no Capítulo 16.

Os efeitos de recentes projetos no mercado e as perspectivas de longo prazo para o modelo de *project finance* são discutidos no Capítulo 17.

§ 4.2 BANCOS COMERCIAIS

Os Bancos Comerciais são as maiores fontes de financiamento para as operações de *project finance,* representando cerca de 90% da captação de recursos da dívida contraída junto ao setor privado. A distribuição apresentada na Tabela 2.1 demonstra a participação de diferentes segmentos do mercado na captação de fundos do setor privado como um todo e reflete a predominância do setor bancário em termos proporcionais.

§ 4.2.1 Setores de Atividade

A Tabela 4.1 mostra a distribuição geográfica do financiamento bancário na composição da dívida aplicada em *project finance.*[56]

Várias tendências podem ser observadas a partir dos dados descritos abaixo:

- A característica mais notável é o incrível crescimento do mercado indiano de *project finance.* A partir de um nível insignificante

---

56 Os setores de mercado estão refletidos nos números apresentados na Tabela 2.1, que combina bancos e títulos (*bonds*).

Tabela 4.1 — Financiamentos Compromissados de Bancos Comerciais com *project finance*, 2000–2012

(milhões de dólares)	**2000**	**2007**	**2008**	**2009**	**2010**	**2011**	**2012**
Américas — dos quais:	52.795	44.476	42.086	20.058	25.535	38.383	39.321
E.U.A.	33.573	25.887	21.602	9.335	13.424	18.489	18.427
Canadá	2.526	3.799	4.747	1.540	4.318	5.134	4.135
Brasil	9.217	3.178	7.257	5.548	3.059	8.278	3.505
Chile	1.618	810	2.814	1.619	120	1.118	2.861
México	2.153	5.078	2.345	839	1.710	1.351	7.167
Ásia- Pacífico — dos quais:	12.085	44.842	70.741	56.614	98.708	91.764	91.523
Austrália	3.806	13.088	21.170	12.284	14.592	24.814	43.042
China		8.381	865	88	154	240	1.935
Índia	129	10.882	19.246	29.944	54.802	44.933	21.219
Indonésia	303	913	2.727	1.652	2.405	1.886	1.838
Japão	131	589	2.737	1.226	682	1.524	2.366
Filipinas	1.510	1.538	819	377	1.174	538	420
Cingapura	1.857	3.041	5.412	1.322	2.715	6.479	7.666
Coreia do Sul	718	3.041	5.412	1.322	2.715	4.612	6.015
Tailândia	1.718	665	1.423	875	2.818	2.736	2.593
Europa — dos quais:	36.123	73.485	91.317	38.565	60.726	51.763	37.838
Bélgica		2.966	2.122	1.314	2.402	718	1.106
Grã-Bretanha	11.490	17.399	21.582	8.186	13.021	10.318	12.019
França	49	8.372	5.913	2.013	5.351	11.290	9.162
Alemanha	12.806	2.859	6.839	2.340	2.133	4.039	4.196
Itália	5.310					7.118	3.409
Grécia		6.535	208	251	376	36	
Países Baixos	300	2.176	4.238	1.113	1.437	354	774
Portugal	1.537	1.603	11.947	4.117	4.639	509	107
Espanha	567	12.207	22.152	10.105	17.376	10.342	3.069
CEI (antiga União Soviética) — dos quais:	2.077	3.498	11.037	3.121	2.754	11.962	8.010
Rússia	2.077	2.114	8.877	3.001	2.754	11.302	5.096
Uzbequistão							2.914

(milhões de dólares)	2000	2007	2008	2009	2010	2011	2012
Oriente Médio & Norte da África — dos quais:	7.255	44.524	31.399	15.042	16.774	13.829	13.142
Egito		4.051	2.111		1.013		2.600
Omã	513	3.317	446	802	1.361	1.502	43
Catar		9.547	4.396	949		4.184	
Arábia Saudita	852	8.080	10.310	1.900	10.000	3.280	3.647
Turquia	2.834	4.295	5.673	2.730	1.720	2.745	3.110
Emirados Árabes Unidos - EAU		11.718	4.214	5.433	1.650	987	269
África-Subsaariana — dos quais:	550	9.161	4.347	5.787	3.678	5.786	8.913
Gana				2.750	1.002	3.085	3.830
Nigéria		4.405	915	355	777	749	
África do Sul	127	959		1.138	510	235	2.706
Total	110.885	219.986	250.928	139.186	208.174	213.487	198.746

Fonte: As mesmas fontes utilizadas para a montagem da Tabela 2.1.

em 2000, o volume total de financiamento de projetos na Índia em 2010 quase se equiparou ao volume dos dois maiores mercados (Austrália e EUA). Tal fato se deveu aos altíssimos níveis de investimento privado em infraestrutura via PPPs em projetos de geração de energia e relacionados a recursos naturais. No período de 2011 a 2012, o mercado recuou, principalmente porque os bancos não puderam continuar a financiar os projetos na escala necessária.[57] Entretanto, o mercado indiano de *project finance* se encontrava distorcido em

57 *Vide* HARRIS, Clive; TADIMALLA, Sri Kumar. "Financing the boom in public-private partnerships in Indian infrastructure: trends and policy implications". *Gridlines*, nº 45. Washington: PPIAF, 2008*.

N.T. *Gridlines* é uma publicação da PPIAF (*Public Private Infrastructure Advisory Facility*), que distribui conhecimento emergente sobre Parcerias Público-Privadas e oferece uma visão geral sobre projetos selecionados de diferentes regiões do mundo.

termos de endividamento, uma vez que a dívida relacionada às Concessões era 100% garantida (§ 15.14).[58]

- Em outro local na região da Ásia-Pacífico, o mercado australiano também apresentou crescimento baseado, principalmente, em projetos relativos a recursos naturais direcionados aos mercados chinês e japonês. Apenas duas operações de fornecimento de gás natural liquefeito (GNL) representaram, juntas, a maior participação do mercado australiano de *project finance* em 2012.
- Em 2012, o mercado europeu ainda não havia se recuperado totalmente dos efeitos da crise financeira de 2008 (§ 17.2). O mercado das Américas se recuperou um pouco mais, mas permaneceu abaixo do nível máximo registrado em 2008.
- No Norte da África e no Oriente Médio, houve concentração em projetos petroquímicos, de GNL, geração de energia e de dessalinização com tendência a variar de ano para ano em função de relativamente poucos projetos de grande porte.
- Na África Subsaariana, o mercado de *project finance* permanece pouco expressivo e concentrado principalmente em projetos voltados a recursos naturais.

§ 4.2.2 Bancos no Mercado

Tradicionalmente, um círculo seleto composto por alguns dos 20 maiores bancos atuam como bancos-líderes de transações de *project finance,* organizando-as em nível global e concentrando projetos de grande porte distribuídos em locais estratégicos por todo o mundo. Um banco-líder internacional deveria manter, pelo menos, um escritório com cerca de 50 profissionais (no mínimo) voltado às operações de *project finance* nos

58 Nessas circunstâncias, há uma expressiva possibilidade de que o programa indiano de desenvolvimento de estradas venha a naufragar, como ocorreu no México na década de 1990. *Vide* RUSTER, Jeff. *A Retrospective on the Mexican Toll Road Program (1989–94)*. Washington: World Bank, 1997*.

Estados Unidos (abrangendo a região das Américas), um na Europa (cobrindo Europa, Oriente Médio e África) e outro na Ásia/Austrália.

Esses bancos consolidaram uma forte posição através de seu relacionamento com investidores estrangeiros, de sua competência em estruturação e do uso de sua experiência adquirida em outros mercados. Outro fator que favorece a atuação dos bancos internacionais nos projetos é o fato de que, em alguns mercados asiáticos, a captação de empréstimos em US$ seguida de *swap* para moeda local (§ 10.5.2) gera custo financeiro menor do que o do financiamento direto em moeda local.

Nos últimos dez anos, entretanto, nota-se uma mudança nas posições dos líderes no mercado bancário de *project finance*. Essa mudança é percebida ao se fazer uma comparação entre a relação dos "20 maiores" bancos atuantes no mercado de *project finance* em 2000 e 2012 constantes nas Tabelas 4.2 e 4.3.

Considerando que o conceito moderno de *project finance* foi, preponderantemente, desenvolvido pelos bancos americanos, é surpreendente observar que, embora proeminentes em 2000, tenham desaparecido da lista em 2012. Aparentemente, há duas razões principais para isso. Em primeiro lugar, o elevado custo de manutenção de uma equipe especializada frente à imprevisibilidade do fluxo de receitas (as receitas vêm em grandes lotes quando os projetos são assinados em vez de geradas em fluxo constante) e, em segundo lugar, a natureza dos bancos americanos não condiz com a concessão de financiamentos de longo prazo, condição essencial para operações de *project finance*.

Além disso, pode-se observar que embora em 2000 os bancos europeus fossem a maioria atuante no mercado, seu envolvimento foi bem reduzido em 2012, o que reflete o grande problema de captação de recursos enfrentado por esses bancos após a crise de 2008 (§ 17.2). Exceto pelos bancos franceses, os japoneses foram os *players* mais constantes no período, continuando a se beneficiar do forte mercado asiático.

Não surpreende a entrada dos bancos indianos no bloco dos grandes *players*. Porém, é importante notar que o *State Bank of India*, de longe o maior desses *players*, é um banco de controle estatal majoritário.

Tabela 4.2 — 20 Maiores Bancos-Líderes em Financiamentos Bancários para *Project Finance*, 2000

Banco-Líder	**País**	**Valor (US$ milhões)**	**Quantidade de Financiamentos**	**Valor Médio dos Financiamentos (US$ milhões)**
Citigroup	E.U.A.	11.927	51	234
Société Générale	França	9.616	30	321
Bank of America	E.U.A.	9.370	33	284
ABN AMRO	Países Baixos	7.875	31	254
JP Morgan	E.U.A.	7.472	24	311
Credit Suisse First Boston	E.U.A.	6.719	10	672
Westdeutsche Landesbank	Alemanha	6.716	37	182
Deutsche Bank	Alemanha	6.487	22	295
BNP Paribas	França	3.712	24	155
Barclays Capital	Grã-Bretanha	3.423	23	149
Dresdner Kleinwort Wasserstein	Grã-Bretanha	3.155	24	131
Merrill Lynch & Co Inc	E.U.A.	2.631	4	658
Bank of Nova Scotia	Canadá	2.165	6	361
Mizuho	Japão	1.976	14	141
Goldman Sachs	E.U.A.	1.832	3	611
HSBC Bank	Grã-Bretanha	1.464	1	1464
Crédit Lyonnais	França	1.339	9	149
Bank of Tokyo-Mitsubishi	Japão	1.272	7	182
Abbey National	Grã-Bretanha	1.200	7	171
Bank of Montreal	Canadá	1.040	5	208

* Bancos que atuaram nos arranjos e subscrição dos títulos de dívida (§ 5.2); as subscrições do mercado secundário, *underwriters,* e os bancos participantes não foram incluídos nesta tabela. Financiamentos que contaram com mais de um Banco-Líder original foram distribuídos em termos proporcionais.

Fonte: As mesmas fontes utilizadas para a montagem da Tabela 2.1.

Tabela 4.3 — 20 Maiores Bancos-Líderes em Financiamentos Bancários para *Project Finance*, 2012

Banco-Líder	País	Valor (US$ milhões)	Número de Financiamentos	Valor Médio dos Financiamentos (US$ milhões)
Bank of Tokyo-Mitsubishi UFJ	Japão	11.618	96	121
State Bank of India	Índia	10.948	32	342
Sumitomo Mitsui Banking Corp.	Japão	7.576	68	111
Mizuho Financial	Japão	6.234	51	122
Korea Development Bank*	Coreia do Sul	5.411	27	200
HSBC	Grã-Bretanha	4.394	34	129
Crédit Agricole	França	4.159	36	116
Société Générale	França	4.084	35	117
BNP Paribas	França	3.793	35	108
Banco Bilbao Viscaya Argentaria	Espanha	3.521	45	78
Lloyds TSB	Grã-Bretanha	3.251	25	130
Commonwealth Bank of Australia	Austrália	3.158	21	150
Standard Chartered	Grã-Bretanha	3.035	19	160
ING	Países Baixos	2.946	29	102
National Australia Bank	Austrália	2.920	20	146
ICICI	Índia	2.796	13	215
UniCredit	Itália	2.789	29	96
IDFC	Índia	2.679	22	122
Axis Bank	Índia	2.645	9	294
ANZ	Austrália	2.457	19	129

* § 16.4.2.

Fonte: As mesmas fontes utilizadas para a montagem da Tabela 2.1.

Portanto, muito embora seja um banco comercial, questiona-se sua presença na lista compilada pela *Project Finance International* — a questão do financiamento gerado por bancos públicos *é abordada* na seção § 15.8. Do mesmo modo, dado o porte de seu mercado, não surpreende ver que dois bancos australianos figuram entre os "20 maiores".

Os bancos internacionais mais representativos do mercado (a exemplo dos bancos britânicos, franceses e japoneses relacionados na Tabela 4.2) estão envolvidos em todos os produtos compreendidos na estruturação dos projetos e são responsáveis por coordenar:

- *Project finance* doméstico em seus próprios países (por exemplo: um financiamento para um projeto francês, contratado em euro, concedido pela filial de Paris de um banco francês);
- *Project finance* doméstico em outros países cujas operações são realizadas por filial do banco ou empresa subsidiária (por exemplo: um financiamento para um projeto, contratado em dólar australiano, concedido pela filial de Sidnei de um banco francês;
- Financiamentos transnacionais; por exemplo, um financiamento para um projeto, contratado em dólar americano, concedido pela filial de Paris de um banco francês.

De forma geral, para um projeto num determinado país, é preferível captar recursos para seu financiamento junto a bancos que operam no país. Em primeiro lugar, porque esses bancos entendem melhor as condições locais e, depois, porque a dívida será contratada na moeda corrente do país, portanto, a evitar o risco de variação cambial (§ 10.5). Por essas razões, projetos em países desenvolvidos são, normalmente, financiados ou por bancos locais ou por bancos estrangeiros que operam com filial ou subsidiária no país em questão. Esses financiamentos representam a grande maioria realizada no mercado de *project finance*.

Em alguns países em desenvolvimento, entretanto, esse tipo de abordagem talvez não seja possível. Pode não haver disponibilidade de financiamento de longo prazo no mercado bancário doméstico, ou pode ser que os bancos domésticos não tenham experiência em operações de *project finance*. Financiamentos em moeda podem não ser viáveis. Em alguns países em desenvolvimento, como Índia e Brasil, existem bancos de desenvolvimento públicos que podem ajudar a preencher a lacuna deixada pelos Bancos Comerciais locais que não são capazes de fornecer o financiamento necessário aos projetos. Porém, sua capacidade de financiamento também é limitada (§ 15.8). As considerações sobre *project finance* nos países em desenvolvimento são discutidas no Capítulo 15 e no Capítulo 16.

Outros bancos participam do mercado de *project finance* no nível imediatamente abaixo atuando como sub-emissores ou participantes de consórcios bancários. Esses bancos geralmente participam dos consórcios domésticos em seus próprios países, muito embora nada impeça que outros se juntem a uma gama mais ampla de financiamentos mundo afora, originalmente captados e subscritos pelos maiores *players* do mercado. Entretanto, conforme abordado na seção § 5.2.8, houve grande redução na quantidade de consórcios bancários nos mercados da Europa e das Américas.

Os recentes desenvolvimentos do mercado e as perspectivas para o futuro dos financiamentos bancários na composição da estrutura de *project finance* são abordados no Capítulo 17.

§ 4.3 TÍTULOS DE DÍVIDA PRIVADOS (*BONDS*)

Do ponto de vista de quem contrai o empréstimo, um título de crédito privado, ou *bond*, emitido pela Empresa do Projeto é, basicamente, semelhante a um financiamento; contudo, é direcionado principalmente ao mercado não bancário e assume a forma de um instrumento de dívida negociável, comprovado originalmente via certificado em papel, hoje substituído pelo registro eletrônico.[59] O emissor (no caso, a Empresa do Projeto) se obriga a pagar ao detentor o valor de face do título acrescido de juros em parcelas futuras com data pré-fixada. Os compradores de títulos do projeto são investidores que exigem taxas pré-fixadas de retorno atrativas

59 Observe que, neste contexto, o significado de "título" ["*bonds*", no original] não se refere aos compromissos também denominados "caução", assumidos a título de garantia como os previstos em Contratos de Construção — *vide* § 8.2.9, por exemplo. O termo "título" ["*bonds*", no original] também pode ser referir a "valores mobiliários", "títulos de dívida" ou "debêntures".

sobre seu investimento de longo prazo sem assumir o risco de capital (*equity risk*), que está associado às obrigações de longo prazo como, por exemplo, as companhias seguradoras e os fundos de pensão. Em comparação com o mercado de financiamento bancário, o mercado de títulos dos projetos é muito mais reduzido em termos de âmbito; porém, de grande importância em certos países. O preço costuma se basear na taxa de rentabilidade de um título da dívida pública pelo mesmo período acrescido de uma margem pelo risco extra.

Os títulos podem ser ofertados publicamente (ou seja, cotados em bolsa de valores e, pelo menos teoricamente, negociados em escala bem maior), ou por meio de emissões privadas, não sendo cotados em bolsa, mas vendidos a um número limitado de investidores de grande porte. É possível uma emissão privada ser realizada sem a intermediação de um banco de investimento, ou seja, onde os Empreendedores negociam, diretamente, com os financiadores de títulos, muito embora essa prática não seja comum ao mercado.

Já que a emissão ou colocação de títulos dos projetos é a combinação perfeita para os negócios das companhias de seguros e dos planos de pensão, bem como para os investidores privados que aplicam recursos em fundos de investimento em obrigações e outros instrumentos de dívida (os chamados fundos de títulos, ou *bond funds*), a relativa falta de expansão dessa modalidade pode parecer estranha. Contudo, a emissão de títulos dos projetos traz uma série de desvantagens para os investidores mencionados acima:

- Em regra, um título com prazo de resgate em 20 anos é pago em uma única quantia ao final dos 20 anos; já um título de projeto com prazo de resgate em 20 anos é pago em parcelas irregulares ao longo do período de 20 anos, sendo o primeiro pagamento realizado ao final da fase de construção do projeto (cerca de 2 anos), o que torna o investimento menos atrativo para o investidor que busca um retorno no longo prazo. (Esse fluxo de caixa irregular também dificulta a comparação entre um título e outro).

- A análise dos riscos de crédito de um título de projeto, bem como o monitoramento do desempenho do projeto, são tarefas complexas. E, se os títulos representarem apenas uma pequena parcela de seu *portfolio*, não é interessante em termos de custos para o investidor manter uma equipe qualificada de profissionais para fazer esse controle.

- Os títulos de projeto são normalmente classificados na faixa mais baixa do grau de investimento (§ 5.3.1), o que representa riscos altos demais para os fundos de títulos.

- Em alguns países, as desvantagens mencionadas no item acima podem ser superadas por meio do seguro sobre títulos (*bond insurance*); porém, são difíceis de se obter atualmente, conforme discutido na seção § 4.3.2.

- As iniciativas para incremento do mercado de títulos de *project finance* são abordadas no Capítulo 15.

§ 4.3.1 O Mercado Americano de Títulos

Há um longo histórico de emissão de títulos para projetos de infraestrutura (muito mais antigo do que o histórico da participação dos bancos em *project finance*). No entanto, o mercado americano de títulos permanece sendo o principal modelo para o desenvolvimento dos atuais mercados de emissão de títulos para financiamento de projetos. O mercado americano é, indubitavelmente, o maior do mundo.[60] A Tabela 4.4 relaciona os principais tipos de emissor nesse mercado. Vale mencionar que os títulos totalizam 53% na composição da dívida das empresas americanas contra 47% dos financiamentos bancários, em

---

60 As estatísticas apresentadas nesta seção, diferentemente das demais mostradas na Tabela 4.4, foram extraídas da publicação anual *The Bond Buyer's 2011 in Statistics* (*The Bond Buyer*, 13/02/2012)* e *The Bond Buyer's 2012 in Statistics* (*The Bond Buyer*, 11/2/2013)*. Existem pequenas discrepâncias entre os números referentes às emissões de títulos de dívida municipais levantados pela SIFMA na Tabela 4.4 e aqueles levantados pelo *The Bond Buyer*.

Tabela 4.4 — Mercado Americano de Títulos — Novas Emissões

(US$ bilhões)	**2011**	**2012**
Tesouro Americano	2.103	2.309
Agências federais	839	677
Empresas*	1.012	1.360
Com garantia em hipotecas	1.660	2.056
Municipal	295	379
Com garantia em ativos (securitizações)	126	199
Total	**6.036**	**6.979**

* *Project finance* incluído neste contexto.
Fonte: *Website* da *Securities Industry and Financial Markets Association* (www.sifma.org.)

comparação à Grã-Bretanha e Zona do Euro, onde os financiamentos bancários representam 85% na composição da dívida das empresas.[61]

Existem duas categorias de títulos nos Estados Unidos que são relevantes para a modelagem de *project finance:* o mercado dos títulos da dívida municipal (os chamados *muni bonds*), ou *municipal bond market*, que será abordado abaixo, cujos investidores, há até pouco tempo, apoiavam-se com frequência em seguros para cobrir os riscos de crédito (§ 4.3.2), e o mercado de títulos de dívida privados ou corporativos, ou *corporate bond market*, (que, neste contexto, inclui os títulos privados emitidos para financiamento de projetos), sendo este último semelhante aos mercados de títulos para captação de recursos para financiamento de projetos em outros países (§ 4.3.3).

O mercado de títulos da dívida municipal (os "*muni*") tem mais de um século de existência. O elemento essencial para seu desenvolvimento foi a decisão de 1895 da Suprema Corte Americana, que proibiu a cobrança de tributos federais sobre títulos emitidos por estados e entidades governamentais locais. Os investidores que adquirem esses títulos isentos de tributos, portanto, são, de modo geral, pessoas físicas preocupadas em

---

61 European Commission Staff Working Document, *Long-Term Financing of the European Economy* (SWD (2013) 76 final, Brussels, 2013), p. 14*.

se proteger da tributação (principalmente, por meio dos fundos de obrigações da dívida municipal, ou *muni bonds*), e não companhias seguradoras ou fundos de pensão, cujas receitas são isentas de qualquer maneira.[62]

Em 2012, foram emitidos US$ 376 bilhões em títulos municipais (*muni bonds*) de longo prazo, dos quais, 88% são isentos de tributação. Somente uma pequena fatia desses títulos municipais poderia ser considerada como títulos de *project finance*. Todavia, é uma pequena fatia de um imenso mercado.

Os títulos municipais podem ser divididos em duas categorias principais:

Títulos Quirografários (*General Obligation Bonds*) (US$ 136 bilhões em 2012): são títulos garantidos, exclusivamente, pela "total confiança e crédito" do emissor — no caso, o governo municipal ou estadual. É evidente que essa categoria não caracteriza modalidade de financiamento para projetos.

Títulos de Receita (*Revenue Bonds*) (US$ 240 bilhões em 2012): estes são garantidos exclusivamente pelas receitas geradas pela entidade emissora, que pode ser um conselho ou secretaria de educação, concessionárias ou permissionárias de serviços públicos como, por exemplo, de abastecimento de água e rede de tratamento de esgotos, órgãos públicos de serviços de transporte e assim por diante (ou seja, entidades que compõem a Administração Pública direta e indireta). Em termos de risco, são mais parecidos com os títulos corporativos (*corporate bonds*) do que com os títulos emitidos para um determinado projeto, considerando que os tomadores (mutuários), normalmente, já possuem um fluxo de caixa estabelecido. Porém, também é possível, para um novo projeto (como o de uma

62 A Receita Federal americana (*Inland Revenue Service* — "IRS") impõe uma Tributação Mínima Alternativa por meio da qual limita o valor que uma pessoa física pode acumular por títulos municipais e outros investimentos livres ou dedutíveis de tributos. No entanto, diversas suspensões temporárias dessas normas têm ocorrido desde 2009 com o propósito de incentivar o investimento em projetos de infraestrutura.

rodovia pedagiada), emitir Títulos de Receita e, nesse caso, o comprador do título assumiria o risco do *project finance* de um empreendimento específico do setor público.

Como uma espécie dentro da modalidade dos Títulos de Receita, importantes para as operações de *project finance* do setor privado, particularmente em PPPs, estão os Títulos de Atividade Privada — TAI (***Private Activity Bonds* — *PABs***). Existem Títulos de Receita que são emitidos por uma entidade do setor público, porém financiados para uma Empresa do Projeto do setor privado, cujo pagamento é garantido apenas pelo fluxo de caixa.

Os títulos da dívida municipal serão classificados como *PABs* nos termos do artigo 141 do Código da Receita Federal Americana ("IRS") se:

- mais de 10% do resultado da venda dos títulos emitidos for empregado no financiamento de atividades de empresas privadas; e
- mais de 10% do serviço da dívida for pago com recursos gerados por atividades de empresas privadas.

Os *PABs* se qualificarão para receber a isenção do imposto federal se mais de 95% do resultado da venda do título for investido nos objetos descritos no artigo 142 do Código do IRS, sendo eles: aeroportos, docas e cais, infraestrutura de serviços de transporte de.massa, abastecimento de água, centrais de tratamento de esgotos, descarte de resíduos sólidos, projetos qualificados de locação residencial, centrais de abastecimento de energia elétrica ou gás local, usinas de aquecimento e resfriamento local, instalações ou centrais qualificadas para descarte de resíduos perigosos, instalações em ferrovias intermunicipais de alta velocidade, obras de melhorias ambientais em instalações ou centrais hidrelétricas e instalações públicas educacionais qualificadas. Certamente, a maioria dos empreendimentos acima pode ser viabilizada por meio de operações estruturadas de *project finance*.

Os *PABs* isentos de tributos têm que respeitar o limite máximo permitido, em termos de valor total, de títulos emitidos em determinada jurisdição. Todavia, esse limite não se aplica às "instalações isentas", a saber: aeroportos, docas e cais, obras de melhorias ambientais em instalações ou centrais hidrelétricas, instalações públicas educacionais qualificadas, infraestrutura do governo para descarte de resíduos sólidos, infraestrutura do governo em ferrovias intermunicipais de alta velocidade, infraestrutura privada em ferrovias intermunicipais de alta velocidade (apenas 75% do resultado da venda dos títulos emitidos). (Adicionalmente, para fazer jus à isenção tributária, de forma geral, não mais de 25% do resultado da venda dos títulos emitidos pode ser gasto na aquisição de bem imóvel).

A lei federal americana sobre transporte eficiente, flexível e responsável para todos (*Safe, Accountable, Flexible, Efficient Transportation Equity Act: A Legacy for Users - SAFETEA-LU/2005*) permitiu a emissão de até US$ 15 bilhões de *PABs* com isenção tributária para investimento em projetos do setor de transportes até 2015, além do limite máximo.

Outras estruturas de semi-*project finance* existem no mercado americano, a exemplo dos Títulos "63-20" (***Bonds "63–20"***) (títulos emitidos por organização sem fins lucrativos também isenta de tributação) — o número se refere à normatização específica do IRS — que pode também ser utilizado em estruturas de *project finance*. No entanto, é evidente que esses títulos devem ser emitidos por uma empresa que não dispõe de investimento de capital, o que cria uma lacuna na estrutura de financiamento que tem que ser preenchida por outros meios, por exemplo, por ter contraído financiamento contra as receitas futuras do fluxo de caixa em quantidade inferior à necessária para cumprir a margem de segurança exigida pelos financiadores (§ 12.3), provavelmente, deixando uma lacuna financeira que, talvez, tenha que ser preenchida por provisões públicas via dívida mezanino (§ 4.5.1).[63]

---

63 Para mais informações, além de um comparativo entre os títulos municipais (*muni bonds*) e outros instrumentos disponíveis no setor público e projetos na modalidade PPP nos Estados Unidos, incluindo o programa TIFIA (§ 15.4), consultar as seguintes fontes: Federal Highway Administration, *Project Finance Primer* (US Department of Transport, Washington DC, 2010)*, e E.R. Yescombe, "Project Finance", por John R. Bartle, W. Bartley Hildreth & Justin Marlowe (editores), *Management Policies in Local Government Finance*, (ICMA [International City/County Management Association], 6a. edição, 2012), Capítulo 17.

Financiamento de Incremento Tributário (*Tax Increment Finance*) é outro subconjunto dos títulos municipais (*muni bonds*), abordado na seção § 17.6.4.

§ 4.3.2 Pacote de Títulos (*Wrapped Bonds*)

Até recentemente, uma grande parcela dos títulos, incluindo os *PABs*, vinha "em pacote", sendo os títulos garantidos por companhias de seguros chamadas *monoline* (especializadas), elemento fundamental para o mercado de títulos municipais. Essas seguradoras são chamadas de "*monolines*" porque são especializadas na modalidade de seguro-garantia de títulos, ou seja, atuam apenas em uma linha de negócios.

Com a cobertura de seguro *monoline*, os detentores dos títulos precisavam prestar pouquíssima atenção ao histórico ou aos riscos do tomador do empréstimo ou do projeto em si (se fosse o caso), pelo menos teoricamente, podendo confiar tão somente na classificação de crédito da companhia de seguro. Com isso, resolvia-se o problema enfrentado por investidores privados sem capacidade de avaliar os riscos das emissões de títulos individuais. Antes de 2007, cerca de metade de todos os títulos municipais contavam com seguro *monoline*.

Entretanto, as seguradoras *monoline* também passaram a atuar com força na cobertura de seguro para títulos hipotecários *subprime* nos Estados Unidos, e sofreram, a partir de 2008, significativos prejuízos por conta desse envolvimento, o que de fato resultou no encerramento das atividades da maioria delas. Em 2012, somente uma seguradora *monoline* continuava a oferecer cobertura em novos negócios no mercado de títulos municipais. Consequentemente, apenas US$ 13 bilhões de títulos foram segurados naquele ano e o mercado permanece cético em relação ao valor desse tipo de seguro-garantia. Até certo ponto, no caso de financiamentos de projetos de grande porte com emissão de *PABs*, a lacuna deixada pelo desaparecimento das seguradoras *monoline* tem sido preenchida pelas garantias oferecidas por bancos comerciais (mais por bancos europeus e japoneses do que por bancos americanos).

§ 4.3.3 O Mercado Internacional de Títulos

Como se observa na Tabela 4.5, o mercado internacional de emissão de títulos de projetos é uma fonte de recursos muito menos significativa do que o mercado de Bancos Comerciais na estrutura do *project finance*, e concentrado em poucos países.[64] "Internacional" pode ser um termo impróprio para este caso, já que em sua grande maioria os títulos são emitidos e comercializados no país do projeto, ainda que se lance mão de recursos financeiros internacionais em US$, conforme abordado abaixo: títulos de *project finance* são, principalmente, emitidos nas Américas, estando os mercados menores na Europa, Oriente Médio e Ásia. Este mercado não conta com isenção tributária nos países onde os títulos são emitidos, e isso contribui para a participação pouco expressiva dos Estados Unidos no mercado de títulos (não municipais) de *project finance*, como mostra a tabela: na realidade, acabou sendo "expulso" pelo mercado de títulos com isenção de tributos.[65]

O mercado americano de emissões de títulos na estruturação de projetos segue as disposições da norma 144a adotada pela *Securities and Exchange Commission* — *SEC* em 1990. A emissão privada de títulos não precisa passar pelos complexos procedimentos de registro junto à SEC;[66] entretanto, segundo dispõem as normas da SEC, em se tratando de emissão privada, os títulos emitidos não podem ser revendidos imediatamente após sua compra, devendo aguardar um prazo mínimo de

---

64 Os setores de mercado estão refletidos nos números apresentados na Tabela 2.1, que combina bancos e títulos.

65 *Build America Bonds*, programa temporário (2009 a 2010) para emissão de títulos da dívida municipal tributáveis, que contava com subsídio federal de 35% do pagamento de juros ou crédito tributário federal de 35% dos juros, demonstrou a dimensão do potencial da demanda das entidades isentas. Foram emitidos US$ 181 bilhões dos referidos títulos. (O subsídio era, geralmente, escolhido à medida que aumentava o grupo de potenciais investidores entre as entidades isentas).

66 Por exemplo, exigir que o emitente elabore as demonstrações financeiras segundo os princípios contábeis geralmente aceitos nos Estados Unidos.

Tabela 4.5 — Emissões de Títulos para *Project Finance*, 2001–2011

(US$ milhões)	2000	2007	2008	2009	2010	2011	2012
Américas — dos quais:	16.099	11.710	7.902	4.462	9.822	13.220	17.059
E.U.A.	11.313	7.055	5.266	3.385	4.905	4.264	7.111
Canadá	489	3.002	1.738	877	4.521	4.131	2.076
Brasil	875					3.324	3.642
Chile	430						
México	1.831	259	700			552	2.070
Ásia-Pacífico — dos quais:	1.384	4.605	1.015	327	6.432	2.628	2.932
Austrália	1.293	4.359	300	188	4.550	935	
Malásia			473				2.406
Coreia do Sul			164	139			
Europa Ocidental — dos quais:	2.790	10.508	2.968		3.536	5.432	2.642
Grã-Bretanha	2.498	4.355	2.968		3.276	4.732	2.538
França		5.500					
Europa Central e CEI	363						
Oriente Médio e Norte da África — dos quais:				3.477		999	1.300
Catar				1.248			
EAU				2.229			1.300
África-Subsaariana							174
Total	**25.003**	**26.823**	**11.885**	**8.266**	**19.790**	**22.279**	**24.127**

Adaptado de *Project Finance International* (*vide* Tabela 2.1 para mais informações).

dois anos para isso.[67] Em geral, essa falta de liquidez não é aceitável do ponto de vista dos detentores de títulos nos Estados Unidos.

A Norma 144a permite a negociação, no mercado secundário (ou de revenda), de títulos de dívida de emissões privadas, desde que

67 Os *muni bonds* não são regulamentados pela *Securities and Exchange Commission* (SEC). O *Municipal Securities Regulation Board* (MSRB) supervisiona o mercado dos *munis* e estabelece normas para assegurar a divulgação adequada de dados e informações financeiras, por exemplo, publicação dos prospectos das emissões.

as vendas sejam feitas para "investidores institucionais habilitados" ("QIBs") definidos como entidades que mantêm um *portfolio* com, no mínimo, US$ 100 milhões em valores mobiliários. Portanto, a Norma 144a é a principal base que norteia a emissão dos títulos de *project finance* nos Estados Unidos, quer sejam emissões privadas limitadas ou emissões negociadas mais abertamente. Os títulos também são emitidos em mercados fora dos Estados Unidos, especialmente, na América Latina. Desde que todas as partes envolvidas estejam localizadas fora dos Estados Unidos e os títulos não sejam negociados dentro dos Estados Unidos, o Regulamento S, nos termos da legislação federal que dispõe sobre o mercado de valores mobiliários (*Securities and Exchange Act* de 1933), determina que a SEC não tem competência nem qualquer controle sobre os referidos títulos.

Os títulos americanos baseados em *project finance* relacionados na Tabela 4.5 estão, principalmente, vinculados a projetos dos setores de petróleo e gás e de energia renovável, e não incluem os títulos isentos de tributação emitidos como *PABS* no mercado de *munis* (§ 4.3.1); os títulos de dívida tributáveis do setor de infraestrutura foram praticamente, mas não totalmente, "expulsos" do mercado pelos títulos beneficiados por isenção de tributos.

As seguradoras *monoline* (§ 4.3.2) também desempenharam um papel importante no desenvolvimento dos mercados internacionais de títulos para estruturação de *project finance*, entre eles o da Austrália, Grã-Bretanha e Canadá; e tornaram os títulos mais competitivos em relação aos preços praticados pelos bancos, ao cobrar praticamente a metade do que os bancos cobravam para assumir o risco de crédito. Mas essa diferença de custo significava que os bancos ou as seguradoras tinham errado na precificação dos riscos e pairava no ar uma dúvida constante: se os detentores de títulos deveriam ou não confiar nesse tipo de garantia (por um período de 25 anos ou mais) sem levar em consideração o projeto subjacente, que seria garantido. Atualmente, as garantias *monoline* dos créditos existentes têm muito pouco valor, e isso que acabou forçando os investidores a dependerem exclusivamente do projeto subjacente para reaver seu investimento.

Contudo, a garantia *monoline* não foi afetada pelos problemas abordados na seção § 4.3.2 (*Assured Guaranty*) e voltou a oferecer cobertura para os títulos internacionais baseados em *project finance*.

O mercado britânico se baseava, principalmente, em títulos PFI com garantia *monoline*: vários grandes projetos PFI foram financiados dessa maneira até 2008, porque o mercado de títulos oferecia maior liquidez e custos competitivos e, de fato, em 2005, a Grã-Bretanha se tornou o maior mercado de títulos de *project finance* (US$ 17 bilhões contra US$ 13 bilhões nos Estados Unidos). A extinção das garantias *monoline* levou ao fim abrupto desse mercado, porém os títulos continuam sendo emitidos em outros setores que não o de PFI. As emissões feitas no período de 2010/2011 se destinaram a financiar projetos do setor ferroviário de fabricação de trens de passageiros e de infraestrutura privatizada, os quais, embora tecnicamente considerados *project finance*, mais se assemelhavam aos títulos corporativos (*corporate bonds*), sendo que as emissões de títulos em 2012 se destinavam ao financiamento de projetos portuários e de trens de alta velocidade. (O primeiro título PFI com garantia *monoline,* desde 2008, foi emitido em 2013).

Os títulos canadenses, em 2012, foram emitidos principalmente para projetos do setor de transportes na modalidade PPP, enquanto os títulos brasileiros se concentraram em projetos ligados a petróleo e gás.

A Tabela 4.6 relaciona os maiores bancos-líderes em emissões ou colocações de títulos na modalidade de *project finance:* como se pode observar, praticamente todos são importantes bancos internacionais. O HSBC, por exemplo, coordenou a colocação de títulos em países como Malásia, México, Brasil, Panamá e Estados Unidos, nos setores de geração de energia, infraestrutura e petróleo e gás.[68]

---

68 *Vide* European PPP Expertise Centre, *Capital Markets in PPP financing: Where we were and where are we going?* (EIB, Luxemburg, 2010)*.

Tabela 4.6 — 20 Maiores Bancos-Líderes em Emissões de Títulos para *Project Finance*, 2012

Banco-Líder	País	US$ milhões	N°. de Emissões
HSBC	Grã-Bretanha	2.584	9
BoA Merrill Lynch	E.U.A.	1.932	6
Barclays	Grã-Bretanha	1.442	8
Crédit Suisse	Suíça	1.279	4
Royal Bank of Scotland	Grã-Bretanha	1.130	5
Bank of Montreal	Canadá	1.058	6
JP Morgan	E.U.A.	1.023	3
BNP Paribas	França	1.015	4
Maybank	Malásia	1.020	2
Royal Bank of Canada	Canadá	1.011	6

§ 4.4 OUTROS FINANCIADORES NÃO BANCÁRIOS

Os financiadores não bancários (principalmente as companhias de seguros de vida e os fundos de pensão) estão começando a ter uma participação mais significativa na estrutura de capital dos empreendimentos, especialmente, em alguns mercados de *project finance*, tais como: Austrália, Grã-Bretanha, Canadá, França, e Estados Unidos. Além desses, as companhias de seguro de vida se encontram bem estabelecidas como financiadores no mercado coreano de PPPs. A diferença fundamental do financiamento direto, em relação à aquisição de títulos, diz respeito ao controle e supervisão que os financiadores podem exercer sobre um projeto, à semelhança dos bancos (para os quais, *vide* Capítulo 14).

Há, também, os fundos mútuos de investimento, que estão começando a se desenvolver, e que permitem aos fundos de pensão de menor porte investir diretamente em projetos, mas deixando a parte de monitoramento e controle dos títulos nas mãos de administradores de fundos experientes e capacitados na modalidade de *project finance.*

A seção § 17.4 aborda as perspectivas de expansão das fontes de financiamento da dívida de projetos acima mencionadas.

§ 4.5 OUTRAS FONTES DE FINANCIAMENTO DO SETOR PRIVADO

§ 4.5.1 Dívida Mezanino

Dívida subordinada (*subordinated debt*) é aquela cujo pagamento se dá após o pagamento dos financiadores bancários ou detentores de títulos (sendo, eles, os financiadores seniores, cujas obrigações são chamadas de dívida sênior), mas antes do pagamento referente à distribuição de lucros aos investidores. Caso o projeto incorra em mora e seja liquidado, a dívida subordinada somente será resgatada uma vez que os financiadores seniores tenham sido pagos na íntegra. Em geral, seu custo é calculado a uma taxa fixa de juros mais elevada do que a da dívida sênior.

A dívida subordinada também pode ser contraída junto a investidores, como parte de seu investimento em *equity* (pelas razões expostas na seção § 12.2.2), que recebem o mesmo tratamento dos financiadores cujos créditos também são considerados *equity*.

Outras dívidas subordinadas podem ser contraídas junto a terceiros — em geral, investidores não bancários, tais como companhias de seguros e fundos especializados (a exemplo dos fundos de dívida de infraestrutura concentrados no referido setor), quando: houver um vácuo entre a quantia que os financiadores seniores pretendem disponibilizar e o total de financiamento de longo prazo exigido para a execução do projeto; a substituição de parte do capital investido resultar em preços mais competitivos para os produtos ou serviços finais oferecidos pela Empresa do Projeto (§ 17.5.2); e resultarem em incremento do retorno para os investidores sobre o patrimônio em si. Esta modalidade de endividamento é chamada de "dívida mezanino", para deixar claro que seus recursos provêm de outras fontes de recursos, e não de investidores.

Como abordado na seção § 15.4, em certos casos, existe a possibilidade de a dívida mezanino ser contraída junto ao setor público.

Incorporar as modalidades de dívida subordinada e dívida mezanino ao pacote de financiamentos do projeto, sem dúvida, levanta questões importantes relacionadas à prioridade no reembolso dos pagamentos e controle sobre o projeto entre os diferentes níveis de financiadores (§ 14.14.5).

§ 4.5.2 Financiamento via Arrendamento Financeiro

Na estrutura de arrendamento financeiro, o equipamento financiado é de propriedade do arrendador (Financiador) e não do arrendatário (devedor). O arrendatário faz pagamentos na forma de aluguel pelo arrendamento em vez de pagamentos do principal acrescido de juros (serviço da dívida) sobre o financiamento, mas as demais características são iguais (admitindo-se que a taxa de juros do financiamento embutida nos pagamentos de aluguel do arrendamento seja a mesma aplicada à taxa de juros aplicada ao financiamento), de modo que os pagamentos contratados no arrendamento financeiro e no financiamento devem ser os mesmos.

Importante mencionar que, nesse contexto, o termo "arrendamento" significa a locação de um equipamento de modo a captar recursos financeiros para a Empresa do Projeto. Não deve ser confundido com o arrendamento imobiliário (de bem imóvel) em uma estrutura BLT/BLOT, que, conforme mencionado anteriormente, configura uma forma de entregar o controle do projeto à Empresa do Projeto sem que lhe seja transferido o respectivo controle acionário, o que não implica, por outro lado, qualquer tipo de captação de financiamento (§ 6.2).

A modalidade de arrendamento é muito utilizada para financiar veículos, máquinas para fábricas e equipamentos similares, e tende ou a oferecer recursos a clientes que não têm outras fontes de captação de fundos, o que se faz com base na garantia proporcionada pelo valor do equipamento (conhecido como arrendamento financeiro), ou a permitir que o arrendatário use o equipamento por um curto período de tempo para, em seguida, devolvê-lo — cabendo ao arrendador assumir o risco do valor residual (arrendamento operacional). Ambos os tipos de financiamento têm custo elevado se comparados ao financiamento direto e nenhum deles tem participação relevante na estruturação de *project finance*. O arrendamento pode também ser usado no financiamento de fornecedores, como abordado abaixo.

Se existe algum mérito em vincular o financiamento via arrendamento a um projeto, seria, unicamente, para fazer uso de benefícios fiscais. Em alguns países, os arrendadores, por deterem a propriedade, podem aproveitar a vantagem de aplicar a depreciação tributária acelerada do equipamento objeto do financiamento. A depreciação tributária acelerada somente será útil se o proprietário do equipamento gerar lucros tributáveis que possam ser reduzidos por esse tipo de depreciação; porém, nos primeiros anos de operação de um projeto, talvez esse não seja o caso (§ 13.7.1). Nesse caso, seria melhor que o proprietário do equipamento fosse um arrendador que pudesse se aproveitar da depreciação tributária acelerada para compensá-la com outras rendas tributáveis, passando parte desse benefício para a Empresa do Projeto (em sua qualidade de arrendatária) por meio da redução do custo do financiamento (por exemplo, prestações de aluguel inferiores ao valor dos pagamentos do serviço da dívida em contrato de financiamento). Ao decidir por usar ou não o arrendamento financeiro, a Empresa do Projeto deve avaliar se o benefício dessa redução de custos supera a perda causada pela aplicação da depreciação tributária. Contudo, na maioria dos países, o benefício fiscal e consequente redução de custo pelo uso do arrendamento foi substancialmente reduzido ou praticamente eliminado, o que resultou na perda significativa de importância de seu papel na modalidade de *project finance*.

Ainda que o arrendamento financeiro seja uma opção disponível no mercado, ele ingressaria apenas como componente adicional à estrutura básica do financiamento, sem modificar a abordagem fundamental ao financiamento do projeto por parte dos Empreendedores ou financiadores.

§ 4.5.3 Financiamento de Fornecedores

Em alguns casos, o vendedor do equipamento, a Empreiteira de Construção ou o prestador de outros serviços vinculados ao projeto (nesse contexto, um fornecedor) pode oferecer financiamento. Um fornecedor de equipamento, por exemplo, pode conhecer melhor os riscos técnicos envolvidos no projeto ou no setor em questão do que um financiador comercial e, consequentemente, dispor-se a assumir riscos que seriam inaceitáveis por parte dos mercados financeiros. O financiamento de fornecedores pode proporcionar, a um fornecedor, o incremento das vendas e a abertura para novos mercados.

O financiamento de fornecedores pode ter a forma de empréstimo (como, por exemplo, a venda do equipamento a crédito), arrendamento do equipamento ou mesmo garantia de um financiamento bancário. O fornecedor que apresenta bancos para participarem da estrutura de financiamento do projeto (sem qualquer garantia) não oferece financiamento de fornecedores, que, nesse contexto, significa o financiamento por conta e risco do fornecedor, e não do banco.

Entretanto, é importante mencionar que, algumas vezes, o financiamento é oferecido pelo fornecedor como parte da proposta para garantir um contrato com pouco conhecimento das dificuldades e dos riscos envolvidos no projeto, a resultar na perda de tempo por parte dos Empreendedores que analisarão um plano de financiamento que pode deixar de ser viável no momento em que o fornecedor tiver conhecimento mais completo da estrutura do projeto e dos riscos a ele inerentes.

Portanto, a estrutura de segurança e análise dos riscos de qualquer financiamento de fornecedores deveria refletir, em grande parte, aquela fornecida pelo banco e por mercados de títulos de dívida, de modo a assegurar que:

- Uma estrutura financeira coerente seja alcançada;
- O fornecedor não assuma riscos excessivos ou imprevistos que possam afetar a capacidade ou disposição de atingir o desempenho previsto em contrato;
- Os recursos do fornecedor possam ser refinanciados, em seu devido tempo, no mercado financeiro, de modo a aliviar a pressão sobre seu balanço patrimonial.

A opção do financiamento de fornecedores é analisada pelos Empreendedores no momento em que avaliam as alternativas financeiras; porém, seu papel no mercado de *project finance* ainda é limitado, particularmente, restringindo-se a financiar projetos de construção de redes de telefonia móvel.

§ 4.5.4 Finanças Islâmicas

O principal fundamento que norteia as finanças islâmicas deriva da proibição de cobrança de juros, expressa no Alcorão (porém, não há objeção a que se obtenha lucro em um investimento). O sistema de financiamento islâmico passa a ter uma participação significativa em projetos nas regiões do Oriente Médio e Malásia. Em resumo, as principais estruturas utilizadas nesse mercado são:

- *Istisna'a.* Normalmente, o Financiador assina um contrato com a Empresa do Projeto pelo qual esta será responsável pela construção dos ativos do projeto. O contrato permite que a Empresa do Projeto subcontrate terceiros para assumirem essa obrigação, repassando-a para a Subcontratada do D&B/EPC. Na Conclusão do Projeto, o ativo poderá ser objeto de um *ijara.*

- *Ijara* (arrendamento islâmico). Basicamente, similar às operações de arrendamento realizadas em qualquer lugar do mundo (por exemplo, permitir o uso do equipamento por um período de tempo determinado mediante o pagamento de aluguel em prestações fixas, *vide* § 4.5.2).

- *Mudaraba* (venda a prazo), com um *markup* sobre o preço que forneça margem de lucro ao financiador.

- *Sukuk* (títulos islâmicos). Esses títulos de dívida cedem parte do controle acionário e autorizam seu detentor a receber uma parcela fixa das receitas futuras geradas pelos ativos.

Estas diversas modalidades de financiamento ofertadas pelos bancos islâmicos e pelas divisões financeiras islâmicas de bancos internacionais podem ser oferecidas como parte de um pacote de *project finance* paralelamente aos financiamentos bancários convencionais.

CAPÍTULO V

TRABALHANDO COM OS FINANCIADORES

§ 5.1 INTRODUÇÃO

Este capítulo abordará os procedimentos para captação de recursos para *project finance* junto a financiadores do setor privado, em particular, junto aos bancos comerciais (§ 5.2) e detentores de títulos (§ 5.3), fazendo uma comparação entre as duas fontes (§ 5.4). Além disso, também são abordados os processos de *due diligence* realizados pelos financiadores e os papéis desempenhados pelos diversos consultores externos contratados por eles (§ 5.5). A seção § 5.6 deste livro aborda de que forma a Autoridade Contratante interage com os financiadores dos licitantes interessados em participar do processo de contratação pública.

§ 5.2 BANCOS COMERCIAIS

§ 5.2.1 Estrutura Organizacional

A maioria dos bancos comerciais que atua na área de *project finance* conta com departamentos de especialistas que se dedicam a reunir e organizar as negociações do projeto. Há três abordagens indicadas para organizar esses departamentos:

Departamento de *Project Finance*. A abordagem mais duradoura é a de manter um departamento puramente especializado em operações estruturadas de *project finance*. Departamentos maiores devem ser divididos em equipes por áreas que envolvam setores da economia, tais como: infraestrutura, energia e recursos naturais. A concentração de todo o conhecimento de *project finance* em um único departamento assegura o uso eficiente de recursos e promove um rico intercâmbio de experiências em projetos de setores distintos; entretanto, talvez não ofereça o melhor portfólio de serviços aos clientes.

Departamento de Estruturação Financeira. Conforme mencionado na seção § 5.2.2, a separação entre a modalidade de *project finance* e outros tipos de estruturação é cada vez menos clara e, por esse motivo, acaba sempre havendo a participação de profissionais especializados em ambas as operações de estruturação financeira para empreendimentos de grande porte. Novamente, é possível a divisão em equipes por setores. Talvez essa abordagem favoreça a oferta de uma gama mais sofisticada de produtos; porém, corre-se o risco de que aquele projeto não se enquadre, com facilidade, na operação do departamento caso outro negócio esteja baseado em horizonte muito mais curto no tempo, por exemplo, se LBOs (*vide* abaixo) também estiverem em negociação, simultaneamente, no mesmo departamento.

Departamentos Dedicados a Setores da Economia. Outra abordagem possível é reunir todos os recursos dedicados a um setor específico da economia (energia elétrica, recursos naturais ou infraestrutura, por exemplo) e concentrá-los em um único departamento. Se esse setor faz uso regular de *project finance* em seus negócios, profissionais especializados nesse tipo de estruturação fazem parte de sua equipe. Desse modo, permite-se que os clientes do banco daquele setor específico tenham atendimento exclusivo, num único espaço; mas, por outro lado, essa configuração de departamento pode reduzir o profícuo intercâmbio que as experiências sobre projetos de estruturação financeira entre setores distintos costumam promover.

No final das contas, importam mais a boa comunicação e cooperação internas do banco do que sua organização formal.

De modo geral, os bancos costumam ter profissionais com formação bancária e financeira em sua área de *project finance*, mas podem empregar engenheiros e outros especialistas com experiência no setor. Mesmo que a maioria de seu pessoal não seja especializada nas áreas de construção, engenharia ou outras disciplinas não financeiras, por trabalharem com uma série de operações ao longo do tempo, acabam por desenvolver uma *expertise* nos diversos setores econômicos e um vasto conhecimento sobre questões práticas que possam afetar a viabilidade de determinado projeto. E, ainda assim, os bancos contam com a colaboração e experiência de consultores externos especializados (§ 5.5).

A modalidade de *project finance* se desenvolve ao longo de um período prolongado e exige que os bancos contem com um quadro funcional qualificado e, portanto, muito bem remunerado. Por essa razão, antigos líderes do mercado tomaram a decisão de se retirar desse segmento e aplicar seus recursos em outros tipos de estruturação financeira com melhores taxas de retorno ou se concentrar na concessão de financiamentos destinados a pessoas jurídicas ou ao varejo (§ 4.2.2).

Os projetos precisam ter um porte considerável de modo a garantir aos bancos a geração de receita suficiente que justifique o tempo neles investido. Coordenar a estruturação de uma dívida muito inferior a US$ 25 milhões, por exemplo, muito provavelmente seria economicamente inviável (a menos que fizesse parte de uma linha de produção de projetos muito semelhantes entre si para a qual pudesse ser aplicado o mesmo modelo ou, de preferência, houvesse a possibilidade de juntar vários projetos menores e estruturar o financiamento para eles ao mesmo tempo). Além disso, os maiores e principais bancos têm preferência por participar de projetos, digamos, acima de US$ 100 milhões.

§ 5.2.2 *Project Finance* e Financiamento Estruturado

Não há um limite preciso entre *project finance* e outros tipos de financiamento de longo prazo nos quais elevado grau de endividamento é alavancado para financiar um empreendimento. As linhas divisórias não são claras quando se trata de operações que começaram como novos projetos que se estabelecem sendo, em seguida, refinanciados. Esse refinanciamento acaba por assumir características de um simples crédito para pessoa jurídica.

Os próprios bancos definem os limites entre *project finance* e outros tipos de financiamento com base mais na conveniência do que em alguma teoria, levando em conta que as competências necessárias aos gestores do financiamento responsáveis pela concessão dos empréstimos das instituições financeiras para as operações de *project finance* são as mesmas em modelos de financiamento semelhantes.

Muitos bancos usam o *project finance* como parte de suas operações de "estruturação financeira" para todo tipo de financiamento em que uma SPE (ou seja, uma sociedade especialmente constituída para assumir as obrigações financeiras) deva ser constituída para assumir a posição de tomadora dos recursos captados para compor sua dívida (de capital e de recursos da dívida) que, por sua vez, será paga com as receitas geradas por seu próprio fluxo de caixa. Difere dos financiamentos bancários, que são concedidos a tomadores já existentes. Essa é outra razão pela qual as estatísticas do mercado de *project finance* devem ser analisadas com cautela, uma vez que podem ser impactadas pela inclusão ou exclusão de grandes transações posicionadas na linha divisória entre a modalidade de *project finance* e outros tipos de financiamentos estruturados.

Exemplos de outros tipos de estruturação financeira e suas diferenças em relação à estrutura de *project finance* são relacionados a seguir:

Financiamento de Recebíveis. Baseia-se em financiamentos levantados contra o fluxo de caixa de recebíveis gerados por um negócio já estabelecido e envolve a captação de fundos por intermédio de uma SPE semelhante à Empresa do Projeto (mas, normalmente, registrada fora do balanço patrimonial da beneficiária de fato do fluxo de caixa). O fluxo de caixa pode advir de uma fonte geradora de receita de um ramo de negócios (uma rede de hotéis, por exemplo) ou de contratos específicos que geram um fluxo de recebíveis (a exemplo dos pagamentos efetuados por cartões de crédito a receber, outras linhas de crédito ao consumidor, contratos de vendas, etc.). A diferença fundamental em relação à operação de *project finance* é que este último se baseia na geração futura de fluxo de caixa de um projeto ainda a ser estabelecido. Já aquele permite que as carteiras de recebíveis sejam "liquidadas" e repassadas para terceiros pelos bancos por meio de estruturas que usam as obrigações de dívida garantidas ou caucionadas (conhecidas no mercado como *Collateralized Loan Obligations* — CLOs) e por operações de securitização de dívida, conforme descrito na seção § 5.2.10.

Desenvolvimento de Distribuição em Rede. Esta modalidade inclui projetos como, por exemplo: desenvolvimento de serviços de utilidade pública de distribuição, TV a cabo, telefonia móvel ou redes de acesso à internet em que, normalmente, não é possível calcular a demanda até que o sistema esteja pronto para oferecer o serviço. Pode-se dizer que tais projetos se posicionam na metade do caminho entre um financiamento de recebíveis e um *project finance stricto sensu*, na medida em que o financiamento pode ser aplicado na construção de um empreendimento, mas, geralmente, os respectivos recursos não são sacados até que as receitas iniciais comecem a ser geradas. A abordagem tradicional para financiar um empreendimento desse tipo se baseia na definição da utilização inicial do serviço, geralmente estimada no primeiro estágio de desenvolvimento do projeto, que, nesse ponto, ainda é financiado pelo investimento de *equity* realizado pelos investidores e não por endividamento. Uma vez que o nível de penetração inicial no mercado e respectivas receitas geradas pelo uso tenham sido estabelecidas, uma parcela do endividamento é adiantada para futuras expansões da rede e, dessa forma, as liberações dos recursos da dívida continuam a ser realizadas à medida que as sucessivas metas de penetração, uso e geração de receitas sejam alcançadas. Este modelo é conhecido como *borrowing base*, para financiar etapas sucessivas. Uma abordagem mais arrojada é aplicada por financiadores que liberam seus empréstimos tomando por base o progresso de projetos similares em outras localidades, bem como a taxa de crescimento da utilização do serviço e receitas geradas. (O modelo de saques periódicos (*borrowing base*) pode também ser adotado em empreendimentos de exploração de reservas de petróleo e gás natural).

Financiamento *Leveraged Buyout* ('LBO') ou *Management Buyout* ('MBO'). Essa alternativa de investimento altamente alavancado proporciona a aquisição de uma empresa já existente no mercado por investidores interessados em aplicar diretamente no capital de empresas, como, por exemplo, por meio dos fundos de *private equity* (LBO); pelo próprio grupo de gestores responsável pela administração da empresa (MBO); ou, ainda, por uma combinação dos dois. Costuma se basear em uma composição formada pelo fluxo de caixa gerado pelo negócio e pelo valor dos ativos da empresa, mas normalmente não envolve financiamento para construção de novos empreendimentos nem se usam contratos como garantia, como ocorre em *project finance*. Os riscos dessa modalidade são muito mais altos do que os envolvidos nas operações de *project finance* típicas. (§ 17.3).

Financiamento de Aquisição. Esse financiamento possibilita a aquisição da empresa "B" pela empresa "A" por meio de endividamento altamente alavancado. Nesse sentido, é muito semelhante às aquisições alavancadas como as de financiamento de LBO e MBO; entretanto, baseia-se na união dos negócios de duas empresas.

Financiamento de Ativo. O financiamento de ativos[69] consiste no método para captar recursos para aquisição de ativos fixos via financiamento com base no valor de venda dos respectivos ativos no mercado, tais como: navios, aeronaves ou imóveis (bens imóveis), ao passo que o financiamento de projetos se baseia no fluxo de caixa gerado pelo ativo para remunerar os financiamentos, ainda que seu valor de venda intrínseco seja baixo. (Evidentemente, o valor de mercado dos ativos em questão pressupõe que tenham capacidade de geração de receitas).

Arrendamento. O contrato de arrendamento é um tipo de financiamento de ativos no qual o proprietário do bem financiado permanece sendo seu arrendador (ou seja, o financiador) (§ 4.5.2).

§ 5.2.3 *Bancos-Líderes*

A abordagem tradicional no levantamento de recursos para financiar um projeto consiste na nomeação de um banco, o chamado banco-líder[70] para atuar como coordenador responsável pela emissão e subscrição da dívida. Assim como no caso do consultor financeiro, (§ 3.4.1), dois fatores são essenciais a serem considerados no processo de seleção do banco-líder: sua experiência em estruturação de financiamentos para o tipo de projeto específico e sua experiência no país em questão, além de amplo relacionamento bancário com, pelo menos, um dos Empreendedores. A taxa de comissão dos bancos-líderes é calculada, primordialmente, com base na conclusão bem-sucedida do financiamento do projeto, embora sujeita a uma pequena retenção, enquanto despesas com consultores, assessores e demais custos diretos, como despesas de viagem, são, de forma geral, cobertas pelos Empreendedores.

---

69 Também conhecido como "*asset finance*" ou ainda, como financiamento do objeto ("*object finance*").

70 Diferentes termos são empregados para essa função, dentre os quais: "banco-líder", "coordenador-líder", "arranjador-líder" ou "gestor-líder".

Quantias maiores podem exigir mais de um banco envolvido na subscrição da dívida. Esse tem sido o procedimento padrão desde 2008, tendo em vista as pressões impostas sobre os balanços patrimoniais dos bancos e o declínio dos consórcios bancários (*syndication*) (§ 5.2.8), o que obriga os Empreendedores a nomear vários bancos-líderes que formarão um "clube" de bancos para coordenar a emissão da dívida, o que, de fato, constitui a formação de um pré-consórcio para o financiamento (§ 5.2.8). Disso, geralmente, resulta a nomeação de alguns ou de todos esses bancos na qualidade de bancos-líderes associados.

Uma das primeiras questões que devem ser pensadas pelos Empreendedores sob o ponto de vista do financiamento diz respeito ao momento em que o banco-líder deverá ser convidado a fazer parte da operação. A fim de garantir o melhor nível de negociação entre os bancos com relação às condições do financiamento, o pacote do projeto deveria ser finalizado na íntegra (incluindo todos os Contratos do Projeto) antes de os bancos serem convidados a participar com lances na concorrência pelo cargo de banco-líder. Nesse caso, os Empreendedores precisariam contratar os serviços de um consultor financeiro para reunir o pacote todo (§ 3.4.1), ou fazê-lo eles mesmos, caso tenham experiência para tanto (§ 5.5.7).

Outra abordagem possível seria celebrar acordo com um banco, no estágio inicial do processo de desenvolvimento do projeto, para que atue tanto como consultor financeiro quanto como banco-líder. Desse modo, haveria redução no custo combinado das taxas de comissão pelos serviços bancários de assessoria financeira e de subscrição, a garantir, também, que as orientações seriam feitas com base naquilo que o próprio banco estaria disposto a oferecer, e que, portanto, o projeto seria viável do ponto de vista financeiro.

O problema óbvio dessa abordagem consiste no fato de os bancos não estarem em situação de concorrência (mesmo que, originalmente, tenha sido promovido algum tipo de concurso para constituir o mandatário[71]) e, portanto, os Empreendedores, provavelmente, não conseguirão obter

71 Ou seja, para o cargo de banco (§ 5.2.3).

as condições finais de financiamento mais vantajosas. Ainda assim, parece ser um preço razoável a se pagar para assegurar maior eficiência ao processo e a certeza na obtenção dos recursos financeiros que essa abordagem confere. É claro que tanto o relacionamento geral entre Empreendedores e bancos quanto a experiência em si dos Empreendedores no mercado financeiro serão fatores que influenciarão a tomada dessa decisão.

Além disso, existe a possibilidade de os Empreendedores realizarem um "teste de mercado" do pacote final de financiamento sugerido e abrirem uma concorrência para receber propostas de outros bancos.[72] Caso o banco-líder original (ou bancos-líderes originais) não se mostre competitivo, o financiamento será transferido para novos bancos. Porém, esse método pode não ser prático e, ainda, comprometer prazos para conclusão da estruturação do financiamento, a menos que as condições e termos constantes da proposta feita pelo banco-líder (ou pelos bancos-líderes) se mostrem tão acima das praticadas no mercado que compensariam a perda de tempo e a incidência de custos extras, jurídicos e outros, produzidos pela decisão de recorrer a outras instituições bancárias.

Em projetos de grande porte, tanto o consultor financeiro como o(s) banco(s)-líder(es) podem ser nomeados separadamente em seu estágio inicial, de modo a promover aconselhamento mais equilibrado, embora, obviamente, essa estratégia eleve os custos de desenvolvimento.

O consultor financeiro (ou o(s) banco(s)-líder(es) que atuem como tal) desempenha papel ativo na negociação dos Contratos do Projeto a fim de assegurar que as implicações financeiras destes sejam consideradas. Quaisquer alterações nos termos dos Contratos do Projeto que favoreçam os Empreendedores, de modo geral, devem favorecer os bancos e, por essa razão, os bancos-líderes são usados pelos Empreendedores também com o intuito de incrementar sua posição comercial nas negociações.

---

72 Estratégia conhecida como "concorrência para o fornecimento da dívida" que pode ser exigida em projetos de PPP ou de usinas de processamento tendo a Autoridade Contratante como Tomador de Serviço (*Offtaker*). O benefício de eventual redução obtida nos custos financeiros em geral se refletiria, ainda que parcialmente, em redução de valor dos Pagamentos do Contrato Principal. Veja a seção § 12.2.5 para saber mais sobre concorrência para provisão do financiamento de capital *(equity funding competition)*.

§ 5.2.4 Cartas de Intenção

Os bancos costumam entregar cartas de intenção (ou cartas de interesse) aos Empreendedores logo no início do desenvolvimento de um projeto. Em geral, são curtas, contendo uma ou duas páginas, e têm o propósito de confirmar, basicamente, seu interesse em participar do projeto. Se a carta contiver exigências para que os Empreendedores negociem exclusivamente com os bancos em questão, a mesma equivalerá à carta para constituição do mandato de banco-líder, conforme descrito na seção § 5.2.2.

Como alternativa, os Empreendedores poderão obter várias cartas desse tipo, de diferentes bancos. Cartas desta natureza conferem tranquilidade inicial, uma vez que reiteram o interesse do mercado financiador em seu empreendimento e ajudam a dar credibilidade aos Empreendedores junto às demais partes potenciais de Contratos do Projeto, tais como fornecedores de combustível, compradores da produção final, Autoridades Contratantes (§ 5.6) etc.

As referidas cartas não devem ser consideradas compromisso legal por parte dos bancos. São usadas, principalmente, para garantir aos bancos a oportunidade de trabalharem no projeto, mas não se emitem essas cartas com leviandade.

A carta de mandato é assinada pelos Empreendedores e pelos bancos-líderes selecionados (no caso de mais de um mandatário) e expressa a intenção dos bancos, observados os devidos procedimentos de *due diligence*, a autorização e liberação de crédito, e a concordância com as condições detalhadas — para subscrição do valor requerido de dívida; é possível que contenha, também, alguma indicação de preços e outros termos relativos ao endividamento, embora seja difícil fazer tal especificação nos estágios iniciais da transação. Essa carta não impõe (e, em termos realistas, nem poderia) uma obrigação legal sobre os bancos para que subscrevam ou emprestem dinheiro para o projeto. Se os bancos-líderes também forem nomeados consultores financeiros, a carta de mandato deverá, também, autorizar expressamente a prestação dos serviços equivalentes aos de assessoria financeira, conforme descrito na seção § 3.4.1. É possível juntar o termo do mandato a um contrato (§ 5.2.7), o que dependerá de quão avançado esteja o desenvolvimento do projeto naquele momento.

§ 5.2.5 O Papel dos Bancos

Quando diversos bancos estão envolvidos no papel de banco-líder, normalmente, dividem, entre si, as responsabilidades com relação aos trabalhos de *due diligence* e a outros aspectos da transação, o que favorece o uso mais eficiente de seus recursos. A distribuição típica dos papéis entre os bancos envolve as áreas de:

- *documentação*, em conjunto com os advogados dos bancos (§ 5.5.2), talvez, com uma subdivisão entre os responsáveis pelos Contratos do Projeto e os responsáveis pela documentação relativa aos financiamentos, no entanto, a menos que haja uma lista muito extensa de participantes, todos os bancos do projeto normalmente se mostram interessados em se envolver de perto nesse tópico;
- *engenharia,* em conjunto com o Engenheiro dos Financiadores (§ 5.5.3);
- *seguros,* em conjunto com o consultor de seguros (§ 5.5.4);
- *modelagem financeira* (§ 5.2.6), tratando com o Auditor do Modelo (§ 5.5.5);
- *revisão do fluxo de tráfego e de mercados*, em conjunto com os consultores especializados em engenharia de tráfego e de mercado contratados pelos bancos (§ 5.5.6);
- elaboração do *memorando de informações* (§ 5.2.8);
- *consórcio de bancos* (§ 5.2.8);
- *órgão de financiamento* (§ 5.2.9);
- *banco gestor* (§ 14.4.1), a gerir as Contas do Projeto (em conjunto com o órgão de financiamento).

Há vários graus de influência inferida (e, em certos casos, há a partilha das taxas de administração da emissão) atrelados a estes papéis, sendo que os Empreendedores, por vezes, são obrigados a intervir para decidir quem faz o quê caso os bancos não cheguem a um acordo. No mercado de *project finance*, os bancos estão acostumados a trabalhar em equipe de forma mais "cooperativa" do que em outras modalidades de financiamento; bancos que competem entre si em determinada transação podem bem trabalhar em conjunto na seguinte e, além disso, pessoas de diferentes bancos que trabalham juntas numa transação por um tempo prolongado tendem a se conhecer melhor do que a seus próprios colegas de banco. Portanto, os bancos devem ser capazes de trabalhar juntos sem percalços e sem demasiada intervenção por parte dos Empreendedores. Estes, por sua vez, procuram, naturalmente, assegurar-se de que bancos com maior excelência no campo pertinente se encarreguem do trabalho.

§ 5.2.6 Modelo Financeiro

Do princípio ao fim do processo de *due diligence*, o consultor financeiro ou o banco-líder desenvolve um modelo financeiro para o projeto (se for desenvolvido pelo consultor financeiro normalmente é repassado aos bancos para seu uso). A estrutura e as entradas de dados (*inputs*) exigidas para a elaboração de um modelo financeiro, tanto quanto as formas de utilização dos dados produzidos (*outputs*) são abordadas no Capítulo 13.

Num mundo ideal, o desenvolvimento do modelo financeiro deveria ser resultado de uma operação conjunta entre os Empreendedores e o consultor financeiro ou banco-líder, onde cada um deles provavelmente designaria uma ou duas pessoas para trabalharem como uma equipe única. Ainda que os Empreendedores já tenham desenvolvido seu próprio modelo no estágio inicial da estruturação do projeto para avaliar sua viabilidade econômica básica, geralmente é aconselhável que se prepare um modelo para o projeto de modo que todos os interessados trabalhem a partir da mesma base de dados. Assim, seria mais eficiente abandonar o modelo desenvolvido e começar do zero no momento em que os bancos entrarem no processo.

Da mesma forma, nas compras públicas, a Autoridade Contratante também desenvolverá seu próprio modelo financeiro antes de abordar o mercado para receber propostas de licitação (§ 3.7.3), a fim de avaliar a viabilidade financeira do empreendimento a partir do seu ponto de vista. Os licitantes podem ser solicitados a criar um modelo de *inputs*/resultados comum fornecido pela Autoridade Contratante sobre seus próprios modelos financeiros para garantir que as propostas possam ser comparadas adequadamente.

§ 5.2.7 Protocolo de Entendimentos, Subscrição e Documentação

À medida que a estrutura de financiamento se desenvolve, um protocolo de entendimentos é elaborado para que se definam, resumidamente, as bases para a concessão do financiamento § 14.2).[73] Esse protocolo poderá evoluir até se transformar em um documento elaborado, especialmente se a assessoria jurídica do banco estiver envolvida em sua elaboração, o que acarretará aumento considerável dos custos jurídicos a serem suportados pelos Empreendedores. No momento da discussão do protocolo, é preferível se concentrar nas questões comerciais em vez de nas jurídicas, muito embora seja difícil traçar uma linha divisória entre elas.

O protocolo de entendimentos final deve constituir a base para que os bancos-líderes concluam suas propostas de crédito internas e obtenham as aprovações necessárias para seguir adiante com o financiamento. O trabalho da equipe de *project finance* de um banco e a proposta

---

73 No Memorando Preliminar de Informações ("MPI", na sigla em inglês para "PIM") (§ 5.2.8) o consultor financeiro também poderá usar um protocolo de entendimentos como base para solicitar as propostas financeiras dos bancos-líderes potenciais ou, em um estágio posterior, para cristalizar o compromisso dos bancos-líderes com o financiamento. Além disso, poderá ser usado por um banco de investimento para definir os termos de uma emissão de títulos (§ 5.3.1).

de financiamento dela resultante são, normalmente, revisados por um departamento de crédito independente e podem ser submetidos a um comitê formal de crédito para aprovação. É necessário que os bancos contem com uma interface bem organizada entre a equipe de crédito e a de *project finance*, sobretudo, quando atuam como bancos-líderes: o desenvolvimento de uma operação de *project finance* pode levar muito tempo e, caso o financiamento seja recusado ao final do processo por questões relativas a crédito, haverá, obviamente, graves consequências para os Empreendedores (além de não ser de muita ajuda para a equipe de *project finance* do banco). Por outro lado, é impossível que um banco obtenha aprovação de crédito no início do processo de desenvolvimento, pois é provável que a estrutura da operação não esteja suficientemente finalizada. Sendo assim, é preciso que os Empreendedores confiem na experiência e credibilidade de um banco-líder para gerenciar esse processo intermediário de revisão.

Nos últimos anos, devido à pressão sobre os balanços patrimoniais e a liquidez (§ 17.3), muitos bancos incluíram a exigência de uma "aprovação de investimento" antes que o projeto prossiga para a aprovação de crédito. Isso considera os méritos do uso do balanço patrimonial do banco pelo projeto, em comparação com outros tipos de negócio (diferentes de *project finance*) também disponíveis.

Após obter a aprovação de crédito, os bancos-líderes subscrevem a dívida, em geral, mediante assinatura do protocolo de entendimentos, que estabelece os preços e os termos principais do financiamento e estipula um prazo limite para a assinatura da documentação (*i.e.* um período de validade), uma vez que os bancos, em geral, têm de solicitar uma nova aprovação de crédito interna, caso o financiamento não seja assinado dentro de um período razoável.

Normalmente, a assinatura de um protocolo de entendimentos não passa de uma obrigação moral, visto que o compromisso assumido pelos bancos está, em geral, sujeito a um processo adicional e detalhado de *due diligence* dos Contratos do Projeto e da documentação correspondente, bem como à assinatura da documentação de financiamento e garantia. Apesar disso, o protocolo de entendimentos é tratado com muita seriedade, de modo que os bancos só se retiram de uma subscrição se houver mudança significativa das circunstâncias, quer em relação ao próprio projeto, quer ao país em que ele se situa, quer, ainda, ao mercado de forma geral.

Se o crédito no mercado de *project finance* estiver particularmente limitado, os bancos podem exigir uma cláusula de *market flex*. Isso permite que, ainda que os bancos tenham subscrito o endividamento, seus termos possam ser revistos caso se distanciem do mercado. Essa é uma condição com a qual os Empreendedores só concordarão se não houver uma alternativa realista, e é um daqueles casos em que a orientação de um consultor financeiro independente é mais útil do que a do banco-líder. No caso de uma licitação pública, o custo adicional será provavelmente repassado à Autoridade Contratante, que tampouco o verá com bons olhos.

A fase seguinte do processo de concessão do financiamento compreende a negociação da documentação, cujos termos típicos são discutidos no Capítulo 14, e a obtenção, com base no devido processo de *due diligence*, da aquiescência por parte do banco com os Contratos do Projeto, que conferem sua garantia. É bastante provável que, como resultado dessas negociações detalhadas, ocorram mudanças nas condições de financiamento e no perfil de risco, o que tornará necessária uma nova aprovação de crédito.

Mesmo após os documentos de financiamento e os Contratos do Projeto serem assinados (de modo ideal, simultaneamente), os Empreendedores ainda não terão finalmente obtido financiamento para a Empresa do Projeto. É possível que, mesmo nesse estágio do processo, os bancos se neguem a conceder financiamento, visto que há inúmeras condições precedentes a ser preenchidas antes que se permita a realização de um saque nas linhas de crédito (§ 14.8). Uma vez que o projeto tenha atingido esse estágio, isto é, que as condições precedentes tenham sido cumpridas e a Empresa do Projeto possa começar a sacar fundos para a construção, considera-se que o projeto chegou finalmente à "Assinatura do Contrato de Financiamento".

Fica evidente, por essa descrição, que a organização de um *project finance* não é um processo rápido. Se o projeto for apresentado a potenciais bancos-líderes como um pacote completo, sem problemas de lucratividade e com todos os Contratos do Projeto finalizados, é provável que se passem, no mínimo, três meses até que a documentação do financiamento seja assinada pelos *Bancos-Líderes.* Mas, até que aquele pacote esteja completo, há, sem dúvida, um longo processo a ser percorrido, sendo possível, ainda, que surjam problemas ao longo do processo de *due diligence* realizado pelos bancos, que retardem ainda mais a questão, de modo que não é raro os bancos trabalharem por mais de um ano no aspecto financeiro de um grande projeto. O financiamento pode ser, portanto, um fator crítico fundamental para o projeto.

§ 5.2.8 Memorando Final de Informações — MFI (*Final Information Memorandum* —) e Consórcio de Bancos[i]

É possível que os bancos-líderes (e eventuais subscritores secundários que eles possam vir a introduzir) desejem reduzir sua exposição e, assim, transfiram (mediante a formação de um consórcio de bancos) parte do financiamento a outros bancos em atividade no mercado.

A fim de facilitar esse processo de formação de consórcio, os bancos-líderes elaboram um pacote de informações, em cujo cerne se encontra um Memorando de Informações. Este Memorando Final de Informações (MFI, ou *FIM,* na sigla em inglês para *Financial Information Memorandum*) utilizado na formação do consórcio pode se basear em um Memorando Preliminar de Informações — MPI (do inglês *Preliminary Information Memorandum — PIM*) originalmente elaborado pelos Empreendedores ou por seu consultor financeiro para apresentar o projeto a potenciais bancos-líderes. Em geral, o banco responsável pelo processo de formação do consórcio é conhecido como *book runner.*

O MFI deve fornecer um resumo detalhado da operação, no qual constem:

- um panorama resumido do projeto, seu histórico geral e seu propósito;

- o protocolo de entendimentos;
- a Empresa do Projeto, seus acionistas, estrutura organizacional e administrativa;
- informações financeiras e de caráter diverso acerca dos Empreendedores e das outras partes relevantes implicadas no projeto, inclusive sua experiência em projetos semelhantes e a natureza de seu envolvimento com o projeto apresentado e de sua contribuição a ele;
- descrição técnica da construção e da operação do projeto;
- a situação do mercado (ou seja, a fundamentação comercial para o projeto), quando for o caso, abordando aspectos tais como oferta e procura, concorrência etc. (§ 9.4);
- resumo dos Contratos do Projeto (§ 5.6, Capítulos 7 e 8);
- os custos do projeto e o plano de financiamento (§ 13.44);
- análise dos riscos (capítulos 9-11);
- análise financeira, inclusive o modelo financeiro do Caso Base (§ 13.10) e as análises de sensibilidade (§ 13.9).

Em outras palavras, o Memorando Final de Informações oferece uma sinopse da estrutura do projeto e do processo completo de *due diligence,* a agilizar a análise de crédito por parte de potenciais bancos participantes. (Se bem organizado e redigido, ele também põe à disposição do quadro funcional da Empresa do Projeto um manual de referência de utilidade duradoura acerca do financiamento do projeto).

O Memorando Final de Informações é acompanhado de relatórios e informações suplementares, que podem incluir:

- resumo dos aspectos legais do projeto elaborado pelos consultores jurídicos (§ 5.5.2);
- relatório técnico do Engenheiro dos Financiadores (§ 5.5.3) contendo um resumo da análise de *due diligence*;

- relatório de seguros elaborado pelo consultor de seguros (§ 5.5.4);
- cópia do modelo financeiro, acompanhada do relatório do Auditor do Modelo (§ 5.5.5);
- relatório de consultoria acerca do mercado em que o projeto opera (§ 5.5.6), bem como suas projeções de receita (para o caso de as vendas de seus produtos ou serviços não estarem cobertas por Contrato Principal do Projeto ou Contrato *Offtake* de longo prazo — e ainda que estejam, é vantajoso ter informações sobre o mercado);
- relatório de mercado, semelhante ao anterior, sobre o fornecimento de combustível e matéria-prima que possa se mostrar relevante;
- o estudo de impacto ambiental (§ 9.10);
- relatórios anuais e outras informações financeiras sobre as várias partes envolvidas no projeto.

Os Empreendedores e a Empresa do Projeto se encontram ativamente envolvidos na produção do memorando de informações, que, normalmente, está sujeito à sua aprovação e à confirmação de sua exatidão (porém, *vide* § 14.9).

Os bancos-líderes, Empreendedores e as demais partes envolvidas no projeto podem realizar uma apresentação formal aos potenciais bancos participantes, às vezes, por meio de um *road show* em diferentes centros financeiros.

Em geral, os potenciais bancos participantes dispõem de entre três e quatro semanas para absorver essas informações e decidir se participam ou não do financiamento. Normalmente, recebem a documentação para análise após terem tomado a decisão de, em princípio, participar. Após o recebimento da documentação, duas ou três semanas podem decorrer até que decidam, de fato, tomar parte no financiamento. Os bancos-líderes costumam transferir aos bancos participantes parte de sua comissão por coordenar a subscrição dos títulos (*bonds*); a comissão residual que lhes cabe após essa transferência é conhecida como *praecipium*.

A Empresa do Projeto não costuma assumir nenhum risco direto no que diz respeito ao sucesso ou não do consórcio de bancos. A essa altura, o financiamento já deve estar assinado e, portanto, plenamente subscrito pelos bancos-líderes. Recomenda-se que os Empreendedores resistam às táticas de adiamento empregadas pelos bancos-líderes, que procuram se esquivar de assinar a documentação do financiamento até haverem formado o consórcio responsável pelo empréstimo e, dessa forma, eliminado seu risco de subscrição.

Após a crise financeira de 2008, o mercado de consórcios bancários praticamente desapareceu, sobretudo na Europa e nas Américas. Isso significa que, com frequência, havia necessidade de mais bancos subscritores individuais para cada financiamento, porque não haveria formação de consórcio e, provavelmente, deveriam manter em carteira os títulos emitidos e subscritos que não fossem negociados, conhecido como "clube de coordenadores do financiamento". Nesse caso, pode haver um banco-líder inicial, que, posteriormente, introduz outros bancos no "clube", ou pode ocorrer que todos os bancos membros do "clube" serem designados bancos-líderes conjuntos.

§ 5.2.9 Agência do Financiamento

Nos casos em que o financiamento esteja em estruturação por um consórcio de bancos, sejam eles bancos-líderes, bancos participantes ou membros de um "clube" de bancos, após a assinatura da documentação do financiamento, um dos bancos-líderes passa a atuar como agente do consórcio de bancos como um todo. O banco gestor (*agent bank*[74]) atua como intermediário entre a Empresa do Projeto e os demais bancos. Do contrário, é possível que a Empresa do Projeto despenda

---

74 Também conhecido como *facility agent* ou agente coordenador (do consórcio de bancos).

tempo excessivo na comunicação com os bancos individualmente. O banco gestor desempenha diversas tarefas, dentre as quais:

- angariar fundos do consórcio e repassá-los para a Empresa do Projeto, cada vez que se realiza um saque;
- deter a garantia do projeto em nome dos financiadores (§ 14.7); essa função, porém, pode ser desempenhada por um agente fiduciário de garantia, que atua segundo as instruções do banco gestor;
- calcular as taxas de juros, a quantia a ser paga correspondente aos juros e as quantias correspondentes ao reembolso do montante principal do empréstimo;
- receber, da Empresa do Projeto, os pagamentos relativos ao serviço de dívida e repassar as respectivas quantias aos bancos individuais que formam o consórcio;
- obter, em colaboração com os consultores dos bancos, informações a respeito do progresso do projeto e repassá-las ao consórcio de bancos em intervalos regulares;
- monitorar o cumprimento, por parte da Empresa do Projeto, das exigências estabelecidas na documentação relativa ao financiamento e manter o consórcio de bancos informado a esse respeito;
- organizar reuniões e visitas *in loco*, quando necessário, a fim de que a Empresa do Projeto e os Empreendedores apresentem, de modo mais formal, o andamento do projeto aos bancos do consórcio;
- organizar discussões com os bancos do consórcio — e a votação por parte estes — caso a Empresa do Projeto necessite de correção ou dispensa de algum dos termos do financiamento;
- tomar medidas legais contra a Empresa do Projeto ou a seguradora em caso de inadimplemento.

O banco gestor raramente tem a prerrogativa de tomar decisões acerca do financiamento do projeto (por exemplo, constituição em mora), mas ele atua sob a direção de uma maioria definida dos bancos (§ 14.13). A exigência de que os bancos votem conjuntamente contribui para impedir que um deles, ao agir de má-fé, possa fazer refém o restante do consórcio (e a Empresa do Projeto).

§ 5.2.10 Obrigação de Dívida Garantida (CLO, do inglês *Collateralized Loan Obligations*)

As Obrigações de Dívida Garantida — CLOS (obrigações de financiamentos garantidos ou colateralizados constituem um método eficiente de captar financiamentos bancários por meio de consórcio a financiadores que não sejam bancos (por exemplo, companhias de seguro de vida ou fundos de pensão). Esse processo é também conhecido como securitização. Um banco elabora um "pacote" a partir de sua carteira de financiamentos de *project finance* (em geral, de tipo semelhante, como PPPs, por exemplo) e os "põe à venda". Existem dois tipos de CLOs:

- *Synthetic CLOs*: o banco apenas transfere o risco aos novos financiadores (os quais, dessa forma, oferecem ao banco uma garantia por sua carteira de financiamentos). É o banco, porém, quem continua a financiar e gerenciar a carteira, mantendo uma parcela da margem de crédito.

- *Cash CLOs*: o banco (ou bancos, pois mais de um pode estar envolvido) vende, de fato, sua carteira aos novos financiadores, mas continua a gerenciá-la em nome deles, recebendo em contrapartida uma comissão como pagamento.

As *Synthetic CLOs* são, em geral, mais complexas do que uma simples transferência de todos os riscos da carteira de financiamentos. Em regra, o banco retém parte do risco para si mesmo. Existe, obviamente, um potencial conflito de interesses quando um banco vende seus próprios financiamentos. A retenção de parte do risco para o próprio banco ajuda a mitigar esse problema (§ 17.4.2).

As CLOs não têm sido muito utilizadas no mercado de *project finance*, mas alguns bancos as têm empregado a fim de reduzir sua exposição em carteiras de investimentos de projetos. É mais comum que as CLOs sejam usadas para a venda de recebíveis como, por exemplo, dívidas de cartão de crédito (§ 5.2.2). As CLOs constituíam, também, um dos modos de se vender hipotecas "de alto risco" a investidores. Daí elas estarem no centro da crise financeira de 2008 e terem caído em desuso posteriormente.

§ 5.3 TÍTULOS DE DÍVIDA (*BONDS*)

Como foi visto (§ 4.3), os títulos de dívida têm sido uma importante fonte de *project finance* em determinados mercados.

A diferença fundamental entre financiamento e títulos de dívida é que estes últimos são instrumentos negociáveis e, portanto, possuem, ao menos, liquidez teórica, coisa que falta aos financiamentos. Essa diferença não é tão grande quanto parece em princípio, uma vez que os títulos são vendidos em "emissão privada" e para investidores que não têm a intenção de negociá-los no mercado, ao passo que os financiamentos são, de fato, negociados em caráter *ad hoc* entre os bancos.

Os títulos são adquiridos por investidores que buscam rendimentos de longo prazo com taxas fixas — normalmente, companhias de seguro de vida e fundos de pensão ou investidores individuais (que, em geral, investem via fundos de títulos).[75]

§ 5.3.1 Bancos de Investimento e Agências de Classificação de Risco de Crédito

De modo geral, os investidores em títulos não se envolvem diretamente no processo de *due diligence* na mesma medida em que os bancos o fazem. Eles recorrem, de preferência, ao banco de investimento do

75 Para alguns projetos, também se emitem títulos indexados à inflação (§ 10.4.3).

projeto e a uma agência de classificação de risco de crédito para levar essa tarefa a cabo.[76]

Um banco de investimento (isto é, um banco que subscreve e capta financiamentos, mas que, normalmente, não os concede, a não ser em caráter temporário) é designado como banco-líder e auxilia na estruturação do projeto, de modo semelhante ao de um consultor financeiro em um financiamento bancário (§ 3.4.1).

O banco de investimento, então, apresenta o projeto a uma agência de classificação de risco de crédito (as líderes na área, quando se trata de títulos de *project finance*, são Standard & Poor's e Moody's Investors Services), a qual, por sua vez, atribui uma nota de risco ao título com base em uma análise independente dos riscos do projeto, apresentando, inclusive, documentação legal e relatórios de consultores independentes. Essa análise leva em consideração os mesmos fatores de risco que um banco comercial levaria.

As notas de risco de crédito estabelecidas pelas agências Standard & Poor's e Moody's, desde o grau *prime* (AAA/Aaa) até a nota mínima dentro da classificação de Grau de Investimento (BBB–/Baa3) - abaixo da qual a maioria dos detentores de títulos se recusará a adquirir um título — encontram-se relacionadas na Tabela 5.1. A maioria das notas de risco relativa a *project finance* se encontra na extremidade inferior dessa escala. (As notas abaixo da classificação de grau de investimento continuam a partir de BB+/Ba1, etc.).[77]

O banco de investimento prepara, então, um prospecto dos títulos que cubra pontos semelhantes aos de um memorando de informações

---

76 Para uma descrição mais detalhada do processo de emissão de títulos, *vide* European PPP Expertise Centre, Financing PPPs with Project Bonds (EIB, Luxemburg, 2012)*.

77 Financiamentos bancários são também, por vezes, avaliados pelas agências de classificação de risco de crédito, como forma de contribuir para a formação de um consórcio de bancos mais amplo. Essa nota de risco pode, também, ser relevante para a captação de financiamentos junto a financiadores que não sejam bancos, por exemplo, por meio de CLOs, como se discutiu na seção § 5.2.10. Essa, no entanto, não é uma prática difundida por bancos no mercado de financiamento de projetos.

Tabela 5.1 — Graus de Investimento das Agências de Classificação de Risco de Crédito:

Standard & Poor's	Moody's
AAA	Aaa
AA+	Aa1
AA	Aa2
AA–	Aa3
A+	A1
A	A2
A–	A3
BBB+	Baa1
BBB	Baa2
BBB–	Baa3

para um consórcio de bancos (§ 5.2.8), só que, normalmente, em formato mais resumido. O trabalho realizado pelo banco de investimento e pela agência de classificação de risco de crédito reduz a necessidade de um processo detalhado de *due diligence* por parte dos detentores de títulos. Contanto que a nota de risco do título se ajuste ao perfil de risco máximo do detentor de título, esse tipo de investidor pode decidir simplesmente comprar o título sem despender muito esforço. Os grandes detentores de títulos, no entanto, além de contarem com a avaliação de uma agência de classificação de título de crédito, realizam sua própria análise das informações do projeto contidas no prospecto, e podem, até, tomar parte em financiamentos bancários ou atuar como financiadores individuais (§ 17.4).

Após os necessários testes preliminares de mercado (que podem incluir um *road show* de apresentações da operação aos investidores), o banco de investimento emite o prospecto final de emissão e subscreve os títulos por meio de um acordo de subscrição. O *cupom* (taxa de juros)[78] e outras condições essenciais do título são fixadas com base no mercado à época da subscrição e os recursos do título são pagos à Empresa do Projeto no prazo de alguns dias. (É óbvio que, a essa altura, o projeto

78 Usa-se o termo "cupom" para os pagamentos de juros remuneratórios sobre um título porque os certificados de títulos em papel costumavam ter cupons destacáveis que eram apresentados nas datas de resgate dos juros.

já deve ter chegado à Assinatura do Contrato de Financiamento). O banco de investimento realiza a emissão (ou revenda) dos títulos com os investidores, e pode, ainda, manter um mercado com liquidez ao negociar o título no mercado secundário.

§ 5.3.2 Agente Pagador, Agentes Fiduciários e Credor Controlador

Partes distintas são designadas para gerenciar os vários aspectos da administração de um título ao longo de sua vida (exceto no caso de uma emissão privada negociada com um único detentor de título), de modo semelhante ao de um banco gestor em um consórcio de bancos (§ 5.2.9):

- O *agente pagador* paga os recursos do título ao tomador do financiamento e coleta os pagamentos devidos aos detentores de títulos.
- O *agente fiduciário de títulos*[79] detém a garantia do título em nome dos investidores. Tradicionalmente, o agente fiduciário de títulos também convoca reuniões com os detentores de títulos quando há necessidade de se tomarem certas decisões como, por exemplo, obter dispensa de uma condição do título (§ 14.11).[80] Todavia, dada a complexidade dos títulos de projeto, o agente fiduciário de títulos não é a parte ideal para lidar com essas questões. Além disso, os detentores de títulos, de modo geral, não querem se envolver nas alterações relativamente pequenas, porém complexas, que são frequentemente exigidas.
- Pode-se, portanto, designar, também, um Credor Controlador para decidir sobre essas questões em nome dos detentores de títulos e, assim, instruir o agente fiduciário. Obviamente, é preciso que o Credor Controlador possua *expertise* na área de

79 Também conhecido como agente fiscal. Os papéis do agente fiduciário de títulos e do agente pagador podem ser combinados.

80 Essa função pode ser ainda desmembrada em duas outras: a do agente fiduciário de garantia, que detém a garantia do título, e a do agente fiduciário de títulos, que trata com os detentores de títulos.

project finance, de modo que a parte ideal, do ponto de vista dos detentores de títulos, seria um banco especializado nessa área. Isso pode ser conseguido caso o banco seja também um financiador da Empresa do Projeto. Caso contrário, é improvável que um banco assuma esse papel. Em casos de seguro *monoline* (§ 4.3.2), a seguradora assumirá esse papel, uma vez que ela é a parte em risco de qualquer maneira. Pode-se, também, designar um financiador subordinado como Credor Controlador, mas suas decisões serão limitadas a questões que não afetem os pagamentos de serviço de dívida dos detentores de título. Se nada disso der certo, haverá um sistema de votação para permitir que os detentores de título instruam o agente fiduciário.

§ 5.4 FINANCIAMENTOS BANCÁRIOS *VERSUS* TÍTULOS DE DÍVIDA

Supondo-se que o financiamento por meio de títulos seja uma das opções para determinado projeto, vários fatores determinam se este deverá ser financiado por meio de empréstimos bancários ou títulos (ou por uma combinação dos dois), como exposto na Tabela 5.2.

De modo geral, os títulos são indicados para mercados desenvolvidos e projetos 'padrão'. São, ainda, especialmente indicados nos casos em que o projeto necessite de refinanciamento após ter sido construído e ter operado com sucesso por um certo período. Por outro lado, a maior flexibilidade dos financiamentos bancários os torna mais adequados para as fases de construção e operação inicial, para projetos que demandem flexibilidade financeira de longo prazo, para projetos mais complexos, ou para projetos desenvolvidos em mercados mais difíceis.

§ 5.5 O PROCESSO DE *DUE DILIGENCE* DOS FINANCIADORES E CONSULTORES EXTERNOS

§ 5.5.1 *Due Diligence*

Um dos elementos cruciais para o sucesso do *project finance* como método sólido de financiamento, apesar do aparente risco dos projetos

Tabela 5.2 — Financiamentos Bancários *versus* Títulos de Dívida

Financiamentos Bancários	**Títulos de Dívida**
Os bancos podem se envolver no projeto desde o estágio inicial para ajudar a garantir sua rentabilidade (§ 5.2.3)	Os detentores de títulos podem se envolver somente no estágio final (porém o banco de investimento e a agência de classificação de risco de crédito podem agir em nome deles — § 5.3.1)
As linhas de crédito bancárias dos Empreendedores podem ser sacadas para financiamento de projetos (porém, *vide* § 2.6.1)	Os títulos contam com uma base diversificada de investidores, o que evita a necessidade de vinculação a linhas de crédito bancário
Podem ser concedidos (no âmbito doméstico ou internacional) para qualquer mercado que tenha capacidade de crédito.	Somente disponíveis para alguns mercados (§ 4.3)
Contratos do Projeto mantidos em sigilo	Em determinados casos, os termos e condições dos Contratos do Projeto precisam ser publicados na forma de listagem com informações detalhadas ou prospecto do título: o que pode não ser aceitável aos Empreendedores devido a questões de confidencialidade do negócio (por exemplo, talvez não desejem revelar as condições comerciais de um contrato de fornecimento de combustível).
Para alguns mercados, os bancos não concederão financiamento com prazo de vencimento no longo prazo	Podem oferecer condições de pagamento ou prazos de resgate mais longos
Os bancos não se comprometem, formalmente, com as condições do financiamento com antecedência (em relação a suas margens de crédito, por exemplo). É mais provável que se mantenham firmes às condições que ofereceram no estágio inicial do desenvolvimento do projeto (§ 5.2.7). Contudo, a taxa de juros básica não pode ser fixada até a Assinatura do Contrato de Financiamento (§ 10.3.5)	As condições de um título e o apetite do mercado pelo título somente serão conhecidas no estágio final do processo quando ocorrer sua subscrição (§ 5.3.1)
Geralmente só oferecem taxas de juros fixas por meio de contratos ou instrumentos de proteção *(hedging)* (§ 10.3.1)	Taxas de juros fixas
Os fundos dos financiamentos são sacados conforme a necessidade	Os fundos resultantes da emissão dos títulos geralmente têm que ser sacados em uma única operação e, em seguida, depositados novamente para serem resgatados conforme a necessidade de pagamento dos custos de capital do projeto — pode haver uma perda de remuneração dos juros causada pelo fato de a taxa de juros do depósito ser inferior à taxa anual de remuneração do título (cupom) definida em sua emissão (§ 10.3.4)

Financiamentos Bancários	Títulos de Dívida
Os bancos podem conceder financiamentos a taxas de juros variáveis com cronograma de pagamentos (§ 12.5.4) e financiamentos de curto prazo para capital de giro	Os financiamentos dos títulos têm cronogramas de pagamento inflexível e não preveem custeio de curto prazo
Os bancos exercem controle sobre todas as alterações nos Contratos do Projeto e impõem controles rígidos à Empresa do Projeto.	Os detentores dos títulos somente controlam os aspectos que possam afetar significativamente as garantias e coberturas de seu fluxo de caixa. Eventos de inadimplemento que resultem no vencimento antecipado do financiamento são mais limitados nas emissões de títulos.
Os bancos controlam com rigidez novas contratações de recurso da dívida e dificilmente concordam em negociar as bases para endividamentos adicionais com antecedência.	Pode ser mais fácil promover emissões extras (para uma expansão de um projeto, por exemplo) para contratação de novas dívidas uma vez que os detentores de títulos negociem e contratem suas condições com antecedência usando títulos de valor variável. (§ 7.6.3)
Multas de valor baixo no caso de pagamento antecipado dos financiamentos (porque a dívida pode ser liquidada antes do vencimento ou refinanciada em condições mais favoráveis, por exemplo) - *vide* § 14.6.2), mas com possíveis custos de rescisão antecipada de contrato de *swap* (*swap-breakage costs*) (§ 10.3.1)	Multas de valor alto no caso de pagamento antecipado (§ 10.3.4)
Decisões sobre alterações nas cláusulas de direito de renúncia, isenções de pagamentos ou outras condições pactuadas no contrato de financiamento (§ 14.13) são tomadas pelos bancos caso a caso; sendo, portanto, mais flexível, especialmente durante a fase de construção.	Os detentores de títulos não podem simplesmente tomar as decisões mais complexas (devido à ampla base de investidores e distribuição); portanto, baseiam-se fundamentalmente em indicadores mecânicos, tais como os Índices de Cobertura (§ 12.3), o que pode ser menos flexível em caso da exigência de qualquer alteração nesses indicadores (todavia, detentores de títulos podem permitir que financiadores bancários paralelos ou que um Credor Controlador tomem decisões em seu lugar)
É mais fácil negociar com bancos caso o projeto venha a enfrentar dificuldades	Os títulos podem ser menos flexíveis em situações onde são exigidas mudanças significativas (caso o projeto venha a enfrentar problemas financeiros, por exemplo), tendo em vista a dificuldade de se estabelecer um diálogo direto com detentores de títulos, que por natureza são mais passivos do que um consórcio de bancos. Por esta razão, os bancos são cautelosos quando se trata de participar de estruturas de financiamento onde há também participação de detentores de títulos.
Caso um projeto venha a enfrentar dificuldades, as negociações com bancos serão mantidas em sigilo.	Negociações com detentores de títulos podem prever anúncio público.

altamente alavancados, é o processo de *due diligence* realizado pelos financiadores (ou pelo banco de investimento e pela agência de classificação de risco de crédito, em nome daqueles, no mercado de títulos).

Os financiadores recorrem aos seus próprios consultores externos, em grande medida a espelhar e validar o trabalho realizado pelos consultores externos dos Empreendedores (§ 3.4). O custo de todos esses consultores é pago pelos Empreendedores e pode aumentar consideravelmente os custos totais de desenvolvimento — eles podem ser pagos (ao menos em parte) quer o financiamento esteja concluído ou não. Segue-se a isso que os termos de referência e os honorários desses consultores devem ser aprovados pelos Empreendedores.

Entre os consultores designados pelos financiadores, podem-se incluir consultores jurídicos, os Engenheiros dos Financiadores, os consultores de seguros, os auditores do modelo, e outros.

§ 5.5.2 Consultores Jurídicos

Os consultores jurídicos dos financiadores executam o processo de *due diligence* dos Contratos do Projeto e, no devido tempo, auxiliam os bancos a negociar a documentação do financiamento. Tantos advogados locais quanto internacionais podem ser acionados para esse fim.

§ 5.5.3 Engenheiros dos Financiadores

A função de Engenheiro dos Financiadores[81] é desempenhada por alguma dentre as grandes empresas internacionais de engenharia já habituada a oferecer esse tipo de consultoria. Seu trabalho compreende vários estágios:

Due diligence. O Engenheiro dos Financiadores avalia e comunica aos financiadores as seguintes questões:

81 Também conhecido como Consultor Técnico (CT).

- adequação do local escolhido para a execução do projeto;
- concepção e tecnologia do projeto;
- experiência e adequação da Empreiteira de Construção;
- aspectos técnicos do Contrato de Construção;
- orçamentos de custo de construção;
- cronograma de construção;
- Alvarás de construção e operação;
- aspectos técnicos do Contrato Principal do Projeto, do Contrato de Fornecimento de Insumos ou do Contrato *Offtake*;
- adequação da estrutura e da equipe de gerenciamento de construção e operação da Empresa do Projeto;
- eventuais questões técnicas ou riscos de operação específicos relativos ao projeto;
- projeções de pressupostos operacionais (produção, disponibilidade provável etc.);
- projeções de custos de operação, manutenção e ciclo de vida;[82]
- para projetos de usinas de processamento, tais como uma refinaria de petróleo, uma empresa de engenharia pode executar também um estudo "*hazop*" (do inglês *hazard and operations*, riscos e operações) para os financiadores. Esse estudo contempla possíveis danos causados pelos processos utilizados na usina, bem como o efeito do *layout* da usina sobre sua segurança.

Monitoramento de Construção. Uma vez que a construção do projeto esteja em andamento, o Engenheiro dos Financiadores recebe informações regulares acerca de seu progresso fornecidas pela Empresa do Projeto, pelo Engenheiro do Acionista e pela Empreiteira de Construção, e fornece relatórios regulares

82 Para discussão sobre custos de ciclo de vida, *vide* § 9.7.5.

aos financiadores, a destacar eventuais problemas específicos. Pode ser também exigido que o Engenheiro dos Financiadores se certifique de que os pedidos de pagamento feitos pela Empreiteira de Construção tenham sido corretamente realizados, e de que tenha passado nos testes obrigatórios de desempenho mediante a Conclusão do Projeto (§ 8.2.7). Não é sua função, porém, supervisionar ou controlar nenhum aspecto do processo de construção, que permanece responsabilidade da Empresa do Projeto. (Nota: Esse papel de certificação pode ser desempenhado por um Engenheiro Independente. A esse respeito, *vide* § 7.4.1).

Fase de Operação. Uma vez que a construção esteja concluída e, o projeto, em operação, o Engenheiro dos Financiadores segue a monitorar e informar sobre do desempenho operacional e da manutenção.

§ 5.5.4 Consultor de Seguros

O Consultor de Seguros (geralmente um departamento de uma grande corretora de seguros internacional, especializada em oferecer esse tipo de serviço a financiadores) analisa e opina acerca da adequação das disposições de seguro contidas nos Contratos do Projeto, do pacote de seguros proposto para a fase de construção do projeto, e das renovações de seguros durante a fase de operação (§ 8.6). Se quaisquer pedidos de indenização por sinistro forem realizados, o consultor os monitora em nome dos financiadores.

§ 5.5.5 Auditor de Modelo

Quando o modelo financeiro (§ 5.2.6 e capítulo 13) estiver concluído, um Auditor de Modelo (um grande escritório de contabilidade ou uma empresa especializada em modelagem financeira) é designado para analisá-lo, incluindo-se as suposições fiscais e contábeis, e confirmar que o modelo reflete, corretamente, os Contratos do Projeto e a documentação financeira, sendo, portanto, capaz de calcular o efeito dos vários cenários de sensibilidade.

§ 5.5.6 Outros Consultores

De acordo com as necessidades do projeto, podem ser designados consultores de várias outras áreas, tais como:

Mercado. Se o produto da Empresa do Projeto não estiver sendo vendido sob um contrato de longo prazo, ou se se tratar de uma *commodity* cujo preço de venda depende das condições de mercado, consultores de mercado podem ser designados para analisar a razoabilidade das projeções de volume e o preço de venda.

Combustível ou Matéria-Prima. O mesmo princípio se aplica quando o combustível ou a matéria-prima necessária ao projeto não é comprada sob um contrato de longo prazo ou a um preço que possa ser repassado ao Tomador do produto.

Engenharia de Tráfego. Consultores de engenharia de tráfego são necessários em projetos de infraestrutura cuja receita dependa do fluxo de tráfego.

Recursos Naturais. Em um projeto dependente da extração de recursos naturais, quer na condição de insumo ou de produto, os financiadores necessitam de um relatório de recursos (para projetos de mineração) ou de um relatório de reservas (para projetos de extração de hidrocarbonetos), além de um relatório de engenharia que confirme que a exploração das reservas é viável, oportuna e a um custo adequado. Do mesmo modo, os financiadores de um projeto de geração de energia eólica necessitam de informações sobre padrões de vento, assim como os que financiam um projeto de energia hidroelétrica precisam de informações sobre o aprovisionamento hídrico.

Consultor Ambiental. Nos casos em que questões ambientais sejam potencialmente significativas, pode-se recorrer aos serviços de um consultor ambiental para confirmar a avaliação já supostamente realizada como parte do estudo de impacto ambiental (§ 9.10).

§ 5.5.7 Designação Prévia dos Consultores dos Financiadores

Antes mesmo de haver financiadores para o projeto, é possível que os Empreendedores designem os consultores dos financiadores. Isso ocorre nos casos em que se pretenda que haja propostas competitivas por parte de potenciais bancos-líderes após os Contratos do Projeto haverem sido negociados e a estruturação do projeto estar praticamente concluída (§ 5.2.3). Neste caso, os consultores dos financiadores atuam como 'advogados do diabo' na verificação das especificações e da documentação do projeto para garantir que as questões normalmente levantadas pelos financiadores tenham sido adequadamente abordadas, bem como para preparar relatórios de *due diligence* para potenciais financiadores. Após sua indicação, os bancos-líderes continuam a trabalhar normalmente com esses consultores. Esse procedimento é vantajoso porque contribui para garantir que o projeto permaneça financiável ao longo de seu desenvolvimento e reduz o tempo gasto com *due diligence* pelos financiadores quando estes finalmente apresentem propostas para o financiamento. A desvantagem é que isso pode aumentar os custos de desenvolvimento para os Empreendedores, caso os bancos-líderes fiquem insatisfeitos com o processo de *due diligence* já executado e exijam trabalho adicional.

§ 5.5.8 Uso do Tempo dos Consultores

Os financiadores recebem, em, uma remuneração fixa por seu trabalho (§ 12.6), ao passo que é mais provável que seus consultores sejam pagos com base no tempo de trabalho. Os financiadores têm, assim, todo interesse em procurar transferir o trabalho de *due diligence* para seus consultores a fim de obter um melhor retorno do tempo que seu quadro funcional dedica ao projeto. Um exemplo típico dessa prática é o emprego de advogados como secretários em reuniões que tratam primordialmente de assuntos comerciais ou financeiros (e não jurídicos), ou na elaboração do protocolo de entendimentos (§ 5.2.7).

Recomenda-se, portanto, que os Empreendedores avaliem e aprovem o âmbito de atuação dos consultores dos financiadores, e que supervisionem com atenção o tempo dedicado, a fim de manter esses custos sob controle.

§ 5.6 OS FINANCIADORES E A LICITAÇÃO PÚBLICA

O processo de licitação pública por parte da Autoridade Contratante foi descrito na seção § 3.7. Seria de esperar que a equipe de projeto da Autoridade Contratante não precisasse se ocupar dos financiadores, uma vez que a responsabilidade pela obtenção de todo financiamento de dívida necessário ao desenvolvimento do projeto cabe ao licitante do setor privado.

Todavia, o financiamento do recurso da dívida é elemento essencial de um projeto de PPP ou de usina de processamento, e não faz sentido que a equipe de projeto negocie, com a entidade privada, um acordo que seja inaceitável para os financiadores. Do mesmo modo, é um erro assinar um Contrato Principal do Projeto sem que o financiamento seja também assinado ao mesmo tempo, pois isso significa que, muito provavelmente, quando o financiamento for negociado, os financiadores exigirão mudanças no Contrato Principal do Projeto, em geral aumentando o grau de risco assumido pela Autoridade Contratante numa situação em que ela tem pouco poder de negociação. Essa é mais uma forma de alongamento artificial da negociação (*deal creep*) (§ 3.7.7).

§ 5.6.1 Dívida Bancária

É, portanto, necessário que haja, ao longo do processo de contratação e negociação, evidência de suficiente compromisso de dívida por parte dos financiadores, e que tal compromisso se torne mais sólido à medida que a contratação se desenvolve. Por exemplo:

Adequação para o Mercado. Como já foi dito (§ 3.7.3), a preparação do projeto para o mercado deve evidenciar que ele tem chances de ser financiável. Uma das formas de determinar isso é discutir diretamente com potenciais financiadores.

Pré-Qualificação. Repetindo-se o que já se disse, cartas de respaldo iniciais de financiadores em potencial deveriam ser exigidas como parte do processo de pré-qualificação (§ 3.7.5). Essas cartas não implicarão qualquer compromisso legal por parte dos financiadores, visto que eles não disporiam de suficiente informação a respeito do projeto para assumirem tal compromisso. Financiadores sérios, contudo, não redigirão esse tipo de carta se não acreditarem que o projeto tem uma probabilidade considerável de ser financiável.

Proposta Inicial. Os lances iniciais com base na Chamada de Propostas (RFP) deveriam, também, incluir comprovação de respaldo bancário, além de um protocolo de entendimentos para estabelecer os termos detalhados das propostas. (Recomenda-se que o consultor financeiro da Autoridade Contratante analise esse protocolo a fim de garantir que não haja exigências indevidamente onerosas que venham a afetar a viabilidade financeira do projeto). Caso um dos licitantes recorra aos serviços de um consultor financeiro *Financial Advisor* independente, é comum que esse consultor ofereça uma carta de respaldo pela proposta, a confirmar que, em sua opinião, o projeto apresenta condições de ser financiado com sucesso.

Negociações. Pode ocorrer de os licitantes usarem os financiadores como pretexto para discordância a respeito de certos aspectos da negociação que não sejam, na verdade, questões relativas aos financiadores. Os consultores financeiros e jurídicos da Autoridade Contratante devem ser capazes de julgar, com base no bom senso, se fazer concessões ao licitante a respeito de uma questão específica constitui ou não requisito necessário para que este obtenha financiamento bancário. A equipe de projeto, no entanto, pode se ver na necessidade de negociar alguns aspectos do acordo diretamente com potenciais financiadores, assim como com os licitantes, a fim de garantir seu contínuo respaldo.

Melhor Oferta Final (BAFO). O ideal seria que, neste estágio, os financiadores confirmassem que seu processo de *due diligence* (§ 5.5) está concluído, que os termos de seu financiamento foram aceitos e estão expressos em um contrato de mútuo celebrado (*vide* capítulo 14) e que eles receberam o crédito necessário e outras autorizações (§ 5.2.7). A desvantagem dessa exigência é que esse compromisso total por parte dos financiadores pode envolver o pagamento de comissões (e custas jurídicas mais elevadas), em cujos custos os licitantes podem não estar dispostos a incorrer sem ter a certeza de que vencerão a disputa pelo objeto da licitação. Em casos como esse, a Autoridade Contratante pode concordar em cobrir os custos dos licitantes perdedores até determinado patamar previamente estabelecido.

Concorrência para o Fornecimento da Dívida. É possível, ainda, separar a licitação do projeto da licitação do financiamento — isto é, o processo de licitação é realizado com base em premissas comuns de financiamento pré-estabelecidas e, uma vez que o Licitante Vencedor tenha sido definido e os Contratos do Projeto, devidamente aceitos, o financiamento propriamente dito é liberado para concorrência pública por parte dos financiadores (ou seja, teste de mercado — *vide* § 5.2.3). Os pagamentos regidos pelo Contrato Principal do Projeto são, então, ajustados com base nos preços da licitação para levar em conta os custos e a estrutura reais do financiamento.

A vantagem disso é procurar resolver o problema que surge quando um licitante faz uma boa proposta do ponto de vista técnico e financeiro (que a Autoridade Contratante gostaria de aceitar), mas o financiamento proposto pelo licitante não apresenta as melhores condições disponíveis no mercado. Há, porém, o risco de que os financiadores exijam que certos aspectos dos Contratos do Projeto sejam reabertos, para a possível desvantagem do Licitante Vencedor e da Autoridade Contratante, mas, sobretudo, desta última.

§ 5.6.2 Títulos de Dívida

Se a ideia é financiar o projeto por meio de títulos em vez de por dívida bancária (§ 4.3; § 5.3), fica mais difícil se certificar de sua "viabilidade", já que títulos não podem ser subscritos com antecedência. Não obstante, existem algumas providências que a Autoridade Contratante pode adotar para facilitar a obtenção de um financiamento por títulos.

Adequação para o Mercado. Este é o estágio em que a adequação de um financiamento com base em títulos deve ser avaliada. O consultor financeiro da Autoridade Contratante deve, também, iniciar discussões preliminares a respeito de uma nota de risco de crédito.

Proposta Inicial. Se o licitante pretende considerar o uso de financiamento por títulos, seu consultor financeiro deve fornecer uma carta de respaldo indicativa da viabilidade de tal opção. É aconselhável que o consultor financeiro da Autoridade Contratante também analise essa possibilidade.

Melhor Oferta Final — BAFO. Nesse estágio, espera-se que a nota de risco de crédito já tenha sido obtida. Em geral, exige-se uma nota que não seja inferior a A–/A3 (§ 17.5). Pode-se exigir, também, que o licitante assuma o risco de garantir que a estrutura por ele proposta não desça abaixo desse nível e, assim, aumente os custos (a comprometer o financiamento). Caso o licitante tenha designado um banco de investimento como principal gestor da emissão de títulos, o banco deve fornecer comprovação da "viabilidade" do financiamento por títulos e de seu provável cupom (§ 12.6.1).

Concorrência para Coordenador de Títulos. Pode haver uma concorrência pelo papel de coordenador de títulos, semelhante à concorrência para custeio da dívida bancária.

Notas do Tradutor

i N.T. É importante não confundir o Procedimento de Manifestação de Interesse descrito no tópico § 5.2.8 com o Procedimento de Manifestação de Interesse existente no Brasil por força do artigo 21 da Lei de Concessões, por meio do qual interessados podem desenvolver estudos completos para apresentação de um projeto para o *Contracting Authority* com o propósito de modelar um Contrato de Concessão (*Project Agreement*).

CAPÍTULO VI

TIPOS DE CONTRATO PRINCIPAL DO PROJETO

§ 6.1 INTRODUÇÃO

O conjunto formado pela totalidade dos Contratos do Projeto define a base para sua construção e operação como um todo pela Empresa do Projeto (§ 2.4). O mais importante deles é o Contrato Principal do Projeto (isto é, o contrato que fornece a estrutura com base na qual a Empresa do Projeto obtém suas receitas).[83] Os Contratos do Projeto que representam o restante dos Contratos Subordinados serão discutidos no Capítulo 8.

Um esclarecimento preliminar: expressões tais como BOT (*Build- Operate-Transfer,* ou Construção-Operação-Transferência), DBFO (*Design-Build-Finance-Operate*, ou Projeto-Construção-Financiamento--Operação) e assim por diante são um tanto confusas e se sobrepõem, não sendo necessário empregá-las (§ 6.2).

---

83 Entretanto, como mencionado na seção § 2.5.3, nem todos os projetos têm Contratos Principais do Projeto.

Há três modelos principais de Contrato Principal do Projeto:[84]

- Contrato *Offtake,* ou seja, o projeto de uma usina de processamento a partir do qual a Empresa do Projeto produz determinado serviço de utilidade pública ou produto e o vende a um Tomador (§ 6.3);

- *Contrato Baseado em Disponibilidade* (ou seja, baseado no modelo PFI, *vide* § 2.5.2), em que o Tomador/Autoridade Contratante paga à Empresa do Projeto para disponibilizar o projeto para uso (§ 6.4);

- *Contrato de Concessão,* pelo qual a Empresa do Projeto fornece um serviço público e cobra Tarifa de Usuário por fazê-lo (§ 6.5).

Esses modelos têm muitas características em comum e que serão discutidas no Capítulo 7. A confusa lista de contratos "similares aos de PPP", que são, frequentemente, considerados como PPPs, mas que, em sua maioria, não exigem *project finance*, é analisada na seção § 6.6.

Deve-se observar que, embora muitas questões jurídicas sejam discutidas nestes capítulos, elas não têm a intenção de comentar todas as ramificações legais dos Contratos do Projeto e da sua respectiva documentação financeira, mas a de concentrar nas questões relevantes com probabilidade de serem levantadas em negociações entre o Tomador/Autoridade Contratante, a Empresa do Projeto e os financiadores.

---

84 Para alguns dos formulários padronizados de Contratos Principais do Projeto e seu regime jurídico, *vide* United Nations Economic Commission for Europe: *Negotiation Platform for Public-Private Partnerships in Infrastructure Projects* (UN ECE, Geneva, 2000)*; United Nations Commission on International Trade Law: *UNCITRAL Legislative Guide on Privately Financed Infrastructure Projects* (United Nations, New York, 2001)*; South African National Treasury PPP Unit, *Standardised Public-Private Partnership Provisions* (Pretoria, 2004)*; Infrastructure Australia, *National PPP Guidelines*, vol. 3: "Commercial Principles for Social Infrastructure" (Canberra, 2008)* e vol. 7: "Commercial Principles for Economic Infrastructure" (Canberra, 2011)*; H.M. Treasury, *Standardisation of PF2 Contracts*, Version 5 (London, 2012)*— doravante denominados "SoPC"; website of the World Bank's PPP in Infrastructure Resource Center for Contracts, Laws, and Regulation (PPPIRC)— http://www.worldbank.org/ppp.

O efeito de diversos aspectos de riscos na estruturação dos Documentos dos Contratos, como abordado nos Capítulos 9–11, também deve ser levado em conta.

§ 6.2 BOT, BTO *ET AL.*

Os projetos de instalação de usinas de processamento ou projetos de UP são, por vezes, classificados com base em quem detém sua propriedade ao longo dos vários estágios de sua vida:

Projetos Construção-Operação-Transferência (*Build--Operate-Transfer — BOT*).[85] Nesse tipo de projeto, a Empresa do Projeto não é proprietária dos ativos usados para prestar os serviços do projeto. Entretanto, a Empresa do Projeto constrói o projeto e tem o direito de receber receitas de sua operação de acordo com um Contrato Principal do Projeto celebrado com um Tomador/Autoridade Contratante. (A Empresa do Projeto pode contratar o arrendamento "*leasing*" das instalações do projeto bem como das respectivas edificações e equipamento durante o prazo de vigência do projeto, sendo, esse modelo, conhecido como Construção--Arrendamento-Transferência "*Build-Lease-Transfer — BLT*" ou Construção-Arrendamento-Operação-Transferência "*Build-Lease-Operate-Transfer — BLOT*"). Essa estrutura é empregada nos casos em que a natureza pública do projeto torna inviável sua propriedade por uma empresa do setor privado (por exemplo, uma rodovia, ponte ou túnel) e nos quais, portanto, a propriedade permanece com o setor público. Daí ela ser usada, principalmente, para PPPs.

Projetos Construção-Transferência-Operação (*Build--Transfer-Operate — BTO*). Estes são semelhantes aos projetos do tipo BOT, com a exceção de que a Empresa do

85 Também conhecidos como projetos de *Design-Build-Finance-Operate — DBFO* (Projeto-Construção-Financiamento-Operação).

Projeto e o Tomador/Autoridade Contratante não assumem a propriedade do projeto até a construção terminar.

Projetos Construção-Propriedade-Operação-Transferência (*Build-Own-Operate-Transfer* — *BOOT*). A Empresa do Projeto constrói o projeto e tem a propriedade ou o direito de uso e o opera por um determinado período de tempo, recebendo as receitas advindas do projeto durante esse período, ao fim do qual a propriedade é transferida de volta ao Tomador. Por exemplo, a Empresa do Projeto pode construir uma central elétrica, ter o direito de propriedade sobre ela por 20 anos, período em que a energia gerada é vendida a um Tomador (por exemplo, uma empresa estatal de distribuição de energia), e, ao final desse período, a propriedade ser transferida de volta ao Tomador.

Projetos Construção-Propriedade-Operação (*Build-Own-Operate* — *BOO*). Estes são projetos cuja propriedade permanece com a Empresa do Projeto ao longo de toda sua vida. Por exemplo, uma central de geração de energia em uma empresa de energia privatizada ou uma rede de telefonia celular. A Empresa do Projeto, portanto, ganha o benefício de reter qualquer valor residual do projeto. (Os Contratos Principais do Projeto celebrados com Tomadores do setor privado normalmente entram nessa categoria).

Há muitas outras variações a esses acrônimos para diferentes estruturas de projeto, e o mercado de *project finance* nem sempre os usa de maneira uniforme — por exemplo, o "BOT" é usado frequentemente para denominar a modalidade "Construção-Propriedade-Transferência", ou seja, praticamente o mesmo que "BOOT".[86]

---

86 *Vide* Jeffrey Delmon, Understanding Options for Public-Private Partnerships in Infrastructure: Sorting out the forest from the trees: BOT, DBFO, DCMF, concession, lease... (Policy Research Working Paper 5173, World Bank, Washington DC, 2010).

Não faz muita diferença, sob a perspectiva do *project finance,* se a propriedade do projeto é ou não transferida a um Tomador/Autoridade Contratante, se o é em curto ou longo prazo, se permanece indefinidamente com a Empresa do Projeto, ou mesmo se nunca pertenceu (ou chegou a pertencer) à Empresa do Projeto. Isso porque o valor real em um projeto financiado desse modo não está na propriedade de seus ativos, mas no direito de receber os fluxos de caixa do projeto. Porém, embora essas estruturas diferentes de propriedade sejam de limitada importância para os financiadores, qualquer valor residual de longo prazo no projeto pode ser importante para o Tomador/Autoridade Contratante e para os investidores na avaliação do retorno provável que receberão, podendo, também, ser relevantes para os financiadores, do ponto de vista da segurança do negócio como um todo.

Já que essa terminologia tipo 'sopa de letrinhas' é confusa, e como a questão central é se os ativos do projeto serão revertidos ou não para a propriedade e controle do Tomador/Autoridade Contratante, no mais tardar, ao final do Contrato Principal do Projeto, esses termos não serão empregados daqui em diante. Em seu lugar, quando a questão do valor residual for relevante, este será denominado um Contrato baseado em "Ativo Reversível" (ou seja, no qual a instalação reverte para o controle do Tomador/Autoridade Contratante ao final do contrato) ou um Contrato baseado em "Ativo Não Reversível" (no qual o controle e a propriedade permanecem com a Empresa do Projeto até o final do contrato), conforme o caso.

§ 6.3 CONTRATO *OFFTAKE*

O Contrato *Offtake* é, normalmente, adotado em projetos de usinas de processamento (2.5.1), ou seja, em projetos que produzem algum tipo de produto. Esses acordos garantem, ao Tomador (por exemplo, um comprador de energia), o abastecimento seguro do produto em questão e, à Empresa do Projeto, a possibilidade de vender seu produto em uma base pré-acordada. (Deve-se observar que um Contrato *Offtake* pode ser celebrado com uma Autoridade Contratante, por exemplo, uma empresa estatal de distribuição de energia, ou do setor privado — por exemplo, uma empresa privada de distribuição).

Voltando aos princípios básicos, se o alto índice de endividamento do financiamento do projeto por meio de *project finance* for aumentado ainda mais, os riscos assumidos pela Empresa do Projeto para vender seu produto devem ser reduzidos; o Contrato *Offtake* é um dos mecanismos mais eficientes para tal propósito.

§ 6.3.1 Tipos de Contrato *Offtake*

Os Contratos *Offtake* podem ser estruturados de várias formas:

Contrato Leve-ou-Pague (*Take-or-Pay*). Esse tipo de contrato estabelece que o Tomador (ou seja, o comprador do produto do projeto) deve "levar" (ou seja, adquirir) o produto disponibilizado pelo projeto ou, então, realizar um pagamento à Empresa do Projeto em vez de realizar a compra. O preço do produto se baseia numa Tarifa pré-definida (6.3.5).

Deve-se notar que tais contratos são, não raramente, celebrados de forma draconiana, de forma que o Tomador é sempre obrigado a realizar pagamentos aconteça o que acontecer com a Empresa do Projeto. Já a Empresa do Projeto somente é paga se cumprir sua parte; em geral, se for capaz de entregar o produto. Os projetos de usinas de processamento (§ 2.5.1) que envolvem a venda de um produto, tal como um contrato de compra de energia, empregam, em geral, o modelo "leve-ou-pague" (*take-or-pay*).

Contrato Leve-e-Pague (*Take-and-Pay*). Nesse caso, o Tomador só paga pelo produto que adquire, tendo como base um preço previamente acordado. Obviamente, é de uso limitado enquanto Contrato *Offtake* em estruturas de *project finance*, porque não fornece certeza, a longo prazo, de que o produto será adquirido. Ele pode ser encontrado, entretanto, em Contratos de Fornecimento de Insumos, como combustíveis e outras matérias-primas (§ 8.5).

Contrato de Vendas a Longo Prazo. Nesse caso, o Tomador adquire as quantidades do produto convencionadas no projeto, mas o preço pago é baseado nos preços praticados no mercado à época da compra ou em índice de mercado previamente acordado. A Empresa do Projeto, desse modo, não incorre no risco da demanda para o produto do projeto, mas assume o risco de mercado em relação ao preço. Esse tipo de contrato é comumente empregado, por exemplo, em mineração, petróleo e gás e projetos petroquímicos, nos quais a Empresa do Projeto precisa se assegurar de que o produto pode ser facilmente vendido nos mercados internacionais, mas em que o Tomadores não estariam dispostos a aceitar o risco do preço da *commodity,* como tem sido o caso de alguns projetos de GNL, e, em assim sendo, o resultado final se equipara a um contrato do tipo "leve-ou-pague", com um preço mínimo base, tendo o mesmo efeito que um contrato de *hedge.*

Contrato de *Hedge*. Os contratos de *hedge* são oferecidos nos mercados de *commodities*; é possível celebrar vários tipos de contratos de *hedge* com operadores de mercado, tais como:

- a venda futura de *commodities* a preço fixo em longo prazo (que na prática equivale ao contrato do tipo "leve-ou-pague");
- o acordo que determina que, caso o preço da *commodity* fique abaixo de um certo nível mínimo, o produto pode ser vendido por esse preço mínimo; mas estando o preço acima desse nível, o produto é vendido no mercado aberto;
- um acordo semelhante a esse, mas que estabelece, também, um preço máximo pela *commodity,* a fim de que, se o preço do mercado ficar acima desse nível, o produto seja vendido nesse nível máximo; e, se o preço estiver abaixo do máximo ou acima do mínimo, o produto é vendido no mercado aberto.

Assim, por exemplo, um projeto de campo de petróleo pode celebrar um contrato para cobrir sua produção esperada de forma que, se o preço do petróleo estiver abaixo de US$ 100/bbl, ele pode vender sua produção a US$ 100 para a contraparte de cobertura, e, se estiver acima de US$ 125/bbl, a contraparte de cobertura pode comprá-lo a US$ 125. Desse modo, o projeto sabe que o seu petróleo pode sempre ser vendido por, pelo menos, US$ 100; entretanto, se o preço ultrapassar US$ 125, o projeto não se beneficiará disso.[87] Esses tipos de contratos de *hedge* devem ser distinguidos dos instrumentos financeiros descritos no capítulo 10, embora contemplem princípios semelhantes.

Contrato por Diferenças (*Contract for Differences* — *CfD*). Numa estrutura CfD, a Empresa do Projeto vende seu produto abertamente no mercado e não apenas ao Tomador. Se, contudo, o preço do mercado estiver abaixo do nível acordado, o Tomador paga a diferença à Empresa do Projeto — e *vice-versa*, se estiver acima do nível acordado.

O efeito disso é que tanto o Tomador quanto a Empresa do Projeto fazem o *hedging* de seus preços de compra e venda para fazer face aos movimentos do mercado; entretanto, o Contrato por Diferenças difere do contrato de *hedge* pelo fato de o produto ser sempre vendido no mercado e não à contraparte; trata-se de um contrato puramente financeiro.[88] O resultado final é um contrato com efeito prático semelhante a um leve-ou-pague (*take-or-pay*), com uma Tarifa acordada. Os CfDs são usados, sobretudo, no mercado de eletricidade: de fato, em alguns países esses contratos é que têm que ser usados, em vez de um CCE (Contrato de Compra de Energia) (ver abaixo) porque o total da energia produzida tem que ser vendido ao *pool* de eletricidade do país, e não aos usuários finais.

Contrato de Transporte por Oleoduto.[89] Esse modelo é adotado, por exemplo, em financiamentos de oleodutos ou gasodutos, em que o usuário da tubulação dos oleodutos ou

---

87 Este é semelhante em conceito a um *collar* de taxa de juros (§ 10.3.2).

88 Semelhante ao conceito de *swap* de taxa de juros (§ 10.3.1).

89 Também conhecido como contrato de transporte.

gasodutos concorda em usá-la para transportar um determinado volume do produto e em pagar um preço mínimo por isso.

Contrato de Processamento de Insumos. Certos tipos de projeto de usinas de processamento são desenvolvidos, especificamente, para processar um insumo em vez de para gerar um produto. Exemplos incluem:

- incineração de lixo sólido: o lixo vem de uma Autoridade Contratante e é incinerado; os produtos, ou resultados (geralmente não vinculados a qualquer Contrato *Offtake*) são calor, que pode ser usado para gerar eletricidade, e resíduo de cinzas, que deve ser descartado;
- estação de tratamento de esgoto, que recebe efluentes brutos de uma Autoridade Contratante e os trata para obter água limpa e resíduo, que pode ser usado como fertilizante.

Como se pode ver, nesses casos, a Autoridade Contratante não é um Tomador, mas fornecedor de insumo.

Deve-se observar que existe considerável confusão terminológica no mercado de *project finance*, especialmente na definição de contratos "leve-e-pague" e "leve-ou-pague"; neste livro, os termos são usados como apresentados acima.

Nas seções § 6.3.2 a § 6.3.6, são discutidas cláusulas típicas em um Contrato *Offtake* do tipo "leve-ou-pague". O Contrato de Compra de Energia — CCE é usado como exemplo, pois é um tipo comum de Contrato *Offtake* no contexto de *project finance* que outros contratos tendem a seguir como modelo. Os CCEs foram também usados como modelo para Contratos do Modelo de Iniciativa de Financiamento Privado ("PFI", na sigla em inglês para *Private Finance Initiative*) (§ 6.4).

O efeito da menor cobertura do contrato de venda do tipo leve-e-pague e do contrato de venda de longo prazo será analisado na seção § 9.6.1 em um contexto mais abrangente da análise de riscos, e projetos em que não há contratos de vendas de longo prazo serão discutidos no § 9.6.2.

§ 6.3.2 Estrutura do Contrato de Compra de Energia (CCE)

O CCE é um tipo de Contrato Offtake empregado em projetos de geração de eletricidade. O posicionamento de um CCE na estrutura de um projeto de produção independente, ou IPP (para uma usina de energia operada a gás), é apresentado na Figura 2.1. O CCE estabelece, para a Empresa do Projeto, a construção de uma central elétrica com características técnicas definidas para:

- produção ou resultado (em megawatts [MW]);
- taxa de calor (a quantidade de combustível necessária para produzir a quantidade estipulada de energia);
- emissões ou outros requisitos ambientais.

O CCE requer que a usina seja construída até uma data convencionada (§ 6.3.3) e operada de acordo com parâmetros pré-definidos (§ 6.3.4). A energia gerada pela usina em operação é vendida com base no preço da Tarifa de longo prazo (§ 6.3.5) paga pelo comprador de energia, que pode ser uma companhia de transmissão e distribuição do setor público ou privado, ou, ainda, um usuário final direto de energia (por exemplo, uma instalação industrial ou uma usina). Esse modelo também estabelece as multas e sanções para os casos de descumprimento das exigências contratuais (§ 6.3.6).

O Tomador (comprador de energia) precisa ficar seguro de que a Empresa do Projeto e seus Empreendedores tenham as capacidades técnica e financeira necessárias para construir e operar a instalação conforme estabelecido, tenham uma Empreiteira de EPC adequada e um fornecimento seguro de combustível, e, ainda, que os prazos do *project finance* não exponham indiretamente o comprador de energia a riscos indevidos. O Tomador pode, portanto, restringir a possibilidade de os Empreendedores venderem suas ações para garantir o envolvimento permanente das partes estratégicas do projeto (§ 3.2.1; § 7.11).

§ 6.3.3 Fase de Construção

O Contrato EPC será, em regra, celebrado pela Empresa do Projeto: por meio dele, os riscos de atraso, o custo excessivo e o desempenho são transferidos à Empreiteira de EPC (§ 8.2).

A Conclusão do Projeto sob um CCE é conhecida como Data da Operação Comercial — DOC.[90] Para alcançar a DOC, a Empresa do Projeto tem que demonstrar ao Tomador a Conclusão do Projeto, submetendo-se a testes de desempenho. Tais testes demonstrarão, pelo menos, a capacidade real de produção (geração) que a usina pode atingir (já que, como será visto, o preço da tarifa é baseado na capacidade de produção).

Em Contratos baseados em Ativo Reversível (§ 6.2; § 7.10.7), o Tomador, como proprietário final da usina, pode, também, estar preocupado em assegurar que outros requisitos técnicos e de desempenho sejam cumpridos. O representante do Tomador pode acompanhar os testes de desempenho que serão aplicados ao Contrato EPC, que poderão, alternativamente, ser aplicados separadamente. (Obviamente, os testes para o CCE não devem ser mais rigorosos do que aqueles realizados para medir o Contrato EPC — *vide* § 8.2.8).

A Empresa do Projeto ainda pode ser obrigada a atender outras exigências para atingir a DOC, tais como:

- obtenção de Licenças ou Autorizações de operação;
- confirmação de que os requisitos referentes às emissões sejam cumpridos;
- confirmação de que os seguros da fase operacional estejam em vigor na base acordada;
- demonstração da disponibilidade de estoques locais de reserva de combustível.

---

90 Também denominada "Data de Conclusão" ou "Conclusão Substancial" (§ 8.2.7).

§ 6.3.4 Operação da Usina

As partes devem estabelecer procedimentos operacionais detalhados: por exemplo, o Tomador notifica a Empresa do Projeto, antecipadamente, sobre sua expectativa de demanda de energia e a Empresa do Projeto avisa o Tomador sobre eventuais mudanças na produção ou disponibilidade em decorrência, por exemplo, de operações rotineiras de manutenção ou de alguma paralisação de emergência, e, na medida do possível, realiza a manutenção nos momentos de baixa demanda. Isso não implica que o Tomador tenha qualquer direito de intervir, diretamente, na operação ou manutenção da usina, exceto no caso de omissão por parte da Empresa do Projeto (§ 7.9).

O risco de transmissão (isto é, o risco de a eletricidade da central elétrica ser ou não requisitada pelo Tomador — diretamente ou através de sistema de rede de transmissão elétrica) é responsabilidade do Tomador.

A Empresa do Projeto deve, apenas, assegurar-se de que ela está pronta e disponível para produzir energia quando solicitada; como será visto, o preço da Tarifa que o Tomador paga deve proporcionar retorno adequado à Empresa do Projeto, esteja a usina a transmitir (a gerar energia) ou não. Já que o Tomador assume o risco de transmissão, ele tem o consequente direito de decidir quando a usina deverá, de fato, produzir energia.

No caso do Contrato por Diferenças (§ 6.3.1), a Empresa do Projeto pode não ser paga a não ser que ela realmente venda sua eletricidade no mercado (isto é, o risco de transmissão, nessa hipótese, permanece na Empresa do Projeto). Em tais casos, a Empresa do Projeto tem que oferecer ao mercado um preço adequado para que sempre consiga vender sua energia.

§ 6.3.5 Tarifa

A Tarifa paga sob um CCE é baseada na disponibilidade mínima que se exige da usina elétrica (isto é, o número de dias em um ano em que a usina será capaz de operar na produção especificada, após fazer as previsões para operações rotineiras de manutenção bem como interrupções inesperadas da usina), ocorrendo deduções ou pagamento de multas indenizatórias caso a usina não cumpra a disponibilidade ou os requisitos mínimos de produção (*vide* § 6.3.6).

A Tarifa é normalmente paga pelo Tomador à Empresa do Projeto mensalmente e consiste, em geral, em dois elementos principais: Tarifa de Capacidade[91] e Tarifa de Energia[92] que varia com a utilização da usina. Além disso, outras tarifas podem ser devidas.

Tarifa de Capacidade. A Tarifa de Capacidade (correspondente à disponibilidade) é paga mesmo que a usina não esteja em operação, já que ela representa os custos fixos em que a Empresa do Projeto incorre apenas por construir a usina e torná-la disponível ao Tomador.

Esse elemento do valor da Tarifa se destina, assim, a cobrir:

- *Custos operacionais fixos*, como, por exemplo, aluguel do terreno, custos do quadro funcional, prêmios de seguro, manutenção e substituição programada de peças de reposição, pagamentos fixos (ou por capacidade) a fornecedor de combustível por oleoduto, tributos etc. A depreciação contábil da usina (§ 13.7.1) não é uma despesa operacional fixa para esse fim; tampouco é considerada no cálculo da rentabilidade do capital próprio, já que não é componente do fluxo de caixa, embora tanto o serviço da dívida quanto o retorno sobre *equity* estejam compreendidos nos custos de capital do projeto;
- *Serviço da dívida* (pagamentos de juros e amortização do capital), geralmente baseado em pressupostos previamente acordados quanto ao montante do recurso da dívida a ser incorrido pela Empresa do Projeto e a taxa de juros sobre o montante da dívida;

91 Também conhecida como Tarifa de Disponibilidade ou Fixa.

92 Também conhecida como Tarifa Variável ou de Utilização.

- O retorno sobre *equity*, isto é, o fluxo de caixa operacional líquido da Empresa do Projeto após deduções do serviço da dívida, custos operacionais fixos e tributos, mais uma vez, baseado no pressuposto acordado previamente sobre o montante de capital próprio exigido.

A Tarifa de Capacidade pode ser dividida em três elementos, como demonstrado acima, ou em dois, pela combinação do serviço da dívida e dos elementos do capital próprio, a permitir, assim, à Empresa do Projeto, decidir a melhor estrutura financeira para financiar o projeto, ou, até, integrado como um pagamento único. (A forma pela qual a Tarifa de Capacidade é composta é afetada pela maneira pela qual seus elementos são indexados pela inflação — § 7.3.3).

A Tarifa de Capacidade é, normalmente, fixada quando o CCE é celebrado, o que significa que a Empresa do Projeto assume o risco de os custos do projeto serem mais altos que os custos originais assumidos quando a Tarifa foi calculada. Às vezes, há exceções como, por exemplo, o fato de a Empresa do Projeto poder ser indenizada pelos custos efetivos dos seguros durante a fase de operação (§ 9.9.2).

Tarifa de Energia. Este elemento da Tarifa é destinado a cobrir os custos variáveis do projeto, dos quais o mais importante é o combustível. A cobrança de energia leva em conta:

- a quantidade de combustível que deveria ter sido usada (segundo os pressupostos de taxa de calor predefinidos) para gerar a eletricidade efetivamente produzida pela usina;
- o custo efetivo desse combustível para a Empresa do Projeto (ou o custo tendo como base um índice de custos de combustível);
- quaisquer outros custos de O&M que variem com a utilização da usina.

A Tarifa de Energia prevê uma margem para a degradação do desempenho (e consequente aumento gradual no consumo de combustível) que acontece entre cada manutenção de grande porte da usina (§ 9.7.3).

Em geral, se a usina não for utilizada, a Tarifa de Energia não será devida, mas, se a Empresa do Projeto estiver sujeita a obrigações no modelo leve-ou-pague para o combustível e não precisar do nível esperado desse insumo em função de um baixo nível de demanda operacional da usina, o Tomador precisará cobrir os respectivos custos (a menos que o baixo nível de transmissão se deva ao fato de a usina não ter estado disponível). Em outros tipos de projetos de usinas de processamento, o custo das matérias-primas processadas é coberto por meio de Tarifa Variável de modo semelhante à Tarifa de Energia.

Outros Encargos. Vários outros encargos podem ser pagos como parte da Tarifa, tais como os custos para mais do que um determinado número de arranques ou inicializações de operação ("*startups*") da usina a cada ano, que usam combustível adicional e geram custos mais elevados de manutenção (§ 9.7.3), ou ainda os custos adicionais de operação com carga parcial.

Em projetos que combinem energia e calor ("CHP", na sigla em inglês para *Combined Heat and Power*), os pagamentos podem ser, também, recebidos pela venda de vapor residual da usina para uso em processamentos industriais em local adjacente ou para aquecimento urbano. (Em alguns países, o vapor da geração de energia é usado para a dessalinização de água e, por vezes, esta pode ser a principal razão para se construir a usina).

Os preços da Tarifa podem levar em conta os vários requisitos do Tomador para a energia, de forma que em um local de clima frio ou em latitude elevada, pode-se pagar mais pela geração de energia durante as noites de inverno.

A medição da energia produzida se faz por meio de medidores controlados por ambas as partes. Se esse tipo de estrutura de Tarifa "fixa/variável" é usado, a Empresa do Projeto pode ser obrigada a vender todo montante de produção de energia ao Tomador, mesmo que essa produção venha a ser maior do que originalmente previsto (por exemplo, porque o projeto opera acima de sua capacidade projetada).

Essa estrutura tarifária aloca, portanto, na Empresa do Projeto (§ 9.3), vários riscos importantes, a saber:

Custos Excedentes Projeto. Se a construção do projeto custar mais do que o esperado e, como resultado, demandar mais financiamento, isso não deverá ser levado em conta na precificação da Tarifa;

Disponibilidade. Se a instalação industrial não for capaz de operar de forma a produzir a quantidade de energia necessária ao longo do tempo, a receita se perderá (ou multas indenizatórias serão aplicadas) (*vide*§ 6.3.6);

Custos operacionais. Se a usina não operar de acordo com os parâmetros esperados, e, por exemplo, gastar mais combustível para gerar eletricidade ou incorrer em custos de manutenção mais altos do que os projetados, isso também não mudará ou alterará o pagamento da Tarifa.

§ 6.3.6 Multas Indenizatórias

A Tarifa, na forma acima estabelecida, é paga pelo Tomador somente se a usina da Empresa do Projeto alcançar desempenho conforme estipulado nos termos do CCE. Caso contrário, a Empresa do Projeto estará sujeita à aplicação de multas indenizatórias que poderão ser deduzidas dos pagamentos da Tarifa ou pagas, separadamente, pela Empresa do Projeto ao Tomador.

Essas multas indenizatórias correspondem a indenizações fixadas por cláusula penal (*Liquidated Damages — LDs,* ou PDs, na sigla em português), isto é, elas compreendem um patamar pré-estabelecido de perdas em favor do Tomador e, portanto, constituem a única indenização passível de ressarcimento. Nesse sentido, o uso da expressão "multas indenizatórias" (ou *penalties,* em inglês) pode ser ambíguo, porque as multas contratuais que não são calculadas para cobrir perdas reais geralmente não podem ser cobradas em muitos ordenamentos jurídicos (§ 8.2.8).

As penalidades típicas incluem:

Atraso na Conclusão. O Tomador deve ter em mente que a Empresa do Projeto tem todos os incentivos para alcançar a Conclusão do Projeto no prazo, quer as multas indenizatórias sejam aplicadas ou não: a capacidade de sustentar atrasos prolongados até a Conclusão do Projeto por qualquer Empresa do Projeto altamente comprometida é limitada, porque a perda de receitas por atraso é significativa (obviamente, nenhum pagamento de Tarifa é feito se o projeto não estiver concluído).

Se o Tomador não sofrer prejuízo por atraso, o pagamento de multas indenizatórias pela Empresa do Projeto não será pertinente, poderá não ser legalmente exigível e apenas acarretará custos adicionais ao projeto, porque o Tomador repassará, se possível, este risco adicional à Empreiteira de EPC, que o computará no preço e duração do contrato. Se, entretanto, a usina for concluída em prazo maior do que o estabelecido e, por isso, o Tomador necessitar gerar ou comprar energia de fonte mais cara, a Empresa do Projeto poderá ser responsabilizada pelo pagamento de uma multa indenizatória que reflita esse prejuízo a uma taxa adequada por dia de atraso sofrido. A Empresa do Projeto tentará, é claro, assegurar-se de que esta multa indenizatória se reflita nas "PDs" do Contrato de EPC, e que haja um limite às multas indenizatórias estabelecidas no CCE que também reflita a posição do Contrato de EPC (§ 8.2.8).

Para evitar períodos prolongados de incerteza sobre se o projeto será ou não concluído, há, normalmente, um prazo final de rescisão, geralmente em torno de um ano após a data prevista para Conclusão do Projeto, pelo qual, se a DOC não tiver acontecido, o Tomador terá o direito de rescindir o CCE.

Se o Tomador for também o proprietário da rede de transmissão, ele deverá garantir que a ligação entre a usina e a rede seja estabelecida. Se essa conexão não for concluída e a construção da usina terminar, mas não puder ter seu desempenho testado pela falta de conexão à rede, isso não pode ser alegado como fundamento para se aplicação de multas indenizatórias por atraso na Conclusão do Projeto e o Tomador será obrigado a começar a pagar a parcela da tarifa referente à Tarifa de Capacidade (§ 9.5.9). Pode haver também uma disposição que preveja um bônus a ser pago à Empresa do Projeto pela conclusão antecipada do projeto se isso for benéfico para o Tomador.

Baixa Produção Inicial. Se a usina tiver uma produção prevista de x MW, e, quando concluída, ela produzir, de fato, apenas $(x-y)$ MW, uma multa indenizatória em montante único deverá ser aplicada ou a Tarifa de Capacidade deverá ser reduzida. Novamente, a possibilidade de aplicação dessa multa indenizatória deve ser levada em conta na estipulação das PDs nos termos do Contrato de EPC.

Taxa de Calor Inicial Elevada. Se, nos testes de desempenho, a usina necessitar consumir mais combustível do que o esperado para produzir determinada quantidade de eletricidade, isso pode ser remediado de duas maneiras: ou a diferença na Taxa de Calor será ignorada nos cálculos da Tarifa de Energia e a Empresa do Projeto assumirá o custo do combustível extra exigido, ou os pressupostos de cálculo da Tarifa de Energia para o consumo de combustível podem ser ajustados e uma multa indenizatória inicial deverá ser paga ao Tomador a título de indenização. Em qualquer dos casos, as PDs do Contrato de EPC deverão cobrir o custo do consumo do combustível adicional ou a multa inicial.

Baixa Disponibilidade. Se a usina precisar estar disponível para produzir, suponhamos, 100 MW em 90% do ano (isto é, 329 dias), então deverá produzir 32.900 MWh por ano. Portanto, se a usina não for capaz de produzir esse nível de produção total, quer seja por não estar operacional, quer seja porque sua capacidade de saída se degradou a um patamar abaixo do acordado, a Empresa do Projeto será responsável pelo pagamento de multa indenizatória (ou a Tarifa de Capacidade deverá ser reduzida).

Ao se estabelecerem os requisitos de disponibilidade e de produção originais, são feitas previsões para operações rotineiras de manutenção e uma margem para desligamentos ou interrupções inesperadas no cálculo do período no qual a usina está disponível a cada ano, bem como pelo desgaste natural da produção, que acontece entre revisões de manutenção de grande porte.

Essas provisões são detalhadas em cronogramas de produção acordados previamente, em regra sobre uma base anual ampla, corrigida em períodos mais curtos, se necessário. As multas indenizatórias podem ser maiores quando a energia é necessária em maior medida (por exemplo, durante as noites de inverno em país do hemisfério norte), e de modo semelhante, a Empresa do Projeto precisará realizar as manutenções de rotina em períodos de baixa demanda de energia.

Em certa medida, pode ser possível transferir essas multas indenizatórias à Empreiteira de O&M (§ 8.3.4).

O Tomador poderá exigir a prestação de garantia para os pagamentos de multa indenizatória por meio de fiança bancária, que é, frequentemente, fornecida pelos financiadores como parte do pacote de financiamento total para o projeto.

Pode haver, também, um bônus pago à Empresa do Projeto se a disponibilidade da usina ou a quantidade efetiva de energia produzida ficar acima de certos níveis.

§ 6.4 CONTRATOS BASEADOS EM DISPONIBILIDADE

Esta seção tratará da estrutura de Contratos baseados em Disponibilidade, que são os tipos de projetos do Modelo PFI mais amplamente empregados.[93] A inserção de um Contrato Principal do Projeto no Modelo PFI é apresentado na Figura 2.3.

Exemplos de projetos de Disponibilidade com base no Modelo PFI, todos relacionados à infraestrutura pública (sendo, portanto, formas de PPP), incluem:

- edificações dos setores públicos, tais como: escolas, hospitais, prisões, habitação social, ou repartições governamentais, nos quais os pagamentos são feitos pela Autoridade Contratante para a disponibilização do prédio;[94]
- Infraestrutura de transporte, tal como uma rodovia, túnel ou ponte, ou partes do sistema, como trens ou sinalização para uma linha ferroviária, nos quais os pagamentos são feitos por um operador do sistema do setor público (como a Autoridade Contratante) para disponibilização do sistema, em vez de pelo público (ou por uma Autoridade Contratante) pela utilização.

Elementos significativos dos Contratos de Projetos do Modelo PFI baseados em Disponibilidade são diretamente derivados dos CCEs, desde os anos 1990, quando os projetos PFI foram inicialmente estabelecidos, pois o mercado estava muito familiarizado com os CCEs e fazia sentido tentar aproveitar um modelo existente em vez de começar tudo

93 Este tipo de PPP também é conhecido como "Contrato de Anuidade", em função do fluxo de pagamentos constantes (§ 7.3.2).

94 Contratos do Modelo PFI baseados em Disponibilidade que têm por objeto esses tipos de prédios são, frequentemente, referidos em conjunto como "Projetos de Acomodação", já que os requisitos do Contrato Principal do Projeto são muito semelhantes para todos eles.

do zero.[95] Em resumo, um típico CCE, como descrito acima, possui três requisitos básicos:

- *produção (Output)*: a central elétrica pode gerar "*x*" MW de energia?
- *disponibilidade*: a central elétrica pode produzir seu resultado total na forma e quando necessário (isto é, ela está disponível)?
- *transporte por oleoduto*: o pagamento da Tarifa de Energia pelo uso de combustível (normalmente, não pertinente a este caso).

Um CCE não diz, à Empresa do Projeto, como projetar, construir ou manter a central elétrica; essas são tomadas de decisão alocadas à Empresa do Projeto e a seus investidores. No que diz respeito ao Tomador, a central elétrica apenas precisa estar disponível para, quando requisitada, produzir o resultado acordado em MW.

Esses princípios são aplicados em Contratos Principais do Projeto baseados em Disponibilidade por intermédio de cláusulas contratuais referentes à Tarifa de Serviço (§ 6.4.1), à Especificação de Resultado (§ 6.4.2), aos requisitos de disponibilidade (§ 6.4.3) e multas indenizatórias por baixo desempenho (§ 6.4.4). Determinados componentes de custo da Tarifa de Serviço podem ser corrigidos para compensar as mudanças do mercado (§ 6.4.5).

A seção 6.4.6 abaixo apresenta outro relevante tipo de projeto estruturado sob o Modelo PFI: um projeto de transporte custeado por meio de Pedágios "Sombra" ("*Shadow Tolls*").

§ 6.4.1 Tarifa de Serviço

Diferentemente de uma usina de processamento, há casos em que a separação entre Tarifa de Capacidade e Tarifa de Energia (*vide*

95 Embora a Disponibilidade seja uma questão fundamental em ambos os tipos de contrato, projetos de usinas de processamento não estão incluídos neste livro como Contratos Baseados em Disponibilidade — o termo será empregado apenas para Contratos do Modelo PFI.

§ 6.3.5) não é adequada e o pagamento da Tarifa de Serviço é feito para a provisão da própria usina.[96] Entretanto, a Tarifa de Serviço é calculada com base em elementos que assegurem a cobertura dos custos fixos (inclusive serviço de dívida e retorno de *equity*) e dos custos variáveis (por exemplo, custos de operação e manutenção). Este cálculo é realizado quando o Contrato Principal do Projeto é celebrado a fim de que, caso os custos reais sejam diferentes, ainda assim, a Tarifa de Serviço permaneça inalterada. Os pagamentos, geralmente, têm início na Conclusão do Projeto (§ 7.3.1).[97]

A Tarifa de Serviço deve ser reduzida para quaisquer períodos de indisponibilidade e quando os serviços fornecidos não corresponderem ao padrão contratualmente estabelecido. Embora o resultado e a disponibilidade sejam fáceis de medir no caso de uma central elétrica, como devem ser medidos no caso, por exemplo, de uma escola do Modelo PFI? A Especificação de Resultado não pode ser representada por uma medida única (como, por exemplo, um parâmetro de MW) e a disponibilidade não corresponde ao binômio "ligada-desligada" tal como ocorre em centrais elétricas? Como será visto abaixo, os cálculos de vários ajustes e multas indenizatórias para a Tarifa de Serviço são, portanto, mais complexos do que ocorre em um contrato do tipo CCE.

96 O termo britânico para isso é "Taxa Unitária". A escolha desse termo se deve em parte a razões de contabilidade do setor público: se a Tarifa de Serviço fosse claramente dividida entre um elemento fixo e um elemento variável, em que o elemento fixo cobrisse o serviço da dívida e o retorno de *equity* sobre o custo do capital original (e em que a Autoridade Contratante assumiria a usina ao final do contrato), as normas contábeis exigiriam que a usina fosse tratada como ativo da própria Autoridade Contratante, a significar que o financiamento da dívida e de *equity* deveria constar como passivo nas contas do governo. Assim, o termo Tarifa Unitária enfatiza que a Tarifa de Serviço não pode ser dividida dessa forma. Este tratamento contábil específico não se aplica mais, mas o termo continuou a ser empregado na Grã-Bretanha e em alguns outros países.

97 Também conhecida como a "Data de Início do Serviço", "Data da Disponibilidade do Serviço" ou "Aceite Comercial".

§ 6.4.2 Especificações de Resultado

A Especificação de Resultado é um elemento complexo, mas fundamental do Contrato Principal do Projeto no Modelo PFI. Ela pode ser dividida em dois elementos básicos:

- *Projeto & construção*: uma escola, por exemplo, deve ter "*x*" classes de certo tamanho, um refeitório, instalações esportivas e assim por diante. A Autoridade Contratante, geralmente, não especifica o projeto detalhado da escola além destes requisitos básicos, cabendo à Empresa do Projeto decidir qual ela considera ser o melhor modo de cumprir os requisitos dentro de custos compatíveis, sendo, para isso, uma diretriz o fato de que este tipo de contrato é geralmente objeto de um processo de licitação pública (§ 3.7). Isso significa que, se ocorrer uma falha no projeto que demande correção após a escola ter sido construída, a Empresa do Projeto deverá resolver eventuais problemas subsequentes.

- *Desempenho/serviços*: De forma semelhante, o Contrato Principal do Projeto não especificará como a manutenção deverá ser executada ou como serviços corriqueiros tais como segurança, limpeza e alimentação (se parte do contrato) deverão ser prestados. Depende da Empresa do Projeto assegurar que estes sejam executados de modo a cumprirem os requisitos de desempenho.

A Especificação de Resultado precisa determinar *o que* deve ser alcançado, mas não *como*. Uma mnemônica útil é que a Especificação de Resultado deve ser "SMART" (sigla em inglês para Specific — Measurable — Achievable — Realistic — Timely, trocadilho com o significado da palavra "esperto" em inglês), isto é, Específica-Mensurável-Alcançável-Realista-Tempestiva.[98]

98 Edward Farquharson, Clemencia Torres de Mästle & E.R. Yescombe with Javier Encinas, *How to Engage with the Private Sector in Public-Private Partnerships in Emerging Markets* (World Bank/PPIAF, Washington DC, 2011)*, p. 34 e Tabela 4.1.

Tabela 6.1 — Especificação de Resultado "SMART"

	SMART	NÃO SMART
***Specific* (Específica)**	Construir escola conforme padrão do Ministério da Educação.	Construir escola de bom padrão
***Measurable* (Mensurável)**	Garantir que a escola seja estruturalmente sólida, com ventilação, iluminação e conforto térmico	Garantir que a escola seja adequada ao ensino
***Achievable* (Atingível)**	Garantir que a escola mantenha a temperatura interna em X° quando temperatura externa estiver entre Y° e Z°	Garantir que a temperatura interna seja sempre mantida em X°
***Realistic* (Realista)**	Garantir que falhas no sistema de calefação sejam reparadas (ou sanadas) dentro de 8 horas no horário escolar e 16 horas fora dele	Garantir que falhas no sistema de calefação sejam reparadas dentro de 2 horas
***Timely* (Tempestiva)**	Manter relatório de falhas e informar mensalmente	Providenciar relatório anual sobre desempenho

A Tabela 6.1 dá um exemplo de como isto funciona no contexto de uma escola dentro do modelo de PPP.

A razão para esta abordagem de "resultado" reside no fato de que, se a Autoridade Contratante projetou a instalação e impôs à Empresa do Projeto tudo o que ela tinha que fazer (uma abordagem de *input* ("meios e processos") comumente usada em compras públicas normais não envolvendo PPPs), mas o projeto é falho, ou as instruções criam custos extras, a Empresa do Projeto reivindicará ressarcimento junto à Autoridade Contratante, o que, obviamente, significa que a Autoridade Contratante não transferiria, efetivamente, os riscos para o setor privado.

§ 6.4.3 Disponibilidade

A disponibilidade é relativamente fácil de se medir se um determinado equipamento ou serviço deve ser fornecido (por exemplo, um sistema de transportes, um sistema de controle de tráfego aéreo, ou um simulador de voo para treinamento), mas bem mais difícil de se medir quando se trata de um prédio de serviço público como unidades prisionais, hospitais, escolas ou várias edificações, como unidades de alojamento. Há uma variedade de razões que poderia resultar em que todo ou parte de um prédio seja considerado não disponível, tais como:

- falta de aquecimento, iluminação, água, ou outros serviços públicos;
- falha nos equipamentos básicos, de comunicações, ou infraestrutura de tecnologia da informação (TI);
- falta de adoção de providência quanto a qualquer outro elemento especificado e necessário para manter o prédio ou a instalação em operação;
- falta de cumprimento de obrigações legais (por exemplo, regulamentos de saúde e segurança);
- alguma outra impossibilidade de usar alguma parte do prédio ou da instalação.

O cálculo da parte *pro rata* desta perda de Disponibilidade e, portanto, da multa indenizatória a ser paga é complexo (e muito dependente do projeto específico), se parte do prédio ou da instalação fornecida puder, ainda, estar disponível ou utilizável para alguma parcela de seus propósitos e se partes do prédio ou da instalação forem mais importantes que as outras.

A Tabela 6.2 apresenta um exemplo simplificado desse tipo de cálculo para uma escola construída no Modelo PFI. A primeira coluna apresenta os diferentes tipos de espaço de uma escola; a segunda coluna apresenta a quantidade de espaços deste tipo (há 20 classes padrão, por exemplo); a terceira coluna demonstra a ponderação a ser atribuída a cada tipo de espaço a fim de que, por exemplo, determinada classe tenha o dobro do peso da sala dos professores e quatro vezes o peso do depósito.

Tabela 6.2 — Peso/Avaliação na Disponibilidade para uma Escola PFI

Área	**Número**	**Peso/Avaliação**	**Unidades de Serviço**
Depósito	5	1	5
Sala de funcionários	1	2	2
Classes padrão	20	4	80
Laboratórios, salas de arte *etc.*	3	6	18
Instalações de Esportes	2	6	12
Auditório	1	10	10
Cozinha, refeitório	2	10	20
		Total	**147**

As colunas "número" e "peso" são multiplicadas juntas para gerar o número de "Unidades de Serviço" do projeto como um todo, e, posteriormente, são somadas para perfazer o número total de "Unidades de Serviço" em uma escola. As multas indenizatórias e deduções ou abatimentos da Tarifa de Serviço[99] são baseadas no número de "Unidades de Serviço" afetadas de modo que, se a classe não estiver em uso por um dia, a dedução por não estar Disponível poderia corresponder a 1/365 avos da Tarifa de Serviço anual.

É possível ir além deste sistema e estruturar um modelo de "Unidades de Serviço" que poderia, teoricamente, resultar em mais de 100% de dedução da Tarifa de Serviço. Então, na Tabela 6.2, uma classe poderia ter peso 5, mas o número de "Unidades de Serviço" permaneceria em 147. Aumentos semelhantes poderiam se aplicar a outros pesos considerados cruciais para a operação da escola. Isso tudo com o propósito de incentivar a Empresa do Projeto a remediar o problema rapidamente. Também pode haver diferentes pesos para a disponibilidade durante o período letivo e o das férias escolares, o primeiro, obviamente, mais importante.

---

99 Essas deduções também são conhecidas como abatimentos.

§ 6.4.4 Desempenho

Além dos requisitos básicos de Disponibilidade, haverá, também, requisitos para um determinado nível de qualidade do serviço (isto é, um regime de desempenho). Em termos gerais, a disponibilidade se relaciona ao núcleo fundamental dos requisitos de serviço, enquanto que medir o desempenho lida com as questões que não são cobertas pelos requisitos básicos de disponibilidade. Pode ocorrer alguma sobreposição entre disponibilidade e desempenho: como uma dupla penalização não é, obviamente, apropriada, cada tipo de falha precisa ser enquadrado em apenas uma das categorias.

Assim como para a disponibilidade, a medição do desempenho de serviço pode ser significativamente complexa, com exigência da especificação dos padrões de desempenho de forma muito detalhada. Essas especificações são frequentemente chamadas de Indicadores-chave de Desempenho ("KPIs", na sigla em inglês para *Key Performance Indicators*). Os KPIs são, normalmente, monitorados por intermédio de um Sistema de Gestão de Desempenho ("PMS", na sigla em inglês para *Performance Management System*), sob o qual a Empresa do Projeto tem que reportar o desempenho a partir dos KPIs regularmente. Exemplos de KPIs que se relacionam ao Contrato baseado em Disponibilidade para uma rodovia poderia incluir:

- segurança (baseada no número de acidentes com vítimas por quilometro/veículo);
- profundidade da textura da superfície; aspereza; afundamento; resistência à derrapagem; conserto etc.;
- sujeira na rodovia;
- lixo e destroços;
- paisagismo;
- controle do incidente/capacidade de resposta/reatividade (por exemplo, o quão rapidamente a rodovia é liberada após um acidente).

Os requisitos de KPI geralmente envolvem atingir um padrão mensurável. Então, para uma edificação, por exemplo, poderão mensurar:

- disponibilidade do alojamento/acomodação durante períodos definidos;
- acionamento de pedidos de reparo/manutenção em um período predeterminado;
- operação dos elevadores quando o alojamento está disponível;
- limpeza feita dentro de determinado padrão e em intervalos definidos;
- manutenção e testes regulares de extintores e outros equipamentos de segurança.

A Empresa do Projeto, geralmente, deve disponibilizar um serviço de atendimento, um "*help desk*", como ponto de contato para os usuários do prédio relatarem problemas. Um mau serviço será detectado nos "Pontos de Desempenho" tendo, como base, os pesos KPI, em vez de uma dedução imediata do Contrato Principal do Projeto. Há, frequentemente, um mecanismo denominado "catraca" por força do qual:

- mais Pontos de Desempenho podem ser impostos, *pro rata*, quanto mais tempo o problema persistir ou mais frequentemente ele ocorrer;
- o acúmulo de Pontos de Desempenho pode levar à dedução da Tarifa de Serviço;
- as deduções serão normalmente corrigidas para custar ligeiramente mais do que o custo de se manter o requerido padrão KPI; e
- se esse acúmulo atingir um nível muito alto, que enseje descumprimento persistente de serviço, o Contrato Principal do Projeto pode ser rescindido (§ 7.10.1).

Geralmente, há um regime de informe automático, isto é, a Empresa do Projeto tem que reportar, à Autoridade Contratante as falhas dos indicadores do PMS da Subcontratada de Serviços de Construção (§ 7.4.3), sendo esse sistema auditado pela Autoridade Contratante quando necessário. Isso porque seria muito oneroso manter pessoal no local a monitorar, constantemente, o que acontece nas instalações.

Mas, há que se levar em conta que as Subcontratadas de Manutenção ou de Serviços de Construção que serão, provavelmente, as principais responsáveis pelas ações que afetarão os padrões de desempenho, receberão remuneração limitada e não poderão pagar elevadas multas indenizatórias — um faxineiro não pode pagar por estar, a escola inteira, indisponível devido à má limpeza — e a Empresa do Projeto não estará, normalmente, em posição financeira que lhe permita assumir uma responsabilidade maior do que a das suas Subcontratadas.

Normalmente, as multas indenizatórias máximas por baixo desempenho equivalem ao valor de dois anos de remuneração das Subcontratadas. Caso se chegue a esse ponto, a Empresa do Projeto pode substituir a Subcontratada para evitar eventual *inadimplemento* durante o Contrato Principal do Projeto.

Em alguns casos, os Pagamentos do Contrato podem ser estipulados em função de metas de desempenho atingidas, em vez de haver deduções por não se conseguir atingi-las; por exemplo, pagamentos pela gestão de congestionamentos em um contrato para uma rodovia baseado em Disponibilidade.

§ 6.4.5 *Benchmarking* e Custos dos Serviços de Construção a partir de Testes de Mercado

Se os custos operacionais se mostrarem mais elevados do que o esperado, isso não costuma resultar em nenhuma mudança nas Tarifas de Serviço. Mesmo assim, podem-se estabelecer, em determinados intervalos, a cada 5 anos, por exemplo, processos de avaliação comparativa dos Custos dos Serviços de Construção, a partir dos valores correntes de mercado por meio de concorrência pública. As tarifas de serviços poderão, então, ser corrigidas, quando os custos apurados nessas avaliações forem superiores ou inferiores à base de custos originalmente acordada.

O principal argumento para este procedimento é que os prestadores de serviço relutam em assinar contratos de longo prazo, já que seus principais custos provavelmente se referem ao quadro funcional, e esses custos não acompanham, necessariamente, o Índice de Preços ao Consumidor — IPC (§ 7.3.3); em contrapartida, os métodos de trabalho podem mudar ao longo do tempo fazendo com que o serviço possa ser executado de forma mais eficiente a um custo mais baixo.

O funcionamento desses procedimentos depende, portanto, da disponibilidade de dados adequados para análise comparativa ou da existência de outras empresas no mercado aptas a concorrer, mesmo estando, a empresa titular atual, numa posição preferencial (caso seja, também, um dos investidores da Empresa do Projeto) e que possa procurar impor indevidas transferências de riscos ou outras condições onerosas para sua Subcontratada. (O custo dos serviços em questão, obviamente, deve também ser identificável separadamente no modelo financeiro — § 13.6).

É pouco provável que esse procedimento seja adequado para manter ativos de longa vida útil sob um Contrato de Manutenção, porque ele estimula visão de curto prazo na respectiva manutenção (§ 9.7.5). Um dos principais benefícios da PPP é que ela transfere, para o setor privado, os riscos de manutenção de longo prazo (e também assegura que a manutenção seja, de fato, executada, o que não ocorre frequentemente no caso de edificações do setor público). Isso exige que os investidores da Empresa do Projeto sejam capazes de tomar decisões tais como incorrer em mais custo de capital na construção para reduzir os custos de manutenção de longo prazo de modo a estimular a inovação pelo setor privado.

A abordagem alternativa aos Serviços de Construção é que a Autoridade Contratante exclua esses serviços do Contrato Principal do Projeto e celebre contratos separados, de curto prazo, de terceirização (§ 6.6; § 8.4). Entretanto, isso pode criar questões de '*interface*', já que, por exemplo, como uma instalação é limpa diariamente, também é provável que isso afete as exigências de manutenção de longo prazo.

§ 6.4.6 Pedágios "Sombra"

Além dos Contratos baseados em Disponibilidade, o Modelo PFI também inclui projetos nos quais o risco de utilização é assumido pela Empresa do Projeto e um exemplo comum disso é a Autoridade Contratante pagar Pedágios "Sombra" (ou "*Shadow Tolls*"). Pagamentos feitos pela Autoridade Contratante em vez de pelos usuários finais (pagamentos feitos por estes são conhecidos como tarifas "reais", neste contexto), são adotados nos casos em que:

- a cobrança direta das tarifas de pedágio seria por demais complexa em virtude, por exemplo, do traçado das rodovias de ligação;
- os motoristas possam se utilizar de rotas alternativas, trafegando por vias pouco adequadas para evitar o pagamento de tarifas de pedágio;
- os fluxos de tráfego sejam insuficientes para produzir nível adequado de receitas tarifárias;
- exista oposição pública ao pagamento de tarifas de pedágio;
- o projeto faça parte de um sistema de transporte integrado (por exemplo, um sistema de transporte de massa em que a utilização da parte do sistema fornecida pela Empresa do Projeto não possa ser diretamente cobrada em separado);
- não se considere adequado transferir a totalidade do risco de utilização (tráfego) ao setor privado.

Nesse caso, a Empresa do Projeto receberá de acordo com a utilização (por exemplo, certa quantia (ou valor) por passageiro ou quilômetro/veículo). A fórmula do pagamento é estabelecida, frequentemente, em escala decrescente (isto é, a tarifa mais alta é paga pelos primeiros "*x*" quilômetros rodados pelo veículo, e em seguida uma tarifa mais baixa para os próximos "*y*" quilômetros rodados pelo veículo, e finalmente o pagamento pode chegar a ser nulo para a faixa mais elevada de utilização). Essa estrutura tem dois propósitos:

- a primeira faixa de pagamento, que se baseia num nível relativamente baixo de risco de utilização, cobre os custos operacionais e serviço de dívida da Empresa do Projeto (e isso pode ser dividido em duas partes);
- a segunda faixa de pagamento fornece o retorno dos capitais próprios aos investidores (novamente, isso pode ser dividido em duas partes, fornecendo um retorno básico e um retorno bônus);
- uma vez que a utilização tenha excedido o nível no qual os pagamentos já tenham coberto os custos operacionais, o serviço da dívida e o retorno dos capitais próprios, considera-se completada a responsabilidade do governo (isto é, acima desse nível, o custo marginal, para o setor público, é zero).

O problema desta metodologia, entretanto, é que, normalmente, bem pouco risco de tráfego é assumido pelos investidores e financiadores — isto é, os proponentes tendem a vincular a maior parte dos pagamentos dos Pedágios "Sombra" aos veículos nas faixas de níveis mais baixas.[100] Já que os riscos são menos expressivos, os Pagamentos do Contrato também serão mais baixos do que em rodovia com pedágio operada por uma concessionária. Mas, dada a limitada transferência de risco, os Contratos baseados em Disponibilidade são mais comumente usados para projetos de transporte no modelo PFI.

Note-se que essa estrutura não impede que tarifas de pedágio reais sejam cobradas diretamente dos usuários (talvez, como parte de um sistema mas abrangente de tarifação que envolva outras rodovias do setor público): elas podem ser cobradas pela Empresa do Projeto em nome da Autoridade Contratante como parte do escopo da estruturação do Contrato Principal do Projeto baseado em um sistema de Pedágio "Sombra". Aliás, modelos em Pedágio "Sombra", muitas vezes, não impedem que a própria Autoridade Contratante imponha a real cobrança de tarifas de pedágio na rodovia.

---

100 *Vide* § 9.6.2 para uma discussão mais detalhada sobre transferência do risco de tráfego para o setor privado.

§ 6.5 CONTRATO DE CONCESSÃO

O Contrato de Concessão *(concession agreement*, no original em inglês*)* é um tipo de Contrato Principal do Projeto celebrado entre a Empresa do Projeto e a Autoridade Contratante pelo qual, como contrapartida pelo projeto, construção, financiamento e operação de um projeto que fornece ou moderniza uma infraestrutura pública, a Empresa do Projeto pode cobrar Tarifas dos Usuários, isto é, pedágios, tarifas ou outros pagamentos feitos pelos usuários do projeto. A propriedade permanece sendo do setor público (Ativo Reversível), sendo que a Empresa do Projeto dispõe de licença de uso ou arrendamento (ou seja, da "posse" do ativo) pelo período do Contrato de Concessão, findo o qual ele reverte à Autoridade Contratante. Exemplos dessa categoria contratual incluem projetos para a construção (ou expansão) e operação de:

- rodovias, pontes ou túneis pelos quais o público paga tarifas de pedágio;
- sistemas de transporte (por exemplo, uma linha ferrovia ou metrô) para a qual o público paga tarifas;
- portos e aeroportos, com pagamentos geralmente feitos pelas companhias aéreas ou de transporte marítimo.

A lógica (ou fluxograma) dos Contratos do Projeto de um Contrato de Concessão, que é uma estrutura de PPP de longa data, é apresentada na Figura 2.2. A principal diferença do Modelo PFI é que, no caso de uma Concessão, a Empresa do Projeto assume o risco de utilização (porém, *vide* § 6.4.6).

§ 6.5.1 Tarifas de Usuário

As Tarifas de Usuário são baseadas na estimativa dos retornos necessários para cobrir os custos variáveis e fixos do projeto, de forma semelhante à Tarifa de Serviço em um projeto do Modelo PFI (*vide* § 6.4.1). A principal diferença é, obviamente, que a receita total não é fixada, mas variará conforme a utilização.

Com frequência, estabelece-se um teto ou limite superior para as Tarifas de Usuário com indexação pela inflação (§ 7.3.3; § 10.4) e flutuação cambial, se necessário (§ 10.5), com o que a Empresa do Projeto tem flexibilidade para fixar as Tarifas dos Usuários, observadas, contudo as disposições que evitam discriminação injustificada contra qualquer classe de usuário.

Mas isso não evitaria, por exemplo, que pedágios mais elevados fossem cobrados de caminhões em uma rodovia: tais diferenciais podem, também, ser estabelecidos no Contrato de Concessão. De forma semelhante, os pedágios podem variar conforme a hora do dia de modo que, por exemplo, uma rodovia pedagiada pode ser mais cara durante os horários de pico.

O Contrato de Concessão tem que assegurar o cumprimento do pagamento das Tarifas de Usuário: isso pode exigir que a polícia pare e prenda motoristas que não tenham pago os pedágios, ou conceder, à Empresa do Projeto, a prerrogativa de processar os infratores em juízo. (Note que a Empresa do Projeto pode ter que assumir o custo do policiamento da concessão).

§ 6.5.2 Concorrência

Alguns Contratos de Concessão podem não fixar, previamente, as Tarifas de Usuário, mas contar com a concorrência para assegurar que eles permaneçam razoáveis. Obviamente, deve existir competição real para que isso funcione, como por exemplo, haver uma rodovia livre, paralela e de qualidade razoável, ou outro porto marítimo que possa ser usado em vez do porto que está sujeito a um Contrato de Concessão.

Por outro lado, se as tarifas são fixadas, a concorrência das vias alternativas de transporte é frequentemente um problema nos Contratos de Concessão. Por exemplo, se a Autoridade Contratante constrói uma nova rodovia (livre) que diminui a quantidade de veículos na rodovia concedida, ela pode ter que indenizar a Empresa do Projeto pela perda de receita. O problema é que isso pode inibir o planejamento de longo prazo da Autoridade Contratante para a rodovia ou outra rede de transporte, e no pior cenário, pode ser preciso indenizar e encampar a concessão (§ 9.6.3).

§ 6.5.3 Compartilhamento de Receitas

Se o tráfego estiver bastante acima das projeções originais, a Autoridade Contratante pode requerer o compartilhamento de parte do excesso da receita derivada disso. Esse princípio é especialmente importante se a Autoridade Contratante fornecer algum suporte financeiro ao projeto (§ 15.18). Essa "participação reversa" deveria ter, como base, as receitas brutas, em vez de outras medidas, tais como a taxa de retorno dos investidores, já que esta é facilmente manipulável pelos investidores em desvantagem da Autoridade Contratante (por exemplo, ao inflar custos e assim reduzir a taxa de retorno aparente).

§ 6.5.4 Problemas do Usuário

O "Serviço de Atendimento ao Cliente" é, de certo modo, mais importante na Concessão, já que os usuários pagam diretamente pelo uso da instalação e, portanto, esperam mais dela. O Contrato de Concessão deve definir, evidentemente, padrões de serviço e estipular as multas indenizatórias cabíveis caso eles não sejam cumpridos.

É preciso haver, ainda, um mecanismo para resolver litígios (por exemplo, na cobrança eletrônica) entre um usuário e a Empresa do Projeto. A "Satisfação do Cliente", medida por pesquisas de opinião, bem como por medidas mais objetivas (por exemplo, "*x%*" das chamadas devem ser atendidas em "*y*" minutos) será um dos KPIs.

§ 6.5.5 Outros Termos

Questões tais como Data de Início dos Serviços, Especificação de Resultado, requisitos de disponibilidade e desempenho são abordadas de forma semelhante ao que ocorre em um Contrato Principal do Projeto baseado em Disponibilidade, ressalvando-se que, em vez de deduções nos pagamentos efetuados pela Autoridade Contratante, as multas indenizatórias são pagas pela Empresa do Projeto a partir de sua receita advinda das Tarifas de Usuário.

§ 6.6 OUTROS CONTRATOS DO TIPO PPP

Não existe uma definição fixa para o conceito de PPP. Normalmente, as definições variam entre um significado estrito, como o usado neste livro — isso é, um contrato de longo prazo pelo qual o setor privado projeta, constrói, financia e opera o projeto — e um significado 'amplo' que inclui outros tipos de contrato entre o setor público e o privado.[101]

O significado estrito pode abranger tanto as Concessões como as PPPs do Modelo PFI, ou ser usado somente para Contratos do Modelo PFI, sendo a denominação "Concessão", empregada para todos os contratos pagos por usuários. Exemplos de contratos que podem ser incluídos no sentido 'amplo' são:

Franquia-*Affermage*-Arrendamento. Um contrato de Franquia[102] é semelhante a uma Concessão em muitos aspectos. A principal diferença é que a infraestrutura pública existente, por exemplo, numa estrada pedagiada ou em instalações de estacionamento, é transferida a uma Empresa do Projeto que se torna, então, responsável pelo projeto operacional e de manutenção, cobrando as tarifas por conta própria. Assim, a Franquia não envolve a construção de nova infraestrutura (embora possa haver uma exigência por sua modernização ao longo do tempo). A Empresa do Projeto, enquanto Franqueada, normalmente paga um valor à vista e adiantado à Autoridade Contratante, que representa sua visão do valor presente líquido (§ 10.2.1) do fluxo de caixa futuro do projeto, e que poderá ser coberto por um financiamento de *project finance*. Um exemplo de Franquia é a "privatização" de uma rodovia pedagiada — isto é, a Autoridade Contratante permite que a Empresa do Projeto opere a rodovia e cobre pedágio por

101 Para aumentar a confusão, o termo PPP também é usado para programas de ajuda, por exemplo, PPPs para controle de malária. As PPPs discutidas aqui são às vezes conhecidas como "PPPs para Infraestrutura" ("PPPI") para reduzir a confusão.

102 As distinções no emprego de termos Franquia, *Affermage* e Arrendamento (ou *Leasing*) são bem pouco claras.

certo número de anos da mesma forma que em um Contrato de Concessão, em troca de um pagamento único.[103]

Os Contratos de *Affermage*,[104] frequentemente, incluem uma exigência no sentido de que a Empresa do Projeto reserve fundos de sua receita para investimento futuro e os transfira para a Autoridade Contratante. Um contrato de arrendamento, ou *leasing* como também é conhecido, neste contexto (que difere do *leasing* financeiro, *vide* § 4.5.2), novamente, concede, ao arrendatário, o direito de gerar receita a partir de um ativo ao longo de determinado período de anos, mas, em alguns casos, a renda não é gerada a partir dos usuários, mas de pagamentos anuais efetuados pela Autoridade Contratante. Esses tipos de projeto são formas menos arriscadas de Concessão, porque não há riscos da fase de construção, mas há algum tipo de demanda e/ou risco (e a Empresa do Projeto tem que atingir as metas de resultado como, por exemplo, reduzir os prejuízos advindos dos vazamentos em tubulações de água).

***Forfaiting* (Desistência).**[i] Essa estrutura é adotada em alguns países europeus, como por exemplo Alemanha, Itália e Espanha. Cem por cento do custo da construção é reembolsado pela Autoridade Contratante após a Conclusão do Projeto, ou, então, é pago ao longo de um período de anos e, nos dois casos, o financiamento só é necessário para a fase de construção. Quando o custo da construção não é reembolsado imediatamente, a Empreiteira de Construção(que será o único Empreendedor — geralmente, não há *equity*, uma vez que este tipo de contrato é parecido com a licitação pública normal) poderá transferir os direitos (ou

---

103 Entretanto, se o serviço prestado no projeto não for capaz de produzir um fluxo de caixa positivo, então ocorre o inverso — a Autoridade Contratante paga a Empresa do Projeto (§ 15.10).

104 Não existe equivalente no inglês moderno para o termo em francês *affermage* (o significado em inglês antigo de *farming*, como em "*tax farming*" [direito de cobrança de tributos que o poder público transfere para particulares] é equivalente ao francês). Às vezes é traduzido [para o inglês] como "contrato de prestação de serviços delegado", que é tradução direta para o inglês de um termo jurídico em francês desse contrato.

créditos) emergentes junto à Autoridade Contratante para um financiador e, assim, recuperar os seus custos e obter seu lucro.

Obviamente, o projeto será então escriturado no balanço patrimonial do setor público, não havendo capital de longo prazo em risco (embora a Empresa do Projeto possa continuar a assumir riscos sobre os custos operacionais). Essa estrutura é adotada quando o governo deseja retardar a inclusão do projeto nas contas públicas (evitando assim explicitar a dívida a ele associado) até que o mesmo esteja concluído.

PPPs Institucionais.[105] São contratos para a operação de infraestrutura pública já existente em que tanto a Autoridade Contratante quanto os investidores do setor privado investem no *equity* da Empresa do Projeto e nos quais os investidores privados são ativamente incumbidos da gestão da Empresa do Projeto. Os investidores do setor privado geralmente fazem uma proposta para comprar da Autoridade Contratante parte do *equity* da Empresa do Projeto. Isso ocorre, normalmente, em casos onde o projeto já tenha sido construído, e, assim, assemelha-se a uma Franquia, com as diferenças de que a Autoridade Contratante permanece como acionista e de que o financiamento pode também não ser necessário ou estar já contratado.

Fornecimento de Bem Público. Pode ser usada, por exemplo, em projetos em que o desenvolvedor constrói uma nova escola em troca de permissão para construir apartamentos em parte de ou em toda a área ocupada pela antiga edificação. De forma semelhante, determinado terreno público pode ser disponibilizado a um desenvolvedor para a construção, por exemplo, de um hotel turístico, sendo as respectivas receitas divididas entre o setor público e o privado.[ii]

Nesses casos, o desenvolvedor normalmente captará financiamento, mas tendo como base o mercado imobiliário em vez do

105 Podem ser descritas como uma *joint venture*.

de *project finance*. Outra variante seria o desenvolvedor reformar ou modernizar determinado bem público, como, por exemplo, uma estação ferroviária, em troca da permissão para estabelecer e explorar lojas e outros espaços comerciais na nova estação.

Contrato de Prestação de Serviço.[106] Esse modelo é adotado quando o setor público contrata uma empresa do setor privado para executar, em seu nome, algum serviço. Isso pode incluir construção ou outros serviços que poderiam, de outro modo, formar parte de um Contrato Principal do Projeto (*vide* § 6.4.5; § 8.4).

Contrato de Gestão. Este se relaciona com a gestão, por parte do setor privado, de uma instalação já construída, normalmente, no setor de infraestrutura social. Não há capital do setor privado em risco neste tipo de contrato (embora a taxa de gestão possa incluir pagamentos de incentivo), e, portanto, nenhum *project finance* é necessário. Um desdobramento desse modelo é uma Empresa do Projeto controlada pelo governo e operada por empreiteira do setor privado ("GOCO"). Isso não envolve *project finance* ou capital em risco para o setor privado, já que a empreiteira recebe uma taxa ou comissão, porém com alguns incentivos com base na eficiência.

Contrato de Projeto e Construção — *D&B*. Até um Contrato D&B pode ser chamado de PPP já que ele transfere algum grau de risco para o setor privado.

O termo "contratação baseada em desempenho" é, por vezes, empregado para designar tanto uma PPP em sentido estrito como alguns ou todos os tipos de contratos apresentados acima. Para os propósitos deste livro, a questão fundamental é que nenhum destes contratos envolve *project finance* (e são, normalmente, muito mais curtos que as PPPs), que não sejam casos de Franquia-*Affermage*-Arrendamento.

---

106 Também conhecido como terceirização.

Notas do Tradutor

i Não existe tradução literal para o termo "Forfaiting". Pelo contexto em que se coloca o conceito, o termo mais próximo ao seu significado seria "Desistência". Importante não confundir com o termo "forfeit", que significa a perda da propriedade por alguma razão, normalmente, em função de atividades ilícitas. De todo modo, no sistema jurídico nacional, a figura do "forfaiting" é expressamente vedada pela Lei Federal n. 8.666/93 que proíbe que o financiamento da obra seja obtido pela Empreiteira.

ii As operações urbanas consorciadas e as concessões urbanísticas podem ser consideradas modelos equivalentes no sistema brasileiro.

CAPÍTULO VII

ASPECTOS COMUNS DOS CONTRATOS PRINCIPAIS DO PROJETO

§ 7.1 INTRODUÇÃO

O Capítulo 6 abordou as características específicas do Contrato *Offtake*, também conhecido como Contrato de Compra, do Contrato baseado em Disponibilidade e do Contrato de Concessão. Este Capítulo tratará de questões que são comuns a todos os tipos de Contrato Principal do Projeto, a saber:

- Prazo de Vigência do Contrato (§ 7.2);
- Mecanismo de Pagamento (§ 7.3);
- Monitoramento do Contrato pelo Tomador/Autoridade Contratante (§ 7.4);
- Seguro-garantia e outras garantias (§ 7.5);
- Eventos Indenizáveis (§ 7.6);

- Excludentes de Responsabilidade (§ 7.7);
- Eventos de Isenção (§ 7.8);
- Direito de Intervenção do Tomador/Autoridade Contratante (§ 7.9);
- Rescisão Contratual (§ 7.10);
- Alteração do Controle Acionário (§ 7.11);
- Solução de Litígios (§ 7.12).

Em países do sistema jurídico romano-germânico, ou de *civil law*, tais como Espanha e Portugal e países da América Latina, certos aspectos dos Contratos Principais do Projeto celebrados com o Poder Público (Autoridade Contratante) não são estabelecidos no texto do Contrato Principal do Projeto em si porque estão previamente disciplinados em lei. O contrato pode prever, por exemplo, disposições sobre rescisão antecipada (§ 7.10).

§ 7.2 PRAZO DE VIGÊNCIA DO CONTRATO

O prazo de vigência (isto é, a duração) do Contrato Principal do Projeto corresponde, normalmente, a um período fixado a partir da data de sua celebração, alocando-se à Empresa do Projeto o risco de perda de receitas em virtude de Conclusão do Projeto extemporânea, porém, beneficiando-a, se for o caso, na hipótese de conclusão antecipada. Entretanto, às vezes, o prazo pode ser contado a partir da data de Conclusão do Projeto observada uma data-limite (*back-stop date*), ou seja, contado a partir desse limite, ainda que o projeto seja concluído posteriormente a ele.

Os diversos fatores que influenciam o prazo de vigência do Contrato Principal do Projeto serão apresentados adiante.

§ 7.2.1 Ciclo de Vida Útil do Projeto

Obviamente, não se justificaria continuar a pagar por um produto ou serviço fornecido por um projeto que deixou de operar de forma segura, efetiva ou eficiente. Logo, o ciclo de vida útil do projeto determina o prazo de vigência máximo do Contrato Principal do Projeto. Se o projeto envolver, primordialmente, o fornecimento de equipamentos, como nos casos de CCEs (Contratos de Compra de Energia), a vida útil da usina será um fator limitante.

Entretanto, muitos projetos de infraestrutura não envolvem ativos com vida útil reduzida, como os que envolvem rodovias, por exemplo. Em tais casos, a vida útil do projeto deixa de ser relevante.

§ 7.2.2 Viabilidade orçamentária

Se o Contrato Principal do Projeto vigorar por período relativamente curto, o recurso da dívida deverá ser liquidado e os investidores deverão garantir o seu retorno sobre esse espaço de tempo menor, o que resulta na elevação do custo do produto fornecido ou do serviço prestado pelo projeto para um patamar antieconômico, ou seja, a viabilidade orçamentária dos Pagamentos do Contrato é diretamente afetada pelo prazo de vigência.

Em contrapartida, se o Contrato Principal do Projeto vigorar por um prazo mais longo, o custo de fornecimento do produto ou serviço será mais baixo. Por exemplo, para saldar um investimento de 1.000 unidades monetárias em 15 anos a uma taxa de 7%, o projeto custará 109,8 unidades monetárias ao ano, ao passo que, para quitar a mesma quantia em 25 anos à mesma taxa, o projeto custará menos: 85,8 ao ano.

§ 7.2.3 Prazo de Vigência do Recurso da Dívida

O prazo de vigência do recurso da dívida é decorrente do prazo que os financiadores decidem disponibilizar para o financiamento (§ 12.5.1). O mercado financiador nem sempre concede financiamentos a prazos muito longos.

Além disso, se o Contrato Principal do Projeto vigorar por mais tempo do que a dívida assumida, os investidores se beneficiarão de ganhos inesperados (*windfall gains*) às custas do Tomador/Autoridade Contratante em função de o financiamento da dívida ter sido quitado pelos Pagamentos do Contrato (§ 14.16.1).

Portanto, o prazo de vigência ideal do Contrato Principal do Projeto é de 1 a 2 anos além do vencimento estimado da dívida, de modo que esse prazo excedente (*debt tail*) propicie um "colchão de segurança" de modo a assegurar o pagamento do serviço da dívida aos financiadores (§ 12.3.4).

§ 7.2.4 Retorno sobre *Equity*

O período ao longo do qual os investidores recuperam seu investimento inicial é igualmente relevante. De modo geral, os investidores analisam, não apenas o retorno de seu capital, mas, também, o tempo durante o qual o investem (§ 12.2.4). É evidente que, se os investidores pretendem recuperar sua rentabilidade ao longo de 15 anos, não faz sentido celebrarem um contrato que vigerá por 25 anos. É preciso que haja incentivo financeiro contínuo para os investidores ao longo de toda a vida do projeto: se a maior parte do retorno for obtida e contabilizada nos primeiros anos do empreendimento, obviamente o incentivo deixará de existir nos últimos anos.

§ 7.2.5 Valor Residual

Em um contrato que tenha por objeto Ativos Reversíveis, o Tomador/Autoridade Contratante estará incentivado a estabelecer prazos de vigência menores para o Contrato Principal do Projeto, já que o ativo deve ser revertido ao final do prazo com potencial para lhe propiciar benefícios decorrentes de seu valor residual, ou seja, da capacidade de continuar a operar com eficiência e lucratividade. Por outro lado, como o projeto ainda tem que ser pago, prazos muito curtos podem tornar os pagamentos inviáveis economicamente (§ 7.2.2).

Já no caso de contratos que tenham por objeto Ativos não Reversíveis, o Tomador/Autoridade Contratante perde o valor residual e, nesses casos, prazos mais longos talvez sejam preferíveis. Alternativamente, a Empresa do Projeto pode incorporar determinado valor residual aos Pagamentos do Contrato e, desse modo, recebê-los até o nível em que consiga remunerar totalmente o retorno dos investidores e pagar, integralmente, o serviço da dívida. Tal modelo, consequentemente, reduz o valor dos Pagamentos do Contrato ao mesmo tempo em que aloca à Empresa do Projeto o risco de que os ativos do projeto não possam ser realocados em uma nova finalidade ou alienados ao término do Contrato Principal do Projeto (§ 7.10.9).

§ 7.2.6 Flexibilidade

A promoção de mudanças significativas em um Contrato Principal do Projeto é um processo complexo e caro (§ 7.6.3), e, quanto mais longo seu prazo de vigência, mais difícil para o Tomador/Autoridade Contratante se certificar de que seus requisitos não sofrerão alterações durante o processo. Por exemplo, possíveis mudanças futuras na tecnologia podem tornar ineficiente a estipulação de um prazo de vigência muito longo em determinados tipos de Contrato Principal do Projeto para a prestação de serviços de TI, a não ser que o Contrato Principal do Projeto permita atualizações (*upgrades*) e renovação da tecnologia utilizada (aspecto difícil de avaliar e, portanto, de documentar em contrato). Do mesmo modo, escolas ou hospitais podem precisar de expansão com a construção de novos prédios. Dessa forma, a necessidade de flexibilidade em relação ao projeto no longo prazo também precisa ser considerada.

§ 7.2.7 Benefícios "Vitalícios" do Ciclo de Vida do Ativo

Se o prazo de vigência do Contrato Principal do Projeto é demasiado curto, o Tomador/Autoridade Contratante pode perder o benefício do ciclo de vida útil do ativo, isto é, aquele decorrente da transferência do risco atrelado aos custos de manutenção e reforma para a Empresa do Projeto (§ 9.7.5). Fica evidente a ausência de vantagens de rescisão contratual antes da realização de manutenção de grande porte ou renovação do ciclo de vida útil dos ativos do projeto.

§ 7.2.8 Eficiência Fiscal

O prazo de vigência de um Contrato Principal do Projeto pode ser afetado pela intenção, por parte da Empresa do Projeto (ou de seus investidores), de se apropriar dos benefícios da depreciação fiscal sobre os ativos.

Nos Estados Unidos, as Franquias de rodovias estabelecem prazos de vigência entre 75 e 99 anos, muito mais longos do que seria desejável com base no exposto acima, uma vez que essa longevidade dá à Empresa do Projeto titularidade sobre a rodovia para efeitos fiscais, a permitir que seus custos sejam deduzidos e lançados contra impostos devidos por conta do cálculo de depreciação acelerada dos ativos com tempo de vida útil acima de 15 anos (§ 13.7.1).

O efeito resultante é a redução significativa do passivo fiscal nos primeiros anos de vida do projeto que, consequentemente, eleva o retorno do capital aplicado pelos investidores.

§ 7.2.9 Prazo de Vigência Variável

Outra abordagem possível é fixar um prazo de vigência máximo para o Contrato Principal do Projeto. Todavia, se a dívida for quitada e os investidores tiverem recebido a taxa de retorno convencionada, o Contrato Principal do Projeto poderá ser, então, encerrado. Se o crescimento do tráfego em uma rodovia, por exemplo, estiver muito acima do projetado originalmente e não se dever ao mérito individual do projeto, mas ao crescimento na economia como um todo, regional e nacional, os investidores não deverão ser beneficiados com lucros adicionais em função disso.[107]

§ 7.3 MECANISMOS DE PAGAMENTO

Os princípios fundamentais que se aplicam aos Mecanismos de Pagamento são apresentados abaixo.

107 Nesse contexto, *vide* § 9.6.2 para o modelo de "Valor Presente das Receitas".

§ 7.3.1 Pagamento na Conclusão do Projeto

De forma geral, nenhum pagamento é devido segundo as condições dispostas no Mecanismo de Pagamento até que a Conclusão do Projeto seja cumprida em conformidade com os requisitos estabelecidos no Contrato Principal do Projeto. Há algumas exceções, como, por exemplo, na hipótese de que um projeto seja construído em estágios, em que os Pagamentos do Contrato serão efetuados *pro rata* de acordo com a conclusão de cada estágio.

§ 7.3.2 Pagamentos Nivelados

Pode surgir a tentação de fazer com que os Pagamentos do Contrato correspondam a valores inferiores nos primeiros anos do Contrato Principal do Projeto para aumentá-los mais para frente, sobretudo, se um Tomador/Autoridade Contratante enfrentar restrições orçamentárias de curto prazo. Contudo, essa opção não é recomendável nem justa, já que a próxima geração teria que arcar com o pagamento de grande parcela dos custos do projeto. Além do mais, tal estruturação, provavelmente, não se encaixaria no tipo de cronograma de serviço da dívida exigido pelos financiadores (§ 12.5.2).

Por outro lado, os Empreendedores podem tentar "carregar" os Pagamentos do Contrato para o início do projeto de modo a se obter o retorno de *equity* mais rapidamente. Essa abordagem também não é desejável, porque sujeita o Tomador/Autoridade Contratante ao risco de menor comprometimento por parte dos investidores da Empresa do Projeto com a operação nos anos finais do Contrato Principal do Projeto no momento em que o envolvimento dos financiadores também será reduzido.

Do mesmo modo, uma vez que os Pagamentos do Contrato refletem a dívida captada pela Empresa do Projeto, é de se pensar que possam ser sensivelmente reduzidos nos últimos anos do contrato, de modo a refletir a amortização da dívida. Entretanto, os apontamentos sobre o problema de comprometimento de longo prazo e de capital em risco dos investidores e financiadores também se aplicam nessa hipótese.

Em princípio, portanto, os Pagamentos do Contrato devem permanecer com o mesmo valor, isto é, deve haver pagamentos "nivelados" durante a vida do Contrato Principal do Projeto, observada, nada obstante, a indexação da inflação (*vide* próxima seção).

§ 7.3.3 Indexação à Inflação

É comum que uma parcela dos Pagamentos do Contrato seja indexada (corrigida para mais, ao longo do tempo, por um índice de inflação pré-definido) e, por conta disso, os Pagamentos do Contrato não serão efetuados em prestações constantes (porém, *vide* § 10.4.1).

Por exemplo, os pagamentos da Tarifa de Capacidade em projetos modelados sob a forma de CCE (Contratos de Compra de Energia) são tratados da seguinte forma:

- *Custos operacionais fixos* — indexados de acordo com o índice de preços ao consumidor utilizado pelo mercado (Índice de Preço ao Consumidor — IPC) ou com os índices de preços da indústria nos países onde há custos relevantes, ou, em casos limitados, podem ser baseados em custos efetivos (como, por exemplo, em seguros);
- *Serviço da dívida* — normalmente, não é indexado;
- *Retorno de equity* — pode ser pré-fixado ou indexado pelo IPC.

Se parte dos custos operacionais fixos é contratada em moeda estrangeira ou se o capital próprio (*equity*)é aportado ou o recurso da dívida (*debt*) é captada em moeda estrangeira, o cálculo dos valores dos Pagamentos do Contrato também deve ser feito na mesma moeda. Nesses casos, os pagamentos continuam, normalmente, a ser feitos em moeda local, mas são indexados pela taxa de câmbio da moeda estrangeira em questão (§ 10.5.1).

Em uma Parceria Público-Privada e contratos similares que envolvam a cobrança de Tarifa de Energia, a indexação adicional não será necessária se essa for calculada com base nos custos efetivos de combustível. Em alguns casos, a Tarifa de Energia poderá ser baseada em algum índice publicado para o custo de combustível em questão, e, nesses casos, a Empresa do Projeto assumirá o risco de não ser capaz de adquirir combustível no mesmo patamar de preço.

Princípios semelhantes se aplicam a outros tipos de Contrato Principal do Projeto: a indexação da inflação dos Pagamentos do Contrato somente diz respeito à parcela dos custos totais do projeto sujeita à inflação, ou seja, principalmente, os custos operacionais (§ 10.4).

Pode haver dificuldades com a indexação em termos temporais, já que os índices são, frequentemente, publicados com uma lacuna de tempo considerável, e, portanto, pode haver a necessidade de ajustes dos Pagamentos do Contrato para que se possa apropriá-los adequadamente. Se a indexação for feita em moeda estrangeira, deve-se levar em conta a variação nas taxas de câmbio entre a data em que a fatura mensal do Pagamento do Contrato é apresentada e o momento em que é efetivamente paga.

Outros ajustes feitos nos Pagamentos do Contrato serão abordados na seção § 7.6.

§ 7.3.4 Receitas de Terceiros

Determinados projetos também geram receitas a partir de outras fontes que não os Pagamentos do Contrato; entre eles:

- projetos de geração de energia do tipo Combinação de Potência e Calor (*Combined Heat and Power* — CHP) nos quais o vapor (ou seja, o calor) é fornecido para a unidade industrial de uma empresa.

- projetos de incineração de lixo que geram eletricidade para venda e que podem viabilizar a comercialização de vapor, além de cobrar pela remoção do lixo da Autoridade Contratante.

- PPPs escolares em que se pode alugar seus prédios aos usuários de uma comunidade fora do horário das aulas ou nas férias escolares.

- PPPs de hospitais em que é possível cobrar os visitantes pelo uso do estacionamento e obter receita com o consumo na cantina.

A obtenção desse tipo de receita pode ser vantajosa para o Tomador/Autoridade Contratante, já que as receitas adicionais podem ser utilizadas para subsidiar os Pagamentos do Contrato ou, pelo menos, parte delas pode ser dividida com a Empresa do Projeto acima de um determinado nível convencionado entre eles.

No entanto, os financiadores, em geral, são resistentes à atribuição de valor a fontes de receita que não possam ser estimadas e, portanto, incluem tais receitas de forma bastante conservadora nas projeções, o que significa que não concedem limite de crédito com base nesses componentes do fluxo de caixa geral.

No caso dos projetos CHP, existe o risco de o comprador de vapor encerrar as atividades de sua unidade industrial, não deixando nenhum cliente para comprar o vapor gerado. Nesse caso, os financiadores visualizam a possibilidade de o vapor desperdiçado ser convertido em eletricidade e, por conta disso, consideram uma proporção mínima da receita com base nas estimativas dos preços da eletricidade de longo prazo.

Em alguns tipos de projeto, sobretudo nas Concessões, pode haver um excedente de terreno que seja valorizado ao final do projeto, como no caso de uma propriedade adjacente a uma nova rodovia. As Autoridades Contratantes, às vezes, na tentativa de valorizar antecipadamente esse excedente incluem-no na Concessão e permitem que a Empresa do Projeto construa infraestruturas de serviços (postos de venda de combustível, restaurantes, lojas, escritórios, etc.) no referido terreno. As receitas resultantes da infraestrutura instalada podem subsidiar as Tarifas do Usuário na Concessão. Ainda que se admita que os Empreendedores até estejam dispostos a assumir o risco de tais projetos complementares, os financiadores, por outro lado, provavelmente não atribuiriam valor elevado a eles em suas projeções de fluxo de caixa, de modo que pode ser preferível que a Autoridade Contratante resolva a destinação do terreno separadamente.

§ 7.4 MONITORAMENTO DO CONTRATO PELO TOMADOR/AUTORIDADE CONTRATANTE

O Tomador/Autoridade Contratante deve dar início ao devido monitoramento do contrato após o Fechamento do Financiamento, lembrando que é a Empresa do Projeto quem de fato gerencia o projeto. Obviamente, é preciso acomodar mudanças ao longo do tempo conforme avanços no projeto ocorrem. Dentre os elementos considerados no desenvolvimento desse sistema estão:

- projeto de engenharia e construção (§ 7.4.1);
- operação (§ 7.4.2);
- relacionamento com as Subcontratadas (§ 7.4.3);
- relacionamento com os financiadores (§ 7.4.4).

§ 7.4.1 Projeto de Engenharia e Construção

A Empresa do Projeto é totalmente responsável pelo planejamento do projeto de modo a atender as especificações solicitadas, pelo gerenciamento da construção para cumprir a data exigida para a Conclusão do Projeto e por assegurar que a construção atenda às Especificações de Resultado. O Tomador/Autoridade Contratante deve especificar o produto ou serviço necessários com detalhamento suficiente para assegurar que o que foi especificado seja, de fato, construído. Entretanto, a decisão sobre de que forma o projeto será construído é, principalmente, responsabilidade da Empresa do Projeto. O Tomador/Autoridade Contratante deve concordar com a forma proposta e se assegurar de sua viabilidade antes da assinatura do Contrato Principal do Projeto.

Posto isso, a experiência anterior do Tomador/Autoridade Contratante em outros empreendimentos similares pode ser bastante útil quando o detalhamento dos aspectos envolvidos no planejamento ou construção for considerado, sendo, portanto, razoável que o Tomador/

Autoridade Contratante tenha o direito de avaliar os projetos, visitar o local, inspecionar as obras e se manter informado sobre o progresso do empreendimento, já que, claramente, tem interesse em garantir que o projeto seja desenvolvido e construído dentro das especificações acordadas.[108]

Pode-se organizar um "comitê de projeto" com os representantes do Tomador/Autoridade Contratante e da Empresa do Projeto, como um fórum para discussão das referidas questões (mas não de tomada de decisões). Depende da Empresa do Projeto levar em conta, ou não, eventuais comentários ou sugestões do Tomador/Autoridade Contratante. Se esses comentários ou sugestões forem transformados e sistematizados em processo de aprovação, ou se o Tomador/Autoridade Contratante insistir na aprovação de qualquer aspecto do planejamento ou construção, então a Empresa do Projeto não deve ser penalizada se, após basear-se em tais aprovações, algo der errado, de modo que o Tomador/Autoridade Contratante assumiria parte do risco da construção (§ 9.5).

Em certos casos, um Engenheiro Independente pode ser indicado um[109] pela Empresa do Projeto conjuntamente com o Tomador/Autoridade Contratante para aprovar e certificar cada estágio de planejamento e construção. Isto é mais comum nas concessões, nos casos em que o Tomador/Autoridade Contratante não usa o próprio ativo e, portanto, insiste em ter algum poder de decisão no processo de aceitação da conclusão. (*Vide* § 5.5.3 para o papel do Engenheiro dos Financiadores durante a construção e § 8.2.4 para o papel do engenheiro da Empresa do Projeto).

§ 7.4.2 Operação

A natureza do monitoramento na fase de operação varia bastante a depender do tipo de projeto. No caso de um projeto de usina de processamento, trata-se de exercício relativamente simples, ao passo que o monitoramento do desempenho em um Contrato baseado em Acomodação é tarefa muito mais complexa. Como um primeiro passo,

108 Cf. § 8.2.4 para o papel da Empresa do Projeto em relação à Empreiteira de Construção.

109 Também conhecido como avaliador, certificador ou *maître d'œuvre* independente.

a equipe de aquisições do Tomador/Autoridade Contratante deveria elaborar um "manual de operações" para a equipe de monitoramento do contrato (*vide* § 3.6.3 para o exercício semelhante realizado pela Empresa do Projeto).

O sistema de monitoramento precisa constar do Contrato Principal do Projeto e, no caso de medição de disponibilidade, deve ser constante, porque o Tomador/Autoridade Contratante pode ser diretamente afetado na hipótese de falta; por outro lado, o monitoramento do desempenho é, provavelmente, mais complexo. Normalmente, um sistema de desempenho complexo é monitorado pela própria Empresa do Projeto, que se reporta à Autoridade Contratante, tendo, esta última, o direito de receber e avaliar todos os dados. É possível que um dos elementos do monitoramento de desempenho envolva a obtenção de relatórios dos usuários em vez de avaliações feitas pela Empresa do Projeto. A Empresa do Projeto deve ter o direito de realizar seu próprio monitoramento tanto de seu desempenho como da forma como ele é relatado, por ela própria, ao Tomador/Autoridade Contratante. Obviamente, deixar de monitorar o desempenho de forma acurada seria, em si, um KPI.

§ 7.4.3 Contratos Subordinados

De forma semelhante, se, de um lado, o Tomador/Autoridade Contratante deve avaliar se os termos dos demais Contratos do Projeto possibilitarão à Empresa do Projeto entregar o que se exige no Contrato Principal do Projeto[110] e monitorar as suas atividades a partir de então (§ 6.4.4), por outro, não pode dar instruções diretas às Subcontratadas. Em alguns casos de rescisão antecipada do Contrato Principal do Projeto, pode ser devida indenização às Empreiteiras Subcontratadas (§ 7.10.2): o Tomador/Autoridade Contratante precisa se assegurar de que seu patamar seja razoável.

---

110 A adequação das indenizações por perdas e danos (PDs) nos Contratos Subordinados (§ 8.2.8) também deve ser analisada.

O Tomador/Autoridade Contratante pode celebrar Contratos Diretos com as Empreiteiras Subcontratadas de maior porte, o que lhe permite assumir os respectivos contratos e garantias, caso a Empresa do Projeto incorra em inadimplemento (§ 8.11).

§ 7.4.4 Financiamento

O mesmo princípio se aplica aos contratos de financiamento, nos quais a principal preocupação do Tomador/Autoridade Contratante é no sentido de se assegurar de que um plano de financiamento adequado esteja em vigor de modo a garantir que o projeto seja concluído (§ 5.6). Do contrário, uma questão que pode afetar a viabilidade do projeto são as provisões para as Contas do Projeto, tais como as quantias solicitadas para permanecer retidas na Conta de Reserva de Manutenção (cf. § 14.4.1).

Entretanto, pode ser necessário controlar alguns aspectos do financiamento como, por exemplo, os encargos do aumento da dívida, que poderiam comprometer a viabilidade do financiamento (§ 14.16.1) ou o incremento das obrigações assumidas pelo Tomador/Autoridade Contratante em caso de rescisão (§ 7.10).

§ 7.5 SEGURO-GARANTIA E OUTRAS GARANTIAS

O Tomador/Autoridade Contratante pode solicitar a prestação de seguro-garantia[111] (*performance bond*, ou garantia de cumprimento, ou mesmo garantia contratual) por parte da Empresa do Projeto para assegurar a Conclusão do Projeto. Todavia, isso pode duplicar a quantidade de exigências que os financiadores impõem à Empresa do Projeto em relação à Empreiteira de Construção (cf. § 8.2.9), à qual o Tomador/Autoridade Contratante pode ter acesso por intermédio de seu Contrato Direto (§ 8.11). Naturalmente, o custo extra seria repassado ao Tomador/Autoridade Contratante. Além disso, na maioria dos casos, o principal

111 Cf. § 3.7.9, para garantias de propostas (*bid bonds*), e § 14.8.1, para garantias de condição precedente: as mesmas questões se aplicam a estas.

incentivo para que a Empresa do Projeto conclua o projeto pontualmente é que, se ela não o fizer, perderá a respectiva receita (§ 7.2). E, como mencionado na seção § 7.4.3, se o Contrato Principal do Projeto for rescindido antecipadamente e os financiadores não intervirem para remediar a situação, o Tomador/Autoridade Contratante pode acionar, por meio de seu Contrato Direito, as garantias prestadas à Empresa do Projeto pela Empreiteira de Construção.

O mesmo princípio se aplica à exigência de prestação de seguro-garantia durante a fase operacional de um projeto. Os seguros-garantia não costumam ser solicitados pelos financiadores para a fase operacional do projeto. Entretanto, pode haver discussão sobre a possibilidade de que Tomador/Autoridade Contratante solicite a prestação de garantia de manutenção por parte da Empresa do Projeto nos últimos anos de vigência do Contrato Principal do Projeto (§ 7.10.7), já que os financiadores já terão saído de cena na ocasião.

O Tomador/Autoridade Contratante pode solicitar a prestação de garantia por parte das respectivas empresas controladoras para assegurar o cumprimento das principais Empreiteiras Subcontratadas, pressupondo que não disponham de condições suficientes por si próprias — mas, frise-se, os financiadores negociariam melhor por intermédio da própria Empresa do Projeto, não sendo necessário duplicar as referidas garantias.

§ 7.6 EVENTOS INDENIZÁVEIS

Os Eventos Indenizáveis permitem que a Empresa do Projeto tenha o direito de receber, do Tomador/Autoridade Contratante, o reembolso dos custos ou perdas adicionais deles advindas. Desde que os riscos do Projeto estejam alocados ao Tomador/Autoridade Contratante, sua ocorrência obriga o referido a indenizar a Empresa do Projeto. A lista dos Eventos Indenizáveis mais comuns é:

- inadimplemento de obrigação por parte do Tomador/Autoridade Contratante (§ 7.6.1);

- atrasos na construção (§ 7.6.2);
- Modificações Contratuais (§ 7.6.3);
- mudanças legislativas (§ 7.6.4).

Nesses casos, a indenização é calculada com base no princípio do "Equilíbrio Financeiro" (§ 7.6.5). Deve-se observar que mudanças adversas nas condições de mercado (por exemplo, aumento do custo de mão de obra ou de equipamento muito superior ao esperado) não costumam ser consideradas Eventos Indenizáveis, ainda que os custos correspondentes possam ser indexados pela inflação durante a fase operacional do projeto (§ 10.4).

§ 7.6.1 Infração de Obrigação

Se o Tomador/Autoridade Contratante estiver obrigado, por exemplo, a providenciar acesso ao local da infraestrutura ou a construir uma estrada de acesso ao local e não o fizer e, como consequência, a Empresa do Projeto sofrer perda de receita ou incorrer em custos adicionais causados pelo atraso na execução, a indenização será devida.

De mesma forma, se o Tomador/Autoridade Contratante praticar alguma conduta que impacte as receitas da Empresa do Projeto como, por exemplo, construir uma nova rodovia livre de pedágio que concorra diretamente com a rodovia da Concessão na qual se cobra pedágio (§ 6.5.2), a indenização também será devida.

§ 7.6.2 Atrasos na Construção

Se houver atraso na obtenção de Alvarás indispensáveis (§ 8.8.1), principalmente alvarás de construção (isto é, alvarás para seguir com a construção de um projeto), em razão, por exemplo, de um recurso pendente de análise em juízo contra a outorga de Alvará, o atraso decorrente para dar início à construção do projeto poderá ser tratado, no todo ou em parte, como Evento Indenizável.

Igualmente, descobertas arqueológicas ou de fósseis, que atrasem a construção, também devem ser tratadas como Eventos Indenizáveis (§ 9.5.2).

§ 7.6.3 Modificações Contratuais

Em geral, o Tomador/Autoridade Contratante tem o direito de impor mudanças nas especificações do projeto (Modificações Contratuais).[112] Alguns Contratos Principais do Projeto contêm disposições específicas para a formalização das Modificações Contratuais como, por exemplo, converter a alimentação de uma central de energia à base de derivados de petróleo para a de queima de gás. Porém, é bastante comum haver disposições genéricas sobre as hipóteses possíveis de modificação.

As Modificações Contratuais podem resultar em perda de receita, custos operacionais maiores ou gastos adicionais de capital pelos quais será devida indenização; e podem também reduzir os Pagamentos do Contrato se, por exemplo, gerarem maior eficiência na execução das rotinas de trabalho.

Uma série de questões essenciais se apresenta durante as discussões a respeito das Modificações Contratuais e de outros tipos de Eventos Indenizáveis:

Limitações ao direito de impor Modificações Contratuais. Deve haver um limite razoável ao direito do Tomador/Autoridade Contratante de impor Modificações Contratuais, porque tanto a Empresa do Projeto quanto seus financiadores enfrentarão questionamentos que precisarão ser enfrentados:

- Modificações Contratuais podem aumentar o risco inerente ao projeto de algum modo ou reduzir a utilização (no caso de uma Concessão): se isso ocorrer, a alteração somente pode ser formalizada com o consentimento da Empresa do Projeto (e do financiador).

112 Também chamadas de variações, Alterações Contratuais ou ordens de alteração.

- A Modificação Contratual deve ser razoável em termos de escala — por exemplo, não seria razoável, para o Tomador/Autoridade Contratante, solicitar que a capacidade de uma central elétrica seja duplicada, o que, na prática, corresponderia a um novo projeto. Isso pode ser enfrentado, por exemplo, restringindo-se o custo máximo de eventual Modificação Contratual (ou séries delas) a 10% do custo original do projeto.

Custo. Os gastos de capital derivados de Eventos Indenizáveis acarretam dificuldade para aferição da razoabilidade dos custos que terão de ser pagos pelo Tomador/Autoridade Contratante. Se a Subcontratada da Empresa do Projeto for a única a apresentar propostas para as obras solicitadas, há, obviamente, um problema em garantir que o preço seja competitivo. Há modos de tentar contornar esse problema:

- O preço pode ser "analisado e comparado" (*benchmarked*) a outros projetos e custos equivalentes, de forma semelhante aos custos de Serviços Prediais (§ 6.4.5), porém, pode ser muito difícil realizar tal *Benchmarking.*

- A Empresa do Projeto pode ser solicitada a conduzir um processo de licitação transparente para as obras — mas a Subcontratada existente pode ter uma vantagem tão óbvia por seu conhecimento prévio do projeto que outros licitantes podem não se interessar.

Também é possível que o Contrato Principal do Projeto defina, com antecedência, a margem sobre o custo a ser auferida pela Empresa do Projeto e sua Subcontratada em caso de Modificações Contratuais. Essa questão está, então, ligada à transparência nos custos — mas a falta de concorrência para a obra pode, ainda, ser um problema.

Financiamento. Se houver incidência de custo de capital adicional que, obviamente, não tenha sido levado em conta no plano financeiro original, é possível que a Empresa do Projeto capte financiamento adicional e faça os devidos ajustes aos

Pagamentos do Contrato. Entretanto, há outro problema de monopólio nessa hipótese: os financiadores existentes terão que anuir aos prazos de vigência de qualquer financiamento novo e ao ingresso de novos financiadores no projeto com direito ao uso da Conta de Reserva e tal contingência poderá criar conflitos intercreditórios (entre os financiadores) (§ 14.14).

Portanto, a Empresa do Projeto só pode, de fato, obter um novo financiamento por meio de seus financiadores existentes. Se os financiadores não estiverem preparados para fornecer financiamento adicional ou o Tomador/Autoridade Contratante não estiver seguro acerca do efeito dos prazos de vigência oferecidos sobre os Pagamentos do Contrato, então, o referido necessitará escolher entre abandonar a proposta da Modificação Contratual, substituir os financiadores (uma opção cara) ou financiá-la ele próprio. Mas, mesmo se os financiadores não concederem financiamento adicional, a Modificação Contratual pode depender de sua aprovação prévia (porque ela pode afetar os riscos assumidos por eles), o que pode resultar em desvantagem adicional para o Tomador/Autoridade Contratante.

Entretanto, se o financiamento por títulos (*bonds*) tiver sido adotado no modelo e a modificação contratual for previsível (por exemplo, construir uma faixa de rolamento adicional se a demanda de tráfego aumentar), pode ser possível incorporar a emissão de títulos de valor variável adicionais dentro do prazo de vigência dos originais (e observado o cumprimento de metas financeiras inicialmente determinadas para o projeto).

Dessa forma, os títulos adicionais poderiam ser emitidos nos mesmos termos e condições dos originais, mas seriam, inicialmente, detidos pela própria Empresa do Projeto para que, no momento adequado, fossem colocados no mercado nas melhores condições possíveis (o que pode significar vendê-las com desconto, de modo que pode ser necessária a emissão, por exemplo, de mais de 100 títulos para cobrir 100 unidades de custo).

Modificações de "Pequenas Obras". O procedimento apresentado acima é, certamente, incompatível com o que seria necessário para incorporação de pequenas Modificações Contratuais como, por exemplo, a colocação de um novo mural em uma escola ou um gancho para casacos na porta. Portanto, se mudanças consideradas "pequenas obras" forem impostas, é preferível incorporá-las por meio de um procedimento mais célere e simples. Esse procedimento se aplicará às Modificações Contratuais que custem menos que determinada quantia, tendo, como base, o custo do item, mão de obra por hora com preço combinado e uma margem de lucro percentual para a Empresa do Projeto. O Tomador/Autoridade Contratante pagará por essas Modificações Contratuais na medida em que sejam executadas. Não se deve estimular mudanças durante a fase de construção — o Tomador/Autoridade Contratante deveria estabelecer o que deseja e manter esse parâmetro — mas, se for necessário incorporar Modificações Contratuais nessa fase, a Empresa do Projeto precisa dispor da correspondente prerrogativa de incorporar as respectivas alterações nas especificações do Contrato de Construção.

Como se pode notar, é difícil, para o Tomador/Autoridade Contratante, ter certeza de que as Modificações Contratuais significativas sejam executadas e financiadas com o melhor custo-benefício possível. Isso ilustra a falta de flexibilidade em Contratos Principais do Projeto que sejam de longo prazo e a importância de que tal fator seja cuidadosamente avaliado no momento da definição do prazo de vigência (§ 7.2.6).

§ 7.6.4 Mudanças Legislativas

Mudanças legislativas ou regulamentares referentes à atividade da Empresa do Projeto que resultem em necessidade de aporte adicional de capital ou em custos operacionais não previstos requerem indenização a ser paga pelo Tomador/Autoridade Contratante (§ 11.3).

§ 7.6.5 Equilíbrio Financeiro

O cálculo do valor da indenização a ser paga à Empresa do Projeto pelo Tomador/Autoridade Contratante por Danos Indenizáveis é norteado pelo princípio do "Equilíbrio Financeiro",[113] que significa manter a Empresa do Projeto, seus investidores e financiadores numa posição "nem melhor nem pior" do que se encontravam antes da ocorrência do Dano Indenizável.

Se o Dano Indenizável impactar nas receitas ou custos operacionais, os Pagamentos do Contrato poderão ser, simplesmente, incrementados de modo a cobrir a redução resultante no lucro líquido da Empresa do Projeto. Outra alternativa possível seria a prorrogação do prazo de vigência do Contrato Principal do Projeto (apesar de mais complexa de ser realizada, esta é a melhor alternativa para se preservar o Equilíbrio Financeiro, além de ser justa para com ambas as partes).

Caso os Danos Indenizáveis resultem na necessidade de investimento de capital, essa situação pode ser resolvida de diversas formas (§ 7.6.3):

- Financiamento direto por parte do Tomador/Autoridade Contratante por meio de pagamento único no valor global do investimento (*lump sum*) à Empresa do Projeto.
- Financiamento, por parte da Empresa do Projeto, por meio de captação de mais dívida, coberta por uma alteração nos Pagamentos do Contrato que será calculada a partir do modelo financeiro do Caso Base (§ 13.10) para garantir, aos investidores, o mesmo retorno que obteriam originalmente (§ 12.2), mas somente com relação ao investimento adicional e, aos financiadores, a mesma cobertura de fluxo de caixa (§ 12.3).[114]

---

113 Também conhecido como "Balança Financeira".

114 Entretanto, o modelo pode não ser projetado adequadamente para se realizar esse cálculo, porque será difícil fornecer todas as variações possíveis antecipadamente e pode haver discordância sobre como o cálculo será efetivamente realizado.

- Novamente, a prorrogação do prazo de vigência do Contrato Principal do Projeto pode ser considerada, mas sua quantificação, de modo a respeitar o Equilíbrio Financeiro, é igualmente complexa — por exemplo, na hipótese de os financiadores não estenderem o prazo de vigência do financiamento (o que, geralmente, não fazem), e isso pode distorcer o cálculo e resultar em lucro inesperado no posterior refinanciamento com um prazo mais longo (§ 14.16).

- Custos de capital menores (mas maiores do que as "pequenas obras") podem ser devidamente reembolsados por meio dos Pagamentos do Contrato em periodicidade anual (§ 12.5.3), aplicando-se uma taxa de juros, e observado o equilíbrio do prazo de vigência do Contrato Principal do Projeto, desde que tal opção não resulte em discrepância significativa no pagamento devido pela Empresa do Projeto a sua Subcontratada (§ 9.12) ou no serviço da dívida — ou, então, novamente, o pagamento de montante único pode ser o caminho mais simples.

As considerações apresentadas acima se aplicam aos Contratos baseados em Ativos Reversíveis, mas a questão se torna mais complexa nos casos de Contratos baseados em Ativos Não Reversíveis. Isso porque o pagamento para preservação do Equilíbrio Financeiro apresentado acima pressupõe que o Tomador/Autoridade Contratante seja o proprietário definitivo do projeto. Se esse não for o caso, então os pagamentos destinados às despesas de capital adicionais têm que ser ajustados na proporção entre o prazo restante do Contrato Principal do Projeto e o ciclo de vida útil restante do ativo relevante do projeto, que pode ser muito mais longo.

Em situações menos comuns, nas quais o Tomador/Autoridade Contratante não tenha acesso ao modelo financeiro e a Empresa do Projeto não queira compartilhar detalhes dos custos operacionais e o lucro (que deveria ser desestimulado — *vide* § 3.7.6), pode haver a necessidade de acionamento da arbitragem para resolver a questão.

§ 7.7 EXCLUDENTES DE RESPONSABILIDADE (*EXCUSING CAUSES*)

As Excludentes de Responsabilidade protegem a Empresa do Projeto de multas indenizatórias ou deduções, conforme previstas nos termos do Contrato Principal do Projeto (bem como com relação à rescisão contratual). O rol de Excludentes de Responsabilidade é normalmente bastante limitado, porém, costuma incluir:

- o fechamento temporário da infraestrutura do projeto segundo acordo com o Tomador/Autoridade Contratante;
- a implementação de Modificações Contratuais ou mudanças na lei ou regulamentação em vigor (§ 7.6.3; § 11.3);
- ocorrência de danos decorrentes da observância de instruções transmitidas pelo Tomador/Autoridade Contratante em casos de emergência.

§ 7.8 EVENTOS DE ISENÇÃO (*RELIEF EVENTS*)

O "Evento de Isenção" é aquele que não decorre de culpa imputável a qualquer das partes e que tampouco pode ser controlado por elas. Na prática, é um evento de força maior (*force majeure*) temporário.[115] Tão logo o dano seja reparado ou o impedimento nos avanços da construção ou da operação seja eliminado, o projeto dever ser capaz de continuar de onde parou.

Classificar um evento como Evento de Isenção blinda, portanto, a Empresa do Projeto contra o risco de rescisão do Contrato Principal do Projeto por inadimplemento atribuível a ela (§ 7.10.1) quando,

115 *Force majeure* é a expressão em francês para "força maior". (O termo em latim *vis major* tem o mesmo significado e, às vezes, também é empregado). Não há equivalente direto em inglês para o termo. ("*Act of God*" tem significado mais estrito, como visto abaixo). *Force Majeure* será usado daqui por diante para eventos (§ 7.10.4) de força maior de que resultem efeitos permanentes. A expressão "Eventos de Isenção" será empregada para eventos de Força Maior de efeitos temporários.

por exemplo, não consegue concluir no prazo, mas, não a blinda de nenhuma perda de renda, multas indenizatórias ou deduções cabíveis nos termos do Contrato Principal do Projeto. (Salienta-se que a ocorrência de Eventos de Isenção é muito mais frequente do que a de Excludentes de Responsabilidade).

Há um jargão no sentido de que Eventos Indenizáveis (§ 7.6) dão, à Empresa do Projeto, "tempo e dinheiro" — isto é, tempo para remediar o problema e financiamento para manter o Equilíbrio Financeiro, ao passo que os Eventos de Isenção, dizem, dão, à Empresa do Projeto, "tempo mas não dinheiro" — isto é, não há indenização por parte do Tomador/Autoridade Contratante, nenhum Pagamento de Contrato é devido se o serviço não for prestado ou disponibilizado e as multas indenizatórias e deduções normais de acordo com o Contrato Principal do Projeto continuarão a ser aplicadas, mas a Empresa do Projeto não incorrerá em inadimplemento e disporá de tempo adicional para sanar o problema.

Entretanto, diversas hipóteses de Eventos de Isenção devem ser cobertas por seguro de modo a preservar o Equilíbrio Financeiro da Empresa do Projeto (§ 8.6).

A cobertura de Eventos de Isenção é muito discutida nas negociações dos diversos tipos de Contratos do Projeto: os Empreendedores, naturalmente, preferem, sempre que possível, que tais eventos sejam classificados como Eventos Indenizáveis, mas a lista de Eventos de Isenção mais comum consiste nas seguintes hipóteses:

- danos ao projeto por incêndio, inundação, tempestade etc.;
- dano acidental ao projeto;
- condições de solo imprevisíveis ou descobertas durante a construção (§ 9.5.2);
- condições climáticas imprevisíveis;
- atraso na obtenção de Alvarás ou licenças (§ 9.5.3);
- falta de execução dos trabalhos por parte de ou relativa a fornecedores de serviços públicos (§ 9.5.9);

- falha no fornecimento de energia ou de outros serviços públicos;
- greve geral, de caráter nacional, ou greve nas instalações dos fornecedores.

Eventos de Isenção no Contrato Principal do Projeto podem ou não ser espelhados nos Contratos Subordinados, a depender da alocação do risco global (§ 8.2.6). Se os eventos atrasam a data de Conclusão do Projeto (§ 7.10.1), pode ser concedida prorrogação pelo tempo correspondente ao atraso.

Outra consideração a ser feita sobre os Eventos de Isenção diz respeito à apólice de seguro originalmente contratada ser adequada ou não para a respectiva cobertura ou se é disponibilizada em termos demasiadamente onerosos. Embora seja pouco provável, esse fator pode ser um problema grave em segmentos especializados da economia como, por exemplo, nas prisões construídas nos termos de uma PPP. Em situações dessa natureza, o Tomador/Autoridade Contratante dispõe de uma escolha: atuar como segurador (deduzindo os prêmios dos seguros já pagos por meio dos Pagamentos do Contrato), ou rescindir o Contrato Principal do Projeto (cf. § 7.10.4).

Problemas temporários que afetem o Tomador/Autoridade Contratante (desativação de linha de distribuição do Tomador, por exemplo) não o liberam da obrigação de pagar a Tarifa Fixa, desde que o projeto ainda esteja disponível, mesmo que não utilizável.

§ 7.9 DIREITO DE INTERVENÇÃO DO TOMADOR/ AUTORIDADE CONTRATANTE

Para mitigar os efeitos de eventual inadimplemento por parte da Empresa do Projeto, o Tomador/Autoridade Contratante tem o direito de intervir no projeto de modo a assegurar a continuidade do fornecimento do produto ou prestação do serviço. A Autoridade Contratante poderá ter o mesmo direito em casos de emergência nacional ou por motivos de segurança pública, mesmo que não impliquem inadimplemento por parte da Empresa do Projeto (cf. § 11.4.2).

No caso de o Tomador/Autoridade Contratante operar o projeto, estando, a Empresa do Projeto, inadimplente ou não, os Pagamentos do Contrato normalmente continuam a ser efetuados (após as devidas deduções de custos que tenham sido incorridos e de eventuais multas indenizatórias ou deduções aplicáveis), cabendo, ao Tomador/Autoridade Contratante, a obrigação de indenizar a Empresa do Projeto por eventual dano.

Obviamente, tanto os investidores como os financiadores ficam apreensivos quanto às condições que permitem o exercício dessa prerrogativa, além de exigir a coordenação conjunta com os correspondentes direitos dos financiadores (§ 8.11).

§ 7.10 RESCISÃO DO CONTRATO PRINCIPAL DO PROJETO

O Contrato Principal do Projeto pode ser rescindido antes do final do prazo de vigência normal em virtude de inadimplemento por parte da Empresa do Projeto (§ 7.10.1) ou do Tomador/Autoridade Contratante (§ 7.10.2). O Tomador/Autoridade Contratante (§ 7.10.2), normalmente, goza do direito de rescindir antecipadamente o Contrato Principal do Projeto (§ 7.10.3). A rescisão antecipada também pode se fazer necessária quando um evento de força maior impossibilita a conclusão ou a continuidade das operações do projeto (§ 7.10.4). Se o Contrato Principal do Projeto for celebrado com a Autoridade Contratante, disposições sobre rescisão por corrupção ou fraude são impostas (§ 7.10.5). Deduções fiscais podem ser cabíveis sobre a qualquer pagamento devido em função da rescisão antecipada (§ 7.10.6). Disposições sobre a entrega e reversão do projeto devem ser convencionadas (§ 7.10.7).

Como apresentado acima, as questões a serem abordadas pressupõem que o Contrato Principal do Projeto tenha por objeto um Contrato baseado em Ativos Reversíveis. Nesse tipo de projeto, ao final do prazo de sua vigência, ele é revertido ao Tomador/Autoridade Contratante mediante pagamento de valor residual ou não. Caso o Contrato Principal do Projeto seja rescindido antecipadamente, é possível realizar a transferência também antecipada da propriedade,[116] porque o Tomador/Autoridade Contratante provavelmente preferirá assumir a operação do projeto, por acreditar que poderá reverter os prejuízos causados pelo inadimplemento.

Portanto, as disposições acerca da rescisão antecipada de um Contrato baseado em Ativos não Reversíveis precisam ser disciplinadas especificamente (§ 7.10.8), assim como as várias questões relacionadas no momento do vencimento de tais projetos (§ 7.10.9).

§ 7.10.1 Rescisão Antecipada: Inadimplemento por parte da Empresa do Projeto

É claro que os eventos de inadimplemento ocasionados pela Empresa do Projeto e que autorizam o Tomador/Autoridade Contratante a rescindir o Contrato Principal do Projeto antecipadamente só poderão ser eventos de natureza tão grave que realmente impeçam que o projeto produza o produto ou preste o serviço contratado. Falhas de curto prazo na disponibilidade ou desempenho podem ser resolvidas com a imposição de multas indenizatórias em vez de por rescisão. Eventos considerados graves podem corresponder a:

- falha no desenvolvimento do projeto ou insucesso da operação do projeto por períodos de tempo prolongados (abandono);
- suspensão de saques dos financiamentos ou adiantamentos das linhas de crédito por parte dos financiadores (*drawstop*) (§ 14.12); essa medida se destina a assegurar a participação preventiva do Tomador/Autoridade Contratante nas discussões sobre soluções em caso de inadimplemento do projeto, mas pode enfrentar resistência dos financiadores que preferem resolver por si mesmos eventuais problemas;

---

116 Ou de controle, se o Tomador/Autoridade Contratante já é proprietário do ativo, como normalmente ocorre em caso de PPPs.

- não ocorrência de Conclusão do Projeto na data final (normalmente, um ano após essa data),[117] ou decisão do Engenheiro Independente de que não é possível concluir o projeto até essa data;
- não cumprimento dos requisitos mínimos exigidos;
- não pagamento de multas indenizatórias;
- multas indenizatórias e reduções por falta de disponibilidade ultrapassam uma certa porcentagem dos Pagamentos do Contrato por um período de "*x*" meses;
- Pontuação por Desempenho acumulada excede o nível do gatilho (desencadeamento);
- demais inadimplementos de menor relevância (que não impactem a pontuação de desempenho) continuam a ocorrer e os problemas não são sanados, apesar das advertências da Autoridade Pública — esse tipo de ocorrência é conhecido como Inadimplemento Reincidente (e normalmente é muito difícil de se negociar) (N.T.: *vide* glossário);
- inadimplemento de quaisquer das demais disposições do Contrato de PPP, tais como não contratação de seguro ou descumprimento grave na preservação da saúde e segurança dos usuários da infraestrutura disponibilizada mesmo após a concessão de um período de carência razoável para remediar o inadimplemento (a não ser que a falta decorra de ato deliberado da Empresa do Projeto);
- insolvência da Empresa do Projeto;
- mudança no controle acionário da Empresa do Projeto sem o consentimento do Tomador/Autoridade Contratante (§ 7.11).

---

117 Denominada, ocasionalmente, de "Caducidade", ou, segundo a terminologia em inglês, "*Sunset Date*".

O inadimplemento das Subcontratadas da Empresa do Projeto não deve ser considerado como tal nos termos do Contrato Principal do Projeto a não ser que disso decorra um ou mais inadimplementos relacionados acima: basicamente, trata-se de um problema da Empresa do Projeto (e de seus investidores e financiadores), a quem cabe, portanto, sua solução — afinal, são eles que detêm o "capital de risco" (§ 2.6.2).

Um aspecto fundamental das negociações dos Contratos Principais do Projetos que têm por objeto Contratos baseados em Ativos Reversíveis consiste no estabelecimento de disposições referentes ao que deve ocorrer após a uma rescisão antecipada quando a Empresa do Projeto se encontra em inadimplemento, principalmente se deve ou não haver pagamento de Indenização por Rescisão Antecipada (*Termination Sum*) por parte do Tomador/Autoridade Contratante (uma vez que, como regra, ele assume o projeto) e, sendo este o caso, como será efetuado o respectivo cálculo.

Não surpreende o fato de que os financiadores tenham posições claras sobre o assunto e estejam mais preocupados do que os Empreendedores, que são da opinião de que, se a Empresa do Projeto incorrer em inadimplemento, de qualquer forma pouco ou nenhum valor de *equity* restará no projeto. Portanto, mesmo que os financiadores não sejam signatários do Contrato Principal do Projeto, a negociação sobre essa questão deve ser objeto de diálogo entre eles e o Tomador/Autoridade Contratante com participação dos Empreendedores. Deve-se observar que os financiadores normalmente também dispõem das prerrogativas de Intervenção e de concessão de prazo para sanar o inadimplemento nos termos estabelecidos no Contrato Direto (§ 8.11).

As alternativas para se lidar com a rescisão por inadimplemento por parte da Empresa do Projeto após o início da operação do projeto incluem:

- pagamento de indenização ao Tomador/Autoridade Contratante por seus prejuízos;
- retirada (*walk away*) por parte do Tomador/Autoridade Contratante;
- reversão do projeto ao Tomador/Autoridade Contratante sem pagamento de qualquer Indenização por Rescisão Antecipada;

- pagamento, pelo Tomador/Autoridade Contratante, de Indenização por Rescisão Antecipada em valor equivalente ao saldo em aberto da dívida do financiamento;
- leilão do Contrato Principal do Projeto no mercado aberto;
- pagamento, pelo Tomador/Autoridade Contratante, de Indenização por Rescisão Antecipada calculada com base no valor estimado que seria alcançado pelo leilão no mercado como mencionado acima.

Para conferir as alternativas mais detalhadamente:[118]

Indenização por Prejuízos Sofridos pelo Tomador/Autoridade Contratante. Esta pode ser a estrutura mais óbvia em caso de inadimplemento por parte da Empresa do Projeto e, como se pode observar abaixo (§ 7.10.8), será a primeira opção em projetos baseados em Ativos não Reversíveis; porém, como a Empresa do Projeto, provavelmente, não disporá de recursos para arcar com esse pagamento, poderá se tornar uma alternativa pouco prática. Além disso, como seria calculado o prejuízo do Tomador/Autoridade Contratante?

Saída do Tomador/Autoridade Contratante. O Tomador/Autoridade Contratante poderá dispor da alternativa de se retirar do projeto em Contratos baseados em Ativos não Reversíveis, restando, à Empresa do Projeto e seus financiadores, a apuração de algum valor do projeto. Contudo, esta é uma opção improvável se o projeto tiver por objeto a prestação de serviços públicos essenciais.

Inexistência de Indenização por Rescisão Antecipada. É rara a ocorrência de inadimplemento por parte da Empresa do Projeto, no âmbito do Contrato Principal do Projeto, após o início da fase de operação. O contexto mais provável seria no caso de geração de receitas abaixo do esperado, em

118 As variantes de algumas das possibilidades acima são abordadas no Capítulo 15.

decorrência do quê os investidores não obteriam retorno sobre *equity* e, portanto, abandonariam seu investimento e o projeto. É mais provável que essa situação ocorra em casos de Contratos de Concessão em função de previsões excessivamente otimistas sobre a utilização do projeto. (Essa abordagem é utilizada na Austrália, por exemplo, em relação às Concessões, em conjunto com reivindicação de indenização para a Autoridade Contratante.[119])

O argumento em defesa da transferência do projeto ao Tomador/Autoridade Contratante sem pagamento de Indenização por Rescisão Antecipada se baseia no fato de que mesmo que o problema que causou o inadimplemento por parte da Empresa do Projeto seja grave o suficiente para eliminar a possibilidade de retorno do capital investido, e, portanto, o interesse contínuo dos investidores em uma solução, o projeto ainda possa ser assumido pelos financiadores (por exemplo, ao exercerem seu direito de Intervenção no âmbito do Contrato Direto — *vide* § 8.11), que farão de tudo para resolver o problema e proteger seu financiamento. Assim, embora o Contrato Principal do Projeto não deva nunca ser realmente rescindido, a abordagem que envolve a participação do Tomador/Autoridade Contratante no problema tende a ser desnecessária. O argumento contra tal perspectiva, dado que até mesmo um projeto mal operado deveria ter algum valor, é no sentido de que parece injustificado que o Tomador/Autoridade Contratante se assenhore do projeto sem custo algum após o inadimplemento. Se isso ocorrer, pode haver ganho inesperado (ou *windfall gain*) às custas dos financiadores e investidores, por mais improvável que soe tal possibilidade.

Pagamento equivalente ao Saldo da Dívida em Aberto. Uma abordagem simples é a transferência da dívida em aberto do projeto para o Tomador/Autoridade Contratante

---

119 Infrastructure Australia, *National PPP Guidelines*, vol. 7: "Commercial Principles for Economic Infrastructure" (Canberra, 2011), § 24.3; § 25.1*.

com pagamento de Indenização por Rescisão Antecipada em montante equivalente ao respectivo saldo da dívida, porém, sem pagamento a ser feito pelo investimento de *equity*. Evidentemente, os investidores arcariam com o risco de perder todo o seu investimento, algo que, talvez, considerem aceitável, já que, se o projeto incorrer em inadimplemento, haverá, provavelmente, pouco ou nada *equity* remanescente (e seria preferível, em tais casos, que a quitação da dívida ocorra somente quando o projeto houver sido concluído de acordo com as especificações impostas).

Essa abordagem é muito comum em projetos em países em desenvolvimento: essa foi, por exemplo, a premissa sobre a qual a primeira geração de projetos BOT na Turquia (nos quais o acrônimo "BOT" foi criado nos anos 1980) foi implantada. É evidente que, se a dívida em aberto for automaticamente liquidada em caso de inadimplemento pela Empresa do Projeto, o processo de *due diligence* dos financiadores, bem como seu controle e o monitoramento geral do projeto serão muito limitados, já que não assumem o risco de insucesso (§ 15.14).

Qual o Valor da Dívida a Amortizar? Um problema que se aplica a qualquer fórmula de Indenização por Rescisão Antecipada e que envolve a quitação da dívida (vejam-se os outros contextos de rescisão antecipada abaixo) consiste em aferir qual o nível de dívida a ser coberto por esse pagamento — a dívida originalmente prevista para estar em aberto na data em que ocorre o inadimplemento ou o seu nível efetivo naquela ocasião? Se o projeto tiver enfrentado problemas, pode ter deixado de amortizar a dívida como esperado e, assim, registrar saldo devedor maior do que o esperado. O Tomador/ Autoridade Contratante deve ser responsabilizado?

A questão se torna ainda mais grave se a dívida adicional houver sido contratada por negociação de refinanciamento (§ 14.16), seja porque o projeto tenha obtido sucesso e, portanto, tenha sido possível obter mais recurso da dívida antes da rescisão, seja porque tenha sido mal sucedido e os financiadores tenham tido que conceder mais recursos para tentar salvá-lo. O Tomador/Autoridade Contratante de quem se esperaria que cobrisse a dívida adicional pode exigir a prerrogativa de aprová-la, e isso pode fazer com que investidores e financiadores vejam comprometida sua capacidade de lidar com os problemas com flexibilidade (§ 14.16.4). Um meio-termo pode consistir na permissão de obtenção de recursos de dívida adicionais até um limite predeterminado (digamos, 110% dos valores programados originalmente), e, para quantias acima disso, exigir-se aprovação por parte do Tomador/Autoridade Contratante. (Se a aprovação não for expedida, a dívida poderá ser aumentada de qualquer forma, mas o Tomador/Autoridade Contratante não arcará com nenhuma responsabilidade pela quantia adicional em caso de rescisão antecipada do Contrato Principal do Projeto, exceto, talvez, nos casos de seu próprio inadimplemento ou de rescisão antecipada facultativa — ver abaixo).

Outros pagamentos devem ser acrescentados ou subtraídos da dívida em aberto quando esta for quitada pelo Tomador/Autoridade Contratante:

Juros acumulados e não pagos (mas não juros decorrentes de juros cominatórios pagos por conta do inadimplemento);

mais custo de infração de contrato de *swap* de taxa de juros (*breakage costs*), dívida a taxa de juros fixa ou amortização de financiamento a taxa flutuante antes da data de incidência (§ 10.3.1, § 10.3.4),[120] na medida em que representem custos

120 Isso significa que qualquer cobertura de risco da taxa de juros ou financiamento remunerado a taxa de juros fixa tem que ser aceito previamente pelo Tomador/ Autoridade Contratante porque ele é responsável pelos custos envolvidos na rescisão antecipada do contrato de *swap* (ou outro instrumento de proteção utilizado), os chamados *breakage costs*.

reais para os financiadores (isto é, tarifas de pré-pagamento ou outras multas deste tipo não deveriam ser cobertas);

menos eventuais juros relativos aos *breakage costs*;

menos quaisquer quantias retidas nas Contas de Projeto (§ 14.4.1) inclusive rendimentos de seguro — os financiadores podem recuperar estas quantias diretamente porque eles têm garantias sobre elas;

menos o valor de outras garantias retidas pelos financiadores (a não ser que elas sejam transferidas ao Tomador/Autoridade Contratante).

Nesses casos em que o Tomador/Autoridade Contratante é quem amortiza a dívida, ele pode preferir ter a opção de realizar a amortização ao longo do tempo a um custo que reflita a transferência do risco de modo a evitar demanda imediata e inesperada de recursos de seu orçamento.

Leilão no Mercado. Na abordagem de "valor de mercado", o Contrato Principal do Projeto é oferecido para leilão "no estado em que se encontra" a novos investidores dispostos a assumir o projeto, a resolver os problemas que causaram o inadimplemento e a conduzi-lo conforme estabelecido nos termos do Contrato Principal do Projeto.[121] Os lucros da venda, deduzidos do custo da organização da respectiva operação, são pagos à Empresa do Projeto. Essa possibilidade, obviamente, pressupõe que o novo proprietário do projeto disporá de condições para resolver qualquer evento que tenha causado o inadimplemento da Empresa do Projeto. É claro que isso expõe tanto os financiadores quanto os investidores a riscos bem maiores, sendo bem provável que, na ocasião do leilão, não haja mercado interessado no projeto. Sobretudo os financiadores se preocupam com o risco de não haver

121 Este conceito foi introduzido na primeira versão de SoPC em 1999, sendo amplamente usado nos tempos atuais.

lances para o projeto, pois não recuperarão o financiamento concedido para sua realização. Dessa forma, a previsão do leilão deverá estar sujeita à incidência da Cláusula de Mercado Líquido (*Liquid Market Clause*), por meio da qual, se não houver licitantes potenciais (ou uma quantidade mínima de proponentes, digamos 3, pelo menos), a venda não será realizada e serão aplicadas as disposições abaixo apresentadas.

Valor Estimado de Mercado. Como alternativa ao leilão, uma das fórmulas que procura replicar qual seria o valor de mercado do projeto consiste na soma dos Pagamentos do Contrato futuro, pressupondo-se que não haverá incidência de deduções nem multas indenizatórias:

menos os custos operacionais do projeto estimados originalmente no Caso Base (§ 13.10);[122]

menos os custos para remediar o problema que causou o inadimplemento ou alguma outra perda dele resultante (por exemplo, a obtenção de produtos ou serviços de outro fornecedor);

tudo descontado da TIR projetada pelo Caso Base (§ 12.2.4) — removendo-se, assim, o retorno de *equity* e os elementos de custo dessas receitas futuras e mantendo–se os saldos atuais de *equity* e de recursos da dívida.

Essa fórmula é preferível para os financiadores, mas ela não estabelece, realmente, o valor efetivo de mercado, o que deveria ser sua função, uma vez que constitui um substituto ao leilão. O principal problema é o uso da TIR do Projeto de Caso Base (§ 10.2.2, § 12.2.4) como taxa de desconto, porque, no momento em que o inadimplemento ocorre, eventual comprador não a empregaria como a taxa de desconto

122 Isto pressupõe a existência de um modelo financeiro transparente de Caso Base que tenha sido acordado entre as partes. (§ 3.7.6).

adequada para avaliar o projeto. Há duas maneiras de se lidar com esta questão:

- A TIR do Projeto de Caso Base pode ser ajustada a fim de alinhá-la melhor às taxas de mercado atuais na proporção da flutuação de um título público dotado de vida média (§ 12.5.2) equivalente ao fluxo de caixa corrente. Então, se tal título previa, inicialmente, retorno de 6%, e, agora, está em 4%, a TIR do Projeto de Caso Base deveria ser ajustada em (1+(4÷6)); assim, se a TIR do Projeto de Caso Base era de 10%, então 6,7% deverão corresponder à taxa a ser adotada para o cálculo da taxa de desconto para o inadimplemento. Há duas ordens de questões a considerar:
    - Se os custos para remediar o inadimplemento ou as outras perdas forem descontados da TIR do Projeto e admitindo-se que estes custos estejam pulverizados ao longo de algum tempo no futuro, o montante correspondente ao VPL recebido para remediar o inadimplemento pode não ser suficiente, porque ele, provavelmente, não poderia ser investido a uma taxa tão elevada quanto a TIR do Projeto de Caso Base.
    - De qualquer forma, ajustar a TIR do Projeto não significa que essa seja a taxa de desconto efetiva de mercado, já que essa função é desempenhada por outros fatores, tais como a oferta e a demanda para projetos falidos da mesma natureza. De fato, é muito provável que um licitante oferecesse um lance aplicando uma taxa mais elevada de desconto do que a TIR do Projeto ajustada, a indicar o fato de que o projeto enfrentava problemas significativos.
- Para reforçar o argumento acima, se os custos para remediar o inadimplemento não forem ajustados (aumentados) para cobrir o risco de que os custos excessivos em tal situação sejam, muito provavelmente, mais elevados, então a taxa de desconto é que deverá ser ajustada (isto é, aumentada) para compensar tal risco.
    - Portanto, há expressivos elementos para que o avaliador independente possa estimar a taxa de desconto apropriada a

ser adotada na avaliação da Empresa do Projeto. (O avaliador é necessário, de todo modo, para emitir opinião independente sobre os custos para remediar o inadimplemento).

- Por outro lado, as partes podem não querer confiar tal trabalho ao avaliador independente, que pode enfrentar significativa dificuldade para estimar a taxa de desconto, e, ao contrário, ater-se à fórmula acima, porque, pelo menos, a abordagem de valor de mercado estimado possibilita o conhecimento antecipado da taxa de desconto a ser adotada.

Inadimplemento anterior à Conclusão do Projeto. Se a Empresa do Projeto incorrer em inadimplemento antes da Conclusão do Projeto, a solução será alternativamente:

- o não pagamento, se o Tomador/Autoridade Contratante optar por não assumir os ativos do projeto;
- o pagamento do custo incorrido na execução do projeto até a respectiva data, subtraído do resultado da diferença entre o valor inicialmente orçado pelo Base Case (§ 13.5.1) e o VPL atual do saldo do custo para a respectiva conclusão: por exemplo, suponha-se que o custo orçado para construção pelo Caso Base seja de 100, 70 tenham sido gastos até a data do inadimplemento e o VPL do saldo de custo para conclusão seja de 50, nesse caso, a Empresa do Projeto receberia 50-[100–50] e, assim, arcaria com uma perda equivalente a 20); ou
- um dos sistemas apresentados anteriormente a esse tópico; entretanto, parece excessivo que a Empresa do Projeto receba o valor correspondente ao VPL da receita operacional futura, segundo a fórmula para cálculo do Valor Estimado de Mercado, de um projeto que não foi capaz de concluir com sucesso.

Relacionamento com os Financiadores. Os financiadores desejam obter tantas garantias sobre os ativos do projeto quantas sejam possíveis (§ 14.7.1). Entretanto, tal estipulação não deve limitar ou obstruir a reversão dos ativos do projeto ao Tomador/Autoridade Contratante no caso de rescisão por inadimplemento, como discutido acima.

§ 7.10.2 Rescisão Antecipada: Inadimplemento por parte do Tomador/Autoridade Contratante

A causa mais provável de inadimplemento pelo Tomador/Autoridade Contratante é a falta de capacidade de pagar a Tarifa de Serviço, então, pode-se supor que negociar o pagamento da Indenização por Rescisão Antecipada seja uma perda de tempo. A Indenização por Rescisão Antecipada pode, entretanto, ser garantida (por exemplo, pelo governo, que pode garantir o pagamento de responsabilidade do Tomador/Autoridade Contratante), e, mesmo que não o seja, a estipulação de montante elevado para a Indenização por Rescisão Antecipada servirá de incentivo para inibir a incursão do Tomador/Autoridade Contratante em inadimplemento.

O pagamento da Indenização por Rescisão Antecipada também serve de incentivo para inibir outras violações graves nas obrigações estabelecidas no Contrato Principal do Projeto que podem inviabilizar a conclusão ou a operação do projeto conforme o planejado (por exemplo, dar acesso ao local ou direito de passagem); este deve ser o único motivo para inadimplemento da Autoridade Contratante em uma Concessão, pressupondo-se que não seja responsável por nenhum subsídio ou fornecimento de outro tipo de financiamento.

Geralmente, a Indenização por Rescisão Antecipada paga pelo Tomador/Autoridade Contratante inclui diversos elementos, dentre os quais:[123]

123 Pode-se argumentar que um pagamento único e equivalente ao valor de mercado da Empresa do Projeto, supondo-se que o Contrato Principal do Projeto não tenha sido rescindido, cobriria todos esses elementos, e de fato, isso poderia ocorrer, mas, teoricamente, o contrário também é possível (por exemplo, se o projeto viesse enfrentando dificuldades e o Tomador/Autoridade Contratante tivesse incorrido em inadimplemento naquela época) e, portanto, os financiadores igualmente insistirão em que sua dívida seja coberta.

Saldo do Recurso da Dívida em Aberto. Evidentemente, se não fosse possível a amortização do saldo da dívida, os financiadores sequer concederiam o empréstimo. O pagamento do saldo em aberto, tal como definido na seção § 7.10.1, é uma abordagem razoável, embora, nos Contratos de Concessão australianos, o nível da dívida a pagar (excluídos os *breakage costs*) seja o menor dos valores dentre aquele previsto no modelo financeiro do Caso Base e o correspondente ao recurso da dívida efetivamente em aberto na data da rescisão contratual.[124]

Obrigações dos Contratos Subordinados. A rescisão antecipada do Contrato Principal do Projeto resulta, também, na rescisão dos Contratos Subordinados que, por sua vez, preveem multas indenizatórias pela rescisão antecipada a serem pagas pela Empresa do Projeto, (§ 8.2.10; § 8.3.4) e que devem ser reembolsadas pelo Tomador/Autoridade Contratante (§ 8.9). (Para Contratos Subordinados de O&M/Manutenção ou de Serviços Prediais, a multa rescisória é equivalente ao valor da remuneração equivalente a um período de dois anos).

Lucros Cessantes da Empresa do Projeto. Se os lucros cessantes não fossem levados em conta, o Tomador/Autoridade Contratante poderia incorrer voluntariamente em inadimplemento logo após a Conclusão do Projeto, e, assim, acabaria por obtê-lo a preço de custo, deixando os investidores com pouco retorno monetário pelo risco assumido. Nos casos em que há receitas de terceiros (§ 7.3.4), tal aspecto também deve ser avaliado (tendo, como base, as projeções mais baixas do Caso Base e receitas efetivas dos últimos anos).

Enquanto o saldo da dívida em aberto e as responsabilidades dos Contratos Subordinados são facilmente calculados, calcular lucros cessantes é complexo, sendo ainda mais complexo calcular os lucros cessantes sobre o *equity*. Há várias possibilidades a propósito dessa questão, algumas

124 Note que a dívida subordinada (ou mezanino) fornecida pelos investidores (§ 12.2.2) não deve ser incluída no valor total dívida para esta finalidade, mas tratada como *equity*.

das quais são mostradas na Tabela 7.1, que é baseada na rescisão de um projeto de 20 anos, para o qual a TIR do investimento de *equity* do Caso Base equivale ao montante de 15% (§ 12.2.1), no começo do Ano 10 (as receitas do projeto são assumidas para aumentar à razão de 2,5% *a.a.*):

- *Método 1*: realizar pagamento suficiente para assegurar que os investidores recebam a TIR de *Equity* do Caso Base até a data do pagamento (levando em conta os fluxos passados do *equity*). No exemplo na Tabela 7.1, isso representa o montante de 745. O perigo dessa fórmula é que ela possa estimular o inadimplemento ou a rescisão antecipada facultativa do Contrato Principal do Projeto (§ 7.10.3) logo após o projeto iniciar a operação, o que possibilitaria que o Tomador/Autoridade Contratante adquirisse o projeto mais ou menos a preço de custo sem pagar pelo risco da construção assumido pelos investidores.

- *Método 2*: Os fluxos de caixa do *equity* do Caso Base projetados futuros, descontados na TIR de *Equity* do Caso Base, representa 812 na Tabela 7.1; este tem o mesmo problema como foi discutido a respeito do pagamento do Valor de Mercado Estimado na seção § 7.10.1; ou

- *Método 3*: elaborar uma avaliação independente de qual seria valor do mercado do *equity* dos investidores caso não incorressem em inadimplemento; tal possibilidade, normalmente, seria baseada na estimativa do fluxo de caixa do *equity* futuro descontado a uma taxa de retorno de *equity* secundária (§ 14.17); como isso implicaria uma taxa de desconto mais baixa, o resultado seria o pagamento de uma quantia equivalente a 989, e não é de se estranhar que este seja o método que os investidores tendem a preferir.[125]

---

125 Esses métodos podem ser refinados. Os fluxos de caixa projetados podem ser corrigidos de modo a refletirem o desempenho do projeto: caso esteja a se desenvolver satisfatoriamente, isso se deverá se traduzir em maiores benefícios para os investidores, e *vice-versa*.

A Taxa de Retorno sobre o *equity* do Caso Base pode ser ajustada às mudanças nas taxas dos títulos do governo subjacentes, para que reflitam as taxas vigentes no mercado (como exemplificado na seção § 7.10.1 para a TIR do Projeto).

Tabela 7.1 — Indenização por Lucros Cessantes

Caso Base

Anos:	0	1	2	3	4	5	6	7	8	9	10	20
Fluxo de caixa	–700,0	100,0	102,5	105,1	107,7	110,4	113,1	116,0	118,9	121,8	124,9	159,9
TIR sobre *Equity* do Caso Base	15%											

Rescisão no Ano 10

1. Método 1 — *TIR* sobre *Equity* até a Data da Rescisão

Anos:	0	1	2	3	4	5	6	7	8	9	10
Fluxo de caixa	–700	100,0	102,5	105,1	107,7	110,4	113,1	116,0	118,9	121,8	745,0
TIR sobre *Equity* até o Ano 10	15%										

2. Método 2 — Fluxo de Caixa Futuro descontado à TIR sobre *Equity* do Caso Base

Anos:	10	11	12	13	14	15	16	17	18	19	20
	124,9	128,0	131,2	134,5	137,9	141,3	144,8	148,5	152,2	156,0	159,9
VPL	**812.1**										

3. Método 3 — Valor de Mercado do *Equity*

Retorno secundário de *equity*	10%										
Anos:	10	11	12	13	14	15	16	17	18	19	20
	124,9	128,0	131,2	134,5	137,9	141,3	144,8	148,5	152,2	156,0	159,9
VPL	**989,3**										

Se esses pagamentos forem efetuados, então o projeto será revertido para o Tomador/Autoridade Contratante.

§ 7.10.3 Rescisão Antecipada Facultativa pelo Tomador/Autoridade Contratante

O Tomador/Autoridade Contratante tem a opção de rescindir "por conveniência", isto é, porque pretende assumir o projeto ou em virtude de mudanças políticas.[126] Nesse caso, deverá ser adotada a mesma fórmula aplicável para calcular a Indenização por Rescisão Antecipada devida em função de inadimplemento por parte do Tomador/Autoridade Contratante.

§ 7.10.4 Rescisão Antecipada: Força Maior[127]

O evento de Força Maior consiste em ocorrência que impossibilita o cumprimento do contrato por uma das partes, mas que não decorre de conduta imputável a qualquer uma delas e que não poderia ter sido previsto. Disposições acerca de eventos de Força Maior são encontradas na maioria dos Contratos Principais do Projeto: o tratamento contratual geral para a Força Maior consiste em alocar o risco das perdas de cada parte nelas próprias, mas tal disposição não será adotada dessa forma em algumas hipóteses de contratos celebrados com determinados Tomadores/Autoridades Contratantes como discutido abaixo. A coordenação entre as disposições dos Contratos do Projeto a esse respeito é importante (§ 9.12).

Os eventos de Força Maior podem ser classificados em duas categorias principais:

- **Força Maior da Natureza** (também conhecida como "*Act of God*"): incêndio, explosão, inundação, condições climáticas extraordinárias etc.
- **Força Maior Política**, como por exemplo, guerra, terrorismo, agitações e distúrbios civis (§ 11.4.3).[128]

---

126 Também conhecida como "Rescisão Voluntária" ou "Rescisão Unilateral".

127 Também conhecida como rescisão "sem imputação de culpa".

128 Também conhecida como "atos de violência com cunho político" ou "violência política".

Vários eventos de **Força Maior** podem resultar na rescisão do Contrato Principal do Projeto, já que impedem sua conclusão ou operação.

Força Maior da Natureza. Eventos de Força Maior da Natureza podem destruir o projeto, mas, como, em regra, a Empresa do Projeto deveria providenciar as devidas coberturas securitárias, a rescisão do Contrato Principal do Projeto não deve ocorrer automaticamente, porque as receitas do seguro poderão ser alocadas na reconstrução da infraestrutura do projeto. Entretanto, se a restauração não for financeiramente viável, mesmo levando em conta indenização dos efeitos do sinistro por conta do pagamento do seguro (§ 8.6.5), a abordagem usual é tratar essa situação como inadimplemento da Empresa do Projeto (§ 7.10.1). Os financiadores serão pagos com os recursos resultantes da indenização proveniente do seguro (mas veja-se a seção § 9.9.1), assim como as perdas sofridas pelos investidores, a depender do nível de cobertura acordado na respectiva apólice.

Força Maior Política. Sobretudo nas hipóteses de projetos baseados em Ativos Reversíveis, nos quais o Tomador/Autoridade Contratante é o proprietário definitivo dos ativos do projeto e, portanto, indiscutivelmente, deve assumir os correspondentes riscos de longo prazo referentes à propriedade, a abordagem mais equitativa, no caso de a Força Maior Política impedir, permanentemente, o projeto de operar, é no sentido de que o Tomador/Autoridade Contratante se responsabilize por efetuar o pagamento da Indenização por Rescisão Antecipada que liquidará a dívida, deduzidos os valores cobertos por seguro, acrescida de alguma indenização para o investimento de *equity*.

Quanto ao *equity*, não se deve contar com o pagamento de indenização por lucros cessantes. Uma das possibilidades consiste na quitação do investimento líquido de *equity*, isto é, o respectivo investimento total deduzido das Distribuições (§ 14.4.2) recebidas pelos investidores até a data de rescisão. Outra abordagem a considerar é o pagamento de determinado montante (correspondente, por exemplo, à metade) do investimento de *equity* registrado nas contas da Empresa do Projeto no momento rescisão.

> Nos países em desenvolvimento, entretanto, a abordagem pode ser no sentido de saldar o recurso da dívida em aberto (como definido acima) e indenizar os lucros cessantes, tratando-se o caso do mesmo modo destinado ao inadimplemento do Tomador/Autoridade Contratante. Por fim, após o pagamento da Indenização por Rescisão Antecipada, o Tomador/Autoridade Contratante assume o projeto "no estado em que se encontra".

Práticas do Governo Anfitrião (por exemplo, a expropriação do projeto ou o bloqueio da transferência ou do câmbio da moeda — *vide* § 11.4.1 e § 11.4.2) são, em regra, tratados como inadimplemento atribuível ao Tomador ou à Autoridade Contratante do setor público.

§ 7.10.5 Rescisão Antecipada: Corrupção ou Fraude

Quando determinado Contrato Principal do Projeto é celebrado com uma Autoridade Contratante, isto é, um contrato do setor público, provavelmente é necessário introduzir disposições que disciplinem eventual corrupção ou fraude que venha a ocorrer no processo de licitação. A abordagem mais simples prevê a rescisão do Contrato Principal do Projeto e a reversão do projeto à Autoridade Contratante após a liquidação da dívida, mas sem o pagamento aos investidores (admitindo-se que investidores, e não os financiadores, sejam os beneficiados pela corrupção ou fraude).

§ 7.10.6 Implicações Fiscais do Pagamento de Indenização por Rescisão Antecipada

Finalmente, cumpre considerar as implicações fiscais decorrentes do pagamento da Indenização por Rescisão Antecipada; se essa receita for tributável, a quantia recebida pelos investidores e financiadores pode ser insuficiente para indenizá-los como pretendido, e, portanto, ela precisa ser "majorada" (isto é, acrescida do *quantum* necessário para produzir o valor líquido equivalente após a incidência do imposto).

Isso se aplica a qualquer elemento relacionado à Indenização por Rescisão Antecipada que seja alocado na amortização da dívida (isto é, nos casos de inadimplemento ou de Rescisão Antecipada Facultativa por parte do Tomador/Autoridade Contratante e nos casos de rescisão por Força Maior ou por corrupção). Tal disposição não se aplica, entretanto, caso a rescisão e o respectivo pagamento da Indenização por Rescisão Antecipada decorram de inadimplemento da Empresa do Projeto, hipótese em que não haverá responsabilidade, por parte do Tomador/ Autoridade Contratante pelo reembolso da dívida, ou quando o cálculo do valor do projeto para fins de Indenização por Rescisão Antecipada for baseado nos fluxos de caixa antes da incidência de impostos.

Quanto à indenização do *equity*, já que os investidores seriam responsáveis pelo pagamento de impostos sobre as quantias recebidas, não deveria haver necessidade de majorar o pagamento, salvo nos casos em que, por exemplo, trate-se de recursos captados sob a forma de dívida subordinada ou mezanino em vez de aporte de *equity* (§ 12.2.2).[129]

§ 7.10.7 Vencimento do Contrato Principal do Projeto Baseado em Ativos Reversíveis

Em Contratos Principais do Projeto baseados em Ativos Reversíveis, deve haver disposições para o momento da reversão (*handback*) dos ativos, ou seja, da "transferência" do projeto para o Tomador/Autoridade Contratante ao final do contrato (nos casos em que ainda exista vida econômica útil remanescente). Antes de tudo, dever ser formalizado o Registro dos Ativos (geralmente, no momento da Conclusão do Projeto), em que são arrolados todos os ativos afetos à operação do projeto que serão revertidos no termo do Contrato Principal do Projeto, dentre os quais:

- terrenos ou prédios;
- infraestrutura e equipamentos;

---

129 *Vide* SHEFFTZ, Jonathan S. "Taxation Considerations in Economic Damages Calculations". *Litigation Economics Review*, vol. 6, nº 2, 2004, p. 45★.

- livros e registros (inclusive manuais operacionais, de manutenção, saúde e segurança);
- plantas;
- projetos executivos e desenhos detalhados (*N. T. também os "*as built*" podem ser incluídos aqui);
- peças sobressalentes, ferramentas e outros itens;
- todos os contratos vigentes;
- toda a propriedade intelectual (§ 9.5.12);
- Alvarás (§ 8.8).

É recomendável que seja desenvolvido um Plano de Gestão de Ativos para registrar as especificações exigidas para serviços de manutenção, reforma e restaurações do projeto. A Empresa do Projeto tende a negligenciar a execução dos serviços de manutenção e reformas durante os últimos anos da operação. Esse plano pode ser incorporado ao Contrato Principal do Projeto e monitorado oportunamente antes de seu termo, mas, ainda assim, existe a possibilidade de a Empresa do Projeto despender todo o remanescente de caixa para rentabilizar seus acionistas e não contar com recursos financeiros suficientes para recuperar deficiências na manutenção da infraestrutura.

Portanto, se o Tomador/Autoridade Contratante deseja se assegurar de que a manutenção seja executada adequadamente nos últimos anos do Contrato Principal do Projeto, há algumas medidas que podem ser adotadas:

- exercício das prerrogativas de fiscalização das condições do projeto e de imposição da execução de manutenções restantes; e
- retenção de parte dos Pagamentos do Contrato devidos nos anos restantes do projeto em conta de retenção ou de reserva para manutenção ou sob o controle compartilhado da Empresa do Projeto e do Tomador/Autoridade Contratante; os recursos desse fundo somente serão alocados à execução dos serviços de manutenção se houver necessidade, sendo, o saldo final dessas contas, devolvido à Empresa do Projeto ao final do projeto; ou

- a realização da manutenção diretamente por parte do Tomador/ Autoridade Contratante, em caso de não execução pela Empresa do Projeto, por exemplo, durante os dois últimos anos do contrato, somada à retenção dos correspondentes Pagamentos do Contrato para saldar os custos, ou, ainda;
- a prestação de garantia bancária pela Empresa do Projeto ou por algum Empreendedor ou, até mesmo, um contrato de garantia de manutenção, chamado de *maintenance bond* (§ 7.5), de modo a assegurar que as obrigações de manutenção serão cumpridas conforme previstas.

São necessários dispositivos para assegurar a transferência operacional, de informações, manuais etc.

§ 7.10.8 Rescisão Antecipada do Contrato Principal do Projeto Baseado em Ativos Não Reversíveis

As considerações apresentadas acima a propósito dos mecanismos relacionados à rescisão antecipada não se aplicam, integralmente, a Contratos baseados em Ativo não Reversível. Como visto, nos projetos em que os ativos são reversíveis, o Tomador/Autoridade Contratante deveria reavê-los, pagando somente seu valor residual (seria a forma justa e ideal, porém, nem sempre é o caso, como visto acima).

Portanto, sem embargo dos casos em que haja alguma garantia prestada pelos investidores, o Tomador/Autoridade Contratante está tão seguro em contratos de ativos reversíveis quanto seria, de se esperar. Essa proposição deve ser aplicável a qualquer caso em que determinada infraestrutura pública (sem uso alternativo) seja objeto do Contrato Principal do Projeto.[130]

Porém, como será demonstrado a seguir, o tema em questão suscita controvérsia quando o Contrato Principal do Projeto tem, por objeto, um

130 Mesmo que, ao final do Contrato Principal do Projeto, os ativos não possuam valor residual, certamente, a Autoridade Contratante ainda assim preferirá resgatar a infraestrutura do projeto.

Contrato baseado em Ativos não Reversíveis, especialmente nos casos de projetos de usinas de processamento, tais como centrais elétricas, de incineração de lixo ou de tratamento de esgoto, cujos empreendimentos podem ter a possibilidade de continuar a operar no mercado privado, sem prejuízo de que isso também possa ocorrer, por exemplo, com projetos de habitação e moradia popular ou prédios de repartições do governo que também possam proporcionar uso alternativo.

Inadimplemento da Empresa do Projeto. Como em projetos que envolvem Ativos não Reversíveis a titularidade dos ativos pertence à Empresa do Projeto, ao Tomador/Autoridade Contratante deve ser assegurado o exercício da prerrogativa de rescindir o Contrato Principal do Projeto em caso de inadimplemento, bem como lhe deve ser garantido o direito de ser indenizado por danos materiais (pelo custo adicional incorrido para se obter o produto ou serviço de outros fornecedores) ou de receber a LD, ou indenização por perdas e danos fixada em cláusula penal. Entretanto, o problema consiste em que a Empresa do Projeto, provavelmente, não disporá de recursos suficientes em caixa para arcar com a indenização dos danos.

O único modo de cobrir as perdas seria por meio da prestação de garantias suficientes para o pagamento da Indenização por Rescisão Antecipada por parte dos Empreendedores, porém, é deveras complexo avaliar o risco de crédito dessa contingência de longo prazo. Ou seja, o Tomador/Autoridade Contratante não tem como se certificar de que os Empreendedores disporão de condições efetivas para honrar o pagamento da Indenização por Rescisão Antecipada e, de qualquer forma, a prestação desse tipo de garantia alteraria a natureza do financiamento do projeto para a modalidade com garantia corporativa, na qual é possível exercício do direito de regresso contra o patrimônio dos Empreendedores, algo que não ocorreria na prática.

Em vista desses problemas, a mesma fórmula de um Contrato baseado em Ativos Reversíveis, tal como exposta na seção § 7.10.1, pode ser adotada de forma subsidiária no caso de não pagamento dos danos pela Empresa do Projeto. Entretanto, outra questão que se interpõe é o fato de os Pagamentos do Contrato serem reduzidos para poderem considerar o valor residual (§ 7.10.9); portanto, se a Empresa do Projeto perder o valor residual, ele mesmo deverá ser computado no cálculo da Indenização por Rescisão Antecipada. Finalmente, se o Tomador/Autoridade Contratante originalmente cedeu o terreno para a construção da infraestrutura do projeto, é preciso cuidar para que isso não sirva de incentivo para que a Empresa do Projeto incorra em inadimplemento e venda o terreno em vez de continuar com o projeto. Pode ser necessário promover ajustes adicionais ao método de cálculo da Indenização por Rescisão Antecipada para garantir que isso não ocorra, bem como a elaboração de proposta apropriada para arrendamento do terreno (§ 8.7).

Inadimplemento do Tomador/Autoridade Contratante, ou Rescisão Antecipada Facultativa. Nesse caso, novamente, a abordagem ideal, na qual Tomador/Autoridade Contratante indeniza a Empresa do Projeto pelas perdas incorridas por culpa dele na rescisão antecipada do Contrato Principal do Projeto, pode não ser suficiente. O problema de apenas se indenizarem os lucros cessantes é que tais valores, provavelmente, não amortizarão os valores devidos aos financiadores, sendo certo que estes haverão ingressado no Contrato Principal do Projeto cientes de que lidariam com um Tomador/Autoridade Contratante.

O pagamento da indenização por parte do Tomador/Autoridade Contratante pode ser usado para amortizar antecipadamente parte da dívida, restando um montante reduzido dela em risco em uma situação tal que o projeto se exponha a riscos ainda maiores, situação que, ainda assim, pode ser reputada aceitável pelos financiadores.

Por outro lado, os financiadores poderão não se dispor a continuar a financiar um projeto que não tem mais receitas devidas pelo Tomador/Autoridade Contratante ou, no mínimo, não estariam dispostos a se comprometer com essa condição no início do projeto. Novamente, poderá ser necessário que alguma ou algumas das disposições apresentadas para os Contratos baseados em Ativos Reversíveis deverão ser aplicadas de forma subsidiária.

Força Maior. A abordagem contratual usual à Força Maior é no sentido de que o contrato é rescindido e as perdas "permanecem onde caem", ou seja, nenhuma das partes paga nada à outra (e a Empresa do Projeto reteria os ativos e lhes daria a melhor destinação possível). Entretanto, os financiadores podem demandar a aplicação de disposições semelhantes àquelas estabelecidas para os modelos de Contratos baseados em Ativos Reversíveis.

Corrupção ou Fraude. Nesse caso, as disposições aplicáveis para os casos de Contratos baseados em Ativos Reversíveis provavelmente consistem na abordagem mais simples: o *equity* é penalizado, mas a dívida, não. A alternativa seria a simples rescisão do Contrato Principal do Projeto sem pagamentos aos Empreendedores ou aos financiadores, e nenhuma reversão de ativos.

§ 7.10.9 Vencimento Final de um Contrato baseado em Ativos não Reversíveis

Em princípio, no vencimento final de um Contrato baseado em Ativos não Reversíveis, a Empresa do Projeto continua a utilizar os ativos do projeto da forma que lhe parecer mais adequada e o Tomador/Autoridade Contratante, gradualmente, retira-se do contexto. Entretanto, esse cenário somente pode ser considerado aceitável se todos os custos do projeto houverem sido integralmente pagos por meio dos Pagamentos do Contrato, como, por exemplo, nos casos em que estes incorporem o valor residual (§ 7.2.5).

Se o valor residual foi incorporado aos Pagamentos do Contrato, ainda é possível estabelecer alternativas para que o Tomador/Autoridade Contratante possa adquirir o projeto de forma compatível com o valor residual pertencente à Empresa do Projeto, a saber:

- possibilidade de reversão dos ativos do projeto por uma quantia fixa predeterminada;

- opção de reversão do projeto por seu valor presente de mercado no momento da aquisição;
- prorrogação do prazo do Contrato Principal do Projeto nas condições atuais de mercado presentes no momento da respectiva opção;
- a possibilidade de renovação do contrato por meio de nova licitação (da qual a Empresa do Projeto possa participar), na qual o vencedor possa adquirir as instalações fornecidas pela Empresa do Projeto (por meio de uma fórmula de preço previamente definida).

Se o valor residual não for incorporado aos Pagamentos do Contrato iniciais, o Tomador/Autoridade Contratante deverá se assegurar de que o benefício comercial do valor residual reverta em seu favor, e não em favor da Empresa do Projeto, (porque, provavelmente, o custo do capital total do projeto já terá sido amortizado), por meio, por exemplo:

- da possibilidade de aquisição do projeto por uma quantia nominal (o que, efetivamente, transformaria o projeto em um Contrato baseado em Ativos não Reversíveis, de modo que as disposições aplicáveis para o modelo de Contrato baseado em Ativos Reversíveis deverá ser aplicado);
- da alternativa de prorrogação do prazo do Contrato Principal do Projeto pela lapso correspondente ao ciclo de vida remanescente dos ativos do projeto, de tal forma que os investidores da Empresa do Projeto tenham obtido o retorno do investimento; nessa hipótese, a prorrogação seria do tipo *cost-plus* de forma que a Empresa do Projeto obtenha uma margem de lucro somente sobre os seus custos operacionais e de manutenção.[131]

---

131 Nos casos em que se exija licitação, a prorrogação pode se sujeitar à obrigatoriedade de um novo certame pelo critério de avaliação dos lances exclusivamente baseado na margem de lucro sobre os custos operacionais e de manutenção.

§ 7.11 ALTERAÇÃO DO CONTROLE ACIONÁRIO

O Tomador/Autoridade Contratante pode decidir restringir a venda das ações dos Empreendedores a terceiros com o intuito de assegurar a permanência daqueles e seu comprometimento com o projeto de modo que eles não se retirem logo após a obtenção de lucro (§ 3.2.1). De modo geral, essa restrição é imposta durante a fase de construção e suspensa uma vez cumprida a data da Conclusão do Projeto, momento em que, normalmente, a venda de ações começaria a ocorrer (§ 14.17). Entretanto, se o projeto depender de determinada tecnologia fornecida por um dos Empreendedores, pode ser solicitado que se mantenha inalterada sua participação acionária por um período mais longo.

§ 7.12 SOLUÇÃO DE LITÍGIOS

É sempre preferível considerar a possibilidade de solução de litígios em projetos dessa natureza, pelo menos inicialmente, por meio de arbitragem tanto por especialista quanto por tribunal arbitral reconhecido.

Outra questão de menor relevância que pode surgir nesse contexto é a linguagem empregada nos Contratos do Projeto e na documentação financeira a serem elaborados. Geralmente, as Empresas do Projeto que buscam financiamento no mercado internacional devem se certificar de que tais contratos sejam redigidos em inglês, de modo a alcançar quantidade maior de financiadores em potencial. Tanto os mencionados contratos quanto a documentação financeira, sempre que sejam disciplinados pelas leis inglesa ou americana, devem, preferencialmente, ser redigidos em inglês.

As questões que podem se apresentar na concessão de empréstimos internacionais em que haja um Tomador, uma Autoridade Contratante ou outra contraparte de algum Contrato do Projeto do setor público (fornecedor de matéria-prima e insumos, por exemplo) serão discutidas na seção § 11.5.1.

CAPÍTULO VIII

CONTRATOS SUBORDINADOS E OUTROS CONTRATOS CORRELATOS

§ 8.1 INTRODUÇÃO

Este capítulo resumirá as disposições fundamentais normalmente previstas nos principais Contratos Subordinados, isto é, os Contratos do Projeto que costumam ser celebrados pela Empresa do Projeto e que não se confundem com o Contrato Principal do Projeto discutido no último capítulo, além de abordar, também, outros Contratos Correlatos, a saber:

- Contratos de Construção (§ 8.2);[132]
- Contratos O&M/de Manutenção (§ 8.3);

---

132 Em termos mais precisos, os Contratos Subordinados, quando individualmente considerados, deveriam ser, sempre, denominados "Subcontrato" de Construção, "Subcontrato" O&M e assim por diante, mas, para simplificar, os prefixos 'Sub-' serão suprimidos.

- Contratos de Prestação de Serviços Prediais (§ 8.4);
- Contratos de fornecimento de Combustível ou outros Fornecimentos de Insumos (§ 8.5);
- Seguros (§ 8.6);
- Arrendamento da área (§ 8.7);
- Alvarás, Licenças ou autorizações e outros direitos — embora não consistam em contratos em sentido estrito, são documentos fundamentais para todos os Contratos do Projeto (§ 8.8)[i];
- Garantias das empresas controladoras em nome das Subcontratadas (§ 8.10);
- Acordos Diretos, que vinculam os financiadores (e um Tomador/Autoridade Contratante) aos Contratos do Projeto (§ 8.11).

Como mencionado anteriormente (§ 2.5.3), ainda que nem todos os elementos fundamentais mencionados acima estejam sempre presentes em todos os *project finances* (embora, geralmente, um ou mais deles possam ser encontrados), é importante entender seus objetivos gerais, propósito e estrutura, pois são elementos essenciais sobre os quais o financiamento de projeto é modelado.

Modificações nas condições dos Contratos do Projeto, em regra, exigem o consentimento prévio por parte dos financiadores.

§ 8.2 CONTRATO DE CONSTRUÇÃO

No procedimento de contratação convencional para qualquer projeto de grande importância, o desenvolvedor ou determinada Autoridade Contratante contrata um arquiteto e/ou um engenheiro consultor para elaborar o projeto com desenhos detalhados, lista de quantidades, etc., que são as bases para as especificações do edital de licitação; o fornecimento de equipamentos é adquirido em procedimento separado. Mas, ainda que os Empreendedores ou a Autoridade Contratante detenham experiência para estruturar o projeto por meio de contratos apartados e coordenar as distintas responsabilidades entre as diversas partes envolvidas, tal arranjo, em regra, não é admitido pelos financiadores na estrutura de *project finance,* pois esta requer um ponto focal de responsabilidade voltado para a conclusão adequada do projeto de tal modo que a Empresa do Projeto não seja submetida a conflitos acerca de quem deveria ser responsabilizado em caso de descumprimento.

Portanto, em um projeto financiado por meio da estrutura de *project finance*, o Contrato de Construção é celebrado, em regra, no modelo "*turn-key*" (ou "de empreitada global") de maneira que a empreiteira se responsabilize por projetar (*design*), construir (*build*) as instalações da planta e adquirir *(procure*) e montar todos os equipamentos necessários com o propósito de entregar o projeto em plenas condições de operação, o que se designa por contratos de Projeto e Construção (*Design & Build — D&B)* ou de Engenharia, Fornecimento e Construção (*Engineering, Procurement and Construction — EPC).*[ii]

Uma abordagem alternativa para execução de projetos importantes consistiria em se contratar uma empresa de engenharia na condição de gerenciadora da construção que se responsabilizaria por todos os aspectos da construção do projeto mediante remuneração que pode ser proporcional aos custos finais da obra. Porém, embora esse possa ser um modo economicamente eficiente de lidar com projetos importantes, os financiadores podem não aceitar o risco de que o custo exceda o previsto, seja porque o financiamento pode ser insuficiente para cobri-los, seja porque o excesso de custo pode resultar, posteriormente, em ineficiência econômica na operação (§ 9.5.4). Nesse contexto, o Contrato de Construção também pode estabelecer remuneração fixa para a Empreiteira de Construção.

Finalmente, as especificações do Contrato de Construção para a Conclusão do Projeto têm que refletir todos os requisitos do Contrato Principal do Projeto para que o empreendimento seja construído até a data fixada neste último. Ou seja, o Contrato de Construção também deve estabelecer uma data para a Conclusão de Projeto.

Contratos do tipo *turnkey,* a preço fixo e por prazo pré-determinado, transferem responsabilidades (e, portanto, riscos) significativos para a Empreiteira de Construção. Além disso, ela tem que "cobrir" (isto é, garantir) o desempenho de suas próprias subcontratadas e, assim, assume riscos adicionais em função disso.

Em vista da assunção de todos esses riscos adicionais, a Empreiteira de Construção necessitará prever mais contingências para cobrir os custos do contrato, o que pode resultar em preço final mais elevado em relação aos contratos celebrados no modelo de empreitada por preço unitário (*cost-plus*), que consistem no custo de fornecimento acrescido de uma margem.

Normalmente os custos adicionais em Contratos de Construção do tipo *turnkey* podem alcançar 20% do custo estimado para contratos que não estabeleçam tais condições, mas, por outro lado, mesmo nos contratos não celebrados no modelo *turnkey,* os custos não previstos também podem, facilmente, corresponder ao mesmo patamar de 20% o que, na prática, produz o mesmo resultado.[133]

Os Contratos a preço fixo e por prazo pré-determinado são padrão na maioria dos projetos de usinas de processamento e projetos de infraestrutura. Caso os Empreendedores pretendam adotar uma abordagem diferente, normalmente, necessitarão prestar alguma garantia adicional de Conclusão de Projeto em favor dos financiadores, o que descaracteriza, ainda que parcialmente, a estrutura "sem garantias corporativas" (*non-recourse*) do modelo (§ 9.13).

---

133 Segundo Frédéric Blanc-Brude, Hugh Goldsmith & Timo Välilä, conforme exposto em "Custos estimados de construção no setor rodoviário europeu: comparativo entre as parcerias público-privadas e o método tradicional de licitação pelo poder público", *Economic and Financial Report* (EIB, Luxemburg, 2006)*, os custos de capital estimados para as PPPs de rodovia na Europa são 24% superiores em comparação ao custo estimado para contratações públicas tradicionais; porém, os custos efetivos das rodovias exploradas em regime de PPP *não diferiam muito dos* custos estimados, enquanto que estudos de caso de rodovias contratadas pelo método tradicional mostraram otimismo tendencioso de cerca de 22%. Em outras palavras, o risco e o resultado são semelhantes, qualquer que seja o método de construção — ocorre que, no caso de contratação por PPP, o risco é alocado à Empreiteira de EPC, que o contingencia no preço.

Certos tipos de projetos não empregam ou poderão não se compatibilizar com tais contratos — por exemplo, projetos de mineração, petróleo e extração de gás, como também projetos envolvendo investimentos graduais em redes influenciados pelas mudanças da demanda, tais como projetos de telecomunicações (§ 9.5.12).

Outra exceção ao modelo de responsabilidade integral da Empreiteira de Construção no regime *turnkey* ocorre quando o projeto é construído usando tecnologia licenciada por terceiros, algo comum em projetos de instalações industriais de refinaria ou de petroquímicos. A Empreiteira de Construção não assume a responsabilidade pelo desempenho de uma instalação industrial se isso depender da tecnologia licenciada por terceiros.

Deve-se salientar que os formulários padrão dos Contratos de Construção, tais como aqueles produzidos pela Federação Internacional de Engenheiros Consultores (*International Federation of Consulting Engineers* — FIDIC), geralmente não são adequados para o modelo *project finance*, em primeiro lugar, porque eles tendem a "favorecer" a empreiteira e, em segundo, porque há algumas diferenças de estrutura se comparados aos requisitos do *project finance*.[134]

Os aspectos fundamentais dos Contratos de Construção do ponto de vista de *project finance* são:

- objeto do contrato (§ 8.2.1);
- início das obras (§ 8.2.2);
- preço, pagamentos, e modificações do contrato (§ 8.2.3);
- supervisão da construção (§ 8.2.4);

---

134 A Comissão das Nações Unidas para o Direito Comercial Internacional (*United Nations Commission on International Trade Law*) publicou útil e detalhado comentário sobre Contratos EPC: Guia jurídico para elaboração de contratos internacionais para construção de plantas industriais (*UNCITRAL Legal Guide on Drawing up International Contracts for the Construction of Industrial Works*) (United Nations, New York, 1988)*.

- Riscos do Acionista (Eventos Indenizáveis) (§ 8.2.5);
- Evento de Isenção (§ 8.2.6);
- Conclusão de Projeto (§ 8.2.7);
- indenização por perdas e danos fixada em Cláusula Penal e rescisão (§ 8.2.8);
- garantias (§ 8.2.9);
- suspensão e rescisão pela Empreiteira de Construção (§ 8.2.10);
- solução de controvérsias (§ 8.2.11).

§ 8.2.1 Objeto do Contrato

O Contrato de Construção tem, por objeto, o projeto, as especificações técnicas e os critérios de desempenho do projeto e pode estabelecer metodologia executiva "acelerada" para sua construção, já que o contrato pode ser assinado e a construção pode começar antes que o trabalho de elaboração do projeto esteja concluído.

Nada obstante, a Empreiteira de Construção permanece responsável pela construção do projeto de acordo com as especificações previstas para o desempenho, ainda que algum detalhe técnico tenha sido omitido. Por outro lado, a Empresa do Projeto pode ter a prerrogativa de recusar especificações de projetos conforme sejam definidas pela Empreiteira de Construção. (Sua posição aqui é diferente da do Tomador/Autoridade Contratante — *vide* § 7.4.1).

A Empreiteira de Construção é responsável pela contratação e pagamento de suas próprias subcontratadas ou fornecedores de equipamentos, embora a Empresa do Projeto possa ter a prerrogativa de aprovação prévia sobre os principais fornecedores de equipamentos ou subcontratadas para se assegurar de que estes disponham de tecnologia adequada.

O seguro da construção deve normalmente ser excluído do âmbito do preço do Contrato de Construção (§ 8.6.1).

Por razões fiscais, os Contratos de Construção com empreiteiras internacionais às vezes são fracionados em contratos distintos, como por exemplo, para prestação de serviços (tais como o elaboração do projeto) e fornecimento de equipamentos, ou em contratos '*offshore*' para serviços desenvolvidos fora do país do projeto, e contratos '*inshore*' para o resto (provavelmente executado pela empreiteira local na condição de subcontratada da Empreiteira de Construção). Tal formato somente se aceita se os contratos forem subordinados de maneira explícita de modo a compor um todo coeso.

§ 8.2.2 Início das Obras

Pode haver defasagem entre os momentos em que se dão a celebração do Contrato de Construção e a Assinatura do Contrato de Financiamento e, em regra, a Empreiteira de Construção não inicia a execução da obra antes dessa última data, quando se obtém a certeza de que o financiamento está disponível. O Contrato de Construção, portanto, frequentemente estabelece a possibilidade de emissão de Ordem de Início (OI) ou Ordem de Serviço (OS), isto é, uma notificação formal para que se dê início às obras que pode ser emitida pela Empresa do Projeto apenas na Assinatura do Contrato de Financiamento. Nesses casos, a data da Conclusão do Projeto é determinada a partir da emissão da Ordem de Serviço, em vez de sê-lo em data fixa.

Atrasos na Assinatura do Contrato de Financiamento podem afetar o preço do Contrato de Construção, sendo possível que se estipule uma data derradeira para emissão da OS após a qual a Empreiteira de Construção poderia exercer a prerrogativa de rever o preço (ou de reajustar o contrato com base em índice inflacionário) ou de se desobrigar de realizar as obras. De forma semelhante, atrasos no início das obras levarão a atrasos na Conclusão de Projeto, o que pode comprometer o projeto como um todo.

Em tais casos, os Empreendedores podem assumir o risco de autorizar o início das obras prestando garantia à Empreiteira de Construção baseados na presunção de que a Assinatura do Contrato de Financiamento ocorrerá de modo a manter o cronograma, sendo, a garantia, levantada quando a assinatura do referido contrato de financiamento ocorrer. Para esse propósito, o Contrato de Construção pode estabelecer regras para um procedimento opcional para os serviços preliminares 'Pré-OS': tais serviços podem compreender, apenas, a elaboração do projeto (relativamente de baixo custo), ou permitir que a Empreiteira de Construção antecipe a encomenda de equipamentos de longo ciclo de fabricação (e de custo elevado de aquisição).[135]

A Empresa do Projeto deve dispor da prerrogativa de estabelecer cláusula de rescisão unilateral (ou rescisão por conveniência), caso seja tomada qualquer decisão que resulte no encerramento do projeto, devendo, todavia, estabelecer, de comum acordo, um mecanismo de cálculo da indenização a ser paga em favor da Empreiteira de Construção.

§ 8.2.3 Valor do Contrato, Pagamentos e Modificações

O pagamento do valor do contrato é realizado normalmente em estágios: após um depósito inicial, os pagamentos são feitos em favor da Empreiteira de Construção mediante cumprimento de etapas pré-definidas, relacionadas a estágios tais como concluir determinado item importante do cronograma das obras ou entregar algum equipamento importante, ou, alternativamente, pelo percentual

---

135 Se o Contrato de Construção (e/ou outros Contratos Subordinados relevantes) for celebrado antes da Assinatura do Contrato de Financiamento (*Financial Close*), isso é conhecido como "Assinatura do Contrato" (*Commercial Close*) (se uma OS for ou não emitida). Obviamente, a Assinatura do Contrato tem pouco valor se o a Assinatura do Contrato de Financiamento não ocorrer em momento próximo, ainda que posteriormente, de modo que pode ser necessário assegurar que os preços da Empreiteira de Construção não possam ser aumentados.

correspondente ao trabalho realizado proporcionalmente ao valor global do contrato.

Os pagamentos podem ser feitos diretamente pelos financiadores à Empreiteira de Construção, em vez de a Empresa do Projeto fazê-lo (§ 14.3.2).

A Empreiteira de Construção não poderá alterar as obrigações relativas ao fornecimento de equipamento ou prestação de serviços se for o caso de financiamento via créditos à exportação ou outras formas de captação de recursos (§ 16.2; § 16.4) (do contrário, a Empresa do Projeto poderá não dispor de recursos suficientes).

Embora, em princípio, o valor do Contrato de Construção seja fixo, há algumas exceções que permitem à Empreiteira de Construção rever o preço como, por exemplo:

- se a Empresa do Projeto alterar o projeto ou o planejamento solicitado ou a especificação de desempenho da instalação industrial ou acrescentar outros novos elementos ao contrato;
- se os Riscos do Acionista resultarem em custos adicionais, inclusive o custo dos atrasos no cronograma de construção (§ 8.2.5; § 9.5);
- se mudanças na lei exigirem que o projeto, o planejamento ou a construção do projeto sejam alterados (§ 11.3).

A Empreiteira de Construção, normalmente, permanece responsável por eventuais problemas relacionados à geologia do local, o que acarreta custos extras, embora ela possa recusar a responsabilidade por imprevistos dessa natureza em projetos a serem construídos em localidades onde tenha havido mineração e em que as condições do local subterrâneo sejam incertas.

Em princípio, a Empresa do Projeto não tem nenhuma relação com a forma adotada pela Empreiteira de Construção para composição do preço proposto, sendo certo que a Empresa do Projeto pagará, apenas, o preço global contratado; entretanto, às vezes, poderá ser necessário que o preço seja fracionado ou especificado de forma unitária em razão dos impostos pagos pela Empresa do Projeto (§ 13.7.1).

§ 8.2.4 Supervisão da Construção

Embora a Empreiteira de Construção seja responsável por concluir o projeto conforme acordado, a Empresa do Projeto tem a prerrogativa de supervisionar sua construção de perto para se assegurar de que ela seja realizada de acordo com as especificações (§ 7.4.1; § 5.5.3 para o papel do Engenheiro dos Financiadores e para o mesmo profissional designado pelo Tomador/Autoridade Contratante para essa finalidade).

Uma consultoria de engenharia externa frequentemente é contratada para exercer o papel de Engenheiro do Acionista para estipular as especificações da instalação industrial do projeto, prestar assistência no processo de propostas e negociar o Contrato de Construção, supervisionar a construção da obra pela Empreiteira de Construção e para certificar que as faturas emitidas para o pagamento estão em ordem. (O Engenheiro dos Financiadores pode também ser acionado para certificar pagamentos).

O Contrato de Construção pode também eleger um Engenheiro Independente para certificar a conclusão dos vários estágios das obras, sendo que esse profissional pode desempenhar a mesma função no Contrato Principal do Projeto (§ 7.4.1).

Os colaboradores estratégicos da Empreiteira de Construção que trabalham no projeto são também designados e não podem ser substituídos sem o consentimento prévio da Empresa do Projeto.

§ 8.2.5 Riscos do Acionista

Além de realizar os pagamentos do Contrato de Construção em seu vencimento, a Empresa do Projeto (frequentemente referida como "acionista" no contexto do Contrato de Construção) é responsável por:

- disponibilizar as instalações do projeto (§ 9.5.1)*;

- assegurar o acesso ao local*;
- obter Alvarás, licenças e permissões para a construção e similares (no casos em que esses documentos devam ser obtidos pela Empresa do Projeto em vez de pela Empreiteira de Construção — *vide* § 9.5.3);
- providenciar ligação aos serviços públicos essenciais necessários para a construção (tais como eletricidade e água);
- fornecer o combustível ou outros materiais necessários para comissionar a instalação industrial;
- trabalhar "fora do horizonte de gestão", responsabilizando-se pelo fornecimento de combustível e pelas ligações à rede, no caso de centrais elétricas, ou conexões à rodovia ou às ligações ferroviárias de responsabilidade do Tomador/Autoridade Contratante ou de terceiros, de acordo com o Contrato Principal do Projeto (§ 9.5.9)*.

Os eventos acima são, geralmente, conhecidos como Riscos do Acionista — e constituem Eventos Indenizáveis (§ 7.6) na relação entre a Empresa do Projeto e a Empreiteira de Construção. Os itens marcados com asterisco correspondem, usualmente, a Eventos Indenizáveis no âmbito do Contrato Principal do Projeto, e, assim, em última instância, serão de responsabilidade do Tomador/Autoridade Contratante, mas, perante a Empreiteira de Construção, a Empresa do Projeto ainda é responsável.

A distribuição de outros riscos relativos às condições do local é discutida na seção § 9.5.2, e aqueles relacionados à pauta ambiental do projeto, na seção § 9.10.

§ 8.2.6 Evento de Isenção

Eventos de Isenção, no contexto dos Contratos de Construção, são eventos que não poderiam ser previstos (por ninguém) e que estão fora do controle de uma prudente e experiente Empreiteira de

Construção e que, portanto, eximem-na de responsabilidade pelo atraso na conclusão do projeto. Entretanto, a Empreiteira de Construção não poderá, em regra, reivindicar indenização por custos extras causados por Eventos de Isenção. Estes, no Contrato de Construção, deverão refletir, na máxima medida possível, a disciplina adotada no Contrato Principal do Projeto (§ 7.8; § 9.12).

§ 8.2.7 Conclusão do Projeto

O Contrato de Construção estabelecerá as condições para aceitação do projeto pela Empresa do Projeto. A Conclusão de Projeto poderá ocorrer em vários estágios:[136]

Conclusão Mecânica, que, no contexto de um Contrato EPC, ocorre no momento em que o projeto está pronto para comissionamento e teste, inclusive de desempenho, com o propósito de aferir se o projeto cumpre as especificações de desempenho e demais critérios operacionais (ou se eventual indenização por danos — *vide* § 8.2.8 — foi paga).

Conclusão Substancial,[137] que ocorre quando o projeto houver cumprido os requisitos básicos do Contrato de Construção (ou eventual indenização dos danos haja sido paga), momento em que o projeto é transferido à Empresa do Projeto.

Conclusão Final,[138] que é dependente da resolução da "lista de pendências" ou 'itens a serem reparados', nos limites determinados no Contrato de Construção, mas cuja

---

136 A menos que seja necessário distinguir esses estágios, a expressão Conclusão de Projeto será empregada daqui em diante. Devemos salientar que a Conclusão do Projeto não significa que o projeto possa começar a operar, pois ainda pode ser necessário que se obtenham Alvarás, licenças ou permissões (e, portanto, a respectiva obtenção poderá estar contemplada nos requisitos de conclusão).

137 Também conhecida como "aceitação inicial" (N.T.: na linguagem corrente de obras públicas, também se usa a expressão 'recebimento provisório').

138 Também conhecida como "aceitação final" (N.T.: na linguagem corrente de obras públicas, também se usa a expressão 'recebimento definitivo').

pendência não impede o projeto de operar (por exemplo, o paisagismo). O Engenheiro dos Financiadores (§ 5.5.3) geralmente participa do processo de certificação da conclusão final das obras.

A data limite para a Conclusão Mecânica ou Substancial (para coincidir com a Data Limite no Contrato Principal do Projeto) é estabelecida no Contrato de Construção e somente pode ser prorrogada em circunstâncias excepcionais como, por exemplo, se os atrasos causados à obra decorrerem de Riscos do Acionista (§ 8.2.5).

A posse dos equipamentos ou das obras geralmente é transferida da Empreiteira de Construção para a Empresa do Projeto quando são pagos ou entregues, mas a Empreiteira de Construção permanece responsável por eventuais perdas de equipamento ou outros danos na instalação até a Conclusão Substancial, muito embora tais perdas devessem ser cobertas por seguro (§ 8.6.1).

O Engenheiro dos Financiadores geralmente será acionado para certificar a conclusão, ou seja, não basta apenas a emissão de parecer por parte do Engenheiro do Acionista, dada a importância deste estágio.

§ 8.2.8 Indenização por Perdas e Danos (PDs) fixadas em Cláusula Penal (*Liquidated Damages – LDs*) e Rescisão

As PDs (Indenizações por Perdas e Danos (*Liquidated Damages - LDs*)) são quantias fixas que ambos os lados concordam que são suficientes para cobrir as perdas financeiras da Empresa do Projeto resultantes de atrasos na Conclusão do Projeto ou seu insucesso quanto ao desempenho previamente especificado (em caso de responsabilidade da Empreiteira de Construção). Se quantias específicas não forem acordadas, pode haver controvérsias prolongadas a respeito da quantia da perda em cada caso e a incerteza envolvida não seria aceitável para os financiadores, sem contar o fato de que o tempo gasto na discussão da controvérsia poderia ser financeiramente desastroso para a Empresa do Projeto.[139]

As PDs não são concebidas como multas indenizatórias (na verdade, muitos ordenamentos jurídicos consideram inexequível o pagamento de multa indenizatória), mas uma compensação justa pela perda sofrida.

Além das quantias de PDs, a Empresa do Projeto não pode reivindicar, junto à Empreiteira de Construção, indenização por lucros cessantes ou custos extras, exceto na rescisão do Contrato de Construção. As PDs são importantes para os financiadores, que tendem a impor patamares mais rigorosos para as PDs do que se costuma encontrar em Contratos de Construção que não integrem estruturas de financiamento de projeto.

As PDs podem ser necessárias também para cobrir lucros cessantes ou multas indenizatórias pagas no âmbito do Contrato Principal do Projeto. Obviamente, a Empreiteira de Construção assume e precifica o risco de incorrer em PDs mais elevadas ao orçar seus custos.

PDs por Atraso. As PDs por atraso na Conclusão do Projeto, exceto quando decorrentes de Riscos do Acionista ou de Evento de Isenção, são padrão na maioria dos contratos. As PDs por atraso são calculadas com base diária, a uma taxa que, embora seja negociável, deveria, no mínimo, ser suficiente para cobrir o serviço da dívida devido pela Empresa do Projeto e as despesas gerais fixas, acrescidos de quaisquer multas indenizatórias a serem pagas ao Tomador/Autoridade Contratante em função do atraso na Conclusão de Projeto (§ 6.3.6) — isto é, todos os custos incorridos pela Empresa do Projeto em função do atraso; idealmente, elas devem ser elevadas o suficiente para cobrir a perda total da receita (deduzidas despesas variáveis como, por exemplo, combustível). A quantia total paga a título de PDs

139 As PDs são também referidas como "adiantamentos/ entradas com desconto", isto é, representam os pagamentos que têm que ser feitos para o projeto ser aceito apesar de seu desempenho insatisfatório.

por atraso é geralmente o limite máximo; a expectativa usual dos financiadores é no sentido de que esse limite máximo seja suficiente para cobrir, pelo menos, 6 meses de atraso na Conclusão de Projeto. O limite referencial para PDs por atraso varia entre 15 a 20% do valor do Contrato de Construção.

PDs de Desempenho. As PDs de Desempenho são apropriadas nas hipóteses de projetos de instalação industrial de processamento (por exemplo, centrais elétricas, refinarias ou instalações industriais ou petroquímicas), ou a avaliação do desempenho de um sistema. Por exemplo, um CCE (Contrato de Compra de Energia) especificará que o projeto deve produzir, pelo menos, "*x*" megawatts de energia e não poderá consumir mais de "*y*" unidades de combustível para cada "*z*" megawatts de produção de energia. O cálculo de PDs, em tais casos é feito por meio da projeção da perda da receita ou do aumento dos custos operacionais adicionais sobre o ciclo de vida do projeto decorrentes da falta de cumprimento das especificações. Essas quantias serão depois descontadas a Valor Presente Líquido (VPL) (§ 10.2.1), que corresponderá ao patamar de PDs. Novamente, haverá um limite máximo (*cap*) para as PDs de Desempenho, digamos, 10% de cada especificação não cumprida.

***Caps* Gerais para PDs.** Os *caps* (limites máximos) gerais devem ser pré-estabelecidos para todos os tipos de PDs, normalmente em torno de 25 a 30% do valor do Contrato EPC (um pouco abaixo para contratos do tipo D&B), mas, novamente, devem ser cifras mais elevadas do que usualmente se estabeleceria em Contratos de Construção de projetos estruturados sem financiamento. É importante salientar, no entanto, que as PDs não devem corresponder à indenização decorrente da impossibilidade absoluta de a Empreiteira de Construção concluir o contrato: a rescisão do contrato (ver abaixo) será a solução nesse caso.

Garantias Ambientais. A Empreiteira de Construção poderá, também, prestar garantias relativamente aos impactos ambientais do projeto (por exemplo, emissões de uma instalação industrial). Se o cumprimento do limite de emissões for requisito legal, as

PDs não serão relevantes - os padrões deverão ser atingidos ou o Contrato de Construção não vencerá os testes de desempenho.

Bônus. Poderá ser estipulada bonificação se a Empreiteira de Construção concluir o projeto antecipadamente: dessa forma, compartilha-se o benefício da antecipação da receita entre a Empresa do Projeto e a Empreiteira de Construção (se o Contrato Principal do Projeto permitir a cobrança antecipada).

Rescisão pela Empresa do Projeto. As PDs, consideradas isoladamente, **não** garantem a cobertura da Empresa do Projeto por desempenho insuficiente por parte da Empreiteira de Construção, sobretudo porque essas são limitadas: a Empresa do Projeto, portanto, também deverá dispor da prerrogativa de rescindir o contrato se a Empreiteira de Construção for incapaz de concluir o projeto até uma data de prazo final acordada. Nesse contexto, a consumação dos *caps* de PDs ou o descumprimento dos requisitos ambientais seriam causas de descumprimento da obrigação de concluir o projeto.

Em tais casos, a Empresa do Projeto deverá dispor da prerrogativa de rescindir o contrato e contratar outra empreiteira para concluir o projeto e, nessa hipótese, quaisquer custos extras deverão ser ressarcidos pela Empreiteira de Construção original. (Essa possibilidade também deve estar sujeita a um *cap*, mas em nível significativamente mais elevado como, por exemplo, 100% do preço do contrato). Alternativamente, a Empresa do Projeto poderá exigir que a Empreiteira de Construção retorne o local à sua condição original e reembolse todas as quantias pagas pela Empresa do Projeto no âmbito do Contrato de Construção.

Posição do Tomador/Autoridade Contratante. O Tomador/Autoridade Contratante poderá dispor da prerrogativa de cobrar PDs da Empresa do Projeto em função da conclusão tardia do projeto. Entretanto, provavelmente não será possível aumentar as PDs impostas pelos financiadores para cobrir esse pagamento adicional. O principal incentivo a assegurar a conclusão tempestiva continuará a ser o fato de que a Empresa do Projeto não receberá nenhuma receita até lá (§ 7.3.1; § 9.14).

§ 8.2.9 Garantia

A Empreiteira de Construção ainda pode fornecer à Empresa do Projeto outros tipos de garantia do cumprimento de suas obrigações previstas no Contrato de Construção (geralmente conhecidas como "*bonding*", ou caução[140]):

Retenção. Determinado percentual (geralmente entre 5 e 10%) do contrato é retido pela Empresa do Projeto até a satisfatória Conclusão final do Projeto. Isso assegura que a Empreiteira de Construção tratará de solucionar prontamente as pequenas pendências da obra ao final do contrato. Alternativamente, a Empreiteira de Construção pode receber normalmente o valor da "retenção",[141] e prestar uma garantia de retenção sobre essa quantia.

Seguro-Garantia.[142] Costuma-se exigir que a Empreiteira de Construção forneça garantia correspondente ao percentual de 10 a 15% do valor do contrato a título de garantia adicional para cobrir a obrigação de pagar as PDs caso a retenção não seja suficiente para esse fim.

Garantia de Adiantamento. Se quaisquer pagamentos forem realizados antecipadamente (por exemplo, por meio de depósito inicial de, digamos, 10%, que é um patamar comum), poderá se exigir que a Empreiteira de Construção preste garantia de adiantamento, em função da qual as quantias antecipadas serão reembolsadas *pro rata* se o contrato for rescindido antes de a obra ser concluída.

---

140 N.B.: Não se trata de garantias como os instrumentos financeiros discutidos no § 4.3.

141 Também conhecida como "quantia retida". (N.T.: também é comum denominar tal procedimento de glosa).

142 Também conhecida como garantia de conclusão ou garantia de construção.

Garantias (de Produtos). Após a Conclusão do Projeto, a Empreiteira de Construção geralmente fornece garantias, por exemplo, pela solidez da construção precária ou contra falhas nos equipamentos que podem se estender por muitos anos (o "período de responsabilidade pelos defeitos").[143]

Essas obrigações deveriam ser asseguradas por cartas de crédito bancárias ou garantias da seguradora que possibilitem, à Empresa do Projeto, obter caixa imediatamente em vez de ter que se submeter a longos procedimentos que envolvam a solução de controvérsias ou ações judiciais antes de receber qualquer quantia (se elas não estiverem cobertas pela garantia de retenção). Se isso não ocorrer, a Empresa do Projeto poderá enfrentar crise de caixa se os eventos cobertos pela garantia se materializarem e o pagamento não puder ser recebido imediatamente.

§ 8.2.10 Suspensão e Rescisão pela Empreiteira de Construção

A Empreiteira de Construção tem o direito de rescindir o contrato e obter indenização por perdas e danos se a Empresa do Projeto se tornar inadimplente por não pagar as quantias devidas ou em qualquer outra obrigação fundamental estipulada no contrato (como, por exemplo, não garantir acesso ao local do projeto).

Como medida de cautela, a Empreiteira de Construção é, normalmente, autorizada a suspender a execução da obra por determinado período antes de, finalmente, rescindir o contrato. Por exemplo, se a Empresa do Projeto se tornar inadimplente em relação a determinado pagamento, a Empreiteira de Construção pode suspender a execução da obra por 30 dias após a data do vencimento daquele pagamento, mas não poderá rescindir o Contrato de Construção antes de decorridos mais três meses. Esse período de suspensão pode ser prorrogado

143 Também conhecida como garantia de manutenção.

por mais tempo, a depender do Contrato Direto celebrado com os financiadores (§ 8.11).

Se a obra for retomada pelo fato de a Empresa do Projeto ter sanado o inadimplemento, o período de suspensão deverá ser acrescido à data final para Conclusão do Projeto e a Empresa do Projeto poderá também ter de arcar com os custos incorridos em função da suspensão do projeto (por exemplo, custos de pessoal ou de depósito de equipamento).

§ 8.2.11 Solução de Controvérsias

Tal como ocorre com os Contratos Principais do Projeto (§ 7.12), a resolução de controvérsias em Contratos de Construção é, frequentemente, realizada por procedimento de arbitragem em vez de por ação judicial, o que é preferível por ser mais célere. Pequenas questões que sejam objeto de controvérsia podem ser resolvidas por um especialista, acordado por ambas as partes.

Mesmo que haja alguma controvérsia, geralmente se exige que a Empreiteira de Construção continue a trabalhar no projeto.

§ 8.3 CONTRATO(S) O&M/CONTRATO(S) DE MANUTENÇÃO

O Contrato O&M/Manutenção (a depender do tipo de projeto) ajuda a assegurar que os custos operacionais do projeto se mantenham dentro do orçamento e que o projeto opere como planejado. Pelo fato de a Empresa do Projeto não ter histórico de operação no início de um projeto, os financiadores costumam preferir empresas estabelecidas, com a necessária experiência em projetos similares, assim como também mais substância financeira para assumir essa responsabilidade.

Mesmo que o projeto possa ser operado por um dos Empreendedores, é necessário que haja um contrato separado para esse fim, para definir o âmbito do envolvimento do Empreendedor.

§ 8.3.1 Âmbito do Contrato

O Contrato O&M ou de Manutenção pode ser disciplinado por um instrumento contratual que preveja uma única empreiteira, se isso for adequado ao tipo de projeto (por exemplo, uma central elétrica). Alternativamente, as responsabilidades podem ser divididas (por exemplo, uma rodovia pedagiada, onde as operações de pedágio envolvem um tipo de *expertise* e a manutenção de estradas, uma outra). Outra abordagem pode ser no sentido de que as Empreiteiras de EPC ou o fornecedor de equipamentos prestem serviços de manutenção de longo prazo para grandes obras (§ 8.3.5), enquanto manutenções menores e operações gerais sejam executadas por uma Empreiteira de O&M. A manutenção é geralmente administrada por uma empreiteira, mas os Serviços de Construção podem ser administrados separadamente (§ 8.4).

§ 8.3.2 Serviços

O âmbito do trabalho precisa ser claramente definido para assegurar que a divisão de responsabilidade com a Empresa do Projeto seja clara. Esta última deve ter capacidade adequada de monitorar o que a Empreiteira de O&M/Manutenção deveria estar fazendo; funções corporativas devem normalmente permanecer sob o controle da Empresa do Projeto, ao invés da Subcontratada. Em resumo, a Empreiteira de O&M/Manutenção deve tratar somente do projeto e a Empresa do Projeto pelo menos da administração geral, finanças, seguro e questões relativas ao quadro funcional (que não sejam os funcionários do Contrato O&M/de Manutenção).

No contexto do Contrato de O&M padrão, a Empreiteira de O&M fornece os principais funcionários (por exemplo, o gerente da instalação industrial). Os demais funcionários podem ser empregados pela Empresa do Projeto ou pela Empreiteira de O&M. A Empreiteira de O&M pode, também, oferecer funcionários adicionais disponíveis de sua própria organização para fornecer capacitação inicial e ajudar a iniciar o projeto (em conjunto com a Empreiteira de Construção, que pode também ter responsabilidades nesse sentido), e tratar de problemas operacionais conforme surgirem. Um Contrato de Manutenção para um Projeto de Acomodação seria normalmente dividido em três fases:

Planejamento. A Empreiteira de O&M/Manutenção fornece insumos para o planejamento do projeto sobre questões operacionais e projeções de parâmetros operacionais e custos.

Mobilização. A Empreiteira de O&M/Manutenção é responsável pela transferência tranquila da Empreiteira de EPC e a transição para a operação quando o projeto chegar ao fim da construção, e pode, portanto, fornecer suporte durante o início e a fase de testes do projeto.

Operação. O Contrato O&M/Manutenção obviamente entra em pleno funcionamento quando o projeto está pronto para iniciar as operações. As responsabilidades daqui em diante variam consideravelmente a depender do tipo de projeto, mas podem incluir:

- obtenção dos Alvarás, Licenças e Autorizações operacionais;
- manutenção geral do projeto (por exemplo, pintar as paredes a cada *x* anos);
- operação diária do projeto de acordo com as normas gerais da indústria, como solicitado pelo Contrato Principal do Projeto;
- elaboração do orçamento anual;
- encomenda e manuseio de insumos;
- manutenção de estoque de peças de reposição;
- manutenção dos custos operacionais dentro do orçamento anual;
- manutenção das normas de saúde e segurança;
- manutenção dos registros operacionais, de manutenção e pessoais;
- manutenção dos manuais operacionais atualizados (o manual original provavelmente terá sido elaborado pela Empreiteira de Construção);

- programação e execução da manutenção de rotina e de grande escala, levando em conta as obrigações de garantia da Empreiteira de Construção (§ 8.2.9);
- substituição de equipamento de vida útil (§ 9.7.5);
- execução de consertos de emergência.

§ 8.3.3 Base de Remuneração

A Remuneração da Empreiteira de O&M/Manutenção pode ser a uma base fixa ou de "custos incluídos" (*cost-plus*), acrescida de uma margem de lucro.

As remunerações fixas tendem a se aplicar à uma Empreiteira de Manutenção que cuida de um prédio, uma rodovia ou obras civis similares. As remunerações fixas são normalmente indexadas pelo IPC ou por um índice de preço da indústria. Assim, a Empreiteira de Manutenção assumirá um risco de longo prazo de manutenção imprevisível e custos de vida útil em benefício da Empresa do Projeto (§ 9.7.5).

As remunerações com custos incluídos (*cost-plus*) tendem a ocorrer em caso de Empreiteira de O&M que cuida de uma usina de processamento. A Empreiteira de O&M pode receber remunerações fixas para cobrir custos de funcionários e uma margem de lucro, sendo os demais custos (por exemplo, com materiais ou peças de reposição) reembolsados pela Empresa do Projeto à medida que sejam incorridos.

§ 8.3.4 Incentivos e Multas Indenizatórias

Em usinas de processamento, a Empreiteira de O&M pode receber um bônus se o projeto operar melhor do que os níveis inicialmente acordados, e, inversamente, pode sofrer a cobrança de multas indenizatórias (isto é, PDs) se operar abaixo dos níveis acordados. Eventual bônus é calculado a fim de compartilhar uma receita extra de operação entre a Empresa do Projeto e a Empreiteira de O&M. Os bônus normalmente não se aplicam ao Contrato de Manutenção ou aos Contratos de Prestação de Serviços Prediais.

As multas indenizatórias pagas à Empresa do Projeto em Contratos de O&M/Manutenção são normalmente limitadas ao equivalente a uma ou duas remunerações (§ 6.4.4, § 9.7.2). As exceções às multas indenizatórias, inclusive eventos de isenção contra rescisão, normalmente refletirão aquelas do Contrato Principal do Projeto (§ 7.6–§ 7.8).

§ 8.3.5 Contrato de Manutenção de Grande Escala

Em alguns casos, o fabricante pode estar disposto a assumir a responsabilidade pelo desempenho e manutenção dos principais elementos do projeto em determinado projeto (por exemplo, para as turbinas em uma central elétrica) mediante o pagamento de tarifas fixas de manutenção por um período de tempo.

O benefício deste tipo de disposição é que ele fixa os custos da manutenção para esses itens (§ 9.7.5), e assim ajuda a administrar o orçamento de longo prazo. Entretanto, como no Contrato O&M, o fabricante pode não estar disposto a indenizar a Empresa do Projeto por danos indiretos (isto é, a perda da receita ou pagamento de multas indenizatórias) se a usina não é mantida adequadamente. Pode haver também dificuldade em estabelecer de quem é a culpa pelo fato de o projeto não ter funcionado se parte dele está sendo mantido separadamente.

§ 8.4 CONTRATO DE PRESTAÇÃO DE SERVIÇOS PREDIAIS

O Contrato de Prestação de Serviços Prediais se aplica aos Projetos de Acomodação, principalmente no setor de PPPs, e abrange serviços como limpeza, correio, lavanderia, alimentação, coleta de lixo, estacionamento, recepção e segurança, telefones, etc. Esse Contrato Subordinado pode ser combinado com o Contrato de Manutenção a fim de que todos estes serviços sejam obrigação de um único fornecedor. Os requisitos são apresentados nas Especificações de Serviço previstas no contrato.

Como discutido na seção § 6.4.5, esse Contrato Subordinado pode estar sujeito a *benchmarking* (análise comparativa) ou a testes de mercado a intervalos regulares. O desempenho será medido a partir dos KPIs previstos no Contrato Principal do Projeto (§ 6.4.4), e novamente as PDs são geralmente limitadas ao equivalente a cerca de dois anos de remunerações.

Alternativamente, a Autoridade Contratante pode considerar mais vantajoso, a partir de uma análise de VfM (*Value for Money*) (§ 9.2),contratar separadamente (isto é, fora do Contrato Principal do Projeto) serviços prediais em curto prazo (por exemplo, anualmente, ou por um limitado número de anos).[144] A Autoridade Contratante pode até reter a responsabilidade por alguns aspectos da manutenção predial que não afetem a configuração fundamental do prédio, como por exemplo a decoração interna e o revestimento do piso, a limpeza das janelas e a substituição das janelas quebradas, a manutenção do terreno etc.

Se a Autoridade Contratante adotar essa abordagem, pode ser necessário celebrar um acordo de interface que estabeleça como estes prestadores de serviço se relacionarão com a Empresa do Projeto e suas Subcontratadas, e deixando claro que se, por exemplo, o projeto se torna Indisponível em virtude de atos praticados pelo prestador de serviço de curto prazo, isso não afetará os Pagamentos do Contrato (isto é, trata-se de Excludente de Responsabilidade), mas por outro lado, fazendo uma dedução dos Pagamentos do Contrato se o prestador de serviço de curto prazo ficar impedido de executar seu trabalho. Tais questões de interação podem ser muito complexas.

§ 8.5 CONTRATO DE FORNECIMENTO DE COMBUSTÍVEL OU DE OUTROS INSUMOS

O Combustível ou matérias-primas (referidos abaixo como "fornecimento de insumos") são provavelmente o custo operacional principal de projetos de usina de processamento que realizam a venda

144 Entretanto, há alguns tipos de contrato de acomodação — as penitenciárias são um exemplo óbvio — em que esses serviços não podem ser contratados separadamente.

de um produto final (ao contrário da prestação de um serviço), seja por meio de Contrato *Offtake* ou no mercado aberto. A garantia de fornecimento de insumos, dentro de uma prática de definição de preços adequada, é, portanto, elemento fundamental a esse tipo de *project finance*, geralmente realizado através de um Contrato de Fornecimento de Insumos de longo prazo.

Em alguns casos, o fornecimento de insumos pode criar uma receita para a Empresa do Projeto, em vez de incorrer em um custo — os exemplos incluem um incinerador de lixo sólido municipal, ou uma instalação de tratamento de água, em que a Empresa do Projeto recebe para descartar o lixo ou limpar o esgoto.

Se a Empresa do Projeto tem um Contrato *Offtake*, normalmente, um Contrato de Fornecimento de Insumos é assinado e, na medida do possível, equipara-se aos termos do Contrato *Offtake*, como na prática de definição preços, duração do contrato, força maior etc. Na ausência de um Contrato *Offtake*, o Contrato de Fornecimento de Insumos deveria normalmente durar pelo menos pelo prazo do financiamento.

Claro que um Contrato de Fornecimento de Insumos para a Empresa do Projeto é um Contrato *Offtake* para o Fornecedor de Insumos, e, portanto, ele pode compartilhar muitas das características de um Contrato *Offtake*.

§ 8.5.1 Base de Fornecimento

A Empresa do Projeto normalmente adquire o fornecimento de seus insumos com exclusividade do vendedor. O Contrato de Fornecimento de Insumos apresenta as especificações técnicas para o fornecimento de insumos, com medições ou outros métodos para aferir os volumes de saída e a qualidade, além do direito de recusar fornecimentos que não atingem o padrão exigido.

A data de início para o fornecimento é geralmente a DOC (Data da Operação Comercial). Esta data deveria ter alguma flexibilidade para permitir atrasos na Conclusão do Projeto. (Também deve haver previsão para que o fornecimento dos insumos esteja disponível ao projeto antes da Conclusão do Projeto, quando exigido para efeito de testes. Os volumes e o momento tendem a ser incertos, obviamente, e, portanto, as disposições aplicáveis têm que ser flexíveis).

O volume do fornecimento dos insumos exigido pela Empresa do Projeto está ligado ao resultado do projeto. A Empresa do Projeto pode não ter o controle do resultado, já que a demanda por seu produto pode depender de um Contrato *Offtake* de longo prazo, tal como um CCE (Contrato de Compra de Energia), pelo qual determinado Tomador que não requer energia pode mandar a Empresa do Projeto desligar a central elétrica e continuar a pagar a Tarifa de Capacidade — nesses casos, a Empresa do Projeto precisa assegurar que as suas obrigações de comprar combustível possam ser reduzidas paralelamente.

O Fornecedor de Insumos que deixar de entregar tal qual contratado, será responsabilizado pelo pagamento de multas indenizatórias (passível de ser eximido por força maior); entretanto, em Contratos de Fornecimento de Insumos celebrados em bases equitativas (isto é, onde não há relacionamento entre o Fornecedor de Insumos e o Tomador), essas multas indenizatórias podem ser limitadas ao custo extra de obtenção de fornecimentos alternativos, em vez de eventual perda de receita para a Empresa do Projeto.

Já que o Contrato de Fornecimento de Insumos é um Contrato *Offtake* para o Fornecedor de Insumos, assim como nos Contratos *Offtake* (§ 6.3.1) diferentes abordagens contratuais são usadas, envolvendo diferentes níveis de comprometimento por parte da Empresa do Projeto ao comprar fornecimento de insumos:

Contrato Leve-ou-Pague, ou *Take-or-Pay* (Também chamado de Contrato *Put-or-Pay*, para distingui-lo do Contrato *Take-or-Pay* assinado com um Tomador). O Contrato *Take-or-Pay* exige que a Empresa do Projeto compre um volume mínimo especificado de fornecimento de insumos. Se a Empresa do Projeto não requer o fornecimento de insumos, eles podem ser vendidos no mercado aberto pela Empresa do Projeto ou pelo Fornecedor de Insumos, onde isso seja possível, mas é claro, isso pode levar a um prejuízo se o preço pago pela Empresa do Projeto for mais alto que o preço corrente de mercado.

Contrato Leve-e-Pague, ou *Take-and-Pay*. Neste caso, a Empresa do Projeto paga somente pelo fornecimento de insumos realmente necessários. Aqui o risco de descarte dos insumos indesejados permanece com o Fornecedor de Insumos.

Contrato de Processamento de Insumos. Em um Contrato de Processamento de Insumos, os insumos são fornecidos sem custo. Na verdade, a Empresa do Projeto recebe um "pedágio" (por meio da Tarifa Capacidade) pelo processamento da matéria-prima em algum outro produto (independentemente do fato de a matéria-prima ser entregue ou não). Há dois tipos de contratos de processamento de insumos:

- *Comissão de abastecimento de combustível.* O Tomador prefere administrar e assumir o risco de garantir os fornecimentos de insumos (por exemplo, um Tomador de energia pode fornecer o gás para a central elétrica); e já que o fornecedor de matéria-prima e o Tomador são a mesma pessoa, não há benefício no fato de esta pessoa pagar pelo produto enquanto cobra pela matéria-prima, já que isso seria apenas tirar o dinheiro de um bolso para colocar no outro.

- *Comissão de fornecimento de insumos.* O produto é vendido dentro de um mercado competitivo e o Fornecedor de Insumos está disposto a aceitar o risco do preço. Neste caso, a Tarifa de Capacidade é paga pelo Fornecedor de Insumos, em vez de pelo Tomador, e as receitas das vendas vão diretamente para o Fornecedor de Insumos (por exemplo, uma empresa de petróleo que paga uma refinaria para refinar petróleo bruto, ou uma metalúrgica que paga uma usina de fundição para fundir cobre).

O grau de comprometimento do Fornecedor de Insumos pode também variar:

Fornecimento Fixo ou Variável. O Fornecedor de Insumos concorda em fornecer uma quantia de insumos à Empresa do Projeto, num determinado cronograma (que pode ter alguma flexibilidade em termos de prazo), ou em realizar um fornecimento variável entre um máximo e um mínimo acordados, conforme solicitado pela Empresa do Projeto. Em ambos os casos, o Fornecedor de Insumos é responsável por assegurar que ele tenha fornecimentos suficientes, e o fornecimento pode ser nos moldes "leve-ou-pague" (*take-or-pay*) ou "leve-e-pegue" (*take-and-pay*).

Exclusividade de Fornecimento.[145] O Fornecedor de Insumos dedica todo o seu resultado vindo de uma fonte específica à Empresa do Projeto (por exemplo, toda a produção de sua própria instalação industrial, ou uma Autoridade Contratante pode enviar todo o produto da coleta de resíduos sólidos municipais a um incinerador); novamente, isto pode ser nos moldes "leve-ou-pague" (*take-or-pay*) ou "leve-e-pegue" (*take-and-pay*). Cabe salientar que o Fornecedor de Insumos pode não ter obrigação alguma (exceto pela exigência de agir de boa-fé) de produzir qualquer resultado, salvo estipulação em contrário acordada com a Empresa do Projeto.

Exclusividade de Reserva. A exclusividade de reserva é semelhante à exclusividade de fornecimento — o fornecedor de insumos possui, digamos, uma mina de carvão, e dedica toda a produção da mina à Empresa do Projeto. Mais uma vez, o Fornecedor de Insumos pode ter apenas nada mais que a obrigação de boa-fé de produzir algo, mas o que for produzido não pode ser vendido a ninguém, a não ser à Empresa do Projeto se ela assim não consentir.

Fornecimento Interrompível. Alguns fornecimentos de insumos, tais como gás, são realizados tendo como base um custo baixo "interrompível", frequentemente via gasoduto usado para fornecimento a outros usuários. Se a Empresa do Projeto aceita a possibilidade de interrupção do fornecimento de insumos por períodos máximos especificados a cada ano, o preço dos fornecimentos é reduzido. Contanto que estes entendimentos possam ser mantidos em paralelo com os requisitos do Contrato

145 Também conhecido como "fornecedor único".

de Compra para a operação do projeto, eles são benéficos tanto à Empresa do Projeto como ao Tomador.

Contrato de Processamento de Insumos. Em um Contrato de Processamento de Insumos, o Fornecedor de Insumos não tem absolutamente nenhum compromisso de fornecer, podendo optar por não fazê-lo, se os fornecimentos puderem ser usados mais lucrativamente em outro lugar. Entretanto, independentemente do fato de os insumos serem fornecidos, a Tarifa de Capacidade deve ser paga à Empresa do Projeto.

§ 8.5.2 Riscos de Entrega Física

A titularidade e, portanto, o risco de perda atrelado aos fornecimentos de insumos normalmente passam à Empresa do Projeto no momento da entrega no local do projeto.

Se o Fornecedor de Insumos tiver que construir uma conexão física (por exemplo, um oleoduto) ao local do projeto, pode-se exigir da Empresa do Projeto um pagamento de capacidade para cobrir o custo de construção de um oleoduto, de modo semelhante à Tarifa de Capacidade no âmbito de um Contrato *Offtake* (por exemplo, não importando se ela aceita os fornecimentos de insumos ou não). Este pagamento normalmente começa na data esperada para Conclusão do Projeto, observadas as prorrogações por Eventos Indenizáveis ou Eventos de Isenção.

Se a conexão não for concluída a tempo, o Fornecedor de Insumos pode indenizar a Empresa do Projeto pelo custo extra de obtenção de fornecimento em outros lugares.

Os Eventos de Isenção do Contrato de Fornecimento de Insumos podem incluir problemas com conexões de terceiros (por exemplo, via férrea) usadas para fazer entregas nas instalações do projeto, e nesse caso que o Fornecedor de Insumos será penalizado se isso atrapalhar as entregas, mas o Contrato de Fornecimento de Insumos não pode ser rescindido por inadimplemento.

§ 8.5.3 Base de Definição de Preços

Quando existe um Contrato *Offtake*, a definição dos preços dos fornecimentos de insumos é normalmente vinculada a ele:

ou o preço do produto previsto no Contrato *Offtake* é baseado no custo de fornecimentos de insumos (por exemplo, na Tarifa de Energia sob um CCE); esta abordagem é mais provável quando os fornecimentos de insumos são mercadorias amplamente comercializadas, tais como petróleo ou gás;

ou o preço previsto no Contrato de Fornecimento de Insumos é baseado no preço ao qual o produto é vendido no âmbito do Contrato *Offtake*. Esta abordagem é mais provável quando os fornecimentos de insumos são uma mercadoria mais especializada, como no caso dos petroquímicos, ou quando não há um Contrato *Offtake* e o risco é devolvido ao Fornecedor de Insumos.

Se não há um Contrato *Offtake*, o preço do fornecimento de insumos pode ser vinculado ao preço de venda do produto, com base no preço negociado, ou simplesmente no preço do mercado aberto de comercialização do produto. Obviamente se se tratar de Contrato de Processamento de Insumos, não há preço a ser pago.

§ 8.5.4 Garantia Real

O Fornecedor de Insumos pode solicitar garantia da Empresa do Projeto para:

Conclusão do Projeto. Se o Fornecedor de Insumos assume os custos de construção de instalações de conexão, tais como um oleoduto, os financiadores ou os Empreendedores têm que garantir o pagamento de multa indenizatória que permita ao Fornecedor de Insumos recuperar esses custos se o projeto não for concluído. (É evidente que a garantia fidejussória prestada pela Empresa do Projeto teria pouco valor nessas circunstâncias).

Pagamento dos Fornecimentos de Insumos. Os fornecimentos de Insumos são geralmente vendidos a crédito, sendo o pagamento feito, digamos, a intervalos mensais após o fornecimento. Mais uma vez, pode-se exigir que os financiadores prestem garantia fidejussória para os pagamentos pendentes. Como alternativa, o Fornecedor de Insumos pode receber garantia real sobre os estoques de suprimentos de insumos na instalação industrial (se forem suficientes para cobrir as quantias devidas), ou uma primeira hipoteca sobre a própria instalação industrial, antes da dos financiadores. Embora normalmente os financiadores não permitam que outra pessoa tenha garantia antes deles, isso os coloca na mesma posição que estariam se eles tivessem garantido as quantias devidas e assim não deveriam ser rejeitados em princípio. Esta abordagem alternativa também poupa a Empresa do Projeto de ter que pagar os financiadores pela oferta de garantia.

§ 8.5.5 Eventos de Evento de Isenção e Mudança na Lei

Os Eventos de Isenção (força maior temporária) normalmente dispensam o Fornecedor de Insumos de fazer entregas; os Eventos Isenção que impedem a conclusão ou a operação do projeto liberam a Empresa do Projeto de aceitá-los.

Uma mudança na lei pode elevar o custo do cumprimento do contrato do Fornecedor de Insumos, seja porque os custos de transporte são aumentados (por exemplo, porque há regras mais rígidas sobre como o produto tem que ser transportado), ou porque uma mudança na lei (por exemplo, um novo imposto) afeta a margem de lucro sob o Contrato de Fornecimento de Insumos. A Empresa do Projeto pode aceitar estes riscos se for capaz de passá-los a um Tomador (§ 11.3).

§ 8.5.6 Inadimplemento e Rescisão

Os eventos que permitem que o Fornecedor de Insumos rescinda o Contrato de Fornecimento de Insumos devem ser limitados, sob pena de se criar incerteza demais para o financiamento do projeto. Os eventos típicos de inadimplemento que poderiam causar a rescisão pelo Fornecedor de Insumos são:

- falta de pagamento dos fornecimentos pela Empresa do Projeto;
- abandono do projeto, a venda dos ativos do projeto, ou o descumprimento da conclusão do projeto na data final acordada (observadas as prorrogações por Evento de Isenção ou Evento Indenizável);
- insolvência da Empresa do Projeto ou o vencimento antecipado de sua dívida.

A rescisão pela Empresa do Projeto poderia ser por:

- falta de realização de entregas pelo Fornecedor de Insumos;
- insolvência do Fornecedor de Insumos ou vencimento antecipado de sua dívida;
- inadimplemento por parte de garantidor do Contrato de Fornecimento de Insumos.

A força maior permanente que torne impossíveis as entregas contínuas também ocasiona risco mútuo de rescisão do contrato.

Mais do que buscar a rescisão por falta de entrega, e do que reivindicar perdas que podem ou não ser recuperadas, a Empresa do Projeto pode preferir a execução de obrigação de fazer (isto é, obter uma ordem judicial que determine a entrega de fornecimentos de insumos prevista no contrato). Tal medida judicial pode ou não existir, conforme o país em que se deem os fatos. Pode ser possível inserir uma disposição no Contrato de Fornecimento de Insumos no sentido de que o Fornecedor seja obrigada a obter os fornecimentos de uma outra fonte.

§ 8.6 SEGURO

O âmbito de cobertura do seguro e, na falta deste, do Contrato Principal do Projeto, no que tange aos riscos de forçar maior, é discutido na seção § 9.9.

Embora não constitua, a rigor, Contrato Subordinado, o seguro é elemento fundamental na rede de contratos em financiamentos de projetos. Os requisitos do contrato de seguro em uma modelagem de *project finance* são estritos, e como resultado, os respectivos custos são elevados e, apesar disso, essa questão tende a ser negligenciada no desenvolvimento do projeto. Isso pode fazer com que os custos do projeto sejam subestimados pelo fato de todos os exigidos não terem sido levados em conta ou com que o financiamento seja suspenso pelo fato de os seguros exigidos pelos financiadores não estarem contratados. Neste estágio inicial do desenvolvimento do projeto, portanto, os Empreendedores precisam indicar um corretor de seguros com experiência específica em ambos: em seguros para *project finance* em geral, e em contratação de seguros em projetos de larga escala no país em questão, para recomendar e finalmente contratar o programa de seguro.

O corretor também desempenha um papel importante ao comunicar a informação sobre o projeto à seguradora. Isso é importante porque em algumas jurisdições, o seguro é um contrato *uberrimæ fidei* (de *máxima boa*-fé); se alguma informação relevante for omitida do segurado, não haver*á* qualquer obrigação de pagamento na apólice (*vide* comentários sobre a cobertura de não invalidação na seção § 8.6.5). O corretor deve, portanto, orientar a Empresa do Projeto e os Empreendedores para garantir que isto não aconteça.

Os corretores frequentemente recebem uma porcentagem dos prêmios do seguro, mas isso obviamente não é um incentivo para manter os prêmios baixos, e é preferível negociar uma comissão fixa pelo trabalho deles. O seguro é efetuado em duas fases: primeiro, o seguro que cobre toda a fase de construção do projeto (incluindo o início e os testes), e o segundo, a renovação anual dos seguros quando as instalações estiverem em operação. Cabe salientar que os seguros da fase operacional (exceto, talvez, o primeiro ano) não podem ser efetuados ou os seus prêmios fixados antecipadamente (§ 9.9.2).

Além disso, os seguros regulares exigidos por lei, tais como de responsabilidade pública, responsabilidade do empregador, seguros de veículos, etc., têm que ser contratados pela Empresa do Projeto ou pela Empreiteira de Construção, conforme o caso.

§ 8.6.1 Seguros da Fase de Construção

Nos contratos de construção que não estejam sendo financiados nos moldes de *project finance*, é comum que a empreiteira contrate os seguros principais para a fase de construção do projeto e os inclua como parte do preço do contrato. Isso faz sentido, porque no âmbito de um contrato de construção padrão, a empreiteira está em risco de perda por eventos não seguráveis: se parte do projeto for destruída por um incêndio, a empreiteira deve substituí-la, independentemente de estar segurada ou não.

Contudo, o seguro contratado pela empreiteira nem sempre é adequado ao modelo de *project finance* por várias razões:

- Como será visto, os financiadores solicitam um seguro contra Atraso no Início, que não pode ser facilmente obtido pela Empreiteira de Construção, que não está em risco de perda nesse sentido (embora possa haver responsabilidade pelas consequências do atraso — *vide* § 8.2.8). Se a Empresa do Projeto contrata um seguro separado para esse fim, corre-se o risco de as duas apólices não se equipararem como se espera.
- É muito comum em *project finance* que ocorra contratação do seguro para o primeiro ano da operação como parte de um pacote de seguros da fase de construção, para assegurar que não haja problemas de transição entre as duas fases; novamente, isto não poderia ser feito em nome da Empreiteira de Construção.
- Os projetos que concluem a construção em fases (por exemplo, duas linhas de produção em uma usina de processamento) têm

seguros de construção e de operação em vigor simultaneamente; estes têm que ser tratados como um pacote e portanto, têm que ser contratados pela Empresa do Projeto já que a Empreiteira de Construção não tem interesse em operar seguros.

- Os financiadores desejam exercer um controle rigoroso das condições do seguro e de eventuais sinistros, que envolvam a Empresa do Projeto, em vez de delegar essa atribuição à Empreiteira de Construção.
- Há inúmeros requisitos específicos do Financiador quanto à apólices de seguro que podem ser difíceis de acomodar se a apólice não estiver em nome da Empresa do Projeto (§ 8.6.5).
- Os financiadores normalmente controlam a destinação dos recursos vindos da indenização do seguro.

O seguro proveniente da Empreiteira de Construção pode parecer mais barato, mas isso normalmente se deve ao fato de a cobertura ser menos abrangente do que a exigida pelos financiadores.

Mas os seguros controlados pelos financiadores podem causar problemas para a Empreiteira de Construção, já que esta assume o risco de prejuízo ou dano físico antes da Conclusão do Projeto, ficando, assim, responsável por repará-lo.

A Empreiteira de Construção não seria isenta de responsabilidade por atraso causado pela espera da indenização do sinistro, já que este atraso não constituiria um Evento de Isenção previsto no Contrato de Construção, podendo, portanto, ter que encomendar e pagar pela substituição do equipamento, mesmo que ainda não esteja claro se a indenização pelo sinistro será paga integralmente pela seguradora (a Empreiteira de Construção pode não ter conhecimento direto do andamento do pedido de indenização por ocorrência de sinistro), ou se os recursos serão desembolsados pelos financiadores (em vez de usados para amortizar a dívida — *vide* § 8.6.5). Esta é provavelmente uma área para uma negociação delicada tripartida entre a Empresa do Projeto, a Empreiteira de Construção e os financiadores.

Os principais seguros solicitados para a fase de construção do projeto (e os quais geralmente cobram o todo da fase de construção, ao invés de ser renovado anualmente) são:

Todos os Riscos de Construção e Edificação (*Construction and Erection All Risks* — CEAR).[146] Este seguro cobre a perda física ou o dano às obras, materiais e equipamento do local do projeto. Quando for o caso, a cobertura deve incluir pane mecânica e elétrica. O nível de cobertura normalmente abrange o custo de substituição, incluindo eventuais tarifas de importação extra e custos de edificação. Os eventos segurados incluem a maioria dos riscos de força maior, tais como guerra, incêndio e desastre natural, como também danos causados por planejamento, material ou acabamento com defeito, ou por procedimentos incorretos no início e nos testes. A principal exceção para o requisito para cobertura de custo de substituição é se for inconcebível que toda a instalação da construção poderia ser destruída de uma vez (por exemplo, uma rodovia ou um longo oleoduto). Em tais casos, a cobertura da "primeira perda" pode ser realizada — um nível de cobertura suficiente para abranger a maior perda individual possível que pudesse ocorrer.

Carga Marítima. Este seguro cobre a perda física ou o dano ao equipamento durante o transporte às instalações do projeto ou em depósito antes da entrega. O nível de cobertura deve ser suficiente para administrar a maior perda possível em um embarque. O âmbito da cobertura é semelhante ao seguro **CEAR**.

Responsabilidade Pública.[147] Este seguro é geralmente agregado ao CEAR e cobre todos aqueles envolvidos no projeto provenientes de pedidos de indenização por danos de terceiros. Como este seguro é relativamente barato, os níveis de cobertura são geralmente altos.

---

146 Também conhecido como Todos os Riscos da Construção (*Construction All Risks* — CTR) ou Todos os Riscos do Construtor.

147 Também conhecida como Responsabilidade por Danos de Terceiros.

Responsabilidade do Empregador. De forma semelhante, este seguro proporciona cobertura por lesões aos funcionários nas instalações do projeto.

Responsabilidade por Poluição da Empreiteira. Quando for o caso, pode-se exigir a contratação de seguro para indenização por danos de terceiros, resultantes da poluição preexistente agravada pela Empreiteira de Construção ou que cause nova poluição.

Ambiental. Também se pode exigir contratação de seguro que cubra o risco de haver poluição oculta ou resíduo perigoso no canteiro de obras (§ 9.10.3).

Atraso no Início ('AI').[148] Este seguro se destina a indenizar a Empresa do Projeto por lucros cessantes ou custos adicionais (ou pelo menos, o custo dos juros da dívida e custos operacionais fixos, acrescidos de eventuais multas indenizatórias pagas por atraso na Conclusão do Projeto do empreendimento), resultante de um atraso no início das operações provocado por um prejuízo segurado por uma apólice CEAR. A cobertura do AI paga uma quantia previamente convencionada por dia de atraso, por um determinado período de tempo. O nível de cobertura deve ser suficiente para fazer face ao atraso mais longo possível causado pela perda ou dano a um elemento crucial do projeto no pior momento possível. Em um projeto de energia, por exemplo, a cobertura por cerca de 18 meses por atraso é normalmente exigida para permitir o tempo de entrega da substituição de uma turbina, ao passo que um período mais curto, digamos, de um ano pode ser aceitável para um prédio escolar. A cobertura de AI é cara — grosso modo, ela pode dobrar o custo dos seguros da fase de construção, e a dimensão de cobertura pode ser uma questão de discussão considerável entre os Empreendedores e os financiadores.

---

148 Também conhecido por Lucros Cessantes Antecipados ('LCA'), embora conforme mencionado o seguro possa não cobrir de fato os lucros cessantes.

AI Marítimo. O AI Marítimo cobre o mesmo âmbito que o AI em relação a atrasos causados pela perda ou dano ao equipamento transportado por navio para o projeto.

Força Maior. A cobertura fornecida pelo seguro contra evento de força maior se destina a permitir que a Empresa do Projeto pague as obrigações de seu serviço de dívida se o projeto for concluído em atraso ou se for de outro modo prejudicado por eventos de força maior temporária que não causam dano direto ao projeto (que deveriam ser cobertos pelo AI), tais como:

- Os eventos de Força Maior da Natureza longe das instalações do projeto, incluindo dano em trânsito e nas instalações do fornecedor (desde que não sejam cobertos pelo seguro contra AI);
- greves etc., mas não entre a Empresa do Projeto e seus funcionários;
- qualquer outra causa alheia ao controle de quaisquer participantes do projeto (por exemplo, dano que prejudique conexões de terceiros), mas que não inclua prejuízo causado por inadimplemento financeiro ou insolvência.

De fato, o seguro contra eventos de força maior pode ser usado para cobrir eventuais lacunas relevantes na cobertura por AI.

Indenização por Perdas e Danos Fixada em Cláusula Penal. A Empreiteira de Construção pode contratar um seguro de "eficácia", que cubra a responsabilidade de pagamento das PDs por atraso ou desempenho insatisfatório (§ 8.2.8).

§ 8.6.2 Seguros da Fase Operacional

Na fase operacional, a cobertura do seguro é semelhante em natureza, mas normalmente renovada anualmente, o que cria um risco de mudanças incontroláveis nos prêmios (§ 9.9.2):

Todos os Riscos. Cobre o projeto contra dano físico. O nível de cobertura é normalmente o custo de substituição do projeto ou do respectivo equipamento (exceto quando couber a cobertura da primeira perda descrita acima). Esta cobertura pode ser dividida entre seguro Patrimonial (ou Dano Material) e seguro de Pane do Maquinário (também conhecido como Caldeira e Maquinário).

Responsabilidade Pública/Responsabilidade do Empregador/ Responsabilidade por Poluição. É semelhante à cobertura durante a fase de construção.

Interrupção das Atividades ('IA'). Este é o equivalente ao seguro AI, uma vez que o projeto está operando. Novamente, a dimensão de cobertura deve ser suficiente para cobrir as perdas (ou pelo menos os juros, as multas indenizatórias e os custos operacionais fixos) durante o período máximo de interrupção que poderia ser causado por ter que substituir um componente fundamental do projeto.

Força Maior. Semelhante em âmbito ao seguro da fase de construção, e proporciona a cobertura do serviço da dívida se o projeto não puder operar.

Ambiental. Mais uma vez, pode-se exigir cobertura de seguro para poluição oculta, ou para alguma nova poluição resultante do projeto (§ 9.10.3; § 9.10.4).

§ 8.6.3 Prejuízos Dedutíveis

Todos estes seguros estão sujeitos aos prejuízos dedutíveis (isto é, a perda a ser assumida pela Empresa do Projeto antes de os pagamentos serem feitos pela cobertura do seguro). A Empresa do Projeto pode tentar fazê-los em montantes relativamente expressivos, já que isso reduz o custo dos prêmios do seguro. A Empreiteira de Construção tentará fazer com que os prejuízos deduzíveis de CEAR e de Carga Marítima sejam tão baixos quanto possível, para com isso limitar a responsabilidade por tais perdas não seguradas. Os financiadores também tentarão manter todos os prejuízos dedutíveis baixos para reduzir seu risco.

§ 8.6.4 Prorrogações do Fornecedor ou do Tomador

Trata-se de exceção à regra normal de que a perda da receita será coberta somente quando se relacionar com o dano à instalação industrial do próprio segurado. A Prorrogação do Fornecedor cobre a perda da receita para a Empresa do Projeto causada pelo Fornecedor de Insumos que deixa de entregar o produto exigido em virtude de perda segurável ocorrida em sua instalação industrial. De igual forma, a Prorrogação do Tomador cobre a perda da receita se o Tomador não conseguir o produto do projeto em razão de sua perda segurável.

Estes tipos de seguros podem ser úteis por preencherem uma lacuna na estrutura de distribuição de risco (§ 9.9.1), mas como ocorre com os seguros AI e IA, eles são bem caros.

§ 8.6.5 Requisitos do Financiador

Já que o seguro constitui parte importante do pacote de garantia, os termos detalhados das apólices e a fiabilidade creditícia da seguradora devem ser aceitáveis para os financiadores.

Há também diversos requisitos específicos, alguns dos quais os financiadores geralmente exigem que sejam incluídos nas apólices de seguro para assegurar que elas sejam devidamente protegidas (conhecidas como cláusulas "dos banqueiros"):

Segurado Adicional. O banco gestor dos financiadores ou o agente fiduciário de garantia é indicado como uma parte segurada adicional (ou cossegurado) das apólices. (Além da Empresa do Projeto, as partes com participação no projeto, tais como o Tomador/Autoridade Contratante, a Empreiteira de Construção, e a Empreiteira de O&M/Manutenção podem também ser indicadas como segurados adicionais). Enquanto parte segurada adicional, os financiadores são tratados como se eles fossem cobertos separadamente pela apólice de seguro, mas não têm nenhuma obrigação prevista na apólice (por exemplo, de para pagar os prêmios).

Autonomia. As apólices têm que operar no sentido de proporcionar ocasiões distintas cada uma das partes seguradas.

Mudanças e Cancelamentos da Apólice. O segurado deve notificar previamente os financiadores sobre eventual intenção de cancelamento ou de alteração relevante nas apólices e declara que estas não podem ser modificadas sem o consentimento dos financiadores.

Falta de pagamento de Prêmios. A seguradora se obriga a comunicar os financiadores sobre eventual falta de pagamento de prêmio. Como assegurados adicionais, os financiadores têm a opção, mas não a obrigação, de pagar prêmios quando estes não forem pagos pela Empresa do Projeto.

Beneficiário da Perda. O banco gestor dos financiadores ou agente fiduciário da garantia é indicado como único beneficiário da perda das apólices que cubram perda ou dano, ou único beneficiário das quantias acima de uma determinada cifra, sendo as quantias menores pagas à Empresa do Projeto. (Entretanto, os pagamentos por responsabilidade de terceiros são feitos diretamente à parte prejudicada). Isso também pode autorizar os financiadores a se voltarem diretamente contra a seguradora em algumas jurisdições, mas em todo caso, a cessão das apólices do seguro constitui parte do pacote de garantia dos financiadores (§ 14.7.1). Geralmente, ser nomeado um segurado adicional (ver acima) é preferível caso o fato de ser beneficiário da perda não dê aos financiadores o direito de agirem diretamente com base na apólice.

Renúncia da Sub-Rogação. A seguradora renuncia ao direito de se sub-rogar nos direitos dos financiadores; na lei geral de seguros, a seguradora que indeniza um sinistro previsto em apólice pode ter direito a uma parcela da indenização posterior, paga pelos financiadores; os financiadores não admitem tal reembolso à seguradora até que o recurso da dívida esteja totalmente amortizado.

Não Invalidação. Os financiadores preferem ter uma cláusula de não invalidação[149] incluída nas apólices de seguro. Isto assegura que mesmo que outra parte segurada faça algo para invalidar os seguros (por exemplo, deixar de revelar informação relevante), isso não afetará a cobertura fornecida aos financiadores. Esta pode ser uma área muito difícil de se negociar com a seguradora, porque pode aumentar sua responsabilidade potencial de modo atípico. De fato, em condições de mercado de seguro mais restritas, pode não ser possível fazer com que a seguradora concorde, e em tais circunstâncias — se seu consultor de seguros recomendar que não há escolha — então os financiadores têm que viver sem ela. Às vezes, é possível obter cobertura separada por esse risco, e em algumas jurisdições, isso se resolve nomeando-se os financiadores como partes seguradas adicionais e incluindo-se uma cláusula de autonomia, e assim dando aos financiadores os direitos diretos deles próprios que não possam ser prejudicados pelas condutas de terceiros.

"Fugir para as Colinas" *versus* Restabelecimento. Os financiadores frequentemente desejam ter a opção de usar os recursos da indenização pelo sinistro de dano físico para amortizar o recurso da dívida em vez de para reabilitar o projeto — trata-se da opção "fugir para as colinas". Isso está longe de ser realista, dado que é improvável que até mesmo um projeto em um local (como uma usina de processamento) seja uma perda total, sendo evidente que não o será no caso de um empreendimento em vários locais, ou um projeto de infraestrutura "linear" como uma rodovia (§ 8.6.9): portanto, a indenização do seguro não seria suficiente para amortizar toda a dívida, a menos que viesse em um estágio posterior no ciclo de vida do projeto. Além disso, a seguradora pode

---

149 Também conhecida como "quebra" ou "violação da cláusula de cobertura".

exigir a restauração do projeto como condição para pagamento da indenização pelo sinistro. Igualmente, a Empreiteira de Construção — se o projeto ainda estiver em construção — pode desejar assegurar que os recursos advindos do seguro sejam automaticamente aplicados à restauração do projeto, em vez de serem usados para reduzir o recurso da dívida, como faria o Tomador/Autoridade Contratante se houver um Contrato Principal do Projeto.

No entanto, os financiadores podem preferir manter a opção em aberto, caso o projeto não seja mais economicamente viável no momento da realização do pedido de indenização por sinistro. Isso significa, então, que a definição de "viabilidade econômica" precisa ser incluída nas cláusulas de seguro previstas no Contrato Principal do Projeto: normalmente, isso se relacionará à capacidade de o projeto restaurado cobrir os requisitos do serviço da dívida. Pelo menos, os financiadores controlam como as receitas do seguro são desembolsadas (§ 14.4.1).

Qualquer pagamento que cubra perda de receita (isto é, sinistros que envolvam AI, IA, ou apólices de força maior) é controlado pelos financiadores do mesmo modo que eles controlam a aplicação das receitas gerais da Empresa do Projeto (§ 14.4.2).

O Tomador/Autoridade Contratante também ficará preocupado com a manutenção de seguro adequado, tanto para assegurar a continuidade no projeto como para cobrir, na medida do possível, eventual pagamento de Indenização por Rescisão Antecipada do Contrato Principal do Projeto por evento de força maior (§ 7.10.4), de modo que requisitos semelhantes àqueles dos financiadores se aplicariam também ao Contrato Principal do Projeto.

§ 8.6.6 Resseguro

A maioria das seguradoras de grandes projetos providencia, no mercado, o resseguro de algumas de suas responsabilidades. Isso não costuma ser preocupação para os financiadores, porque eles se valem da responsabilidade primária (e da fiabilidade creditícia) da seguradora original. (É claro que a fiabilidade creditícia da seguradora deve ser aceita por todos os financiadores).

Entretanto, em alguns países a legislação local pode exigir que os seguros sejam realizados junto a seguradoras domésticas. Em países em desenvolvimento essas seguradoras locais podem não ter a fiabilidade creditícia nem a capacidade de preencher os requisitos do seguro de um projeto importante.

Portanto, as seguradoras locais normalmente resseguram o risco no mercado internacional: esse resseguro pode traçar o caminho para a administração de problemas de crédito dos investidores e financiadores com as seguradoras locais, permitindo um "atalho" ao resseguro (isto é, a seguradora local instrui as resseguradoras a pagarem eventuais indenizações por sinistros diretamente à Empresa do Projeto ou aos financiadores), e assim reduzindo a questão de risco de crédito local (embora ainda possa haver problemas se a seguradora local, enquanto pessoa a quem os pagamentos de resseguro são legalmente devidos, vier a falir — isso pode se evitar se a seguradora local assinar uma cessão de direitos sobre esses recursos aos financiadores).

§ 8.6.7 Controle de Litígio

Em geral, a seguradora irá querer controlar qualquer litígio que possa mudar a quantia devida de acordo com suas apólices. Pode ocorrer de o Tomador/Autoridade Contratante, por razões de política e precedente, preferir propor uma ação judicial quando a seguradora esteja disposta a fazer acordo. Isso pode ser resolvido se o Tomador/Autoridade Contratante concordar em cobrir as despesas processuais adicionais, e algum aumento na indenização do sinistro, se comparada àquela que teria sido aplicada se não houvesse um acordo sem processo judicial.

§ 8.6.8 Prêmio de Seguro/Risco Não Segurável

O risco do prêmio de seguro é discutido na seção § 9.9.2, e a indisponibilidade do seguro, na seção § 9.9.3.

§ 8.6.9 Projetos Lineares ou de Instalações Múltiplas

Pode não ser necessário contratar seguro que cubra o custo de substituição total de um projeto, se se tratar de projeto "linear", tal como uma rodovia (§ 8.6.10), ou de múltiplas instalações separadas. Nestes casos, as chances de uma perda total de todo o projeto são quase insignificantes, então a quantia segurada pode ser baseada na maior perda cogitável.

§ 8.6.10 Seguro de Carteira/Auto-Seguro

Se os Empreendedores possuem uma grande carteira de projetos semelhantes, eles podem achar que vale mais a pena, em termos de custo-benefício, contratar o seguro da carteira como um todo, em vez de o projeto, individualmente. Os financiadores aceitam essa possibilidade quando seus interesses puderem ser protegidos como apresentado acima.

Como alternativa, o Tomador/Autoridade Contratante pode preferir auto-segurar o projeto e indenizar a Empresa do Projeto por eventuais prejuízos adequadamente. Isso pode ocorrer quando o Tomador/Autoridade Contratante tem uma carteira grande de ativos semelhantes, de modo que o risco é amplamente difuso e assim as hipóteses de perda, enquanto porcentagem do valor total dos ativos, seriam semelhantes aos prêmios do seguro que seriam pagos. Do mesmo modo, os projetos de rodovia e transporte podem não contratar seguros operacionais por danos físicos através da Empresa do Projeto. Nesses casos, o setor público costuma recorrer ao auto-seguro (isto é, assume os riscos sem contratar nenhum seguro, o que é uma abordagem razoável, dada a natureza difusa dos riscos envolvidos).

Também pode não haver um mercado de seguros adequado para alguns tipos de projeto — por exemplo, a falta de seguro para penitenciárias pode ser um problema para o projeto de PPP de uma penitenciária, e pode não existir seguro para alguns tipos de projeto da área de defesa. Em tais casos, o auto-seguro pelo Tomador/Autoridade Contratante é a única solução.

§ 8.7 ARRENDAMENTO LOCAL DAS INSTALAÇÕES E OUTROS DIREITOS DE USO

Em projetos onde há um Tomador do setor público, ou uma Autoridade Contratante, esta parte frequentemente fornece um local para um projeto, especialmente se um Ativo Reversível estiver envolvido. A Empresa do Projeto recebe o direito de usar o local para o projeto, pelo prazo do Contrato Principal do Projeto. Este direito pode assumir a forma de um arrendamento, ou outra forma de alvará, dependendo do respectivo ambiente jurídico.

A principal preocupação da Empresa do Projeto e seus financiadores será assegurar que arcabouço jurídico imobiliário não aumente as obrigações nem reduza os direitos que a Empresa do Projeto tem no âmbito do Contrato Principal do Projeto.

O Tomador/Autoridade Contratante precisa garantir que não haja incentivo para que a Empresa do Projeto separar o arrendamento do projeto para depois vender o arrendamento sem concluir o projeto (§ 7.10.7).

§ 8.8 ALVARÁS, LICENÇAS E OUTROS DIREITOS

Os Alvarás e os outros direitos exigidos para a construção e operação do projeto não são contratos separados, mas sua obtenção e previsão constituem condição precedente à eficácia dos Contratos do Projeto e à Assinatura do Contrato de Financiamento.

Os Alvarás e Licenças se dividem em duas categorias principais: na primeira, estão os exigidos para a construção e operação do projeto (§ 8.8.1), incluindo-se os direitos de passagem ou servidões (§ 8.8.2), e acordos para usar as instalações comuns com outra parte (§ 8.8.3). Na segunda categoria, estão os Alvarás e Licenças que podem ser exigidos em alguns países, para que se invista na Empresa do Projeto e para que se financie a Empresa do Projeto (§ 8.8.4).

§ 8.8.1 Alvarás e Licenças do Projeto

Os Alvarás e Licenças variam muito de um país para outro e de um projeto para outro. Podem ser concedidos pelos departamentos centrais do governo ou por secretarias regionais ou autoridades locais. Se há um Contrato Principal do Projeto com um Tomador do setor público, ou com uma Autoridade Contratante, isso pode automaticamente conceder ao projeto alguns dos Alvarás e Licenças exigidos, ou pode dar garantias de que o governo fornecerá apoio para que sejam obtidas.

Grandes projetos tendem a exigir diversos Alvarás e Licenças, e sua não obtenção no prazo pode prejudicar seriamente o seu progresso. Os Empreendedores e a Empresa do Projeto precisam garantir que sua organização permita que as pessoas que ali administram Alvarás e Licenças estejam próximas dos consultores jurídicos.

Alvarás e Licenças de Construção. Uma ampla variedade de Alvarás e Licenças específicas para a construção pode ser exigida. A responsabilidade pela obtenção de tais Alvarás e Licenças deve geralmente recair sobre a Empreiteira de Construção, que deve ser experiente nessa área, e deve assumir o risco por atrasos em sua obtenção. Alguns Alvarás e Licenças podem ser emitidos ou por solicitação apresentada pela Empresa do Projeto, em vez de pela Empreiteira de Construção, mas esta última deve, sempre que possível, se responsabilizar pela elaboração das solicitações de alvarás e licenças em nome da Empresa do Projeto. Os Alvarás e Licenças podem também ser necessários para a importação de equipamento para o projeto e para a importação temporária de equipamentos de construção.

Alvarás e Licenças Operacionais. Também é provável que Alvarás e Licenças sejam exigidos para operação do projeto. Estes podem se relacionar à operação de determinados tipos de instalação industrial, às emissões ou níveis de ruídos do projeto, ou à administração de assuntos tais como saúde e segurança no projeto. Podem ser também necessárias para a importação de combustível ou matérias-primas. Pode não ser possível obter mais Alvarás e Licenças até o projeto se concluir, porque, por exemplo, pode ser necessário demonstrar as emissões efetivas, os níveis de ruído etc. do projeto (§ 9.5.3).

§ 8.8.2 Direitos de Passagem e Servidões

Além desses Alvarás e Licenças oficiais, a Empresa do Projeto pode também precisar buscar os direitos de passagem (por exemplo, o acesso ao local para a construção ou operação ou para instalar um oleoduto para entrega de combustível) ou servidões (por exemplo, para o direito de descarregar água) de proprietários de terreno adjacente, que podem não ter outra ligação com o projeto.

§ 8.8.3 Instalações Compartilhadas

Alguns projetos podem ser construídos em duas fases e levantar financiamento separadamente para cada fase (por exemplo, uma usina de processamento ou uma central elétrica com duas linhas separadas de produção ou geração de energia). Em tais casos, a construção da primeira fase do projeto geralmente inclui cláusulas que tratem das instalações comuns exigidas por ambas as linhas, tais como a entrada e a saída de água.

De forma semelhante, um projeto de cogeração, no qual uma central elétrica vende vapor a um usuário industrial, pode também compartilhar instalações com o comprador de vapor, tais como o abastecimento de água desmineralizada, descarga de água, e outros serviços.

Em tais casos, os direitos de cada parte tem que ser claramente documentados, e incluir:

- acesso para a construção do novo projeto;
- direitos de usar as instalações comuns (incluindo-se a prioridade de uso);
- obrigações de manutenção das instalações comuns;
- cláusulas que protejam o projeto dependente se o outro projeto for abandonado ou executado.

§ 8.8.4 Alvarás e Licenças de Investimento e Financiamento

Os Alvarás e Licenças específicos para o investimento ou financiamento da Empresa do Projeto tendem a não ser exigidos em países desenvolvidos, mas em países em desenvolvimento, os controles de investimento e câmbio tendem a se aplicar à Empresa do Projeto.

Alvarás e Licenças de Investimento. Os Alvarás e Licenças podem ser exigidos para investidores estrangeiros (incluindo os Empreendedores) que invistam na Empresa do Projeto e que remetam os dividendos ou outros pagamentos da Empresa do Projeto para investidores no exterior.

Isenções de Impostos podem ser concedidas (por exemplo, a dividendos e juros pagos a investidores estrangeiros, ou a juros pagos a financiadores, por impostos retidos).

Controles de Câmbio. Os países que têm sistemas de controle de câmbio restringem a capacidade de as empresas realizarem o câmbio de moeda estrangeira e as operações de pagamento. Os controles de câmbio podem impedir a Empresa do Projeto de:

- manter contas bancárias em moeda estrangeira;
- manter contas bancárias fora do país;
- emprestar moeda estrangeira ou modificar as condições dos financiamentos em moeda estrangeira;
- fazer pagamentos aos fornecedores fora do país.

Em tais casos específicos, as aprovações são exigidas pelo banco central do país ou pelo ministério da fazenda para permitirem a realização dessas transações quando exigidas para o financiamento do projeto.

§ 8.9 ADITIVOS E SUBSTITUIÇÃO DOS CONTRATOS SUBORDINADOS

Normalmente, o Tomador/Autoridade Contratante desejará exercer algum controle sobre os aditivos aos Contratos Surdinados, tendo em mente que a revisão desses contratos, e das Subcontratadas terão sido parte de sua *due diligence* quando da celebração do Contrato

Principal do Projeto. Por outro lado, a Empresa do Projeto preferirá tratar com suas próprias Subcontratadas sem interferência, especialmente se houver algum problema com o projeto. O meio-termo aqui recomenda que os aditivos que possam aumentar a responsabilidade do Tomador/Autoridade Contratante (por exemplo, por pagamentos mediante rescisão antecipada — § 7.10.2), ou afetar as obrigações previstas no Contrato Principal do Projeto exijam sua aprovação. Outras questões podem ser tratadas no Mecanismo de Pagamento.

De forma semelhante, a Empresa do Projeto geralmente preferirá ter a liberdade de substituir quaisquer Subcontratadas Empreiteiras que apresentem desempenho aquém do exigido, e já que a Empresa do Projeto está assumindo o risco sobre o desempenho, o Tomador/Autoridade Contratante deve ter direitos limitados (por exemplo, com base na visão objetiva da superioridade financeira e capacidade técnica da Subcontratada) para controlar isto.

§ 8.10 GARANTIAS DA EMPRESA CONTROLADORA

Se a Subcontratada, como costuma acontecer, é subsidiária de uma empresa muito maior, os financiadores podem exigir que as obrigações das Subcontratadas, previstas neste Contrato Subordinado, sejam garantidas pela respectiva controladora (§ 9.5.4). Por exemplo, se os serviços de O&M/Manutenção são prestados por uma SPE constituída para os fins deste contrato sem qualquer outra fonte de fundos, a transferência de riscos tais como os custos excessivos de manutenção da Empresa do Projeto, pode ser comprometida. A solução pode estar na prestação de uma garantia da empresa controladora (*parent-company guarantee* — PCG) pela SPE, sobre PDs ou outras obrigações.[150]

---

150 O mesmo vale para qualquer outro Contrato do Projeto que esteja sendo executado por uma SPE, mas os custos de manutenção são a principal preocupação de longo prazo a este respeito. Mas uma garantia PCG pode também ser exigida para as obrigações da Empreiteira de Construção, mesmo que estas sejam de prazo mais curto.

§ 8.11 CONTRATOS DIRETOS

O Tomador/Autoridade Contratante, a Empreiteira de Construção, a Empreiteira de O&M/Manutenção, a Empreiteira de Serviços Prediais, o Fornecedor de Insumos, e outras partes contratantes fundamentais dos Contratos do Projeto são obrigados, todos, a assinar Contratos Diretos com os financiadores (dos quais a Empresa do Projeto pode também ser uma parte contratante).[151]

Contratos semelhantes podem ser assinados entre o Tomador/Autoridade Contratante e essas partes, para dar a este último o direito de assumir os Contratos do Projeto na hipótese de rescisão antecipada, e se os financiadores não intervierem.[152]

O questionamento acerca da classificação dos Contratos Diretos como Contratos do Projeto ou como documentação financeira é discutível, mas costumam ser negociados ao mesmo tempo em que aqueles o são, e a forma do Contrato Direto é apresentada como um anexo do respectivo Contrato do Projeto.[153]

De acordo com esses Contratos Diretos:

- Os direitos reais de garantia dos financiadores atrelados aos Contratos do Projeto subjacentes são confirmados.
- Os Pagamentos do Contrato efetuados pelo Tomador/Autoridade Contratante são feitos para contas bancárias específicas (sobre as quais os financiadores têm garantia) ou conforme a orientação dos financiadores.

---

151 Também conhecidos como "confirmações e consentimentos", já que eles confirmam a posição dos financiadores, e consentem com o fato de eles receberem uma cessão dos contratos a título de garantia, , e como "escrituras tripartidas" porque geralmente existem três partes (os financiadores, a Empresa do Projeto e a respectiva Subcontratada).

152 O Contrato Direto também é conhecido como uma "anuência à cessão", se tal for a finalidade do contrato.

153 Pode ser difícil de 'reequipar' um Contrato Direto com o Contrato de Projeto que já foi negociado, sendo este o motivo pelo qual é aconselhável incluir a forma do Contrato Direto no próprio Contrato de Projeto.

- O Tomador/Autoridade Contratante concorda que aditivos só serão feitos ao contrato com a autorização dos financiadores.

- Os financiadores são notificados se a Empresa do Projeto estiver inadimplente no que tange às suas obrigações previstas no contrato subjacente e têm o direito de participar de eventuais discussões com o Tomador/Autoridade Contratante naquele momento.

- Aos financiadores são concedidos "períodos de cura" (isto é, tempo extra para agir e remediar o inadimplemento da Empresa do Projeto, além do prazo já concedido à Empresa do Projeto) antes de o contrato ser rescindido. Esses períodos de cura são limitados em duração — talvez uma semana ou duas — quando a Empresa do Projeto tiver deixado de efetuar pagamento no vencimento (exceto sob o Contrato de Construção, ao qual se aplica um período de suspensão — § 8.2.9), mas substancialmente mais longo para inadimplemento não financeiro (por exemplo, deixar de operar o projeto dentro do nível de desempenho mínimo exigido) — normalmente em torno de 6 meses — se os financiadores estiverem tomando medidas para solucionar o problema.

- Se o Tomador/Autoridade Contratante é obrigado a continuar a desempenhar a sua obrigação durante o período de cura, por quanto tempo os pagamentos de dinheiro (por exemplo, para as entregas de combustível) durante este tempo são feitos quando devidos.

- Os financiadores tem o direito de "Intervir" no contrato durante o período de cura. Isso significa que eles podem indicar alguém para exercer os direitos da Empresa do Projeto em paralelo com esta última; a pessoa indicada fica efetivamente no comando do projeto, mas a Empresa do Projeto permanece responsável por todas as obrigações. O período de Intervenção fica a critério dos financiadores, e eles podem "deixar de intervir" no momento que desejarem.

- Alternativamente, os financiadores têm o direito de "Substituição", isto é, de nomear um novo devedor no lugar da Empresa do Projeto, que então deixa de ter qualquer envolvimento futuro com o projeto (fora o seu direito a algum caixa ou talvez o direito de re-transferir o respectivo Contrato do Projeto, após a amortização dos financiamentos). A capacidade técnica e financeira da pessoa nomeada pelos financiadores ou do devedor substituto pode ter que ser submetida à aceitação da contraparte do Contrato do Projeto.

- Os financiadores não assumirão, eles mesmos, nenhuma responsabilidade adicional em consequência da Intervenção ou substituição.

- Nem a Intervenção nem a substituição prorroga o período de cura dos financiadores; tanto um quanto outro tem que ocorrer antes do fim do período de cura, e eventuais inadimplementos devem que ser sanados dentro daquele prazo.

- Aos financiadores podem também ser dado o direito de intervir por haver inadimplemento no financiamento, ainda que o próprio Contrato do Projeto em questão não esteja inadimplente.

- A Empresa do Projeto se encarrega de (seja no próprio Contrato Direto ou na documentação do financiamento) não obstruir o exercício de intervenção e de substituição por parte dos financiadores, desde que um Evento de Inadimplemento no âmbito da documentação financeira tenha ocorrido.

- No caso de um Contrato Principal do Projeto com Indenização por Rescisão Antecipada mediante inadimplemento por parte da Empresa do Projeto (§ 7.10.1), o Tomador/Autoridade Contratante pode concordar que se os financiadores executarem sua garantia, o Contrato Principal do Projeto será automaticamente rescindido, assegurando assim que a Indenização por Rescisão Antecipada seja paga. (Em contrapartida, o Tomador/ Autoridade Contratante pode reivindicar o direito de reincidir o Contrato Principal do Projeto se os financiadores deixarem de disponibilizar fundos para a construção do projeto).

- As seguranças adicionais podem também ser dadas aos financiadores no âmbito de um Contrato Direto. Por exemplo, o Governo Anfitrião pode confirmar que os financiadores receberão permissão para retirar ativos ou recursos advindos da venda de ativos fora do país se eles reincidirem o financiamento e executarem sua garantia.

- Em geral, as disposições adicionais podem ser negociadas através dos financiadores em um Contrato Direto como uma forma indireta para que a Empresa do Projeto melhore as condições do respectivo Contrato do Projeto, por exemplo:

- Podem ser oferecidas garantias financeiras extras pelo Governo Anfitrião para o cumprimento por parte das contrapartes do Contrato de Projeto.

- Um Governo Anfitrião pode dar garantias adicionais sobre questões de políticas que afetem o projeto (por exemplo, privatização de um Tomador).

Um Tomador do setor público, ou uma Autoridade Contratante, pode também receber algumas garantias ou benefícios adicionais, como por exemplo, um direito de preferência se os financiadores exercerem a sua garantia. Algumas dessas disposições podem ser cobertas pelo Acordo de Apoio Governamental (§ 11.7), sendo o benefício transferido aos financiadores via Contrato Direto relativo ao Acordo de Suporte Governamental.

Poder-se-ia alegar que o valor prático para os financiadores de muitas das disposições dos Contratos Diretos é questionável. (Além disso, pode ocorrer de terceiros, sobretudo do setor público, relutem em assinar tais contratos). É claro que a Empresa do Projeto tem pouco interesse neles (a não ser que eles indiretamente melhorem os termos dos Contratos do Projeto subjacentes), já que os Contratos Diretos efetivamente eliminam a Empresa do Projeto do cenário uma vez que ela fique inadimplente, e cria um relacionamento direto entre os financiadores e as contrapartes do Contrato do Projeto. Na prática, se o projeto não estiver indo bem, todas as partes deverão se esforçar para encontrar uma solução, haja ou não Contrato Direto. Entretanto, do ponto de vista dos financiadores, provavelmente a questão mais importante está no fato de o valor real de sua garantia recair sobre os Contratos do Projeto, sendo que os Contratos Diretos propiciam sua intervenção imediata após o inadimplemento da Empresa do Projeto para preservá-los e para encontrar um sucessor para eles (§ 14.7).

Os financiadores podem também obter garantias colaterais adicionais com respeito à construção ou operação do projeto por parte, por exemplo, da Empreiteira de Construção, ou de outra pessoa que esteja prestando algum serviço à Empresa do Projeto, nos termos das quais a responsabilidade direta é aceita pela execução desse serviço (nos termos convencionados no contrato com a Empresa do Projeto) perante os financiadores.

Notas do Tradutor

i No sistema legal brasileiro, há diversos conceitos que representam a obtenção de um título para realização de alguma atividade, tais como licenças ambientais, alvarás de construção, permissões de uso de bens públicos, razão pela qual se incluíram os diversos termos na tradução que, no entanto, não encontram correspondente direto no texto original.

ii O termo "procurement" tem tradução direta no vocábulo: "aquisições", mas, para o contexto dos contratos de engenharia no Brasil, habitualmente, adota-se o termo "fornecimento" para os insumos e equipamentos, razão pela qual se adotou tal termo em detrimento da tradução literal. Nada obstante, por convenção, esse modelo de contrato é referido pela sigla já consolidada "EPC".

CAPÍTULO IX

RISCOS COMERCIAIS

§ 9.1 INTRODUÇÃO

Os riscos inerentes de *project finance* são classificados em quatro grandes categorias (que do ponto de vista do financiador podem ser designados coletivamente riscos de crédito[154]):

Riscos Comerciais (também conhecidos como riscos do projeto) são aqueles intrínsecos ao projeto em si ou ao setor de atividade em que opera, encontrados de maneira resumida na seção § 9.3 e abordado neste capítulo.[155]

Riscos Macroeconômicos (também conhecidos como riscos financeiros) correspondentes aos efeitos econômicos externos que não estão diretamente relacionados ao projeto (como

---

154 *Vide* Marco Sorge, "The Nature of Credit Risk in Project Finance", *BIS Quarterly Review* (Bank for International Settlements, Basel) December 2004, p. 91*.

155 Deve-se notar que as classificações de riscos comerciais apresentadas ao longo deste capítulo servem apenas como ferramenta de orientação sobre as questões que talvez tenham de ser consideradas em algum caso em particular, uma vez que cada projeto tem suas próprias características específicas.

inflação, taxa de juros e de câmbio). Essa categoria de risco será analisada no Capítulo 10.

Riscos Regulatórios e Políticos, tais como: mudanças na legislação, riscos relacionados aos efeitos resultantes de medida governamental ou de eventos de Força Maior Políticos, a exemplo de guerras e distúrbios civis sendo estes últimos também chamados de riscos do país, particularmente, mas não exclusivamente pertinentes no caso de projetos que envolvam financiamento ou investimento internacional. Essa categoria de risco será analisada no Capítulo 11.

§ 9.2 AVALIAÇÃO E ALOCAÇÃO DE RISCO

Avaliação de riscos é o ponto crucial de *project finance*. A análise de risco em financiamento de projetos deve levar em consideração:

- um processo de *due diligence* que possa garantir que todas as informações necessárias sobre o projeto estejam disponíveis;
- identificação dos riscos do projeto com base nesse processo de auditoria;
- alocação de riscos, na medida do possível, entre os participantes do projeto por meio de disposições expressas nos Contratos do Projeto;
- quantificação e análise do nível de assunção de riscos residuais que permanecem com a Empresa do Projeto, e portanto com seus financiadores.

Os procedimentos de *due diligence* e avaliação de risco não são exclusividade de operações de *project finance*, evidentemente, mas de todo financiamento que, de alguma maneira, envolva riscos. Contudo, o processo de segregação e alocação contratual de riscos bem como a captação de recursos que nele se baseia, são características típicas das operações de *project finance*.

O princípio teórico que rege a alocação de risco em projetos determina que os riscos devem ser arcados por aqueles mais capazes de controlá-los ou gerenciá-los e, mais ainda, capazes de enfrentar suas consequências financeiras como, por exemplo, o risco de Conclusão de Projeto e respectivas consequências financeiras para o projeto deveria ser, em última instância, arcado pela Empreiteira de Construção, a menos que o atraso na Conclusão de Projeto seja provocado por eventos que fujam ao controle da Empreiteira de Construção, neste caso, o seguro seria acionado para assumir tais riscos.

Riscos e a Empresa do Projeto. As outras partes que participam dos Contratos do Projeto devem reconhecer que a capacidade da Empresa do Projeto para a absorção de riscos é limitada se esta pretender captar recursos pra financiar um projeto altamente alavancado: seria inútil alocar o risco a uma parte que não tem condições de suportar os efeitos financeiros no caso de materialização do risco. Do mesmo modo, se o Tomador/Autoridade Contratante deseja lograr os Pagamentos de Contrato mais baixos possíveis, isso normalmente implicará a absorção de um nível mais elevado de risco (§ 2.6.2). Um erro basteante comum no estágio inicial de negociação e elaboração dos Contratos do Projeto é deixar uma parcela de risco alta demais a cargo da Empresa do Projeto, acarretando problemas mais para frente quando for o momento de levantar recursos para financiar o empreendimento. Por outro lado, a transferência de todos os riscos da Empresa do Projeto para outros participantes também não é viável; caso outras partes sejam convidadas a assumir um risco grande demais, evidentemente vão esperar um retorno de capital condizente com o alto risco, com consequências óbvias para os investidores da Empresa do Projeto.

Risco e Análise de *Value for Money* (VfM). No momento em que o Tomador/Autoridade Contratante analisa o grau de riscos que deve ser transferido para a Empresa do Projeto, surge uma questão importante sobre se essa transferência de risco deve ser considerada uma análise de "*Value for Money*"

("VfM"). Praticamente todo risco pode ser transferido mediante um certo preço, porém se o Tomador/Autoridade Contratante tentar empurrar riscos que a Empresa do Projeto não seja capaz de gerir com facilidade, a Empresa do Projeto embutirá em suas propostas de Pagamento do Contrato uma elevada margem de segurança para cobrir tais riscos. Em vez de pagar por esse colchão de segurança, que seria um desperdício de recursos em si, melhor seria, em termos de análise de VfM, que o Tomador/Autoridade Contratante fizesse a retenção do risco.

Riscos e os Financiadores. Quanto à alocação de risco entre Empreendedores e financiadores, deve-se ter em mente o seguinte fato básico: ser Empreendedor e investidor têm suas vantagens e desvantagens, ou seja, se o projeto for bem, conseguirão um retorno ainda melhor sobre seu investimento, mas se for mal, podem perder dinheiro. Já aos financiadores restam apenas as "desvantagens": se o projeto for bem, não serão beneficiados, já que as condições de seu financiamento são pré-fixados, ao passo que, se o projeto não der certo, podem perder dinheiro. De onde se deduz que a minimização de riscos é um princípio fundamental para os financiadores, o que só vem corroborar o ditado: "o banqueiro é aquele que empresta seu guarda-chuva aos outros quando não está chovendo".[156] Portanto, os financiadores não são "investidores" do projeto, muito embora os Empreendedores lancem mão dessa expressão no calor das negociações. Se financiadores fossem investidores, teriam direito a uma taxa de retorno sobre o *equity*, mas não têm. De forma geral, em um projeto bem-sucedido, a taxa bruta de retorno sobre o investimento é de pelo menos o dobro do recurso da dívida, o que reflete os diferentes riscos assumidos por investidores e financiadores. Tendo em vista que a capacidade de absorção de riscos da própria Empresa do Projeto é limitada pelo baixo índice de *equity*, isso pode representar, em alguns

---

156 A autoria da frase é atribuída a Mark Twain, mas não há provas de que a tenha dito ou escrito de fato.

casos, a transferência de risco da Empresa do Projeto para os Empreendedores (§ 9.13). É importante mencionar que a avaliação de risco feita pelos financiadores baseia-se tanto no impacto financeiro que um determinado risco pode ter sobre a viabilidade do projeto quanto na probabilidade de realmente ocorrer: portanto, um risco "baixa probabilidade/alto impacto" é aquele que geralmente diz respeito aos financiadores.[157] Por essa razão, os Empreendedores têm por vezes a impressão de que os financiadores só se concentram em riscos que são improváveis de surgir e, portanto, de baixa relevância comercial. Embora o processo de *due diligence* e avaliação de risco seja considerado como de interesse primordial dos financiadores, é certo que se os Empreendedores, bem como o Tomador/Autoridade Contratante, se houver, não realizarem o mesmo processo primeiro, não serão capazes de desenvolver um projeto cujo financiamento seja viável.

§ 9.3 ANÁLISE DE RISCOS COMERCIAIS

As principais questões que devem ser levadas em consideração quando do processo de análise de riscos comerciais podem ser resumidas da seguinte forma:

- *Viabilidade comercial*: o projeto faz sentido para todas as partes envolvidas, do ponto de vista comercial (§ 9.4)?
- *Riscos de construção:* o projeto será construído dentro do tempo estabelecido e do orçamento previsto (§ 9.5)?
- *Risco de receita*: suas receitas operacionais serão geradas de acordo com as projeções realizadas (§ 9.6)?
- *Riscos operacionais*: o projeto tem capacidade operacional para alcançar o nível de desempenho e os custos projetados (§ 9.7)?

157 É por isso que a simulação de Monte Carlo (§ 12.2.4) não é válida para os financiadores.

- *Riscos de fornecimento de insumos*: as matérias-primas e outros insumos serão adquiridos dentro dos custos projetados (§ 9.8)?
- *Riscos não seguráveis*: há riscos significativos que não estão cobertos por seguro? (§ 9.9)?
- *Riscos ambientais:* quais os impactos que o projeto terá sobre o ambiente ao seu redor (§ 9.10)?
- *Risco do valor residual*: o que acontecerá com o empreendimento após o término do Contrato Principal do Projeto (§ 9.11)?
- *Discrepâncias contratuais*: os Contratos do Projeto estão bem alinhados entre si (§ 9.12)?
- *Suporte ao Empreendedor*: há necessidade de garantias corporativas adicionais aos Empreendedores (§ 9.13)?
- *Riscos para* o Tomador/Autoridade Contratante: são riscos razoáveis (§ 9.14)?
- *Razões para o insucesso*: o projeto apresenta alguma das razões mais comuns para o insucesso (§ 9.15)?
- *Perda por* inadimplemento: que nível de expectativa de perda o financiador pode estimar para o caso de o projeto não dar certo e se tornar inadimplente de fato (§ 9.16)?

Portanto, o processo de *due diligence* examina os riscos inerentes ao projeto sob essas diferentes rubricas, verifica até que ponto estão cobertos por seguros ou mitigados por contratos, e analisa se os riscos residuais deixados a cargo da Empresa do Projeto são razoáveis e aceitáveis do ponto de vista dos financiadores. Uma abordagem padrão para esse tipo de análise é montar uma tabela de "matriz de risco",[158] que relaciona em colunas:

- o tipo de risco;
- se há cobertura prevista nos Contratos do Projeto;

158 Também conhecida como "registro de risco".

- as outras formas de mitigação existentes para riscos não cobertos contratualmente (por meio de garantias ou seguros, por exemplo);
- o impacto dos riscos residuais sobre a Empresa do Projeto (e consequentemente seus efeitos sobre seus financiadores).

O efeito final da alocação de riscos no bojo do Contrato Principal do Projeto será refletido na classificação de riscos como Eventos Indenizáveis (§ 7.6), Excludentes de Responsabilidade (§ 7.7) ou Eventos de Isenção (§ 7.8). Na medida em que não estejam listados no Contrato Principal do Projeto dentro de nenhuma dessas categorias, os riscos recairão sobre a Empresa do Projeto. Esta última poderá transferir esses riscos a uma Subcontratada, administrando seus efeitos no respectivo Contrato Subordinado. Então, por exemplo, um risco que não esteja coberto pelo Contrato Principal do Projeto, como a Conclusão do Projeto fora do prazo estipulado, pode acabar gerando uma reivindicação contra a Empreiteira de Construção (§ 8.2.8), ou seja, esta última deverá indenizar a Empresa do Projeto caso o risco venha a se concretizar. Em determinadas situações os riscos são assumidos pelos Empreendedores (§ 9.13).[159]

§ 9.4 VIABILIDADE COMERCIAL

O primeiro passo no processo de *due diligence* para qualquer projeto é estudar sua viabilidade comercial básica (ou seja, existe um mercado sólido para o produto ou serviço fornecido pela Empresa do Projeto?). Essa pergunta inicial não se relaciona com as condições de quaisquer dos contratos assinados pela Empresa do Projeto. A operação de *project finance* é um negócio de longo prazo, e contratos de longo prazo que concedem vantagens indevidas para um dos lados são extremamente vulneráveis; é impossível prever e dispor com antecedência sobre qualquer evento que possa afetar um Contrato do Projeto no futuro, e é óbvio que a parte

159 Para conhecer outra classificação dos riscos de projeto (relacionados a empreendimentos do setor de energia), *vide* Jeff Ruster, "Mitigating Commercial Risks in Project Finance", *Public Policy for the Private Sector, Note 69* (World Bank, Washington DC, 1996)*.

prejudicada se aproveitará de qualquer falha ou brecha contratual para se livrar de uma obrigação onerosa. Por essa razão, a operação por trás de qualquer Contrato do Projeto deve fazer sentido em termos comerciais, no longo prazo, para ambas as partes.

Dentre as perguntas que devem ser feitas durante o estudo de viabilidade comercial, estão as seguintes:

- Há um mercado já estabelecido para o produto ou serviço oferecido pelo projeto?
- Quais os concorrentes atuais no setor e quais os novos que poderão participar do mercado no futuro?
- O preço pelo qual o produto está sendo vendido, ou pelo qual o serviço está sendo oferecido, é compatível com o praticado no mercado atual? O preço leva em conta a possibilidade de concorrência no futuro?
- A tecnologia é comprovada?
- É possível se preverem mudanças estruturais significativas no mercado (como, por exemplo, desregulamentação do setor ou chegada de novas tecnologias), e quais seriam os seus impactos?
- O produto é viável do ponto de vista orçamentário, considerando-se o orçamento de longo-prazo do Tomador/Autoridade Contratante, ou os usuários finais em potencial do produto ou serviço terão condições de pagar por seu consumo (e estariam dispostos a fazê-lo)?
- Há outros *players* do mesmo setor que estejam enfrentando dificuldades específicas?
- Os preços que foram cotados pela Empreiteira de Construção ou pelos Fornecedores de Insumos são realistas?
- Existe algum aspecto que impeça o projeto de funcionar normalmente no momento em que estiver concluído (tais como: conexões de rede para centrais elétricas, estradas de apoio e

de conexão para pontes, fornecimento de insumos) e quais providências estão sendo tomadas para garantir que aquele não ocorra ou que seja sanado de forma adequada?

A seguir, são apresentados alguns exemplos de tipos de projetos que, aparentemente, contam com uma boa estrutura contratual, mas não são comercialmente viáveis:

- A Empreiteira de Construção cotou um preço baixo demais, talvez pela pouca experiência no setor. Uma Empreiteira de Construção que entender que terá algum prejuízo no Contrato de Construção usará todas as brechas que puderem ser encontradas nos termos e especificações do contrato para reivindicar mais dinheiro para o trabalho. Esse tipo de controvérsia costuma atrasar seriamente o projeto e impactar negativamente sua viabilidade geral.
- O custo do produto ou serviço vendido sob um Contrato Principal do Projeto não é competitivo (ou tende a se tornar não competitivo) com os preços vigentes para o mesmo produto ou serviço ou, ainda, alto demais em relação à capacidade de compra de seus usuários finais. O Tomador/Autoridade Contratante, pressionado entre a Empresa do Projeto e os usuários finais, inevitavelmente tentará encontrar uma maneira de sair do contrato.
- Um projeto de central elétrica depende da empresa de energia do governo, enquanto Tomador que conecte a central elétrica ao sistema de rede nacional; o Tomador fica obrigado a pagar a Tarifa de Capacidade mesmo que a conexão à rede não tenha sido realizada. Muito embora seja uma disposição contratual razoável para um CCE (Contrato de Compra de Energia), um "elefante branco" não tem utilidade nenhuma para o Tomador, que tentará de qualquer maneira sair do CCE caso a conexão à rede global não possa ser financiada ou concluída.
- Um Fornecedor de Insumos, que para adquirir suprimentos depende do mercado de livre comércio, enfrenta um elevado aumento de preço para determinado produto que não se reflete

no preço de venda de longo prazo acertado no Contrato de Fornecimento de Insumos, uma vez que o preço contratual não está atrelado ao preço de mercado. Conflitos legais e até inadimplemento no contrato de fornecimento de insumos são altamente prováveis.

- Disponibilizado nos termos do Modelo PFI, um hospital é construído e operado conforme exigido no Contrato Principal do Projeto; entretanto, o orçamento anual da Autoridade Contratante é inferior ao projetado, e as Taxas de Serviço consomem tamanha parte do orçamento real que os demais serviços de saúde oferecidos pela Autoridade Contratante, que não foram negociados em contratos de longo prazo, devem reduzir sua abrangência (e, consequentemente, o custo) para equilibrar o orçamento — ou seja, o Contrato Principal do Projeto não é "viável do ponto de vista orçamentário". Essa situação provavelmente acarretará problemas políticos ao projeto.

Contrato Incompleto. Conforme mencionado, existe um risco alto de que algum evento ocorra ao longo da vida do Contrato Principal do Projeto, que não tenha sido previsto pelas partes, e que os advogados costumam chamar de "contrato incompleto",[160] que seria o contrato que apresenta lacunas, ausência de disposições ou ambiguidades que só serão resolvidas por meio de renegociação entre as partes ou nos tribunais. Quanto mais complexo for o tipo de contrato, maior a possibilidade de que isso aconteça, resultando obviamente em um contrato comercialmente inviável. Não há resposta exata para esse problema,

---

160 Em vários tipos de projetos há também o problema que envolve as figuras de "outorgante/outorgado", isto é, o outorgado, ou agente (neste caso, os investidores) controla o dia a dia do projeto e, portanto, tem mais informações e recursos à sua disposição do que o outorgante (aqui, a Autoridade Contratante). Desse modo, o outorgado, ou agente pode ganhar dinheiro à custa do outorgante, muito embora o projeto seja do outorgante. Para dar um exemplo claro: a diretoria executiva de uma empresa (no caso, os agentes) pode aprovar o pagamento de altos salários para seus próprios membros porque é difícil para os acionistas (os outorgantes) controlar essa situação na prática.

restam apenas a ciência do risco e o máximo empenho para assegurar que os procedimentos de *due diligence* e análise de riscos sejam criteriosos e aprofundados tanto quanto possível.

Gestão da Empresa do Projeto. Os financiadores também analisam a estrutura proposta para a gestão da Empresa do Projeto em si, garantindo, assim, que as habilidades necessárias sejam uma realidade, presente na própria equipe de profissionais da empresa ou proporcionada por um contrato de gestão (§ 3.6.3).

§ 9.5 RISCOS NA FASE DE CONSTRUÇÃO

O primeiro questionamento feito no processo de *due diligence* diz respeito à capacidade de o projeto ser concluído no prazo previsto, dentro do orçamento estipulado e com a especificação exigida, o que remete a todos os riscos inerentes durante a fase de construção.

Dentre os principais riscos da fase de construção[161] estão:

- acesso e aquisição do local da obra (§ 9.5.1);
- condições do local da obra (§ 9.5.2);
- alvarás, licenças e autorizações (§ 9.5.3);
- riscos relativos à Empreiteira de Construção (§ 9.5.4);
- custos excedentes relativos ao Contrato de Construção (§ 9.5.5);
- outros custos excedentes incorridos na fase de construção (§ 9.5.6);
- receitas geradas durante a construção (§ 9.5.7);

---

161 Também conhecidos como riscos de conclusão. *Vide* Robert Bain & Jan Willem Plantagie, *The Anatomy Of Construction Risk: Lessons From A Millennium of PPP Experience* (Standard & Poor's, 2007)*.

- atrasos na Conclusão do Projeto (§ 9.5.8);
- riscos de terceiros (§ 9.5.9);
- desempenho insuficiente quando da Conclusão do Projeto (§ 9.5.10).

A Empreiteira de Construção terá suas preocupações específicas com relação aos riscos financeiros que estará assumindo no momento em que fechar contrato com uma Empresa do Projeto (§ 9.5.11).

Há que se considerar também a situação de projeto em que não exista Contrato de Construção *turnkey*, a preço pré-fixado e data determinada (§ 9.5.12).

§ 9.5.1 Aquisição e Acesso ao Local da Obra

Os financiadores normalmente não assumem esse risco e, portanto, só emprestam recursos quando a Empresa do Projeto tem o título que lhe confere claramente o direito de posse ou propriedade[162] e o acesso ao local do projeto e de eventual área complementar que seja necessária durante a construção. Esse tipo de problema tende mais a ocorrer em projetos de infraestrutura linear, por exemplo, se o terreno tiver que ser adquirido para a construção de uma rodovia ou ferrovia, e a formalização da compra do imóvel não estiver completa quando as obras de parte do projeto tiverem que começar.

Em PPPs é comum que a aquisição do local da obra seja responsabilidade do Tomador/Autoridade Contratante, pois frequentemente envolve a compra de áreas extensas de terra de múltiplos proprietários, nas quais é possível que seja necessário aplicar os poderes de aquisição compulsória por parte do setor público para viabilizá-la.

---

162 Pode consistir em licença ou autorização de uso concedida pelo Tomador/Autoridade Contratante, no caso de terreno de propriedade do setor público, em vez de direito de participação sobre o imóvel.

§ 9.5.2 Condições do Local da Obra

As condições do local do projeto podem causar impactos significativos à construção da obra de diferentes maneiras, seja pelo aumento dos custos de construção ou por atrasos na Conclusão do Projeto (ou até mesmo, ambos):

Estrutura Geológica. De modo geral, a Empreiteira de Construção deve assumir o risco atrelado às condições geológicas do terreno, que possam impactar os custos de fundação e sustentação da obra. Antes do Contrato de Construção ser assinado, testes de perfuração e amostragem do terreno — realizados pela Empresa do Projeto ou pelo Tomador/Autoridade Contratante — podem ser úteis nesse caso embora não forneçam 100% de certeza de que não ocorrerá algum elemento de risco não detectado pela pesquisa. O problema se torna particularmente grave em projetos lineares — ou seja, projetos que ocupam não um único local e sua construção abrange um vasto trecho de terra, e com isso impossibilitando a investigação detalhada em toda sua extensão, a exemplo de obras de construção da malha viária, rede de dutos e tubulações ou linhas de transmissão da rede elétrica.

Uso Prévio. O modo pelo qual o local de um projeto tenha usado no passado pode gerar riscos à construção no local (§ 9.10.3). Os financiadores certamente preferem que projetos sejam construídos em locais "*greenfield*" em vez de "*brownfield*". O intensivo uso comercial ou industrial anteriormente é um sinal de alerta. Por outro lado, terrenos que tenham sido utilizados para agricultura ou como propriedade residencial, escritório ou armazém são considerados de baixo risco. O risco elevado deve ser tratado como Evento Indenizável na negociação tanto do Contrato Principal do Projeto bem como do Contrato de Construção.

Defeitos Latentes. O mesmo princípio se aplica às estruturas que farão parte do projeto e, portanto, permanecerão no local.

Talvez, em alguns casos, as condições em que se encontram os ativos não sejam verificadas com facilidade (por exemplo, pode haver defeitos não aparentes em prédios antigos, pontes ou túneis) e, evidentemente, os financiadores do empreendimento não têm interesse que a Empresa do Projeto assuma riscos desconhecidos desse tipo.

Contaminação Pré-Existente. *Vide* § 9.10.3.

Descobertas no Local. Poderá haver incidência de custos extras, causados por atrasos decorrentes de descoberta de fósseis, restos arqueológicos, vestígios humanos e assim por diante; novamente, a responsabilidade por esse tipo de risco em geral é assumida pela Empreiteira da Construção.

Na hipótese de surgimento de dificuldades inesperadas, não previstas nos termos dos Contratos do Projeto, as principais medidas atenuantes para riscos dessa natureza do ponto de vista dos financiadores preveem que tais riscos devem ser aparentes e manifestos no estágio inicial da construção, quando os custos do projeto ainda não tenham excedido o valor do investimento de capital, para que tenham a opção de suspender os adiantamentos de recursos frente à ocorrência desse tipo de problema (*vide* § 14.3.2; § 14.12), sendo o risco coberto pelo capital investido.

Em todo caso, os atrasos resultantes de questões relativas às condições físicas do local das obras são normalmente considerados como Eventos de Isenção tanto no Contrato do Projeto como no de Construção.

§ 9.5.3 Alvarás, Licenças e Autorizações

Os financiadores do empreendimento geralmente exigem que os Alvarás de construção (§ 8.8.1) sejam obtidos antes de qualquer adiantamento de fundos para garantir que sua não obtenção não atrase a Conclusão do Projeto. Mediante justificativa plausível, se os Alvarás não tiverem sido obtidos nesse estágio, será estabelecido, junto aos financiadores, um cronograma específico para sua obtenção. Sempre que possível, os financiadores preferem que o risco de concessão desses alvarás fora de prazo seja alocado à empreiteira, que assumiria a responsabilidade por qualquer atraso originada por sua não obtenção.

Direitos de passagem, servidões etc. (§ 8.8.2) podem ser mais trabalhosos quando envolvem partes que não estão relacionadas ao projeto de alguma forma, sendo pouco provável que a Empreiteira da Construção aceite o risco de sua obtenção junto aos órgãos competentes. É evidente que os financiadores ficarão pouco à vontade caso não sejam obtidos antes do Assinatura do Contrato de Financiamento do projeto.

Os Alvarás referentes à aprovação do investimento e liberação dos financiamentos (§ 8.8.4) deverão ser obtidos antes de sua efetivação. Em certos países, a aprovação final do financiamento é concedida pelo banco central somente quando o contrato de financiamento estiver assinado e registrado em seu poder, o que significa que haverá uma lacuna inevitável entre a assinatura deste último financiamento e a Assinatura do Contrato de Financiamento do projeto.

Além disso, a Conclusão do Projeto Final dependerá da concessão de Alvarás operacionais que evidenciem o cumprimento, pelo projeto, dos requisitos previstos na legislação quanto às emissões de poluentes e demais requisitos ambientais (§ 9.10) ou à regulamentação de saúde e segurança. Frequentemente, esses Alvarás não podem ser obtidos com antecedência, porém sua obtenção (e o cumprimento dos requisitos legais correspondentes) deverá, sempre que possível, ser uma obrigação acessória da Empreiteira da Construção. No caso de se tratar de condição indispensável para o alcance da meta de Conclusão do Projeto expressa nos dispositivos do Contrato de Construção § 8.2.5), o risco de não obtenção de Alvarás operacionais será consequentemente transferido para a Empreiteira de Construção.

O Acordo de Apoio Governamental (§ 11.7) pode ser muito útil para reduzir o risco de problemas com Alvarás; embora não elimine a sua necessidade, pode constituir a base para a cooperação do governo na obtenção de alvarás a serem emitidos por ministérios e outros órgãos do governo. O governo central pode não se mostrar disposto a assumir a responsabilidade por garantir que os alvarás sejam concedidos pelos dos governos estaduais ou municipais, sobre os quais não exerce controle. Em projetos a serem implementados em países em desenvolvimento, o Tomador/Autoridade Contratante poderá assumir o risco de não concessão dos alvarás necessários, desde que a Empresa do Projeto comprove que os solicitou tempestivamente e em conformidade com as exigências legais.

§ 9.5.4 A Empreiteira de Construção

Os "riscos das contrapartes" nos projetos, principalmente relacionados à capacidade técnica e financeira, devem ser identificados e analisados e dizem respeito a todas as partes com as quais a Empresa do Projeto tenha assinado contratos subordinados, inclusive contratos firmados com a Empreiteira da Construção, a Autoridade Contratante (especialmente se a entidade não fizer parte do governo federal — § 11.6), Fornecedor de Insumos (§ 9.8.1) e Empreiteira de O&M (§ 9.7.2). O risco relacionado a uma contraparte do projeto será menor à medida que tal parte possa ser mais facilmente substituída, que pode ser o caso da Empreiteira de O&M, mas não da Empreiteira da Construção. Talvez seja necessária a obtenção de garantias adicionais da empresa controladora (§ 8.10) para cobertura das obrigações das contrapartes do projeto contratadas do setor privado.

A análise de risco da contraparte da Empreiteira da Construção[163] leva em consideração os seguintes aspectos:

- competência para executar o trabalho;
- risco tecnológico;
- posição enquanto Empreendedor (se for o caso);
- nível de envolvimento direto no Contrato de Construção;
- adequação do cálculo para precificação do trabalho;

163 Uma análise semelhante deveria também ser realizada sobre as outras importantes partes interessadas do projeto.

- magnitude do Contrato de Construção em relação ao porte da Empreiteira de Construção;
- a atual situação global de crédito da Empreiteira de Construção.

Esse tipo de análise das contrapartes é passo fundamental que deve anteceder à alocação de riscos ao Contrato de Construção.

Competência. A Empreiteira da Construção desempenha papel vital na grande maioria dos projetos e, portanto, o primeiro passo na avaliação de risco é verificar se a empreiteira em questão tem qualificação adequada para a empreitada, se trabalha com profissionais suficientemente experientes para executar o trabalho. É bem pouco provável que recursos sejam captados para qualquer projeto no qual os financiadores não estejam totalmente convencidos do bom histórico da Empreiteira da Construção em projetos de características semelhantes. Evidentemente, quanto mais complexa a construção do projeto, maior o problema: a preocupação com a competência profissional para a construção de uma escola em comparação com a competência profissional para a construção de uma usina de geração de energia é muito menor. O direito de reivindicar indenização por perdas e danos definidas em cláusula penal (PDs) e outras disposições sobre garantias previstas no Contrato de Construção (§ 8.2.8; § 8.2.9) não substituem a competência da Empreiteira de Construção. Mesmo que o pagamento recebido pela rescisão por inadimplemento seja suficiente para recuperar todo o dinheiro gasto com o Contrato de Construção, não será suficiente para indenizar a Empresa do Projeto pelos prejuízos incorridos pela não conclusão da obra já que o preço firmado no Contrato de Construção cobre apenas cerca de 60% a 75% dos custos típicos de projeto (sem levar em conta os lucros cessantes). Portanto, a potencial Empreiteira de Construção que não seja bem conhecida pelos Empreendedores normalmente é solicitada a participar de um processo de pré--qualificação, em que terá a oportunidade de comprovar sua experiência bem-sucedida em projetos com as características exigidas. O processo também prevê o fornecimento de referências de projetos similares já construídos, inclusive de referências de uso da tecnologia empregada no projeto, quando necessárias. O Engenheiro dos Financiadores fará revisão meticulosa e a checagem das referências apresentadas, bem como a verificação do conceito e reputação da Empreiteira de Construção no mercado. Referências similares poderão ser solicitadas às principais Subcontratadas, e o Contrato de Construção deve fornecer à Empresa do Projeto uma lista de subcontratadas aprovadas ou o direito de vetá-los (e alguns outros direitos como o de aprovação dos termos dos contratos subordinados, muito embora não sejam revelados os preços destes últimos, como de praxe no mercado). Caso a Empreiteira de Construção esteja trabalhando no exterior, a experiência no país do projeto e as boas relações com subcontratadas locais de reconhecida reputação também são válidas. E, por fim, a experiência dos profissionais da Empreiteira de Construção que, de fato, são essenciais e estarão trabalhando na construção, deverá ser comprovada. Finalmente, o pessoal-chave que estiver realmente trabalhando na construção deve ser examinado. O Engenheiro do Acionista (§ 8.2.4) e os próprios funcionários da Empresa do Projeto também auxiliam a mitigar esse risco supervisionando as atividades da Empreiteira de Construção. Apesar de a construção ser o trabalho da Empreiteira de Construção, os financiadores vão querer garantir que se faça uma supervisão adequada dos trabalhos e, portanto, que o corpo profissional formado pelos funcionários da própria empresa e pelo Engenheiro do Proprietário tenha as qualificações e experiência para assumir esse papel. Além disso, o Engenheiro Contratado pelos Financiadores agrega mais uma camada à experiência na supervisão.

Risco Tecnológico. Uma questão típica que surge em Contratos EPC. Esse risco será abordado na seção § 9.7.1.

A Empreiteira de Construção enquanto Empreendedora. O Empreendedor que também executa os serviços de Empreiteira de Construção tem um conflito óbvio de interesses entre seu papel de empreiteira e o de investidor na Empresa do

Projeto (§ 3.2). O risco de arranjos contratuais inadequados, ou de supervisão menos rigorosa do Contrato de Construção é evidente, e os financiadores devem, portanto, estar certos de que a contratação sob o modelo EPC é baseada em condições normais de mercado. Esse tipo de risco pode ser mitigado de várias maneiras:

- Outros Empreendedores não envolvidos no Contrato de Construção poderão opinar sobre especificações do trabalho e negociar o Contrato de Construção, desde que tenham *expertise* reconhecida para fazê-lo.
- A supervisão do Contrato de Construção deverá ser realizada por funcionários da Empresa do Projeto que não tenham nenhum tipo de relacionamento com a Empreiteira de Construção, e contará com a assistência do Engenheiro do Acionista.
- Os diretores da Empreiteira de Construção que sejam membros do conselho da Empresa do Projeto deverão se abster das discussões sobre o Contrato de Construção.
- O Engenheiro dos Financiadores tende a desempenhar papel mais proeminente na fiscalização da construção.

Contudo, se a Empreiteira de Construção for a principal empreendedora do projeto, como inevitavelmente acontece no caso de grandes empreendimentos de infraestrutura, há que se definir um limite claro na medida em que a Empreiteira de Construção pode ficar isolada do Empreendedor durante as discussões sobre o Contrato de Construção. Nesses casos, a Empreiteira deverá no mínimo convencer os financiadores de que os papéis de investidor e de construtor estão separados internamente de forma adequada.

Envolvimento limitado no Contrato. A Empreiteira de Construção costuma subcontratar uma parte significativa do contrato; por exemplo, a empreiteira líder cuja atividade principal é o fornecimento de equipamento normalmente subcontratará as obras civis (cobrando os PDs e solicitando garantias dos subcontratados que trabalham em paralelo nos termos do Contrato EPC principal). Mas esse processo de subcontratações pode ir longe demais se a Empreiteira de Construção não for um fornecedor importante de equipamentos ou obras civis para o projeto e somente gerir um contrato executado em sua maioria por subcontratados. A Empreiteira de Construção pode ter funcionários com experiência insuficiente e confiar demais nas subcontratadas. Em tal situação, o risco de controle global insuficiente do projeto poderá ser reduzido mediante solicitação de que a Empreiteira de Construção trabalhe em regime de *joint-venture* com uma ou mais empresas que, do outro modo, tenham sido subcontratadas.

Preço do Contrato de Construção Baixo demais ou Alto demais. O risco de a Empreiteira de Construção oferecer um preço muito baixo, por mais atraente que isso possa parecer à primeira vista, já foi mencionado na discussão geral sobre a viabilidade comercial (§ 9.4). O Engenheiro do Acionista deverá analisar a viabilidade comercial do preço ofertado pela Empreiteira de Construção, que também será revisado pelo Engenheiro do Financiador. Por outro lado, na melhor das hipóteses, o preço que é alto demais (ainda que um custo mais elevado possa ser absorvido pelas receitas geradas pelo projeto) sugere que a Empreiteira de Construção opera com base distinta das condições normais de mercado, o que deixa os financiadores da Empresa do Projeto em posição de vulnerabilidade caso algo dê errado; e, na pior das hipóteses, que haja corrupção envolvida.

Magnitude do Contrato de Construção. O Contrato de Construção não deve exceder em muito o porte de outras obras executadas pela Empreiteira de Construção, pois há o risco de que, caso o Contrato de Construção venha a enfrentar dificuldades, a Empreiteira de Construção não consiga lidar com tais problemas devido ao impacto financeiro que terão sobre o seu negócio como um todo. A magnitude do Contrato de Construção deverá, portanto, ser comparada ao volume anual das obras executadas pela Empreiteira de Construção; se for mais do que, digamos, 10% deste valor, o Contrato de Construção poderá exceder a capacidade operacional da Empreiteira de Construção e uma abordagem de *joint venture* com uma empreiteira de maior porte talvez seja a solução ideal.

Risco de Crédito. A alocação do risco de projeto para a Empreiteira de Construção não vale a pena se a contratada não tiver capacidade de crédito. Se a maior atividade da Empreiteira entrar em dificuldades financeiras, o projeto tende a também sofrer as consequências. A fiabilidade creditícia da Empreiteira de Construção, portanto, precisa ser analisada a fim de que se apure se apresenta qualquer risco ao projeto. Se a Empreiteira de Construção fizer parte de um grupo maior de empresas, será necessário agregar garantias da empresa controladora para suas obrigações de modo a melhorar o risco de crédito. O risco de não pagamento de PDs, reivindicações sobre garantia etc., poderia ser mitigado através de fiança bancária, porém, pelas razões expressas anteriormente, essa garantia não deveria ser usada como substituto para uma boa fiabilidade creditícia.

§ 9.5.5 Custos Excedentes relativos ao Contrato de Construção

Os impactos de custos excedentes na fase de construção em relação à previsão orçamentária que tenha servido de base para a estruturação do financiamento do projeto são:

- A possibilidade de não haver recursos suficientes para concluir o projeto, forçando os Empreendedores a injetar mais recursos no projeto do que se comprometeram a disponibilizar, a fim de evitar a perda de seu investimento ou de colocá-los em posição de grande desvantagem (e, portanto, sujeitos a maiores custos financeiros ou outras mudanças desfavoráveis nas condições dos financiamentos) por se virem obrigados a solicitar adiantamentos adicionais das linhas de financiamento ou por terem de concordar com novos arranjos de financiamento.

- Mesmo que haja recursos adicional disponível, a base de custos do projeto e, consequentemente, o custo do serviço da dívida, será aumentada, sem que haja correspondente incremento na receita; logo, o retorno dos investidores será inevitavelmente reduzido. No pior dos casos, essa situação poderia levar os Empreendedores a abandonarem o projeto porque o aumento dos custos corrói sua viabilidade.
- Do ponto de vista dos financiadores, qualquer incremento na dívida reduz seus Índices de Cobertura (§ 12.3) e, portanto, aumenta o risco do financiamento.

Para se ter maior controle sobre os custos da fase de construção, um orçamento é acertado com os financiadores segundo o qual quaisquer excessos sobre os valores estabelecidos nas principais categorias de custos, reais ou projetados, geralmente precisam ser aprovados por eles à medida que vão ocorrendo ou sendo projetados, ainda que haja recursos suficientes para a conclusão o projeto (§ 14.3.2). Todavia, as tentativas dos financiadores de estabelecerem controle muito detalhado do orçamento devem ser desestimuladas porque a maior parte do orçamento de custo de construção é fixada por contrato ou representa custos do financiamento e alguma flexibilidade precisa ser dada à Empresa do Projeto para gerenciar pequenas variações remanescentes nas categorias de custo, especialmente se o custo total do projeto não for significativamente afetado.

A análise de risco precisa, portanto, identificar os principais itens de custo no orçamento de construção (§ 13.5.1), a forma como esses custos são controlados e a probabilidade de ocorrência de excedentes em cada item.

Sem dúvida, o Contrato de Construção é o maior componente de custo do orçamento, correspondendo de 60 a 75% do total. (Outros itens orçamentários são abordados na seção § 9.5.6). Portanto, é evidente que se trata do item mais importante a ser controlado e é clara sua relevância dentro do contexto de um contrato *turnkey* pré-fixado. Caso um contrato com preço fixo não esteja em vigor, tal fato agrega ao projeto outra dimensão de riscos extras.

Porém, o chamado contrato com preço fixo nem sempre é 100% fixo, sempre existindo o risco que deve ser considerado o fato de a Empreiteira de Construção reivindicar pagamentos adicionais com base em várias disposições contratuais. Essas reivindicações estão relacionadas a categorias diversas:

Atraso no Início das Obras. A data efetiva de início do Contrato de Construção pode sofrer atrasos logo após sua assinatura devido à dificuldade em obtenção dos Alvarás exigidos, na liberação dos recursos para o financiamento ou na satisfação de todas as condições precedentes estabelecidas pelos financiadores (§ 8.2.2; 14.8). Não se pode esperar que a Empreiteira de Construção mantenha o preço fixado por tempo indeterminado; portanto, costuma-se estabelecer uma data limite para a manutenção do preço fixo. Posteriormente, a Empreiteira de Construção pode se dispor a contratar uma fórmula para ajustar o preço fixo final em relação ao IPC ou outro índice após a data limite, e que é viável mediante o ajuste do plano de financiamento. Caso nenhum método de cálculo seja acordado, os financiadores podem se mostrar relutantes em continuar o trabalho em cima do plano de financiamento, tendo em vista que um dos principais elementos de custo terá deixado de ser fixo.

Riscos do Local de Obras. Conforme estabelecido na seção § 9.5.2, caso os riscos do local de obras não sejam assumidos pela Empreiteira de Construção, os custos adicionais provenientes da concretização desses riscos serão contabilizados na Empresa do Projeto e poderão ser cobertos por financiamentos captados junto ao Tomador/Autoridade Contratante (a título de Evento Indenizável), ou até mesmo junto aos Empreendedores.

Risco de *Design*. Aplica-se à maioria dos projetos e se concentra nas seguintes questões: em primeiro lugar, se o *design* foi concluído adequadamente, de modo que a projeção de custos do projeto não fique sujeita às alterações necessárias quando um *design* mais detalhado for realizado; em segundo lugar, se o *design* é muito fora do comum em termos de complexidade, a ponto de causar problemas durante a construção. A Empreiteira de Construção costuma elaborar um planejamento de *design* bem detalhado após a assinatura do Contrato de Construção, porém esse trabalho não deve incorrer em qualquer alteração de preço acordado no Contrato de Construção. Todavia, continua existindo um risco elevado em todo e qualquer projeto onde o *design* geral e suas especificações não tenham sido completamente estabelecidos com antecedência no Contrato de Construção, o que é inaceitável do ponto de vista dos financiadores.

Riscos do Acionista. Conforme estabelecido na seção § 8.2.5, a Empresa do Projeto tem responsabilidades expressas no Contrato de Construção, e caso estas não sejam cumpridas e consequentemente produzam custos extras para a Empreiteira de Construção, disso caberá reclamação. A principal medida atenuante nesse caso é garantir que os Riscos do Acionista nos termos do Contrato de Construção sejam mantidos em um patamar mínimo.

Alterações nas Especificações do Contrato. Todas essas mudanças, exceto as insignificantes em termos de valor, deverão ser aprovadas pelos financiadores, que terão de ser convencidos de que há recursos suficientes e disponíveis para cobrir o custo, e que os benefícios das referidas mudanças (na redução dos custos operacionais, por exemplo) superam seus custos de capital, ou que tal custo será compensado por aumentos nos Pagamentos do Contrato (§ 7.6.3).

Mudanças na Lei (por exemplo, que exijam padrões mais baixos de emissões) podem acrescentar custos inevitáveis à construção do projeto; assim como qualquer alteração nas especificações, o risco permanece com a Empresa do Projeto no que diz respeito à Empreiteira de Construção (§ 8.2.3), podendo ser coberto pelo Contrato/Contrato Principal do Projeto (§ 11.3).

Peças Sobressalentes. Em caso de necessidade de estoque inicial de peças sobressalentes para o projeto, pode ser que isso não tenha sido previsto no preço do contrato EPC, e portanto o custo dessas peças poderá exceder o valor orçado; entretanto, essa quantia deve ser relativamente baixa.

Diante disso, apesar de a construção ser considerada a fase de "alto risco" de um projeto[164] há fortes evidências de que o nível de custos excedentes e outros problemas com Contratos de Construção bem estruturados e que atendem aos requisitos de financiamento do empreendimento seja bastante baixo.

§ 9.5.6 Demais Custos Excedentes na Fase de Construção

Dentre os demais custos excedentes na fase de construção[165] encontram-se os seguintes:

- custos de desenvolvimento;
- custos de mobilização;
- prêmios de seguros;
- outros custos da Empresa do Projeto;
- custos de consultoria e assessoria;
- reserva de contingência;

164 *Vide* Frederic Blanc-Brudé & Dejan Makovsek, *Construction Risk in Infrastructure Project Finance* (EDHEC Business School, Lille/Nice, 2013)*.

165 Às vezes referidos como custos indiretos: gerais e administrativos ("*soft costs*") em contraposição aos custos diretos na aquisição de ativos tangíveis para completar o projeto ("*hard costs*") nos termos do Contrato de Construção.

- custos financeiros — em geral representa o segundo maior item do orçamento, logo após os pagamentos do Contrato de Construção (§ 13.4.1); sendo que qualquer acréscimo de custos sob as rubricas acima produzem aumento nos custos de financiamento.

Custos de Desenvolvimento. Os custos de desenvolvimento de um projeto (§ 3.5; § 12.2.5) são aqueles incorridos pelos Empreendedores antes da Assinatura do Contrato de Financiamento; portanto, em princípio não poderia ocorrer excedentes desse tipo de custo. No entanto, frequentemente há uma lacuna de tempo entre o momento em que o orçamento de construção é acordado com os financiadores e o momento da Assinatura do Contrato de Financiamento, e durante esse *gap* temporal existe o risco de surgirem custos legais ou similares que somam mais do que o orçado. Os custos de desenvolvimento são normalmente reembolsados aos Empreendedores (se não forem tratados como investimento inicial de *equity*) na Assinatura do Contrato de Financiamento; porém, se tiverem excedido o valor orçado nesse momento de encerramento, os financiadores poderão exigir o adiamento do reembolso do excedente até o final da fase de construção, quando então o reembolso poderá ser permitido se houver saldo suficiente de fundos disponível.

Mobilização no Contrato de Operação e Manutenção (O&M). Os custos de mobilização, ou de treinamento de pessoal para operar o projeto, são geralmente cobertos pela Empreiteira de Construção ou pela Empreiteira de O&M com base em preço fixo; portanto, não devem representar risco indevido.

Prêmios de Seguro. Os prêmios de seguro para a fase de construção são fixos (e geralmente desembolsados) no início do período; consequentemente, não devem gerar custos excedentes, a menos que ocorra um *gap* temporal entre as datas da aprovação do orçamento e da Assinatura do Contrato de Financiamento. Mesmo nesse caso, os corretores de seguros da Empresa do

Projeto devem ser capazes de obter boas indicações de produtos disponíveis no mercado para reduzir esse risco. Haverá incidência de prêmios extras de seguro, caso ocorram atrasos na Conclusão do Projeto, já que o período de prolongamento da cobertura deverá ser pago. Além disso, pode ocorrer também um problema com os prêmios referentes ao primeiro ano de operação, que poderão ter que ser pagos um pouco antes do final da fase de construção e, portanto, integrarem o orçamento de construção. Nesse caso, é preferível que sejam fixados com antecedência e dentro de um pacote de seguros.

Custos de Consultoria e Assessoria. Consultores da própria Empresa do Projeto (§ 3.4), a exemplo do Engenheiro do Acionista, continuarão prestando serviços durante a fase de construção, além de outros que possam ser novamente chamados para orientar sobre problemas específicos que venham a surgir durante esse período. Além disso, os consultores dos financiadores (§ 5.5), em particular o Engenheiro dos Financiadores, também continuarão a trabalhar. Esses custos rotineiros serão fixos e não deverão representar parcela significativa do orçamento global. E, finalmente, caso sejam necessárias alterações em qualquer um dos Contratos do Projeto a ponto de demandar o retorno de advogados e consultores financeiros ao cenário, essas mudanças certamente irão somar um valor considerável aos custos de consultoria e assessoria durante essa fase do projeto.

Custos Próprios da Empresa do Projeto. Trata-se das categorias restantes de custos não abordadas nas seções acima e que continuam a incorrer após a Assinatura do Contrato de Financiamento. Os itens principais e mais prováveis serão os custos administrativos, de material e equipamento de escritório e da equipe da Empresa do Projeto, além dos continuados pagamentos aos consultores do projeto, a exemplo do Engenheiro do Proprietário. No contexto de custos do projeto global, essas quantias são relativamente baixas, não sendo difícil garantir que permaneçam bem próximas dos valores previstos no orçamento.

Reserva de Contingência. Por mais bem administrado que seja o orçamento, há sempre o risco de eventos inesperados produzirem custos excedentes. Apesar de todas as medidas mitigadoras de risco relacionadas acima, é frequente a solicitação por parte dos financiadores para se criar uma reserva de contingência coberta por recursos correspondentes. Como regra geral, uma reserva constituída por cerca de 10% do custo do Contrato de Construção, ou 7–8% dos custos totais do projeto, pode ser necessária. A reserva de contingência também serve para cobrir os impactos do atraso sobre a Conclusão do Projeto, cujas provisões dispõem que as PDs por atraso na conclusão não serão de responsabilidade da Empreiteira de Construção. O valor constante da conta de reserva integra o pacote de financiamento total (§ 12.4.2). Observe-se que esse financiamento de contingência se destina a cobrir os custos que tenham ultrapassado os previstos para a fase de construção e os efeitos decorrentes de atrasos na Conclusão do Projeto (§ 9.5.8), mas não os riscos financeiros correspondentes às variações nas taxas de juros e de inflação e às flutuações de câmbio, que serão cobertos de outra forma (§ 10.3 — 10.5).

§ 9.5.7 Receitas Geradas Durante a Construção

Em determinados projetos, parte dos custos de construção é comumente financiada não apenas por *equity* e recurso da dívida, mas também por receitas auferidas da parcela do empreendimento que já está em operação. Por exemplo, a receita gerada pela cobrança de pedágio em pontes e túneis já existentes pode ser transferida para a Empresa do Projeto com o objetivo de financiar parte do custo da construção, em paralelo, de uma nova ponte ou túnel para expandir a capacidade de tráfego. Da mesma forma, um projeto pode ser construído em fases, de modo que as receitas das fases iniciais cubram parte dos custos de construção das fases posteriores.

A menos que a receita da fase de construção tenha natureza muito estável, surge um fator de risco extra que consiste na possibilidade de a geração de receitas ser insuficiente para compor a parcela necessária de recursos. Nesses casos, as projeções das receitas durante a construção têm que ser bastante conservadoras, talvez até requerendo um aumento do nível de contingenciamento dos recursos, que permita arcar com a incerteza adicional. E mais: se grande parte do "investimento inicial" derivar de rendimentos produzidos durante a construção, em vez de ser advinda de novos aportes de capital, isso reduzirá em muito a parcela de investimento de risco efetivo da parte dos investidores, o que claramente deixará os financiadores apreensivos. Uma alternativa para resolver essa questão, pelo menos em parte, é requisitar aos Empreendedores que garantam o nível de rendimento durante a fase de construção. Discussão semelhante se aplica no caso de parte do custo de construção ser financiado por venda de terras excedentes (§ 15.10).

Também o Tomador/Autoridade Contratante pode fornecer de diversos tipos de financiamento ao custo de capital de um projeto PPP, cujas características são abordadas no Capítulo 15.

§ 9.5.8 Atraso na Conclusão de Projeto

Em geral, o atraso na Conclusão de Projeto deve-se a:

- Falta de cumprimento, por parte da Empreiteira de Construção, dos termos do Contrato de Construção;
- Indenizações ou Eventos de Isenção que produzam efeito sobre a Empreiteira de Construção (ver 7.6, 7.8, 8.2.5 e 8.2.6);
- Terceiros deixarem de fornecer as boas conexões e rede de contatos necessárias ao projeto (§ 9.5.9).

Atrasos na Conclusão do Projeto provocam diversas consequências:

- Custos financeiros, especialmente juros durante a construção (§ 10.3) que serão mais altos porque incidirão sobre o saldo de dívida que permanecerá em aberto por um tempo mais longo, representam excedente de custo de construção efetivo.

- Receitas da operação do projeto serão diferidas ou deixarão de ser aproveitadas.
- Multas indenizatórias poderão ser geradas e devidas ao Tomador do Serviço ou Fornecedor de Insumos.

O efeito produzido pelos atrasos, portanto, é o aumento de custos, à semelhança de outros excedentes de custos citados anteriormente (§ 9.5.5).

Abaixo, algumas considerações sobre esses riscos de atraso:

Atraso da Empreiteira de Construção. Um contrato de construção com data de entrega pré-definida do tipo *turnkey* constitui a principal proteção contra o risco de atraso na Conclusão do Projeto fora do prazo, pois a Empreiteira da Construção é responsável por PDs por atraso na conclusão da obra, o que deve ser suficiente para manter o projeto financeiramente íntegro, pelo menos por algum tempo (§ 8.2.8). As PDs incentivam a Empreiteira de Construção a tomar as medidas necessárias para resolver possíveis problemas. Porém, se o atraso se estender por 6 a 12 meses, é muito provável que as provisões para indenizações tenham sido acionadas e se esgotem, desse modo reduzindo consideravelmente a pressão sobre a Empreiteira de Construção para entrega. A menos que sejam causados por problemas de última hora relativos a desempenho, os atrasos por parte da Empreiteira de Construção são bastante previsíveis caso tenha sido feita uma programação detalhada do projeto, e esteja vigente, pois torna evidentes e claros os itens críticos que, ao longo do caminho, deixam de cumprir o cronograma estabelecido (ou seja, os aspectos do projeto que, se atrasados, com certeza causarão atrasos à Conclusão do Projeto). A Empresa do Projeto e o Engenheiro do Acionista, bem como o Engenheiro dos Financiadores (§ 14.3.2) devem supervisionar bem de perto os progressos da obra a fim de garantir que estão cientes dos possíveis atrasos em aspectos críticos do processo e auxiliar (ou pressionar) a Empreiteira de Construção na recuperação do tempo perdido nos atrasos.

Eventos de Isenção. Tendo em vista que os Eventos de Isenção propiciam um tempo extra (§ 8.2.6), fica claro que podem causar atrasos na conclusão do projeto.

Definição de Conclusão do Projeto. "Conclusão do Projeto" é um conceito que pode surgir em vários contratos distintos: no Contrato de Construção, Contrato Principal do Projeto, Contrato de Fornecimento de Insumos (se for o caso), bem como pode constituir uma data limite exigida na documentação do financiamento. Portanto, é importante garantir que as definições do termo em todos esses diferentes contratos estejam em harmonia e se enquadrem do ponto de vista da Empresa do Projeto. Se a Empresa do Projeto for sujeita a multas indenizatórias pela Conclusão do Projeto fora do prazo (em um Contrato *Offtake*, por exemplo), sua definição no contrato em questão deve ser o mais "solta" e aberta possível de modo que permita que ela alcance a Conclusão do Projeto com certa facilidade. Por outro lado, a Empresa do Projeto tem liberdade para impor obstáculos muito maiores à Empreiteira de Construção no que diz respeito à Conclusão do Projeto. Os financiadores normalmente ficam apreensivos com relação à conclusão de projetos antes do tempo previsto ou feita às pressas (por exemplo: o Tomador e Empresa do Projeto podem estabelecer que o projeto já está concluído, permitindo a liberação rápida e fácil da Empreiteira de Construção, quando ainda restam problemas a serem resolvidos). Como resultado, os financiadores podem determinar que a Empresa do Projeto só terá competência para decidir se a Conclusão do Projeto foi atingida ou não após a aprovação dada pelo Engenheiro do Financiador. Além disso, a definição da Conclusão do Projeto do ponto de vista do Financiador provavelmente será mais ampla do que a simples conclusão nos termos do Contrato de Construção (como por exemplo a conclusão dos serviços de conexão executados por terceiros — mais detalhes abaixo).

§ 9.5.9 Riscos de Terceiros

Diversos riscos relacionados ao desempenho de terceiros também podem causar o atraso da Conclusão do Projeto: estes são frequentemente tratados como Eventos de Isenção nos termos do Contrato Principal do Projeto (§ 7.8).

Sistema de Redes de Distribuição e Serviços Exigidos pelo Projeto. A Empreiteira de Construção pode depender de terceiros, seja Tomador ou Fornecedor de Insumos, para fornecer as conexões necessárias ao bom funcionamento do local da obra de modo a permitir que o projeto seja concluído. Da mesma forma, esses tipos de conexão podem ser necessários antes mesmo de a operação do projeto ter início, tais como: oleoduto para transporte de combustível, rede de encanamento para fornecimento de água instalada no local, linha ferroviária para trazer combustível, rede de transmissão elétrica para exportar energia de uma central, e conexão entre rodovias que permita acesso a uma estrada ou ponte para o tráfego de materiais e equipamentos. Os terceiros contratados para providenciar as conexões necessárias, por sua vez, podem também depender de outras partes (para obterem direitos de passagem, por exemplo). Caso as conexões sejam fornecidas por uma parte integrante de um Contrato do Projeto, como o Tomador/Autoridade Contratante ou Fornecedor de Insumos, a mesma será responsável pelas perdas e multas indenizatórias que a Empresa do Projeto possa sofrer em consequência de seu atraso no fornecimento do serviço. Por outro lado, caso os terceiros a cargo do fornecimento dessas conexões não estejam envolvidos diretamente com o projeto, provavelmente não terão nenhum incentivo especial para manter o cronograma do projeto em dia e, mais, os prejuízos para o projeto causados pela instalação dos sistemas de conexão fora do prazo programado podem ser muito elevados e desproporcionais em relação ao custo de seu fornecimento. Nesses casos, a Empresa do Projeto só consegue avaliar o grau de risco inerente através de análise do histórico e desempenho dos fornecedores desses serviços em situações semelhantes, e procurando controlar o risco por meio de coordenação e monitoramento de seus trabalhos bem de perto. Outro aspecto importante a ser considerado é o relacionamento e a experiência da Empreiteira de Construção com os terceiros contratados.

Realocação de Serviços Públicos. Na mesma linha, projetos como o de construção de uma rodovia demandam o desvio ou realocação de serviços públicos (tubulações de gás, água e esgoto precisarão ser instaladas sob a estrada). A concessionária prestadora do serviço público em questão provavelmente terá o controle desse procedimento; portanto, sua cooperação é fundamental. E, mais uma vez, como essas partes não têm nenhum incentivo especial para manter o cronograma de construção do projeto em dia, existe o risco de que isso atrase seu progresso. No entanto, como prática rotineira do mercado de construção, esse risco pode ser transferido da Empresa do Projeto para a Empreiteira de Construção.

Protestos. Projetos que envolvam a construção de empreendimentos de infraestrutura pública (a exemplo de uma rodovia) estão sujeitos a enfrentar protestos públicos que chegam a prejudicar seriamente o cronograma da obra. Na pior das hipóteses, o protesto se transforma em violência com motivação política (§ 11.4.3), e não apenas obstrução dos trabalhos da Empreiteira de Construção. De forma geral, se o projeto envolver construção de infraestrutura, o setor público deve assumir o risco de atrasos deste tipo; em primeiro lugar, providenciando adequada proteção policial para a Empreiteira de Construção dar continuidade aos trabalhos na obra. Em segundo lugar, no caso de PPPs, devem no mínimo tratar os atrasos dessa natureza como Eventos de Isenção, não só protegendo a Empresa do Projeto de inadimplemento contratual resultante de atrasos na conclusão do projeto, mas também indenizando a empresa por perda de receita.

Projeto Dependente de Outro Projeto. O pior tipo de risco de terceiros, muitas vezes fatal para a implementação de um projeto, é aquele em que um projeto depende de outro. Por exemplo, uma central de energia a gás que depende da entrega de gás via gasoduto que, por sua vez, também está sendo construído usando uma operação de *project finance*. Se a conclusão do gasoduto não puder ser garantida, o projeto da central energética provavelmente não conseguirá obter financiamento para seu projeto; em contrapartida, se a conclusão da central não puder ser garantida, o gasoduto provavelmente não vai conseguir obter o financiamento para seu projeto. Financiar os dois projetos como um todo talvez seja a solução para fugir desse impasse; no entanto, os Empreendedores de um projeto nem sempre são os mesmos do outro e cada lado pode não ter interesse em investir ou oferecer garantias para o projeto do outro. Nesses casos, a Autoridade Contratante deverá intervir e assumir os riscos de intermediação entre os dois projetos.

§ 9.5.10 Desempenho Inadequado na Conclusão do Projeto

Os riscos de desempenho, como os relacionados a problemas de projeto deficiente ou de tecnologia inadequada do projeto, podem afetar a capacidade de alcançar o desempenho planejado na Conclusão do Projeto, sendo mais comum ocorrer em projetos de implantação de unidades industriais do que em obras de construção civil, uma vez que os problemas na construção desta última normalmente apareceriam muito tempo depois da Conclusão do Projeto.

Se os requisitos de desempenho não forem cumpridos, as PDs serão devidas e pagas pela Empreiteira de EPC, cujas quantias suficientes deveriam ter sido calculadas para cobrir o valor atual líquido do prejuízo financeiro causado por fraco desempenho ao longo de toda a vida do projeto (§ 8.2.8). PDs de desempenho normalmente são utilizadas para reduzir o endividamento, de modo a deixar os financiadores com os mesmos Índices de Cobertura (§ 12.3; § 14.6) que teriam caso o projeto tivesse obtido o desempenho esperado. (Algum excedente deve ser pago aos investidores a título de distribuição especial para indenizá-los pela redução no retorno sobre *equity*).

Entretanto, certas premissas consideradas durante o cálculo inicial da estimativa de PDs às vezes se mostram incorretas. Por exemplo, se um projeto consumir em sua operação um volume de insumos muito maior do que o originalmente previsto, esse custo extra correspondente deveria ser coberto pelas PDs; porém, se a própria premissa sobre o custo unitário dos insumos estiver incorreta, e esse custo unitário revelar-se de fato maior do que o projetado, as PDs não serão suficientes para cobrir a totalidade do prejuízo econômico.

Além disso, as medições de desempenho do projeto na Conclusão do Projeto representam apenas um registro de um determinado momento, sendo possível ocorrerem futuras variações no desempenho com o passar do tempo que não produzirão PDs adicionais.

Consequentemente, o cálculo usado para fixar os valores de PDs de desempenho se mostra pouco mais do que uma projeção aproximada, não havendo oportunidade, no caso de uma piora no desempenho (a menos que as reclamações possam ser feitas dentro da garantia), de se voltar contra a Empreiteira do EPC anos depois da Conclusão do Projeto. A Empresa do Projeto deve estar ciente da incerteza dessas premissas e deixar uma margem para essa cobertura ao negociar os cálculos das PDS com a Empreiteira do EPC.

Finalmente, as indenizações sobre perdas e danos decorrentes de desempenho nem sempre são suficientes se o projeto envolver novas tecnologias: pode ser aceitável para os financiadores que a Empreiteira do EPC conceda valores de PDs maiores do que o normal para as atualizações da tecnologia existente, porém não seria adequado em se tratando de algo totalmente novo em conceito (§ 7.7.1).

§ 9.5.11 A Garantia de Contrato de Construção

A Empreiteira da Construção pode querer saber qual garantia seria oferecida sobre os pagamentos a receber da Empresa do Projeto, qual seria o maior fator de risco do seu ponto de vista. Aos financiadores é oferecida garantia primária sobre os ativos do projeto e, portanto, os mesmos não estão disponíveis para a Empreiteira de Construção. Tampouco se espera que os Empreendedores e financiadores forneçam garantias à Empreiteira de Construção. (Naturalmente, se a Empreiteira de Construção for também um dos Empreendedores não serão necessárias garantias desse tipo).

Em geral, a única garantia da Empreiteira de Construção é a existência dos acordos de financiamento e o fato de que raramente é do interesse dos financiadores cortar os recursos para a construção do projeto. Consequentemente, a Empreiteira de Construção somente começará as obras quando:

- todos os demais projetos e contratos de financiamento estiverem aprovados e em vigor;
- quando concordar que os recursos disponibilizados pelos Empreendedores e financiadores é suficiente para assegurar a cobertura dos pagamentos devidos nos termos do Contrato de Construção e tiver certeza de que o financiamento não poderá ser suspenso pelos financiadores de forma arbitrária;
- tiver sido atingido o Assinatura do Contrato de Financiamento.

Às vezes, os Empreendedores desejam que a Empreiteira da Construção comece os trabalhos antes da Assinatura do Contrato de Financiamento, então lhe oferecem garantias adicionais temporárias para incentivar o progresso da obra até atingir a Assinatura do Contrato de Financiamento (§ 8.2.2).

A Empreiteira de Construção também deve garantir que o cronograma de pagamentos do Contrato de Construção esteja o máximo possível atrelado à sua própria posição financeira em aberto, a fim de transferir despesas e efetuar pagamentos para suas subcontratadas e fornecedores de equipamentos, de modo que, se a Empresa do Projeto quebrar, suas perdas sejam limitadas.

§ 9.5.12 Projetos sem Preço Fixo, Data Certa, Contrato de Construção *Turnkey*

O Contrato de Construção *Turnkey*, com preço fixo e data certa, é uma das principais medidas mitigadoras de risco em *project finance*. No entanto, existem algumas modalidades de projeto para os quais esse tipo de contrato não está disponível ou não é apropriado, como por exemplo:

Mineração e Outros Projetos de Extração. A implantação de uma mina ou campo de petróleo tende a sofrer com riscos de construção acima da média devido a atrasos originados pelo mau tempo, dificuldades de acesso ao local e problemas de ordem geológica, técnica e trabalhista. Mesmo que um Contrato de Construção com preço fixo e data determinada esteja em execução, as PDs se mostram insuficientes para cobrir esses riscos, levando à abordagem mais comum na qual os Empreendedores encarregam-se da construção da própria instalação com subcontratadas adequadas.

Refinarias de Petróleo/Indústrias Petroquímicas. Geralmente dependem do uso de processos patenteados (propriedade intelectual) controlados pelos operadores existentes. A Empresa do Projeto adquire o direito de usar determinado processo, o que significa que a Empreiteira de EPC não está fornecendo um elemento-chave da propriedade intelectual para o projeto e, portanto, não pode disponibilizar um contrato *turnkey* completo. Mais uma vez, nesses casos, é mais comum que os Empreendedores se encarreguem da construção.

Instalação de Sistemas. Determinado projeto pode envolver a instalação de um sistema para operar por um longo período de tempo (por exemplo, uma rede de televisão a cabo ou de telefonia celular) no qual a rapidez na instalação do sistema depende da demanda. Os financiadores podem especificar que, se as receitas originadas por clientes do sistema entrarem mais rapidamente, os resgates do financiamento podem ser liberados mais rapidamente, acelerando a construção, e vice-versa. Tendo em vista a incerteza do cronograma da obra, Empreiteira de Construção tem dificuldades para oferecer um preço fixo e, certamente, uma data certa para a Conclusão do Projeto não é pertinente nesse contexto.

Nesses casos, os financiadores podem exigir dos Empreendedores uma garantia de Conclusão do Projeto para reduzir seus riscos (ou seja, fazendo com que o tipo de financiamento deixe de ser sem garantias corporativas (*non-recourse*) para ser com garantias corporativas limitadas (*limited-recourse*) *vide* § 9.13). Caso os Empreendedores incorporem garantias para concluir o projeto, segue-se necessariamente que:

- Os Empreendedores serão responsáveis por aportar recursos em caso de sua escassez.
- Se o projeto não for concluído, os Empreendedores serão obrigados a amortizar o recurso da dívida ou cobrir o serviço da dívida.

Desse modo, o passivo financeiro adicional em que os Empreendedores incorrem se torna muito significativo na ausência de um Contrato de Construção economicamente mais favorável ao financiamento de projetos. Além disso, a definição da Conclusão do Projeto, em tais casos, deve ser analisada com bastante cautela. Dependendo do tipo de projeto, vai envolver não apenas a conclusão física da instalação, mas uma capacidade comprovada para operar conforme projetado durante um período prolongado.

§ 9.6 RISCOS DE RECEITA

O risco de a Empresa do Projeto não auferir receita suficiente para cobrir seus custos operacionais e o serviço da dívida, além de produzir um retorno adequado para os investidores, é o ponto crucial de *project finance*.

Se o projeto estiver fabricando um produto (que se aplicaria tanto a projetos de extração de recursos natural quanto de indústria de processamento), assumindo que seja capaz de operar de acordo com projetado, os riscos inerentes se resumem na capacidade de a Empresa do Projeto alcançar:

- o volume projetado de unidades vendidas (risco de volume);
- o preço projetado por unidade vendida (risco de preço).

Os riscos acima poderiam ser cobertos por um Contrato *Offtake*, ou por outros acordos similares (§ 9.6.1), ou então a Empresa do Projeto poderia assumir o risco de vendas em um mercado competitivo (§ 9.6.2).

No caso de projetos de infraestrutura, sejam estes privatizados ou de Concessão com PPP, o risco de receita mais significativo envolve a capacidade de a Empresa do Projeto atingir o volume projetado de uso do serviço no valor projetado de tarifa, taxa de uso ou preço de pedágio, o chamado risco de uso (§ 9.6.3).

Nos Contratos Principais do Projeto baseados em Disponibilidade, o risco de uso comumente é assumido pela Autoridade Contratante, de modo que o risco de receita mais importante está relacionado à capacidade de a Autoridade Contratante efetuar os pagamentos do contrato no vencimento (§ 9.6.4).

Os riscos de multas indenizatórias ou deduções das receitas do Contrato de PPP relacionadas à disponibilidade e desempenho são abordados abaixo no item sobre riscos operacionais (§ 9.7).

§ 9.6.1 Contratos *Offtake* e Outros Similares

Esta seção analisa os riscos envolvidos em Contratos *Offtake*, nas três variantes existentes: contratos de *hedge*, contratos por diferenças e contratos de venda de longo prazo. Todas têm características semelhantes, mas diferentes fatores de risco:

- um Contrato *Offtake* cobre tanto o risco de volume como o de preço;
- um contrato de *hedge* cobre risco de volume e de preço ou apenas risco de preço;
- um Contrato por Diferenças cobre risco de preço;
- um contrato de venda de longo prazo cobre risco de volume, mas não risco de preço.

Na medida em que os riscos de volume e vendas são cobertos contratualmente, principalmente os riscos operacionais (§ 9.7) são deixados a cargo da Empresa do Projeto.

Contrato *Offtake*. No tipo de Contrato Leve-ou-Pague (§ 6.3.1), tanto os riscos de volume quanto de preço são transferidos para o Tomador ("*Offtaker*"). Em princípio, então, nenhum risco de receita significativo é deixado a cargo da Empresa do Projeto. Segue-se que um projeto de usina de processamento coberto por esse tipo de contrato pode atingir o maior nível de alavancagem do recurso da dívida e oferecer um preço mais baixo do produto. Nos termos de um Contrato *Offtake*, o principal risco remanescente para a Empresa do Projeto é a capacidade de o Tomador pagar pelo produto. Tanto ela como seus financiadores estão, de fato, assumindo o risco de crédito de longo do Tomador. Embora a avaliação convencional e fundamentalista de crédito que se baseia em análise do balanço patrimonial da empresa seja o primeiro passo para aferir esse tipo de risco, por si só não é suficiente para determinar se o risco de crédito do Tomador é aceitável. O prazo de assunção do risco (em torno de 15 a 25 anos) vai muito além dos prazos limites concedidos à maioria das empresas em financiamentos bancários convencionais, porque nenhuma avaliação de crédito confiável sobre a posição de qualquer empresa levando em consideração um futuro tão distante, por mais sólida que pareça ser a situação atual da empresa. (No entanto, deve-se notar que as emissões de títulos patrimoniais corporativos podem ter vencimentos tão longos quanto, e as agências de classificação de risco de crédito irão atribuir uma pontuação (*rating*) de longo prazo). Logo, a avaliação de risco nesse caso precisa analisar também a viabilidade comercial do projeto (§ 9.4). Em termos comerciais, o projeto faz sentido no longo prazo? Por exemplo, se o custo de seu produto for menor do que a média praticada no respectivo setor, é bem provável que sobreviva mesmo que o Tomador venha a enfrentar outros tipos de problemas. De fato, uma escola de pensamento sustenta que é preferível que os projetos não tenham Contratos *Offtake* de longo prazo, porque isso reduz a necessidade de avaliação da viabilidade fundamental do projeto, que é o que representa, de fato, a garantia dos financiadores. A maioria dos financiadores, no entanto, prefere contar com um Contrato *Offtake* na estrutura, caso esteja disponível. Outra questão é se o próprio Tomador — no caso de uma empresa do setor privado — está operando em um ambiente estável ou se seu próprio negócio estaria vulnerável a problemas no longo prazo. Por exemplo, um projeto que venda energia para uma unidade industrial obviamente assume um risco no mercado de longo prazo em relação à produção daquela unidade. Haverá diferentes fatores de risco de crédito de longo prazo se o Tomador for uma entidade do setor público. No curto prazo, o controle estatal dará certo conforto aos financiadores, já que acreditam que o governo oferecerá apoio financeiro se necessário, mesmo que não exista garantia formal por parte do governo. No entanto, se o "Governo Anfitrião" acumular os papéis de acionista majoritário do Tomador e agente regulador de seu setor de atividade, há uma forte probabilidade de também assegurar o risco de crédito de longo prazo do Tomador, com base em sua maior competência para controlar esse risco. Sempre existe a possibilidade de o governo decidir desestatizar um Tomador (ou privatizar parte da empresa), com graves impactos sobre seu crédito. Nenhum governo concordaria em atrelar as futuras administrações celebrando um contrato onde se compromete a não privatizar determinado Tomador; porém, existem algumas alternativas para solucionar essa questão:

- Se o Governo Anfitrião assegurar os compromissos assumidos Tomador, essa garantia não deve ser afetada pela privatização ou por qualquer outra reestruturação sofrida pelo Tomador.
- O Governo Anfitrião pode ser instado a oferecer uma garantia sobre a privatização, a menos que o Tomador, naquele momento, atinja determinada classificação de crédito pré-determinada.
- Os financiadores podem considerar que nenhuma privatização será bem-sucedida a menos que a empresa privatizada registre um balanço considerável e conte com uma base sólida para operar seus negócios; logo, a fiabilidade creditícia de uma empresa estatal pode de fato melhorar em vez de piorar após a privatização e, assim, os financiadores não teriam com que preocupar contanto que o projeto esteja bem alicerçado.

Se o Tomador tiver risco de crédito mais fraco, pode haver maneiras de aplicar como garantia suas próprias receitas para fortalecer a posição da Empresa do Projeto. Por exemplo, o Tomador, no âmbito de um CCE (Contrato de Compra de Energia), pode ser uma empresa local de distribuição de energia elétrica. Se houver alguma dúvida sobre seu risco de crédito, é possível tomar providências para que as receitas que a distribuidora arrecada dos consumidores sejam depositadas em uma conta *escrow* em benefício da Empresa do Projeto e empregadas para garantir que os pagamentos sejam feitos nos termos do CCE.

Contratos de *Hedge* (§ 6.3.1). Normalmente são negociados e celebrados com intermediários do mercado e dificilmente com os consumidores finais do produto. Os riscos que permanecem sob a responsabilidade da Empresa do Projeto são:

- Risco de crédito do agente intermediário — uma *trading company*, ou seja, uma empresa comercial exportadora de mercadorias (*commodities*).
- Geralmente, como se trata de instrumentos de mercado padronizados, não são tão flexíveis quanto, por exemplo, os contratos por diferenças, que são negociados individualmente.

O principal problema com contratos de *hedge* desse tipo é que o prazo disponível nos mercados de *commodities* pode ser limitado e, consequentemente, os últimos anos de vida do projeto podem ficar expostos às variações de preços do mercado. Existe um tipo de contrato de *hedge* que é celebrado diretamente com os financiadores, chamados de empréstimos denominados em mercadorias (*commodity-denominated loans*). Financiamentos em ouro, por exemplo, foram usados para financiar projetos de minas de ouro. Nessa estrutura de financiamento, os financiadores emprestam ouro em vez de moeda para a Empresa do Projeto; que, por sua vez, vende o ouro para levantar recursos e usa o recurso apurado para financiar o desenvolvimento e implantação da mina; em seguida, o ouro extraído é então usado para amortizar o financiamento em ouro concedido originalmente. A desvantagem do uso de qualquer mecanismo de proteção (*hedging*) do preço de um produto do ponto de vista dos Empreendedores se resume à eventualidade de a Empresa do Projeto ter de executar o contrato de *hegde*, e realizar a cobertura, em um momento de baixa nos preços das *commodities* (exatamente quando as preocupações do financiadores aumentam quanto à economia do projeto) e não poder se beneficiar de aumentos de preço posteriores.

Contratos por Diferenças (§ 6.3.1). O Contrato por Diferenças ("CfD") é muito comum no setor elétrico. Esse tipo de contrato é usado principalmente pelo fato de a energia elétrica não ser vendida diretamente ao consumidor final e, portanto, os riscos inerentes são semelhantes aos do Contrato *Offtake*. O principal risco adicional a ser assumido pela Empresa do Projeto resulta da obrigação de vender o montante contratado diretamente para a rede de distribuição de energia elétrica ou para um sistema de *pool* de distribuidoras. Isso não chega a representar um problema, desde que esse *pool* de distribuidoras opere com base em preços marginais (isto é, desde que a tarifa paga pelo *pool* seja igual à maior tarifa ofertada para a qual o montante de energia suficiente é fornecido aos licitantes para atender à demanda global). Nesses casos, a Empresa do Projeto tem que simplesmente oferecer uma tarifa mais baixa, de modo a garantir que o montante contratado seja vendido pela tarifa paga pelo *pool* como um todo. Porém se o *pool* operar fazendo o pagamento com base na tarifa ofertada por cada licitante, o risco do leilão de compra e venda provavelmente terá de ser repassado aos seus pares, as contrapartes do CfD, porque haverá, da parte deles, interesse em monitorar de perto os lances a fim de garantir que não terão desembolsos adicionais à Empresa do Projeto para compensar uma tarifa ofertada baixa demais.

Contratos de Vendas de Longo Prazo. A existência de contratos de longo prazo (§ 6.3.1) elimina o risco de volume da Empresa do Projeto, mas não o risco de preço. Esse tipo de contrato será adequado se:

- O produto produzido pelo empreendimento for uma *commodity* (amplamente negociada no mercado) e exigir uma estrutura de vendas especial para sua distribuição (a exemplo dos produtos petroquímicos); ou

- Se o consumidor final estiver disposto a assinar um contrato de longo prazo para aquisição do produto, mas indexado ao preço negociado a uma *commodity* negociada no mercado *spot* (por exemplo, contratos de longo prazo para GNL nos quais o preço do gás natural está atrelado ao preço do petróleo).

Nesses casos, financiadores costumam garantir a utilização de uma base clara e bem definida de precificação do produto, de forma que o risco de preço seja mensurável. Certamente, é preferível que a precificação seja baseada em índices amplamente negociados no mercado, como o preço do barril de petróleo, já que as projeções de preços dessas commodities são de fácil acesso. No entanto, o risco para a Empresa do Projeto claramente continua mais alto em comparação aos demais contratos de compra descritos acima e, portanto, o grau de alavancagem da dívida que poderia ser atingido em projetos onde o risco de preço é assumido pela Empresa do Projeto é menor. Quando a Empresa do Projeto assume o risco de preço, a principal preocupação dos financiadores recai sobre o grau de cobertura do fluxo de caixa para atender o recurso da dívida (§ 12.3); obviamente, quanto maior a cobertura, menor o risco de prejuízo causado por variações no preço de mercado das mercadorias fornecidas pelo projeto. A magnitude desse risco também pode ser medida observando-se o preço do produto necessário para permitir que a Empresa do Projeto atinja o ponto de equilíbrio, também chamado de *break even* (isto é, a combinação de preço unitário e vendas unitárias que seja suficiente para cobrir os custos operacionais mais o serviço da dívida da Empresa do Projeto, mas sem retorno sobre o investimento dos acionistas). Este preço de equilíbrio (*break even price*) deve ser baixo em comparação com os preços históricos e projetados, bem como levar em consideração a provável volatilidade dos preços.

§ 9.6.2 Projetos sem Mitigação de Risco de Preço ou Volume

Adicionar o risco de volume ao risco de preço (isto é, no caso de a Empresa do Projeto não contar com qualquer tipo de contrato de vendas de longo prazo) será aceitável para os financiadores se produto da venda for uma *commodity* com ampla negociação no mercado.

Há dois tipos principais de projetos onde os financiadores se dispõem a financiar Empresas do Projeto assumindo o risco de preço (e o risco de volume, se necessário) dos produtos: extração de recursos naturais e centrais elétricas do ambiente de contratação livre (também chamado de mercado livre de energia).

Projetos de Recursos Naturais. O risco de volume não é significativo em projetos de hidrocarbonetos e minerais porque o produto em questão pode ser facilmente vendido em mercados de *commodities*. Por sua vez, o risco de preço é obviamente muito significativo e os financiadores adotam uma atitude cautelosa a esse respeito. Os preços das *commodities* são impactados pelos ciclos econômicos: os financiadores baseiam suas projeções para a Empresa do Projeto e, por conseguinte, a viabilidade do projeto, na menor faixa de preços históricos da *commodity* por um longo período. Fatores que possam provocar crescimento na oferta devem ser considerados (por exemplo, abertura de novas minas em outras localidades ou desenvolvimento de novas tecnologias de mineração), bem como fatores que possam provocar queda na demanda no futuro (por exemplo, possível substituição de uma mercadoria por outra mercadoria, tais como garrafas plásticas em vez de latas de alumínio). Tanto financiadores quanto seus consultores analisam a competitividade de custo do projeto no mercado como um todo e nutrem a expectativa de que o projeto seja capaz de operar a um custo que se enquadre no quartil mais baixo dos custos mundiais de produção daquele produto, com base na premissa de que, se 75% da produção mundial está sendo vendida abaixo do custo, essa situação não é sustentável no longo prazo. Ainda assim, a menos que exista algum mecanismo de *hedge* de preços das *commodities*, o nível de alavancagem do projeto será relativamente baixo (isto é, os financiadores exigem Índices de Cobertura da Dívida elevados — § 12.3).

Projetos de Geração de Energia em Ambiente de Contratação Livre. Com o desenvolvimento do mercado de compra e venda de energia elétrica em vários países, como Reino Unido, Austrália e Estados Unidos (em alguns estados), os financiadores concederam financiamento para usinas de energia que não têm contratos de compra de longo prazo Mais uma vez, o risco de volume é relativamente pequeno, uma vez que a existência de um *pool* ou sistema de comercialização similar deve garantir que o montante produzido seja vendido a preço de mercado, contanto que problemas com a transmissão ou outras restrições não inibam as negociações. O risco de preço é muito mais difícil de ser avaliado; em geral, esses mercados não contam com dados suficientemente antigos sobre as transações realizadas, que lhes permita calcular com mais precisão os fatores de risco que impactam o mercado das tarifas de energia elétrica e mais, em alguns casos, alguns poucos geradores de grande porte podem manipular os preços praticados no mercado, invalidando o histórico das transações como base para projeções futuras. Embora a demanda por eletricidade seja relativamente estável, ao contrário dos setores de petróleo e minérios, é difícil prever o fornecimento futuro de eletricidade para determinado mercado, pois essa previsão é impactada por decisões dos investidores sobre manter ou não uma usina mais antiga, e mais ineficiente, em atividade e novas percepções dos investidores sobre valer ou não a pena construir novas usinas. Portanto, grande parte da análise de riscos realizada pelo Financiador se concentra na competitividade do custo da usina da Empresa do Projeto e no preço unitário de *break even* em comparação com outras usinas, que é resultado da combinação dos seguintes fatores:

- custo de capital (isto é, o preço do Contrato EPC);
- estrutura de captação de recursos (maior endividamento e prazos mais longos tornam os preços unitários do projeto mais competitivos; mas por outro lado, aumentam o risco de crédito para os financiadores);
- eficiência (isto é, produção e consumo de combustível);

- custo do combustível.

Se um projeto é competitivo em termos de custos comparado a outros no mercado, os financiadores normalmente assumem que seja improvável ter que operar com prejuízo por um longo período e, portanto, embora possa ter problemas temporários de médio prazo, deverá gerar receitas suficientes para pagar sua dívida. Contudo, essa análise pode não abordar adequadamente o problema de excesso de capacidade resultante da construção exagerada de novas instalações com base de custos semelhantes. Também não aborda o impacto da alteração nos custos de diferentes tipos de combustível (por exemplo, carvão *versus* gás), causando uma grande mudança na base de custos entre os diferentes tipos de usinas, ou uma queda no preço do combustível, o que faz com que um contrato de longo prazo de fornecimento de combustível deixe de ser competitivo em comparação com outras usinas que operam com contratos de curto prazo (ou vice-versa, se o projeto operar com contratos de fornecimento de combustível de curto prazo). É muito provável que os financiadores exijam que seja tomada alguma medida mitigadora de risco nesses projetos como, por exemplo:

- celebração de contrato de *hedging* ou Contrato por Diferenças (talvez não para toda a produção da unidade nem pelo prazo total do empréstimo, mas que cubra uma proporção significativa de ambos);

- celebração de CCE (ou "PPA", na sigla em inglês para *Power Purchase Agreement*) com um "*anchor tenant*" (isto é, uma grande unidade industrial) que adquira uma parcela significativa do montante gerado pela estação de energia;

- o fornecedor de combustível que passa a assumir parte dos riscos através de:

- indexação do custo de combustível às tarifas de energia elétrica praticadas no mercado, e assim reduzindo o risco de preço; ou

- subordinação dos pagamentos de combustível para os financiadores, de modo que, se houver escassez de fluxo de caixa em virtude de condições adversas do mercado, os financiadores são pagos antecipadamente pelos fornecedores de combustível; ou
- celebração de Contrato de Processamento de Insumos (§ 8.5.1), por meio do qual o fornecedor de combustível paga à usina para processar seu combustível e transformá-lo em energia elétrica; e assume para si o risco de venda da eletricidade gerada;
- financiamento de um *portfolio* combinado de usinas em vez de uma planta individual, e assim dispersando o risco.

Há uma relação clara entre esse espectro de risco e o volume de dívida que pode ser obtido com base em um projeto; em um dos extremos da escala, um Contrato por Diferenças ou um Contrato de Processamento de Insumos confere aos financiadores a mesma proteção que um Contrato de Compra de Energia (CCE) e, portanto, um volume da dívida obtido (isto é, o índice da dívida sobre capital próprio) semelhante, enquanto no outro extremo da escala, simplesmente o risco de mercado relativo à venda para um *pool* de distribuidoras de energia reduziria significativamente a proporção do recurso da dívida em relação a *equity* no projeto.

§ 9.6.3 Contratos de Concessão e Infraestrutura Privatizada

O principal risco em um Contrato de Concessão ou em um projeto de infraestrutura do setor privado diz respeito ao uso: se os consumidores finais vão utilizar o serviço em volume que gere as receitas projetadas para o empreendimento. Princípios semelhantes se aplicam às infraestruturas privatizadas, como portos e aeroportos.[166] Os projetos mais comuns dessa modalidade são as Concessões que envolvem rodovias (pontes e túneis, inclusive, muitas vezes financiadas em projetos separados com o objetivo de efetuar obras de melhoria em rodovias existentes), sendo aqui discutida no contexto de uma rodovia pedagiada.

Recursos só serão captados para financiamento de projetos com cobrança de pedágio em que houver demanda clara e definida. Por exemplo, um projeto para construção de uma ponte pedagiada ao lado de outra para aumentar capacidade: os registros dos fluxos de tráfego facilitam o cálculo de projeções de receitas de pedágio futuras.

No entanto, a avaliação de risco será mais complexa se, por exemplo, a intenção for construir uma rodovia pedagiada próxima a rodovia onde não há cobrança de pedágio. Além disso, deve-se considerar a concorrência de outros meios de transporte como o ferroviário, por exemplo. Nesses casos, no entanto, se a demanda atual for evidenciada pelo congestionamento nas rodovias, e o custo das portagens ou tarifas for razoável em relação ao custo dos demais meios de transporte existentes, os financiadores estarão dispostos a assumir o risco de utilização.

As projeções de utilização em projetos de transporte baseiam-se em uma complexa modelagem financeira elaborada pelos consultores de tráfego contratados pela Empresa do Projeto, que por sua vez será analisada pelos consultores de tráfego contratados pelos financiadores. A modelagem da utilização do serviço baseia-se em projeções que levam em conta fatores como:

- crescimento populacional global, distribuição e movimento;
- atividade econômica global e local;

---

166 *Vide* BOEUF, Patrick. *Public-Private Partnerships for Transport Infrastructure Projects.* Luxemburgo: EIB, 2003.* ESTACHE, Antonio; JUAN, Ellis; TRUJILLO, Lourdes. *Public-Private Partnerships in Transport.* Washington: The World Bank, 2007*.

- uso da terra em torno da área do projeto;
- viagens em diferentes horas do dia ou em temporadas diferentes;
- distribuição de viagens (ou seja, a relação entre viagens locais e de longa distância);
- origens e destinos de viagens;
- divisão entre tráfego comercial e privado (o primeiro geralmente mais disposto a pagar pedágios);
- divisão entre os meios de transporte utilizados na viagem, como ônibus, carro ou trem;
- valor do tempo economizado pelos usuários, comparado ao preço do pedágio.

Esses e outros fatores combinados produzem um modelo de padrões atuais de tráfego, possível de validação se usado para projetar o crescimento do trânsito a partir de uma data no passado até o momento presente e comparar os resultados com os números de crescimento efetivo.

Projeções futuras de crescimento do fluxo de tráfego para fins de financiamento de projetos de infraestrutura são fundamentadas por fatores macroeconômicos, como o crescimento da economia nacional e regional que acarreta o aumento na aquisição de veículos privados e comerciais, mas geralmente não levam em conta o possível tráfego extra que será gerado pela construção do empreendimento em si (§ 14.3.3).

Qualquer projeto que envolva risco de tráfego também tem que levar em consideração o impacto causado pelas políticas governamentais sobre a utilização do serviço. Essas políticas podem ser locais e impactar diretamente o projeto (por exemplo, abertura de concorrência de rodovias sem cobrança de pedágio ou construção de outras estradas que absorvem o tráfego de uma rodovia pedagiada) ou nacionais, mas que impactam indiretamente o projeto (por exemplo, um aumento nos preços dos combustíveis, que por sua vez reduz o volume do tráfego rodoviário em geral). É comum os financiadores requerem proteção contra alguns dos riscos dessa categoria, a ser incorporada às disposições do Contrato de Concessão (§ 6.5.2).

Faz Sentido Transferir o Risco de Tráfego? O princípio básico da alocação de riscos abordado acima (§ 9.2), estabelece que os riscos devem ser suportados por aqueles que são mais capazes de controlá-los ou gerenciá-los e de arcar com as consequências financeiras correspondentes. Mas é claro que a Empresa do Projeto responsável por uma Concessão de rodovia pedagiada pouco ou nada pode fazer na prática para promover sua utilização (além de reduzir as tarifas dos pedágios, o que pode eventualmente destruir a viabilidade do projeto).[167] Por exemplo, a qualidade do serviço oferecido pela Empresa do Projeto dificilmente afetará o aumento ou diminuição do fluxo de veículos.

Qualidade das previsões dos fluxos de tráfego. O primeiro problema identificado nesse tópico diz respeito ao registro da estimativa de utilização pelos consultores de trânsito/tráfego para projetos de rodovias pedagiadas, ou seja, as receitas, que é muito fraco.[168] Há uma série de razões para esse problema:

- Inadequação dos dados históricos e atuais sobre os fluxos de tráfego;
- "Disposição para pagamento", isto é, se os usuários do serviço estão de fato dispostos a utilizar a rodovia pedagiada em vez de outra via mais lenta, o que é muito difícil prever. Essas

167 As projeções sobre a geração de receitas de rodovias pedagiadas frequentemente apresentam dois cenários extremos: alto preço de pedágio com baixo volume de tráfego ou baixo preço de pedágio com alto volume de tráfego, e os proponentes do processo de licitação dos projetos em questão devem decidir qual estratégia seguir.

168 Robert Bain, em BAIN, Robert. *Review of lessons from completed PPP Projects Financed by the EIB*. Luxemburgo: EIB, 2009*, observa que 50% dos projetos de rodovias pedagiadas financiadas pelo EIB não foram capazes de atingir as previsões realizadas na fase pré-operacional, em alguns casos com margem de erro na faixa de 50 a 70%. Afirma-se o mesmo sobre a precisão das estimativas de tráfego em outros estudos.

projeções se fundamentam na estimativa do "custo-benefício do tempo", ou seja, o valor do tempo economizado ao utilizar a rodovia é maior do que a tarifa de pedágio. Porém, os usuários das estradas nem sempre são inteiramente racionais na escolha — os caminhoneiros, em particular, que geralmente pagam uma tarifa de pedágio muito mais elevada do que os motoristas de carros, tendo em vista que um caminhão produz 10 vezes mais danos à superfície da estrada do que um carro, preferem fazer desvios consideráveis e pegar estradas que muitas vezes são de má qualidade e inadequadas, em vez de pagar o pedágio;

- Do ponto de vista do setor público, é prudente superestimar o tráfego (ou, pelo menos, utilizar o intervalo superior das projeções) a fim de assegurar que a rodovia a ser construída seja larga o suficiente para cobrir satisfatoriamente o cenário de elevado crescimento do tráfego. Inevitavelmente, consultores de tráfego são influenciados pelas projeções otimistas feitas pela Autoridade Contratante, embora costumem efetuar ajustes nos cálculos, reduzindo-as até certo pouco.

- Há também a "maldição do vencedor", isto é, a adrenalina da concorrência faz com que os licitantes fiquem entusiasmados demais e estimem uma taxa de crescimento do tráfego muito alta. Isso pode ser ainda mais estimulado pelo fato de a equipe do licitante receber um bônus no caso de o projeto ser escolhido, bem como pela possibilidade de perderem seus empregos no caso contrário. O resultado é que, no fim das contas o licitante ganha o projeto, mas logo em seguida deseja não tê-lo ganho.

- Projetos desse tipo são muito afetados pelo "*ramp-up*", ou fase de amadurecimento, isto é, o período de tempo que os motoristas demoram para identificar a nova rota alternativa e passar a utilizá-la, de tal forma que o tráfego da rodovia vai crescendo até chegar em seu estado estacionário de longo prazo. Se o tempo de "*ramp-up*" leva, digamos, quatro anos em vez de dois, a Empresa do Projeto pode rapidamente enfrentar dificuldades financeiras (*vide* § 17.5.3 para o uso da modalidade de financiamento *stand-by* para administrar esse risco).

Riscos de Rede. Existem também efeitos externos que vão muito além do controle da Empresa do Projeto, conhecidos coletivamente como "riscos de rede":

- O crescimento do tráfego é resultado do crescimento geral da economia, do desenvolvimento local e da malha rodoviária local e nacional; e também é influenciado por variáveis como alteração nos preços de combustível e impostos.
- As projeções calculadas pela Empresa do Projeto podem tomar por base a premissa de que uma nova estrada será construída em outra localidade da rede rodoviária, causando aumento do fluxo de tráfego na rodovia objeto da Concessão. Contudo — especialmente se for financiada por recursos do orçamento público — a nova estrada pode deixar de construída, ou ser adiada, impactando gravemente as receitas projetadas da Empresa do Projeto.
- Por outro lado, o setor público pode decidir construir uma rodovia convencional, sem pedágio. Isso pode parecer um pouco perverso à primeira vista, mas nada mais é do que o resultado do fato de diferentes partes integrantes do poder público serem responsáveis por diferentes estradas; assim, por exemplo, a construção de uma rodovia sem pedágio por determinado município, para resolver os problemas do trânsito local, afetaria negativamente a rodovia nacional operada com cobrança de pedágio existente nas proximidades, já que a pedagiada não seria mais utilizada pelo tráfego local.
- Em virtude desse último risco, o Contrato da Concessão poderá incluir uma cláusula que impeça a construção de uma estrada concorrente, ou que defina uma indenização, caso seja construída. Do ponto de vista da Autoridade Contratante, tal medida poderia inibir o desenvolvimento natural de longo

prazo da rede rodoviária como um todo, fazendo-a pagar indenização à Empresa do Projeto ou, na pior das hipóteses, assumir o controle da Concessão ("*buy out*"), provavelmente uma opção proibitiva em termos de valor (§ 7.10.3).

Conclusão. Então, qual é o resultado disso tudo? Em primeiro lugar, a taxa de insucesso dos projetos de concessão de rodovias pedagiadas é significativamente mais elevada do que a registrada em outros empreendimentos de infraestrutura.[169] Em segundo lugar, a Autoridade Contratante reconhece que, em determinados casos, a transferência do risco de utilização (tráfego) não é aconselhável: várias soluções podem ser adotadas para incentivar a entrada de capital privado na estrutura do projeto:[170]

- A Autoridade Contratante concede *financiamento parcial* ou oferece uma *garantia*, a fim de reduzir o risco de utilização, conforme abordado no Capítulo 15.
- *Pedágios "Sombra"* (ou *Shadow Tolls*) (§ 6.4.6) são empregados no projeto e tendem a reduzir ou até mesmo eliminar totalmente o risco de tráfego.
- A solução mais comum é mudar a modalidade para Contrato baseado em Disponibilidade, conforme discutido abaixo. As tarifas de pedágio são cobradas, mas as receitas

169 O termo "insucesso" não significa que o projeto não foi construído, haja vista que problemas desse tipo em geral não se tornam aparentes até depois da fase de Conclusão. Investidores e, possivelmente, financiadores sofrerão prejuízos, mas do ponto de vista da Autoridade Contratante o "insucesso" não deve importar tanto porque a estrada foi construída de qualquer maneira, e, portanto, conseguiu o que queria. Na realidade, as pressões políticas impõem que o poder público tenha de intervir e auxiliar no resgate do projeto de alguma forma. *Vide* RUSTER, Jeff. *A Retrospective on the Mexican Toll Road Program (1989–94).* Washington: World Bank, 1997* para obter um rápido resumo sobre como esse programa tinha tudo para dar errado.

170 *Vide* Capítulo 15 sobre modalidades mais complexas de suporte de crédito do setor público a projetos do setor de transportes e outros mais.

correspondentes são transferidas para a Autoridade Contratante para ajudar a compensar os Pagamentos do Contrato baseado em Disponibilidade.

Valor Presente das Receitas. Outra solução para a questão do risco de tráfego, mas que até o momento não foi amplamente adotada, é o sistema de "Valor Presente das Receitas" que teve origem no Chile. Conforme essa estrutura, os licitantes apresentam suas propostas de licitação para o Contrato de Concessão, que não se encerra em uma data fixa, mas sim na data em que o VPL (§ 10.2.1) das receitas de pedágio atingir um certo montante pré-fixado, o que significa que se o volume do tráfego for inferior ao projetado, o prazo da Concessão será prolongado, e *vice-versa*.[171] Esse sistema reduz substancialmente o risco de tráfego, embora ainda reste uma parcela de risco, por exemplo, já que um maior volume de tráfego acarreta custos de manutenção mais elevados e que talvez não sejam inteiramente recuperados caso o projeto termine antes do previsto. Muito embora seja útil para os investidores, a prorrogação do contrato não é atraente sob o ponto de vista dos financiadores porque estes não têm interesse em alongar o prazo do endividamento do empreendimento.

§ 9.6.4 Contratos Baseados na Disponibilidade

A Autoridade Contratante assume o risco de utilização e, consequentemente, o risco de receita nesse tipo de projeto, do mesmo modo que em CCEs (Contrato de Compra de Energia) o Tomador deve de pagar a Tarifa de Capacidade ainda que não necessite que nenhum montante de eletricidade seja gerado. Portanto, se a demanda por vagas nas escolas, ou o número de presos em uma penitenciária, for menor do que o projetado, a Taxa de Serviço ainda será devida e a Empresa

171 ENGEL, Eduardo; FISCHER, Ronald; GALETOVIC, Alexander. "A New Approach to Private Roads". *Regulation*, 2002, p. 18★.

do Projeto não sofrerá por isso. Esse raciocínio é lógico porque, se a Autoridade Contratante é a parte que vai controlar a utilização do serviço prestado por um projeto de PPP, direta ou indiretamente, é evidente que deverá assumir o risco, a exemplo do Tomador, num Contrato de *Offtake*.

Mas o risco de utilização a longo prazo tende a trazer problemas para a Autoridade Contratante. A necessidade de uma escola construída sob um contrato de PPP, por exemplo, pode sofrer redução de utilização devido a movimentos populacionais na área, ou pode ser que mudanças no tratamento médico reduzam a necessidade de longo prazo de um hospital construído sob um contrato de PPP (ou as exigências sobre a dimensão do hospital devido a alterações no atendimento redirecionando a utilização para clínicas locais ou ao tratamento domiciliar dos pacientes). A rescisão de um Contrato Principal do Projeto em virtude de o objeto do contrato não ser mais necessário, ou de precisar ser reduzido em termos de abrangência, é um processo extremamente oneroso (§ 7.10.3). Como abordado na seção § 7.2.6, a flexibilidade reduzida a longo prazo pode se tornar um problema em um contrato de PPP, porém deve-se ter em mente que mesmo que a Autoridade Contratante construa um novo hospital usando recursos públicos advindos da arrecadação tributária ou de endividamento, alguns anos depois não vai simplesmente mudar de ideia e desistir de tudo porque decidiu que não quer mais o projeto.

Do ponto de vista da Empresa do Projeto, os fatores de risco são semelhantes aos de um Contrato *Offtake*, conforme abordado na seção § 9.6.1 acima. Contudo, nesse caso é menos provável que a Autoridade Contratante seja uma entidade com planos de privatização futura; portanto, o ponto crucial mais provável reside no efeito dos pagamentos de longo prazo do Contrato produzidos no orçamento da autoridade pública, ou seja, a questão é se o projeto é viável do ponto de vista orçamentário (*Affordable*), ou não (§ 7.2.2; e 9.4).

§ 9.7 RISCOS OPERACIONAIS

Uma vez que o projeto tenha sido concluído e seja demonstrado que está sendo operado segundo as especificações contratuais, uma nova etapa de risco se inicia: a da operação de longo prazo. Mesmo que a Empresa do Projeto tenha conseguido se proteger de muitos de seus riscos por meio de um Contrato Principal do Projeto, é muito provável que tenha de assumir algum nível de risco operacional, e essa questão dos riscos e impactos sobre os custos deve ser analisada de perto pelos financiadores.

Dentre os aspectos preliminares que dizem respeito aos financiadores encontram-se as seguintes questões sobre: como as operações da Empresa do Projeto serão gerenciadas, qual a experiência profissional e quais as competências dos envolvidos, e até que ponto a empresa receberá suporte técnico ou similar dos Empreendedores (§ 3.6.3).

Caso contrário, embora existam alguns problemas comuns, os principais riscos operacionais tendem a diferir entre os diversos tipos de projeto. Por exemplo, os problemas relacionados a projetos de usina de processamento ou baseados em Disponibilidade são considerados separadamente abaixo, refletindo os diferentes fatores (*drivers*) desses projetos. (Obviamente, existem outros tipos de projetos para os quais nenhuma dessas análises seria inteiramente relevante).

Dentre os fatores de risco operacional inerentes aos projetos de usina de processamento (com ou sem Contrato *Offtake*) estão:

- tecnologia (§ 9.7.1);
- operação global do projeto (§ 9.7.2);
- degradação de desempenho (§ 9.7.3).

ao passo que os riscos operacionais inerentes aos projetos de infraestrutura, em particular os desenvolvidos sob contrato de PPP, incluem disponibilidade e desempenho (§ 9.7.4).

Há também um certo número de riscos relacionados aos potenciais excedentes de custos próprios à Empresa do Projeto que devem ser levados em conta, tratados separadamente como exemplo dos aspectos comuns existentes em tipos diferentes de contratos:

- manutenção (§ 9.7.5);
- serviços públicos (§ 9.7.6); e
- outros custos operacionais da Empresa do Projeto (9.7.7).

Além desses, há também os riscos relacionados à cobertura de seguros abordados na seção § 8.6.8.

§ 9.7.1 Projetos da Indústria de Processamento — Risco Tecnológico

De modo geral, os financiadores se mostram relutantes em financiar projetos que utilizem tecnologia nova e não comprovada, para a qual não existam referências estabelecidas para análise comparativa e verificação de desempenho. O problema se resume à impossibilidade de quantificação do risco de novas tecnologias e, portanto, de cobertura por PDs de desempenho a serem pagas pela Empreiteira de EPC, uma vez que esse tipo de indenização não cobre deterioração futura de desempenho. Nesse contexto, a definição de nova tecnologia é ampla e abrangente e inclui melhoria de desempenho em relação à tecnologia pré-existente, como, por exemplo, uma turbina movida a gás destinada a uma usina geradora de energia elétrica que resulte em eficiência significativamente maior do que o modelo atual do fabricante. (É importante observar que as companhias de seguros cobram prêmios mais altos para novas instalações tecnológicas devido ao aumento da incerteza dos respectivos riscos).

Caso a nova tecnologia já esteja em uso, o risco pode ser mitigado de várias formas, dentre as quais:

- A Empreiteira de EPC concede garantia de desempenho do produto de longo prazo, em vez das garantias convencionais comumente oferecidas, que são limitadas tanto em quantidade quanto ao prazo de vigência, em geral de 2 a 3 anos (§ 8.2.9). Essa abordagem, no entanto, apresenta uma dificuldade que se resume em definir se a causa do problema, ao longo de um período de vários anos, diz respeito a algum defeito de projeto (*design*) ou de construção (por falha da Empreiteira de EPC) ou falha no modo de operar as instalações (por falha da Empresa do Projeto).

- Os Empreendedores concedem garantia de desempenho de longo prazo fortalecida por contrato de contragarantia celebrado com a Empreiteira de EPC ou fabricante das instalações.

Em resumo, o modelo de *project finance* é mais adequado para tecnologias estabelecidas e comprovadas.

O contexto reverso resume-se no risco de a tecnologia utilizada no projeto se tornar obsoleta e, portanto, perder a competitividade no setor em que a Empresa do Projeto opera. Tal possibilidade deve ser considerada durante a análise da viabilidade comercial básica do projeto (§ 9.4), sendo de importância vital em projetos que contenham componentes de alta Tecnologia da Informação.

§ 9.7.2 Projetos de Usina de Processamento — Operação do Projeto

Se uma usina de processamento não for capaz de operar conforme projetada devido à má qualidade de gestão (como, por exemplo, operação negligente, incapacidade de manutenção da usina etc.), é muito provável que resulte em perda de receita (relativa à Tarifa de Capacidade ou Tarifa de Energia Elétrica) ou gere custos operacionais mais onerosos. O Contrato O&M com um operador experiente confere maior credibilidade e segurança aos financiadores, especialmente se for celebrado com um Empreendedor.

Entretanto, a Empreiteira de O&M não garante as receitas ou os custos do projeto, sendo o limite máximo para cobrança de multas calculado sobre as comissões percebidas entre 1 a 2 anos, aproximadamente (§ 8.3.4). O limite total das comissões pagas para a Empreiteira de O&M (e, por conseguinte, as multas indenizatórias que estaria disposta pagar) é baixo em relação ao total de receitas ou custos (financeiros, inclusive) dos projetos. Não teria sentido econômico para a Empreiteira de O&M ter de cobrir a perda de receitas da Empresa do Projeto, assumindo a responsabilidade por multas indenizatórias muito mais altas do que as comissões que receberia pelo serviço contratado.

A sanção aplicada sobre a gestão de má qualidade realizada pela Empreiteira de O&M na operação e manutenção do projeto vai além da imposição de multas indenizatórias e pode chegar, nos casos mais graves, à rescisão do Contrato O&M, sendo uma possibilidade sempre presente, caso registre desempenho abaixo do padrão mínimo exigido contratualmente. Nesse aspecto, o Contrato O&M difere dos demais Contratos do Projeto considerados importantes, já que a substituição de outras Subcontratadas raramente se traduz em uma possibilidade realista.

Entretanto, os financiadores têm clara preferência de que as Empreiteiras de O&M sejam investidores do projeto, porque uma Empreiteira de O&M que tenha realizado um investimento de capital tem muito mais a perder do que as multas relativas à baixa performance.

§ 9.7.3 Projetos da Indústria de Processamento – Degradação Operacional

Em vários projetos de implantação de usina de processamento deve ser observada uma degradação operacional (isto é, a redução gradual na eficiência operacional durante o ciclo de manutenção da instalação). No caso de uma central de geração de energia, por exemplo, a degradação operacional causará queda na produção final e elevação na taxa de aquecimento ou calor (consumo de combustível) que deverá ser em grande parte, mas não totalmente, revertida após cada revisão geral da planta. Mais uma vez, supondo que a unidade esteja utilizando tecnologia estabelecida e comprovada, é possível efetuar a avaliação do grau de risco e, portanto, incorporá-lo aos cálculos operacionais e consequentes projeções financeiras, com base na experiência de instalações semelhantes em outros lugares.

Da mesma forma, a utilização da unidade de processamento afeta o processo de degradação e o ciclo de manutenção. Por exemplo, se uma usina de energia está constantemente sendo desligada e reinicializada, ou sendo mantida em *hot stand-by* pelo Tomador, essa condição acelera a velocidade do processo de degradação de desempenho e aumenta muito mais a necessidade de revisões de manutenção do que se a instalação estivesse operando de modo constante. Portanto, o CCE precisa definir uma categoria de custos de Tarifação distinta, que leve em consideração esse tipo de flexibilidade na utilização (por exemplo, se o número de arranques e reinicializações (*startups*) da unidade for superior a um determinado limite anual, o Tomador deverá pagar determinado preço por cada inicialização realizada (§ 6.3.5).

§ 9.7.4 Contratos de Concessão e Contratos baseados em Disponibilidade — Disponibilidade e Desempenho

Os riscos relacionados à disponibilidade em Contratos de Modelo PFI são geralmente menores do que em projetos de implementação de usinas de processamento, uma vez que a maioria desses projetos corresponde a edificações ou ativos destinados ao uso em infraestrutura, que não podem ser discriminados da mesma forma que um projeto baseado em equipamentos. E, mais ainda, como pode ser observado na seção § 6.4.3, a indisponibilidade de 100% de um projeto — e, portanto, uma perda total de receita — é bastante improvável. As multas indenizatórias por indisponibilidade em um Contrato de Concessão operam de modo muito semelhante.

O desempenho insatisfatório nessa modalidade de contratos, por exemplo, por parte de uma Subcontratada de Prestação de Serviços Prediais, também está sujeito a sanções, conforme descrito na seção § 6.4.4.

§ 9.7.5 Custos de Manutenção do Ciclo de Vida

Em comparação com a maioria dos outros custos operacionais do projeto, os custos de manutenção são de natureza irregular, uma vez que tendem a não se encaixarem em um ciclo anual. Em geral, é possível identificar até três tipos diferentes de manutenção, embora nem todos sejam encontrados em todos os projetos:

- *Manutenção de rotina*: Como o próprio termo sugere, a manutenção é realizada com regularidade, quase de modo contínuo, então é um custo que pode não variar muito de ano para ano. Assim, a exemplo de uma rodovia, esse custo incluiria a remoção de folhas no outono, o preenchimento de buracos ou a repintura das faixas de sinalização no asfalto.

- *Manutenção principal*: Ocorre quando uma parte significativa do projeto exige obras de reforma de grande porte. Como, por exemplo, a turbina de uma estação de energia que deva ser completamente desligada durante algumas semanas para que se possam executar os serviços de manutenção, uma vez a cada 5 a 7 anos. É certo que durante o período de execução desse tipo de manutenção, o projeto deixará de gerar receitas, porém as estimativas de perda de receita já terão sido contabilizadas no cálculo das projeções de fluxo de caixa.

- *Custos de renovação/ciclo de vida*: São custos de substituição de um item importante de equipamento ou de algum outro aspecto importante do projeto quando este chegar ao fim de sua vida útil. Assim, no caso de um edifício, isso pode significar a substituição da caldeira de aquecimento após 15 anos ou, no caso de uma rodovia, isso pode significar a substituição da superfície da estrada após 15 a 20 anos.

Coletivamente, são conhecidos como custos de "manutenção programada".[172] As premissas para manutenção programada são incorporadas nas projeções do Caso Base (§ 13.6) e permitidas em todo Contrato Principal do Projeto. Os principais e mais prováveis riscos relacionados à manutenção são:

- Demorar mais do que o esperado e, portanto, afetar a disponibilidade do projeto.
- Custar mais do que o previsto.
- Retenção insuficiente de recursos do fluxo de caixa para atender os custos de manutenção.
- Taxa de utilização maior do que a prevista pode incrementar os custos de manutenção.
- Necessidade imprevista de manutenção pode afetar a disponibilidade,[173] ainda que algumas ocorrências extras sejam permitidas e incluídas nas cláusulas que contêm a fórmula de cálculo da disponibilidade.

Independentemente de o projeto ter receita garantida por meio de um Contrato *Offtake*, ou depender da venda do produto ou serviço no mercado, é evidente que, se o projeto não estiver disponível, perderá receita (e estará sujeito às respectivas multas indenizatórias — § 6.3.6).

A importância da utilização de tecnologia estabelecida e comprovada para o tipo de projeto é novamente evidente; o histórico registrado em projetos similares permite que a Empresa do Projeto defina estimativas conservadoras de interrupções programadas e não programadas. Nesse aspecto de risco do empreendimento a experiência do operador do projeto (seja a Empresa do Projeto ou uma

---

172 Também conhecida como "manutenção planejada" ou "interrupção planejada" da usina de processamento.

173 Também conhecida como "interrupção forçada", (ou "*forced outage*") da usina de processamento.

Empreiteira de O&M) é importante para convencer os financiadores da viabilidade das estimativas sobre o tempo de inatividade.

Quanto maior o ciclo de manutenção, maior o risco de os principais custos de manutenção serem mais altos do que o previsto. É possível repassar para a Empreiteira de O&M os riscos mais significativos de manutenção ou ciclo de vida ou assinar um contrato com algum fornecedor de equipamentos para que forneça o serviço de manutenção para o equipamento em questão baseado em cálculo previamente acordado (§ 8.3.5).

Em um longo ciclo de manutenção, existe o risco de ocorrer um déficit no fluxo de caixa da Empresa do Projeto após o pagamento desses custos. A solução é estabelecer uma Conta Reserva de Manutenção, na qual a Empresa do Projeto (sob o controle dos financiadores) acumula uma reserva de caixa para pagamentos os maiores volumes durante o período do ciclo de manutenção (§ 14.4.1). Porém, se esse ciclo for muito longo, a exemplo de um projeto de construção de rodovia, os financiadores podem concordar com a constituição da Conta Reserva de Manutenção somente para a parte final do período.

Todavia, quanto mais um projeto é utilizado (como, por exemplo, pela operação mais intensa de uma fábrica ou fluxo de tráfego mais alto em uma rodovia), mais aumenta a probabilidade de que exija mais manutenção. Caso a receita da Empresa do Projeto aumente na medida em que a utilização cresce, a manutenção mais frequente do empreendimento pode não causar quaisquer problemas, mas nem sempre é esse o caso. Por exemplo, em projetos rodoviários em que são pedágios "sombra" (*shadow tolls*), a relação pedágio/veículo tende a diminuir conforme aumenta a utilização e talvez até a zerar, caso venha a atingir o nível máximo de utilização (§ 6.4.6), para garantir que os pagamentos feitos para a rodovia pela Autoridade Contratante sejam limitados. Nesses casos, paradoxalmente, a taxa de utilização elevada do projeto é ruim do ponto de vista dos financiadores e investidores, uma vez que aumenta a frequência de manutenção necessária sem receita correspondente. Por definição, em tais casos, o risco é transferido para a Empresa do Projeto, e, portanto, os financiadores terão que avaliar o efeito de o empreendimento ser mais bem-sucedido do que o previsto. No modelo de Contrato Baseado em Disponibilidade, a Autoridade Contratante se dispõe a arcar com uma indenização financeira tendo em vista o nível de utilização além do previsto de, por exemplo uma determinada estrada.

O Tomador/Autoridade Contratante que assumirá o projeto no final do Contrato Principal do Projeto passará a se preocupar com os custos de manutenção nos últimos anos do controle, quando então os financiadores já terão sido totalmente reembolsados e não estarão mais supervisionando o projeto (§ 7.10.7).

§ 9.7.6 Custos dos Serviços Públicos

Custos referentes a serviços públicos — eletricidade, água, gás — podem ser considerados significativos para a elaboração do orçamento de um projeto porque são necessários para a operação de uma usina de processamento, ou para a implantação de um projeto de infraestrutura que envolva uma ou mais plantas. Existem dois riscos associados a esses custos: em primeiro lugar, de o consumo da concessionária ser superior ao projetado e, em segundo lugar, de os custos unitários dos serviços serem superiores aos projetados.

Tais considerações levantam uma questão particularmente importante em relação aos projetos de PPP onde a Autoridade Contratante ocupa a instalação edificada, tal como uma escola ou hospital. O uso da eletricidade, por exemplo, será determinado pelo comportamento dos próprios servidores da Autoridade Contratante — janelas deixadas abertas enquanto o aquecimento estiver ligado, luzes não desligadas à noite, computadores deixados em funcionamento, e assim por diante. Claramente, a Empresa do Projeto não será capaz de exercer controle sobre tal desperdício. Isso também ocorre, como com a manutenção, quando o nível de utilização do serviço afeta diretamente a Empresa do Projeto, mesmo que não tenha assumido o risco de utilização. Há um equilíbrio difícil a ser atingido: por exemplo, a Empresa do Projeto deve projetar o edifício para ser energeticamente eficiente e o comportamento dos servidores da Autoridade Contratante não deveria contrariar esse pré-requisito contratual.

Uma abordagem para lidar com o problema do uso dos serviços públicos seria permitir o consumo do edifício sem restrições, isto é, que o consumo se estabelecesse durante o primeiro ano de operação para, em seguida, levar em consideração o nível de utilização registrado como base de cálculo, ficando os excedentes no consumo padrão a cargo da Autoridade Contratante. Quanto às tarifas unitárias dos serviços públicos, obviamente não se trata de um risco que possa ser controlado pela Empresa do Projeto, e se esta for obrigada a assumir o risco, os financiadores provavelmente exigirão a constituição de reserva formada por Pagamentos de Contrato adicionais para atender os custos variáveis, cujo efeito será o aumento do fluxo de caixa exigido pelo projeto e, consequentemente, do custo para a Autoridade Contratante: portanto, é mais conveniente do ponto de vista da análise de *Value for Money* (melhor custo-benefício) para a Autoridade Contratante assumir esse risco.

Em geral, em projetos relativos à implantação de usinas de processamento, por outro lado, os riscos de custos dos serviços permanecem sob responsabilidade da Empresa do Projeto, a menos que sejam significativos o suficiente para exigir que os custos de operação sejam indexados (pressupondo que não haja Contratos de Fornecimento de Insumos de longo prazo cobrindo esses custos).

§ 9.7.7 Outros Custos Operacionais

Os maiores custos contínuos para qualquer projeto são provavelmente os referentes aos insumos (se houver, e nesse sentido, *vide* § 9.8), serviço da dívida, e comissões do Contrato de Prestação de Serviços de Operação e Manutenção (O&M), do Contrato de Manutenção e do Contrato de Prestação de Serviços Prediais (se houver). Não é aconselhável que os financiadores imponham restrições à capacidade de a Empresa do Projeto cumprir suas obrigações previstas nos Contratos do Projeto e, portanto, os referidos pagamentos (como, por exemplo, para compra de combustível segundo o Contrato de Fornecimento de Insumos) devem ficar de fora de qualquer controle orçamentário. No entanto, os financiadores costumam estabelecer limites para quaisquer outros custos operacionais variáveis que estejam dentro do controle orçamentário da Empresa do Projeto, de maneira semelhante ao controle do orçamento de custo de construção (§ 9.5.5). Uma abordagem para resolver a questão dos controles orçamentários de itens sobre os quais Empresa do Projeto exerce controle (como, por exemplo, seus custos administrativos e de pessoal, gastos de capital após o término da fase de construção etc.) seria aprovar um orçamento para esses custos durante o prazo de vigência do financiamento como parte das projeções financeiras do Caso Base no momento da Assinatura do Contrato de Financiamento (§ 13.6), incluindo disposições contratuais voltadas a reajuste monetário com base em índices de inflação (§ 13.4.1). A Empresa do Projeto (ou a Empreiteira de O&M/de Manutenção, se houver) produz um orçamento operacional anual antes de cada ano de operação do projeto, que é automaticamente aprovado pelos financiadores se estiver dentro da margem de tolerância acordada no orçamento original (digamos, uma variação de 10% dependendo de quão significativos sejam os números do orçamento controlado pela Empresa do Projeto). Se a Empresa do Projeto pretender fazer alterações maiores no orçamento, exige-se aprovação por parte do Financiador.

Da mesma forma, pode-se exigir um certo grau de tolerância entre o orçamento anual e os gastos efetivos, de modo a não impor restrições desnecessárias às operações do dia a dia da Empresa do Projeto. Os referidos gastos efetivos também são monitorados por meio do controle sobre as aplicações dos recursos gerados pelo fluxo de caixa operacional do projeto por parte dos financiadores (§ 14.4.2).

§ 9.8 RISCOS DE FORNECIMENTO DE INSUMOS

Em um projeto de implantação de usina de processamento, o fornecimento confiável de combustível ou outras matérias-primas, com base em preços adequados, é essencial. É pouco provável que os financiadores aceitem que a Empresa do Projeto assuma o risco sobre disponibilidade de seu suprimento essencial de combustível ou de matéria-prima. A menos que seja possível demonstrar claramente que o combustível ou a matéria-prima em questão é uma mercadoria amplamente disponível, será necessário fechar Contrato de Fornecimento de Insumos de longo prazo, mesmo que o projeto não tenha um Contrato *Offtake* (no caso de um projeto de usina de geração de energia de livre mercado, por exemplo).

Da mesma forma, é necessário tomar medidas para cobertura ou proteção contra o risco de a elevação dos preços de combustível ou matéria-prima tornar inviável a operação do projeto. Dentre as medidas disponíveis estão:

- repasse do risco para o Tomador, através da cobrança de Tarifa de Energia dentro do contrato de CCE, por exemplo (§ 6.3.5; 8.5.3);
- vinculação do preço pago ao Fornecedor de Insumos ao preço de mercado do produto gerado pelo projeto (§ 8.5.3);
- celebração de contratos de *hedge* no mercado de *commodities* garantindo cobertura sobre o fornecimento de longo prazo necessário (§ 6.3.1).

Os riscos envolvidos nos Contratos de Fornecimento de Insumos são abordados mais detalhadamente na seção § 9.8.1 e, a aceitabilidade de se operar sem eles, na seção § 9.8.2.

Determinados insumos podem ser gratuitos, mas ainda assim representam risco para a Empresa do Projeto como, por exemplo, a água para um projeto de energia hidrelétrica ou o vento para um projeto de energia eólica (§ 9.8.3). Da mesma forma, o "risco de reserva" deve ser avaliado para projetos de extração de petróleo, gás ou minerais — ou seja, o risco de o campo de petróleo ou gás de fato contar com o volume de reservas que foi projetado (§ 9.8.4). Os riscos envolvidos no fornecimento de outros serviços públicos são abordados na seção § 9.8.5.

§ 9.8.1 Contratos de Fornecimento de Insumos

O Contrato de Fornecimento de Insumos fornece à Empresa do Projeto volumes preestabelecidos de combustível ou outras matérias-primas, com base no custo acordado. O contrato deve, portanto, eliminar os riscos de fornecimento ou de preço a serem assumidos pela da Empresa do Projeto, porém restam fatores de risco que exigem exame cauteloso durante o processo de *due diligence*:

Crédito do Fornecedor. Assim como nos Contratos *Offtake*, o risco de crédito do fornecedor deve ser avaliado, não apenas no contexto de análise de crédito corporativo, mas também levando em consideração a posição dos arranjos de fornecimento dentro dos negócios do fornecedor. A experiência, capacidade e recursos do fornecedor para gerenciar seu lado do projeto também devem ser considerados. Podem surgir problemas de risco político direto ou indireto relacionados ao fornecedor em alguns setores (como, por exemplo, no mercado europeu de gás, onde uma parcela significativa do abastecimento é feita por um fornecedor localizado na Rússia).

Fontes de Fornecimento. Se os insumos são *commodities* negociadas amplamente no mercado, como o petróleo, a Empresa do Projeto normalmente não precisa se preocupar com as medidas que o fornecedor está tomando para garanti-los. Se, no caso, o abastecimento for feito por uma grande empresa de petróleo ou gás, em geral esta se dispõe a assumir o risco de fornecimento do insumo. Entretanto, se os insumos forem fornecidos por, digamos, determinado campo de petróleo ou gás, restará a questão de quem irá assumir o risco de reserva (§ 9.8.4). Se o risco for assumido pela Empresa do Projeto, poderá cair na armadilha semelhante àquela de um projeto ser dependente de outro projeto para ter sucesso (§ 9.5.9). No entanto, os financiadores se dispõem a assumir esse risco se ficar comprovado que as reservas existentes forem muito superiores ao volume necessário para o projeto.

Viabilidade de Preço. A base de preços para o fornecimento deve, como em todos os Contratos do Projeto, ser viável para ambos os lados. O preço deve ser aquele capaz de gerar retorno razoável para o Fornecedor de Insumos. O preço pago pela Empresa do Projeto também deve ser razoável em relação ao mercado em que negocia e vende seu produto (mesmo que o risco de preço seja assumido pelo Tomador), por razões semelhantes à questão da viabilidade comercial.

Quantidade e *Timing* do Fornecimento. A quantidade de insumos e o *timing* de fornecimento devem corresponder às necessidades do projeto, com alguma flexibilidade, que permita atrasos na Conclusão do Projeto. Em alguns casos, a Empresa do Projeto assume algum risco relativo à quantidade de insumos como, por exemplo, em projeto municipal de incineração de resíduos sólidos, a Autoridade Contratante, em vez de se obrigar a fornecer quantidades fixas de resíduos, dá exclusividade à Empresa do Projeto e todos os resíduos produzidos serão enviados para a usina. Os financiadores podem considerar isso aceitável, desde que o volume de resíduos disponíveis, atual e projetado, seja razoável em relação à capacidade de processamento da usina (levando em conta que os resíduos podem ser disponibilizados por outras fontes).

Qualidade do Fornecimento. Sem dúvida, a grande maioria dos Contratos de Fornecimento de Insumos costuma alocar o risco da qualidade do insumo ao fornecedor, o que pode ser complexo em alguns casos. Por exemplo, um projeto municipal de incineração de resíduos sólidos vai demandar da Autoridade Contratante que a entrega de resíduos seja realizada mediante determinadas características definidas, como o poder calorífico, dentro de um determinado intervalo de medição. Tal condicionamento vai causar problemas para a Autoridade Contratante caso um volume maior de resíduos sólidos seja reciclável, o que significa que os resíduos de alto poder calorífico como papel e plásticos serão removidos do lote total de resíduos antes da entrega à usina de incineração.

Risco Leve-ou-Pague (*Take-or-Pay*). É pouco provável que os financiadores concordem com a celebração, pela Empresa do Projeto, de um contrato *Take-or-Pay* para suprimento de insumos, a menos que:

- A Empresa do Projeto repasse esse risco para o Tomador nos termos do Contrato Principal do Projeto; ou
- A Empresa do Projeto tenha capacidade para eliminar qualquer excedente de insumos, sem assumir qualquer risco de preço de venda indevido; ou
- O contrato for estruturado contendo cláusulas *Take-or-Pay* para um volume definido que seja razoavelmente menor do que a necessidade de insumos prevista para o projeto e cláusulas *Take-and-Pay* para o saldo do volume necessário previsto.

Efeitos da Falta de Fornecimento. Se o Fornecedor de Insumos não for capaz de fazer a entrega combinada, a Empresa do Projeto perderá receita, incorrerá em custos extras para garantir o fornecimento por meio de outras fontes e estará sujeita às multas indenizatórias impostas pelo Tomador (a menos que o risco do fornecimento de insumos tenha sido alocado para o Tomador). Porém, se o controle acionário for o mesmo tanto para o Fornecedor de Insumos quanto para o Tomador (por exemplo, ambos pertencentes ao Estado), tanto um como o outro poderá indenizar tal perda de receita. Sempre que possível, o Fornecedor de Insumos se disporá a arcar tão somente com o custo para a obtenção das fontes alternativas de fornecimento (e não com a perda de receita resultante para a Empresa do Projeto). Nessa situação, algumas soluções possíveis são:

- Armazenamento de suprimentos no local do projeto, ou uso de um suprimento *back-up* alternativo (por ex., óleo diesel em vez de gás natural para uma central de geração de energia); esse tipo de solução normalmente cobre de 30 a 60 dias de interrupção de fornecimento, sendo improvável garantir o fornecimento de um substituto de longo prazo.

- Inclusão de cláusula no Contrato *Offtake* determinando que se a Empresa do Projeto não for capaz de operar devido à não entrega de insumos, a mesma continua "disponível" para os fins do Contrato *Offtake* e, portanto, receberá normalmente a Tarifa de Capacidade acordada, ainda que a Empresa do Projeto tenha a obrigação, segundo os termos do Contrato *Offtake,* de operar com estoques-reserva (em proporção pré-definida e acordada entre as partes) ou de obter insumos alternativos de outras fontes possíveis.

- Apólice de seguro de força maior com cobertura de danos físicos resultantes de sistemas de rede de distribuição e outras conexões (§ 8.6.2).

Falta de Conclusão das Redes de Distribuição. Da mesma forma, a Empresa do Projeto pode sofrer perdas de receita ou ter que pagar multas ao Tomador por sua incapacidade de iniciar as operações se as conexões ou sistemas de distribuição que estão sendo construídas pelo Fornecedor de Insumos (um gasoduto, por exemplo) não forem concluídos a tempo. Contudo, novamente, é pouco provável que o Fornecedor de Insumos concorde com o pagamento de multas de natureza indenizatória em proporção adequada para cobrir os danos causados, exceto se o controle acionário for o mesmo tanto para o Fornecedor de Insumos quanto para o Tomador (por exemplo, ambos pertencentes ao Estado). Essa situação pode ser definida como Evento de Isenção nos termos do Contrato *Offtake*, prorrogando-se assim a data de início das operações para que a Empresa do Projeto, pelo menos, não tenha que pagar multas indenizatórias pelo início tardio, ou mais uma vez esteja coberta pelo seguro de força maior.

Riscos de Entrega que envolva Terceiros. Outro problema surge se a entrega não for realizada por meio das próprias instalações do Fornecedor de Insumos, mas por via rodoviária, ferroviária ou portuária, sobre o qual o fornecedor não tem controle nem responsabilidade. O Fornecedor de Insumos poderia com razão alegar que se o sistema ferroviário nacional não realizar as entregas a tempo, ou se o porto mais próximo não tiver condições para que se possa atracar ou descarregar os navios que transportam insumos, isso configurará motivo de força maior pelo qual não deverá ser responsabilizado. É muito pouco provável que terceiros, fornecedores do transporte, estejam dispostos a assumir a responsabilidade pelas consequências do não fornecimento dos insumos ao projeto; os financiadores, portanto, precisam ser convencidos de que a parte contratada para fazer o transporte tem um bom histórico e experiência similar na entrega de suprimentos no setor para aprovarem a assunção do risco por parte da Empresa do Projeto. Caso a Empresa do Projeto ou os financiadores não estejam satisfeitos com a capacidade física ou competência do sistema de entrega, ou ainda se não houver disponibilidade de garantias adequadas para sua cobertura, a estrutura de *project finance* enfrentará um grave obstáculo na implantação do projeto. Talvez o Fornecedor de Insumos tenha capacidade e oportunidade de trazer o produto através de outro país (usando oleodutos ou gasodutos, por exemplo). Por razões políticas, o risco de interrupção de fornecimento deve ser identificado, analisado e alocado adequadamente.

Riscos do Fornecedor de Insumos. As medidas mitigadoras de riscos do ponto de vista do Fornecedor de Insumos são abordadas na seção § 8.5.4.

§ 9.8.2 Quando o Contrato de Fornecimento de Insumos Não é Necessário?

Em determinadas circunstâncias, os financiadores aceitam que a Empresa do Projeto que dependa de matérias-primas, combustível e outros insumos, não conte com um Contrato de Fornecimento de Insumos: se o projeto utiliza produtos de fácil aquisição e seu transporte para o local do projeto não requer nenhuma coordenação especial e, mais, se variações de preço são repassadas ao Tomador. Esse seria o caso, por exemplo, de uma usina movida a carvão situada próxima a um bom sistema de redes de distribuição e de transporte, e que tem a possibilidade de comprar seu carvão nos mercados internacionais. (A fábrica também armazenaria quantidades suficientes de carvão no local para se proteger contra interrupções temporárias e garantir o fornecimento).

Da mesma forma, uma usina de geração de energia movida à queima de cavacos de madeira situada no meio de uma área onde opera uma indústria de processamento de madeira não precisa de um contrato de longo prazo para fornecimento de cavacos de madeira, já que os mesmos são resíduos da indústria local e de uso limitado. Se, no longo prazo, a indústria local sofresse uma queda em sua atividade, a usina poderia estar em risco, mas, nesse caso, um contrato de fornecimento de longo prazo não constituiria uma garantia real para os financiadores, já que o fornecedor provavelmente ficaria inadimplente.

§ 9.8.3 Água e Vento

Várias usinas de processamento outras infraestruturas dependem do suprimento de volumes significativos de água: dos rios, lagos ou canais, assim como usinas hidrelétricas e, claro, projetos de abastecimento de água. A disponibilidade de água pode variar significativamente durante o ano ou de ano para ano. Para convencê-los a aceitar esse tipo de risco hídrico, os financiadores pedem dados estatísticos de longo prazo que demonstrem o volume, a qualidade e a confiabilidade do suprimento de água.

O mesmo princípio se aplica a projetos que utilizam a geração de energia eólica: os Empreendedores precisam disponibilizar estatísticas sobre volume das massas de ar em movimento, direção do vento e assim por diante, no local do projeto, ao longo de vários anos, como base para suas projeções.

§ 9.8.4 Reservas Minerais

Tanto em um projeto que envolva a extração e a venda de recursos naturais quanto em um projeto que dependa do fornecimento de recursos naturais de uma fonte específica como combustível ou matéria-prima, existe o risco de tais recursos naturais não serem extraídos conforme as expectativas.

Os financiadores costumam solicitar a seus assessores que classifiquem as reservas estimadas de hidrocarbonetos ou minerais no solo como reservas "comprovadas", que também deverão ser economicamente recuperáveis, posteriormente classificadas em "P90" e "P50" (ou seja, as reservas que têm 90% de possibilidade de recuperação, e as que têm 50%), e reservas "possíveis". Para a concessão do financiamento somente são consideradas as reservas comprovadas (por essa razão também é conhecido como "financiamento baseado em reservas") e principalmente as reservas P90, levando-se em conta a geologia do projeto e a dificuldade de extração do minério.

Ainda no cálculo para concessão do financiamento será levada em consideração apenas uma parte do volume das reservas comprovadas, além da exigência de uma "extensão de reserva" ("*reserve tail*") (§ 12.3.5), ou seja, os financiadores não financiam a exploração até o fim da expectativa de vida das reservas, mas até uma data anterior, onde restem cerca de 25% a 35% das reservas comprovadas originais.

Esse cálculo leva em conta a dificuldade na recuperação das reservas e os custos de fechamento do projeto no futuro.

§ 9.8.5 Outros Serviços Públicos

A Empresa do Projeto precisa demonstrar que conta com fornecimento confiável de serviços públicos gerais, tais como: eletricidade, telefone, água e esgoto.

§ 9.9 RISCOS NÃO SEGURÁVEIS E ASPECTOS CORRELATOS

O evento de força maior é uma área difícil na negociação de Contratos do Projeto: por definição, força maior não é culpa de ninguém, mas alguém vai sofrer as consequências. A situação em que o evento de força maior torna impossível o término da construção ou a operação do projeto, e que consequentemente leva à rescisão do Contrato Principal do Projeto, é abordada na seção § 7.10.4 (sobre Contratos Baseados em Ativos Reversíveis) e § 7.10.9 (para Contratos Baseados em Ativos Não Reversíveis).

No que tange aos eventos de força maior temporários, isto é, Eventos de Isenção (§ 7.8), surge uma série de riscos:

- O contrato de seguro pode fornecer cobertura à maior parte do problema, mas não do todo, sendo necessário encontrar um meio de preencher a lacuna deixada pelo seguro. Os financiadores ficarão muito preocupados com o fato de a Empresa do Projeto ter que assumir os riscos de força maior temporária que podem impactar negativamente sua capacidade de pagamento do serviço da dívida (§ 9.9.1).
- O custo do contrato de seguro pode sofrer um aumento considerável em comparação com as estimativas originais, causando excedentes de custos operacionais a serem pagos pela Empresa do Projeto (§ 9.9.2).
- O contrato de seguro pode se tornar indisponível (§ 9.9.3).

O evento de Evento de Isenção no Contrato Principal do Projeto provavelmente causará impacto sobre os diversos Contratos do Projeto e, portanto, as disposições desses contratos precisam estar bem coordenadas entre si (§ 9.12).

§ 9.9.1 Força Maior e Seguro

O objetivo de se contratar um seguro é fornecer cobertura à Empresa do Projeto contra prejuízos imprevisíveis, o que levaria a crer que a Empresa do Projeto e seus financiadores não estariam em posição de risco em caso de ocorrência de eventos de força maior. Entretanto, podem existir lacunas entre o escopo da cobertura de seguro (§ 8.6) e o potencial de perdas por força maior.

Em primeiro lugar, a apólice de seguro geralmente cobre apenas prejuízos causados por danos físicos ao projeto (custos de reparo ou de substituição) ou prejuízos econômicos originados pelos mesmos danos físicos (atrasos no início das operações do projeto ou perda de receitas). Consequentemente, um evento imprevisível, como uma greve de âmbito nacional que resulte em atraso na conclusão ou na operação do projeto, não estaria coberto por apólices internacionais padronizadas de seguro tais como DSU — *Delay in Start-Up* (Atraso no Início das Operações do Projeto) ou BI — *Business Interruption* (Interrupção da Atividade). O seguro contra evento de força maior pode ser uma opção para a cobertura desse tipo de risco (§ 8.6.1), porém podem surgir questões sobre custo e escopo da cobertura desse tipo de apólice.

Em segundo lugar, eventos políticos de força maior (§ 7.10.4) não são cobertos por seguro geral a menos que envolva dano físico (causado por guerra, por exemplo), e não apenas prejuízo econômico, e em alguns casos a cobertura (contra atentado terrorista, por exemplo) pode até estar disponível, teoricamente, mas a um custo comercialmente proibitivo.

Em terceiro lugar, certos riscos de danos físicos não podem ser cobertos por seguro:

- Todos as apólices de seguro têm franquias ou deduções (isto é, limites abaixo dos quais o prejuízo deve ser assumido pela parte segurada em vez de pela seguradora). Quanto maior a franquia, menores serão os prêmios de seguro. A Empresa do Projeto pode preferir reduzir custos aumentando o valor das franquias, ao passo que a Empreiteira da Construção (no que diz respeito aos seguros da obra) e os financiadores vão preferir uma cobertura mais completa.
- Em caso de incêndio em uma instalação próxima àquela operada pela Empresa do Projeto e se, como consequência, esta última

tivesse que fechar as portas, a cobertura do seguro BI não seria aplicável, já que a instalação da Empresa do Projeto não terá sofrido danos físicos.

- Certos riscos como danos causados por uma explosão nuclear não poderiam ser segurados. Os financiadores aceitam esses tipos padronizados de exclusão.

§ 9.9.2 Custos de Seguro

Em geral, os prêmios de seguro da Empresa do Projeto são fixados com base no total da fase de construção, mas depois disso a cobertura de seguro costuma ser calculada em base anual (§ 8.6.2), o que significa que os prêmios de seguro anuais podem variar. Na verdade, os prêmios de seguros tendem a variar muito ao logo de vários anos, não sendo incomum a sua duplicação (ou até mesmo sua redução pela metade). O custo do seguro é um produto de dois fatores: prejuízos históricos registrados no respectivo mercado segurador e a situação das bolsas de valores. A razão pela qual a situação destas últimas é importante se resume ao fato de as companhias seguradoras investirem as receitas dos prêmios nas bolsas de valores que subsidiam o custo do seguro. Após 11/9, por exemplo, os custos de seguro subiram bruscamente, mas principalmente em consequência da queda no mercado de ações, e não pela expectativa de elevação significativa do nível de alerta de ataque terrorista.

Este é outro caso no qual a análise de VfM sugere que em projetos onde há um Tomador/Autoridade Contratante, talvez o melhor não seja interessante transferir o risco de custo integral de seguro para a Empresa do Projeto. Uma alternativa seria usar o sistema de preço máximo ("*cap*") e preço mínimo ("*floor*"):

- Uma base de referência para os custos de seguro na fase operacional é acordada.
- A corretora de seguros da Empresa do Projeto obtém cotações competitivas a cada data de renovação.

- Se o aumento dos custos for superior a x%, o Tomador/Autoridade Contratante paga 90% da diferença excedente.
- Se a diminuição de custos for superior a x%, o Tomador/Autoridade Contratante recebe 90% da diferença excedente.
- Observe-se que os aumentos (ou diminuições) do custo guardam relação com os custos gerais do mercado segurador: se a Empresa do Projeto conta com péssimo histórico de sinistros e essa for a razão para um determinado aumento nos custos do seguro, tais aumentos seriam ignorados.
- O seguro convencional que normalmente é exigido pelos financiadores (tais como apólices DSU ou BI e com cláusula de não invalidação de cobertura, ou *non-vitiation*) talvez não seja coberto pelas modalidades convencionais disponíveis (mas isso significa que, provavelmente, os financiadores irão exigir a constituição de reservas por segurança, levantando novamente questões de VfM para o Tomador/Autoridade Contratante).

Para outros tipos de projeto, o custo de seguros operacionais é um risco em aberto para financiadores e investidores. Não é possível obter cobertura de seguro operacional de longo prazo no início da fase de construção (muito embora seja possível obter cobertura para o primeiro ano de operação do projeto). Em geral, os financiadores se mostram inclinados a permitir que a Empresa do Projeto assuma esse risco sem exigir suporte do Empreendedor.

Portanto, mesmo que seja exigido da Empresa do Projeto, tanto pelos Contratos do Projeto como pelos financiadores, a cobrir o máximo possível os riscos de força maior através de apólices de seguro, os riscos da Empresa do Projeto relativos a custos adicionais ou perda de receita causada por Evento de Isenção não poderão ser completamente mitigadas dessa maneira.

§ 9.9.3 Indisponibilidade de Seguro

E, finalmente, mudanças no mercado de seguros podem deixar o projeto exposto a eventos de força maior que não são passíveis de proteção por seguro. Isso diz respeito ao seguro durante a fase de operação (como observado acima, os preços dos seguros da fase de construção são fixados na Assinatura do Contrato de Financiamento). Uma estimativa do custo de seguro é acordada antecipadamente com os financiadores como parte integrante do orçamento dos custos operacionais; no entanto, as variações dos preços no mercado afetam consideravelmente os custos reais. Os financiadores geralmente preferem que os níveis e condições de cobertura de seguro acordados sejam obtidos até mesmo a um custo mais alto, porém o mercado muda tanto que chega um momento em que esse tipo de seguro se torna comercialmente inviável, e as franquias, por exemplo, têm que ser mais altas do que se o originalmente esperado.

No pior dos casos, a disponibilidade efetiva do seguro exigido pode ser um problema, talvez porque o mercado segurador tenha tido um péssimo histórico recente de sinistros no setor ou com os equipamentos envolvidos.

Por essa razão, embora a documentação financeira apresente cláusulas que tratem das obrigações de fazer da Empresa do Projeto em relação aos seguros operacionais, tais disposições devem ser classificadas como "indisponíveis no mercado". Nesse caso, restam duas alternativas:

- Se os seguros não estiverem, de fato, disponíveis, ou não estiverem disponíveis a custos razoáveis, a Empresa do Projeto recebe permissão para adquirir os seguros nas melhores condições disponíveis no mercado.
- A indisponibilidade de seguro (ou disponibilidade somente em condições punitivas) pode ser considerada um evento análogo à força maior política. Nesses casos, o Tomador/ Autoridade Contratante se dispõe a atuar como segurador em último recurso e a assumir os riscos não seguráveis. Se

isso não der certo, o Contrato Principal do Projeto costuma ser rescindindo de modo similar aos eventos de força maior política (§ 7.10.4; 7.10.8).

§ 9.10 RISCOS AMBIENTAIS

É preciso considerar o impacto do projeto sobre o ambiente em seu entorno durante as fases de construção e operação. Será necessário realizar uma Avaliação de Impacto Ambiental (AIA, ou "EIA" na sigla em inglês para *Environmental Impact Assessment*) com esse objetivo específico (§ 9.10.1).

Não basta que os Empreendedores operem conforme a legislação e regulamentações ambientais vigentes; é preciso que avaliem a existência de aspectos ambientais do empreendimento que venham a produzir risco de rejeição à construção ou à operação do projeto de modo a indiretamente desestimular os financiadores.

Ainda que a Empresa do Projeto esteja agindo corretamente dentro da lei, há riscos que envolvem motivações políticas mais amplas. A oposição pública ao projeto geralmente leva o Governo Anfitrião a reconsiderar suas obrigações dispostas no Contrato Principal do Projeto. Do mesmo modo, até os financiadores podem se tornar alvo de ataques públicos por apoiarem um projeto que é visto com prejudicial ao meio ambiente. A maioria das instituições financeiras de desenvolvimento(IFDs ou "DFIs", na sigla em inglês para *Development Financial Institutions*) conta com parâmetros ambientais próprios, impostos por seus membros (acionistas estatais) e geralmente exige que os mesmos sejam aplicados aos projetos, ainda que a legislação local não o faça. No pior cenário, a Empresa do Projeto se tornaria inadimplente frente aos termos do financiamento caso violasse os padrões impostos, mesmo que não estivesse infringindo a legislação do país onde se situa o projeto. Os referidos parâmetros têm sido abraçados pelas instituições financeiras do setor privado, particularmente aqueles definidos pelas diretrizes conhecidas como "Princípios do Equador" (§ 9.10.2).

A poluição ambiental preexistente no local do empreendimento cria grandes obstáculos ao andamento de um projeto (§ 9.10.3). Resíduos sólidos produzidos pelo projeto também têm que ser geridos adequadamente (§ 9.10.4). É possível mitigar alguns desses riscos por meio da contratação de seguro ambiental (§ 8.6.2). Certos tipos de projeto também são extremamente vulneráveis às mudanças nas leis ambientais (§ 9.10.5).

§ 9.10.1 Avaliação do Impacto Ambiental

O primeiro estágio na obtenção de Alvarás tanto de construção quanto de operação consiste na elaboração de um relatório de Avaliação de Impacto Ambiental ("AIA") para o projeto. Esse relatório examina o impacto ambiental do projeto sob diversos aspectos, dentre os quais:

- o efeito da construção e da operação do projeto sobre o ambiente natural ao seu redor (*habitats* de plantas e animais, paisagem etc.);
- o efeito da construção sobre quaisquer ruínas históricas;
- o efeito da construção sobre as comunidades vizinhas, incluindo-se fatores como ruído, poeira, outros tipos de poluição e trânsito decorrentes da construção;
- o nível de emissões na atmosfera causado pela operação do projeto;
- extração de água e descarga de efluentes;
- descarte de resíduos sólidos (por exemplo, "resíduos" de uma mina ou cinzas de uma usina de energia movida a carvão);
- efeitos de longo prazo no trânsito local, nos transportes e nos serviços públicos;
- outros efeitos de longo prazo do projeto sobre as comunidades locais ou no ambiente natural.

Após essa avaliação, que deve demonstrar claramente que o projeto atende a todas as exigências legais relacionadas aos aspectos ambientais citados, o Alvará ambiental poderá ser obtido.

§ 9.10.2 Os Princípios do Equador

Em 2003, foi lançada a primeira versão do que se denominou de "Princípios do Equador" elaborada por um grupo formado pelos principais bancos financiadores de projetos industriais e de infraestrutura de grande porte. (Revisada posteriormente em 2006 e novamente em 2012).[174] As instituições financeiras signatárias dos Princípios do Equador se comprometem a manter esses padrões em suas operações de concessão de crédito em estruturas de *project finance* e, por conseguinte, não financiar projetos que não os atendam. Em meados de 2013, 78 instituições financeiras já haviam adotado os Princípios. São eles:

Princípio 1: Revisão e Classificação. Novas propostas de projetos serão classificadas com base nos critérios socioambientais elaborados pela *International Finance Corporation* ("IFC", § 16.5.2). Classificam-se em:

- Categoria A — Projetos com potencial para causar significativos impactos socioambientais adversos, sendo eles: variados, irreversíveis ou sem precedentes;
- Categoria B — Projetos com potencial para causar limitados impactos socioambientais adversos, sendo eles poucos representativos em quantidade, geralmente específicos e relacionados ao local, amplamente reversíveis e prontamente combatidos através de medidas mitigadoras; e
- Categoria C — Projetos com mínimo ou nenhum impacto socioambiental.

174 O texto integral dos Princípios pode ser encontrado em www.equator-principles.com.

Os Princípios relacionam-se principalmente a projetos classificados nas Categorias A e B em países não membros da OCDE (§ 16.2.3) ou países membros da OCDE com baixo PIB per capita.

Princípio 2: Avaliação Ambiental. Deve ser realizada para todos os projetos das Categorias A e B.

Princípio 3: Parâmetros Ambientais e Sociais Aplicáveis. Os projetos devem aderir aos parâmetros do IFC. Aqueles localizados nos chamados países membros da OCDE com elevado PIB per capita devem aderir às leis nacionais específicas.

Princípio 4: Sistema de Gestão Socioambiental (*Social and Environmental Management System* "*ESMS*") e Plano de Ação dos Princípios do Equador (*Equator Principles Action Plan*). Exige-se dos Empreendedores do projeto a elaboração de um Plano de Gestão Socioambiental (*Environmental and Social Management Plan* "*ESMP*") para dar cumprimento aos parâmetros aplicáveis ou, se assim exigir o financiador, um Plano de Ação que atenda aos Princípios do Equador.

Princípio 5: Compromisso dos *Stakeholders*. Para todos os projetos das Categorias A e B, a instituição financeira poderá exigir que o cliente comprove o Compromisso efetivo dos *Stakeholders* enquanto processo contínuo, de forma estruturada e adequada do ponto de vista cultural.

Princípio 6: Mecanismos de Aferição dos Pleitos da Comunidade. Possibilitam ao empreendedor atender às demandas da população e facilitar a resolução de pleitos sobre possíveis impactos socioambientais levantados por indivíduos ou grupos integrantes das comunidades afetadas pelo projeto.

Princípio 7: Auditoria Independente. A avaliação de conformidade com os Princípios do Equador bem como a revisão dos processos expostos acima deverá ser executada por auditor externo independente, especialista em questões socioambientais, sem qualquer tipo de vínculo com o empreendedor.

Princípio 8: *Covenants*. A documentação financeira deverá incluir *covenants* para os seguintes fins (§ 14.10):

- atender às exigências legais definidas em leis socioambientais aplicáveis, bem como regulamentações e alvarás, e para Projetos de Categorias A e B;
- atender às exigências definidas no ESMP e qualquer Plano de Ação dos Princípio do Equador durante as fases de construção e operação do projeto;
- publicar relatórios periódicos sobre os requisitos acima;
- desativar o projeto conforme o plano previamente aprovado.

Princípio 9: Monitoramento Independente e Elaboração de Relatórios. Ambos realizados através da nomeação de um Consultor Socioambiental Independente.

Princípio 10: Elaboração de Relatórios e Transparência. As instituições deverão elaborar relatórios anuais sobre a aplicação dos princípios.

§ 9.10.3 Contaminação Preexistente do Local do Projeto

Como parte do processo de Avaliação do Impacto Ambiental deverá ser realizada uma "auditoria ambiental" do projeto que vai examinar o terreno da obra para verificar a preexistência de elementos poluentes, levando em consideração a utilização prévia do local (§ 9.5.2). Caso se descubra algum tipo de contaminação no local, será necessário implementar um plano de contenção e de remoção dos poluentes pelo qual uma das partes deverá assumir a responsabilidade pela execução, inclusive pelos custos extras gerados pela remoção obrigatória dos elementos poluentes ou resíduos perigosos do local do empreendimento, além da poluição causada pela Empreiteira da Construção (essa última conhecida como "risco de legado do local").

Se houver conhecimento da existência de elementos poluentes ou resíduos perigosos no local, ou a provável existência de poluentes sugerida pelo histórico do uso do local, certamente esse fato representará um problema grave do ponto de vista dos financiadores, ainda que a remoção dos poluentes tenha sido incluída no orçamento do projeto.

- Em primeiro lugar, é difícil estimar os custos da limpeza geral e por isso os financiadores costumam solicitar que outra parte, que não a Empresa do Projeto, assuma a responsabilidade pela execução desses trabalhos — nesse caso, o Tomador/Autoridade Contratante ou a Empreiteira da Construção.
- Em segundo lugar, em certos países como nos Estados Unidos, as instituições financeiras às vezes têm de assumir a obrigação sobre os danos causados pela poluição de um terreno oferecido em garantia. E mesmo que este não seja o caso, se os financiadores receberam como garantia o local do empreendimento, e a executaram, vão se tornar proprietários do local e consequentemente terão de assumir as obrigações correspondentes. De forma geral, os financiadores sentem-se vulneráveis, enquanto parte economicamente mais forte, quando o problema demonstra ser mais difícil de se resolver do que o esperado ou frente aos danos de longo prazo causados pela poluição no local do projeto. A contratação de seguros é medida mitigadora desses riscos.

No caso de o terreno do projeto ter sido fornecido ou disponibilizado pelo Tomador/Autoridade Contratante, este deverá assumir a responsabilidade pela manutenção das boas condições do local e resolverá os problemas acima provavelmente tratando-os como Eventos Indenizáveis à luz do contrato, uma vez que a Empreiteira da Construção não tenha manifestado qualquer intenção de assumir os riscos mencionados. Outra alternativa seria dividir os custos resultantes da concretização dos riscos entre a Empreiteira da Construção e o Tomador/Autoridade Contratante de modo que a primeira assumiria os riscos até um limite de custos determinado e a partir desse valor, o Tomador/Autoridade Contratante indenizaria a diferença usando as cláusulas contratuais relativas a Eventos Indenizáveis constantes do Contrato Principal do Projeto e espelhadas no Contrato de Construção.

A contratação de seguros ajuda a lidar com os riscos decorrentes da poluição ambiental (§ 8.6.1).

§ 9.10.4 Descarte de Resíduos

Certamente o descarte de resíduos sólidos, tais como cinzas e resíduos minerais, é uma questão ambiental séria; porém, também pode se tornar um problema financeiro e contratual. Se for necessário efetuar o descarte desses resíduos fora do local da obra, a Empresa do Projeto precisará dispor de contratos de longo prazo com terceiros para esse fim. Se o descarte for feito no próprio local da obra, deverá ser realizado de maneira adequada e conforme as exigências legais vigentes sobre a matéria.

Uma vez mais, os financiadores devem estar atentos e tomar providências para que não sejam responsabilizados pela poluição dessas fontes.

§ 9.10.5 Mudanças na Lei

Mesmo que a Empresa do Projeto tenha obtido os Alvarás necessários para construir e operar o empreendimento, permanece o risco de mudanças na lei relacionadas aos aspectos ambientais do projeto (emissões de poluentes, por exemplo), que demandará despesas extras de capital (§ 11.3).

§ 9.11 RISCO DO VALOR RESIDUAL

Em Contratos Principais do Projeto celebrados com o Tomador/ Autoridade Contratante, um deles ou os investidores da Empresa do Projeto poderá assumir o risco do valor residual do empreendimento (§ 6.2; § 7.2.5; § 7.10.7; § 7.10.9).

§ 9.12 DISCREPÂNCIAS CONTRATUAIS

Durante a realização do processo de *due diligence* é muito fácil se perder na quantidade de detalhes que compõem os diferentes Contratos do Projeto e, como resultado, deixar passarem despercebidos os riscos que surgem da incompatibilidade entre as disposições contratuais de cada um deles.[175] Cada Contrato do Projeto não é independente e afeta os demais, por isso a estrutura contratual do projeto deve ser analisada e revisada como um todo. Essa característica foi ilustrada quando da discussão sobre o tema de Eventos de Isenção acima (§ 8.2.6). Entre os exemplos de áreas onde surgem discrepâncias contratuais estão:

- discrepâncias entre as exigências de Conclusão do Projeto definidas no Contrato de Construção e as definidas no Contrato Principal do Projeto (§ 9.5.8);
- discrepâncias entre a primeira data do cronograma de entregas definida no Contrato de Fornecimento de Insumos e a definida no Contrato *Offtake*;
- um determinado procedimento para fixar o custo de uma Modificação Contratual Unilateral de um projeto durante a fase de construção, definido no Contrato Principal do Projeto (§ 7.6.3), e outro diferente para fixar o custo da mesma modificação definido no Contrato de Construção, de modo que o custo da modificação contratual a ser pago à Empreiteira

175 Também conhecido como "risco estrutural".

da Construção pode deixar de ser repassado para o Tomador/ Autoridade Contratante em sua totalidade;

- problema semelhante surge com relação aos custos extras causados por mudanças na lei (§ 11.3);
- discrepâncias entre as fórmulas de precificação de combustível e outros insumos definidas nos Contratos de Fornecimento de Insumos e nos Contratos *Offtake*;
- discrepâncias no *timing* entre receitas operacionais, pagamento a fornecedores de insumos e pagamentos de financiamento;
- discrepâncias na definição de eventos de força maior em diferentes Contratos do Projeto.

A interação entre o Contrato Principal do Projeto e outros Contratos do Projeto referentes ao empreendimento, inclusive o Contrato de Construção e o de seguro, podem ser ilustrados com mais detalhes por meio da análise dos efeitos causados pela ocorrência de Eventos de Isenção, conforme abordado abaixo.

Atrasos na Conclusão de Projeto Causados por Evento de Isenção. Os danos físicos sofridos pelos equipamentos ou ocorridos no local do empreendimento no curso das entregas que atrasam a Conclusão do Projeto devem ser cobertos pelos de seguros CEAR ou Marine Cargo, e os lucros cessantes, pelo seguro DSU ou Marine DSUR (§ 8.6.1), a menos que o sinistro em questão fuja ao escopo da cobertura. É evidente que, se houver pagamento das as indenizações dos seguros à Empresa do Projeto, não deve haver ganhos inesperados ou ressarcimento de qualquer natureza com base nos Contratos do Projeto. É importante observar que um dos principais motivos para se incluir uma reserva de contingência no orçamento do projeto (§ 9.5.6) é assegurar a cobertura de possíveis atrasos na Conclusão do Projeto ocasionados por força maior, ou de custo adicional para cobertura de eventos não seguráveis. Os efeitos causados pela ocorrência de Eventos de Isenção devem ser rastreados em todos os diversos Contratos do Projeto.

- *Contrato de Construção*: A ocorrência de Eventos de Isenção libera a Empreiteira da Construção da obrigação de indenizar por perdas e danos os atrasos na Conclusão do Projeto (§ 8.2.6), porém não gera qualquer direito a pagamentos adicionais. A Empreiteira de Construção pode tentar classificar algumas ocorrências como Riscos do Acionista em vez de como Eventos de Isenção (§ 8.2.5), tais como greves no local do projeto ou na fábrica de um dos fornecedores. Essa manobra geralmente não é aceita pela Empresa do Projeto (no caso só seriam aceitas as greves gerais, de âmbito nacional); entretanto, até poderia ser convencionada caso essa possibilidade pudesse ser refletida no Contrato Principal do Projeto (assim evitando as multas indenizatórias pela conclusão tardia do projeto) ou no Contrato de Fornecimento de Insumos (assim evitando que o combustível e outros insumos tivessem que ser pagos antes da necessidade de seu uso).

- *Contrato Principal do Projeto*: Esse mesmo atraso causado por Evento de Isenção que afeta a Empreiteira da Construção deveria eximir a Empresa do Projeto das multas indenizatórias por atraso na Conclusão do Projeto, mas como o empreendimento ainda não está disponível normalmente não aufere nenhuma receita. A ocorrência de evento de Força Maior temporária que impede o Tomador/Autoridade Contratante de concluir a instalação dos sistemas de conexão e distribuição no local da obra de modo geral não os libera da obrigação de pagamento da Tarifa de Capacidade ou da Comissão de Serviços (ou de indenizar pela perda da Tarifa) segundo o princípio geral apresentado acima.

- *Contrato de Fornecimento de Insumos*: Segundo o mesmo princípio geral, se eventos de força maior impedem a Conclusão do Projeto dentro do prazo estipulado, a Empresa do Projeto ainda deve efetuar alguns pagamentos mínimos exigidos pelo Contrato de Fornecimento de Insumos, mas o risco continua sendo de responsabilidade do Fornecedor de Insumos, podendo ser transferido para o Tomador conforme previsto no Contrato *Offtake*.

Interrupções na Disponibilidade Causadas por Evento de Isenção. De modo semelhante ao atraso na Conclusão do Projeto, os efeitos causados pela ocorrência de Eventos de Isenção sobre a disponibilidade devem ser rastreados em todos os diversos Contratos do Projeto:

- *Contrato Principal do Projeto*: A Empresa do Projeto é liberada do pagamento de multas indenizatórias, mas não recebe a Tarifa de Capacidade nem a Comissão de Serviços; por outro lado, o Tomador/Autoridade Contratante deve continuar a efetuar os pagamentos de Disponibilidade se os eventos de força maior afetarem sua capacidade de continuar recebendo os produtos ou serviços da Empresa do Projeto.

- *Contrato de Fornecimento de Insumos*: Em geral, os eventos de força maior geralmente não dispensam a Empresa do Projeto do pagamento pelos insumos fornecidos para o projeto de usina de processamento, mas é possível transferir o risco para o Comprador nos termos do Contrato Principal do Projeto. Em contrapartida, os eventos de força maior irão dispensar o Fornecedor de Insumos da realização das entregas; porém, mais uma vez, o risco pode ser repassado nos termos do Contrato Principal do Projeto. Se os eventos de força maior impedem o Fornecedor de Insumos de finalizar a implantação dos sistemas de redes de distribuição e de transporte de insumos no local do empreendimento, o Fornecedor de Insumos será dispensado do pagamento de multas indenizatórias; porém, mais uma vez, o risco pode ser repassado para o Tomador que, por sua vez, deverá começar a pagar a Tarifa de Capacidade. (Talvez seja viável para a Empresa do Projeto manter um estoque de segurança de matérias-primas e combustível e usá-lo para iniciar a operação).

A manutenção de uma Conta Reserva de Serviço da Dívida (§ 14.4.1) oferece alguma proteção contra a interrupção temporária de geração de receita não coberta por seguro.

§ 9.13 DIREITO DE REGRESSO CONTRA OS EMPREENDEDORES

Dificilmente os financiadores perderão tempo com um processo detalhado de *due diligence* para um projeto se as partes por trás dele não tiverem credibilidade. É bem provável que um projeto, ainda que aparentemente viável em termos comerciais, não consiga obter financiamento se não for amparado pelos Empreendedores adequados, que operem em condições de mercado com a Empresa do Projeto (§ 3.2).

Da mesma forma, os financiadores desejam que os Empreendedores obtenham retorno satisfatório sobre o investimento a fim de incentivar seu comprometimento e envolvimento contínuo no projeto. No entanto, se a taxa de retorno do investimento dos Empreendedores parecer baixa, isso pode sugerir que estejam compensando seus ganhos com outras vantagens (à custa da cobertura do fluxo de caixa dos financiadores), por exemplo, com um Contrato de Construção de alto custo no qual o Empreendedor é também a Empreiteira da Construção, ou pela prestação de serviços de Operação e Manutenção (O&M) e outros serviços para a Empresa do Projeto.

Finalmente, se o risco comercial inerente ao projeto não for reduzido por outros meios de forma adequada, os Empreendedores talvez tenham que intervir e preencher a lacuna. Por vezes, são oferecidas "*comfort letters*" aos financiadores, no lugar de garantias formais como medida mitigadora de risco. Por exemplo, nelas o Empreendedor declara que é o titular das ações da Empresa do Projeto e que pretende manter sua participação, bem como zelar para que permaneça em sólida situação financeira, e que dará suporte em termos de gestão. Raramente esse tipo de compromisso tem amparo legal e, ainda que seja muito útil em determinadas circunstâncias, é pouco provável que possa eliminar riscos que, caso contrário, seriam inaceitáveis.

A única obrigação financeira dos Empreendedores em todo o financiamento do projeto é a de subscrever suas ações na Empresa do Projeto (ou seja, os financiadores concedem um financiamento para a Empresa do Projeto sem garantia de amortização por parte dos Empreendedores, sendo, portanto, da modalidade "sem garantias corporativas", ou *non-recourse*). Além disso, costuma-se solicitar que mantenham inalterada sua posição acionária na empresa por um período de tempo, pelo menos até a Conclusão do Projeto, a fim de garantir a continuidade de seu compromisso com o empreendimento.

Embora, em princípio, os Empreendedores não ofereçam garantias aos financiadores da Empresa do Projeto, algumas garantias limitadas podem ser oferecidas em certas situações para cobrir um risco que seja inaceitável para os financiadores.[176] São exemplos de garantias corporativas limitadas:

- *Compromisso de injeção de capital contingente:* Os Empreendedores se obrigam a injetar recursos adicionais na Empresa do Projeto, na forma de aporte de capital, para atender necessidades específicas de fluxo de caixa.
- *Garantia de excedentes de custo*: Os Empreendedores se obrigam a injetar recursos adicionais, na forma de aporte de capital, até um determinado limite para cobrir eventuais excedentes de custo incorridos durante a construção (ou excedentes de custo operacional).
- *Garantia de Conclusão*: Os Empreendedores se comprometem a injetar recursos extras para garantir que a construção do projeto esteja concluída em determinada data, e portanto, assumindo o risco de que mais recursos destinados à construção ou para pagamentos iniciais da dívida sejam necessários (§ 9.5.12).
- *Garantia de conclusão financeira*: Os Empreendedores oferecem garantia de que o projeto estará fisicamente concluído, mas também que atingirá um nível mínimo de receitas operacionais ou de fluxo de caixa.
- *Garantia de conclusão de vendas:* Semelhante à garantia de conclusão financeira, porém cobrindo somente o compromisso de que o projeto atingirá um determinado nível de vendas após a conclusão física.

---

176 *Vide* ARBOGAST, Stephen. "Quantifying contingent support in project financings". *Project Finance*, p. 136, jul. 2013. discussão sobre como criar soluções para os projetos sob a ótica do balanço patrimonial das empresas.

- *Compromisso de fornecimento de insumos:* Os Empreendedores se obrigam a garantir os fornecimentos de combustível e de matéria-prima necessários ao projeto, a um preço máximo ou a um preço fixo, casos esses não possam ser obtidos em outro lugar.

- *Subordinação de pagamento*: Se um Empreendedor for também fornecedor de combustível e de matéria-prima para o projeto, os pagamentos correspondentes a esse fornecimento serão diferidos para permitir o pagamento aos financiadores no caso de escassez de recursos em caixa da Empresa do Projeto.

- *Garantia de desempenho*: Os Empreendedores se obrigam a fornecer recursos adicionais para saldar o pagamento do serviço da dívida em caso de fluxo de caixa reduzido pelo fato de o projeto não estar operando nos parâmetros mínimos de desempenho previstos (§ 9.5.10).

- *Garantia de preço do produto*: Os Empreendedores se obrigam a garantir a compensação de *deficits* se o produto fabricado pela Empresa do Projeto for vendido abaixo do preço mínimo acordado, ou a comprar o produto pelo preço mínimo (§ 9.6.2).

- *Garantia claw-back*: Os Empreendedores se obrigam a garantir a compensação de deficiências de fluxo de caixa da Empresa do Projeto destinado ao pagamento do serviço da dívida, desde que tenham recebido recursos a título de Distribuições da Empresa do Projeto (§ 14.4.2).

- *Garantia de juros*: Os Empreendedores se obrigam a garantir o pagamento de juros sobre o financiamento caso a Empresa do Projeto não possa fazê-lo (na prática, esse exemplo é muito próximo à garantia total do financiamento: se este não for pago, os Empreendedores terão que continuar pagando juros indefinitivamente).

- *Garantia de compensação de juros*: Os Empreendedores se obrigam a garantir o pagamento de juros que restarem acima de um determinado patamar.

- *Garantia de deficiência*: Os Empreendedores se obrigam a compensar o desembolso para atender ao serviço da dívida, em qualquer valor, que não tenha sido pago por motivo de ausência de caixa na Empresa do Projeto (praticamente equivale a uma garantia financeira total).
- *Garantia shortfall*: Garantia de pagar o saldo remanescente devido aos financiadores, em qualquer valor, após o término do contrato de financiamento e execução das demais garantias.

Se, além da obrigação de investir seu capital, os Empreendedores mantiverem outro tipo de relação contratual com a Empresa do Projeto, é bem provável que a modalidade de financiamento de projeto sem garantias corporativas (*non-recourse*) seja diluída e passe a ser "com garantias corporativas limitadas" (*limited recourse*). Por exemplo, é bem provável que o Empreendedor que atua também como fornecedor de combustível tenha que assumir as consequências financeiras decorrentes da não entrega de combustível conforme prevista. (Sobre garantias da empresa controladora oferecidas às Subcontratadas, *vide* § 8.10).

Ainda que não forneçam suporte financeiro do tipo "com garantias corporativas limitadas" (*limited recourse*), os Empreendedores geralmente se obrigam a prestar assessoria técnica e gerencial à Empresa do Projeto (§ 3.6.3).

§ 9.14 RISCOS DO TOMADOR/AUTORIDADE CONTRATANTE

O Tomador/Autoridade Contratante naturalmente assume o risco de a Empresa do Projeto não ser bem-sucedida na construção e operação do empreendimento conforme previsto e, como resultado, o serviço público não será disponibilizado ou o Tomador/Autoridade Contratante será obrigado a comprar o produto ou serviço de outro fornecedor a preços mais elevados. Os Empreendedores não oferecem qualquer tipo de suporte nesse sentido, uma vez que a concessão de garantias desse tipo destruiria o modelo de estruturação *non-recourse* do *project finance*. (Conforme observado na seção § 9.5.11, a Empreiteira da Construção se encontra em posição semelhante). O Tomador/Autoridade Contratante pode tomar várias medidas no sentido de mitigar esse risco ao garantir que:

- O projeto tenha Empreendedores com credibilidade no mercado (§ 3.2).
- O projeto seja sólido em termos técnicos.
- Os Contratos Subordinados sejam assinados com as partes adequadas. Muito embora o Tomador/Autoridade Contratante tenha por prática se envolver na negociação dos Contratos Subordinados (§ 7.4.3), seria prudente assegurar que haja tanto PDs (§ 8.2.8) como garantias (§ 8.2.9) em patamares satisfatórios.
- O projeto seja sólido em termos financeiros, com nível adequado de custos, estrutura financeira bem pensada e retorno satisfatório para os Empreendedores. O processo de análise das propostas de licitação do Tomador/Autoridade Contratante (§ 3.7.8) é peça fundamental para satisfação dessa medida.
- Os financiadores tenham experiência comprovada em operações de *project finance* no mercado, comprometimento com o projeto (§ 5.6) e conduzam o processo de *due diligence* com prudência e independência (§ 5.5).
- A estrutura de Pagamento do Contrato seja organizada de forma a garantir o capital de longo prazo em risco (§ 7.3.2).
- Os pagamentos da rescisão contratual por inadimplemento da Empresa do Projeto sejam estruturados de modo a garantir que o Tomador/Autoridade Contratante não pague mais do que o projeto vale sob a égide de um Contrato Baseado em Ativos Reversíveis (§ 7.10.1) ou, no mínimo, seja indenizado por seu prejuízo sob a égide de um Contrato Baseado em Ativos Não Reversíveis (§ 7.10.8).[177]

---

177 Há casos, entretanto, onde talvez isso não seja possível pelo fato de o Tomador/Autoridade Contratante ter dado garantia parcial ou total de pagamento do recurso da dívida. *Vide* § 5.4.

§ 9.15 POR QUE OS PROJETOS NÃO DÃO CERTO?

A agência de risco Standard & Poor's (§ 5.3.1) classificou 510 emissões de dívida para projetos de infraestrutura, estruturados na modalidade de *project finance,* de 1991 a 2012, 34 das quais resultaram em inadimplemento do recurso da dívida. A S&P calcula em 1,5% a taxa de inadimplemento anual. São 65% os casos de inadimplemento que receberam originalmente classificação de "grau de especulação" de risco, isto é, abaixo do grau de investimento. No período compreendido entre 2008 e 2010 foram registrados dois casos de inadimplemento por ano, três em 2011 e cinco em 2012. Nos últimos anos, o índice mais alto de inadimplemento foi observado no mercado americano, diretamente relacionado ao fato de mais da metade dos negócios realizados nos EUA terem recebido classificação de grau especulativo de risco. Sete entre oito casos de inadimplemento foram registrados no setor de geração de energia e, segundo informações da S&P, ocorreram devido a problemas vinculados a:

- "defeitos de tecnologia ou de *design* do projeto que levaram ao insucesso da construção ou ao mau desempenho crônico das operações;
- desempenho operacional persistentemente abaixo das expectativas;
- pouca proteção financeira e exposição dos produtos e serviços às variações do preço de combustível e outros insumos;
- exposição dos produtos fruto do projeto às condições de mercado, por exemplo, eletricidade negociada no mercado livre de venda de energia;
- fragilidade estrutural e financeira amplificada por acidentes, condenações judiciais ou necessidade imprevista de expressivos gastos de capital. De modo geral, um evento só terá efeito terminal sobre um projeto se o mesmo já se encontrar em

situação de vulnerabilidade em função de outras razões e não contar com seguro ou com liquidez adequada".[178]

A S&P observa que "Alguns dos empreendimentos de infraestrutura do setor de energia com classificação de risco elevado foram estruturadas com exposição aos riscos de venda no livre mercado ou de variações nos preços de combustível e insumos, o que em parte explica o número de projetos que constam da lista de casos de inadimplemento. Os excedentes de custo nos projetos do setor com tecnologia complexa também foi outro motivo para esse desempenho. Em geral, os casos de inadimplemento no setor de transporte referem-se a projetos baseados em volume (aqueles que dependem da utilização dos serviços, a exemplo das rodovias operadas com cobrança de pedágio) e seu insucesso se deve ao fato de a demanda efetiva ter sido mais baixa do que a esperada".[179] A maioria dos casos ocorreram durante a fase de construção e nos primeiros anos de implantação do projeto.

A agência também mantém uma imensa base de dados (a S&P Capital IQ *Project Finance Consortium*) que trazem informações sobre o desempenho de projetos dos maiores e principais bancos financiadores de projetos de grande porte (§ 17.3). Em 2012, havia 6.862 projetos nesse banco de dados, 512 dos quais eram casos de inadimplemento.

Dentre as razões para o insucesso de um projeto, além daqueles listados pela S&P acima, podem ser incluídas:

- a incapacidade dos Empreendedores para captar recursos financeiros (isto é, em virtude dos termos do Contrato Principal do Projeto ou insuficiência na geração de fluxo de caixa para tornar o projeto lucrativo);
- propostas de Empreendedores com valores muito baixos (em particular se participarem como Empreiteira da Construção),

178 Project Finance Default and Recovery: Shale Gas Fuels Rise In U.S. Defaults (Standard & Poor's Ratings Direct, New York NY/Los Angeles CA, 2013).

179 Razões especiais para o insucesso das concessões do setor de transportes são abordadas na seção § 9.6.3.

com premissas baseadas na captação de recursos adicionais via reivindicação de custos extras, no devido tempo, contra o Tomador/Autoridade Contratante, e assim tornando o projeto viável;

- interferência política (cujos exemplos incluem a exigência de escolha de determinado licitante, em processo de licitação sem nenhuma transparência, ou a tentativa de impedir que a Empresa do Projeto se valha de suas prerrogativas contratuais para efetuar aumentos no preço do pedágio);
- falta de experiência por parte dos Empreendedores, da Autoridade Contratante ou de outros participantes, resultando na elaboração de Contratos do Projeto mal escritos;
- no caso de projetos de extração de recursos naturais, especialmente de países em desenvolvimento, há o risco alto de desapropriação pelo Governo Anfitrião (§ 11.4.2).

Resultados muito parecidos são encontrados na base de dados composta por 4.067 financiamentos de operações de *project finance* registrados entre 1983 e 2011, mantida pela Moody's, outra importante agência de classificação de risco.[180] Desses, 302 ficaram inadimplentes (correspondendo a 7,4% do total). Do mesmo modo que a S&P, a Moody's descobriu que casos de inadimplemento geralmente ocorrem durante a fase de construção ou nos primeiros anos de implantação dos projetos. A taxa média de inadimplência nos primeiros três anos de operação a partir do Assinatura do Contrato de Financiamento foi de 1,7%, e daí para frente decrescente, demonstrando que o risco de construção normalmente é a principal razão do insucesso dos projetos.

O índice de inadimplemento na indústria, de 7,4% em média, pode ser discriminado por setor de atividade. Entre os setores com maior risco de inadimplemento estão: indústria de transformação (17% dos financiamentos), metalurgia e mineração (12%) e mídia e telecomunicações (12%). O setor que registrou o menor risco foi o de infraestrutura (4%), seguido por petróleo e gás (8%) e geração de energia (8%).

---

180 Special Comment: Default and Recovery Rates for Project Finance Bank Loans, 1983–2011 (Moody's Investors Service, New York NY/London, 2013)*

No setor de infraestrutura, 954 projetos foram classificados como PFIs e PPPs (porém dada a ausência de delimitações precisas, esse número não é muito claro). Sua taxa de inadimplência de 2,6% é inferior à dos projetos de infraestrutura como um todo, ilustrando que esse setor provavelmente seja o mais seguro para a concessão de financiamentos na modalidade de *project finance*.

No setor de energia, cerca de ⅓ dos projetos estão localizados nos Estados Unidos, com taxa média de inadimplemento de 11%, e os ⅔ restantes espalhados pelo mundo, com taxa média de 6%. Esse número reflete o nível mais elevado das centrais elétricas de livre mercado nos EUA. A incidência de casos de inadimplemento atingiu seu ápice no período de 2001 a 2004, refletindo os prejuízos sofridos pelo setor de energia elétrica depois do colapso da Enron.

§ 9.16 PERDAS POR INADIMPLEMENTO

O inadimplemento financeiro de um projeto, no entanto, não significa que o financiamento feito pelos financiadores foi totalmente perdido (§ 7.10.1 — por essa razão, os financiadores analisam tanto a "probabilidade de inadimplemento" quanto a "perda provável por inadimplemento").

Em sua base de dados de classificação de dívida, a S&P também calculou as recuperações realizadas por financiadores de projetos em inadimplemento. A média de recuperação foi de 75% do saldo final da dívida, porém, deve-se notar que os índices de perda se concentram nos dois lados da balança, isto é, os financiadores recuperaram ou todo o montante da dívida (ou quase todo), ou o nível de recuperação foi muito baixo (cerca de 25% ou menos). Os casos de baixo nível de recuperação concentram-se no setor de extração de recursos naturais. Resultados semelhantes constam no banco de dados dos consórcios de bancos em *project finance*, que é bem mais completo, onde 100% de recuperação foi atingida em 356 projetos inadimplentes do total de 512.

Mais uma vez, números semelhantes são observados na base de dados da Moody's. Dos 302 projetos inadimplentes é possível discriminá-los da seguinte forma: em 102 deles ainda não há definição do valor final das perdas sofridas pelos financiadores, pois encontram-se em fase de cálculo (*work-out stage*), em 34 deles houve liquidação forçada dos ativos, ou seja, os bancos exerceram seus direitos e executaram as garantias sem nenhuma reestruturação de dívida, e em 161 deles foram realizadas recuperações e os projetos saíram do estado de inadimplemento. Dos 151 projetos, 105 saíram do estado de inadimplemento sem gerar prejuízos para os financiadores. Os níveis de perda dos demais projetos se encaixaram uniformemente dentro dos intervalos de 0–24% e 75–99% da distribuição.

A taxa de recuperação média para projetos que ficaram inadimplentes durante a fase de construção foi de 65%, contra 83% durante a fase de operação, apenas confirma a característica de risco mais elevado da primeira. A taxa média de recuperação para projetos com PPP e PFI foi de 84% em ambas as fases.

De modo geral, esses números confirmam que a operação de *project finance* é um negócio de baixo risco para as instituições financeiras, se for organizada e estruturada segundo as melhores práticas do mercado (§ 17.2).

Conteúdo *online*

Riscos comerciais (também conhecidos como riscos de projeto) são aqueles inerentes ao projeto em si ou ao setor de atividade em que opera. As questões essenciais que devem ser levadas em consideração quando do processo de análise de riscos comerciais podem ser resumidas da seguinte forma: Viabilidade comercial: o projeto faz sentido para todas as partes envolvidas, do ponto de vista comercial? (§ 9.4); Riscos de construção: o projeto será construído dentro do prazo estabelecido e do orçamento previsto? (§ 9.5); Risco de Receita: suas receitas operacionais serão geradas de acordo com as projeções realizadas? (§ 9.6); Riscos operacionais: o projeto tem capacidade operacional para alcançar o nível de desempenho e custo projetado? (§ 9.7); Riscos de fornecimento de insumos: as matérias-primas e outros insumos produtivos serão adquiridos dentro dos custos projetados? (§ 9.8); Riscos de Força Maior: o projeto será capaz de lidar com eventos de força maior? (§ 9.9); Riscos ambientais: que impactos o projeto terá sobre o ambiente em seu entorno? (§ 9.10); Risco do Valor Residual: o que acontecerá com o empreendimento após o término do Contrato Principal do Projeto? (§ 9.11); Discrepâncias contratuais — os Contratos do Projeto estão bem alinhados entre si? (§ 9.12); Suporte do Empreendedor: há necessidade de recursos adicionais dos Empreendedores? (§ 9.13)? Riscos para o Tomador/Autoridade Contratante — são riscos razoáveis? (§ 9.14).

O processo de *due diligence* examina os riscos inerentes ao projeto sob essas diferentes rubricas, verifica até que ponto estão cobertos por seguros ou mitigados por acordos contratuais, e analisa se os riscos remanescentes ou residuais deixados a cargo da Empresa do Projeto são razoáveis e aceitáveis do ponto de vista dos financiadores.

CAPÍTULO X

RISCOS MACROECONÔMICOS

§ 10.1 INTRODUÇÃO

Riscos macroeconômicos externos (também conhecidos como riscos financeiros), isto é, oscilações nas taxas de juros (§ 10.3), inflação (§ 10.4) e taxa de câmbio (§ 10.5), não têm relação com o projeto em particular, mas sim com o ambiente econômico em que ele opera. Esses riscos devem ser analisados, mitigados (cobertos) da mesma forma que foram tratados os riscos comerciais específicos no capítulo anterior. Do mesmo modo, o descasamento entre financiamento de curto prazo e projeto de longo prazo é uma outra forma de risco macroeconômico (§ 10.6).

Entretanto, antes de analisar estes riscos macroeconômicos em detalhe, serão analisados alguns conceitos básicos de finanças que se encontram por trás dos cálculos dos efeitos desses riscos, assim como outras questões relacionadas ao fluxo de caixa nos próximos capítulos. Em síntese, todos estão relacionados aos cálculos de fluxo de caixa ajustado ao valor do dinheiro no tempo (§ 10.2).

§ 10.2 O VALOR DO DINHEIRO NO TEMPO

É óbvio que ter um dólar daqui a um ano não é tão vantajoso do que se ter um dólar hoje. Mas será que é mais vantajoso ter um dólar e cinquenta centavos daqui a um ano, em vez de ter um dólar hoje? Para responder a essa pergunta, é preciso fazer um cálculo que mostre quanto USD 1,50 daqui a um ano valeria em termos do dinheiro de hoje, assim seria possível fazer uma comparação com o valor de USD 1,00 de hoje, e então decidir qual seria a melhor opção. Isso se chama fluxo de caixa descontado (FCD) (§ 10.2.1).

Da mesma forma, o modelo de *project finance* se baseia em um investimento feito hoje, em contrapartida ao fluxo de caixa que será recebido durante um determinado período de anos. Obviamente, é necessário calcular qual retorno o investidor terá sobre este investimento. Isto é chamado de cálculo da taxa interna de retorno (TIR) (§ 10.2.2).

No entanto, existem alguns problemas com essas análises e os resultados devem ser considerados com cuidado (§ 10.2.3).

§ 10.2.1 Fluxo de Caixa Descontado (FCD)

O cálculo do FCD resulta no valor presente de uma soma ou somas de valores a vencer em datas futuras, levando em consideração o custo do dinheiro, chamado de taxa de desconto. O resultado é conhecido como valor presente líquido (VPL) do fluxo de caixa em questão.

A fórmula para calcular o VPL é: $\frac{VF^n}{(1+i)^n}$ em que VF é o valor de caixa futuro, i é a taxa de juros ou taxa de desconto e n é o período determinado (a taxa de desconto pode ser anual ou semestral, correspondente ao período).

Assim, se a taxa de desconto ou custo do dinheiro for 10% a.a. e o valor futuro em um ano for 1000, então o VPL desse montante é: $\frac{1000}{(1+0{,}10)}$ ou 909,1. Para inverter este cálculo, se 909,1 for investido por um ano a 10%, no final do período de um ano teremos 1000 (isto é, 909,1×1,10). Do mesmo modo, o VPL de um montante a vencer em dois anos, a uma taxa de desconto de 10% a.a. calculado semestralmente (isto é, 5% a cada semestre), será: $\frac{1000}{(1 + 0{,}05)^4}$ ou 822,7.

O VPL de um fluxo de caixa calcula o valor presente de uma série de valores de caixa futuros e é calculado da seguinte forma:

$\sum_{n} \frac{VF^n}{(1 + i)^n}$ Ou seja, a soma do fluxo de caixa líquido de cada período futuro (nos cálculos de *project finance* geralmente o período é semestral), cada período tem seu valor descontado para o seu VPL pela sua taxa de desconto. (Não é preciso usar fórmulas ou tabelas para fazer os cálculos de VPL, pode-se fazer facilmente, usando uma calculadora financeira ou programas de planilhas de cálculo).

O uso do cálculo do FCD pode ser ilustrado pelos dois fluxos de caixa de investimentos contrastantes mostrados na Tabela 10.1. Ambos possuem um investimento inicial de 1000 e fluxos de caixas ao longo de um período de 5 anos no valor de 1350, gerando um retorno (líquido do investimento inicial) de 350. O fluxo de caixa de cada período anual foi descontado ao seu VPL a 10% a.a., usando o fator de desconto relacionado na coluna (b). O Ano 0 é o primeiro dia, quando o investimento é feito; o restante do fluxo do caixa ocorre após intervalos de um ano.

Tabela 10.1 — Cálculo de Fluxo de Caixa Descontado (FCD)

		Investimento A		**Investimento B**	
(a) Ano	**(b) Fator de Desconto [(1+10%)(a)]**	**(c) Fluxo de Caixa**	**VPL [(c)÷(b)]**	**(d) Cash Flow**	**VPL [(d)÷(b)]**
0	1,0000	−1000	−1000	−1000	−1000
1	1,1000	340	309	200	182
2	1,2100	305	252	235	194
3	1,3310	270	203	270	203
4	1,4641	235	161	305	208
5	1,6105	200	124	340	211
Total		**350**	**49**	**350**	**–2**

Pode-se notar que embora os fluxos de caixa não descontados resultem na mesma quantia após um período de 5 anos, o VPL do Investimento A é 49 (isto é, os fluxos de caixa descontados dos Anos 1 a 5 de 1049, menos o investimento inicial de 1000), enquanto o Investimento B é de –2.

A taxa de desconto adotada pelo investidor ao considerar um novo investimento é a taxa mínima de retorno exigida sobre o investimento (a "taxa mínima de atratividade" ou *hurdle rate*), que geralmente é obtida a partir de uma série de fatores incluindo o custo de capital (§ 12.2.1). Se ao adotar essa taxa de desconto o VPL resultar em um montante positivo, o investimento terá atingido os requisitos mínimos; se não, o investimento não deve ser feito. Na Tabela 10.1, se a taxa mínima de retorno do investidor for 10%, está claro que o Investimento A atinge os requisitos mínimos, pois o resultado é positivo, mas não o Investimento B. Um cálculo de VPL também pode ser usado para calcular qual é o melhor dentre dois projetos com fluxos de caixa diferentes (porém, *vide* § 10.2.3), em que claramente, nesse caso acima, o Investimento A é o melhor projeto. Essas diferenças nos cálculos de VPL mostram a importância do momento do fluxo de caixa para o investidor.

Os cálculos do FCD são usados no contexto de *project finance* em uma série de circunstâncias distintas, por exemplo:

- como taxa mínima de atratividade usada pelos Empreendedores ao analisarem a viabilidade financeira de um novo projeto (§ 12.2.4);
- pela Autoridade Contratante, ao comparar duas propostas diferentes para um projeto (§ 3.7.8);
- ao calcular pagamento de rescisão antecipada de um Contrato Principal do Projeto (§ 7.10);
- ao calcular PDs de Desempenho no âmbito de um Contrato de Construção (§ 8.2.8);
- pelos agentes financeiros fornecedores de *swap* de juros e financiadores que trabalham com financiamentos a taxas fixas para cálculo de pagamento de rescisão antecipada (§ 10.3.1);

- por financiadores ao calcular Índices de Cobertura do Recurso da Dívida (§ 12.2.3);
- por investidores ao calcular o valor de mercado de um projeto que está à venda (§ 14.17).

§ 10.2.2 Taxa Interna de Retorno (TIR)

A TIR mede o retorno do investimento durante seu ciclo de vida. É a taxa de desconto em que o VPL do fluxo de caixa é igual a zero. Portanto, nos exemplos da Tabela 10.1, a TIR do Investimento A é 12,08% e a do Investimento B é 9,94%, mostrando novamente que o Investimento A é o melhor dos dois. O cálculo pode ser verificado descontando os dois fluxos de caixa a essas respectivas taxas (Tabela 10.2).

Novamente, no contexto do *project finance,* os cálculos da TIR são usados em inúmeras circunstâncias distintas, por exemplo:

- ao calcular o retorno total do projeto, ou ao estimá-lo, antes de considerar sua estrutura financeira, isto é a "TIR do Projeto" (§ 7.10.1; § 12.2.4);
- ao calcular o retorno sobre o investimento de um projeto do ponto de vista do investidor (§ 12.2.1);

Tabela 10.2 — Cálculo da TIR

	Investimento A		Investimento B	
Final do Ano	**Fluxo de Caixa**	**VPL a 12,08%**	**Fluxo de Caixa**	**VPL a 9,94%**
0	−1000	−1000	−1000	−1000
1	340	303	200	182
2	305	243	235	194
3	270	192	270	203
4	235	149	305	209
5	200	113	340	212
Total	**350**	**0**	**350**	**0**

- ao calcular os Valores de Indenização por Rescisão Antecipada de um Contrato Principal do Projeto (§ 7.6.5);
- ao calcular os pagamentos de rescisão antecipada de um Contrato Principal do Projeto (cf. § 7.10);
- ao calcular os benefícios de um Refinanciamento (§ 14.16.3).

§ 10.2.3 Problemas dos Cálculos de FCD e TIR

Estes cálculos têm que ser adotados com algum cuidado e com o entendimento de como eles funcionam. Existem várias questões sobre este assunto:

FCD e Projetos de Portes Diferentes. É um equívoco usar o cálculo de VPL ao comparar dois projetos em que os investimentos iniciais são diferentes. Isso é demonstrado na Tabela 10.3. O VPL do Investimento D é maior que do Investimento C, mas isto acontece simplesmente porque o Investimento D é maior que o Investimento C. A TIR mais elevada do Investimento C demonstra ser realmente um investimento melhor (a não ser que o investidor não tenha uso para a diferença de 1000 entre o Investimento C e o Investimento D, caso em que o retorno de fluxo de caixa maior poderia ser mais atrativo). Quando fizer uma comparação desse tipo, é preciso ir mais além e incluir uma análise de custo-benefício, como mostrado na parte inferior da Tabela 10.3. Nessa análise os VPLs de ambos os custos (investimento inicial) e benefícios (retorno sobre aquele investimento) dos projetos precisam ser calculados e, então, a razão entre os dois é comparada para cada projeto. Deste modo, a razão entre o custo e o benefício para o Investimento C é 1,27, e para o Investimento D é 1,18. Quanto maior a razão, melhor o projeto; sendo assim, o Investimento C se mostra novamente ser o melhor projeto. Observa-se que isso não é um problema quando a Autoridade Contratante tem que comparar o VPL de duas propostas de licitação de projetos de PPP distintos (§ 3.7.8), já que nesse caso o seu investimento inicial é zero.

Tabela 10.3 — VPL e Projetos de Portes Distintos

	Investimento C	**Investimento D**
Investimento inicial	−1000	−2000
Fluxo de caixa (1 ano depois)	1400	2600
VPL a 10%	273	364
TIR	**40%**	**30%**
Análise de custo-benefício		
(a) VPL dos benefícios	1273	2364
(b) VPL dos custos	1000	2000
Coeficiente de custo-benefício [(a)÷(b)]	**1.27**	**1.18**

No entanto, os Empreendedores que estiverem concorrendo para tal projeto, e considerando investimentos alternativos para financiá-lo, precisam ter muita cautela neste momento. Contudo, como geralmente usam a TIR como forma de medir o retorno sobre seu investimento, isso deve ser suficiente para resolver o problema. (*Vide* também a seção § 12.2.4 para um cálculo similar do índice de lucro sobre investimento).

Supervalorização dos Resultados da TIR. Isso pode ser demonstrado pelos dois fluxos de caixa na Tabela 10.4. Fica claro que o Investimento E oferece um melhor retorno, e que o cálculo do VPL corrobora essa avaliação, mas as taxas de retorno dos dois investimentos são iguais. Isso se dá porque o cálculo padrão da TIR pressupõe que o caixa retirado do projeto será reinvestido à taxa da TIR até que se termine o período de cálculos. Portanto, como mostrado na quarta coluna da Tabela 10.4, se o fluxo de caixa do Investimento F nos Anos 1-4 for reinvestido a 15% a.a., o total chegará a 2011 ao final do Ano 5, valor igual ao Investimento E, e é por isso que eles têm a mesma TIR. Claramente, deve-se levar em consideração que o Investimento F está gerando caixa mais rápido, mas a premissa de que este caixa pode ser reinvestido a 15% conta duplamente o retorno sobre outro investimento. Então, um cálculo de TIR pode supervalorizar fluxo de caixas na fase inicial do projeto; quanto mais longo o período do fluxo de caixa, mais exagerada

Tabela 10.4 — Supervalorização dos Resultados da TIR

Final do Ano	Investimento E - Fluxo de Caixa	Investimento F- Fluxo de Caixa	Investimento F - Fluxo de Caixa Anual	
			Reinvestido a 15% para o Ano 5	Lucro/Retorno do Reinvestimento
0	−1000	−1000		
1	0	298	522	223
2	0	298	454	155
3	0	298	395	97
4	0	298	343	45
5	2011	298	298	0
Total	**1011**	**492**	**2011**	**520**
TIR	**15%**	**15%**		
VPL a 12%	**141**	**75**		

será a TIR quando usada uma taxa de reinvestimento elevada, o que é particularmente pertinente para um projeto cujo fluxo de caixa pode ser superior a 25 anos. A dimensão desse exagero pode ser observada na Tabela 10.4: a receita líquida efetiva produzida pelo Investimento F é 492. Porém, como pode ser visto na última coluna, uma outra receita de 520 é incluída como resultado do reinvestimento do fluxo de caixa. Por exemplo, no Ano 1 o fluxo de caixa real do investimento é 298, mas o cálculo da TIR pressupõe que no Ano 1 o fluxo de caixa vai gerar 522 acima do ciclo de vida do projeto, ou 223 a mais (522–298) que no fluxo de caixa Ano 1.[181] Então, 520 (51%) do "retorno" total de 1011 depende do reinvestimento em outro projeto — e em operações típicas de *project finance* muito mais longas o reinvestimento do fluxo de caixa pode chegar a até 80% do retorno total. Uma forma de suavizar este problema, embora não amplamente empregada por investidores de *project finance*, é usar o cálculo da "TIR modificada" (TIRM). O cálculo da TIRM pressupõe uma taxa de reinvestimento menor para o caixa retirado do projeto (por exemplo, o custo marginal do capital do

181 Observe-se que algumas cifras foram arredondadas.

Tabela 10.5 — TIR e TIRM

	Investimento F Fluxo de Caixa	Reinvestimento do Fluxo de Caixa		Cálculo da TIRM
Final do Ano		**15,0%**	**12,0%**	
0	−1.000			−1.000
1	298	522	469	0
2	298	454	419	0
3	298	395	374	0
4	298	343	334	0
5	298	298	298	1.895
Total	**492**	**2,011**	**1,895**	**895**
VPL	**75**			
TIR	**15.0%**			**13.6%**
TIRM	**13.6%**			

investidor, em vez da taxa de retorno do investimento, porque esta é a economia que o investidor faz ao reintegrar este fluxo de caixa). Os fluxos de caixa periódicos são então reinvestidos a esta taxa mais baixa até o fim do período de fluxo de caixa, do mesmo modo que nos cálculos da TIR. A TIRM mostrará um retorno mais baixo (porém mais preciso) que a TIR, representando melhor a situação do mundo real. A Tabela 10.5 mostra o efeito disso no Investimento F, pressupondo uma taxa de reinvestimento de 12% em vez de 15%. (A TIRM para o Investimento E é a mesma que a TIR na Tabela 10.4, já que não há pagamentos sendo "reinvestidos" a 15%). Com base nisso, pode-se ver que a TIRM ou TIR "real" do Investimento F é de 13,6% e não de 15%. Dito isso, o investidor ainda tem um risco, não relacionado ao projeto avaliado, de que o fluxo de caixa não seja reinvestido com sucesso a 12%.

TIR e Períodos Distintos de Fluxo de Caixa. A TIR não é uma medida apropriada para projetos com ciclos de vida distintos, como se pode observar na Tabela 10.6, que mostra dois investimentos de 1000 cada: o Investimento G produz um fluxo de caixa de 200 ao ano por um período de 8 anos, enquanto o

Tabela 10.6 — TIR e Períodos de Fluxo de Caixa Distintos

Ano	Investimento G	Investimento J
0	−1000	−1000
1	200	145
2	200	145
3	200	145
4	200	145
5	200	145
6	200	145
7	200	145
8	200	145
9		145
10		145
11		145
12		145
13		145
14		145
15		145
Total	**600**	**1180**
TIR	**12%**	**12%**
VPL*	67	105

* Taxa de desconto de 10%.

Investimento H produz um fluxo de caixa de 145 ao ano por 15 anos. A TIR de ambos é a mesma, igual a 12%. Mas fica claro que o Investimento H é a melhor escolha (pressupondo-se que os riscos de cada investimento sejam os mesmos, e que o *timing* a que os fluxos de caixa estão sujeitos não seja relevante — § 12.2.4). O Investimento G tem uma TIR maior simplesmente porque o fluxo de caixa é recebido mais cedo. O cálculo do FCD, a uma taxa de desconto de 10%, mostra o Investimento H como a melhor escolha. Este e outros exemplos mostram o problema geral com os cálculos da TIR, que é priorizar o "ganho rápido", algo que não tem muita valia nas operações de *project finance.*

Mudanças no Fluxo de Caixa de Negativo para Positivo para Negativo. Uma outra peculiaridade da TIR é que não é uma medida confiável para o retorno sobre o investimento se o

Tabela 10.7 — Fluxo de Caixa Negativo (–) para (+) para (–)

		Desconto de 10%		Desconto de 20%	
Período	**Fluxo de Caixa**	**Fator**	**VPL**	**Fator**	**VPL**
0	−50.000	1,0000	−50.000	1,0000	−50.000
1	115.000	0,9091	104,.45	0,8333	95.833
2	−66.000	0,8264	−54.545	0,6944	−45.833
		NPV=	**0**		**0**
	Cálculo no Excel:				
	Taxa inferida:	5%	15%		
	TIR=	10%	20%		

fluxo de caixa iniciar negativo, ficar positivo e depois voltar a ser negativo. Isso poderia acontecer, por exemplo, em um projeto que envolvesse processamento industrial, cujo local precisa ser descontaminado, ou limpo, ao final do projeto. O problema está ilustrado na Tabela 10.7; isso mostra dois cálculos de TIR com o mesmo fluxo de caixa: um descontando a zero a uma taxa de 10% e um a 20%. Se uma planilha de cálculo de Excel for usada para elaborar esse fluxo de caixa, não há indicação que haja duas respostas, exceto pelo fato de que se diferentes taxas "estimadas" estiverem incluídas na função, respostas diferentes são recebidas como mostrado na tabela. Se nenhuma função de estimativa de taxa for usada no Excel, a planilha só mostrará uma TIR de 10%.

§ 10.3 RISCOS DE TAXA DE JUROS

Se o projeto está sendo financiado com títulos ou financiamentos a taxas de juros fixas, em princípio, a Empresa do Projeto não corre risco de taxa de juros.

No entanto, em muitos mercados, os agentes bancários não concedem financiamentos de longo prazo a taxas fixas, pois sua base de depósitos é de curto prazo, e captação de recursos de longo prazo a taxas fixas ou não está disponível ou não é nada econômica. A taxa referencial de juros em empréstimos para *project finance* é muitas vezes corrigida em intervalos periódicos (semestralmente, por exemplo) à taxa de mercado interbancário corrente pela qual os financiadores costumam captar recursos, e consequentemente a uma taxa "flutuante" (variável), e não em termos fixos. No mercado internacional, a taxa flutuante do mercado interbancário mais importante é a de Londres, a *London InterBank Offered Rate* (LIBOR),[182] cujas taxas de juros são cotadas pelos bancos para tomar ou conceder empréstimos entre si nas principais moedas internacionais. Bancos que baseiam seus empréstimos na LIBOR estimam sua taxa de juros para financiamento com uma margem sobre a taxa LIBOR, em que a taxa de juros básica normalmente é redefinida contra a então taxa LIBOR a cada 3 ou 6 meses.[183] Estas são chamadas de "datas de definição de taxas" ou "datas de juros".

Riscos de Taxas de Juros na Fase de Construção. Os juros sobre o financiamento não são pagos à vista até que o projeto esteja em operação. Durante a fase de construção os juros acumulados normalmente são capitalizados (isto é, são adicionados ao montante do financiamento) ou pagos ao fazer um novo saque sobre o valor financiado. Assim, os juros durante a construção (JDC) se transformam partes do orçamento de capital (§ 13.5.1) e se a taxa de juros do JDC não estiver fixada e no final for maior que a projetada originalmente, isso será um custo excedente de construção (§ 9.5.6). Os financiadores normalmente não permitem que a contingência para o custo geral de construção seja usada para cobrir esse risco, já que sua finalidade primordial é cobrir os riscos "físicos" (principalmente

---

182 Existem arranjos de mercado interbancário separados para determinadas moedas, a exemplo da Euribor para o € e da Tibor (*Tokyo InterBank Offered Rate*) para o Iene.

183 Em 2012 alguns bancos tiveram que pagar multas para as autoridades reguladoras por manipularem a LIBOR e outras taxas semelhantes do mercado, que ficaram altamente artificiais pelo encolhimento do mercado interbancário após a crise de crédito de 2008. É possível que alguma mudança no sistema venha a ocorrer, mas os reguladores financeiros provavelmente deverão reformular o sistema LIBOR, em vez de aboli-lo, uma vez que parece não haver outra alternativa viável.

o Contrato de Construção), ou o efeito de um atraso que causa um maior custo de juros total.

Riscos das taxas de juros na fase de operação. Durante a fase de operação, uma taxa de juros mais alta leva a fluxo de caixa do projeto mais baixo, e assim reduz o Índice de Cobertura dos financiadores (§ 12.3) e diminui o retorno para os investidores. Um método simples de lidar com o risco das taxas de juros durante a fase de operação, que pode ser usado por projetos com Contratos *Offtake* incluindo uma Tarifa de Capacidade, ou um Contrato baseado em Disponibilidade, é ter os Pagamentos do Contrato modificados à medida que muda a taxa de juros do mercado subjacente sobre o recurso da dívida da Empresa do Projeto. É claro que isso significa que o risco de taxa de juros de longo prazo é assumido pelo Tomador/Autoridade Contratante. Este último está em situação mais favorável de assumir esse risco, pois provavelmente pode obter um *swap* de juros ou outro instrumento de cobertura (veja abaixo) em melhores condições do que a Empresa do Projeto. No caso de um Tomador do setor público, ou de Autoridade Contratante, o tesouro nacional pode se responsabilizar pelo risco e administrá-lo como parte da gestão da taxa de juros da dívida do governo. Há também o argumento de que, se a receita estiver atrelada à inflação, a taxa de juros sobre o financiamento também deverá estar baseada nas taxas de juros de curto prazo, que tendem a acompanhar o movimento da inflação (§ 13.4.3). Essa visão não recebeu muito apoio entre os financiadores de *project finance*: ainda que seja verdade que a tendência geral é que estas duas taxas andem juntas, pode levar um tempo considerável para que as taxas alcancem uma alta taxa de inflação.

Portanto, acordos de cobertura (*hedging*) de taxa de juros provavelmente terão que ser feitos para mitigar o risco das taxas de juros quando se lançar mão de financiamentos a taxas flutuantes. O tipo mais comum de cobertura usada em *project finance* é o *swap* de juros (§ 10.3.1); em menor grau, um teto de taxas de juros, *collars* e outros instrumentos (§ 10.3.2); talvez não seja necessário cobrir 100% do risco (§ 10.3.3). Como alternativa, pode-se oferecer financiamento a juros fixos, geralmente por uma obrigação/debênture, mas nesse caso surge uma série de questões (§ 10.3.4). Os Empreendedores podem encontrar problemas específicos no movimento da taxa de juros antes da Assinatura do Contrato de Financiamento (§ 10.3.5).

§ 10.3.1 *Swap* de Taxas de Juros

Sob um contrato de *swap* de taxas de juros[184] uma parte troca uma obrigação de pagamento de juros baseado em taxa flutuante por pagamento a juros fixos, e a outra parte faz o contrário.

Em um financiamento sob o modelo de *project finance*, a Empresa do Projeto que tem obrigação de pagamento de juros a uma taxa flutuante prevista em seu financiamento se obriga a pagar a sua contraparte (um banco ou bancos — "fornecedor de *swap*") a diferença entre a taxa flutuante e a taxa fixa contratada, se a taxa flutuante for menor que a taxa fixa, ou então o pagamento será efetuado pelo fornecedor de *swap*, se a taxa flutuante estiver acima da taxa fixa.

Cálculos para Pagamento de *Swap* de Taxas de Juros. O cálculo para o pagamento líquido dos valores entre a Empresa do Projeto e o fornecedor de *swap* é baseado no "valor do principal nocional" para cada período (por exemplo, o montante do financiamento em que os juros estão sendo calculados), embora em um contrato de *swap* nenhuma das partes empreste à outra qualquer dinheiro, mas pague simplesmente a diferença entre estas duas taxas de juros. A Tabela 10.8 mostra como um *swap* de taxas de juros entre 6 meses de LIBOR e uma taxa fixa pode funcionar na prática, admitindo-se que a Empresa do Projeto tome 1000 emprestados (isto é, esse é o valor do principal nocional), com a LIBOR sendo refixada semestralmente, faça o *swap* dessa taxa de juros flutuante contra uma taxa fixa de 6%

184 Também conhecido como "*swap* de cupom".

Tabela 10.8 — *Swap* de Taxa de Juros

		Período de 6 meses					
		1	2	3	4	5	6
(a) Valor Nominal do Principal		1000	1000	1000	1000	1000	1000
(b) Taxa LIBOR		4%	5%	6%	7%	8%	9%
(c) *Swap* de Taxa Fixa		6%	6%	6%	6%	6%	6%
(d) Juros LIBOR	[((a)×(b))÷2]	20	25	30	35	40	45
(e) Juros pré-fixados	[((a)×(c))÷2]	30	30	30	30	30	30
(f) Diferença	[(d)−(e)]	−10	−5	0	5	10	15
Posição da Empresa do Projeto:							
Juros sobre o empréstimo	[=(d)]	20	25	30	35	40	45
Pagamento do *Swap*/ (— recebimento)	[=−(f)]	10	5	0	−5	−10	−15
Custo líquido dos juros	[=(e)]	30	30	30	30	30	30
Posição do provedor do *Swap*:							
Juros sobre o valor nominal do principal	[=(e)]	30	30	30	30	30	30
Pagamento do *Swap*/ (— recebimento)	[=(f)]	−10	−5	0	5	10	15
Custo líquido dos juros	[=(d)]	20	25	30	35	40	45

e amortiza o empréstimo em uma parcela ao final de 3 anos. Assim, a Empresa do Projeto transformou seus pagamentos de juros de taxa LIBOR flutuante em uma taxa fixa de 6%, e o fornecedor de *swap* fez o contrário.

Custo de Quebra do *Swap* de Juros e Risco de Crédito. Se a Empresa do Projeto paga antecipadamente o recurso da dívida, ou se torna inadimplente, o acordo de *swap* tem que ser cancelado (ou "interrompido"). Então, o fornecedor de *swap* faz um outro *swap* para o saldo do período (isto é, uma outra parte assume as obrigações da Empresa do Projeto). Mas se as taxas de juros fixas de longo prazo tiverem caído após a data em que o acordo de *swap* original foi assinado, a nova contraparte não estará disposta

Tabela 10.9 — Cálculo do Custo de Rescisão Antecipada ou Quebra de *Swap* de Taxa de Juros (*Swap-Breakage Cost*)

Pagamento a Taxa Fixa	**Ano**												
	3	**4**	**5**	**6**	**7**	**8**	**9**	**10**	**11**	**12**	**13**	**14**	**15**
Montante original	60	60	60	60	60	60	60	60	60	60	60	60	60
Montante Revisado	30	30	30	30	30	30	30	30	30	30	30	30	30
Prejuízo do provedor do *swap*:	30	30	30	30	30	30	30	30	30	30	30	30	30

VLP do prejuízo (à taxa de desconto de 3%) = 319.

a pagar a mesma taxa de juros fixa alta como fazia a Empresa do Projeto. A diferença entre a taxa fixa original e a nova taxa fixa representa o prejuízo do fornecedor original de *swap*. Isso é conhecido como custo de "quebra", ou "*breakage cost*".[185] Então, embora o fornecedor de *swap* não esteja emprestando qualquer quantia, ele está assumindo o risco de crédito da Empresa do Projeto igual a qualquer custo de quebra devido a ele. Este risco não é um número fixo, pois só pode ser determinado no momento de quebra, e assim o risco de crédito que o fornecedor de *swap* está assumindo não pode ser precisamente quantificado no momento de assinatura do contrato de *swap*. Claro que se, quando ocorrer o inadimplemento, a taxa fixa de longo prazo for maior que a taxa original, não há custo de quebra para o fornecedor do *swap* — ao contrário, há lucro, que deve ser pago para a Empresa do Projeto. A Tabela 10.9 mostra como o custo de quebra do *swap* é calculado, com base nas seguintes premissas:

- financiamento de 1000, amortizado em uma parcela;
- período: 15 anos;

185 Também denominado "reversão" ("*unwinding*") do *swap*, e com isso gerando um custo ou lucro "revertido".

Tabela 10.10 — *Swap* de Taxa de Juros — *Breakage Cost* ao longo do tempo

Ano:	**1**	**2**	**3**	**4**	**5**	**6**	**7**	**8**	**9**	**10**
(a) Principal Nominal	1000	900	800	700	600	500	400	300	200	100
Pagamento a taxa fixa:										
(b) Montante original[(a)×6%]	54	48	42	36	30	24	18	12	6	60
(c) Reinvestmento [(a)×3%]	27	24	21	18	15	12	9	6	3	30
(d) *Running loss* [(b)−(c)]	27	24	21	18	15	12	9	6	3	30
(e) **VPL do Prejuízo** [VPLde (d)]	121	98	77	58	42	28	17	9	3	147
Prejuízo (% do empréstimo) [(e)÷(a)]	**15%**	**13%**	**12%**	**11%**	**10%**	**8%**	**7%**	**6%**	**4%**	**3%**

- taxa fixa de *swap*: 6%;
- quebra do *swap* após: 2 anos;
- índice de reinvestimento: 3%.

Como se pode ver, a perda do fornecedor de *swap* com a rescisão não é, portanto, a mesma que o valor do principal nocional, mas perfaz 20 a.a. pelos 13 anos remanescentes. O VPL deste fluxo de caixa é o custo de quebra do *swap* (nesse caso, equivale a 32% do valor do principal nocional), então esse é o risco de crédito da Empresa do Projeto para estas circunstâncias específicas nesse momento específico. No entanto, este número é excepcionalmente alto, pois o financiamento não está sendo amortizado. Então, a Tabela 10.10 estabelece os custos de quebra do *swap* para um fluxo de caixa de financiamento mais habitual, calculado ano a ano durante o financiamento, tendo como premissas o seguinte:

- financiamento de 1000, amortizado em 10 parcelas anuais iguais de 100;
- taxa fixa de *swap*: 6%;
- índice de reinvestimento (após inadimplemento no *swap*): 3%.

Assim, se uma Empresa do Projeto se torna inadimplente logo após o momento da assinatura do financiamento e do contrato de *swap* e se a taxa de juros de longo prazo também cair de 6% para 3% naquele momento, o prejuízo do fornecedor de *swap* será de 121.[186] Se a inadimplência acontecer no começo do ano 2 a perda é de 98, no começo do ano 3 é de 77 e assim por diante. Essa possível perda é o risco de crédito que o fornecedor de *swap* está assumindo na Empresa do Projeto, mas ao contrário do risco de crédito de um empréstimo, este valor não é fixo, mas depende do seguinte:

- do período remanescente do *swap*;
- de como as taxas do mercado mudaram, quando ocorre o inadimplemento;
- do fato de a taxa do *swap* original estar ou não em uma alta ou baixa histórica (se em baixa, a probabilidade de custo de quebra é menor, pois é menos provável que as taxas de longo prazo caiam ainda mais, e vice-versa).

O fornecedor de *swap* que assina um contrato de *swap* com a Empresa do Projeto deve, portanto, fazer uma avaliação inicial do nível de risco de crédito, que naquele momento não será nada além de uma opinião fundamentada. Como se pode ver, consideradas as premissas específicas da Tabela 10.10, o máximo de exposição ao crédito é 15% do valor inicial do financiamento, reduzindo assim ambos em termos absolutos, e como percentual

---

186 Observação: o inadimplemento por parte da Empresa do Projeto não é o único motivo para que haja quebra do *swap*; outros motivos podem incluir a rescisão antecipada por parte do Tomador/Autoridade Contratante (§ 7.10.3), ou o refinanciamento de uma dívida (§ 14.16). Sempre que o Tomador/Autoridade Contratante tiver uma obrigação a ser paga, esta obrigação incluirá o pagamento de eventuais custos de quebra (ou recebimento de custos positivos de quebra), e do mesmo modo, se uma dívida for refinanciada, o *swap* deve ser quebrado, a não ser que seja assumido pelos novos financiadores. No entanto, a partir do ponto de vista de risco de crédito, o fornecedor do *swap* está obviamente mais preocupado com o inadimplemento por parte da Empresa do Projeto.

do saldo da dívida. Grosso modo (já que são muitas as variáveis), para uma operação de *swap* de juros de 20 anos baseada na amortização do pagamento do financiamento, os bancos podem admitir um risco inicial de crédito de 15% do valor do principal nocional. Na Tabela 10.10 podemos ver claramente que se o índice de reinvestimento for maior que 6%, há lucro em vez de haver uma perda na quebra, o que beneficia a Empresa do Projeto. O cálculo de lucro ou prejuízo em um *swap*, havendo quebra a qualquer momento, é conhecido como "valor ajustado ao mercado". O *swap* que apresenta lucro ao ser quebrado é chamado de "*in the money*" e o que apresenta prejuízo é denominado de "*out of the money*". Para o banco fornecedor do *swap*, encontrar um *swap* correspondente no mercado para cobrir sua exposição aos juros no *swap* com a Empresa do Projeto é bem mais fácil do que fazer uma captação de recurso de longo prazo a juros fixos e repassá-lo em forma de financiamento para a Empresa do Projeto, já que suas próprias contrapartes do mercado assumem um risco de crédito muito menor ao fornecerem um *swap* do que ao fazer um financiamento de longo prazo, ao passo que o banco que fornece o *swap* à Empresa do Projeto tem um acesso fácil à captação de recursos de curto prazo a uma taxa flutuante e supõe que isso será sempre renovado. Os Financiadores que trabalham com taxas flutuantes também podem ter um pequeno custo de quebra adicional se a Empresa do Projeto ficar inadimplente entre as duas datas de fixação de juros.

Como são Determinadas as Taxas do *Swap* de Taxas de Juros. O mercado de *swap* trabalha baseado em pagamentos únicos do valor do principal nocional — isto é, o tipo de cronograma de amortização exibido na Tabela 10.9, que considera que do valor do principal nocional de 1000, nada é pago até o final dos 15 anos que são mostrados no cronograma. No entanto, o fluxo de caixa de financiamento num modelo de *project finance*, e portanto a amortização do valor do principal nocional, é aquele exibido na Tabela 10.10 (isto é, amortização em parcelas durante um período de tempo, de modo que o fluxo de caixa do *swap* deve equivaler a essas parcelas. A forma com que o mercado lida com isto é orçar uma taxa média ponderada para uma série de *swaps* que cubra cada data de amortização (conhecido como "*swap* de amortização"), e assim no cronograma na Tabela 10.10 o fornecedor de *swap* orçaria a taxa média ponderada para os *swaps* com base na amortização de 100 do principal nocional após 1 ano, 100 após 2 anos, 100 após 3 anos, e assim por diante. O orçamento do *swap* tem que levar em consideração que o principal nocional não é sacado todo de uma vez. A maioria dos projetos tem um período de saque de 2 a 3 anos, mais ou menos, durante a construção, e assim é que são orçadas as taxas de *swap* com antecedência para um valor principal nocional crescente durante o período de construção/saque. Isso é chamado de "*accreting swap*", diferentemente do que acontece na fase operacional do projeto, em que o principal nocional diminui, quando se transforma em "*swap* de amortização". A taxa fixa orçada pelo fornecedor de *swap* é baseada em três elementos:

- *Taxas do título da dívida pública para o período pertinente na moeda pertinente:* Proporcionam a "taxa básica" para o *swap*; por exemplo, um *swap* de dólar durante 7 anos seria baseado na taxa de rendimento corrente do título do Tesouro Americano para o mesmo período.
- *O ágio do mercado de swap:* É a diferença entre as taxas do título da dívida pública e as taxas de *swap*, que reflete a oferta e procura no mercado de *swap* e no mercado de debêntures a taxas fixas, já que os emissores das debêntures podem arbitrar entre o mercado de taxa fixa e o mercado de taxa flutuante com um *swap*. (As taxas do mercado de *swap*, isto é, o total da taxa do título da dívida pública e o prêmio do mercado de *swap,* são citadas na imprensa financeira e nos terminais de negociação).
- O prêmio de crédito *swap* (veja abaixo).

Ágio do crédito de *swap*. O ágio de crédito de *swap* é a margem cobrada pelo fornecedor de *swap* pelo risco de crédito para a Empresa do Projeto. Se o fornecedor de *swap* admite que o nível de risco (baseado em cálculo similar àquele apresentado na Tabela 10.10) é 15%, o valor do principal nocional inicial e a margem de crédito do financiamento da Empresa do Projeto é, digamos, 1,5%, então o prêmio de crédito de *swap* deve ser 15% de 1,5% (isto é, 0,225% a.a.).

Estruturas de *swap*. A forma mais simples de a Empresa do Projeto cobrir seu risco de taxa de juros por meio de *swap* é solicitar que o sindicato dos bancos que estiver enviando a taxa flutuante de financiamento envie também o *swap pro rata* de sua parte do financiamento; no entanto, isso traz alguns problemas:

- A sindicância final dos financiamentos aos bancos pode não estar completa até depois da Assinatura do Contrato de Financiamento (§ 5.2.8), e os acordos de *swap* têm que estar concluídos no momento ou logo após o Assinatura do Contrato de Financiamento, para fixar os custos de juros do projeto.
- Alguns dos sindicatos de banco podem ser menos competitivos que outros na precificação de *swap* e a Empresa do Projeto pode acabar tendo que pagar a taxa de *swap* do banco mais caro.
- Isso deixa o sindicato de bancos sem concorrência, e assim a Empresa do Projeto pode não conseguir as melhores taxas para o *swap*.

Normalmente não é possível que a Empresa do Projeto vá diretamente a outros bancos do mercado e peça uma cotação para o *swap*, pois é improvável que um banco que ainda não está envolvido no financiamento queira gastar o tempo de seu departamento de *project finance* para analisar o risco envolvido. Além disso, se os fornecedores de *swap* não forem os financiadores isso cria um problema em termos de crédito entre os fornecedores de *swap* e outros financiadores (§ 14.14.1). Se houver muitos bancos em um sindicato de financiamento, eles podem ser solicitados a concorrerem entre si pelas operações de *swap*, em vez de que cada banco fornecer um *swap* para cobrir sua parte do financiamento. (Cada banco do sindicato pode então oferecer uma garantia *pro rata* para o *swap* ao fornecedor de *swap*, ou este último pode estar disposto a assumir o risco total em seus próprios livros contábeis). Mas se houver apenas um ou dois bancos no sindicato, que pode ser o caso se o empréstimo estiver subscrito, mas não sindicalizado antes da Assinatura do Contrato de Financiamento, a concorrência nesse formato pode não funcionar. Uma estrutura que dá à Empresa do Projeto acesso às melhores taxas do mercado é um ou mais bancos no sindicato de empréstimo funcionarem como "banco intermediário". A Empresa do Projeto vai ao mercado de *swap* para buscar orçamentos, baseando-se na contratação de *swap* por parte do fornecedor de *swap* junto ao banco intermediário; a Empresa do Projeto então contrata uma operação de *swap* idêntica *back-to-back* com o banco intermediário. (O banco intermediário ainda pode enviar um orçamento para concorrer no ao mercado de *swap*). O banco intermediário cobra o ágio de crédito de *swap* ou conta com uma contragarantia pelo consórcio de bancos e cobra um ágio menor. Outro benefício da estrutura de banco intermediário está relacionada ao ágio de crédito de *swap*, que pode causar um problema se houver uma quebra de *swap*. A documentação do *swap* (*vide* abaixo) orça apenas uma taxa bruta, que inclui o custo de crédito. Então, no caso da Tabela 10.10, a taxa de *swap* de 6% na verdade seria uma taxa de 5,775% mais um ágio de 0,225%. O cálculo demonstrado na Tabela 10.10 é a forma pela qual que o *swap* do custo de quebra seria calculado (isto significa que a Empresa do Projeto tem que pagar o VPL do ágio do crédito de *swap* inteiro pelo restante do período do financiamento, mesmo que não haja mais risco relativo ao projeto para o fornecedor de *swap*). Uma alternativa para lidar com este problema é pagar o ágio do crédito de *swap* em um acordo separado, em vez de como parte do contrato de *swap*. No entanto, em alguns mercados os fornecedores de *swap* são bem resistentes e não abrem mão dos ágios de crédito de *swap* dessa forma. Na realidade, os bancos em alguns mercados se baseado de forma surpreendente na receita de *swap*, tanto vindas de taxas não competitivas como da retenção de ágios dos *swaps*, para subsidiar seu empréstimo de *project finance*.

Risco de rolagem O cronograma do principal nocional usado como base para o *swap* é baseado em estimativas de quando os saques do financiamento serão feitos durante a construção, e de quando as amortizações do financiamento serão feitas (começando de quando o projeto estiver concluído). Essas estimativas podem provar-se incorretas. Por exemplo: um atraso no programa de construção afeta o momento dos saques, ou a Conclusão do Projeto está atrasada, o que pode afetar o cronograma de amortização, já que isso normalmente é calculado a partir da data de Conclusão do Projeto. Se a alteração do prazo for de um período relativamente curto, como de aproximadamente um mês, isso não terá importância, e o *swap* pode ficar no cronograma original (admitindo-se que a Empresa do Projeto terá recursos suficientes para fazer qualquer pagamento líquido vencido), já que qualquer prejuízo extra dentro do período de um mês provavelmente será compensando por um lucro no outro. Se uma alteração considerável no cronograma acontecer, digamos de 6 meses, por atraso na Conclusão do Projeto, é preferível fazer a rolagem do *swap* (isto é, rescindir o *swap* original e assinar um novo e começar um novo cronograma). Qualquer custo de quebra na rescisão seria amplamente contrabalançado pelo benefício de uma taxa fixa mais baixa de longo prazo, e qualquer lucro compensaria uma taxa fixa maior. No entanto, a Empresa do Projeto pode encontrar alguma dificuldade com o fornecedor de *swap*:

- O fornecedor de *swap* pode não querer mais fornecer o *swap* e tentar usar a solicitação de rolagem como forma de sair do contrato.

- Se não há competitividade da taxa para a rolagem, a Empresa do Projeto poderia pagar demasiadamente pela rolagem do *swap*.

Caso a estrutura do banco intermediário descrita acima tenha sido usada, a rolagem de *swap* não seria um problema tão grande; em outros casos pode ser possível estabelecer uma abordagem competitiva de antemão. Caso contrário, a Empresa do Projeto (e seus financiadores) podem ter que assumir esse risco como uma das consequências adversas inevitáveis de um atraso na Conclusão do Projeto. Um problema semelhante surge se o valor do financiamento for aumentado (por exemplo, ao lançar mão dos recursos adicionais de financiamento em virtude do atraso na Conclusão do Projeto) e se for preciso aumentar o *swap* proporcionalmente.

Custos de Quebra de *swap* e Refinanciamento. O problema com os custos de quebra também surge se a Empresa do Projeto quiser refinanciar sua dívida (§ 14.16). O procedimento normal seria que um novo financiador, se for um banco, tornar-se a contraparte do *swap* original no lugar da Empresa do Projeto e então assinar seu próprio contrato de *swap* (que poderá também ter um cronograma de amortização relativamente diferente) com a Empresa do Projeto. No entanto, isso significa que a Empresa do Projeto acaba pagando o ágio de *swap* duas vezes, quer dizer, o ágio cobrado pelo fornecedor de *swap* original continua sem alteração mesmo que o risco seja agora de outro banco e não da Empresa do Projeto, e o novo fornecedor de *swap* cobra seu ágio de *swap* pelo risco da Empresa do Projeto.

Documentação. Existe um formulário padrão para os *swap*s de taxa de juros, com base na documentação produzida pela ISDA (*International Swap and Derivatives Association*), e que possui uma margem limitada para negociação. Isso é necessário porque os operadores de *swap* querem ter a capacidade de negociar toda sua carteira de *swap* com base nos termos-padrão. Os fluxos de caixa e pagamentos reais do *swap* são anexados ao cronograma e ao formulário padrão.

§ 10.3.2 Limites da Taxa de Juros e Outros Instrumentos

Dentro de um limite de taxa de juros, o fornecedor de limite (geralmente um banco) concorda em pagar a Empresa do Projeto caso a taxa de juros flutuante ultrapasse um certo limite. Por exemplo, a taxa flutuante atual pode ser de 3%, e o limite da taxa estar fixado em 5%. Então, enquanto a taxa flutuante permanecer abaixo dos 5%, a Empresa do Projeto paga apenas a taxa flutuante. Se a taxa flutuante ultrapassar 5%, o fornecedor de limites paga à Empresa do Projeto a diferença entre os dois da mesma forma que em um *swap* de taxa de juros. Para fins de orçamento a Empresa do Projeto pode então assumir um custo de juros de 5% fixos, e na medida em que a taxa flutuante cai abaixo desse limite, tem-se um bônus.

Os limites de taxa de juros podem trazer uma solução de curto prazo para a cobertura da taxa de juros, por exemplo, se durante a fase de construção o empréstimo à taxa flutuante tiver que ser refinanciado a uma taxa fixa após a Conclusão do Projeto. Esses limites têm a vantagem de que o fornecedor não assume o risco de crédito sobre a Empresa do Projeto e então pode ser obtido de qualquer fornecedor no mercado, mas a desvantagem é que há uma tarifa a ser paga antecipadamente que sobrecarrega o custo do desenvolvimento do projeto. Por isso raramente são usados para cobertura de longo prazo. No entanto, um limite pode ser usado para impor um limite absoluto ao nível dos custos de quebra de um *swap* de taxa de juros, que pode ser útil para alguns projetos em que há preocupação sobre o nível de passivo contingente.

Outros instrumentos mais sofisticados podem ser usados para alguns projetos; uma opção de *swap* (ou *swap* de contingente) consiste no direito de adquirir um *swap* numa data futura, que pode dar alguma flexibilidade no tempo.

Os contratos *collar* combinam o teto da taxa de juros com o limite mínimo da taxa (isto é, a taxa máxima é fixada com um limite como mostrado acima, enquanto que se a taxa flutuante baixar a um limite inferior ao mínimo, chegando, digamos, a 2%, a Empresa do Projeto tem que pagar a diferença ao fornecedor). Os *collars* de taxa de juros podem ser contratadas sem custo (isto é, sem comissão de subscrição), pois o custo do teto é compensado pela comissão recebida pela venda da taxa mínima. No entanto, o tomador da taxa limite inferior tem um risco de crédito sobre a Empresa do Projeto, embora seja geralmente um nível de risco mais baixo que o do fornecedor de *swap* de taxa e juros.

§ 10.3.3 Escala e momento da cobertura da taxa de juros

No momento do acordo de financiamento, os Empreendedores podem acreditar que é mais provável que as taxas caiam do que subam, portanto eles preferem fazer o financiamento a uma taxa de juros flutuante por ora. É pouco provável que isso seja aceito pelos financiadores, que não apoiarão a Empresa do Projeto se ela assumir riscos financeiros desnecessários, por menores que pareçam ser naquele momento.

Mas os financiadores normalmente aceitam que a Empresa do Projeto não tenha 100% de cobertura de seu risco de taxa de juros. Em primeiro lugar, é preciso deixar alguma flexibilidade para as diferenças temporais entre os saques do recurso do financiamento e a amortização, mencionados acima; em segundo lugar, o risco da taxa de juros sobre captação de recursos não previstos, que pode ser que nunca seja usada, não precisa de cobertura no início da construção. A Empresa do Projeto pode combinar com os financiadores que, inicialmente, ela cobriria não menos que, digamos, 90% do risco da taxa de juros, ignorando a captação de recursos não previstos. Considerado o risco de rolagem discutido acima, a documentação de financiamento pode ser suficientemente flexível para um nível mais alto de cobertura de taxa de juros a ser incluído mais tarde se o financiamento contingente for resgatado ou se a Empresa do Projeto quiser aumentar sua porcentagem de cobertura.

A operação de cobertura normalmente é efetuada no momento da Assinatura do Contrato de Financiamento ou logo em seguida, para garantir que os custos do orçamento sejam fixados o quanto antes. Uma janela de até um mês após a Assinatura do Contrato de Financiamento pode ser deixada após a conclusão do *swap*, para garantir que a Empresa do Projeto não tenha que entrar no mercado de *swap* em um dia desfavorável.

§ 10.3.4 Financiamentos ou Títulos a Taxas Fixas

O Financiador que empresta a juros fixos ou que compra um título também tem um custo de quebra se a Empresa do Projeto ficar inadimplente, pela mesma razão que se aplica ao fornecedor de *swap*: se a taxa à qual os fundos puderem ser reemprestados tiver caído no momento em que a Empresa do Projeto ficar inadimplente, o Financiador a taxa fixa tem um prejuízo ao reemprestar a uma taxa mais baixa. No entanto, em alguns mercados o custo de quebra de um título emitido em uma rescisão antecipada de uma emissão de título (ou de empréstimo a taxa fixa) pode ser substancialmente mais alto que o custo de um *swap* de taxa de juros.

Pagamento de Margem de Lucro Futura. Quando um financiamento é amortizado antecipadamente por qualquer motivo, o financiador em regime de taxa flutuante geralmente perde a margem de lucro futuro (embora uma pequena comissão de amortização possa ser cobrada). No entanto, financiadores a taxa fixa ou detentores de títulos podem exigir o pagamento de parte ou de toda a sua margem de lucro futura. Isso é feito na data de rescisão descontando-se os pagamentos do financiamento futuro ou do serviço da dívida do título ao rendimento atual sobre um título de dívida pública (ou usando outro tipo de comparação previamente combinada) pela mesma vida média. Obviamente, um título da dívida pública tem um menor risco de crédito que um título da Empresa do Projeto, então terá um rendimento menor; consequentemente, o uso dessa taxa de desconto menor levará a Empresa do Projeto a dever mais do que o saldo do montante principal a vencer em seu financiamento ou título a taxa fixa. O resultado é que a Empresa do Projeto efetivamente tem que pagar parte ou toda a margem de crédito futuro sobre o financiamento ou título a taxa fixa, levando a um resultado parecido com o pagamento do futuro ágio de *swap* na rescisão antecipada (§ 10.3.1).

"*Par Floor*". Além disso, o cálculo de quebra de um título pode ser um caminho — quer dizer, se as taxas de juros tiverem caído, o detentor do título é indenizado pelo tomador, mas, se subirem, o detentor do título não paga esse lucro para a Empresa do Projeto (como ocorreria se se tratasse de um *swap* de taxa de juros). A razão é que o lucro da quebra seria compensado contra o pagamento do valor principal (e não dos juros) do título, o que significa que o detentor do título receberia menos de 100% de seu investimento de capital. Mesmo que não houvesse nenhuma perda sobre o ciclo de vida original do título, seus detentores não iriam querer sofrer uma perda imediata de capital desta forma, e assim, frequentemente, exigiriam um "*par floor*".[187] Isto é, 100% do saldo do título deve ser pago na rescisão, sem deduções por ganho de quebra. A Tabela 10.11 mostra o efeito da exigência da cláusula de "*par floor*" no custo de pagamento antecipado (isto é, quebra) do título. As premissas para os cálculos são:

- valor da emissão do título: 1000.
- taxa do título de dívida pública: 5,25% (no momento da emissão).
- margem de crédito: 0,75%.
- cupom do título: 6,00% (= taxa do título da dívida pública + margem de crédito).
- período: 20 anos, amortização via anuidade (§ 12.5.3).
- taxa do título de dívida pública: 8% (na rescisão).

Como se vê na tabela, a cláusula de indenização pode resultar em um custo extra de quebra substancial por título, se comparado a um financiamento com um *swap* de taxa de juros que não tenha esta cláusula (então, em termos gerais, o custo de quebra mais o saldo do financiamento por *swap* seria o mesmo que pagamento da rescisão sem o "*par floor*" na Tabela 10.11).

187 Também conhecida como "cláusula de indenização" ("*make-whole clause*"), ou "de indenização" e, na Inglaterra, como "cláusula Spens" ("*Spens clause*").

Tabela 10.11 — Custo de Resgate Antecipado do *Bond*

Ano	0	1	2	3	4	5	15	16	17	18	19	20
(a) Pagamento de juros		60	58	57	55	53	26	22	18	14	10	5
(b) Amortização do principal		27	29	31	32	34	61	65	69	73	78	82
(c) Total do serviço da dívida		87	87	87	87	87	87	87	87	87	87	87
(d) Principal do *bond* O/S	1,000	973	944	913	881	847	367	302	233	160	82	0
[=Saldo anterior — (b)]												
Pagamento Antecipado												
— sem *par floor* [=VPL de (a) descontado a 8%]		837	817	795	772	746	348	289	225	155	81	
— com *par floor* [=(d)]		973	944	913	881	847	367	302	233	160	82	

Contrato de Investimento Garantido (CIG). Como mencionado na seção § 5.4, uma das desvantagens dos títulos em relação aos financiamentos bancários é que os recursos não podem ser sacados como e quando exigidos, mas devem ser sacados de uma única vez, e os recursos que excedem as necessidades imediatas devem ser mantidos depositados em conta até que sejam necessários. Os juros recebidos sobre esta aplicação são em si uma fonte de recursos para a construção do projeto, mas se essa aplicação for remunerada a taxas flutuantes, a Empresa do Projeto, durante a fase de construção, fica exposta a riscos de taxas de juros de curto-prazo, até que todos os recursos sejam consumidos em custos do projeto; principalmente porque se as taxas de juros incidentes sobre essa aplicação forem mais baixas do que as taxas projetadas, a Empresa do Projeto pode ficar sem recursos para a finalização do projeto. Isso pode ser solucionado por um *swap* de taxa de juros que cubra apenas a fase de construção, mas desta vez fixando-se a taxa de juros; a Empresa do Projeto aceita receber juros a taxas pré-fixadas e em contrapartida paga a mesma taxa flutuante que está recebendo sobre a aplicação. Por outro lado, um banco pode oferecer remuneração a taxas fixas sobre a aplicação, e executar o *swap* internamente; isso é conhecido como "contrato de investimento garantido". Geralmente os juros fixos de curto prazo para o CIG são menores que os juros pagos pelos títulos de longo prazo, isto é, essa obrigatoriedade de sacar todos os recursos na Assinatura do Contrato de Financiamento causa uma perda para a Empresa do Projeto, conhecida como "arbitragem negativa", que deve ser levada em conta ao comparar os custos de um financiamento bancário com os custos de um título. Nesse caso há um problema potencial entre credores (§ 14.14): se forem concedidos financiamentos simultâneos por um banco, quem deveria ter as garantias sobre os recursos no CIG; as garantias deveriam estar em uma reserva de fundos compartilhada por todos os financiadores, ou apenas para os detentores dos títulos? A última opção parece ser a mais equânime.

§ 10.3.5 Cobertura (*Hedging*) de Taxa de Juros antes da Assinatura do Contrato de Financiamento

Um problema que incomoda os Empreendedores é como lidar com o risco das taxas de juros durante o período de desenvolvimento do projeto. Os Empreendedores podem ter entrado inicialmente em uma concorrência para um projeto em que os Pagamentos de Contrato cobrem o serviço da dívida em uma base de juros fixos, deixando, portanto, para a Empresa do Projeto e não para o Tomador ou para a Autoridade Contratante o risco das taxas de juros, podendo haver um período relativamente longo entre a concorrência e a Assinatura do Contrato de Financiamento. Se as taxas de juros sobem antes da Assinatura do Contrato de Financiamento e nenhum *hedge* de taxa de juros tenha sido feito, o rendimento dos investidores, e o financiamento como um todo, podem ser prejudicados.

Uma solução para esse problema é o Empreendedor estabelecer ele mesmo um contrato de *hedge* de taxa de juros antecipadamente à Assinatura do Contrato de Financiamento, e transferi-lo para a Empresa do Projeto na Assinatura do Contrato de Financiamento, neste caso, porém ele está assumindo um risco extra, caso o projeto, por algum motivo, não chegue à Assinatura do Contrato de Financiamento. Se as taxas de juros de longo-prazo caem, haverá uma perda pela liquidação antecipada do *swap* de taxa de juros de longo prazo, como descrito acima. (É claro que o inverso é verdadeiro, caso as taxas de juros subam).

O cálculo também é impactado pela diferença entre taxas de juros de curto e longo prazo, uma vez que essa diferença deve ser coberta antes da Assinatura do Contrato de Financiamento, isto é, se as taxas de juros de curto prazo sobre o recurso reinvestido são menores que as taxas de longo prazo do financiamento, os Empreendedores ficarão sem recursos antes da Assinatura do Contrato de Financiamento, da mesma forma que em um CIG, e vice-versa.

Os Empreendedores, portanto, devem estar seguros de que a Assinatura do Contrato de Financiamento efetivamente ocorra, e realistas quanto ao prazo para que isso aconteça, antes de assumir um contrato de *hedge* de taxa de juros com estas características. Da mesma forma, uma operação de *swap* (§ 10.3.2) pode ser usada, mas envolve um custo que será perdido caso a proposta não seja vencedora. Em alguns casos, um Tomador do setor público, ou a Autoridade Contratante pode estar disposta a assumir o risco (ou o benefício) das variações das taxas de juros, no período entre o acordo dos termos do contrato com os Empreendedores e o contrato de *hedge* finalmente exercido na Assinatura do Contrato de Financiamento, e fazer os devidos ajustes aos Pagamentos do Contrato. Caso isso ocorra, o Tomador ou a Autoridade Contratante vai querer controlar o processo de precificação das taxas de juros no momento oportuno, uma vez que os Empreendedores têm pouco incentivo para conseguir as melhores taxas nessa situação. O Tomador/Autoridade Contratante provavelmente vai precisar de um assessor financeiro, ou consultor especialista, para acompanhar a precificação no momento da fixação das taxas de juros.

O argumento para um Tomador/Autoridade Contratante assumir esse risco é que se há um programa de licitações pelo setor público, este último irá "às vezes ganhar, e às vezes perder", isto é, algumas operações serão fechadas com taxas de juros abaixo das expectativas, enquanto outras terão que pagar taxas maiores. Em geral, o setor público tende a se dar melhor do que se deixar os riscos para os licitantes, já que, se estes tiverem que assumir os riscos, eles irão constituir uma margem de segurança sobre as taxas de juros de longo prazo presumidas, que poderá nem ser necessária, mas o Tomador/Autoridade Contratante ainda assim terá que pagar por ela — tal como ocorre em outras questões de transferência de risco, este também se resume a uma questão de VfM (§ 9.2).

Se não há Tomador ou Contrato baseado em Disponibilidade, os Empreendedores evidentemente não terão escolha a não ser assumir o risco das oscilações das taxas de juros durante o desenvolvimento do projeto, mas se estes não se encontrarem em um caso de licitação, estarão mais dispostos e em condições de fazer um *hedge* de taxa de juros de longo prazo antes da Assinatura do Contrato de Financiamento, como visto acima.

Estabilização do Mercado. Em geral, não é prudente a Autoridade Contratante assumir a responsabilidade pelo *hedge* de taxa de juros antes da Assinatura do Contrato de Financiamento, assim como nenhuma das partes dos acordos do Contrato da PPP deverão ser acionadas antes que tudo esteja assinado e em vigor. Entretanto, há um aspecto do *hedge* de taxa de juros onde isso se faz necessário. Se uma grande emissão de títulos está para ser colocada no mercado, seu efeito pode ser o de elevar as taxas de juros e também, consequentemente, os Pagamentos do Contrato. O banco de investimento responsável pela emissão dos títulos pode, portanto, realizar um exercício de "estabilização do mercado" antes da emissão dos títulos: fazendo um *hedge* contra o aumento futuro das taxas de juros ao vender títulos do governo antecipadamente. Se as taxas de juros realmente subirem quando os títulos forem lançados no mercado, os ganhos da venda antecipada dos títulos do governo irão compensar essa alta. Exercício semelhante pode ser feito caso um grande *swap* de taxa de juros seja lançado no mercado. Nesses casos a Autoridade Contratante deverá subscrever qualquer perda que resulte deste exercício, isto é, se as taxas de juros caírem, mas essa estabilização já terá efetivamente fixado o preço do título antes da sua emissão.

§ 10.3.6 O Risco de Taxas de Juros deve ser um Problema a ser solucionado pela Empresa Projeto?

Ao menos em usinas de processamento e em Contratos baseados em Disponibilidade, há um argumento segundo o qual *não faz sentido transferir o risco das taxas de juros para a* Empresa do Projeto. A exposição ao risco pode ser administrada com as abordagens expostas acima, mas isso nem sempre é eficiente, especialmente quando *swaps* de taxa de juros são utilizados. Há uma premissa de que o Mecanismo de Pagamento deve ser calculado sobre taxas de juros flutuantes, e que o Tomador/ Autoridade Contratante deve fazer seu próprio *hedge* de risco de taxa de juros para cobrir esse risco de taxa de juros. Isso com certeza reduz o *ágio* do *swap* de crédito já que o *swap* pode ser cotado de forma competitiva, uma vez que os ofertantes do *swap* estão tomando o risco do Tomador/ Autoridade Contratante e não da Empresa do Projeto. O Tomador/Autoridade Contratante também pode se beneficiar de economias de escala adicionais, caso possua um portfólio de projetos para cobrir. Do ponto de vista do Tomador/Autoridade Contratante o risco é que, caso o projeto entre em inadimplemento, os custos pela liquidação antecipada do *swap* podem não ser recuperados (e em qualquer cenário a recuperação das perdas será subordinada aos financiadores, não *pari-passu*, *vide* § 14.14.1).

§ 10.4 INFLAÇÃO

Dependendo do momento, a inflação pode ser considerada um risco ou um benefício para a Empresa do Projeto.

Durante a fase de construção, se a inflação de preços estiver acima da projetada, a empresa pode incorrer em custos excessivos, com as consequências descritas na seção § 9.5.5. (E vice-versa, caso a inflação de preços esteja abaixo da projetada). A maior parte da fase de construção não deve estar vulnerável ao aumento da inflação: os dois elementos mais relevantes, o preço e os custos de financiamento do Contrato de Construção, devem ser fixos. Na elaboração do orçamento para fase de construção, entretanto, uma provisão deve ser feita para a inflação sobre os custos não fixos, como despesas com pessoal da Empresa do Projeto, e aquisição de itens (como peças de reposição) que estão fora do escopo do Contrato de Construção.

Ao longo da fase de operação, se a inflação elevar os custos de operação para além do projetado, o índice de cobertura dos financiadores (§ 12.3) e o retorno para investidores podem ser reduzidos, a não ser que o risco tenha sido coberto, como discutido a seguir. Mas se o projeto é vendido em um mercado de *commodities*, o preço da *commodity* provavelmente refletirá os níveis de inflação e assim proporcionará um "*hedge* natural".

Apenas para alinhar um pouco a terminologia antes de prosseguirmos com os riscos da inflação em maiores detalhes, o termo fluxo de caixa "nominal" (ou outros cálculos "nominais") se baseia nos números que incluem os efeitos da inflação, enquanto o termo fluxo de caixa "real" exclui os efeitos da inflação. Em outras palavras, o fluxo de caixa nominal representa o que é efetivamente recebido em dinheiro, enquanto no fluxo de caixa real esses recebimentos são reduzidos pela taxa de inflação ao valor presente.

- Portanto, se 100 deve ser pago em um prazo de um ano, e a taxa de inflação é 5%, em termos nominais 100 será recebido, mas em termos reais este valor é 95,23 [100×(1.00÷1,05)].
- Da mesma forma, se 105 deve ser pago em um prazo de um ano, e a taxa de inflação é 5%, o pagamento nominal é 105, mas em termos reais este valor é 100 [105×(1.00×1,05)].

§ 10.4.1 Pagamentos do Contrato Principal Indexados à Inflação

Se a Empresa do Projeto tem um Contrato Principal do Projeto de longo prazo em que as receitas são recebidas de acordo com o combinado nos Pagamentos do Contrato Principal, alguns elementos desses Pagamentos poderão ser indexados contra a inflação (§ 7.3.3) e, assim, reduzir substancialmente qualquer risco de discrepância de risco de inflação entre receitas e custos. Mas, por mais paradoxal que possa parecer, mesmo que as receitas estejam totalmente indexadas contra a inflação, a Empresa do Projeto ainda enfrenta riscos de inflação. Isso se dá porque um elemento crucial dos custos de operação, a saber, o serviço da dívida, geralmente não é indexado à inflação.

A tabela 10.12, que pressupõe um financiamento de 1000 liquidado em 5 anuidades, a uma taxa de juros de 6%, demonstra o seguinte:

Tabela 10.12 — Efeito da Inflação sobre o Fluxo de Caixa Projetado

Ano:	**1**	**2**	**3**	**4**	**5**	**Total**
(A) Inflação a 0%						
Receitas	1000	1000	1000	1000	1000	5000
Custos operacionais	−600	−600	−600	−600	−600	−3000
Juros da dívida	−60	−49	−38	−26	−13	−187
Amortização da dívida	−177	−188	−199	−211	−224	−1000
Fluxo de caixa líquido	163	163	163	163	163	813
(B) Inflação a 5%						
Receitas	1000	1050	1103	1158	1216	5526
Custos operacionais	−600	−630	−662	−695	−729	−3315
Juros da dívida	−60	−49	−38	−26	−13	−187
Amortização da dívida	−177	−188	−199	−211	−224	−1000
Fluxo de caixa líquido	163	183	204	226	249	1023
VPL a 5% de desconto	877					
(C) Inflação a 2,5%						
Receitas	1000	1025	1051	1077	1104	5256
Custos operacionais	−600	−615	−630	−646	−662	−3154
Juros da dívida	−60	−49	−38	−26	−13	−187
Amortização da dívida	−177	−188	−199	−211	−224	−1000
Fluxo de caixa líquido	163	173	183	193	204	916
VPL a 2,5% de desconto	848					
(D) Inflação a 5% +60% de indexação de receitas						
Receitas	1000	1030	1061	1093	1126	5309
Custos operacionais	−600	−630	−662	−695	−729	−3315
Juros da dívida	−60	−49	−38	−26	−13	−187
Amortização da dívida	−177	−188	−199	−211	−224	−1000
Fluxo de caixa líquido	163	163	162	161	159	807
VPL a 5% de desconto	699					
(E) Inflação a 2,5% +60% de indexação de receitas						
Receitas	1000	1015	1030	1046	1061	5152
Custos operacionais	−600	−615	−630	−646	−662	−3154
Juros da dívida	−60	−49	−38	−26	−13	−187
Amortização da dívida	−177	−188	−199	−211	−224	−1000
Fluxo de caixa líquido	163	163	162	162	162	811
VPL a 2,5% de desconto	754					

O *Caso (A)* considera inflação inexistente:

- Isso resulta em um rendimento global para os investidores de 811.
- Dado que a inflação é zero, esse fluxo de caixa é descontado a 0%, gerando então um VPL de 811.

O *Caso (B)* considera 5% de inflação de 100% tanto das receitas como dos custos de operação. Como se observa, o Caso (B) deixa os investidores em uma posição mais favorável, pois em vez de um fluxo de caixa líquido de 813 a uma inflação de 0%, o fluxo de caixa líquido é 1023. Isso se dá porque, apesar de 100% de suas receitas crescerem em 5%, apenas 72% dos custos operacionais (237÷[600+237]) crescem à mesma taxa, pois o pagamento do serviço da dívida é pré-fixado e, portanto, não suscetível à inflação. Para refletir o rendimento real do investidor, o fluxo de caixa líquido pode ser descontado pela taxa de inflação de 5%, o que gera um VPL real, líquido de inflação, de 877; o que mais uma vez deixa os investidores em posição mais favorável que no Caso (A).

O *Caso (C)* considera que, em vez da inflação projetada de 5%, o resultado real da taxa de inflação real é de 2,5%.

- Desta vez pode ser constatado que, se estivessem contando com a manutenção da inflação em 5%, os investidores e financiadores estariam em situação pior — receberiam apenas 916 e não 1023 em termos nominais, como resultado de uma inflação de apenas 2,5%.
- Os investidores também ficariam em situação pior em termos reais, com um VPL de 848, pois quanto mais alta a taxa de inflação, mais benéfico é quando parte dos custos — o serviço da dívida — não está sujeita à inflação.

Desse modo, para investidores e financiadores a inflação é uma faca de dois gumes; com os Pagamentos do Contrato totalmente indexados, uma inflação acima da projetada é uma amiga, mas uma inflação abaixo da projetada é uma inimiga. (Do ponto de vista de um Tomador/Autoridade Contratante, o caso é inverso).

A parte restante da Tabela 10.12 mostra como o risco da inflação pode ser coberto por um nível adequado de indexação dos Pagamentos do Contrato:

O *Caso (D)* e o *Caso (E)* ilustram o mesmo que os *Casos (B)* e *(C)*, mas consideram que apenas 60% das receitas estão indexadas contra a inflação, para equiparar aos custos de operação. Como pode ser observado, o resultado é que o fluxo de caixa é quase o mesmo em ambos os casos. Portanto, o risco de inflação foi substancialmente coberto.[188] Contudo, tanto em termos nominais como em termos reais, os investidores estão em situação desfavorável, e o Tomador/Autoridade Contratante, em situação mais favorável, do que se as receitas tivessem sido 100% indexadas.

Esses cálculos demonstram que não é possível elaborar um modelo financeiro utilizando valores reais, isto é, ignorando a inflação, pois, para efeitos de fluxo de caixa de *project finance*, os valores nominais (que levam em consideração a inflação projetada quando for pertinente) devem ser utilizados, e assim, caso haja interesse, esses valores podem ser ajustados posteriormente pela inflação.

Com base no que foi descrito acima, portanto, a melhor escolha para o Tomador/Autoridade Contratante é indexar o Contrato de Pagamentos contra a inflação na mesma proporção em que os custos de operação estão sujeitos à inflação. Isso não pode ser feito de forma precisa (como pode ser observado comparando-se o Caso D e o Caso E), pois a razão entre custos operacionais e receitas na Tabela 10.12 é fixa em 60%. De fato, os custos operacionais representam 60% das receitas no ano 1, mas esse percentual cresce gradualmente à medida que o tempo passa (e quanto mais alta a taxa de inflação, mais rapidamente ele aumenta). Não é prática corrente alterar o percentual de indexação a cada ano.

---

188 Caso os investidores, que receberão o fluxo de caixa líquido, também queiram um resultado indexado à inflação, a proporção de indexação deverá ser aumentada.

Além do mais, custos operacionais geralmente variam de vez em quando, ex.: por causa de aumentos em despesas devido à manutenção; além disso a inflação tem efeitos no cálculo para pagamento de impostos (§ 13.6.8).

Portanto, a melhor maneira de determinar o nível ótimo para indexação de inflação é elaborar uma série de cenários em que o modelo financeiro utilize proporções de indexação diversas e diferentes taxas de inflação, para assim encontrar o nível de indexação que será menos impactado pelas oscilações da taxa de inflação.

§ 10.4.2 "Indexação Excessiva"

Entretanto, essa prática ideal nem sempre é utilizada, e os resultados demonstrados na Tabela 10.12 não são fiéis em um aspecto: a "indexação excessiva", isto é, 100% das receitas indexadas à inflação, na realidade resulta em um custo inicial menor para o Tomador/Autoridade Contratante, como demonstrado na Tabela 10.13. Esses cálculos consideram que os Pagamentos do Contrato já estão indexados *à inflação na proporção necessária contra os custos de operação, assim como na Tabela 10.12. A Tabela 10.13 concentra-se, de fato, nos efeitos da indexação* pela inflação no restante dos Pagamentos do Contrato, que seria utilizado para cobrir o serviço da dívida e o retorno do investidor. As principais premissas para a formulação da tabela são:

- custos da operação: nulo (isto é, a tabela só trata do serviço da dívida e do retorno dos investidores, considerando que os custos de operação já foram cobertos pelos Pagamentos do Contrato indexados à inflação);
- valor do financiamento: 1000;
- prazo: 25 anos (observe que os anos 13 a 23 foram omitidos da tabela por razões de espaço);
- taxa de juros: 6%;
- Índice de Cobertura exigido pelos financiadores (§ 12.3.1): 1.2.

Tabela 10.13 — Efeitos da "Sobre-Indexação" nos Pagamentos do Contrato

Ano:	**1**	**2**	**3**	**4**	**10**	**11**	**12**	**24**	**25**	**Total**
(X) Pagamentos Fixos do Contrato										
Pagamentos do Contrato	**94**	**94**	**94**	**94**	**94**	**94**	**94**	**94**	**94**	**2.347**
Empréstimo inicial O/S	1,000	982	962	942	791	760	727	143	74	0
Juros	60	59	58	57	47	46	44	9	4	956
Amortização do empréstimo	18	19	20	22	31	33	35	70	74	1.000
Total do serviço da dívida	78	78	78	78	78	78	78	78	78	1.956
(Y) Pagamento de Contrato Indexados à Inflação (2,5%)										
Pagamentos do Contrato	**74**	**76**	**78**	**80**	**92**	**95**	**97**	**130**	**134**	**2.526**
Empréstimo inicial O/S	1,000	998	995	990	914	892	866	202	105	0
Juros	60	60	60	59	55	54	52	12	6	1,105
Amortização do empréstimo	2	3	5	7	22	25	29	97	105	1.000
Total do serviço da dívida	62	63	65	66	77	79	81	109	111	2.105
(Z) Pagamento de Contrato Indexados à Inflação (5%)										
Pagamentos do Contrato	**75**	**79**	**83**	**87**	**117**	**123**	**129**	**232**	**243**	**3.597**

Analisando os resultados apresentados pela tabela:

- O *Caso (X)* considera que não há indexação dos Pagamentos do Contrato para cobertura do serviço da dívida e do retorno de *equity*. Esses pagamentos permanecem, portanto, em 95 ao longo de todo prazo do Contrato Principal do Projeto.

- O *Caso (Y)* considera a indexação de 100% dos Pagamentos do Contrato e uma taxa de inflação de 2,5% durante todo o ciclo de vida do Contrato Principal do Projeto. O recurso da dívida tem o mesmo custo, mas sua amortização está estruturada para que se mantenha o Índice de Cobertura (§ 12.3). Como se pode observar, o efeito disso é a redução dos Pagamentos do Contrato iniciais de 94 para 74, o que certamente representa uma mudança significativa sob o ponto de vista do Tomador/ Autoridade Contratante. Entretanto, com o passar do tempo, os Pagamentos do Contrato aumentam e terminam 27% mais altos do que no Caso (X).

- O *Caso (Z)* considera que o resultado taxa de inflação real é 5% em vez de 2,5%, enquanto o serviço da dívida permanece fixo, como no Caso (Y). Como pode ser observado, o efeito sobre os Pagamentos do Contrato que devem ser efetuados pelo Tomador/Autoridade Contratante é significativo (e esse aumento produziria um rendimento inesperado considerável para os investidores).

Caso o Tomador/Autoridade Contratante considere que seu próprio orçamento crescerá à mesma taxa que a inflação, ou no caso de uma Concessão, que a disposição dos usuários para pagar também acompanhará a inflação, não seria incoerente optar então pela indexação pela inflação de 100% dos Pagamentos do Contrato, desde que em termos reais eles não sejam prejudicados, e os pagamentos sejam mais acessíveis nos primeiros anos, de qualquer forma (comparando-se com o Caso (X)). Entretanto, no mundo das finanças públicas, no qual, mais cedo ou mais tarde, cortes nos orçamentos acontecem, em vez de aumentos constantes atrelados à inflação, fica claro que seria imprudente fazer este tipo de suposição.

Na verdade, 100% de indexação pela inflação é uma forma de suportar os Pagamentos do Contrato e, geralmente, não é desejável (§ 7.3.2).

§ 10.4.3 Financiamento Indexado à Inflação

Se, apesar destes argumentos, 100% dos Pagamentos do Contrato indexados à inflação ainda forem necessários para reduzir o valor inicial dos Pagamentos do Contrato, tornando o projeto mais acessível, pelo menos no curto prazo, isso pode causar um problema para os financiadores. Como é evidente pelo que se vê das tabelas acima, se o resultado da inflação for menor do que o projetado, a Empresa do Projeto ficará com escassez de fluxo de caixa. Mesmo que ainda tenha fluxo de caixa suficiente para cobrir o serviço da dívida, os investidores ficarão claramente em uma situação pior.

Não é surpresa, portanto, que os financiadores queiram ver esse risco coberto. Isso pode ser atingido ao atrelar parte do recurso da dívida à inflação, o que significaria que se o resultado da inflação for menor do que o nível projetado, o serviço da dívida será também menor e consequentemente o efeito líquido será pequeno, se é que existirá. Financiamentos indexados à inflação podem ser levantados em países onde o governo emite títulos indexados à inflação, o que estabelece um limite mínimo para os títulos do setor privado indexados à inflação, da mesma forma que acontece com os títulos do governo de taxa fixa em relação aos títulos do setor privado indexados a taxa fixa (§ 4.3).

A Tabela 10.14 demonstra como funciona o título indexado à inflação comum. As premissas são:

- valor do financiamento: 1000.
- prazo: 20 anos (anos 5-16 da tabela).
- taxa de juros real: 2,00%.
- inflação: 2,5% (ao longo de todo período do financiamento).

A estrutura de liquidação do título é baseada no cálculo de um fluxo de caixa real, isto é, considerada inflação nula, como em (A). Isto mostra que o financiamento de 1000 é liquidado ao longo de 20 anos com pagamentos anuais do serviço da dívida no valor de 61. E (B) mostra como o fluxo de caixa é ajustado pela inflação, baseado no índice de preços projetado (isto é, uma estimativa de inflação futura feita no dia 1), que cresce 2,5% ao ano. Observe-se que o principal e o pagamento de juros são ajustados pela inflação ao multiplicarem-se os valores reais em (A) pelo valor do índice de inflação. O resultado final é que em termos nominais o financiamento cresce de 1000 para 1330 ao longo dos 20 anos, e o total nominal do pagamento de juros cresce de 223 para 271. Como também pode ser visto, o custo de infração do contrato de *swap* (considerando-se que não há variações nas taxas de juros reais e margem de crédito), isto é, o saldo de financiamento é maior em (B) durante todo o período.

(C) considera que o resultado da inflação cresce até 5% e permanece nesse patamar ao longo do período de financiamento. O efeito disso no serviço da dívida pode ser observado, e comparado com (B).

Tabela 10.14 — *Bond* Indexado à Inflação

	0	1	2	3	4	17	18	19	20	Total
(A) Fluxo de caixa real										
Juros		20	19	18	17	5	4	2	1	223
Amortização do principal		41	42	43	44	56	58	59	60	1.000
Total do serviço da dívida	-1.000	**61**	**61**	**61**	**61**	**61**	**61**	**61**	**61**	**1.223**
Saldo do empréstimo	1.000	959	917	874	830	176	119	60	0	
(B) Fluxo de caixa nominal										
Indexador de inflação	1,000	1,025	1,051	1,077	1,104	1,522	1,560	1,599	1,639	
Juros		21	20	20	19	7	6	4	2	271
Amortização do principal		42	44	46	48	86	90	94	98	1.330
Total do serviço da dívida	**-1.000**	**63**	**64**	**66**	**68**	**93**	**95**	**98**	**100**	**1.601**
Saldo do empréstimo	1.000	983	963	941	917	268	185	96	0	
(C) Fluxo de caixa nominal a 5% de inflação										
Indexador de inflação	1,000	1,050	1,103	1,158	1,216	2,292	2,407	2,527	2,653	
Juros		21	21	21	21	11	8	6	3	332
Amortização do principal		43	46	50	53	129	139	149	159	1.791
Total do serviço da dívida	**-1.000**	**64**	**67**	**71**	**74**	**140**	**147**	**155**	**162**	**2.123**
Saldo do empréstimo	1.000	1.007	1.011	1.012	1.009	404	286	152	0	

Neste ponto, a Empresa do Projeto pode se surpreender ao descobrir que, apesar de estar fazendo pagamentos anuais do serviço da dívida, o valor de seu financiamento na realidade cresce de 1000 para 1012 no ano 3, e só volta a ser menor que 1000 no ano 5.

Em alguns mercados é possível fazer um *swap* de inflação,[189] quando, em vez de trocar uma taxa de juros flutuante por uma taxa fixa, a Empresa do Projeto troca a taxa de inflação variável por uma taxa de inflação fixa, o que produz o mesmo resultado líquido que o financiamento indexado à inflação descrito acima.

É necessário mais uma vez ressaltar que esse complexo financiamento atrelado à inflação não seria necessário (ou adequado) se a Empresa do Projeto estivesse desde o início devidamente protegida (por *hedge*) contra a inflação sobre os custos operacionais.

§ 10.5 RISCOS CAMBIAIS

Riscos cambiais são aqueles riscos decorrentes das oscilações da taxa de câmbio entre duas moedas.[190] Há uma série de aspectos que devem ser considerados ao examinar esses riscos:

- gestão dos riscos cambiais (§ 10.5.1);
- *hedge* dos riscos cambiais (§ 10.5.2);
- dívida em moeda local (§ 10.5.3);
- apoio à liquidez (§ 10.5.4);
- desvalorização por catástrofes (§ 10.5.5);
- financiamento em mais de uma moeda (§ 10.5.6);
- conversão de receitas em moeda local (§ 10.5.7);
- definição de garantias em moeda local (§ 10.5.8).

189 Conhecido na Grã-Bretanha como *swap* de índice de preços ao consumidor (swap de IPC, ou swap de "RPI", na sigla em inglês para *Retail Prices Index*).

190 Cf. GRAY, Philip; IRWIN, Timothy. "Exchange rate risk: allocating exchange rate risk in private infrastructure projects". (Risco Cambial: Alocação do Risco Cambial em Projetos de Infraestrutura Privados). Public Policy for the Private Sector, Note 226. Washington: World Bank, 2003★.

§ 10.5.1 Gestão de Riscos das Taxas Cambiais

Assim como com os riscos de taxa de juros, os financiadores não aceitam que a Empresa do Projeto assuma riscos cambiais em seu financiamento, mesmo que isso pareça ser uma "aposta segura". Os financiadores esperam que esses riscos sejam minimizados ou eliminados quando possível.[191]

Existem duas abordagens interligadas para lidar com essa questão:

Fase de Construção. Durante a fase de construção, se os custos estão em uma moeda e a captação de recursos em outra, a Empresa do Projeto fica exposta ao risco de que a moeda em que os custos estão sendo incorridos valorize (se torne mais forte). Por exemplo, se o Contrato de Construção custa US$ 100, e um financiamento de € 100 foi feito quando a taxa de câmbio €:US$ é de € 1.00:US$ 1.00, e o Euro em seguida desvaloriza de €1.20:US$ 1.00, o financiamento é suficiente apenas para pagar por US$ 83.33 (€ 100÷1.20) dos custos de EPC, e de fato o projeto possui um custo de construção excedente (ou um déficit) de US$ 16.67. Para lidar com estes riscos cambiais nos custos de construção, ou os custos devem ser redefinidos na mesma moeda do financiamento, ou a moeda do financiamento deve ser trocada pela moeda dos custos, o que for mais fácil e estiver em linha com a abordagem de riscos cambiais de longo prazo (fase de operação), como discutido abaixo. O Contrato de Construção é provavelmente o maior item dos custos de construção; se a Empreiteira de Construção for persuadida a fixar o preço na moeda do financiamento, a maior parte do problema desaparece, já que o próximo maior custo durante a construção provavelmente estará relacionado ao

191 Utilizar dívida de longo prazo em moeda estrangeira para financiar um projeto em um país onde as receitas são em moeda local, mas sem disponibilidade de dívida de longo prazo em moeda local (por exemplo, usar dólares para financiar um projeto de rodovia na Nigéria, onde os pedágios são pagos em naira nigeriano) é às vezes considerado "pecado original".

financiamento (Juros Durante a Construção e taxas), que será automaticamente na moeda do financiamento. Isso, entretanto, transfere a exposição à taxa de câmbio para a Empreiteira de Construção, que pode ser relutante em cotar um preço em uma moeda que não tenha uma base de custos. A Empreiteira de Construção pode se proteger dessa exposição com um *hedge* futuro de taxa de câmbio como discutido abaixo (§ 10.5.2), mas a Empreiteira de Construção pode não estar preparada para cotar preços dessa forma no momento de sua participação na concorrência pelo Contrato de Construção, pois não terá a certeza de ser a vencedora da licitação, ou o conhecimento do cronograma de construção, nem do pagamento. Se a Empreiteira de Construção faz um *hedge* futuro de taxa de câmbio e não vence a concorrência ou o cronograma muda, isso pode trazer uma perda significativa. Nesse caso, a Empreiteira de Construção pode estar disposta a cotar o preço inicial na moeda local, mas celebrar em contratos futuros de câmbio com a Empresa do Projeto na Assinatura do Contrato de Financiamento (isto é, quando o Contrato de Construção é assinado e financiado: e assim o cronograma para construção e pagamento são então fixados) para converter o preço para a moeda estrangeira (provavelmente com *hedge* em bases *back-to-back* com os bancos da Empreiteira de Construção). Por outro lado, o próprio preço pode ser convertido para a moeda estrangeira utilizando este *hedge*. Mas em ambos os casos isso deixa os Empreendedores e a Empresa do Projeto com este risco até a Assinatura do Contrato de Financiamento.

Fase de Operação. Durante a fase de operação, se as receitas da Empresa do Projeto estiverem em uma moeda e seu financiamento ou outros custos em outra, as oscilações na taxa de câmbio afetam as receitas líquidas, e consequentemente a habilidade de liquidação de dívida. De preferência, o financiamento deveria ser negociado na moeda local, desta forma eliminando os riscos de longo prazo da taxa de câmbio, mas na prática isso pode não ser viável em países em desenvolvimento, onde os mercados financeiros locais não são capazes de ofertar recurso de dívida de longo prazo em *project finance*. A moeda das receitas, portanto, define a moeda do financiamento, ou vice-versa:

- Se as receitas são recebidas em uma moeda em que o financiamento possa ser obtido (por exemplo, US$ ou €), o financiamento deve ser feito nessa moeda.
- Se a captação de recursos para o projeto em um país em desenvolvimento só pode ser feita em US$, então qualquer pagamento do Tomador/Autoridade Contratante previsto no Contrato Principal do Projeto deve ser feito também em US$ ou pago em moeda local indexada ao US$ (§ 6.3.5, mas também§ 10.5.5).
- Caso o projeto produza uma *commodity* cujo preço é estabelecido em US$ (por exemplo, petróleo), a captação de recursos então deve ser feita em US$ (*vide* a discussão dos projetos de Enclave na seção § 11.4.1).
- Caso o projeto tenha um custo de produção principal em US$ (por exemplo, um Contrato de Fornecimento de Gás para uma usina de energia), suas receitas devem então ser fixadas em US$.[192]

Da mesma forma, os custos de operação constantes precisam corresponder à moeda das receitas tanto quanto possível.

Isso significa que se a captação de recursos deve ser em US$ para corresponder às receitas, os custos de construção, especialmente o Contrato de Construção, também devem ser nessa moeda. Como discutido na seção § 13.7.7, um risco inerente de taxa de câmbio relacionado à situação tributária pode ainda permanecer.

---

192 Custos de operação local — escritório, pessoal — podem não ser incorridos na moeda das receitas, mas o nível de risco de moeda aqui é geralmente pouco significativo.

§ 10.5.2 *Hedge* de Taxa de Câmbio

Em teoria é possível que contratos futuros de taxa de câmbio (*swap* de moedas) sejam utilizados para cobrir os riscos cambiais: nesse tipo de contrato a Empresa do Projeto que possui custos de construção em €, mas cuja captação de recursos é feita em US$, pode na Assinatura do Contrato de Financiamento vender US$ e comprar € nas datas estimadas para os saques do financiamento, fixando, portanto, a taxa de câmbio em que os custos em € estão sendo financiados em US$.

Da mesma forma uma Empresa do Projeto que tenha custos e receitas em US$, mas captação de recursos em € pode convencionar o seguinte:

- vender US$ e comprar € nas datas estimadas para os saques do financiamento;
- vender o mesmo montante de € e comprar US$, nas datas estimadas para liquidação do financiamento, o que fixaria a taxa de câmbio de acordo com o pagamento de financiamento.

Swaps de moedas entre instituições financeiras locais e Instituições Financeiras de Desenvolvimento ("DFIs", na sigla em inglês para *Development Financial Institution*) ou outros financiadores (ao invés da Empresa do Projeto) são, portanto, utilizados em países em desenvolvimento como uma forma de oferecer ao primeiro captação de longo prazo em moeda local para *project finance*, que pode ser utilizado em benefício da Empresa do Projeto. *Swaps* de moedas de longo-prazo (cerca de 20 anos), porém, não podem ser estruturados em muitos países em desenvolvimento pois não há mercado para esse tipo de transação.

Caso o *swap* de moedas seja feito diretamente com a Empresa do Projeto, o risco de crédito assumido pelos financiadores deste *swap* é consideravelmente maior do que se fosse feito um *swap* de taxa de juros: uma oscilação de 20% na taxa de câmbio provoca um crescimento nos valores principais financiados e, portanto, do risco, em 20%, enquanto que, enquanto uma oscilação na taxa de juros de 20% afeta apenas o pagamento dos juros, e (considerando uma taxa de juros de 10%) equivale a um adicional de apenas 2% a.a. ao saldo (em declínio) do principal da dívida. Entretanto, como mencionado na seção § 4.2.2, esta estrutura funciona em alguns países asiáticos, e oferece um custo menor de financiamento para projetos locais.

Uma abordagem alternativa seria o banco central do País Anfitrião aceitar ser contraparte do *swap* de moedas com a Empresa do Projeto. Isso significa que o risco de taxa de câmbio é gerido como parte do endividamento externo global, para qual o banco central é mais adequado que um projeto individual. Isso pode significar que o banco central está assumindo um risco de crédito na Empresa do Projeto, como tratado acima.

§ 10.5.3 Dívida em Moeda Local

Se há mercado local que atenda às necessidades de financiamento e prazo em moeda local, isso elimina qualquer risco cambial de longo prazo, embora ainda possa haver um problema na fase de construção, quando equipamentos são importados, como descrito acima.

Se o mercado local pode constituir a dívida, mas não está disposto a assumir riscos de *project finance*, utilizar uma garantia *offshore* pode ajudar a resolver a questão. Bancos comerciais estrangeiros podem oferecer este tipo de garantia, e assim separar o financiamento do projeto de seu risco de crédito. Garantias desse tipo também podem ser oferecidas por outras entidades como DFIs; estas são conhecidas como Garantias Parciais de Crédito (§ 16.5.1).

§ 10.5.4 Apoio à Liquidez

As DFIs podem fornecer um financiamento condicional para apoiar um projeto quando as receitas estão em moeda local, mas os custos de financiamento estão em moeda estrangeira, como US$. Isto pode tomar a forma de um empréstimo rotativo,[193] ou uma

193 Isto é, um empréstimo que pode ser desembolsado, amortizado e novamente refinanciado.

garantia para os financiadores que proporcionariam uma parcela de liquidez extra, para cobrir o intervalo de tempo entre a desvalorização da moeda local e o posterior crescimento da inflação, que ao longo do tempo seria suficiente para compensar a Empresa do Projeto (sendo os Pagamentos do Contrato indexados contra a inflação local) pelo efeito dessa desvalorização em sua capacidade de honrar o serviço da dívida em moeda estrangeira. Dessa maneira, uma dívida mezanino adicional (§ 4.5.1) pode ser disponibilizada à Empresa do Projeto no equivalente máximo de, digamos, 10% de sua dívida em moeda estrangeira se, como consequência de uma desvalorização, a Empresa do Projeto *não puder gerar moeda estrangeira suficiente para manter o* pagamento do serviço da dívida. A liquidação da dívida deverá ser feita de forma subordinada (§ 14.14.5), mas talvez com uma reivindicação de garantia *pari-passu*.

§ 10.5.5 Desvalorização Catastrófica

"Desvalorização catastrófica" (isto é, desvalorização intensa e repentina da moeda local) é atualmente reconhecida como um dos maiores riscos *à oferta de project finance* em moeda estrangeira para países em desenvolvimento, onde o projeto não é um gerador natural de receitas em moeda estrangeira.

As técnicas de *hedge* de moedas descritas na seção § 10.5.2, ou apoio à liquidez, podem permitir que a Empresa do Projeto lide com o risco usual das oscilações da taxa de câmbio no mercado, mas se a má gestão da economia no País Anfitrião levar a uma desvalorização intensa da moeda local, essas técnicas ficam sujeitas ao insucesso. O Tomador/Autoridade Contratante que assume o risco da taxa de câmbio ao indexar os Pagamentos do Contrato contra a moeda estrangeira provavelmente não poderá repassar esse crescimento significativo do custo da indexação após esta intensa desvalorização para o usuário final do produto ou serviço, e caso o risco cambial do Tomador/Autoridade Contratante tenha sido coberto (via *hedge*) pelo mercado financeiro local, esses bancos podem não ter capacidade de sustentar as perdas resultantes.

Esse efeito foi visto, por exemplo, na crise asiática de 1997, e na Turquia em 2001, quando compradores de energia em CCEs de longo prazo atrelaram o pagamento de tarifas a moedas estrangeiras. Quando as moedas locais dos compradores de energia sofreram desvalorizações enormes, eles tinham a obrigação decorrente dos CCEs de aumentar o pagamento das tarifas proporcionalmente. Entretanto, não era economicamente ou politicamente viável que as tarifas de eletricidade dos próprios usuários finais sofressem aumentos de forma imediata e na mesma proporção da desvalorização, para que os pagamentos necessários aos financiadores estrangeiros e investidores fossem honrados. Portanto, na prática a proteção supostamente dada pela indexação da moeda na Tarifa não funcionou e os CCEs entraram em inadimplemento.

Paradoxalmente, há um argumento de que em situações como essa é melhor que as receitas da Empresa do Projeto sejam derivadas de Pagamentos do Contrato indexados não contra a taxa de câmbio, mas sim contra a inflação local. Desta forma, se um produto como a eletricidade torna-se mais barato repentinamente para o usuário final, após uma desvalorização (quando comparada à moeda estrangeira), isso será apenas um fenômeno temporário — a seu tempo a inflação irá subir proporcionalmente. Assim, a desvalorização de 40% levará a um crescimento da inflação de 40%, e os Pagamentos do Contrato atrelados à inflação local consequentemente aumentarão em 40% para compensar a desvalorização. (Isto é fundamentado na presunção de paridade do poder de compra, explicada na seção § 13.4.4).

Essa abordagem tem maior probabilidade de ser politicamente aceita no País Anfitrião e, portanto, mais sustentável durante uma crise econômica. O problema principal, porém, é que mesmo em um mercado completamente livre, sem interferências nos preços pelo País Anfitrião, é necessário um tempo para que os ajustes de preços aconteçam; nesse meio tempo a Empresa do Projeto que tem os Pagamentos do Contrato indexados à inflação pode não ter receita suficiente para cobrir o serviço da dívida.

§ 10.5.6 Financiamento em Mais de Uma Moeda

Se o recurso da dívida (*debt*) e o capital próprio (*equity*) são fornecidos em mais de uma moeda (e as moedas em questão não são, cada qual, fornecidas proporcionalmente em recurso da dívida e capital próprio), a taxa de câmbio entre essas moedas na Assinatura do Contrato de Financiamento deve ser utilizada para ajustar a relação entre as moedas para o cálculo do índice de alavancagem (*debt:equity ratio*) (§ 12.4.1). Se isso não for feito, é impossível estabelecer o valor correto do financiamento com antecedência, como ilustrado na Tabela 10.15.

A tabela demonstra que se a Empresa do Projeto deve manter o *índice da dívida sobre capital próprio* em não mais do que 80:20, e se a taxa de câmbio no momento da Conclusão do Projeto for aplicada, o projeto ficará inadimplente. Não há como prever a taxa de câmbio: nenhuma modalidade de *hedge* é apropriada, pois o financiamento com mais de uma moeda terá sido utilizado para contemplar os custos da fase de construção da Empresa do Projeto, como discutido acima, e fazer um *hedge* de volta em US$ irá anular tudo isso.

Esse problema pode ser evitado ao se estipular que *equity* e recurso da dívida devem ser disponibilizados proporcionalmente entre US$ e € (ou seja, 80 de US$ para cada 20 de €, no caso acima), sendo os valores em cada moeda fixados pela taxa de câmbio da Assinatura

Tabela 10.15 — Índice de Dívida sobre Capital Próprio e Taxa de Câmbio Variáveis

	No Assinatura do Contrato de Financiamento	**Na Conclusão do Projeto**
(a) Taxa de câmbio corrente	US$ 1= € 1,30	US$ 1= € 1,50
(b) Capital próprio	€ 200	€ 200
(c) Dívida	US$ 615	US$ 615
(d) Dívida equivalente em € [(c)×(a)]	€ 800	€ 923
(e) Coeficiente Divida/Capital Próprio [(d)÷((b)+(d))]	80:20	92:20

Tabela 10.16 — *Funding* com Mix de Moedas e Índice de Dívida (*Debt*) sobre Capital Próprio (*Equity*)

	Na Assinatura do Contrato de Financiamento (£ 1=€ 1,30)			**Na Conclusão do Projeto (£ 1=€ 1,5))**		
	€	£	Equivalente em €	€	£	Equivalente em €
Dívida (*Debt*)	€ 640	$ 208	€ 800	€ 640	$ 208	€ 952
Capital próprio (*Equity*)	€ 160	$ 52	€ 200	€160	$ 52	€ 238
Coeficiente Divida/ Capital Próprio			80:20			80:20

do Contrato de Financiamento. O resultado disso é demonstrado na Tabela 10.16. Este desdobramento em moedas, porém, ainda causa um problema de longo prazo caso os custos e receitas da fase de operação não sejam divididos na mesma proporção.

§ 10.5.7 Conversão das Receitas em Moeda Local

Embora a exposição da Empresa do Projeto à dívida em moeda estrangeira possa ser coberta (por *hedge*) mediante a indexação das receitas em moeda local previstas no Contrato Principal do Projeto para a respectiva moeda estrangeira, isso pode não oferecer uma cobertura completa devido a diferenças temporais na conversão:

Intervalo Entre Cobrança e Pagamento. É inevitável que haja um intervalo de tempo entre o cálculo, pela Empresa do Projeto, do montante devido pelo Tomador/Autoridade Contratante, incluindo a indexação da moeda, e o momento em que o pagamento da cobrança é realizado (talvez um mês ou mais). A Empresa do Projeto, portanto, está exposta às oscilações da taxa de câmbio durante esse intervalo, embora seja evidente que o risco é limitado, pois apenas pagamentos de um mês estão envolvidos por vez. O risco pode ser coberto por *hedge* de curto-prazo feito no mercado financeiro local, se possível, ou ajustando-se a cobrança do mês seguinte para que contemple a taxa indexada da data em que a cobrança do mês anterior tiver sido paga.

Momento da Conversão de Moedas. Os regulamentos do mercado de câmbio do País Anfitrião podem especificar que a moeda local só poderá ser convertida em moeda estrangeira quando o pagamento estiver vencido. Se as receitas indexadas à moeda estrangeira destinadas a custos em moeda estrangeira, ao serviço da dívida ou aos dividendos não puderem ser convertidas até o vencimento, isso implicará um período inaceitavelmente longo de riscos (até seis meses para o habitual serviço da dívida e pagamento de dividendos semestrais).

Caso não haja cobertura cambial futura no mercado local (ou se os riscos de crédito nesse mercado forem inaceitáveis aos financiadores, o que é bem provável), o banco central ou o ministro das finanças do País Anfitrião terá que ser persuadido a autorizar uma interpretação mais liberal das regras para permitir a conversão imediata.

§ 10.5.8 Definição de Garantias em Moeda Local

Quando os financiadores registram suas hipotecas, ou outras garantias, sobre os ativos da Empresa do Projeto no País Anfitrião, a lei local pode exigir que o valor da hipoteca seja fixado, e estabelecido em moeda local, mesmo que a dívida seja em moeda estrangeira (§ 14.7.1). Isso deixa os financiadores expostos caso a moeda local deprecie, e caso a Empresa do Projeto tenha outros credores sem garantia, que podem ter créditos em igualdade de posição com cada valor não coberto pela hipoteca. Pode ser possível registrar a hipoteca a um valor maior que o financiamento à taxa de câmbio corrente, para deixar margem para manobras, mas caso não seja possível, o aumento do valor do financiamento em moeda local exigirá acréscimos à hipoteca de vez em quando (o que além de ser oneroso e de acarretar custos extras à Empresa do Projeto pode não ser totalmente seguro em relação a outros credores por um período de tempo).

§ 10.6 RISCO DE REFINANCIAMENTO

Em alguns mercados não é prática comum oferecer financiamentos de longo prazo para projetos. Nos Estados Unidos, por exemplo, os bancos podem oferecer financiamentos de curto prazo para construção, que são refinanciados por financiamentos de longo prazo (chamados de "permanente") por companhias de seguros ou fundos de pensão, ou por emissão de títulos, após a Conclusão do Projeto. O financiamento inicial é geralmente negociado para que seja liquidado em um único pagamento, 2 a 3 anos após a Conclusão do Projeto (e transformando esse financiamento no chamado "*Mini Perm*"[194]) para permitir flexibilidade de tempo para o refinanciamento.[195]

Essa abordagem pode parecer atraente à primeira vista, mas acarreta riscos macroeconômicos significativos:

- O primeiro risco macroeconômico é que as taxas de juros de longo prazo podem exceder as premissas utilizadas originalmente no modelo financeiro, tornando impossível que o projeto assuma a totalidade do recurso da dívida que precise ser refinanciada. Os investidores podem evidentemente perder muito nesta situação. É improvável que um *hedge* de taxa de juros (§ 10.3) dê certo nesta situação, uma vez que se os bancos não emprestam a longo prazo, provavelmente também não irão oferecer *hedge* de longo prazo.
- Outro risco macroeconômico é que pode ocorrer uma falta de liquidez no mercado de financiamentos ou de títulos na data do refinanciamento (§ 17.2), tornando impossível a obtenção de financiamento de longo prazo quando necessário.

---

194 Financiamentos bancários de curto prazo para custear a construção, conhecidos na terminologia em inglês como "*mini perm financing*", ou na versão reduzida "*mini perms*". Para distinção entre "*Hard Mini Perm*" (em condições de mercado) e "*Soft Mini Perm*" (em condições subsidiadas), *vide* § 14.4.4.

195 *Vide* § 14.16 para a situação em que ocorre o refinanciamento de um financiamento de longo prazo já existente.

Além disso, os financiadores podem acreditar que o projeto esteja indo mal ao final do prazo da dívida de curto prazo ("*mini perm*") e, portanto, não fazer o refinanciamento, mesmo que as questões acima não venham à tona. É óbvio, porém, que ou o projeto vai bem, e nesse caso pode ser refinanciado, ou vai mal, e nesse caso terá problemas de qualquer forma, de modo que isso não deve ser motivo de tanta preocupação quanto o são os pontos macroeconômicos discutidos acima.

Esta questão é discutida adiante na seção § 17.5.1, no contexto de novas abordagens para operações de *project finance*.

Conteúdo *online*

Riscos macroeconômicos externos (também conhecidos como riscos financeiros), a saber: oscilações nas taxas de juros (§ 10.3), inflação (§ 10.4), e taxas de câmbio (§ 10.5), não têm relação com o projeto em particular, mas sim com o ambiente econômico em que ele opera. Esses riscos devem ser analisados e mitigados (cobertos) da mesma forma que foram tratados os riscos comerciais específicos no capítulo anterior. Além disso, a discrepância entre financiamento de curto prazo e projeto de longo prazo é um outro tipo de risco macroeconômico (§ 10.6).

Entretanto, antes de analisar estes riscos macroeconômicos em detalhe, alguns conceitos básicos de finanças que se encontram por trás dos cálculos dos efeitos destes riscos, assim como outras questões relacionadas ao fluxo de caixa, serão examinados nos próximos capítulos. Em resumo, todos estão relacionados aos cálculos de fluxo de caixa ajustado ao valor do dinheiro no tempo.

CAPÍTULO XI

RISCOS REGULATÓRIOS E RISCOS POLÍTICOS

§ 11.1 INTRODUÇÃO

Grandes projetos sempre têm seus aspectos políticos (§ 11.2). A Empresa do Projeto pode, assim, estar mais sujeita a riscos políticos relacionados à presença do projeto em determinado país e a seu relacionamento com o Governo Anfitrião do que propriamente aos riscos comerciais e macroeconômicos tratados anteriormente, nos Capítulos 9 e 10. Esses riscos políticos são discutidos detalhadamente neste capítulo.

Duas são as principais questões de risco relacionadas a ações governamentais: em primeiro lugar, há os riscos regulatórios ou riscos de mudança na lei (§ 11.3) que, de alguma forma, afetam qualquer projeto. Em segundo lugar, há os riscos de investimento (§ 11.4), que afetam principalmente projetos estrangeiros, sobretudo em países em desenvolvimento. Associados a estes últimos estão os riscos equivalentes aos políticos, que dizem respeito a ações indiretas do governo contrárias ao projeto (§ 11.5).

Este capítulo aborda também questões específicas decorrentes de *riscos "sub-soberanos"* — quando o Tomador/Autoridade Contratante não é o governo central do país, mas um governo estadual ou local (§ 11.6).

Por último, são descritos (§ 11.7) os termos do Acordo de Apoio Governamental, que pode contribuir para resolver as questões expostas na seção § 11.3-6.

Os seguros contra riscos políticos podem ser contratados como meios de proteção (§ 11.8).

§ 11.2 PROJETOS E POLÍTICA

Os governos desempenham um papel muito importante em *project finance*. Projetos financiados dessa forma geralmente são grandes investimentos de longo prazo, para os quais vontade e apoio político contínuo são indispensáveis. Eles podem também fazer parte de uma política governamental de privatização ou de disponibilização de infraestrutura pública através de PPPs, cujo sucesso ou insucesso terá consequências políticas consideráveis.

A verdade é que poucos projetos importantes podem ser estruturados e financiados sem apoio político. O apoio político do alto escalão costuma ser necessário para permitir a conclusão de um projeto com sucesso; por exemplo: se um CCE estiver sendo negociado com uma empresa estatal, seus gestores podem não ter interesse no contrato, e acreditar que eles próprios poderiam desenvolver uma central elétrica, como já fizeram no passado. Nesse caso, o comprador de energia não teria incentivo para negociar de forma construtiva. A única maneira de acabar com esse impasse seria se o comprador de energia recebesse uma orientação firme do Governo Anfitrião para prosseguir com a negociação do contrato.

Uma vez em andamento, é importante que o projeto conte com apoio político contínuo. O projeto acaba enfraquecido se se transforma em jogo político no qual a oposição se une para atacar o governo. Isso também pode acontecer se um novo governo tenta desfazer o projeto aprovado pelo governo anterior se, por exemplo, não tiver passado por um processo transparente (concorrencial) de licitação pública (§ 3.7). O projeto também fica enfraquecido se gera retornos muito elevados a seus investidores, expondo-se assim a acusações — no melhor dos casos, de favorecimento injusto, ou, no pior, de corrupção. Uma vez concluído, o projeto não pode ser retirado do país, e a posição da Empresa do Projeto se torna inevitavelmente mais enfraquecida do que no início, quando o Governo Anfitrião buscava atrair investimento.

Isso se relaciona com o conceito de "deterioração do poder de negociação", que diz respeito à forma como se modifica a relação entre grandes investidores estrangeiros e o Governo Anfitrião — especialmente em um país em desenvolvimento — à medida que o projeto avança.[196] No início, o Governo Anfitrião está ansioso para atrair investimento externo e, portanto, o investidor estrangeiro se encontra em posição vantajosa. Quando, porém, o investimento é realizado, o investidor estrangeiro se torna menos necessário e, assim, muito mais vulnerável à pressão do Governo Anfitrião.[197] Consequentemente, o poder de negociação original entre eles fica deteriorado.

Do mesmo modo, não havendo consenso sobre quais benefícios um projeto traz, surgem alguns problemas, como a questão da "disposição para pagar" o pedágio em rodovias (§ 9.6.2), que rapidamente se torna uma questão política, podendo levar a Autoridade Contratante a pressionar a Empresa do Projeto para não cobrar a tarifa total a que teria direito.

Investimentos dentro do modelo de *project finance* são especialmente vulneráveis nesse sentido. O alto nível de alavancagem se traduz em poucas possibilidades para a Empresa do Projeto se ajustar a problemas macroeconômicos de curto prazo ou a outros problemas no País Anfitrião

---

196 Exposto pela primeira vez em VERNON, Raymond. *Sovereignty at Bay*: the multinational spread of U.S. enterprises. Nova York: Basic Books, 1971.

197 Isso pode ser tido como variante do antigo ditado que diz que se você deve mil dólares ao banco, você tem um problema, mas se você deve um milhão, é o banco quem tem um problema.

— uma quantidade fixa de serviço da dívida em moeda estrangeira sempre tem de ser paga, independentemente do quão difícil isso venha a ser para o País Anfitrião. Já em um projeto com alavancagem bem mais baixa, tem-se a opção de reduzir os dividendos e, assim, aliviar parte das dificuldades geradas pela economia do País Anfitrião. Isso acaba tornando um investimento em *project finance* vulnerável a acusações de ter sido realizado apenas para beneficiar seus investidores estrangeiros.

Assim, do mesmo modo que um projeto deve ser comercialmente viável (§ 9.4), ele também deve ser politicamente viável. O ponto fundamental é o projeto ser visto como justo e benéfico para seus usuários. Se não for — por exemplo, porque o custo do seu produto ou serviço está desalinhado dos custos locais ou de projetos similares — os investidores e financiadores não podem ignorar esses aspectos políticos e simplesmente confiar nos contratos. Além disso, uma alta taxa de retorno, que serviria para compensar riscos pode — paradoxalmente — acabar aumentando-os se ela se tornar politicamente inaceitável.

O projeto também tem de ser criado de forma a permitir que o Governo Anfitrião faça mudanças no mercado em que o projeto opera. Por exemplo, se o distribuidor de energia estatal for assinar um CCE de longo prazo, o Governo Anfitrião terá de considerar se esse contrato pode ser um impedimento para uma futura privatização da indústria de eletricidade, e se assim for, como ele pode ser estruturado para permitir uma futura flexibilidade nesse sentido. Do mesmo modo, ao assinar uma Concessão Rodoviária, o Governo Anfitrião deve considerar se o contrato prevê certas disposições, como a não concorrência (§ 6.5.2), que poderiam impedir um desenvolvimento da rede viária.

§ 11.3 MUDANÇA NA LEI

Em linhas gerais, a Empresa do Projeto deve operar em um ambiente legal e regulatório estável — isso requer:

- Uma legislação que permita propriedade privada ou controle privado do projeto e que proteja adequadamente o investimento privado;

- Um regime jurídico e regulatório claro para a operação do projeto;
- Compatibilidade entre as políticas legais e regulatórias;
- Procedimentos simples para obtenção de alvarás para construção, operação e financiamento (§ 8.8);
- A viabilidade de os financiadores executarem e realizarem as garantias contratuais (§ 14.7).

Se o tipo de projeto for novo para o país em questão, o cumprimento de todas essas condições pode não ser viável; nesse caso, especialmente nos países em desenvolvimento, pode ser necessário um "Acordo de Apoio Governamental" (§ 11.7). De toda forma, por mais estável que seja o regime jurídico aplicável ao projeto, o risco de mudança na lei não pode ser eliminado. Além disso, a Autoridade Contratante ou o Governo Anfitrião podem não se comprometerem a nunca mudar uma lei no futuro. Nenhum governo pode se comprometer por seus sucessores.

§ 11.3.1 Risco de Mudança na Lei

O risco de mudança na lei (risco regulatório) deve, portanto, sempre ser considerado, onde quer que o projeto esteja localizado. Nesse contexto, "lei" inclui qualquer norma que tenha força de lei; assim, incluiria, por exemplo, as regulamentações industriais. Uma decisão judicial negativa que interfira nos custos, direitos ou receitas da Empresa do Projeto pode ficar fora dessa definição, pois diz-se que uma decisão judicial não muda a lei, apenas a interpreta corretamente tal qual a lei se apresenta, e de fato é assim que a maioria dos tribunais apresenta suas decisões. Então, incluir "mudanças na interpretação da lei" na definição contratual de "mudança na lei" pode representar alguma proteção nesse sentido (porém, *vide* § 11.5.1).

A questão geral aqui é de análise de *Value for Money* (VfM) (§ 9.2): se o Tomador/Autoridade Contratante não pagar pelos custos de mudança na lei, provavelmente os licitantes terão de criar uma reserva do fluxo de caixa para garantir o pagamento desse custo caso seja necessário (embora ninguém possa saber quanto, se e quando será necessário). Isso irá aumentar o custo dos Pagamentos do Contrato Principal mesmo que essa reserva nunca seja usada. Seguramente, portanto, o melhor VfM para o Tomador/Autoridade Contratante é pagar por esses custos. Além disso, se o Tomador/Autoridade Contratante for órgão público, ele evidentemente está — direta ou indiretamente — em posição melhor do que a Empresa do Projeto para avaliar e controlar esse risco.

As mudanças na lei têm de ser monitoradas e ser coerentes também entre os vários Contratos do Projeto (§ 9.12). Dessa maneira, no Contrato de Construção, a Empresa do Projeto pode ser a responsável por pagar eventuais custos que Empreiteira de Construção tenha para modificar as especificações do projeto a fim de agir de acordo com mudanças na lei (por exemplo, investimentos adicionais para redução de emissões), e não pode penalizar a Empreiteira de Construção por atrasos causados por essas modificações. Esse risco então pode ser repassado pela Empresa do Projeto para o Tomador/Autoridade Contratante, que novamente seria o responsável pelos custos extras ou pela perda de receitas causados pela mudança de lei. Em casos de concessões, pode-se ter o direito de se repassar esses custos diretamente aos usuários.

§ 11.3.2 Categorias de Mudança na Lei

As mudanças na lei podem ser agrupadas em três categorias:

- *Mudanças Gerais na Lei*: aplicam-se ao país como um todo, e não somente a um determinado setor ou tipo de projeto. Um exemplo seria o aumento das alíquotas de impostos cobrados das empresas. Ou uma nova regulamentação de acessibilidade para deficientes que exija modificações nas construções. Outro exemplo seria a criação de novos direitos ligados à aposentadoria ou auxílio-doença para empregados.
- *Mudanças Específicas na Lei:* referem-se ao setor específico em que a Empresa do Projeto opera, ou aos serviços que ela fornece. Por exemplo, o aumento nos impostos sobre emissões

pelas centrais elétricas ou a redução dos limites de emissões, exigindo, assim, novos investimentos para o cumprimento dessas metas.

- *Mudanças Discriminatórias na Lei:* dizem respeito a leis ou regulamentações especificamente dirigidas à Empresa do Projeto, ao projeto específico ou a todos os projetos desse tipo específico (por exemplo, PPP de Concessões de Rodovias Pedagiadas).

Mudanças Gerais na Lei. Pode-se dizer que se trata de um custo normal quando se atua comercialmente em determinado país, de modo que a pessoa que compra um produto ou contrata um serviço através de um Contrato de Projeto deve assumir esse risco — e, portanto, pagar por uma mudança na lei. Outro argumento nesse sentido é o fato de uma mudança na lei, que afeta o país inteiro, afetará todos os tipos de projeto e os custos adicionais são normalmente repassados para os usuários finais do produto ou serviço prestado, independentemente do fato de estarem ou não relacionados a projetos de *project finance.* Assim, o Tomador (seja ele uma entidade pública ou privada) ou a Autoridade Contratante que não cobrir esses custos obterá um lucro inesperado à custa da Empresa do Projeto. No entanto, não é comum o Tomador/Autoridade Contratante assumir totalmente o risco de mudança na lei.

A prática do mercado no caso de aumento de impostos tende a variar entre países em desenvolvimento, onde mudanças fiscais são compensadas, e países desenvolvidos, onde o risco tende a ser da Empresa do Projeto. Nos Contratos de Construção (onde quer que se localize o projeto), a Empreiteira de Construção geralmente assume o risco de mudanças nos impostos sobre sua própria atividade (quer dizer, nos impostos cobrados diretamente da empresa), mas não o risco de mudança nos impostos indiretos, como o imposto de valor agregado (VAT), impostos sobre bens e serviços (GST) ou impostos sobre importação. Do mesmo modo, em Contratos de Fornecimento de Insumos normalmente se repassa qualquer imposto extra diretamente cobrado sobre o produto fornecido. Uma questão separada relativa a impostos diz respeito à retenção de impostos sobre dividendos distribuídos a investidores estrangeiros (custo que reduz seu retorno) ou sobre o pagamento de juros a financiadores estrangeiros (custo geralmente arcado pela Empresa do Projeto). Essas questões tendem a ser tratadas da mesma maneira que os aumentos nos impostos incidentes sobre as empresas; mas a questão muda se existir acordo entre o país de origem do investidor ou financiador e o País Anfitrião, para evitar a dupla tributação — o que deve permitir que investidores ou financiadores possam compensar essas tributações estrangeiras em seu passivo fiscal doméstico. (porém, *vide* § 12.7.1). No caso de Contratos Baseados em Ativos Reversíveis (§ 6.2), a Autoridade Contratante naturalmente assumirá o controle do projeto ao final do prazo do contrato, beneficiando-se, portanto, de eventual despesa de capital sobre a usina. Assim, há uma discussão no sentido de que, nesse caso, o Tomador/Autoridade Contratante ao menos pague as despesas de capital exigidas por uma Mudança Geral na Lei — por exemplo, pague uma proporção relativamente pequena durante as fases iniciais do Contrato Principal do Projeto, e aumente esse valor conforme o Contrato se aproxima do fim de seu termo. Alternativamente, pode-se convencionar que a Empresa do Projeto pague o primeiro valor *"x"* dos custos, e o Tomador/Autoridade Contratante comprometa-se a pagar o restante, estabelecendo-se, assim, um limite claro à exposição da Empresa do Projeto (e a seus financiadores).

Mudanças Discriminatórias na Lei. No outro extremo da escala, é muito mais difícil defender que a Empresa do Projeto deve cobrir os custos decorrentes de uma Mudança Discriminatória na Lei, e seria normal repassá-los para o Tomador/Autoridade Contratante ou para o usuário final.

Mudanças Específicas na Lei. Claramente essa questão se situa entre os dois extremos, mas, mais uma vez, a prática geral do mercado é o repasse de tais custos para o Tomador/Autoridade Contratante ou para o usuário final.

Se os custos de uma mudança na lei tiverem de ser arcados pelo Tomador/Autoridade Contratante, isso é considerado um Evento Indenizável (§ 7.6). Não há necessidade de mudar as disposições legais de um Contrato de Prestação de Serviços Prediais se essas mudanças forem automaticamente cobertas por mecanismos de *benchmarking*/avaliação de mercado (§ 6.4.5).

Se o Contrato Principal do Projeto não contiver as disposições adequadas a disciplinarem possíveis mudanças na Lei, o risco do projeto nesse sentido pode ser substancial. Um exemplo de uma mudança na Lei desse tipo ocorreu na Espanha, onde, em 2012 o governo anunciou que as tarifas cobradas pela energia solar e eólica geradas estavam impraticáveis e que seria criado um teto para os lucros desses projetos. Em casos como esse, os investidores e financiadores estrangeiros podem obter certa proteção proveniente de acordos de proteção bilateral de investimento entre seu país de origem e o Governo Anfitrião.

§ 11.4 RISCOS DE INVESTIMENTO

Os riscos inerentes ao investimento são:

- Conversibilidade e transferência de moeda (§ 11.4.1);
- expropriação do projeto pelo Estado (§ 11.4.2);
- Violência política (como guerra, terrorismo e comoção civil — ou seja, situação política de força maior) (§ 11.4.3).

Investidores e financiadores que destinam recursos para o país onde um projeto está situado (o "País Anfitrião"[198]) provavelmente se preocuparão com essas questões se se tratar de um país em desenvolvimento politicamente instável ou com uma baixa classificação de crédito.

Esses riscos podem ser repassados pela Empresa do Projeto para o Tomador/Autoridade Contratante, exigindo-se uma indenização para

198 Esta expressão é usada quando investidores e financiadores não são do país do projeto.

a Empresa do Projeto por perdas dessa natureza. No entanto, quando chega o momento, o Governo Anfitrião pode simplesmente não estar disposto a cumprir essa obrigação ou pode não conseguir fazê-lo — nesse caso, pode ser necessário recorrer a seguros e garantias contra risco político que ajudariam a cobrir esses riscos (§ 11.8 e Capítulo 16).

§ 11.4.1 Conversibilidade de moeda e transferência de recursos

Dando continuidade a questões macroeconômicas relacionadas aos riscos cambiais (§ 10.5), esta seção trata dos riscos de conversibilidade cambial e transferência de recursos para o exterior. Dois processos são realizados nesse sentido:

- Parte importante da receita deve ser convertida em moeda estrangeira no valor exigido por financiadores e investidores; e
- Esses valores em moeda estrangeira devem ser transferidos do País Anfitrião para exterior para realizar esses pagamentos aos financiadores e investidores. (Pode-se precisar de moeda estrangeira também para o pagamento de combustível e outros custos operacionais).

Se um projeto consegue contar com mercados financeiros internacionais livres dos países desenvolvidos, o único risco cambial real é o de um movimento adverso na taxa de câmbio entre a moeda local e estrangeira (ou seja, a desvalorização da moeda local, discutida na seção § 10.5). Entretanto, se um país se envolve em dificuldades econômicas e assim gera uma escassez de divisas, seu governo pode vir a proibir a conversão de moeda local em moedas estrangeiras ou a transferência dessas moedas estrangeiras para fora do país. Na verdade, nesse momento, o País Anfitrião se torna insolvente quanto à sua dívida em moeda estrangeira. Uma das disposições-padrão de Acordos de Apoio Governamental (§ 11.7) é a garantia de disponibilidade e transferência de divisas oferecidas pelo Governo Anfitrião ou pelo seu banco central. Porém, se o País Anfitrião não contar com reservas de divisas, essa garantia terá pouco valor na prática.

Além da completa indisponibilidade de divisas, o pior problema dessa natureza que provavelmente terá de ser enfrentado por um projeto em um país em desenvolvimento é a possibilidade de uma catastrófica desvalorização da moeda local (§ 10.5.5). A garantia oferecida pelo Governo Anfitrião para cobrir as obrigações de pagamento do Tomador/Autoridade Contratante pode também ter pouco valor nessa situação.

Financiadores avaliaram o grau desses riscos através do exame da situação macroeconômica, da balança de pagamentos e dos níveis de dívida externa do País Anfitrião. Se o país contar com uma economia bem gerida e sólida, os financiadores podem considerar esse risco aceitável — caso contrário, é necessário procurar mitigá-los.

Além de garantias e seguros contra risco político (Capítulo 16), existem outras formas possíveis de mitigar tais riscos (raramente, porém, é possível eliminá-los por completo):

- Projetos de Enclave;
- Fundos de reserva no exterior;
- "Modelo de Angola".

Projetos de Enclave. Se as receitas do projeto são recebidas em moeda estrangeira de uma fonte fora do País Anfitrião, o projeto pode, em princípio, se proteger tanto contra riscos cambiais como contra riscos de impossibilidade de transferência. Uma vez que a moeda estrangeira nunca entra no país, não haverá restrições para enviá-la para fora, e as receitas em moeda estrangeira podem ser usadas para pagamentos do serviço da dívida também em moeda estrangeira. Essa pode ser uma abordagem viável se o projeto envolver produção de mercadoria para exportação, como petróleo, gás natural e minérios, ou se envolver a venda de energia elétrica para além de sua fronteira. Financiadores geralmente acham os Projetos de Enclave em países em desenvolvimento mais atrativos do que aqueles que não geram seus ganhos fora do País Anfitrião. Como o próprio termo sugere, os Projetos de Enclave estão relativamente isolados dos riscos que os financiadores consideram ser os mais preocupantes na concessão de crédito em países em desenvolvimento — o risco de não pagamento da dívida em moeda estrangeira — e essa abordagem pode significar que um país em desenvolvimento pode conseguir levantar moeda estrangeira para explorar seus recursos em montante que não seria possível de outra maneira. De forma semelhante, as agências de classificação de risco podem dar uma nota mais elevada para um título emitido por um Projeto de Enclave do que para um título de dívida soberano do país onde o projeto está localizado. Fatores necessários para criar um Projeto de Enclave viável são os seguintes:

- A importância da venda da mercadoria para a economia e para a balança de pagamentos do país;
- Mercado interno restrito da mercadoria (sendo assim pouco provável que o produto seja desviado para uso doméstico);
- Existência de infraestrutura orientada para exportações (gasodutos, portos etc.), também para evitar desvios;
- Realização das vendas através de terceiro com boa situação creditícia, localizado fora da jurisdição ou do controle do País Anfitrião;
- Pagamento direto de receitas para uma Sociedade de Propósito Específico (SPE) ou para uma conta *escrow* fora do País Anfitrião;
- Dificuldade para desviar pagamentos para outros lugares.

Do ponto de vista do País Anfitrião, o problema dos Projetos de Enclave é que se perde o controle sobre aquele que pode ser seu maior ganho de exportação — isso leva o país a ser menos apto do que gostaria para gerir suas reservas de moeda estrangeira e sua situação de equilíbrio de pagamentos. O País Anfitrião pode considerar essa situação como uma forma de colonialismo econômico. Os Projetos de Enclave, no entanto, são uma forma de levantar financiamento para o desenvolvimento de um projeto em termos mais atrativos em um país com baixa nota de crédito.

Uso de Contas de Reserva *Offshore*. Mesmo que as receitas da Empresa do Projeto não estejam sendo geradas em moeda estrangeira nem mantidas fora do País Anfitrião, os riscos de câmbio e de transferência podem ser atenuados por um certo período pelo uso de Contas de Reserva *Offshore*. Como descrito na Seção § 14.4.1, os financiadores normalmente exigem a criação de um Fundo de Reserva do Serviço de Dívida ("DSRA", na sigla em inglês para *Debt Service Reserve Account*) cujos recursos possam ser utilizados em caso de problemas temporários nos pagamentos do recurso da dívida. Se este Fundo for mantido em moeda estrangeira fora do País Anfitrião, ele pode também ser utilizado para cobrir dificuldades temporárias de obtenção de moeda estrangeira para o pagamento do serviço da dívida. Outros Fundos de Reserva para acúmulo de capital para fins específicos podem também ser criadas no exterior.

Por isso, os financiadores preferem fundos de reservas no exterior para projetos realizados em países de baixa classificação de crédito; porém, isso pode ser difícil em países com controles rígidos de política de câmbio, onde empresas domésticas não são autorizadas a ter esse tipo de conta (§ 8.8.4).

O "Modelo de Angola". A Empresa do Projeto pode entrar em uma estrutura de permuta no qual seu produto ou serviço é trocado por uma mercadoria que pode então ser exportada e gerar moeda estrangeira, criando assim um Projeto de Enclave em duas etapas. Esse procedimento é conhecido como *contranegociação* (*counter-trade* ou troca internacional de mercadorias).

Essa prática desempenhava um papel tímido em países em desenvolvimento até a criação do que hoje é conhecido como "Modelo de Angola". Esse modelo foi oferecido pela primeira vez em 2004,[199] em Angola, pelo Banco de Importação e Exportação da China (§ 16.4.3). O modelo agora é aplicado pelo Banco de Exportações da China em vários países africanos. Trata-se, na prática, de uma transação de *contranegociação* —, por meio da qual o banco fornece financiamento para o desenvolvimento de infraestrutura (por exemplo, uma rodovia, que seria construída por uma empreiteira chinesa), mas paga pelos ganhos gerados por um projeto em recursos naturais realizados por investidores chineses. Esta abordagem levanta algumas questões, em particular a ligação entre os dois projetos (o que acontece se o projeto de recursos naturais não der certo?), e como mudanças nos preços das mercadorias afetam a transação. De qualquer maneira, vem servindo para trazer desenvolvimento de infraestrutura, ainda que de forma limitada, para países africanos que não teriam como realizar tais investimentos.

§ 11.4.2 Expropriação

O governo sempre tem o poder e o direito de tomar os bens de propriedade privada, temporariamente, quando isso se faz necessário por razões de segurança nacional (por exemplo, o uso de navios e aeronaves em tempos de guerra). Em muitos países, há leis que dão ao governo poder para assumir ou direcionar ações de empresas de serviços essenciais sob controle privado ou redirecionar reservas de petróleo ou outros combustíveis de modo a garantir a manutenção da prestação dos serviços essenciais. Qualquer investidor ou financiador assume esse risco, e em geral, o governo oferece indenização por esse tipo de medidas (§ 7.9).

A expropriação, porém, vai além; trata-se da apreensão, pelo Governo Anfitrião, da Empresa do Projeto ou de seus ativos físicos ou financeiros sem o pagamento de indenização justa (o que é ilegal em

---

199 *Vide* FOSTER, Vivien; BUTTERFIELD, William; CHEN, Chuan; PUSHASK, Nataliya. *Building Bridges*: China's Growing Role as Infrastructure Financier for Sub-Saharan Africa. Washington: The World Bank, 2009*; *Martyn Davies, How China Is Influencing Africa's Development (OECD Development* Centre, Paris, 2010)*

direito internacional). Esse é um risco que preocupa os financiadores e investidores de projetos localizados em países politicamente menos estáveis. É maior em projetos de grande importância que poderiam ter sido de iniciativa pública — tais como centrais elétricas, projetos em transporte ou projetos relacionados com recursos naturais de um país, como petróleo ou minérios (nos quais esse tipo de expropriações foi comum no passado, sendo menos comum recentemente). Tecnicamente, o Governo Anfitrião não precisa destituir a Empresa do Projeto de seus ativos ou os investidores de suas ações; o governo pode, por exemplo, aprovar uma lei que lhe confere o direito de nomear uma maioria de diretores na Empresa do Projeto e, assim, ganhar controle do projeto.

A expropriação de ativos privados por razões políticas não afeta apenas investidores e financiadores internacionais, mas é considerada principalmente um risco para investimentos e financiamentos internacionais realizados em países em desenvolvimento.

O Contrato Principal do Projeto deve tratar a expropriação como um caso de descumprimento por parte do Tomador/Autoridade Contratante e, portanto, prever uma indenização adequada (§ 7.10.2). A expropriação deve ser definida da forma mais ampla possível, para incluir não apenas a perda de controle dos ativos do projeto, mas também incluir medidas que dão ao Governo Anfitrião o controle da Empresa do Projeto. Isso pode inibir medidas arbitrárias do Governo Anfitrião contra o projeto. Porém, não resolve a questão de "expropriação indireta" discutida na Seção § 11.5.2.

Deve-se notar que pode haver uma sobreposição entre a expropriação e o risco de conversão cambial e impossibilidade de transferência conforme discutido acima, pois é possível que a razão pela qual a Empresa do Projeto não pode converter ou transferir suas receitas seja a expropriação (ou congelamento) de suas contas bancárias pelo Governo Anfitrião.

Outro risco relacionado que pode ter de ser considerado nesse contexto é a "privação", isto é, a incapacidade de exportar produtos do projeto.

§ 11.4.3 Guerra e Perturbação Civil

Investidores e financiadores têm de enfrentar o risco de instabilidade política interna, incluindo agitação civil, sabotagem, terrorismo, ou guerra contra o País Anfitrião. Esses eventos poderiam causar danos físicos ao projeto ou impedir sua atividade, causando assim custos de capital adicionais ou perda de receita, como um evento de Força Maior Política (§ 7.10.4).

Há também a possibilidade de bloqueio ou outras sanções contra o País Anfitrião — ainda que um evento dessa natureza não gere danos físicos ao projeto, ele acaba por impedir sua conclusão, uma vez que pode impossibilitar a importação de equipamento ou impedir a atividade da empresa, já que seus produtos ficam impedidos de serem exportados, ou seus insumos, de serem importados. Uma guerra fora do País Anfitrião pode produzir efeito semelhante.

Os danos físicos e a subsequente perda de receita por esse tipo de força maior política podem ser cobertos por seguro ou, na sua falta, o Contrato Principal do Projeto pode prever uma indenização para a Empresa do Projeto, porém com o claro risco de que o Tomador/Autoridade Contratante pode não ser capaz de cumprir essa obrigação quando chegar a hora. Mais uma vez, portanto, medidas de mitigação sob a forma de seguro ou garantia contra risco político podem ser exigidas pelos financiadores.

Outro risco presente nesse contexto é o de abandono forçado, quer dizer, o projeto em si não é prejudicado, porém as condições locais tornam impossível a continuidade de sua construção ou operação.

§ 11.5 RISCOS POLÍTICOS MAIS ABRANGENTES

Esta categoria de risco inclui questões como litígios contratuais, que podem ter fundo político ou comercial. Ela mostra que a linha que separa os riscos comerciais e os riscos políticos é tênue. Isso conta quando se busca uma cobertura de risco político por meio de seguros ou garantias (§ 11.8, Capítulo 16); se os limites do risco não forem definidos, a cobertura não será obtida.

Poderia se pensar na constituição da Empresa do Projeto fora do País Anfitrião como algo que serviria para mitigar alguns desses riscos políticos, mas esta é uma solução que está longe de funcionar. Isso porque o próprio projeto obviamente não tem como deixar o país, e a maioria dos riscos se relaciona com o projeto em si — mais do que com o local onde está a empresa. Além disso, a legislação sobre investimento do País Anfitrião pode não permitir que o projeto seja de propriedade de uma empresa estrangeira — e mesmo que possa, as atividades da empresa estrangeira dentro do País Anfitrião estão sujeitas às mesmas leis e riscos que se aplicam a uma empresa local.

Questões que surgem neste contexto são:

- *Contract Repudiation* (Descumprimento Contratual) (§ 11.5.1);
- Expropriação indireta (§ 11.5.2).

§ 11.5.1 *Contract Repudiation* (Descumprimento Contratual) /Processo Jurídico

O descumprimento contratual [*contract repudiation* no original] é o inadimplemento deliberado por parte do Tomador/Autoridade Contratante do setor público, ou de uma contraparte do Contrato do Projeto (por exemplo, um fornecedor de insumos) de suas obrigações previstas no respectivo Contrato do Projeto (especialmente de pagamento), ou ainda o descumprimento da obrigação de indenização por um evento dessa natureza pelo Governo Anfitrião que tenha assinado um Acordo de Apoio Governamental (§ 11.7).[200]

É claro que se deve fazer uma distinção entre um litígio comercial genuíno sobre termos ou obrigações de contrato e uma recusa deliberada

200 O termo *breach of contract*, por ser menos emotivo que *contract repudiation*, pode ser usado em vez desse último, embora aquele possa ter um sentido mais amplo.

por parte do Governo Anfitrião ou de seus órgãos em honrar suas obrigações — muitas vezes por motivos obviamente espúrios. O primeiro caso se refere a um risco comercial; o segundo, a um risco político. O assunto pode se tornar ainda mais complexo se o Governo Anfitrião alegar que houve corrupção no processo de contratação — que poderia ser difícil de provar ou refutar.

Mas mesmo que as razões dadas sejam espúrias, e que haja uma tentativa de esconder o fato de que o contrato está sendo "rejeitado", a única forma objetiva de determinar quem está com razão é recorrer ao Judiciário, e, se o sistema jurídico do País Anfitrião não estiver habituado a lidar com litígios desse tipo, ou estiver sob pressão política, o julgamento de uma ação da Empresa do Projeto contra o Governo Anfitrião ou contra outra contraparte do setor público pode não ocorrer sob bases jurídicas objetivas.

Quando há preocupação com a possibilidade de comportamento arbitrário pelo Governo Anfitrião ou por seus tribunais, pode-se obter alguma proteção ao se especificar que os Contratos do Projeto serão regulados pela lei de um país diferente do País Anfitrião e que os litígios sobre os contratos devem ser resolvidos ou arbitrados em um foro que não seja do País Anfitrião (isto é, tanto a lei reguladora como a jurisdição serem de fora do País Anfitrião). O foro usado pode ser um juízo de outro país ou um tribunal de arbitragem internacional. Essas disposições são bastante comuns em Contratos de Projeto celebrados em países em desenvolvimento.

Além de significar uma proteção contra decisões arbitrárias dos tribunais do País Anfitrião, um Contrato Principal do Projeto regulamentado por lei estrangeira indica que País Anfitrião não pode facilmente mudar uma lei com a intenção de afetar os contratos do projeto. Essa questão é especialmente grave em Contratos Principais de Projeto celebrados com órgãos de governo, uma vez que o governo obviamente pode mudar a lei em seu próprio benefício. Essa abordagem, porém, pode gerar resistência por parte do Governo Anfitrião, por poder ser transformada em alegação de que a Empresa do Projeto está agindo como uma grande potência do século XIX, buscando garantir direitos extraterritoriais dentro do País Anfitrião.

Essa abordagem também não consegue impedir que surjam ações nos tribunais do País Anfitrião, sob a alegação de que o Contrato Principal do Projeto ou outro Contrato do Projeto não são válidos nos termos da lei desse país (por exemplo, no que se refere *à propriedade ou ao controle da infraestrutura pública)*. Sob esse argumento, por exemplo, as partes no País Anfitrião podem alegar que os pagamentos não podem ser feitos à Empresa do Projeto. Tais casos podem ser trazidos por pessoas físicas, organizações não governamentais ou outras partes com um interesse genuíno no assunto; porém, podem também ser trazidos por um representante explícito ou não do próprio Governo Anfitrião, em uma tentativa de o governo se esquivar de suas responsabilidades (ou ainda por adversários do governo por razões políticas).

Fora isso, os tribunais locais (estadual, municipal) podem impedir que a Empresa do Projeto use arbitragem internacional mesmo se essa for uma disposição do Contrato Principal do Projeto ou de outro Contrato do Projeto, com o fundamento de que as disposições contratuais aplicáveis não são válidas aos olhos da lei local.

Assim, as decisões por tribunais locais que não deveriam ter competência sobre o Contrato Principal do Projeto, ou que são tomadas por motivos injustificados, também são tratadas como rejeição (*repudiation*) do contrato. (Esta questão é também referida como erro judiciário).

Mesmo que os Contratos do Projeto permaneçam regidos por lei e jurisdição locais, é comum contratos de financiamento cujos financiadores são estrangeiros (com exceção de documentos ligados a garantias, *vide* § 14.7.1) serem regulamentados pela lei e jurisdição de um país desenvolvido se os destinatários do financiamento estiverem localizados em um país em desenvolvimento. (As Leis inglesa e nova-iorquina são reconhecidas como as mais favoráveis ao credor). Isso também garante, por exemplo, que uma mudança na lei que impede pagamentos de financiamento em moeda estrangeira não impeça que financiadores estrangeiros busquem na justiça seus direitos sobre tais pagamentos.

§ 11.5.2 Expropriação Indireta

Muitas são as formas com que o governo pode se voltar contra uma Empresa do Projeto sem que as obrigações contratuais sejam *repudiadas*. O efeito cumulativo dessas medidas negativas pode acabar privando a Empresa do Projeto ou seus investidores dos benefícios reais do projeto, ainda que cada medida, tomada individualmente, não tenha necessariamente esse resultado. Nisso consiste a expropriação indireta do projeto — tal evento é muito difícil de definir antecipadamente, ou de reconhecer, até que tenha ocorrido. É possível, entretanto, abordar alguns temas potencialmente adversos (como licenças) em um Acordo de Apoio Governamental. É óbvio que a inclusão, no Contrato Principal do Projeto, de disposições relativas a Alterações Discriminatórias na Lei (§ 11.3.2) pode ajudar a administrar essas questões, mas é pouco provável que abranjam todas as possíveis eventualidades.

Um projeto complexo deve confiar na boa-fé e na justiça do Estado. O governo pode, porém, usar sua pressão política de má-fé e de modo injusto para obter vantagens comerciais da Empresa do Projeto ou mesmo para assumir o projeto. É tênue a linha divisória entre o uso legítimo do poder estatal e a intimidação deliberada contra o projeto. Além disso, pode ser difícil provar que a Empresa do Projeto não se tornaria inadimplente ou incapaz de pagar dividendos aos investidores se essas medidas de expropriação indireta não tivessem ocorrido — o que também dificulta o eventual pleito por cobertura contra risco político. Exemplos de abuso de poder governamental que objetivem pressionar a Empresa do Projeto (e que provavelmente não seriam amparados pelas disposições de mudança "Discriminatória nas Leis") incluem:

- Órgãos estatais lentos e obstrutivos no curso da emissão de licenças, incluindo autorizações de trabalho para funcionários estrangeiros, sem os quais o projeto não consegue funcionar;
- Importações ou exportações retidas em portos;
- Greves de motivação política;

- Acusação de crimes fiscais contra a Empresa do Projeto, sujeitando-a a investigações prolongadas e possivelmente congelando suas contas bancárias;
- Acusação contra funcionários da Empresa do Projeto de crimes como corrupção ou assédios em geral;
- Alteração ou retirada arbitrária das licenças de operação ou de construção da Empresa do Projeto ou de suas subcontratadas.

Projetos como aqueles relacionados à extração de recursos naturais, que não têm um Contrato Principal de Projeto, são mais vulneráveis a isso, uma vez que não têm nem a proteção básica contra mudanças discriminatórias na lei (mesmo que possa haver um tratado de proteção ao investimento entre o país dos investidores ou financiadores e o Governo Anfitrião, o que garantiria algum apoio à Empresa do Projeto). E não são incomuns as alterações arbitrárias em impostos ou em acordos de partilha de produção, específicos para o setor de recursos.

A expropriação indireta é um dos problemas mais difíceis do setor de seguro de riscos políticos. As seguradoras desse tipo de risco ainda lutam para estabelecer limites precisos para esses casos.

§ 11.6 RISCO "SUB-SOBERANO"

Até aqui os riscos políticos foram analisados como se fossem sempre um risco que parte do governo central de um país. No entanto, ações políticas e riscos para Contratos Principais do Projeto nem sempre envolvem apenas o governo central. Um governo local, estadual ou regional pode ter direito de aprovar sua própria legislação, de aumentar seus impostos e de celebrar um Contrato Principal do Projeto na qualidade de Tomador/Autoridade Contratante. Se um governo local se envolve em dificuldades financeiras, o governo central pode não ter a obrigação (ou vontade política) de apoiá-lo — falência das administrações municipais não é novidade.

Empresas estatais estabelecidas nos termos de legislação especial ou da legislação societária geral, estão em categoria semelhante. Uma empresa de energia elétrica pública pode ter sido constituída pelo Governo Anfitrião de acordo com uma legislação especial, seu conselho pode ter sido nomeado pelo governo, mas o governo pode não ter responsabilidade pelas obrigações dessa empresa em um ACE, a menos que isso esteja especificamente previsto. Do mesmo modo, é evidente que o governo não tem qualquer obrigação (a menos que especificado) em uma sociedade por cotas de responsabilidade limitada que seja de propriedade do Estado.

O comportamento de devedores "sub-soberanos" e empresas estatais previstas em Contratos do Projeto pode ser mais difícil de prever do que o do governo em si, uma vez que esses devedores podem estar pouco preocupados com considerações gerais sobre a solvabilidade de crédito do país, ou sobre sua atratividade para investidores estrangeiros, se comparados com sua preocupação com os problemas locais de sua indústria.

Os credores, portanto, fazem uma distinção cuidadosa entre o risco soberano de um país (isto é, um risco de descumprimento da autonomia dos entes da federação e do respeito de suas decisões pelos demais entes [nos países de *common law* este princípio é conhecido como "*full faith and credit*"] de um país) que pode ser aceitável, e o risco do setor público abaixo deste nível — conhecidos como riscos "sub-soberanos", que podem ser menos aceitáveis. Os financiadores, portanto, podem exigir uma garantia do governo central de apoio às obrigações do governo regional ou municipal. Isso pode causar certas dificuldades, pois se o governo central está dando uma garantia, ele pode querer participar ativamente do projeto para se assegurar de que sua garantia não irá de fato ser utilizada — isso geraria uma interferência nos poderes que haviam sido cedidos para o governo municipal ou estadual. Na ausência de uma garantia do governo central, pode ser possível obter garantia ou seguro externo contra riscos políticos para riscos "sub-soberanos".

§ 11.7 ACORDO DE APOIO GOVERNAMENTAL

O objetivo de um Acordo de Apoio Governamental é facilitar a conclusão e o funcionamento de um projeto, fornecendo apoio do governo para aqueles aspectos do projeto que as partes acreditem ser necessário.

Esse tipo de Contrato do Projeto tem uma ampla variedade de denominações, como "acordo de estabilidade", "acordo de implementação", "acordo de coordenação", "acordo de cooperação" ou, confusamente, "acordo de concessão". É geralmente complementar a um Contrato *Offtake* assinado com outra entidade estatal que compra o produto do projeto (por exemplo, um ACE com uma empresa de energia estatal) ou a um Contrato Principal do Projeto que não seja assinado com o governo central, mas com outra Autoridade Contratante, como um órgão público ou um governo estadual ou municipal. (Se assinado com o governo central, estas disposições são incluídas no próprio Contrato Principal do Projeto).

Na maioria dos projetos, não há necessidade de um Acordo de Apoio Governamental — a legislação do país cria a estrutura necessária para o projeto. Esse seria o caso, por exemplo, em um país com um setor de energia elétrica totalmente privatizado, onde, uma vez que as condições de licenciamento gerais são cumpridas, não há necessidade de contratos específicos com o setor público em relação a uma determinada central de energia. Do mesmo modo, quando um projeto se baseia em uma licença para operar (por exemplo, uma rede de telefonia), não é necessário celebrar outro contrato específico com o governo.

Quando, porém, não há um regime jurídico claro para o projeto, como provavelmente acontece quando setores específicos da economia estão, pela primeira vez, utilizando financiamento do setor privado ou ainda, quando há riscos locais específicos a serem considerados, um Contrato Principal do Projeto com o governo do país onde o projeto está localizado (com o "Governo Anfitrião") reduz os riscos e incentiva um desenvolvimento que de outra forma não ocorreria.

O âmbito de um Acordo de Apoio Governamental varia de acordo com o projeto específico, mas algumas disposições comuns são:

- O Acordo estabelece o arcabouço geral do projeto e concede as licenças especificas de construção e de operação necessárias.
- É determinada a estrutura de dívida da Empresa do Projeto (por exemplo, o índice da dívida sobre capital próprio) e as fontes ou moedas para o financiamento (geralmente em país com controles e regras rigorosos quanto ao fechamento de câmbio e investimento estrangeiro).
- É exigido dos Empreendedores que mantenham suas participações por períodos definidos.
- Caso o local do projeto seja um terreno de propriedade do setor público, ou caso haja restrições à propriedade estrangeira de imóveis no país, à Empresa do Projeto é concedido o direito (por exemplo, através de contrato de arrendamento) de uso do local.
- É estabelecida a forma do Contrato Direto com os financiadores (§ 8.1).

Os compromissos exigidos do Governo Anfitrião podem incluir:

- A não discriminação contra o projeto (§ 11.3.2);
- Garantias para a atuação do Fornecedor de Insumos, do Tomador/Autoridade Contratante ou de outras partes envolvidas nos Contratos do Projeto, incluindo uma garantia de pagamento de Indenização por Rescisão Antecipada do Contrato Principal do Projeto (§ 7.10.2);
- Isenção da necessidade de a Empresa do Projeto obter licenças requeridas para importações de equipamentos, para a construção e para a operação do projeto, ou comprometimento de garantir que todas as licenças exigidas sejam concedidas quando a solicitação for devidamente apresentada (ou o atendimento

necessário nesse sentido), e que essas licenças não sejam revogadas injustificadamente;

- Garantia de que as importações de equipamento, etc., sejam prontamente liberadas pelas autoridades aduaneiras;
- Garantias de disponibilidade de licenças de trabalho para empregados expatriados da Empresa do Projeto, da Empreiteira de Construção e da Empreiteira de O&M (Operação e Manutenção);
- Garantias do fornecimento de serviços essenciais para o projeto, como água e esgoto, telefonia, eletricidade, ligações de estrada, linha ferroviária e outros sistemas de distribuição;
- Garantias de que o porto, a rede ferroviária ou outras ligações de transporte possam entregar insumos ou levar o produto do projeto quando necessário;
- Garantias da disponibilidade de fechamento de câmbio para pagamento do serviço de dívida e para repatriação de dividendos (§ 11.4.1);
- Indenização por expropriação do projeto (geralmente calculada da mesma forma que um caso de descumprimento do Contrato Principal do Projeto por parte do Tomador/Autoridade Contratante — *vide* § 11.4.2; § 7.10.2);
- Concessões fiscais (por exemplo, isenção de encargos de importação, de impostos sobre valor acrescentado ou sobre vendas — incluindo-se impostos cobrados da Empreiteira de Construção — ou retenção de impostos sobre dividendos);
- Renúncia da imunidade soberana relacionada a qualquer requerimento do Contrato Principal do Projeto ou do Acordo de Apoio Governamental.

O descumprimento do Acordo de Apoio Governamental será tratado como infração do Contrato Principal do Projeto (assim possibilitando a reivindicação da Indenização por Rescisão Antecipada).

As disputas serão litigadas fora do país, em jurisdição ou tribunal arbitral previamente convencionados (§ 7.12; § 11.5.1).

Um contrato dessa natureza pode claramente se tornar extremamente politizado. Dessa forma, os Empreendedores precisam se certificar de que o Governo Anfitrião seguiu todos os procedimentos constitucionais adequados para torná-lo válido.

§ 11.8 SEGUROS CONTRA RISCOS POLÍTICOS E GARANTIAS

Os seguros contra risco político e as garantias fornecidas pelas ACEs (Agências de Crédito à Exportação) e pelas DFIs (Instituições Financeiras de Desenvolvimento) são discutidos no Capítulo 16.

§ 11.8.1 Seguros do Setor Privado

O mercado privado de seguros tem exercido um papel crescente na oferta de seguros contra risco político. (Embora não existam estatísticas globais, considera-se que as seguradoras privadas cubram cerca de metade do mercado total — os seguros oferecidos pelas ACEs e DFIs, não surpreendentemente, se concentram nos países mais ricos). Isso tem sido favorecido por iniciativas de cooperação com o setor público, como através do *Cooperative Underwriting Program* (CUP) da Agência Multilateral de Garantia de Investimentos (MIGA) (§ 16.5.4) ou do cosseguro com a Corporação para Investimentos Privados Internacionais (OPIC) (§ 16.4.4). As principais seguradoras do mercado são a AIG, vários sindicatos do Lloyd's e a Zurique Seguros.[201] Ao todo, mais de 20 seguradoras oferecem cobertura contra riscos políticos de até 150 milhões de dólares por projeto, com prazos de até 15 anos. O tipo de cobertura reflete o padrão oferecido pelas DFIs e pelas ACEs, tanto para os investidores como para os financiadores. As seguradoras privadas

---

201 Gallagher London, *Credit and Political Risk: PRI Report & Market Update* (London, January 2013)*

podem, como algumas ACEs, exigir que o investidor mantenha cerca de 10% do risco segurado.

O setor privado pode também oferecer uma cobertura "temporária" para o caso de levar muito tempo até que os procedimentos necessários para as ACEs ou as DFIs tenham sido cumpridos; se a cobertura da ACE ou do DFI nunca for de fato oferecida, a do setor privado continua válida.

Deve-se notar que, enquanto seguradoras do setor público geralmente precisam levar ao conhecimento público sua participação em uma transação (e muitas vezes exigem que o Governo Anfitrião faça uma contragarantia — *vide* § 16.5.1), as seguradoras privadas podem impor a condição de que o seguro só será válido enquanto sua participação não for pública — de modo a evitar abusos de alguma parte por saber que seguradoras pagarão por seu prejuízo.

Conteúdo *online*

Todos os grandes projetos têm aspectos políticos (§ 11.2). Assim, a Empresa do Projeto pode estar mais sujeita a riscos políticos ligados à presença do projeto em determinado país e ao seu relacionamento com o governo local do que propriamente com riscos comerciais e macroeconômicos comuns ao projeto, abrangidos no Capítulos 9 e no Capítulo 10. Esses riscos políticos são discutidos detalhadamente neste Capítulo.

Há duas principais questões de risco relacionadas a ações governamentais: em primeiro lugar, há os riscos "regulatórios" ou riscos de "mudanças na lei" (§ 11.3) que, em certa medida, afetam qualquer projeto. Em segundo lugar, há os riscos de "investimento" (§ 11.4) que afetam principalmente projetos transnacionais, sobretudo em países em desenvolvimento. Associados a este último, estão os riscos "equivalentes aos políticos", que dizem respeito a ações indiretas do governo contra o projeto (§ 11.5). Este Capítulo aborda também questões específicas decorrentes de riscos "sub-soberanos" — isto é, quando o Tomador/Autoridade Contratante não é o governo central do país, mas um governo estadual ou municipal (§ 11.6). Finalmente, são descritos os termos do Acordo de Apoio Governamental, que pode ajudar a lidar com as questões abrangidas na Seção § 11.3–6. Podem existir seguros contra riscos políticos para cobrir esses riscos (§ 11.8).

CAPÍTULO XII

ESTRUTURAÇÃO FINANCEIRA

§ 12.1 INTRODUÇÃO

Este capítulo examina alguns dos principais aspectos ligados à estruturação financeira que podem surgir após a revisão dos fundamentos e riscos comerciais do projeto, conforme descrita nos capítulos anteriores. Foi escrito tendo como premissa financiamentos concedidos por bancos comerciais, no entanto, na maioria dos casos, princípios similares são seguidos pelo mercado de títulos (*bond market*), assim como outros tipos de financiadores ou garantidores dos setores público e privado, discutidos nos capítulos 15 e 16. A estruturação do financiamento costuma ocorrer paralelamente a sua modelagem, abordada no capítulo 13.

Como os Empreendedores são os atores decisivos de qualquer projeto, discute-se, em primeiro lugar, o ponto de vista dos investidores (§ 12.2). Na sequência, discutem-se os principais elementos que costumam ser abordados durante as negociações entre a Empresa do Projeto e seus credores. São eles:

- O índice de cobertura da dívida (§ 12.3);
- O índice da dívida sobre o capital próprio (§ 12.4);

- O perfil do serviço da dívida (§ 12.5);
- A taxa de juros, as comissões (*fees*) (§ 12.6); e
- Os custos adicionais (§ 12.7).

Todos esses pontos estão correlacionados de modo que qualquer alteração de um deles em geral acarreta a revisão de pelo menos um dos demais. Portanto, esse efeito cascata deve ser levado em consideração por meio de um aprofundamento da "otimização" do modelo financeiro, com vista à maior eficácia possível da estrutura financeira (§ 12.8).

Não se deve esquecer de que, em *project finance*, não há mérito na inovação em si. Como é evidente, trata-se de uma modalidade extremamente complexa de financiamento, e a elaboração de estruturas inovadoras nesse sentido pode ser mais demorada e onerosa, resultar em inflexibilidades desnecessárias em caso de eventuais falhas ou acrescentar riscos impossíveis de prever-se no início do processo. É fundamental garantir o máximo de simplicidade no tocante à estrutura financeira: por exemplo, se for possível captar recursos suficientes de uma única fonte de dívida, deve-se evitar a multiplicidade delas já que é muito mais fácil e rápido negociar com um só grupo de financiadores (evitando, assim, problemas entre credores — § 14.14).

§ 12.2 ANÁLISE DOS INVESTIDORES E ESTRUTURA DE *EQUITY*

A taxa interna de retorno mínima, também conhecida como "TIR do Acionista", é o indicador mais utilizado pelos Empreendedores e outros investidores para definir, sob o ponto de vista deles, a viabilidade do investimento em determinado projeto (§ 12.2.1). No entanto, nesse contexto, "*equity*" geralmente se refere a uma combinação de capital social e dívida subordinada (§ 12.2.2). A tempestividade do investimento de *equity* é importante, pois influencia o cálculo efetuado pelos investidores para definir o retorno (§ 12.2.3). Podem-se utilizar outros indicadores de rentabilidade paralelamente à TIR do Acionista (§ 12.2.4). Os Empreendedores podem agregar novos investidores ao projeto antes ou até mesmo no momento da Assinatura do Contrato de Financiamento (§ 12.2.5).

§ 12.2.1 TIR do Acionista

Calcula-se essa métrica com base no retorno monetário do investimento de *equity*. Supondo que este se dê ao longo dos dois anos de uma construção, cada montante aplicado é incorporado ao cálculo da TIR (§ 10.2.2) na ocasião em que seja investido.

Do mesmo modo, para os fins desse cômputo, não importa o momento em que a Empresa do Projeto gere caixa, mas, sim, aquele em que essa quantia seja desembolsada aos investidores. É possível haver uma considerável defasagem entre esses dois pontos, pois os financiadores normalmente exigem a retenção desses valores em Contas de Reserva, sendo os pagamentos aos investidores efetuados duas vezes ao ano com base nos resultados semestrais de fluxo de caixa (§ 14.4.3).

Os investidores envolvidos em *project finance* utilizam, como métrica principal, a rentabilidade de seus aportes de *equity* à Empresa do Projeto. Na maioria dos casos, têm em mente, para a TIR do acionista, uma taxa mínima de atratividade (TMA) acima da qual o investimento é considerado aceitável e abaixo da qual, não,[202] sendo geralmente definida antes da tomada da decisão de investir com base:

- No custo médio ponderado de capital do investidor ("CMPC", na sigla em inglês para WACC, *Weighted Average Cost of Capital*);
- No retorno adicional acima do custo de capital exigido por tipos específicos de risco (que seria influenciado, por exemplo, pelo caráter da iniciativa, pela localização, pela amplitude da cobertura dos riscos estipulada nos Acordos do Projeto, pela medida em que o investimento acentue ou diminua a dispersão do risco na carteira do investidor etc.);

---

202 Encontra-se uma análise da adequação ou não de uma única taxa mínima de atratividade/de desconto ao *project finance* na obra ESTY, Benjamin C. "Improved Techniques for Valuing Large-Scale Projects". *The Journal of Project Finance*, 1999. Spring 1999, p. 9.

- Na concorrência no mercado, nos casos em que os possíveis Empreendedores estejam buscando participar de projetos por meio de licitações públicas (§ 3.7);[203]

- Na viabilidade do projeto: mesmo que o empreendimento não esteja sujeito a uma licitação, o produto ou serviço prestado deve ser competitivo (§ 9.4), o que não ocorreria com uma TIR do Acionista muito elevada.

A definição, com base na TIR do Acionista da Empresa do Projeto, da exigência de determinado retorno para o risco é um movimento, por si mesmo, circular uma vez que essa taxa depende do patamar de alavancagem, que, por sua vez, está relacionado ao nível de risco: na verdade, pode-se afirmar que a TIR do Acionista nada mais é que o produto aritmético dos índices de cobertura da dívida estipulado pelos financiadores (§ 12.3).

As taxas de mercado referenciais para a TIR do acionista desenvolveram-se em setores nos quais os projetos, sobretudo de plantas de processo e PPPs, são, muitas vezes, apresentados aos investidores por governos ou tomadores de serviços para serem submetidos a concorrência (§ 3.7). Nos projetos de risco moderado, como a instalação de centrais energéticas que envolvam um contrato de compra de energia (CCE) ou a construção de infraestrutura com risco limitado de utilização (tal como as PPPs baseadas em disponibilidade) em países com baixa exposição, a TIR do Acionista costuma ser de 12% a 15% a.a. (patamar nominal antes dos impostos, ou seja, não descontada a inflação nas projeções de fluxo de caixa). Em comparação com o retorno de algumas outras modalidades de investimentos de *equity* em novos empreendimentos, trata-se de uma taxa relativamente baixa, refletindo o menor nível de risco, ainda que seja uma rentabilidade indiscutivelmente elevada diante da limitada exposição (§ 14.17.1).

---

203 Nas licitações, o preço de oferta também deve levar em conta a recuperação dos custos incorridos na participação não exitosa em outros processos, por exemplo, o licitante pode pressupor vitória em uma de cada quatro licitações, o que significa que os gastos com as três propostas perdedoras terão que ser cobertos pelo retorno da vencedora.

Pode-se conseguir maior retorno, de até 20% a.a., em projetos mais arriscados, por exemplo, envolvendo risco de tráfego, em países em desenvolvimento ou novos mercados de *project finance* de modo geral.

§ 12.2.2 TIR Mista do Acionista

Em muitos projetos, o investimento dos acionistas dá-se, sobretudo, por meio de financiamentos subordinados, em vez de capital social. Na verdade, o capital acionário da Empresa do Projeto pode ser mínimo, por exemplo, de US$ 100, sendo o restante concedido na forma de dívida subordinada, remunerada a uma taxa de juros próxima da TIR do Acionista e quase sempre "atrelada" às ações, ou seja, a relação entre ambas as modalidades de financiamento não pode ser alterada e, se uma parte for vendida, a outra também deverá ser, em proporção *pro rata*.

Isso ocorre porque:

- Assim se evita a "Armadilha de Dividendo" (§ 13.7.2); e
- Para Empresas de Projetos, os pagamentos de juros sobre dívidas concedidas por acionistas são dedutíveis dos impostos, ao contrário de desembolsos relativos a dividendos sobre capital social (na grande maioria dos países).

Assim, para os investidores, a métrica normal para a tomada de decisões não é, na verdade, a TIR do Acionista, mas a TIR Mista do Acionista (Fundo Patrimonial), ou seja, o retorno que leva em conta a rentabilidade tanto da participação acionária quanto da dívida subordinada.

Com o emprego dessa estrutura, nos primeiros anos do projeto, a remuneração dos investidores baseia-se, sobretudo, no serviço da dívida subordinada, enquanto os dividendos elevados só pagam nos últimos anos da iniciativa.

O desembolso de dividendos e o serviço da dívida, no caso dos financiamentos subordinados, denominam-se, em conjunto, "Distribuições". Em geral, é irrelevante para os financiadores se o *equity* for subscrito em ações ou se constituir de dívida subordinada, pois todas as Distribuições são controladas da mesma maneira (§ 14.4.2).[204]

Por ser bastante frequente nos projetos o emprego de dívida subordinada, é comum referir-se aos financiadores como "financiadores seniores" para distingui-los dos investidores, que seriam os financiadores subordinados (§ 14.14.5).

A TIR Mista do Acionista é calculada após os impostos, ou seja, depois do cômputo dos tributos devidos pela Empresa do Projeto, porém sem levar em conta as posições fiscais individuais dos investidores. No entanto, se a maior parte do *equity* se compuser de dívida subordinada dedutível dos impostos, as TIRs pré- e pós-tributação serão muito semelhantes.

No modelo financeiro do projeto, se os recursos de caixa estiverem sujeitos a Distribuições, não se deve assumir como premissa sua retenção, caso contrário, serão afetados tanto a apuração da TIR Mista do Acionista quanto os desembolsos nela fundamentados (por exemplo, aqueles relacionados ao Equilíbrio Financeiro — § 7.6.5). Da mesma forma, caso os investidores optem pela manutenção desses recursos nas disponibilidades da Empresa do Projeto, em vez de sua Distribuição, também se deve desconsiderar essa decisão para fins de cálculo.

§ 12.2.3 Tempestividade do investimento de *equity*

Há várias possibilidades para o momento da realização do investimento de *equity*, ou seja, do saque da parcela dos investidores no financiamento total:

- Antes de qualquer saque do financiamento da dívida (isto é, no início da fase de construção);
- *Pro rata* em relação aos saques do financiamento da dívida (ou seja, proporcionalmente ao longo da fase de construção); ou

204 Portanto, a "TIR do Acionista" será empregada a partir deste ponto ainda que a maior parte do *equity*, de fato, se constitua de dívida subordinada dos acionistas.

- Após quaisquer saques do financiamento da dívida (em outras palavras, no final da fase de construção).

Para a maioria dos investidores, o cálculo da TIR do Acionista se baseia no aporte monetário efetivo, e não nos recursos compromissados ainda por investir. Em vista disso, essa taxa será tanto maior quanto mais tarde se der o investimento de *equity*, já que a remuneração desse montante ocorrerá por um período mais curto (§ 10.2.3), tornando mais atraente, em termos de TIR, o envolvimento no final da fase de construção.

A única desvantagem de a contribuição de *equity* dar-se posteriormente à da dívida é a elevação dos custos do projeto uma vez que os JDC (juros durante a construção) exigirão um maior volume de financiamento. Caso haja dificuldades na ampliação do montante marginal do financiamento da dívida para esse fim (por exemplo, devido a limitações ou vinculações exclusivas, sem previsão de cobertura para JDC), é possível que os Empreendedores sejam os primeiros chamados a efetuar os aportes necessários.

É óbvio que, para os financiadores, seria melhor que o investimento de *equity* ocorresse antes, mas eles normalmente não se opõem ao saque da dívida em primeiro lugar (ou *pro rata*) contanto que os Empreendedores assumam, por meio de um Contrato de Subscrição de *Equity* (§ 3.6.2), um compromisso legal no tocante àquele aporte e o cumpram imediatamente em caso de inadimplemento do projeto. Com relação a essa contribuição imprevista de *equity* (*uncalled equity*), é possível que sejam necessárias garantias bancárias ou cartas de crédito de forma que, seja qual for o momento desse aporte, o risco dos investidores permanece o mesmo.

No entanto, certos tipos de projetos exigem um investimento de *equity* anterior ao adiantamento dos recursos de dívida:

- Em caso de obtenção de *equity* por meio de uma oferta pública de ações, os financiadores também não considerariam sensata a dependência de uma futura emissão, ainda que subscrita, uma vez que os compromissos nesse sentido provavelmente envolverão condições inaceitáveis (por exemplo, uma disposição prevendo, diante de certas condições de mercado, a redução do montante subscrito).

- Nos projetos que envolvem um aumento gradual da receita, à medida que se efetua o investimento (por exemplo, as redes de telefonia móvel), os financiadores estabelecem metas para a proporção do sistema a ser concluída com financiamento de *equity*, bem como os patamares mínimos de receita a serem alcançados antes do adiantamento de qualquer parcela da dívida. Esse procedimento é adequado àquelas iniciativas que não consistem da construção de uma única instalação, mas que requeiram investimentos contínuos.

Equity-Bridge Loan. Aos investidores que visem à máxima TIR possível ao longo do desembolso dos recursos de *equity*, os financiadores podem conceder um *Equity-Bridge Loan*, ou seja, um empréstimo para a Empresa do Projeto no valor do *equity*, com cobertura de garantias corporativas prestadas pelos Empreendedores (portanto, nenhum risco é acrescido o projeto pelos provedores do *Equity-Bridge Loan*). Esse montante é usado para cobrir a parcela de *equity* dos custos do projeto e, ao final da fase de construção, o *equity* efetivo é finalmente integralizado e utilizado para saldar o *Equity-Bridge Loan*, o qual, se estiver previsto, costuma ser sacado antes de qualquer modalidade de dívida sênior devido ao menor custo. Por exemplo, no financiamento estruturado com amortização anual demonstrado abaixo, na Tabela 12.6, toma-se como premissa um investimento de *equity* no final da fase de construção, sendo que os pagamentos relativos ao financiamento, assim com a distribuição de dividendos, se iniciam após um ano. Na verdade, a TIR do Acionista só atingiria os 19% exibidos na tabela com o emprego de um *Equity-Bridge Loan*, caso contrário, seria necessário o investimento de *equity* para cobrir os custos do projeto antes do término da fase de construção. Por outro lado, com a premissa do aporte de 50% do *equity* no início de uma fase de construção com duração de 2 anos e todo o restante ao longo da obra, ela cai de 19% para 14%. É bem fácil incorporar ao cálculo da TIR do Acionista o *equity* a sacar, bastando pressupor, para os fins desse cômputo, que o montante será sacado no primeiro dia do projeto e gerará um retorno de caixa equivalente ao custo de capital para o investidor até que seja efetivamente utilizado pela Empresa do Projeto. Dessa maneira, define-se com mais exatidão o retorno sobre o risco efetivo do investidor, todavia o procedimento não é muito empregado pelos investidores, da mesma forma que também não se recorre ao cálculo mais preciso da TIR-M (§ 10.2.3). Disso resulta que, no momento em que o conselho de administração dos Empreendedores aprova investimentos de *equity* em projetos, é possível que essa decisão se baseie em uma ideia exagerada do retorno.

§ 12.2.4 Outros indicadores de retorno sobre *equity*

Devido aos problemas advindos do uso da TIR do Acionista, boa parte dos investidores não a utiliza como única métrica nas decisões relativas ao envolvimento em operações de *project finance,* recorrendo a outras métricas, em verificações posteriores, para garantir que não venha a efetuar investimentos inadequados com base nessa taxa.

Valor presente líquido. A taxa mínima de atratividade (TMA) do retorno definida pelo investidor (conforme discutido no § 12.2.1) pode ser aplicada aos fluxos de caixa como uma taxa de desconto e, se o resultado for um VPL positivo, o investimento pode prosseguir.

VPL em risco. Pode-se argumentar, no entanto, que a inclusão do fator risco na taxa de desconto do VPL é uma abordagem por demais simplificada. Diversos fatores afetam a exposição do investidor, portanto a análise de uma série de resultados seria mais realista. Assim, para fazer frente ao risco, em vez de aumentar a TMA, faria mais sentido simplesmente desconsiderá-lo nessa taxa, em outras palavras, utilizar o próprio custo de capital para o investidor e aplicar esta nova métrica a diversos cenários do fluxo de caixa, todos eles baseados nos riscos do projeto e delineados a partir da simulação de Monte

Carlo.[205] Essa abordagem, conhecida como "VPL em risco", gera uma série de probabilidades para o VPL de forma que o investimento só se concretiza se, na faixa dos resultados mais prováveis, esse valor for acima de zero.[206]

Período de *payback*. Para qualquer investidor, "o dinheiro é quem manda" no final das contas. Por isso, é fundamental saber o prazo de retorno do investimento (isto é, o período de *payback*). Uma das exigências dos investidores nesse sentido pode ser a imposição de um limite máximo de *x* anos (ou seja, o tempo que levará a recuperação do capital investido). Trata-se de uma métrica inadequada, sobretudo por não considerar os ganhos após o período de *payback*. Ainda assim, tem a utilidade de proporcionar uma confirmação para projetos que, embora com elevada TIR do Acionista, não geram Distribuições em dinheiro adequadas por um longo período. Um aprimoramento do cálculo do período de *payback* é o cômputo do prazo de "*payback* descontado", que determina o tempo

---

205 Isso não tem relação com a roleta dos cassinos. Na simulação de Monte Carlo, efetua-se uma grande quantidade de cálculos que simule uma ampla gama de resultados possíveis para riscos específicos. Em um universo de, digamos, 30 variáveis-chave do projeto, definem-se os melhores e piores resultados e, em seguida, aplicam-se muitos cenários diferentes (chegando até, por exemplo, 10.000) no modelo financeiro. O resultado final fornecerá um rol de probabilidades da ocorrência de um risco específico, por exemplo, 90% de chance de um atraso de não mais de 3 meses na construção. É evidente que os cálculos também dependem do estabelecimento de premissas para uma faixa de resultados para cada um dos cenários. Para os investidores, a simulação de Monte-Carlo pode ser apropriada para a avaliação do investimento de *equity* ou, para os Tomadores de Serviços/Autoridades Contratantes, para a análise dos riscos. Contudo, os financiadores não costumam utilizá-la por se preocuparem com riscos de baixa probabilidade e alto impacto (§ 9.2). Para esses casos, existe *software* especializado: Mansoor Dailami, Ilya Lipkovich e John Van Dyck, *INFRISK: A computer simulation approach to risk management in infrastructure project finance transactions* (Policy Research Working Paper 2083, Banco Mundial, Washington DC, 1999)*.

206 YE, Sudong; TIONG, Robert. "NPV-at-Risk Method in Infrastructure Project Investment Evaluation". *Journal of Construction Engineering Management*, vol. 126, pp. 227-233, mai. 2000.

Tabela 12.1 — *Payback* e *Payback* Descontado

	Payback		***Payback* Descontado (à taxa 8%)**	
Exercício	**Fluxo de caixa**	**Total Acumulado**	**Fluxo de Caixa Descontado**	**Total Acumulado**
0	–1.000	–1.000	–1.000	–1.000
1	150	–850	139	–861
2	250	–600	214	–647
3	350	–250	278	–369
4	450	200	331	–38
5	500	700	340	302
6	500	1.200	315	617
	Período de *payback* 4,6 anos		**Período de *payback* descontado 5,1 anos**	

necessário para a recuperação do investimento original com base no VPL dos futuros fluxos de caixa, descontado o custo de capital do investidor; assim, leva-se em conta o valor do dinheiro no tempo, fator desconsiderado no método simples. A Tabela 12.1 dá um exemplo de ambos os procedimentos. Pelo cálculo simples, observa-se que o fluxo de caixa acumulado passa a ser positivo no quarto ano. O período de *payback* é, portanto, (4 + ((450 – 200) ÷ 450)) = 4,6 anos. Note-se que, pelo cômputo *pro rata*, o *payback* se dá no quarto ano. Já no *payback* descontado, o custo de capital do investidor, de 8% neste caso, é descontado dos fluxos de caixa e, em seguida, o prazo de recuperação é apurado da mesma maneira de forma que o resultado será de 5,1 anos.

Índice de lucro sobre o investimento.[207] Segue a mesma metodologia que a relação custo/benefício (§ 10.2.3), comparando o VPL dos fluxos de caixa futuros com o investimento inicial. Assim, como demonstrado na Tabela 12.1, o VPL dos fluxos de caixa futuros (descontados à taxa de 8%) é de

207 Também conhecido como "índice de lucratividade".

1.617, sendo o investimento inicial de 1.000, o que resulta em um índice de lucro sobre o investimento de 1,6:1. Assim, o investidor pode estabelecer, como métrica adicional em sua análise, um coeficiente mínimo nesse sentido, mais útil do que o cálculo do VPL acima discutido, pelas razões discriminadas no § 10.2.3.

Margem Operacional. Como observado no § 13.7, as empresas também não deixam de examinar a forma de apresentação, nas demonstrações financeiras, do investimento em determinado projeto, bem como dos cálculos baseados em fluxos de caixa. A rubrica normalmente utilizada é a margem operacional, ou seja, a relação entre o lucro líquido e a receita. Assim sendo, o investidor pode exigir patamares mínimos tanto para essa métrica, de, por exemplo, 12% ao ano, quanto para a TIR do Acionista.

TIR do Projeto. É calculada com base no fluxo de caixa do projeto antes do serviço da dívida e das Distribuições,[208] sendo definida como o retorno exigido sobre o investimento de recursos (na forma de dívida ou de *equity*). Às vezes, esse procedimento é efetuado no início do desenvolvimento do projeto para verificar sua solidez, sem levar em conta a estrutura de financiamento específica, caso contrário a TIR da iniciativa terá uma relevância limitada no âmbito de *project finance*, no qual um dos principais motivos para alavancar o projeto por meio de dívida é a melhoria do retorno do *equity*. Em vista disso, uma aferição do retorno que não leve em conta a alavancagem não é tão importante ainda que possa servir como uma taxa de desconto na definição do valor do projeto, por exemplo, no caso de uma rescisão (§ 7.10.1). Também pode ser empregada por investidores cuja carteira inclua projetos com financiamento convencional de empresas e com *project finance* para permitir maior comparabilidade entre as iniciativas.

---

208 Muitas vezes, efetuam-se dois cálculos, antes e depois dos impostos.

§ 12.2.5 Inclusão de novos investidores na Assinatura do Contrato de Financiamento

O Empreendedor envolvido no desenvolvimento de um projeto, caso traga outro investidor que disponibilize o saldo exigido do *equity* pouco antes da Assinatura do Contrato de Financiamento (§ 3.2),[209] esperará alguma compensação por ter assumido o risco mais alto, ou seja, por ter incorrido em elevados custos de desenvolvimento ou de preparação de propostas, sem certeza de recuperação. Para proporcionar essa contrapartida, pode-se ou cobrar um ágio sobre as ações adquiridas pelo novo participante da iniciativa (com a adoção, para ele, de uma cotação mais alta que aquela paga pelo Empreendedor ou acima do valor de face desses títulos), ou creditar ao Empreendedor uma taxa referencial de juros elevada sobre o montante já desembolsado no projeto, valor esse que será incluído no cálculo dos custos de desenvolvimento incorridos pelo Empreendedor, e utilizar essa métrica como base para a alocação das ações. O valor do ágio será mantido pelo Empreendedor.

Outra possibilidade é permitir ao Empreendedor efetuar retiradas em dinheiro, cobrando, da Empresa do Projeto, uma comissão de desenvolvimento, normalmente paga na Assinatura do Contrato de Financiamento, o que representa, na verdade, um retorno antecipado do investimento. Assim, também se pode utilizar essa comissão como alternativa para um Empreendedor compensar outro por assumir o risco de desenvolvimento. É possível que essa forma de remuneração cause controvérsias entre os financiadores, porém pode ser aceitável contanto que dela não resulte uma queda, em termos concretos, do investimento efetivo do Empreendedor original a um patamar abaixo do razoável e que obviamente o projeto tenha capacidade de fazer frente à elevação proporcional da dívida.[210]

---

209 Para informações sobre a venda "secundária" de ações após a Conclusão do Projeto, *vide* § 14.17.

210 Note-se que se podem usar os mesmos métodos (alocação de ações ou comissão de desenvolvimento) quando mais de um Empreendedor contabilizar montantes diferentes como custos durante a fase de desenvolvimento.

Concorrência para provisão do financiamento de *equity*. Nos projetos de PPP, bem como naqueles de usinas de processamento tendo uma Autoridade Contratante como Comprador, pode-se realizar uma Concorrência para provisão do Financiamento de *Equity* pouco antes do Assinatura do Contrato de Financiamento. Nesse caso, novos investidores apresentam propostas de aquisição de parte das ações, e o vencedor será aquele que se predispuser a pagar o preço mais alto em relação ao valor de face do papel.[211] O benefício resultante (isto é, o ágio sobre as ações) ou é provisionado, em sua integridade, para a Autoridade Contratante, ou compartilhado entre ela e a Empresa do Projeto. Para mais informações sobre concorrências pela provisão de recursos de dívida, consultar o § 5.2.3.

§ 12.3 ÍNDICES DE COBERTURA DA DÍVIDA

O volume de dívida que se pode levantar para determinado projeto baseia-se sobretudo na projeção da capacidade da iniciativa de gerar caixa suficiente para o pagamento dos juros e das prestações do principal à medida que vençam, com uma margem confortável de segurança definida pelos financiadores por meio do cálculo dos "Índices de Cobertura", ou seja, vários coeficientes entre o fluxo de caixa operacional e o patamar ou o serviço da dívida, a saber:

- Índice de Cobertura do Serviço da Dívida (Anual) ("ICSD") (§ 12.3.1);
- Índice de Cobertura do Ciclo de Vida do Financiamento ("LLCR", sigla em inglês para *Loan-Life Cover Ratio*) (§ 12.3.2);

211 A concorrência também pode basear-se na menor proposta de requisito de TIR do Acionista por esses novos investidores, no entanto a implementação dessa prática é mais complexa. Seja qual for o caso, o resultado será uma TIR do Acionista inferior à dos Empreendedores originais. Além disso, nos projetos com apenas um Empreendedor, ele poderá receber uma comissão de desenvolvimento caso os financiadores aceitem financiá-la como parte dos custos de construção.

- As médias do ICSD e do LLCR ao longo do prazo de vigência da dívida (§ 12.3.3); e
- O Índice de Cobertura da Vida Útil do Projeto ("PLCR", sigla em inglês para *Project-Life Cover Ratio*) (§ 12.3.4), ou Índice de Reserva de Cobertura no caso de projetos que envolvam recursos naturais (§ 12.3.5).

Quanto maiores os Índices de Cobertura, maior a margem de segurança para os financiadores. Encontra-se descrito no § 12.3.6 o cômputo dos Índices de Cobertura dos projetos comuns. Cabe ressaltar que não é possível determinar nenhum desses indicadores para períodos anteriores à entrada em operação da Empresa do Projeto e que os cálculos se baseiam no fluxo de caixa e não em provisões (por exemplo, para pagamentos de impostos — § 13.7.4).

§ 12.3.1 Índice de Cobertura do Serviço da Dívida (Anual)

O ICSD define a capacidade da Empresa do Projeto de saldar a dívida utilizando a geração anual de fluxo de caixa, sendo calculado da seguinte forma:

- O *fluxo de caixa operacional líquido* do projeto ao longo do ano, isto é, as receitas operacionais menos as despesas operacionais, considerando qualquer Conta de Reserva de Manutenção ou Contas de Reserva do mesmo tipo que cubram quaisquer itens com exceção do serviço da dívida (§ 14.4.1), excluídos os itens não monetários, tais como depreciação;[212] *dividido pelo*:
- O *serviço da dívida* do projeto ao longo do ano, isto é, os pagamentos de juros e amortizações do principal, excluídas as

---

212 É semelhante ao "EBITDA" (lucro antes de juros, impostos, depreciação e amortização, na sigla em inglês), métrica usada no financiamento convencional de empresas, porém baseada no fluxo de caixa, e não nos resultados contábeis.

transferências para Contas de Reserva do Serviço da Dívida ou delas oriundas.

Desse modo, se o fluxo de caixa operacional do ano for de 120, os pagamentos de juros, de 55 e as amortizações dos empréstimos, de 45, o ICSD será de 1,2:1 (120 ÷ (55 + 45)).

Em geral, o ICSD é calculado semestralmente, em base anual contínua. É evidente que só será possível calcular esse índice com o projeto já em andamento por um ano, contudo, como há casos em que ele afeta a capacidade de distribuição de dividendos (§ 14.4.3), poderá ser definido para os 6 meses anteriores apenas para o primeiro período após a entrada em operação da iniciativa.

Nas projeções iniciais para o Caso Base (§ 13.9.10), os financiadores analisam a previsão do ICSD para cada período durante todo o prazo de vigência do empréstimo e verificam se, em nenhum momento, ele recua abaixo do mínimo exigido. Com o projeto já em operação, revisam-se os índices efetivos (e suas projeções futuras podem ser revistas) (§ 14.4.3).

O requisito mínimo para o ICSD varia muito de um projeto para o outro: quanto maior o risco da iniciativa, mais elevada a exigência nesse sentido. Segue abaixo uma relação de valores muito aproximados para os projetos mais comuns:

- 1,20:1 em Contratos Baseados em Acomodação;
- 1,25:1 em projetos de usinas de processamento com Contrato *Offtake*;
- 1,50:1 em projetos de extração de recursos naturais sem Contrato *Offtake*;
- 1,75:1 para Concessões no setor de transportes;
- 2,00:1 em projetos de usinas geradoras e comercializadoras de energia sem Contrato *Offtake* ou *hedging* para os preços.

Seriam necessários níveis mais elevados de cobertura para projetos com riscos fora do padrão ou localizados em países com baixa classificação de risco de crédito.

§ 12.3.2 Índice de Cobertura do Ciclo de Vida do Financiamento (LLCR)

Baseia-se em um cálculo semelhante ao do ICSD, porém aplicado ao prazo de vigência total do empréstimo:

- *Projeção do fluxo de caixa operacional* líquido (calculado da mesma forma que o ICSD), a partir da data prevista para a entrada em operação do projeto até a da quitação do empréstimo, descontando o VPL à mesma taxa de juros estipulada para a dívida (considerando *swaps* de juros ou outros instrumentos de *hedging*); *dividido pela*:
- *Posição em aberto da dívida* na data de cálculo, menos o saldo das Contas de Reserva de Serviço da Dívida (§ 14.4.1); demais Contas de Reserva não devem ser normalmente incluídas no cômputo.

Pode-se afirmar que os saldos de caixa livres (ou seja, fora das Contas de Reserva) devem ser deduzidos da dívida no cálculo do LLCR ou acrescidos ao VPL do fluxo de caixa. A primeira opção é melhor para a Empresa do Projeto, e a segunda, para os financiadores. No entanto, se esses saldos livres se destinarem ao pagamento de Distribuições, não há consenso se devem ou não ser incluídos na conta.

O requisito mínimo inicial para o LLCR nas projeções de Caso Bancário para projetos *standard* é aproximadamente 10% maior em relação aos níveis mínimos exigidos para o ICSD mostrados anteriormente.

Além do LLCR inicial definido na Conclusão do Projeto, o índice pode ser recalculado durante todo o remanescente da vida da iniciativa, comparando a projeção do fluxo de caixa operacional para o restante dos prazos de vigência dos empréstimos com o saldo que permanece em aberto dos empréstimos na data do cômputo.

Esse indicador é útil para a avaliação inicial da capacidade do projeto no tocante ao serviço da dívida como um todo, bem como para a continuidade dessa análise ao longo do restante da vida da iniciativa, porém não tem tanta serventia se o fluxo de caixa estiver muito sujeito a grandes flutuações de ano a ano. Portanto, o ICSD é a métrica mais importante para determinar a capacidade da Empresa do Projeto de quitar sua dívida no vencimento.

§ 12.3.3 Médias de ICSD e de LLCR

Se o ICSD projetado permanecer estável de ano a ano, o ICSD médio será igual ao LLCR. Já se ele for maior nos primeiros anos do projeto, essa média será maior do que o LLCR e vice-versa. Portanto, como indicador da capacidade de cobertura no longo prazo, o ICSD médio tem, às vezes, mais relevância para os financiadores que o LLCR; nesse caso, é provável que os requisitos mínimos para ambos os índices sejam semelhantes.

O LLCR médio (isto é, a repetição do cálculo dessa métrica a cada 6 meses, pelo restante da vigência do empréstimo, seguida pela apuração da média desses resultados) também é empregado como indicador por parte dos financiadores apesar de sua utilidade ainda questionável.

§ 12.3.4 Índice de Cobertura da Vida Útil do Projeto (PLCR)

Os financiadores também verificam se o projeto tem capacidade de efetuar pagamentos após o vencimento final original do recurso da dívida, caso tenha havido dificuldades em amortizá-la tempestivamente. Denomina-se Margem de Segurança do Recurso da Dívida (*Debt Tail*)[213] essa capacidade adicional com respeito ao serviço da dívida, e, nesse sentido, a expectativa dos financiadores normalmente é de, no mínimo, um

213 Também conhecido como Reserva Residual de Caixa.

ou dois anos de cobertura do fluxo de caixa, viabilizada por uma garantia de vigência do Contrato Principal do Projeto por um período de *x* anos após a data programada para a quitação integral da dívida, proporcionando uma Margem de Segurança da mesma duração, durante a qual o fluxo de caixa continuará oferecendo uma garantia extra aos financiadores que pode ser mensurada pelo PLCR. Para tanto, o fluxo de caixa operacional líquido antes do serviço da dívida ao longo de toda a vida do projeto (não apenas durante o prazo de vigência da dívida como no cálculo do LLCR) é descontado ao VPL, e o resultado é dividido pelo saldo da dívida em aberto. O PLCR será, obviamente, maior do que o LLCR, sendo que a expectativa dos financiadores é de que fique entre 15% e 20% acima do ICSD valor.

§ 12.3.5 Índice de Reserva de Cobertura

Nos projetos que envolvam recursos naturais, o PLCR (na maioria das vezes, denominado Índice de Reserva de Cobertura nesse contexto) é mais importante devido à exigência específica, nessas iniciativas, de uma Margem de Segurança da Reserva (*Reserve Tail*) (isto é, a comprovação das reservas da mercadoria em questão que continuem a ser exploradas por determinado período uma vez encerrado o prazo de vigência do empréstimo — § 9.8.4).

O método prático normalmente utilizado é o seguinte: o Índice de Reserva de Cobertura deve ser 2:1, baseado em uma projeção conservadora realizada pelos financiadores sobre as cotações da mercadoria, não sendo, como é evidente, inferior a 1:1 em uma estimativa de queda de preços.

§ 12.3.6 Cálculo dos Índices de Cobertura

Na Tabela 12.2, veem-se os cálculos dos índices de cobertura em um projeto bem característico, com:

- Geração anual de fluxo de caixa, antes do serviço da dívida, de 220;

Tabela 12.2 — Cálculo do Índice de Cobertura

Ano:	**0**	**1**	**2**	**3**	**4**	**5**	**6**	**7**	**8**	**9**	**10**
(a) Fluxo de caixa operacional		220	220	220	220	220	220	220	220	220	220
(b) VPL de (a) descontado à taxa de 10%	1352	1267	1174	1071	958	834	697	547	382	200	
(c) Amortizações do Empréstimo		100	100	100	100	100	100	100	100	100	100
(d) Saldo devedor do empréstimo	1000	900	800	700	600	500	400	300	200	100	0
(e) Pagamento de juros		100	90	80	70	60	50	40	30	20	10
(f) Total do serviço da dívida [(c)+(e)]		200	190	180	170	160	150	140	130	120	110
ICDS [(a)÷(f)]		*1,10*	*1,16*	*1,22*	*1,29*	*1,38*	*1,47*	*1,57*	*1,69*	*1,83*	*2,00*
ICSD médio		*1,47*	*1,51*	*1,56*	*1,60*	*1,66*	*1,71*	*1,77*	*1,84*	*1,92*	
LLCR [(b)÷(d)]	*1,35*	*1,41*	*1,47*	*1,53*	*1,60*	*1,67*	*1,74*	*1,82*	*1,91*	*2,00*	
LLCR médio	*1,65*	*1,68*	*1,72*	*1,75*	*1,79*	*1,83*	*1,87*	*1,91*	*1,95*	*2,00*	

- Empréstimo de 1.000, amortizado em parcelas anuais, iguais e sucessivas, do principal por 10 anos; e
- Taxa de juros de 10% a.a. (correspondente à taxa de desconto do VPL).

Pressupondo uma geração de caixa de 200 ao ano, por um período adicional de 3 anos após o término do empréstimo (ou seja, 11-13 anos), o VPL do fluxo de caixa total por 12 anos será de 1.499 de forma que o PLCR inicial será de 1,50:1 (1.499 ÷ 1.000).

Efeito dos impostos. Uma questão relacionada ao cálculo dos índices acima diz respeito à dedução ou não, do fluxo de caixa líquido antes do serviço da dívida, dos desembolsos relativos aos impostos, sobretudo ao definir o ICSD, uma vez que qualquer variação do pagamento de juros também afeta as obrigações tributárias. Talvez seja sensato efetuar essa dedução caso se observem grandes variações dos impostos pagos entre um ano e outro (por exemplo, devido às provisões para depreciação fiscal acelerada), as quais devem ser consideradas. O argumento contrário é que os tributos só são pagos após as deduções das despesas de juros, que não são incluídas no valor do fluxo de caixa operacional. Além disso, podem-se constituir provisões para variações acentuadas dos impostos de um ano para outro em uma Conta de Reserva de Impostos (§ 14.4.1). Todavia, contanto que a inclusão ou exclusão dos impostos seja considerada de maneira coerente na definição dos índices adequados, a escolha da abordagem que de fato não tem importância significativa.[214]

***Project Finance* e financiamento convencional de empresas.** Cabe notar que, ao invés do que ocorre no financiamento corporativo, o Índice de Cobertura do fluxo de caixa para o pagamento anual de juros[215] (ao contrário do serviço total da dívida), em geral, não é considerado um indicador de grande relevância. Isso se deve à frequente renovação dos empréstimos dessa modalidade enquanto aqueles concedidos no âmbito de *project finance*, devido à limitação da vida útil das respectivas iniciativas, devem ser liquidados, portanto é fundamental que a Empresa do Projeto seja capaz de cumprir o programa anual de amortização da dívida, sendo que, em geral, não basta apenas efetuar o pagamento de juros. Da mesma forma, os índices "contábeis" utilizados no crédito empresarial, tais como liquidez corrente ou seca, quase nunca são empregados em *project finance* — com respeito à questão da liquidez de curto prazo, constituem-se de Contas de Reserva (§ 14.4.1).

---

214 *Vide* § 12.2.4 para uma questão semelhante relacionada ao cálculo da TIR do Projeto.

215 Conhecida como índice de cobertura de juros, isto é, a relação entre o EBITDA e os juros a pagar.

§ 12.3.7 Índices mínimos de cobertura e montante da dívida

Os Índices de Cobertura costumam ser um fator-chave para a mensuração da capacidade do projeto de levantamento de recursos de dívida, conforme ilustrado na Tabela 12.3. Isso pressupõe a geração anual de um fluxo de caixa líquido, antes do serviço da dívida, de 1.000 ao longo de 25 anos. Caso os financiadores exijam um ICSD mínimo de 1,50:1, o serviço da dívida não poderá exceder 667 (1.000 ÷ 1,50) ao ano. Em outras palavras, pressupondo o pagamento anual do serviço da dívida (§ 12.5.3) a uma taxa de juros de 6% a.a., o fluxo de caixa do projeto permitiria levantar 8.522 nessa modalidade de financiamento (ou seja, o reembolso de uma dívida total de 8.522 remunerada a 6%, em parcelas anuais ao longo de 25 anos, custa 667 ao ano). No entanto, com a redução da exigência de ICSD para 1,25, o valor máximo do serviço anual da dívida eleva-se para 800, portanto, ainda dentro do patamar mínimo de ICSD requerido pelos financiadores, será possível ampliar o volume de dívida para 10.227.

§ 12.4 ÍNDICE DE ALAVANCAGEM SOBRE O CAPITAL PRÓPRIO

Conforme discutido acima, a manutenção de um elevado índice de dívida é a essência do *project finance*. Dentro de limites razoáveis, é melhor para os Empreendedores limitar o montante de *equity* investido em um projeto e, dessa forma, elevar, ao máximo possível, a dívida.

Os Índices de Cobertura analisados acima, em particular o ICSD, são fatores-chave para a definição da capacidade do projeto de levantamento de recursos de dívida (e por conseguinte da parcela de *equity* necessária em caso de indisponibilidade de outras modalidades de financiamento para os custos da iniciativa). Assim sendo, para chegar ao índice de dívida sobre capital próprio, em vez de utilizar um quociente pré-fixado, os financiadores costumam caminhar no sentido inverso a partir do Índice de Cobertura.

Tabela 12.3 — Índice de cobertura mínimo — Efeito sobre o valor máximo da dívida

	Prazo de vigência da dívida		25 anos	
	Taxa de juros		6%	
(a)	Fluxo de caixa anual do projeto (antes do serviço da dívida)		1.000 a.a.	
(b)	**Índice de Cobertura do Serviço da Dívida (Anual)**		**1,50**	**1,25**
	Valor anual máximo do serviço da dívida	[(a)÷(b)]	667	800
	Valor máximo da dívida		**8.522**	**10.227**

Os valores resultantes desta abordagem refletem os riscos do projeto (quanto maior o índice de cobertura exigido, maior a margem de segurança para os financiadores, no entanto, como ilustra a Tabela 12.3, menor o volume de dívida que se pode levantar), por conseguinte as iniciativas com maior risco apresentam menores índices de dívida sobre capital próprio, por exemplo:

- 90:10 em contratos baseados em acomodação;
- 85:15 em projetos de usina de processamento com contratos *offtake*;
- 80:20 em concessões no setor de transportes;
- 70:30 em projetos de usinas geradoras e comercializadoras de energia sem Contrato *Offtake* ou *hedging* de preço; e
- 50:50 para iniciativas de extração de recursos naturais.

Também se deve ter em mente que o índice de alavancagem sobre capital próprio não é constante. Na verdade, os indicadores acima descritos aplicam-se apenas uma vez durante a vida do projeto, a saber, em sua conclusão. Após isso, a dívida é amortizada periodicamente (em ritmo mais lento que o *equity*, que será "reembolsado" ao longo de toda a vigência do Contrato do Projeto, inclusive durante o período correspondente à Margem de Segurança do Recurso da Dívida) de forma que a parcela de dívida vai diminuindo com o decorrer da vida útil do projeto, acabando por chegar a zero (se tudo correr bem) assim que entrar em vigor a referida margem.

§ 12.4.1 Cálculo do Índice de Alavancagem Sobre o Capital Próprio

Os financiadores exigirão a observação desse quociente após sua determinação. O momento em que a Empresa do Projeto é normalmente chamada a comprovar a observância do índice (pressupondo que os volumes de dívida e de *equity* não sejam reduzidos de forma *pro rata* — § 12.2.3) é a Conclusão do Projeto ou a data a partir da qual não se possam mais efetuar saques da dívida (que pode ser até 6 meses após a referida conclusão), o que ocorrer por último.

O cálculo baseia-se nos aportes de dívida e de *equity*, em vez de nos dados constantes do balanço patrimonial, e, caso se utilize mais de uma moeda na estrutura de financiamento, deverá seguir a taxa de câmbio da data do Assinatura do Contrato de Financiamento (§ 10.5.6).

§ 12.4.2 Financiamento de Contingência

É preferível que a Empresa do Projeto conte com esse recurso para cobrir eventuais custos imprevistos que venham a surgir durante a fase de construção (§ 9.5.6). Costuma ser disponibilizado na forma de aportes adicionais de *equity* e dívida, em geral na mesma proporção entre essas modalidades de financiamento prevista no Caso Base. Sendo necessário, só se efetuarão saques dessa fonte após o esgotamento total dos recursos de *equity* e dívida do Caso Base.

Os Empreendedores normalmente não têm nenhuma obrigação de efetuar aportes adicionais, além do *equity* contingente, se o projeto enfrentar percalços. É esse o significado de ausência de garantias corporativas nas operações de *project finance*.

Na maioria das vezes, o financiamento de contingência, tanto de dívida quanto de *equity*, permanece disponível para saque até pouco tempo após a Conclusão do Projeto. Os riscos contingentes durante as operações são cobertos por Contas de Reserva (§ 14.4.1).

§ 12.4.3 *Equity* integralmente contingente

Ampliando o princípio do *Equity-Bridge Loan* (§ 12.2.3), a continuidade da concessão de financiamento além da fase de construção pode dar-se apenas na forma de dívida, com os aportes de *equity* só ocorrendo em contingências (isto é, só com saques em caso de necessidade). Essa utilização de *equity* contingente:

- Reduz o custo do financiamento para a Empresa do Projeto contanto que os investidores estejam dispostos a aceitar um TIR ou VPL inferior ao que obteriam de um investimento de *equity* em dinheiro (é óbvio que esse seria o patamar mínimo de atratividade da TIR do Acionista ('hurdle rate' Equity IRR) (§ 12.2 .1), descontado o custo de capital para os investidores; e

- Evita, para a Empresa do Projeto, a necessidade de dispor de um volume de *equity* suficiente para enfrentar o pior cenário concebível (que talvez nunca se concretize), o que, mais uma vez, lhe proporciona maior competitividade no tocante aos custos financeiros.

Até o momento, essa estratégia só foi empregada de maneira muito limitada no mercado de *project finance*. Cabe ressaltar que os cálculos de TIR e VPL baseados no fluxo de caixa, por não considerarem os montantes em risco, mas não sacados em dinheiro (§ 12.2.3), não são adequados para os investidores nessa situação, sendo aplicável a esses casos a questão dos Índices de Cobertura discutida no § 12.4.4. De mesma forma, se os investidores firmarem o compromisso de pronto atendimento no caso de necessidade de aporte adicional de *equity* para cobrir custos imprevistos do projeto ou para suprir uma eventual insuficiência de fluxo de caixa da Empresa do Projeto (§ 9.13), essa disposição não se refletirá no cômputo da TIR. O ponto fundamental é a garantia prestada aos financiadores de que o *equity* será de fato investido quando solicitado, o que pode demandar o respaldo de uma carta de crédito bancário.

§ 12.4.4 Projetos sem aporte de *equity*

Se apresentar um fluxo de caixa com alto grau de certeza (graças a um Contrato Principal do Projeto que transfira os riscos de preço e demanda), além de ICSD e LLCR elevados, aritmeticamente a iniciativa não teria necessidade de nenhum aporte de *equity* e, ainda assim, geraria fluxo de caixa suficiente para cobrir 100% do financiamento proveniente de dívida. De modo geral, entretanto, os financiadores preferem que os Empreendedores assumam o risco por meio da injeção de um montante razoável de *equity* no projeto e, devido à exigência da manutenção de Índices de Cobertura, é fundamental, em termos matemáticos, uma geração de caixa superior ao limite necessário para o serviço da dívida, superávit esse que deverá ser utilizado de alguma forma, sendo a finalidade mais óbvia o pagamento de um retorno sobre o *equity*. Além do mais, é essencial que os Empreendedores participem com investimento de risco durante a fase de construção, pois, se não houver Empreendedores, quem será responsável pelo gerenciamento do projeto?

Já houve iniciativas financiadas por meio do chamado *pinpoint equity* (isto é, um aporte mínimo dessa modalidade), mas trata-se de casos excepcionais, como, por exemplo, os projetos sem fins lucrativos custeados por títulos americanos da categoria 63–20 (*U.S. 63–20 bonds*) (§ 4.3.1). Em geral, isso ocorre quando um fluxo de caixa já implantado é direcionado a um novo projeto de PPP, por exemplo, a construção de uma ponte ao lado de outra já existente, e a Empresa do Projeto se beneficia da receita do pedágio da estrutura antiga, bem como da cobrança pelo uso da nova. De fato, o fluxo de caixa existente é o *equity* que financia o projeto. Nesses casos, o excedente de caixa exigido pelos Índices de Cobertura (§ 12.8) poderá ser usado no pré-pagamento da dívida, que, uma vez quitada, permitirá que o projeto seja transferido de volta para a Autoridade Contratante.

§ 12.5 PERFIL DO SERVIÇO DA DÍVIDA

O serviço da dívida (ou seja, os pagamentos dos juros do empréstimo e as amortizações do principal) é um dos principais fatores da estrutura de financiamento que influenciam a taxa de retorno do investidor.

Quanto mais rápido os investidores da Empresa do Projeto receberem dividendos e outras Distribuições, melhor será sua remuneração. Para os investidores, portanto, não é interessante que uma grande parcela do fluxo de caixa operacional do projeto seja direcionada aos pagamentos aos financiadores em detrimento dessas Distribuições. Os financiadores, por outro lado, geralmente desejam ser reembolsados o mais rápido possível. A busca de um equilíbrio razoável entre essas demandas conflitantes é parte importante das negociações do empréstimo.

As questões que surgem na negociação do cronograma de amortização da dívida são:

- O período de vigência do financiamento (§ 12.5.1);
- Seu prazo médio (§ 12.5.2);
- O cronograma de amortização (§ 12.5.3); e
- A flexibilidade desse reembolso (§ 12.5.4).

§ 12.5.1 Prazo de vigência do financiamento

Geralmente, em *project finance*, a dívida tem prazos muito mais extensos (período de amortização) do que os empréstimos bancários convencionais;[216] o período de saque durante a construção de um projeto de energia pode ser de 2 a 3 anos, seguido de 15 anos para amortização, dando um prazo total de 17 a 18 anos; já para projetos de infraestrutura,

216 A duração de um empréstimo ou contrato também é denominada "prazo de vigência".

pode ser de 25 anos ou mais. Os projetos de recursos naturais e de telecomunicações, devido à menor extensão de seu ciclo de vida útil, costumam apresentar prazo de financiamento mais curto. Por exemplo, os empréstimos concedidos para iniciativas de mineração podem ser de apenas cinco anos (porém, outro fator a ser considerado nesse contexto é o grau de alavancagem, na maioria das vezes de cerca de 50:50, havendo, portanto, um volume menor de dívida a saldar). É óbvio que isso depende das condições e da disposição do mercado financiador de conceder linhas de crédito com o prazo necessário (§ 17.2).

O período do financiamento está sujeito sobretudo à certeza, no longo prazo, da capacidade de geração de fluxo de caixa do projeto, levando em conta a necessidade de uma Margem de Segurança do Recurso da Dívida (§ 7.2.3; § 12.3.4). Assim, para uma Empresa de Projeto com um Acordo Principal de 20 anos, é factível visar à captação de recursos de dívida por 17 a 19 anos.

É evidente que os índices de cobertura são afetados pelo cronograma do serviço da dívida. Quanto menor o prazo, mais elevados esses pagamentos e menores os patamares de ICSD e LLCR, portanto a geração de fluxo de caixa do projeto não permitirá fazer frente a dívidas com período curto demais.

A localização do projeto é outro fator que pode influenciar o prazo do financiamento, que costuma ser menos extenso se a iniciativa for em um país de alto risco do que em um lugar com melhor classificação nesse sentido.

O prazo referencial de vigência do financiamento pode ser estendido por meio de um acordo de Excedente de Caixa Direcionado (§ 14.4.3).

§ 12.5.2 Prazo médio do financiamento

Além do prazo geral de vigência do empréstimo, os financiadores também analisam o cronograma de amortização para definir o ritmo de queda do risco ao longo do tempo. Obviamente, no tocante a essa exposição, há uma grande diferença entre um empréstimo de 1000 restituído em 100 parcelas ao longo de 10 anos e um do mesmo valor reembolsado em único pagamento ao final do mesmo período.

É possível que os financiadores, como parte de sua política geral de crédito no tocante à concessão de empréstimos no âmbito de *project finance*, imponham um teto para o prazo médio do financiamento de forma que, para atender a essa exigência, pode ser necessária uma redução das Distribuições a investidores, bem como uma aceleração do serviço da dívida.

Calcula-se o prazo médio do financiamento com base no do empréstimo, que é utilizado pelos financiadores de maneira semelhante à da definição, pelos investidores, do período de *payback* (§ 12.2.4), ou seja, uma verificação destinada a garantir que o cronograma de amortização não se estenda além do necessário. Esse cômputo pode ser efetuado com base:

- No período decorrido até a liquidação de 50% do empréstimo, assim, considerando a restituição de um crédito de 4 ao longo de 4 anos em parcelas anuais de 1, o prazo em questão será de 2 anos;
- Na média ponderada da parcela do principal pendente a cada ano, com a soma desses valores, seguida da divisão do resultado pelo montante original do empréstimo; desse modo, para o mesmo crédito descrito no item anterior, o prazo médio, nessa base, seria de dois anos e meio ([4 + 3 + 2 + 1] ÷ 4); ou
- Na média ponderada dos pagamentos, com a multiplicação de cada parcela pela quantidade de anos em aberto, seguida da divisão do resultado pelo montante do empréstimo; desse modo, para o mesmo crédito, o cálculo seria [((1×1)+(1×2)+(1×3)+(1×4))÷4], o que naturalmente produz o mesmo resultado.

Por considerar o cronograma de amortizações, o método da média ponderada é mais adequado. Considere-se um empréstimo de 4 pago em duas parcelas de 2, uma ao final do segundo ano e outra no encerramento do quarto: o cálculo simples ainda daria um prazo médio de 2 anos, o mesmo que no caso de 4 amortizações anuais no valor de 1, todavia, com a média ponderada, o resultado seria de 3 anos

[((2×2)+(2×4))÷4], demonstrando claramente que o empréstimo em questão tem um prazo médio ponderado mais extenso do que aquele liquidado em prestações anuais de igual valor.

Entretanto, no âmbito de *project finance*, a complexidade é maior já que, nos empréstimos dessa modalidade, os saques se dão ao longo de um período determinado, durante a fase de construção. Daí surgem as questões: por quanto tempo permanece em aberto cada saque e como se calcula essa média?

Há três soluções:

- Ignorar o período de saque e considerar apenas o prazo médio da amortização (que é o método seguido pelas agências de crédito à exportação em atendimento ao Consenso da OCDE — § 16.2.3).
- Acrescentar o período total dos saques ao cálculo do prazo médio de amortização, sistema que se justifica pelo fato de os financiadores incorrerem, durante todo o período dos saques, o risco pelo valor total do empréstimo concedido. Logo, se os saques relativos a um crédito de 4 se estenderem por 2 anos, seguidos, nos 4 seguintes, de amortizações anuais de 1, o prazo médio ponderado seria de 4 anos e meio (2 anos de saque e 2,5 anos do prazo médio ponderado dos pagamentos conforme calculado acima).
- Com base no método do valor ponderado do principal em aberto, sendo o denominador o montante máximo do principal ainda pendente (embora isso se torne problemático caso os saldos em aberto forem utilizados como crédito rotativo, isto é, aumentem ou diminuam por conta de saques efetuados, sejam amortizados com recursos oriundos de outras fontes de fluxo de caixa e sacados novamente). Portanto, se o empréstimo de 4 for sacado ao longo dos dois anos da fase de construção em duas parcelas, uma ao final de cada ano, e pago em 4 parcelas anuais de 1, o prazo médio será de 3 anos, conforme demonstrado na Tabela 12.4 (em comparação com os 4,5 anos calculados como descrito acima, com base no total do período de saque).

Tabela 12.4 — Prazo Médio do Empréstimo incluído o Período de Construção

	Saque	**Saldo Devedor**
1º Ano	2,0	2,0
2º Ano	2,0	4,0
3º Ano	–1,0	3,0
4º Ano	–1,0	2,0
5º Ano	–1,0	1,0
6º Ano	–1,0	0,0
Total dos Saldos Devedores		12,0
Prazo médio (12,0÷4)		**3 anos**

§ 12.5.3 Cronograma de amortização

A amortização do empréstimo, normalmente em pagamentos semestrais, em geral se inicia cerca de 6 meses após o término da construção do projeto.[217] No financiamento por meio de títulos, é possível a constituição de um fundo de amortização (*sinking fund*) para efetuar a liquidação integral da obrigação quando de seu vencimento, em vez de efetuar o pagamento em parcelas, no entanto é evidente que essa prática implica uma elevação do custo do financiamento, não sendo, portanto, comum no mercado de emissão de títulos para *project finance*. Portanto, essas obrigações costumam ser amortizadas de forma semelhante à dos empréstimos.

Quanto à estrutura de amortização, pode-se avaliar que, adotando como premissa uma razoável uniformidade do fluxo de caixa do projeto ao longo do tempo (cf. 7.3.2), o mais justo para os financiadores seria a restituição do financiamento em parcelas iguais (por exemplo, se o montante da dívida for 1.000, a ser reembolsada durante 10 anos, os pagamentos seriam de 100 por ano). Na verdade, essa estrutura de amortização, embora não seja incomum, é desvantajosa

217 Denomina-se "período de carência" o intervalo entre a assinatura do empréstimo e o vencimento dos pagamentos, portanto os financiadores podem oferecer, por exemplo, um crédito de 20 anos com 3 de carência, sendo esse período normalmente calculado de maneira a cobrir o período de construção e os 6 meses seguintes, conforme especificado acima.

para os investidores da Empresa do Projeto já que, nos primeiros anos do empréstimo, quando as despesas de juros são relativamente elevadas, uma parcela muito maior do fluxo de caixa é alocada para os financiadores. Além disso, com essa prática, os ICSDs do projeto acabam sendo mais baixos durante essa fase, justamente o período em que o fluxo de caixa da iniciativa está mais suscetível a problemas relacionados ao início das operações. Em vista disso, o mais comum é a amortização anual, com a qual se garante uma uniformidade proporcional, ao longo do prazo do empréstimo, dos pagamentos do principal e dos juros.

Essa prática é ilustrada nos exemplos simplificados vistos nas Tabela 12.5 e 12.6, que têm em comum as seguintes premissas:

- O custo do projeto: 1250;
- O índice da dívida sobre o capital próprio: 80:20;
- O valor do principal: 1000;
- O prazo: 10 anos, com amortizações anuais a pagar na data de seu vencimento;
- A taxa de juros: 10% a.a.;
- O volume de *equity*: 250;
- O fluxo de caixa antes do pagamento do serviço da dívida e da distribuição de dividendos: 220 a.a.;
- O fluxo de caixa depois do pagamento integral do serviço da dívida aos investidores;
- O valor residual do projeto: 0;
- A taxa de desconto aplicada ao VPL do *equity* aplicado pelos investidores (custo de capital): 12%;
- A taxa de reinvestimento de *equity* dos investidores (para cálculo da TIR-M): 12% a.a. e
- O cálculo não considera o período de construção.

Tabela 12.5 — Efeito de pagamentos anuais proporcionalmente uniformes do valor do principal

Ano:	**0**	**1**	**2**	**3**	**4**	**5**	**6**	**7**	**8**	**9**	**10**
(a) Fluxo de caixa do projeto		220	220	220	220	220	220	220	220	220	220
Perspectiva dos financiadores											
(b) Amortizações do empréstimo		100	100	100	100	100	100	100	100	100	100
(c) Saldo devedor (no final do ano)	1000	900	800	700	600	500	400	300	200	100	0
(d) Pagamentos de juros		100	90	80	70	60	50	40	30	20	10
(e) Total do serviço da dívida [(b)+(d)]		200	190	180	170	160	150	140	130	120	110
ICSD [(a)÷(e)]		*1,10*	*1,16*	*1,22*	*1,29*	*1,38*	*1,47*	*1,57*	*1,69*	*1,83*	*2,00*
ICSD médio		*1,47*	*1,51*	*1,56*	*1,60*	*1,66*	*1,71*	*1,77*	*1,84*	*1,92*	
LLCR [NPV((a)÷(c))]	*1,35*	*1,41*	*1,47*	*1,53*	*1,60*	*1,67*	*1,74*	*1,82*	*1,91*	*2,00*	
Prazo médio do empréstimo	*5,5 anos*										
Perspectiva dos investidores											
Investimento de *equity*	250										
Dividendos [(a) — (e)]		20	30	40	50	60	70	80	90	100	110
VPL do investimento	66										
TIR do Acionista	*16,6%*										
TIR- M do *equity*	*14,6%*										
Prazo de *payback*	c. 6 anos										

Tabela 12.6 — Efeito de amortizações anuais

Ano:	**0**	**1**	**2**	**3**	**4**	**5**	**6**	**7**	**8**	**9**	**10**
(a) Fluxo de caixa do projeto		220	220	220	220	220	220	220	220	220	220
Perspectiva dos financiadores											
(b) Amortizações do empréstimo		63	69	76	84	92	101	111	122	134	148
(c) Saldo devedor (no final do ano)	1000	937	868	792	709	617	516	405	282	148	0
(d) Pagamentos de juros		100	94	87	79	71	62	52	40	28	15
(e) Total do serviço da dívida [(b)+(d)]		163	163	163	163	163	163	163	163	163	163
ICSD [(a)÷(e)]		*1,35*	*1,35*	*1,35*	*1,35*	*1,35*	*1,35*	*1,35*	*1,35*	*1,35*	*1,35*
ICSD médio		*1,35*	*1,35*	*1,35*	*1,35*	*1,35*	*1,35*	*1,35*	*1,35*	*1,35*	
LLCR [VPL((a)÷(c))]	*1,35*	*1,35*	*1,35*	*1,35*	*1,35*	*1,35*	*1,35*	*1,35*	*1,35*	*1,35*	
Prazo médio do empréstimo	*6,25 anos*										
Perspectiva dos investidores											
Investimento de *equity*:	250										
Dividendos [(a) — (e)]		57	57	57	57	57	57	57	57	57	57
VPL do investimento	74										
TIR do Acionista	*18,8%*										
TIR-M *Equity*	*14,9%*										
Prazo de *payback*	*4,25 anos*										

Com os pagamentos proporcionalmente uniformes do principal, surge, de imediato, uma óbvia questão bem ilustrada por uma comparação entre o primeiro e o décimo ano: naquele, o pagamento do serviço da dívida (de 200) é quase o dobro do montante desembolsado neste (110), sendo que o ICSD é respectivamente de 1,10:1 (muito inferior a um patamar confortável) e de 2,00:1 (muito além do necessário).

As Distribuições para os investidores, por outro lado, encontram-se muito concentradas no final do período, com um aumento dos dividendos, entre o primeiro e o décimo ano, de cinco vezes e meia, ou seja, o reembolso do investimento inicial demora cerca de 6 anos.

São evidentes os benefícios da mudança para as amortizações anuais: a permanência do ICSD em um patamar confortável de 1,35:1 durante todo o período, graças à uniformidade proporcional dos pagamentos do serviço da dívida, o mesmo se aplicando ao LLCR.

Do mesmo modo, a distribuição de dividendos também apresenta uma estabilidade, ainda que o total recebido pelos investidores ao longo da vida do projeto sofra uma redução de 650 para 573 (devido à elevação dos juros pagos aos financiadores), e a TIR dos investidores eleva-se de 16,6% para 18,8%. Já a melhora da TIR-M (um indicador mais preciso do retorno) é mais discreta: de 14,6% para 14,9%. Por sua vez, o período de *payback* sofre uma expressiva redução para 4 anos e meio.

Em termos relativos, a estrutura de amortização é mais importante para os investidores do que a taxa de juros sobre a dívida. Se, nesse mesmo exemplo, os financiadores oferecessem uma redução de 0,25% dos juros em troca da uniformidade proporcional dos pagamentos do principal em vez da amortização anual, o efeito positivo sobre a TIR, para os investidores, seria de 0,6% ao ano enquanto, na estrutura baseada em anuidades, o ganho seria de 2,2% ao ano. Da mesma forma, provavelmente vale a pena pagar uma taxa de juros mais alta, em troca de um prazo de financiamento mais extenso, desde que haja, ao final do projeto, uma reserva suficiente de fluxo de caixa (uma margem de segurança) para embasar essa decisão.

Todavia, uma estrutura baseada em amortizações anuais resulta em um aumento expressivo dos pagamentos do serviço da dívida, reduzindo, assim, o ICSD nos últimos anos do projeto, além de aumentar o prazo médio da dívida: de 5 anos e meio, conforme demonstrado na Tabela 12.5, em comparação com pouco mais de 6 anos e 3 meses, como visto na Tabela 12.6.

Se houver mais incerteza quanto aos fluxos de caixa gerados mais perto do fim do projeto, é possível que os financiadores exijam Índices de Cobertura mais altos e prazo médios mais curtos do que aqueles proporcionados por uma estrutura baseada em amortizações anuais. Nesses casos, talvez seja necessária a adoção de um meio termo entre as duas abordagens.

Por outro lado, com a elaboração do projeto de maneira a gerar fluxos de caixa mais expressivos nos últimos anos, talvez se viabilize a utilização de um cronograma de amortização baseado em parcelas pagas em ritmo ainda mais lento do que na estrutura de amortizações anuais, mas com Índices de Cobertura anuais adequados, apesar da resistência dos financiadores à excessiva concentração de pagamentos no final do projeto e, por conseguinte, aos prazos médios indevidamente longos para o empréstimo por eles concedido.

Caso se preveja uma irregularidade dos fluxos de caixa, também se podem estruturar os pagamentos de acordo com a mesma característica, de forma que se mantenham os mesmos patamares de ICSD ao longo de todo o prazo do empréstimo, o que se denomina um cronograma de amortização sob medida. Essa prática pode ser necessária, por exemplo, se houver um elevado custo de manutenção em determinado exercício ou uma queda, nos anos finais, dos fluxos de caixa após o pagamento de impostos, refletindo a progressiva exigibilidade dos impostos diferidos caso a Empresa do Projeto se tenha beneficiado da depreciação fiscal acelerada de seus ativos nos primeiros períodos de operação, contanto que esses "incidentes" não tenham sido compensados por pagamentos antecipados nas Contas de Reserva (cf. 14.4.1).

Essas considerações não são relevantes apenas para os investidores: a estrutura de amortização da dívida tem um efeito evidente sobre o custo dos produtos ou serviços da Empresa do Projeto, podendo tornar-se um fator crucial caso os Empreendedores estejam envolvidos em licitações para futuros projetos.

§ 12.5.4 Flexibilidade de Pagamento

A fim de proporcionar à Empresa do Projeto alguma flexibilidade em caso de problemas temporários de fluxo de caixa (sobretudo na fase inicial de operações), os financiadores podem aceitar uma estrutura que preveja "metas de pagamento mínimo". São acordados dois cronogramas, um baseado no patamar efetivamente desejado pelos financiadores se o projeto operar conforme as previsões (ou seja, nas metas de amortização) e o outro, no pagamento mínimo necessário para evitar o inadimplemento por parte da Empresa do Projeto. Por exemplo, se, para um empréstimo de 1.000 com prazo de 10 anos, a meta de amortização for de 20 parcelas semestrais iguais, o cronograma mínimo poderia ser definido conforme apresentado na Tabela 12.7.

Se contar com fluxo de caixa disponível, a Empresa do Projeto deverá efetuar um pagamento suficiente para reduzir o saldo em aberto

Tabela 12.7 — Metas de amortização e amortizações mínimas

	Metas de Amortização		**Amortizações Mínimas**		
Nº da Amortização	**Amortização**	**Saldo Devedor**	**Amortização**	**Saldo Devedor**	**Diferença**
0	—	1000	—	1000,0	0,0
1	50	950	—	1000,0	50,0
2	50	900	52,6	947,4	47,4
3	50	850	52,6	894,7	44,7
4	50	800	52,6	842,1	42,1
5	50	750	52,6	789,5	39,5
.. *etc.*					
18	50	100	52,6	105,3	5,3
19	50	50	52,6	52,6	2,6
20	50	0	52,6	0,0	0,0

até a meta estabelecida no cronograma, caso contrário, deverá atingir ao menos o mínimo estipulado. Como visto na Tabela 12.7, inicialmente, os dois cronogramas diferem em uma parcela (50), distribuída pelas 19 remanescentes no cronograma mínimo. Com o tempo, o saldo devedor aproxima-se progressivamente do cronograma original em cada esquema de forma que, em ambos, o pagamento final ocorra à mesma época. Assim, o diferimento poderá aplicar-se ao montante integral da primeira parcela (50), mas apenas a 2,6 da penúltima. Isso proporciona à Empresa do Projeto 6 meses de flexibilidade na fase inicial da operação, quando costumam surgir os problemas típicos dos "primeiros passos" do empreendimento.

§ 12.6 TAXA DE JUROS, COMISSÕES E TARIFAS

Para a Empresa do Projeto, os principais custos do financiamento são:

- No caso de empréstimos a juros flutuantes, a taxa básica (a LIBOR, por exemplo), acrescida da margem de juros (§ 12.6.1), em conjunto com os pagamentos líquidos nos termos de um *swap* de taxa de juros (§ 10.3.1); ou
- No caso de empréstimos (ou títulos) a juros fixos, a taxa de juros (§ 12.6.1); e
- As comissões de consultoria, coordenação e taxas de subscrição (12.6.2);
- As comissões de compromisso (§ 12.6.3);
- As comissões pelos serviços de gestão e fidúcia de garantias (§ 12.6.4);
- As comissões pelos serviços de assessoria contratados pelos financiadores (§ 9.5.6); e
- As comissões pelos serviços da agência de classificação de risco de crédito se for aplicável à dívida (§ 5.3.1).

§ 12.6.1 Taxa de juros

Em geral, as margens de juros dos empréstimos internacionais para *project finance* a juros flutuantes baseados na LIBOR são de 2 a 3,5% acima dessa taxa.[218] Na maioria dos casos, o custo é mais elevado até a Conclusão do Projeto, como reflexo do risco mais acentuado durante essa fase da iniciativa, mas cai logo em seguida para voltar a subir de maneira gradual ao longo do tempo. Portanto, no caso de um projeto com empréstimo para uma fase de 2 anos de construção e de 15 de operação, a margem poderia ser de 2,5% nos dois primeiros anos, 2% entre o terceiro e o sétimo, 2,25% entre o oitavo e o décimo terceiro e 2,5% entre o décimo quarto e o décimo sétimo.[219] É a chamada revisão da taxa de juros. Sempre que se adota uma margem para juros flutuantes, também haverá *hedging* de juros (§ 10.3).

Hoje em dia, em boa parte dos bancos, a margem obtida é dividida internamente em dois componentes: o efeito do empréstimo sobre o balanço patrimonial/liquidez (§ 17.3) e a cobrança pelo risco de crédito, esta sendo retida pela área de *project finance* enquanto aquele é recolhido à tesouraria da instituição, responsável pela captação dos recursos necessários para a carteira de créditos.

No caso dos empréstimos concedidos por ECAs ou DFIs a juros pré-fixados, com subsídios ou fora das condições de mercado (*vide* Capítulo 16), se a classificação de risco do tomador for AAA, a taxa poderá refletir o custo dos recursos captados, acrescido de uma pequena margem para a cobertura dos custos de administração e outra que reflita o risco da operação.

Nas outras modalidades de financiamento com juros pré-fixados, inclusive os títulos, a taxa de juros do *coupon* baseia-se em fatores semelhantes aos considerados na precificação dos *swaps* de taxa de juros (§ 10.3.1). Na maioria das vezes, define-se a taxa de juros do *coupon* dos

---

218 As margens registraram um crescimento muito acentuado, da ordem de 2 a 3 vezes, após a crise financeira de 2008 (§ 17.2).

219 Às vezes, as margens são definidas em "pontos-base", uma unidade igual a 1/100 de 1% (0,01%). Portanto, uma margem de 2,5% corresponde a 250 pontos-base.

títulos como uma determinada margem sobre a rentabilidade atual de algum título público com duração semelhante ao prazo médio da dívida, refletindo os rendimentos pelos quais papéis semelhantes já são negociados no mercado.

§ 12.6.2 Comissões de coordenação e subscrição

São cobradas pelos coordenadores-líderes dos bancos com base em diversos fatores:

- O montante e a complexidade do financiamento;
- O tempo e o esforço necessário para sua estruturação;
- O risco do não recebimento de uma comissão condicionada ao êxito devido à interrupção do projeto, de modo que os negócios bem-sucedidos, em certa medida, subsidiam os fracassados;
- As metas gerais de retorno do banco para iniciativas desse tipo (levando em conta a pressão da concorrência), incluindo tanto o recebimento de comissões quanto o retorno sobre o saldo do empréstimo mantido na carteira de créditos da instituição;
- O período em que o banco responsável pela subscrição assume, em qualquer medida, o risco de sindicalização (§ 5.2.8) — por uma série de razões, pode ocorrer um lapso expressivo entre a assinatura da documentação do empréstimo (e, por conseguinte, a subscrição) e a busca de outras instituições do mercado de *project finance* para participação no consórcio;
- A parcela da comissão que deve ser alocada para subscrição subordinada (*sub-underwriting*) ou para as instituições financeiras participantes com vista a incentivá-las a participar do financiamento (parcela essa definida com base no tempo dispendido pelo banco na análise dela própria, do retorno total exigido pelo mercado em relação ao risco, considerando tanto a margem de juros quanto as comissões, bem como, possivelmente, a concorrência de outras operações realizadas no mercado à mesma época).

Grosso modo, as comissões encontram-se em um patamar muito próximo do percentual da margem de juros, porém serão cerca de 1% mais altas se o banco que atua como coordenador-líder também for o consultor financeiro.

Os fatores considerados na definição das comissões por serviços de coordenação e subscrição são, em grande medida, os mesmos, exceto que o banco de investimento subscritor da operação normalmente não tem interesse em manter os títulos na própria carteira e, portanto, não leva isso em conta na avaliação do retorno. Além disso, o período de risco envolvido na subscrição de títulos é muito inferior ao dispendido na formação de um consórcio de bancos (§ 5.3.1). Em vista disso, as comissões pela subscrição de títulos são muito mais baixas que aquelas pagas por empréstimos comparáveis.

§ 12.6.3 Comissões de compromisso

São pagas sobre a parcela já disponibilizada, mas ainda a sacar da dívida bancária durante a fase de construção (ou seja, desde que seja possível efetuar saques contra o empréstimo). Nos empréstimos concedidos no âmbito de *project finance*, as comissões de compromisso correspondem a cerca de 50% da margem de juros da operação. Como, na maioria dos empréstimos de *project finance*, os saques são efetuados muito lentamente (levando quase sempre de 2 a 3 anos), os bancos contam com essas taxas para atingir um patamar razoável de retorno sobre o risco assumido durante a fase de construção do projeto. As comissões de compromisso não se aplicam a títulos ou empréstimos com saques realizados imediatamente após sua assinatura.

§ 12.6.4 Comissão de gestão

Finalmente, existem as comissões devidas ao banco gestor ou agente fiduciário das garantias (§ 5.2.9). O tempo dispendido pelo banco na gestão dos recursos da iniciativa pode ser bem extenso, sendo do interesse da Empresa do Projeto garantir que uma comissão anual razoável cubra, de maneira adequada a prestação desse serviço, no entanto é preciso que essa taxa se baseie em uma avaliação justa dos custos, não devendo representar, para o gestor, uma fonte significativa de lucro adicional.

§ 12.7 CUSTOS ADICIONAIS

Os financiadores também estão expostos ao risco de custos adicionais relacionados ao empréstimo (e, em geral, repassados para a Empresa do Projeto) como resultado de:

- Retenção de impostos sobre os pagamentos de juros (§ 12.7.1);
- Custos regulatórios adicionais (§ 12.7.2); e
- Interrupções no mercado (§ 12.7.3).

§ 12.7.1 Retenção de impostos sobre o pagamento de juros

A Empresa do Projeto pode ter que deduzir impostos de renda, em conformidade com a legislação local, dos pagamentos de juros a financiadores estrangeiros. Nesses casos, os bancos normalmente exigem, da Empresa do Projeto, a majoração desses desembolsos (isto é, um aumento suficiente para gerar o montante líquido devido à instituição após a dedução dos impostos de forma que, por exemplo, se o valor a pagar for de 100 e a retenção de 10%, a Empresa do Projeto deve ajustar o pagamento para 111 e, em seguida, deduzir os 11 correspondentes à retenção, pagando assim ao banco o valor líquido de 100).

É possível que o banco aceite reembolsar a retenção fiscal à Empresa do Projeto se puder efetuar a compensação do valor do imposto contra outros passivos fiscais gerados no país da operação (se houver algum tratado em vigor, firmado com o país da Empresa do Projeto, no tocante a essa questão tributária específica). No entanto, as instituições financeiras não estão em condições de discutir formas de gestão de suas questões fiscais (isto é, talvez aproveitem outros tipos de compensação fiscal de modo que não poderiam beneficiar-se do crédito tributário resultante da retenção). Assim sendo, o reembolso dependerá inteiramente da boa-fé do banco.

Essa questão não diz respeito apenas ao mercado de *project finance* porque a retenção de impostos recebe o mesmo tratamento em todos os tipos de empréstimos bancários, no entanto os pagamentos de juros devem ser majorados apenas para cobrir os desembolsos aos bancos efetivamente afetados, e não ao consórcio como um todo. Questões semelhantes aplicam-se aos títulos.

A retenção de impostos sobre as distribuições de dividendos aos investidores ou juros relativos a financiamentos subordinados é abordada no § 13.7.6.

§ 12.7.2 Custos obrigatórios

É comum pagar aos bancos comerciais financiadores uma quantia adicional para cobrir os "custos obrigatórios" incorridos pelas instituições devido à concessão do empréstimo.[220] Trata-se de pagamentos específicos para o mercado de atuação do financiador: em Londres, por exemplo, esses custos consistem em:

- *Custos do Banco Bank of England* (BoE): O Banco Central do Reino Unido exigia das instituições financeiras o recolhimento de um depósito não remunerado equivalente (em meados de 2012) a 0,18% do total de seus "passivos elegíveis", tais como os empréstimos interbancários líquidos. Desse modo, os empréstimos são taxados de maneira proporcional correspondente ao custo de oportunidade da obrigação de efetuar um depósito adicional quando o empréstimo for sacado. Há dispositivos legais semelhantes para bancos que concedem empréstimos de

220 Também conhecidos como requisitos mínimos de liquidez ("MLRs") ou requisitos mínimos de ativos líquidos ("MLAs"), não devendo ser confundido com os diferentes significados de MLA em § 16.5. No entanto, os termos não são apropriados aos casos em que os custos não têm relação apenas com a exigência de manutenção pelo banco de certos patamares de liquidez.

dentro da zona do euro em relação aos depósitos compulsórios recolhidos junto ao Banco Central Europeu.

- *Taxa da Financial Services Authority (FSA):* Cobrava-se dos bancos uma taxa destinada a cobrir os custos administrativos da FSA (Autoridade Reguladora de Serviços Financeiros do Reino Unido, hoje extinta e, em parte, incorporada pelo Bank of England) e, neste caso também, o custo *pro rata* era adicionado ao custo dos juros.

Essas disposições impõem desembolsos adicionais bem pequenos, representando, por exemplo, um acréscimo de cerca de 0,02% à taxa de juros. Além disso, exigem o pagamento de quaisquer aumentos dos custos existentes e gastos adicionais resultantes de mudança na lei ou regulamentação que venham a afetar os financiadores.[221]

§ 12.7.3 Interrupções no mercado

Como financiadores em *project finance*, os bancos comerciais também exigem a inclusão, nos contratos de empréstimos de longo prazo a taxas flutuantes, de cláusulas-padrão relativas a "interrupções no mercado", situações em que os financiadores se veem impossibilitados de renovar a captação de curto prazo (por exemplo, com base na LIBOR) devido a suspensões das atividades comerciais em geral. Em outras palavras, supondo uma ausência de definição da LIBOR, outro indexador teria que ser utilizado ou, se os financiadores perderem completamente a capacidade de captação, o empréstimo (teoricamente) se torna exigível.

Essas cláusulas não se aplicam se um ou dois financiadores encontrarem dificuldades devido a problemas internos não relacionados ao mercado em geral, porém a documentação entre os credores poderá incluir dispositivos de proteção relativos a "Financiadores Inadimplentes", ou seja, bancos que não disponibilizam os recursos necessários para cumprir os compromissos de sua participação na estrutura de financiamento quando se efetuam saques (§ 14.14.6).

---

221 *Vide* § 17.3 sobre o efeito mais sério das disposições de "Basileia III".

Tabela 12.8 — Otimização

	Caso 1	**Caso 2**	**Caso 3**	**Caso 4**
	Valor máximo da dívida	**Menor grau de alavancagem**	**Menor Nível de Cobertura**	**Maior Nível de *Equity***
Custo do projeto	1.000	1.000	1.000	1.000
Índice da dívida sobre capital próprio	95:5	82:18	86:14	75:25
Taxa de juros da dívida	7%	7%	7%	6,5%
Prazo de amortização da dívida	25 anos	25 anos	25 anos	25 anos
ICSD exigido pelos financiadores	1,35:1	1,35:1	1,25:1	1,35:1
TIR do Acionista desejado pelos investidores	13%	13%	13%	11%
Pagamentos Anuais				
Serviço da dívida (amortização anual)	81	70	74	61
Distribuições para proporcionar a TIR do Acionista	7	25	18	30
Pagamento do Contrato Principal para cobrir o serviço da dívida + TIR do Acionista	**88**	**95**	**93**	**91**
Pagamentos do Contrato Principal para satisfazer a exigência de ICSD	**109**	**95**	**93**	**77**

§ 12.8 OTIMIZAÇÃO DA ESTRUTURA FINANCEIRA

As diversas atividades de estruturação financeira acima descritas não são independentes umas das outras. Uma "otimização" do modelo financeiro é efetuada por um consultor especializado, contratado pelos Empreendedores para fim específico, com vista a encontrar a melhor combinação de estruturas possível e garantir ou a melhor TIR do Acionista, ou a melhor proposta em licitações.

Esse processo é ilustrado, de maneira simplificada, na Tabela 12.8.

O **Caso 1** tem como premissa um custo de projeto de 1.000, com os financiadores cobrindo até 95% do custo, mas exigindo, em contrapartida, um ICSD de 1,35:1. O empréstimo é remunerado a 7% e restituído (em amortizações anuais) ao longo de 25 anos. Com base nessas premissas, o serviço anual da dívida seria de 81, e as Distribuições aos investidores, com a mesma periodicidade, de 7, de modo que seriam necessários Pagamentos do Contrato Principal de 88 a.a. para pagar essas quantias aos financiadores e investidores. No entanto, o projeto também deve atender à exigência dos financiadores com relação ao ICSD de 1,35: 1. Como o serviço da dívida anual é de 81, os Pagamentos do Contrato Principal devem ser de 109 (isto é, 81 x 1,35). Portanto, ainda que os financiadores e investidores recebam o serviço de dívida e as Distribuições previstas, gerando um Pagamento do Contrato Principal no valor de 88, esse desembolso tem que atingir 109 devido à exigência do Índice de Cobertura.

No **Caso 2**, portanto, pressupõe-se uma redução da alavancagem para 85%, com todas as demais premissas inalteradas. Por mais absurdo que pareça, isso resulta em uma queda dos Pagamentos do Contrato Principal. O total do serviço anual da dívida e das Distribuições passa para 95. O Pagamento do Contrato Principal necessário para atender à exigência de ICSD também é de 95 (ou seja, 70 × 1,35). Assim, o Índice de Cobertura não mais excede o necessário para fazer frente aos pagamentos relativos à dívida e ao *equity*.

No **Caso 3**, pressupõe-se uma disposição dos financiadores de reduzir o ICSD para 1,25:1, permitindo uma elevação da alavancagem a 86%. O total do serviço anual da dívida e das Distribuições passa para 93. O Pagamento do Contrato Principal necessário para atender à exigência de ICSD é de 93 (ou seja, 74 × 1,25). Portanto, a redução do Índice de Cobertura leva a uma queda dos Pagamentos do Contrato Principal. De fato, pode ser mais vantajoso para os Empreendedores negociar um Índice de Cobertura menor do que uma taxa de juros mais baixa para a dívida.

Já no **Caso 4**, pressupõe-se uma disposição dos investidores de efetuar novo aporte de *equity* (25%) e reduzir a TIR do Acionista exigida. Da mesma forma, a taxa de juros da dívida cai para 6,5%, refletindo o menor risco devido ao maior volume de *equity*.[222] Isso é faz sentido uma vez que cada US$ investido está sujeito a um risco comparativamente menor em relação aos casos com maior alavancagem. O total do serviço anual da dívida e das Distribuições passa para 91, abaixo do observado no caso anterior. Nesse caso, para atender ao requisito de ICSD, só seria necessário um Pagamento anual do Contrato Principal de 77, todavia isso não afeta a resposta. Portanto, paradoxalmente mais uma vez, uma redução expressiva da alavancagem pode levar a uma queda dos Pagamentos do Contrato Principal. Por conseguinte, são necessárias algumas ressalvas à afirmação em § 2.6 de que uma alta da alavancagem leva necessariamente a uma queda do custo do produto ou serviço do projeto. No entanto, um problema dessa prática, para o Tomador do Serviço/Autoridade Contratante, é que essa estrutura facilita, para os investidores, o refinanciamento do projeto com maior alavancagem no início da vida útil da iniciativa (§ 14.16), o que é financeiramente ineficiente do ponto de vista daquele.[223]

Em resumo, o objetivo não é necessariamente chegar ao menor custo de financiamento da dívida, mas a seu menor Custo Médio Ponderado de Capital (CMPC) para a Empresa do Projeto, isto é, os custos totais de financiamento levando em conta os prazos e custos do financiamento da dívida, bem como os requisitos de retorno sobre o *equity*.

Esses exemplos de otimização de modelos foram simplificados ao extremo. Os cálculos ignoram as receitas e os custos operacionais, que podem ser considerados os mesmos em todos os Casos, bem como a inflação, a tributação e a exigência dos financiadores por uma margem de segurança de fluxo de caixa na fase final do projeto.

---

222 Reduzindo a taxa de juros se houver aporte adicional de *equity*, conhecido como "interest buy-down" (redução nas taxas de juros).

223 *Vide* § 17.5.5 sobre uma breve experiência do governo britânico com o aumento do índice de *equity* em projetos de PPP.

Outros fatores que podem afetar os fluxos de caixa, como "picos" de custos de manutenção (cf. 9.7.5), também foram excluídos do cálculo.

Conteúdo *online*

Este capítulo aborda algumas das principais questões relacionadas à estruturação financeira que podem surgir após a análise dos fundamentos e riscos comerciais do projeto, conforme descrita acima. A estruturação financeira costuma ocorrer paralelamente ao processo de modelagem financeira, descrito no Capítulo 13. Como os Empreendedores são os atores decisivos de qualquer projeto, discute-se, em primeiro lugar, o ponto de vista dos investidores (§ 12.2). Na sequência, analisam-se os principais elementos que costumam ser abordados durante as negociações entre a Empresa do Projeto e seus financiadores no tocante à estrutura e condições gerais do financiamento. Em geral, eles são: Índice de Cobertura da Dívida (§ 12.3); índice da dívida sobre o capital próprio (§ 12.4); perfil do serviço da dívida (§ 12.5); taxa de juros e comissões (§ 12.6) e custos adicionais do financiamento (§ 12.7). Todos esses elementos estão correlacionados de forma que a mudança de um deles costuma acarretar alterações em pelo menos um outro. Portanto, esse efeito cascata deve ser levado em consideração por meio de um aprofundamento da "otimização" do modelo financeiro, com vista à maior eficácia possível da estrutura financeira (§ 12.8).

CAPÍTULO XIII

O MODELO FINANCEIRO

§ 13.1 INTRODUÇÃO

Este capítulo analisa as principais funções dos modelos financeiros (§ 13.2), bem como os principais fundamentos das informações e premissas utilizadas nas projeções reunidas a fim de gerar contribuições para aqueles adotados em projetos (§ 13.2), a saber:

- Premissas macroeconômicas (§ 13.4);
- Custos e fornecimento da dívida do projeto (§ 13.5);
- Receitas e custos operacionais (§ 13.6); e
- Premissas contábeis e tributárias (§ 13.7).

Os resultados finais do modelo (§ 13.8) confirmarão a viabilidade (ou não) da iniciativa do ponto de vista dos investidores (e, no caso de projetos de usinas de processamento ou de infraestrutura, os custos incorridos pelo Tomador de Serviço/Autoridade Contratante ou pelos usuários). Os financiadores usam o modelo para efetuar análises de sensibilidade com vista a prevenir, em cenários desfavoráveis, riscos indevidos ao empréstimo por eles concedido (§ 13.8). A versão final do modelo é quase sempre definida no ato da Assinatura do Contrato de Financiamento (§ 13.10), mas continua a ser utilizada posteriormente (§ 13.11).[224]

§ 13.2 FUNÇÕES DO MODELO FINANCEIRO

Ferramenta essencial para o custeio de qualquer projeto, o modelo financeiro atende a uma série de objetivos:

Antes da Assinatura do Contrato de Financiamento. Durante a fase de desenvolvimento, o modelo financeiro é necessário para:

- Efetuar a avaliação inicial e as posteriores tanto dos aspectos financeiros quanto dos retornos para os Empreendedores (§ 12.2);
- Estruturar o financiamento e rever os benefícios de diferentes condições financeiras para os Empreendedores (§ 12.8);
- Formular as cláusulas financeiras dos Contratos do Projeto, inclusive os cálculos da indenização fixada pela cláusula penal (§ 8.2.8);
- Fazer parte da *due diligence* dos financiadores (§ 5.5.5); e
- Quantificar os aspectos fundamentais das negociações do financiamento.

O Tomador de Serviço/Autoridade Contratante também precisa elaborar um modelo financeiro durante a fase de desenvolvimento (§ 3.7) para:

- Confirmar a viabilidade financeira e a orçamentária do projeto (§ 3.7.3); e

224 Este capítulo não tem a pretensão de transformar o leitor em um especialista em modelagem financeira, propondo-se apenas a descrever os principais aspectos dessa prática relevantes para as partes envolvidas em um projeto. Penelope Lynch, *Financial Modelling for Project Finance* (Euromoney Institutional Investor, Londres, 2010 [2ª ed.]) traz orientação minuciosa nesse sentido.

- Comparar e avaliar as propostas de Empreendedores em potencial (§ 3.7.8).

Após a Assinatura do Contrato de Financiamento. O modelo financeiro continua a desempenhar um papel importante nessa fase por:

- Servir como ferramenta de planejamento orçamentário (embora seja provável que a Empresa do Projeto também desenvolva um modelo à parte para esse mesmo fim);
- Permitir que os financiadores revejam as alterações das perspectivas de longo prazo do projeto e, por conseguinte, sua exposição ao risco continuamente (§ 14.4.3); e
- Permitir que os investidores calculem o valor de seu investimento (§ 14.17).

Nos casos em que houver um Tomador de Serviço/Autoridade Contratante, também se utiliza o modelo financeiro para calcular:

- Os pagamentos de eventos indenizáveis (§ 7.6.5);
- Eventual ganho de refinanciamento (§ 14.16.3); e
- O montante da indenização em algumas hipóteses de rescisão antecipada do contrato (§ 7.10.2).

É possível que os Empreendedores e os financiadores elaborem modelos financeiros distintos paralelamente, conforme discutido na Seção § 5.2.6, no entanto é mais eficiente desenvolver um único em conjunto. Nesse caso, os Empreendedores podem iniciar o trabalho, que, em uma etapa posterior, contará com a colaboração dos financiadores, dependendo do momento em que estes se envolvem no projeto. Os Empreendedores podem, então, utilizar o modelo para calcular seus próprios retornos, considerando a estrutura societária da Empresa do Projeto. Os resultados não são do interesse dos financiadores. No entanto, no momento da Assinatura do Contrato de Financiamento, será necessário que haja um único modelo acordado entre a Empresa do Projeto e os financiadores para atender aos propósitos acima descritos.

Conforme também mencionado na Seção § 5.2.6, o Tomador de Serviço/Autoridade Contratante desenvolverá seu próprio modelo de avaliação do projeto e das propostas, mas, até a Assinatura do Contrato de Financiamento, também será necessário que haja um único modelo acordado com a Empresa do Projeto para uso posterior, como explicado acima, de forma que a Empresa do Projeto, o Tomador de Serviço/ Autoridade Contratante e os financiadores normalmente utilizam um único modelo embora as contribuições de dados de cada uma das partes possam diferir entre si.

§ 13.3 INSUMOS DO MODELO

Classificam-se em cinco áreas principais as premissas fornecidas o modelo financeiro da Empresa do Projeto:

- Premissas macroeconômicas (§ 13.4);
- Custos e estrutura do financiamento do projeto (§ 13.5);
- Receitas e custos operacionais (§ 13.6);
- Saques dos valores financiados e serviço da dívida (§ 12.5; § 14.3); e
- Dados tributários e contábeis (§ 13.7).

Esses dados devem levar em consideração os termos dos Contratos do Projeto, entre os quais as previsões e as exigências relacionadas à Conclusão do Projeto, o cronograma de pagamentos ou recebimentos e o cálculo das multas indenizatórias ou bonificações.

Deve-se registrar com clareza a base dessas informações. Para tanto, o procedimento padrão é a elaboração de um "estudo de pré-viabilidade", que envolve a especificação, em cada linha do modelo financeiro, da fonte do dado ou do cálculo nela constante, respaldada com cópias da respectiva documentação (ou referências a ela).

Costumam-se registrar as principais classes de dados em planilhas separadas (por exemplo, uma para determinadas premissas como os custos do projeto, e outra para as macroeconômicas e operacionais de longo prazo, que se aplicam a toda a duração da iniciativa). Essas informações não devem ser incluídas de maneira desordenada ao longo de todo o modelo, o que, para alguém não familiarizado com ele, dificultaria muito a compreensão.

O cálculo correto do retorno dos investidores exige que o modelo financeiro abranja todo o período que se estende dos custos iniciais de desenvolvimento ao final da vida útil do projeto ainda que, para os fins dos financiadores, o modelo só seja necessário a partir da Assinatura do Contrato de Financiamento, sendo atribuídos às despesas anteriores, incorridas na fase de desenvolvimento, os valores do "dia 0". Cabe ressaltar que essa vida útil corresponde ao prazo de vigência do Contrato Principal do Projeto ou, na ausência desse instrumento, à expectativa da vida econômica da iniciativa. Em geral, uma vez que o *equity* dos Empreendedores tenha sido integralmente reembolsado até o final da vida útil do projeto, admite-se o valor residual de zero a menos que haja uma boa razão para o contrário (§ 7.10.9).

Costuma-se adotar uma base semestral na elaboração do modelo. Durante a construção, fase em que esse nível de detalhamento talvez seja insuficiente (por exemplo, os cálculos de juros, o cronograma exato dos pagamentos efetuados à Empreiteira da Construção entre outros pontos), é possível fazer projeções mensais à parte e anexá-las ao modelo principal.

§ 13.4 PREMISSAS MACROECONÔMICAS

São aquelas que, embora não diretamente relacionadas ao projeto, afetam seus resultados financeiros (*vide* Capítulo 10), por exemplo:

- Taxa de inflação (§ 13.4.1);
- Cotações das mercadorias (§ 13.4.2);
- Juros (§ 13.4.3);
- Taxas de câmbio (§ 13.4.4); e

- Índice de crescimento econômico (§ 13.4.5).

O ideal é obter as premissas macroeconômicas utilizadas na modelagem de projeções em uma fonte objetiva. Por exemplo, a maioria dos grandes bancos realiza pesquisas de caráter geral com projeções genéricas que, embora seja pouco provável que se apliquem a toda a extensão do prazo de vigência do modelo, podem ser empregadas para esse fim (§ 13.11).

§ 13.4.1 Inflação

Deve ser levada em conta no modelo financeiro, pois a elaboração de projeções em termos "reais" pode induzir a erros (§ 10.4.1).

Devem-se usar, como base das projeções da inflação incidente nos diversos tipos de receitas ou custos, índices diferentes, tais como:

- O Índice de Preços ao Consumidor (IPC) do País Anfitrião para os custos operacionais gerais;
- A parcela dessas despesas correspondente ao índice de custo do emprego no país dos fornecedores ou dos prestadores de serviços do projeto;
- A inflação dos preços industriais sobre o custo de peças de reposição ou de renovações do ciclo de vida útil dos equipamentos; e
- Os índices específicos aplicáveis às mercadorias produzidas ou compradas pelo projeto (a oferta e a demanda no próprio mercado do produto podem afetar o preço muito mais do que o índice geral de inflação).

É preciso cautela para evitar resultados artificiais devido ao uso de taxas de inflação mais altas para as receitas do que para os custos.

Caso o Contrato Principal do Projeto preveja a indexação das receitas contra a inflação (§ 7.3.3), o modelo financeiro também deve refletir esse mecanismo.

§ 13.4.2 Preços das mercadorias

Em geral, não se deve atribuir ao preço das mercadorias o mesmo tratamento da inflação (ou seja, pressupor uma alta contínua). A suscetibilidade do projeto às oscilações cíclicas da cotação desses insumos, normais no caso da maioria deles, precisa ser analisada no modelo financeiro.

No setor de extração de recursos naturais, um dos principais problemas do *project finance* é que, muitas vezes, os projetos são desenvolvidos com o preço da mercadoria (por exemplo, um combustível ou uma matéria-prima) em alta, pressupondo-se a continuidade dessa tendência e subestimando-se o efeito da implantação da iniciativa, bem como de outras semelhantes, no mercado do insumo, ou ao contrário, quando essa cotação se encontra em baixa, e presume-se que essa situação perdurará.

Enquanto o *project finance* é sempre um negócio de longo prazo, as oscilações desses preços podem ser muito bruscas, portanto deve-se demonstrar que a iniciativa é sólida o suficiente para fazer frente a variações expressivas dessas cotações (§ 9.6.2).

§ 13.4.3 Taxas de juros

Se forem fixadas por todo o prazo da dívida (§ 10.2.1), essa premissa deve ser utilizada nas projeções. Entretanto, mesmo nesses casos, é provável que se deva projetar alguma outra taxa flutuante (de curto prazo) para os ganhos advindos de recursos excedentes retidos pela Empresa do Projeto a título de garantia para os financiadores ou antes das distribuições aos investidores (§ 14.4).

Para esse cálculo, há dois métodos: a elaboração de uma premissa para a taxa em si ou a utilização dos juros "reais" (ou seja, descontada a inflação) para esse fim, sendo o IPC a premissa usada na definição da taxa efetiva. No segundo caso, conforme demonstra a Tabela 13.1, considerando-se uma taxa de juros real de, por exemplo, 4%, a projeção da taxa de juros nominal corresponderá à taxa de juros real corrigida pela estimativa da inflação, com base na "fórmula de Fisher".

Tabela 13.1 — Projeções de taxa de juros — Fórmula de Fisher

	1º Ano	2º Ano	3º Ano
(a) Projeção dos juros reais	4,00%	4,00%	4,00%
(b) Projeção da taxa de inflação	5,00%	4,00%	3,00%
Taxa de juros nominal [((1 + (a)) × (1 + (b)) − 1]:	9,20%	8,16%	7,12%

Do mesmo modo, se a taxa de desconto aplicada na análise do VPL, por exemplo, das propostas em um projeto da modalidade PPP (§ 3.7.8) se basear na projeção da taxa de juros real acrescida da inflação, a fórmula de Fisher também será usada na definição da taxa de desconto.

§ 13.4.4 Taxas de câmbio e moedas utilizadas no modelo financeiro

Se a Empresa do Projeto obtiver recursos de dívida e *equity* na moeda corrente do País Anfitrião, na qual também sejam definidos todos os custos de construção, operacionais e receitas, a questão das taxas de câmbio torna-se irrelevante.

Mesmo em caso contrário, deve-se elaborar o modelo financeiro nessa moeda, permitindo premissas relativas às oscilações da taxa de câmbio entre ela e outras utilizadas nos custos ou no custeio da iniciativa. Talvez os investidores e financiadores estrangeiros prefiram manter o modelo na moeda de seu país, o que provavelmente causaria uma imprecisão ou uma falta de confiabilidade dos resultados (devido, por exemplo, ao efeito das oscilações do câmbio sobre os pagamentos de impostos — *vide* § 13.7.7), além disso, parte dos custos seria inevitavelmente calculada na moeda corrente do País Anfitrião). O modelo facilita a elaboração de relatórios com a conversão dos resultados das projeções baseadas na moeda do País Anfitrião para a estrangeira em questão, a partir da adoção de premissas para as taxas de câmbio, mantendo assim a precisão e a confiabilidade dos cálculos.

Tabela 13.2 — Paridade do poder de compra

	Hoje	1º Ano	2º Ano	3º Ano
Projeção da taxa de inflação				
— Moeda A		9%	10%	9%
— Moeda B		3%	4%	3%
Projeção das taxas de câmbio				
Moeda A/Moeda B	10,00	10,60	11,24	11,80

Há dois métodos para realizar projeções de taxas de câmbio, ambos semelhantes aos utilizados para as de juros: a elaboração de premissas específicas sobre as taxas de câmbio futuras ou a utilização da paridade do poder de compra.[225] Este último cálculo utiliza a diferença entre a estimativa da inflação de cada moeda na correção da taxa de câmbio, com base na premissa do alinhamento da oscilação do câmbio futuro a essa discrepância, conforme demonstrado na Tabela 13.2. No 1º Ano, sendo a diferença entre as duas taxas de inflação de 6% a favor da moeda B, a desvalorização da A em relação a ela será do mesmo percentual, e assim por diante.

§ 13.4.5 Crescimento econômico

Os projetos de infraestrutura podem ser afetados pelo índice geral de crescimento da economia, que se reflete no fluxo de tráfego da iniciativa (§ 9.6.2). Por exemplo, a expansão de longo prazo das viagens aéreas é, quase sempre, duas vezes mais acelerada que a do PIB, tornando as premissas sobre esse indicador fundamentais para a implantação de um projeto aeroportuário. É muito provável que o mesmo princípio se aplique a empreendimentos que envolvam outros meios de transporte.

---

225 Muitas vezes, a abreviatura de "paridade do poder de compra" é "PPP", mas isso nada tem a ver com as parcerias público-privadas discutidas em outras obras. Neste livro, PPP refere-se somente a estas.

§ 13.5 CUSTOS E FINANCIAMENTO DO PROJETO

A próxima etapa do desenvolvimento minucioso do modelo é a elaboração de um orçamento dos custos de construção do ponto de vista da Empresa do Projeto (§ 13.5.1), bem como a definição das formas de financiamento (§ 13.5.2) e do cronograma dos saques desses recursos.

§ 13.5.1 Custos da fase de construção

O orçamento abrange todos os custos incorridos do início do desenvolvimento até a conclusão do projeto, quando esteja pronto para a entrada em operação, costumando incluir, no caso das iniciativas voltadas à instalação de usinas de processamento ou infraestruturas (§ 9.5.5; § 9.5.6):

Custos de desenvolvimento. Trata-se dos custos incorridos antes da Assinatura do Contrato de Financiamento seja pela Empresa do Projeto, seja pelos Empreendedores (e dela cobrados). Estes últimos devem definir, em comum acordo, uma metodologia para a alocação de seus próprios gastos ao projeto, entre os quais as despesas de pessoal e de viagens, que costumam ser expressivas quando existe um extenso período de desenvolvimento (§ 3.3). Além disso, devem-se considerar os desembolsos havidos com serviços de consultoria contratados tanto pelo Empreendedores quanto pelos financiadores. Se os custos do desenvolvimento forem incluídos entre os do projeto (§ 3.5), estes podem ser tratados como parte do investimento inicial de *equity* ou refinanciados como dívida caso o aporte de *equity* seja efetuado por último.

Comissão de desenvolvimento. Conforme os aspectos econômicos do projeto, um ou mais Empreendedores podem cobrar da Empresa do Projeto uma comissão inicial para desenvolver o empreendimento (além dos custos de desenvolvimento), realizando, assim, uma antecipação de lucros (§ 12.2.5). Esse montante pode variar (ou ser totalmente eliminado) à medida que se desenvolva a avaliação financeira do projeto e, por conseguinte, a capacidade de financiar a referida comissão.

Custos da Empresa do Projeto. Trata-se daqueles incorridos diretamente pela Empresa após a Assinatura do Contrato de Financiamento (e não os gastos com Subempreiteiros, consultores, seguradoras ou financiadores) tais como:

- Despesas de pessoal;
- Montagem do escritório e equipamentos;
- Desembolsos com Alvarás e licenças;
- Gastos do Engenheiro do Acionista com a supervisão das obras (§ 7.4.1); e
- Despesas com treinamento e mobilização (inclusive pagamentos à Empreiteira de O&M relativos a essas atividades).

Preço do Contrato de Construção. *Vide* § 8.2.3.

Prêmios de seguro relativos à fase de construção. *Vide* § 8.6.1.

Custos do Início de Operação [Start-Up Costs]. Trata-se dos custos de combustíveis ou matérias-primas utilizadas pela Empreiteira de Construção durante a fase de testes e a entrada em operação, antes da Conclusão do Projeto. Em alguns casos, é possível obter alguma receita dos produtos e serviços gerados durante esse estágio para compensação dessas despesas.

Peças de reposição na fase inicial. Trata-se dos gastos com a formação do estoque inicial de peças de reposição (caso não estejam incluídos no Contrato de Construção).

Capital de giro inicial. O montante necessário para a operação da iniciativa é ao valor suficiente para cobrir a defasagem de tempo, no ciclo de faturamento da Empresa do Projeto, entre o pagamento dos custos operacionais e a entrada das receitas monetárias. De fato, corresponde ao fluxo de caixa de curto prazo (de 30 a 60 dias) do empreendimento, que não pode ser calculado diretamente em um modelo financeiro com base semestral elaborado para a fase de operação. O capital de giro inicial equivale aos custos não relacionados à construção incorridos pela Empresa do Projeto até as primeiras entradas da receita, que podem incluir:

- Os estoques iniciais de combustível ou outras matérias-primas;
- O primeiro prêmio de seguro operacional; e
- Defasagem cronológica entre os desembolsos a fornecedores de insumos e o início da entrada da receita de produtos ou serviços.

As variações posteriores da necessidade de capital de giro resultam, em geral, de grandes oscilações das compras ou vendas de insumos, que se devem refletir no fluxo de caixa.

Tributos. Incluem os impostos a pagar, durante a construção, sobre os custos do projeto, tais como IVA, GST e outros incidentes sobre vendas e importações (§ 13.7.5).

Custos de financiamento. Incluem-se entre eles:

- JDC (§ 10.3);
- Comissões de concessão de crédito e de subscrição (§ 12.6.2);
- Comissão de compromisso (§ 12.6.3);
- Comissões por intermediação de crédito (*loan agency*) (§ 12.6.4);
- Custos adicionais referentes à dívida (§ 12.7);
- Financiamento das Contas de Reserva (§ 14.4.1);
- Custos do registro das garantias (§ 14.7.1); e
- Despesas com os consultores dos financiadores (§ 5.5.1).

Contingência. Qualquer reserva constituída para contingências (§ 9.5.6) deve ser acrescentada aos custos do projeto.

§ 13.5.2 Financiamento da fase de construção

Com base no planejamento de custos, elabora-se o plano de financiamento de maneira a cobrir o valor total do financiamento necessário, distribuído entre dívida e *equity* (para informações sobre questões específicas a serem levadas em conta nesse sentido, inclusive o cálculo do montante de dívida possível de captar, *vide* o Capítulo 12), bem como quaisquer outras fontes de financiamento.

Durante a fase de construção, o modelo financeiro deve apresentar os saques das linhas de financiamento previstos de forma a atender aos custos acima descritos, levando também em conta:

- O requisito para a relação entre *equity* e os recursos da dívida (§ 12.4);
- A prioridade dos saques entre *equity* e os recursos da dívida (§ 12.2.3);
- Limitações ao uso de recursos de dívida (por exemplo, os empréstimos de ECAs (§ 16.2) só podem ser usados para equipamentos exportados e um patamar limitado de custos locais, portanto, se as despesas do projeto forem de 100 e incluírem equipamentos de 70 nos termos do contrato de exportação, não seria viável um plano de financiamento com recursos de ECAs totalizando 80 e os 20 restantes de providos por outras fontes);
- A exigência de que os custos incorridos na mesma moeda em que sejam financiados;

— e, após isso, define-se o cronograma de saques de recursos de *equity* e de recursos da dívida.

Os saques dos recursos de dívida geram pagamentos de JDC, que também devem ser financiados.

A Empresa do Projeto não deve utilizar empréstimos de curto prazo no financiamento do capital de giro inicial (§ 13.5.1), um requisito permanente que deve ser coberto por *project finance* de longo prazo. Porém, pode ser útil que uma parcela do *project finance* seja na forma de crédito rotativo para capital de giro (ou seja, que a Empresa do Projeto possa pagar parte do financiamento quando registrar excedente de caixa e tomar os recursos novamente em caso de escassez de fundos). Com isso, além dessa vantagem, há uma redução do nível de *equity* exigido dos empreendedores.

Pode ser necessário financiamento de curto prazo à parte para o IVA, GST e outros tributos a pagar durante a construção, a serem recuperados posteriormente por meio da compensação de créditos fiscais gerados pelos impostos incidentes sobre as receitas após a entrada em operação (§ 13.7.5).

§ 13.6 RECEITAS E CUSTOS OPERACIONAIS

A primeira etapa da projeção das receitas e custos operacionais no modelo é a identificação das principais premissas operacionais, por exemplo, no caso de usina de processamento:

- Qual é a produção inicial?
- Como a produção muda ao longo do tempo?
- Quanto tempo leva a manutenção?
- Quanto tempo se deve deixar de margem para interrupções imprevistas na produção?
- Qual é o ritmo de consumo de combustível ou matérias-primas?
- Como esse consumo muda ao longo do tempo?

As receitas operacionais líquidas são o produto dessas premissas operacionais, em conjunto com os termos do Contrato Principal do Projeto e de quaisquer Subcontratos relevantes, tais como os preços do Contrato *Offtake* (ou, na ausência desses instrumentos, premissas relacionadas aos preços de mercado).

Com base nisso, os principais elementos do fluxo de caixa operacional podem incluir:

- As receitas operacionais de vendas de produtos; deduzidos
- O custo do combustível ou das matérias-primas (§ 8.5.3);

- Os custos operacionais da Empresa do Projeto (pessoal, administrativos etc.) (§ 9.7.7);
- Despesas de manutenção e de renovações do ciclo de vida útil (§ 9.7.5);
- Custos do Contrato de O&M/Manutenção (§ 8.3.3); e
- Os prêmios de seguro (§ 8.6.2).

Uma vez definido o fluxo de caixa operacional líquido conforme demonstrado acima, calculam-se as despesas de juros e outros montantes devidos aos financiadores (§ 12.6), dando margem para os contratos de *hegding* (§ 10.3).

§ 13.7 QUESTÕES CONTÁBEIS E TRIBUTÁRIAS

Embora a decisão de investir em uma iniciativa deva basear-se sobretudo na avaliação do fluxo de caixa (§ 12.2), os resultados contábeis são importantes para os Empreendedores, para os quais não cai bem registrar prejuízos contábeis com o investimento em uma coligada da Empresa do Projeto (§ 12.2.4).

Dessa forma, ainda que o modelo financeiro de *project finance* se concentre mais em fluxos de caixa do que em resultados contábeis, em geral é preciso anexar a ele demonstrações financeiras, tais como a conta de lucros e perdas ("conta de L&P")[226] e o balanço patrimonial de cada período de cálculo.

Além da necessidade de verificar os efeitos sobre o resultado divulgado pelo Empreendedor, há diversas razões pelas quais a inclusão dos dados contábeis no modelo financeiro é importante para a Empresa do Projeto:

- Os pagamentos de impostos baseiam-se em resultados contábeis, não no fluxo de caixa (§ 13.7.1);

226 Também conhecida como "Demonstração do Resultado do Exercício".

- Os resultados contábeis podem afetar a capacidade da empresa de distribuir dividendos (§ 13.7.2) ou até mesmo de manter-se no mercado (§ 13.7.3); e
- O balanço patrimonial é uma boa ferramenta de verificação de falhas do modelo: caso indique um desequilíbrio, há algum erro.

Outras questões tributárias são:

- O cronograma de pagamento dos impostos (§ 13.7.4);
- O IVA (§ 13.7.5);
- A retenção de impostos (§ 13.7.6);
- As taxas de câmbio e tributação (§ 13.7.7); e
- Inflação e tributação (§ 13.7.8).

§ 13.7.1 Capitalização e depreciação dos custos do projeto

A principal diferença entre o cálculo contábil e o do fluxo de caixa no âmbito de um projeto está relacionada à capitalização e posterior depreciação dos custos do empreendimento.

Se a Empresa do Projeto tivesse que contabilizar no passivo os custos conforme fossem incorridos, o resultado seria um prejuízo gigantesco na fase de construção, seguido por um lucro astronômico na fase operacional, o que obviamente não representaria a real situação da iniciativa.

Na maioria dos países, esses gastos são capitalizados (ou seja, lançados no balanço patrimonial como ativo) em vez de baixados imediatamente. Nesse contexto, o termo "custo" abrange não só as despesas relativas a EPC [Engineering, Procurement, Construction, ou engenharia, licitação, construção] (os "*hard costs*"), mas também os "*soft costs*", aqueles incorridos até que o projeto esteja em operação, ou seja, os de desenvolvimento e financiamento (como JDC), pagamentos a consultores etc.

Posteriormente, o custo capitalizado é depreciado (baixado) contra as receitas. A depreciação linear pode permitir à Empresa do Projeto depreciar o valor do ativo ao longo da vida útil do empreendimento, por exemplo, 20 anos. Assim, em uma iniciativa com custo total de 1.000, a depreciação anual corresponderia a de 5% desse valor, ou seja, 50. Caso essa despesa seja compensada com o lucro tributável, com base em uma alíquota de 50%, a depreciação acumulada resultará em uma redução de 25 a.a. do volume de impostos ao longo desse período.

A Empresa do Projeto poderá se beneficiar de um diferimento maior desses tributos nos primeiros anos já que, para investimentos em imobilizado, é possível constituir uma provisão para depreciação fiscal acelerada, a qual, se corresponder a, por exemplo, 25% do saldo decrescente de um investimento de 1000 (um patamar que representa um incentivo muito comum), totalizará:

- 1° ano: 25% do custo ou 250;
- 2° ano: 25% de (custo menos depreciação do 1° ano) 188 ou 438 no total;
- 3° ano: 25% de (custo menos depreciação do 1° e do 2° ano) = 141 ou 578 no total;
- 4° ano: 25% de (custo menos depreciação do 1° ao 3° ano) = 105 ou 684 no total;
- 5° ano: 25% de (custo menos depreciação do 1° ao 4° ano) = 79 ou 763 no total;
- ... etc.

Assim, nos primeiros 5 anos, mais de 75% dos custos poderão ser compensados com tributos, em comparação com apenas 25% com o emprego do cronograma de 20 anos de depreciação linear descrito acima. Nos casos em que se tenha empregado a acelerada, nos últimos anos da iniciativa, verifica-se um aumento dos impostos uma vez que o custo do projeto já terá sido baixado em relação a eles de forma que, ao final de 20 anos, a redução total de tributos por meio da depreciação acumulada (supondo a manutenção da alíquota) será a mesma que aquela calculada no método linear.

Também é comum a "dupla depreciação", a qual, no caso de uma taxa linear de, por exemplo, 10% ao ano para a depreciação de determinado ativo, permite a adoção de um quociente de 20% nos três primeiros anos e de 10% nos períodos posteriores. Portanto, em comparação com o método de saldos decrescentes, acima descrito, nessas condições, 80% do custo teria sido compensado com impostos ao final do 5° ano.

Em alguns países (como EUA e Reino Unido), a depreciação recebe tratamento distinto de acordo com o propósito. Para fins contábeis, o ativo é depreciado ao longo da vida útil do projeto, dispersando seu custo em relação aos lucros por ele gerados e resultando em uma elevação dos ganhos divulgados nos primeiros anos da iniciativa. Já para finalidades tributárias, emprega-se a depreciação acelerada. A diferença entre os dois valores é lançada diretamente no balanço patrimonial, no passivo, como reserva fiscal (e posteriormente dela deduzida). Em outros países (por exemplo, França e Alemanha), as depreciações contábil e fiscal devem seguir o mesmo sistema.

Podem-se aplicar taxas distintas a diferentes componentes do projeto, como edifícios e equipamentos, por exemplo, sendo que, nesses casos, a Empreiteira da Construção deverá distribuir entre eles o preço fixo estipulado no Contrato de Construção para fins de classificação fiscal (§ 8.2.3). Em algumas situações, não se pode utilizar a compensação com impostos na depreciação das edificações (sobretudo não industriais), as quais, conforme se pressupõe, não sofrem perda de valor. Isso pode acarretar uma alíquota efetiva elevada para o projeto, que apresentará um lucro tributável maior devido à impossibilidade de compensar as despensas da estrutura com a receita por ela gerada.

Questão semelhante pode surgir no caso das PPPs, nas quais é possível que o empreendimento não seja de propriedade legal da Empresa do Projeto. Mais uma vez, o resultado pode ser que grande parte dos custos de capital da iniciativa não poderá ser compensada com impostos. Há várias estratégias para lidar com o problema, tal como, no Reino Unido, o tratamento contábil denominado "finance debtor", no qual os Pagamentos do Contrato Principal são discriminados em receitas operacionais (tributáveis) e amortizações referenciais de um empréstimo (não tributáveis). Na Espanha, uma reserva correspondente ao custo de capital do ativo, por exemplo, uma estrada construída ao longo do período de vigência da respectiva Concessão, é constituída e compensada anualmente com os impostos de forma que, ao término do contrato, a reserva é equivalente ao custo do capital, sendo, assim, zeradas ambas as contas.

§ 13.7.2 A armadilha de dividendo

Conforme discutido na Seção § 12.2.2, é possível que o *equity* aportado pelos Empreendedores não esteja apenas na forma de capital acionário, mas em uma combinação entre ele e dívida subordinada. Um dos motivos para tanto é que os juros sobre essa modalidade, ao contrário dos dividendos de ações ordinárias, podem ser dedutíveis dos impostos.

Outra razão é o perigo de cair na conhecida "armadilha de dividendo", condição em que Empresa do Projeto registra geração de caixa, mas não pode distribuir dividendos devido a um saldo acumulado negativo na conta de L&P, situação que, em muitos países, impossibilita a remuneração a acionistas. Portanto, no caso de um prejuízo de 50 no primeiro ano e lucro de 25 no segundo, a empresa não poderá efetuar distribuições mesmo neste período, pois a perda acumulada é de 25. Se registrar um resultado líquido positivo de 30 no ano seguinte, zerando, assim, o saldo negativo acumulado, poderá pagar um dividendo de 5.

A situação está ilustrada na Tabela 13.3. As premissas utilizadas nas fórmulas de cálculo são:

- O custo do projeto é de 1.500, sendo 1.200 financiado por recursos de dívida e 300 por *equity*;
- As receitas e despesas são constantes, de 475 e 175 ao ano respectivamente;

Tabela 13.3 — A Armadilha de Dividendo

Exercício	1	2	3	4	5	6	Total
(a) Receitas	475	475	475	475	475	475	2375
(b) Despesas (inclusive de juros)	−175	−175	−175	−175	−175	−175	−875
(c) Depreciação fiscal	−375	−281	−211	−158	−119	−89	−1144
(d) **Lucro/prejuízo tributável** [(a) + (b) + (c)]	−75	19	89	142	181	211	567
(e) Crédito fiscal/imposto devido [(d) × 30%]	23	−6	−27	−43	−54	−63	
(f) Crédito fiscal utilizado		6	17	0	0	0	
Crédito fiscal transportado	23	17	0	0	0	0	
(g) Imposto a pagar [(e) + (f)]			−10	−43	−54	−63	−170
(h) **Resultado líquido** [(d) − (g)]	−75	19	79	99	127	148	397
(i) Amortizações de empréstimo	−200	−200	−200	−200	−200	−200	−1200
(j) Dividendos pagos			−23	−99	−127	−148	−397
(k) **Fluxo de caixa** [(h) − (c) + (i) + (j)]	100	100	67	−42	−81	−111	33
Saldo de caixa	100	200	267	225	144	33	
Saldo inicial da conta de L&P	0	−75	−56	0	0	0	
(l) **Saldo de L&P no encerramento do exercício**	−75	−56	0	0	0	0	0

- A depreciação fiscal acumulada dos custos do projeto corresponde a 25% do saldo decrescente (*vide* acima);
- A depreciação contábil é a mesma que a fiscal;
- A alíquota do imposto é de 30%;
- Caso a Empresa do Projeto sofra prejuízo fiscal, um crédito fiscal correspondente a 30% desse valor será transportado e compensado com futuros impostos a pagar;
- Os pagamentos do principal do empréstimo são de 200 ao ano; e
- A fim de ilustrar o procedimento, apresentam-se os números relativos a 6 anos ainda que a vida útil do projeto seja bem mais longa.

Os cálculos demonstram que, embora tenha um fluxo de caixa positivo disponível para efetuar pagamentos aos investidores a partir do 1º Ano, a Empresa do Projeto ainda não poderia distribuir dividendos porque o balanço patrimonial registra prejuízo acumulado de 75, reflexo da depreciação fiscal acelerada, que gera uma perda contábil nesse período. Assim sendo, os proventos poderiam iniciar-se só a partir do 3º Ano, após a eliminação do saldo negativo. Até mesmo no 6º Ano, o superávit de caixa ainda não terá sido distribuído em sua totalidade aos investidores, cuja taxa de retorno, por conseguinte, sofrerá uma redução expressiva devido ao grande atraso no recebimento desses montantes.

Com efeito, é justamente a diferença entre a depreciação fiscal e a amortização do principal da dívida que, nesse caso, resulta no risco de cair na armadilha de dividendos, o qual será tanto maior quanto mais acentuada for essa discrepância, mas desaparecerá à medida que a situação se inverta. É evidente que se trata de um problema de menor gravidade nos países que não exigem um alinhamento total entre a depreciação contábil e a fiscal.

Se os investidores houverem efetuado o aporte de *equity* na forma de capital acionário e de dívida subordinada, os pagamentos a eles poderão ser feitos a título de amortização desta parcela nos anos iniciais, em caso de inviabilidade da remuneração por dividendos. Portanto, deverá ser permitido à Empresa do Projeto distribuir a totalidade do excedente de caixa.

Ainda com relação a esses números, cabe observar que, na verdade, será perdida uma parte do benefício da depreciação acelerada devido à impossibilidade, até o 3º Ano, da compensação integral, com impostos a pagar, dos créditos fiscais de 23 registrados no primeiro período. Portanto, a Empresa do Projeto poderá cogitar:

- Não adotar o mecanismo de depreciação acelerada acumulada (ou seja, efetuar a compensação dos custos do projeto com os impostos em ritmo mais lento), uma prática permitida em muitos países, de forma a evitar um resultado líquido negativo e, dessa forma, viabilizar mais rapidamente a distribuição de dividendos; ou

- Utilizar o *tax-based leasing* (arrendamento no qual o arrendador inclui a depreciação acumulada no cálculo dos contratos) (§ 4.5.2) e repassar os abatimentos para uma empresa de arrendamento que possa utilizá-los imediatamente, repassando o benefício para a Empresa do Projeto por meio de um custo menor de financiamento.

A outra vantagem do uso sobretudo de dívida subordinada, em vez de capital acionário, para atender ao requisito de *equity* da Empresa do Projeto é a facilidade muito maior do reembolso desses recursos aos investidores no caso de um refinanciamento e uma elevação da dívida sênior ou nos últimos anos do empreendimento, quando os investidores possivelmente desejarão a restituição gradual do investimento de *equity*. Também pode ser vantajoso do ponto de vista da tributação sobre ganhos de capital.

§ 13.7.3 Patrimônio líquido negativo

No entanto, ao evitar a armadilha de dividendo, a Empresa do Projeto deve cuidar para que não liquide totalmente o seu *equity*, o que pode ocorrer caso ela apresente grandes prejuízos contábeis nos primeiros anos de operação e uma grande parcela do financiamento se componha de dívida subordinada. Em muitos países, o patrimônio líquido negativo (ou seja, um capital acionário inferior ao saldo negativo na conta de L&P) enseja a interrupção das atividades comerciais e a liquidação da empresa.

No caso demonstrado na Tabela 13.3, se o custo do projeto (1500) for financiado com 20% de *equity* (ou seja, 300, sendo 267 em dívida subordinada e 33, em capital acionário), a dívida subordinada pode ser liquidada primeiramente, de forma que se efetuariam pagamentos no total dela ao longo dos três primeiros anos, após os quais se iniciaria a distribuição de dividendos. A Empresa do Projeto registrou, no 1º Ano, um prejuízo contábil de 75 (mesmo desconsiderando os juros sobre a dívida subordinada), que já supera o capital acionário, de 33, sendo então inviável essa distribuição entre capital acionário e dívida subordinada. Nesse caso, ela deve aventar a possibilidade de desaceleração da depreciação fiscal.

Resultado semelhante poderia ocorrer até mesmo com a depreciação fiscal linear, porém um patamar de menor lucratividade nos primeiros anos da iniciativa (por exemplo, devido a elevados encargos com juros, inclusive da dívida subordinada).

Portanto, devido ao baixo volume de *equity* inerente ao *project finance*, devem-se verificar com cautela os resultados contábeis da Empresa do Projeto no modelo financeiro a fim de garantir que o fluxo de caixa, mesmo que disponível, possa ser alocado, nos termos da lei, à remuneração dos investidores e que a companhia mantenha patrimônio líquido positivo.

§ 13.7.4 Cronograma do pagamento de impostos

Em geral, os pagamentos dos impostos de pessoa jurídica ocorrem posteriormente, ou seja, há uma discrepância temporal entre seu provisionamento e recolhimento. Assim sendo, o modelo financeiro deve discriminar o cálculo dos tributos na conta de L&P, bem como os pagamentos efetivos no cômputo do fluxo de caixa, nesses dois momentos distintos.

§ 13.7.5 Imposto sobre valor agregado (IVA)

Em alguns países (por exemplo, na União Europeia), o IVA sobre o custo de construção do empreendimento cabe à Empresa do Projeto, mas o montante pago pode ser, ao devido tempo, compensado com o IVA incidente sobre as vendas após o início das operações. Os financiadores poderão conceder um empréstimo à parte, relativo a esse imposto, para atender a essa necessidade de curto prazo da empresa.

§ 13.7.6 Retenção de impostos

Se os pagamentos de juros aos financiadores tiverem que incluir o cálculo dos tributos, conforme discutido em § 12.7.1, o modelo deverá refletir essa prática.

A retenção de impostos também pode aplicar-se aos dividendos distribuídos aos investidores estrangeiros ou às receitas derivadas de empréstimos subordinados. Havendo um tratado de dupla tributação em vigor, talvez seja possível a compensação desse valor com impostos incidentes sobre outras receitas geradas no mercado doméstico, caso contrário os investidores costumam levar isso em conta no cálculo da TIR do Acionista, mesmo que não apareça nem na contabilidade, nem no fluxo de caixa da Empresa do Projeto.

§ 13.7.7 Taxas de câmbio e tributos

Se a Empresa do Projeto mantiver dívida em moeda estrangeira, as oscilações da taxa de câmbio em relação à do País Anfitrião afetarão os pagamentos de impostos e, por conseguinte, o retorno dos investidores mesmo se todas as receitas e custos operacionais forem indexados à moeda estrangeira.

Essa questão encontra-se ilustrada na Tabela 13.4, que, mais uma vez, demonstra por que o modelo financeiro deve ser calculado na moeda do "País Anfitrião", e não na dos investidores e financiadores estrangeiros.

O objeto da análise é o retorno de um investidor que opera com dólares americanos (USD) em um Empresa de Projeto sediada na Europa, com contabilidade e impostos em euro (EUR). São apresentados dois cálculos, baseados em dois modelos financeiros, um em USD e outro em EUR. Utilizam-se as seguintes premissas:

- Todos os custos, receitas e despesas do projeto (inclusive os pagamentos dos juros e do principal da dívida) são definidos em USD ou indexados a essa moeda de modo que o empreendimento, em teoria, não apresenta exposição cambial.

Tabela 13.4 — Taxas de câmbio e tributos

Exercício	0	1	2	3	4	5	Total
Cálculo de US$							
(a) Custo inicial	$ 1000						
(b) Depreciação [(a) × 10%]		$ 100	$ 100	$ 100	$ 100	$ 100	$ 500
(c) Dedução fiscal (b) × 30%		$ 30	$ 30	$ 30	$ 30	$ 30	$ 150
€ Cálculo em €							
(d) Custo inicial	€ 1100						
(e) Depreciação [(d) × 10%]		€ 110	€ 110	€ 110	€ 110	€ 110	€ 550
(f) Dedução fiscal [(e) × 30%]		€ 33	€ 33	€ 33	€ 33	€ 33	€ 165
(g) Taxa de câmbio	€ 1,10	€ 1,16	€ 1,21	€ 1,27	€ 1,34	€ 1,40	
(h) Depreciação em US$ [(e) ÷ (g)]		$ 95	$ 91	$ 86	$ 82	$ 78	$ 433
(j) Valor da dedução fiscal em US$ [(f) ÷ (g)]		$ 29	$ 27	$ 26	$ 25	$ 24	$ 130

- A taxa de câmbio, no início do projeto, é de do EUR 1,10 = USD 1,00.
- A partir do início da iniciativa, a desvalorização do EUR em relação ao USD é de 5% a.a.
- O custo do projeto é de US$ 1.000, equivalente a € 1.100 quando a despesa é incorrida.
- A depreciação fiscal acumulada do custo do projeto é de 10% a.a., pelo método linear.
- A alíquota do imposto é de 50%.
- A tabela ilustra o fluxo de caixa nos cinco primeiros anos do projeto.

Conforme se pode observar, ao incluir-se a desvalorização da taxa de câmbio, a dedução fiscal resultante da depreciação em USD não é de US$ 150, como seria em um modelo baseado em USD, mas sim de US$ 130. Portanto, o modelo em USD não a refletiria de maneira adequada e inflaria o fluxo de caixa.

Portanto, em um projeto com financiamento em moeda estrangeira, mesmo que coberto, em sua totalidade, por *hedge* cambial, deve-se acompanhar o efeito de oscilações frequentes da taxa de câmbio (tanto para cima quanto para baixo em diferentes estágios do projeto).

§ 13.7.8 Inflação e taxa

Além do efeito geral da inflação sobre os fluxos de caixa do projeto (§ 10.4), em grande medida pelas mesmas razões expostas na Seção § 13.7.7, o retorno de um empreendimento que opere em um ambiente de inflação elevada, ainda que todas as receitas e custos estejam indexados, não acompanhará o ritmo da desvalorização monetária porque a depreciação fiscal do custo do projeto toma como base o custo original. (Em alguns países, no entanto, o custo da iniciativa no balanço patrimonial da empresa também pode ser reavaliado com base no índice de inflação antes do cálculo da depreciação fiscal acumulada).

Essa situação demonstra, mais uma vez, a importância de cálculos baseados nos valores "nominais" e não "efetivos" do fluxo de caixa no âmbito de *project finance* (§ 10.4).

§ 13.8 RESULTADOS DO MODELO

O modelo financeiro visará a objetivos distintos a depender do público-alvo (investidores, financiadores, Tomador de Serviços/Autoridade Contratante) e do tipo de empreendimento. É óbvio que, para investidores e financiadores, o modelo deverá atender às exigências relativas, respectivamente, à TIR do Acionista (§ 12.2) e aos Índices de Cobertura (§ 12.3), enquanto para o Tomador de Serviços/Autoridade o importante é a definição dos Pagamentos do Contrato Principal (§ 3.7.8).

Os resultados do modelo compreendem uma série de cálculos, entre eles:

- Os custos da fase de construção;
- Os saques de *equity*;

- Os saques e amortizações da dívida;
- O cálculo dos juros;
- As receitas e os custos operacionais;
- Os impostos;
- A conta de L&P;
- O balanço patrimonial;
- O fluxo de caixa (fontes e usos de recursos);
- Os Índices de Cobertura dos financiadores; e
- Os Pagamentos do Contrato Principal (se houver).

Em geral, sintetizam-se, em uma única página, os principais resultados, tais como:

- Um resumo dos custos e do financiamento do projeto;
- O fluxo de caixa resumido;
- Os Índices de Cobertura dos financiadores;
- A TIR do Acionista no Caso Base;
- A TIR do Projeto;
- Os Pagamentos do Contrato Principal do primeiro ano (se houver); e
- O VPL dos Pagamentos do Contrato Principal (idem).

§ 13.9 ANÁLISE DE SENSIBILIDADE

Também é preciso que o modelo financeiro proporcione uma flexibilidade suficiente de maneira que os investidores e os financiadores possam efetuar uma série de análises de sensibilidade[227] que demonstrem os efeitos de variações das principais premissas adotadas na verificação inicial do projeto, podendo incluir o cálculo do impacto sobre os Índices de Cobertura e a TIR do Acionista de:

- Estouro do orçamento da construção (em geral, com saque integral da reserva para contingências);
- Pagamento de PDs (indenização por perdas e danos fixada em cláusula penal, nos termos do Contrato de Construção) em relação a atrasos ou desempenho do projeto abaixo do estipulado;
- Atraso na Conclusão do Projeto (por exemplo, de 6 meses) sem pagamento de PDs por parte da Empreiteira da Construção;
- Queda de desempenho sem pagamento de PDs pela Empreiteira de Construção;
- Tempo mais prolongado de inatividade ou menor disponibilidade;
- Volume reduzido de vendas ou de utilização do projeto, fator crucial quando se assume, em qualquer medida, um risco de uso ou de mercado: para as rodovias pedagiadas, uma análise de sensibilidade muito comum pode verificar a manutenção do ICSD em pelo menos 1:1 mesmo com uma queda de 30% do tráfego, isto é, a possibilidade de, mesmo nesse quadro, fazer frente ao serviço da dívida;
- Redução dos preços de venda;
- O ponto de equilíbrio ("*breakeven*") dos preços de venda ou de utilização do projeto, ou seja, o patamar mínimo dessas

227 Também conhecidas como análises de casos.

variáveis para garantir o cumprimento do cronograma do serviço da dívida;

- Elevação dos custos dos insumos;
- Alta dos custos operacionais;
- Alta das taxas de juros (nos casos em que ainda não sejam fixadas);
- Queda ou alta da taxa de inflação;
- Oscilações das taxas de câmbio.

Em resumo, as sensibilidades examinam o efeito financeiro de resultados abaixo do previsto dos aspectos do projeto relativos aos riscos comercial e macroeconômico.

Os financiadores também costumam delinear uma "hipótese de múltiplas adversidades" para verificar o impacto da ocorrência simultânea de diversos contratempos (por exemplo, 3 meses de atraso na Conclusão do Projeto, queda de 10% dos preços de venda e um período de inatividade 10% mais longo do que o previsto). O cálculo de diversas ocorrências ao mesmo tempo é conhecido como "análise de cenário".

§ 13.10 A PROJEÇÃO BANCÁRIA, O CASO BASE E A ASSINATURA DO CONTRATO DE FINANCIAMENTO

Havendo concordância entre os financiadores, os Empreendedores, o Tomador de Serviços/Autoridade Contratante (se for o caso) e o Auditor do Modelo (§ 5.5.5) no tocante à adequação da estrutura e das fórmulas de cálculo do modelo financeiro à iniciativa e seus contratos, as premissas se consideram estabelecidas e se definem, em comum acordo, a estrutura financeira e os prazos (*vide* o Capítulo 12), que são, então, incorporados ao modelo. A execução final do modelo nessas condições é denominada "Projeção Bancária" se for entre a Empresa do Projeto e os financiadores, ou "Caso Base" se for entre ela e o Tomador de Serviços/Autoridade Contratante (se for o caso). É possível que os financiadores exijam a elaboração de premissas distintas daquelas utilizadas no cálculo dos Pagamentos do Contrato Principal de forma que pode haver diferenças entre o Caso Base e a Projeção Bancária.

Costuma-se fazer esse cálculo final no ato da Assinatura do Contrato de Financiamento, ou logo antes dela. Assim, com base em premissas atualizadas e na versão final dos Contratos do Projeto, os financiadores podem verificar se o empreendimento ainda proporciona uma cobertura adequada aos empréstimos por eles concedidos. Nessa fase, também é possível incorporar ao modelo tanto a taxa de juros pré-fixada da dívida quanto a de *swap* a fim de efetuar os devidos ajustes do cálculo dos Pagamentos do Contrato Principal (§ 10.3.5).

§ 13.11 USO DO MODELO APÓS A ASSINATURA DO CONTRATO DE FINANCIAMENTO

Com a Assinatura do Contrato de Financiamento, não se consagra uma versão final e definitiva projeto, pois os financiadores analisam continuamente sua exposição. Os efeitos negativos de eventuais alterações das projeções do ICSD ou do LLCR podem afetar a capacidade da Empresa do Projeto de realizar Distribuições aos investidores (§ 14.4.2) ou até mesmo levá-la a inadimplir o empréstimo (§ 14.12). Entretanto, se for feita uma nova Projeção Bancária com o projeto já em andamento, será necessário tomar decisões relativas à forma de revisão das premissas anteriormente empregadas. Caso essas deliberações fiquem a cargo da Empresa do Projeto, os financiadores poderão não concordar com ela e vice-versa.

Não há uma solução simples para essa questão, mas, ao revisar as projeções, é melhor usar, na medida do possível, fontes objetivas tais como:

- As premissas macroeconômicas (entre as quais a cotação das mercadorias) podem basear-se em algum relatório econômico publicado por um dos financiadores ou outra fonte externa desde que seja uma publicação de caráter geral, não específica do projeto. No entanto, é possível que esses materiais não tragam as projeções de longo prazo necessárias ao projeto.

- As mudanças das premissas de receitas ou custos operacionais geralmente se devem basear no desempenho efetivo da Empresa do Projeto.
- Na maioria das vezes, os financiadores têm o maior peso na decisão final sobre alterações de premissas, porém, sempre que possível, os investidores, em vez de deixar que esses parceiros tomem decisões arbitrárias, devem certificar-se de que essas deliberações sigam obrigatoriamente recomendações específicas do Engenheiro, do mercado, da seguradora ou de outros consultores dos financiadores, assessores esses que deverão ter conhecimento especializados sobre as questões envolvidas.

Se houver um Tomador de Serviço/Autoridade Contratante, o modelo do Caso Base poderá continuar a ser utilizado de diversas outras formas, por exemplo:

- No cálculo dos pagamentos devidos por Eventos Indenizáveis (§ 7.6.5);
- Nas mudanças de serviços testados pelo mercado ou usados como referência (§ 6.4.5; § 8.4);
- Em parte dos cálculos relativos à Indenização por Rescisão Antecipada (§ 7.10); e
- Em cálculos relativos a Refinanciamentos (§ 14.16.3).

Conteúdo *online*

Este capítulo analisa os principais fundamentos das informações e premissas utilizadas nas projeções reunidas a fim de gerar contribuições para o modelo financeiro de projetos (§ 13.2), a saber: premissas macroeconômicas (§ 13.3); custos e fornecimento da dívida do projeto

(§ 13.4); receitas e custos operacionais (§ 13.5); premissas contábeis e tributárias (§ 13.6).

Os resultados finais do modelo (§ 13.8) confirmarão a viabilidade (ou não) da iniciativa do ponto de vista dos investidores (e, no caso de projetos de usinas de processamento ou de infraestrutura, os custos incorridos pelo Tomador de Serviço/Autoridade Contratante ou pelos usuários). Os financiadores usam o modelo para efetuar cálculos de sensibilidade com vista a prevenir, em cenários desfavoráveis, riscos indevidos ao empréstimo por eles concedido (§ 13.9). A versão final do modelo na Assinatura do Contrato de Financiamento é conhecida como o "Caso Base" (§ 13.10), que continua a ser utilizado pelos financiadores e pela Empresa do Projeto mesmo após a Assinatura do Contrato de Financiamento (§ 13.11).

CAPÍTULO XIV

DOCUMENTAÇÃO DO FINANCIAMENTO NO MODELO *PROJECT FINANCE*

§ 14.1 INTRODUÇÃO

Além das questões de estruturação financeira e de modelagem discutidas nos Capítulos 12 e 13, a documentação do financiamento também trata dos controles adicionais dos financiadores e de outros requisitos que serão impostos à Empresa do Projeto, conforme a tabela 14.1 abaixo, e abordados neste capítulo. O resultado final é um contrato de financiamento do qual a Empresa do Projeto e os financiadores são partes,[228] além da respectiva documentação relativa às garantias.

A redação das cláusulas básicas (isto é, aquelas que variam pouco de um contrato de financiamento para outro) é frequentemente baseada no formulário padrão da documentação para financiamento da *Loan Market Association* (LMA). A LMA foi formada em 1996, com o objetivo de

---

228 Também conhecido como o "contrato de crédito", "contrato financeiro", "contrato de linhas de crédito" ou "contrato de linhas de financiamento".

Tabela 14.1 — Protocolo de Entendimento do Recurso da Dívida — Condições Principais

Tomador	§ 3.6	Período de Disponibilidade	§ 14.3.1
Empreendedores	§ 3.2	Procedimento para Solicitação de Saque	§ 14.3.2; § 12.2.3
Objetivo do financiamento	§ 2.5	Contas do Projeto	§ 14.3; § 14.4
Coordenadores/Financiador(es)	Capítulo 5	Contas de Reserva	§ 14.4.1
Custos do projeto elegíveis	§ 13.5.1	Cascata de Fluxo de Caixa	§ 14.4.2
Linhas de crédito e montante dos financiamentos	Capítulo 12	Bloqueio das Distribuições	§ 14.4.2
Exigências de Índice de Cobertura	§ 12.3	Exigência de relatórios contábeis e informativos	§ 14.5
Índice da Dívida sobre capital próprio	§ 12.4	Cancelamento e pagamento antecipado	§ 14.6
Amortização	§ 12.5	Garantias	§ 14.7
Taxa de juros base e margem de lucro	§ 12.6.1	Condições precedentes	§ 14.8
Comissão de coordenação	§ 12.6.2	Declarações e garantias	§ 14.9
Comissão de compromisso	§ 12.6.3	*Covenants*	§ 14.10
Comissão de agente/agência	§ 12.6.4	Renúncias e Alterações Contratuais	§ 14.11
Outros custos de financiamento	§ 12.7	Eventos de Inadimplemento	§ 14.12
Custos de consultoria	§ 5.5.1	Processo de decisão dos financiadores	§ 14.13
Hedge de taxa de juros	§ 10.3	Acordos inter-credores	§ 14.14
Prêmio de crédito de *swap*	§ 10.3.1	Lei aplicável e jurisdição	§ 14.15
		Prazo de Validade	§ 5.2.7

padronizar tanto quanto possível a documentação de financiamento bancário, a fim de que pudessem ser mais facilmente agregados ao consórcio (§ 5.2.8) ou, de algum modo, transferidos para o mercado. Os mais de 500 membros incluem bancos comerciais e de investimento, investidores institucionais, escritórios de advocacia, fornecedores de serviços e as agências de classificação, principalmente mas não apenas na Europa.[229] A LMA não produziu nenhum formulário padrão para documentação de financiamento de *project finance*, mas apesar disso, muitas das cláusulas padrão para financiamentos

229 Há outras LMAs regionais com atuação relevante: nas Américas (*Loan Syndications and Trading Association* — "LSTA"), na região Ásia-Pacífico (*Asia Pacific Loan Market Association* — "APLMA") e África (*African Loan Market Association* — "ALMA").

corporativos são também encontradas em financiamentos do modelo *project finance*. Assim, a documentação da LMA é um ponto de partida útil para os financiamentos em *project finance*, já que ela apresenta geralmente uma redação de praxe no mercado, evitando a necessidade, em um acordo de financiamento, de negociar do zero as cláusulas "padrão".[230]

Este capítulo também cobre dois outros tópicos importantes para os investidores da Empresa do Projeto, que surgem tipicamente quando o projeto está concluído e em operação: o refinanciamento da dívida da Empresa do Projeto (§ 14.16) e a venda de *equity* para investidores secundários (§ 14.17).

§ 14.2 PROTOCOLO DE ENTENDIMENTO DOS FINANCIADORES

O Protocolo de Entendimento (ou *term sheet*) dos financiadores (§ 5.2.7) apresenta um resumo dos principais termos comerciais e financeiros e a estrutura oferecida pelos financiadores. Em seu devido curso, serve como um modelo para a documentação do financiamento. Os termos e as condições geralmente cobertos por protocolo de entendimento estão descritos na Tabela 14.1; as referências na tabela indicam onde cada tópico relevante é discutido.[231]

§ 14.3 FASE DE CONSTRUÇÃO – SAQUE DE RECURSOS DA DÍVIDA

A dívida está normalmente disponível para saque por um período ligeiramente mais longo do que a fase de construção do projeto

230 Para a discussão de vários aspectos jurídicos de *project finance*, cf. HOFFMAN, Scott L. *The law and business of international project finance*. 3ª ed. Cambridge: Cambridge University Press, 2007; VINTER, Graham D.; PIERCE, Gareth. *Practical project finance*. 3ª ed. Londres: Sweet & Maxwell, 2006; WOOD, Philip. *Project finance, securitisations and subordinated debt*. 2ª ed. Londres: Sweet & Maxwell, 2007.

231 Os termos e condições resumidos na Tabela 14.1 baseiam-se nas cláusulas principais constantes do protocolo de entendimento de bancos comerciais; porém são muito semelhantes aos encontrados nos *term sheets* dos demais financiadores.

(§ 14.3.1). O procedimento de saque para a dívida (§ 14.3.2) está ligado ao do *equity* (§ 12.2.3).

§ 14.3.1 Período de Disponibilidade

O Período de Disponibilidade é o período durante o qual a dívida está disponível para saque e, caso não seja totalmente sacada até o fim do Período de Disponibilidade, fica rescindido o compromisso de adiantar algum recurso da dívida adicional. Tipicamente, o Período de Disponibilidade transcorre até o primeiro de dois eventos: ou os seis meses iniciais após a Conclusão do Projeto efetiva (para cobrir eventuais custos menores remanescentes, tais como itens a serem reparados conforme o Contrato de Construção — *vide* § 8.2.7), ou 12 meses após a Conclusão de Projeto planejada (considerando eventuais atrasos na construção).

§ 14.3.2 Procedimento para Saques de Recursos da Dívida

O procedimento para saques sobre o financiamento geralmente envolve a Empresa do Projeto, que apresenta um pedido formal de saque de recursos da dívida com vários dias de antecedência à data na qual os fundos serão sacados. Há normalmente apenas um saque por mês. O pedido de saque de recursos da dívida deve:

- anexar um pedido de pagamento da Empreiteira de Construção, certificado pelo Engenheiro dos Financiadores;
- resumir o motivo pelo qual fundos adicionais são necessários;
- estabelecer como os custos serão financiados — isto é, por meio de *equity* ou dívida, dependendo da prioridade deles para saque (§ 12.2.3) e se houver muitos contratos de financiamento, qual será sacado;

- se os fundos vinculados das ECAs ou de outras fontes forem usados (§ 16.2), fornecer a informação sobre as origens dos bens de capital ou serviços solicitados para tanto;
- comparar os custos cumulativos e mensais do projeto com o orçamento da construção (§ 13.5.1);
- comprovar a disponibilidade de fundos suficientes para se concluir o projeto (§ 13.5.2);
- comprovar o cumprimento de quaisquer outras condições precedentes aos saques (§ 14.8).

Tanto o investimento do capital próprio quanto os saques do financiamento são pagos em uma Conta de Desembolso em nome da Empresa do Projeto sobre a qual os financiadores detêm uma cessão fiduciária,[232] ou são pagos diretamente aos beneficiários, sobretudo à Empreiteira da Construção (§ 8.2.3).

Os Financiadores poderão controlar todos os pagamentos da Conta de Desembolso ou permitir que a Empresa do Projeto faça os pagamentos para os fins apresentados nas solicitações de saque, apenas assumindo o controle pelos pagamentos se houver inadimplemento. (Este último é um procedimento mais prático. Se uma solicitação de saque nos moldes acima for utilizada, os financiadores precisam apenas monitorar os pagamentos provenientes da Conta de Desembolso).

Um sistema alternativo seriam saques mensais fixos (baseados na Projeção Bancária) pagos para a Conta de Desembolso, possivelmente variando ± 5%. Neste sistema, o banco gestor tem que controlar os pagamentos da Conta de Desembolso. De forma semelhante, os rendimentos de uma emissão de título são todos pagos para a Conta de Desembolso e controlados pelo Credor Controlador ou o agente fiduciário do título (§ 5.4; § 10.3.4).

---

232 Também conhecida como Conta de Resultados.

§ 14.3.3 Acumulação de Dívida

Em alguns casos, a Empresa do Projeto poderá ser capaz de usar um sistema de saques periódicos da dívida para financiar *tranches* de investimento separadas, na medida em que e quando o fluxo de caixa e outras metas sejam cumpridas (§ 5.2.2).

A Acumulação de Dívida é uma estrutura de saque estreitamente relacionada a um sistema de saques periódicos, pelo qual a dívida pode ser sacada durante um período de Disponibilidade muito mais longo do que aquele indicado na Seção § 14.3.1. O uso mais comum refere-se às Concessões. Neste tipo de projeto, os financiadores geralmente adotam um ponto de vista conservador quanto ao provável aumento de trânsito (§ 9.6.3). Portanto, se ao longo do tempo o trânsito aumentar acima destas projeções, mais dívida poderá ser sacada a partir de uma fórmula pré-definida de Índices de Cobertura baseada no crescimento das Taxas de Usuário. O Período de Disponibilidade em tais casos poderá se estender, por exemplo, pelos primeiros 10 anos da operação. Entretanto, um resultado semelhante pode ser também alcançado pelo refinanciamento da dívida original quando o crescimento do tráfego assim permitir (§ 14.16).

§ 14.4 FASE OPERACIONAL — CONTROLE DE FLUXO DE CAIXA

Assim como na fase de construção do projeto, em que os financiadores apenas autorizam saques e pagamento de custos quando os considerarem próprios para os fins orçados e aprovados, ao longo da fase operacional os financiadores normalmente controlam a aplicação do fluxo de caixa do projeto monitorando a forma como o dinheiro é utilizado. Dentre esses controles estão:

- a exigência de que a Empresa do Projeto estabeleça várias Contas de Projeto nas quais os financiadores detenham garantias e diversos graus de controle (§ 14.4.1);

- uma ordem de prioridades ao aplicar os recursos, conhecida como Cascata de Fluxo de Caixa (§ 14.4.2);
- o controle nas Distribuições do caixa aos investidores (§ 14.4.3);
- em alguns casos, Excedente de Caixa Direcionado (§ 14.4.4) ou requisitos para a apropriação do caixa, conhecida como cláusula de *clawback* (§ 14.4.5).

§ 14.4.1 Contas do Projeto

Os Financiadores exigem que várias Contas do Projeto[233] sejam abertas no banco da Empresa do Projeto, assegurando, assim, que o fluxo de caixa do projeto seja distribuído como exigido na documentação do financiamento.[234] As contas se referem tanto às receitas da Empresa do Projeto quanto à aplicação para custos operacionais e financeiros. Também são usadas para as várias quantias que têm que ser depositadas em Contas de Reserva.

Há dois modos nos quais as receitas da Empresa do Projeto ficam sujeitas ao controle e supervisão do Financiador conforme seu crescimento:

- Os Financiadores poderão exigir que a Empresa do Projeto coloque em uma Conta Operacional separada os fundos para cobrir os custos operacionais, sob o controle diário da Empresa do Projeto, deixando os outros fundos em uma Conta de Receita sob o controle conjunto do banco gestor ou do agente fiduciário das garantias e a Empresa do Projeto até que os outros pagamentos precisem ser realizados como discutido na Seção § 14.4.2.
- Alternativamente, todas as receitas poderão ser direcionadas para uma única conta, por meio da qual os pagamentos são feitos pela Empresa do Projeto quando necessário.

---

233 Também conhecidas como Contas de Controle.

234 Estas incluem os requisitos durante a fase de construção apresentada no § 14.3.2.

Esta última é obviamente preferível para a Empresa do Projeto e geralmente mais prática para as operações diárias, mas os financiadores precisam confiar que a Empresa do Projeto não empregará mal as receitas em curto prazo.

Os financiadores também exigem que a Empresa do Projeto estabeleça Contas de Reserva separadas nas quais vários montantes de dinheiro são depositados. Embora estejam no nome da Empresa do Projeto, a retirada de fundos exige o consentimento do banco gestor ou do agente fiduciário. Os saldos nestas Contas de Reserva integram as garantias dos financiadores.

As Contas de Reserva fornecem garantias para evitar problemas de curto prazo no fluxo de caixa e são também estabelecidas caso seja necessário separar fundos para um gasto excepcional no futuro. Nessas contas, também são separados fundos, como indenizações de seguro, para um determinado propósito.

Enquanto as Contas de Reserva crescem, o retorno dos investidores decresce, porque elas evitam ou retardam a distribuição do fluxo de caixa líquido. Assumindo que as Contas de Reserva serão estabelecidas de qualquer forma, a preocupação principal dos Empreendedores será que a Empresa do Projeto não deva ficar sem caixa suficiente para conduzir seus negócios normalmente, enquanto há dinheiro imobilizado nas Contas de Reserva.

Algumas Contas de Reserva padrão são:

Conta de Reserva do Serviço da Dívida ("DSRA"). Esta conta contém fundos suficientes para pagar a próxima parcela do serviço da dívida (principal e juros), geralmente correspondente a seis meses do serviço da dívida. Se a Empresa do Projeto não consegue pagar, a partir de seu fluxo de caixa normal (ou uma Conta de Reserva do Serviço da Dívida, se houver alguma), parte ou a totalidade do serviço da dívida, os fundos são retirados desta conta para fazê-lo. A DSRA deve ser estabelecida no começo da fase operacional. Há duas maneiras para tanto:

- incluir a DSRA como parte do orçamento de custos da construção para o projeto;
- alocando recursos para a DSRA a partir do fluxo de caixa operacional da Cascata de Fluxo de Caixa (§ 14.4.2), o que significa que ela não é alimentada na Conclusão do Projeto, mas conforme a entrada de fluxo de caixa com o início das operações.

A primeira abordagem é preferível do ponto de vista dos investidores porque a maioria dos fundos necessário para a DSRA são fornecidos pelos financiadores (isto é, proporcionalmente à parte da dívida da relação dívida/capital próprio). Do ponto de vista dos financiadores, há o benefício de saberem que a DSRA recebe fundos tão logo o projeto entre em operação. Em um ponto intermediário entre estas duas abordagens, a Empresa do Projeto poderá ter permissão para alocar fundos para a DSRA na Conclusão do Projeto de algum financiamento realizado naquele momento e não utilizado para qualquer outra finalidade.

Conta de Reserva do Pagamento da Dívida. Esta conta poderá ser usada para acumular fundos mensalmente para pagar a próxima parcela do principal e dos juros, ao invés de deixar os fundos na conta operacional da Empresa do Projeto (geralmente caso as receitas da Empresa do Projeto sejam direcionadas para uma conta, ao invés de serem divididas entre as Contas Operacional e de Receita como descrito acima). Se isto ocorrer, a conta é esvaziada no fim de cada período de pagamento para quitar os juros e a parcela do principal então devidos. (Salientamos que isto acontece além da DSRA). Isto pode ser acoplado a uma Conta de Reserva de Pagamento de Juros, aumentando o próximo pagamento de juros do mesmo modo. Estas duas contas podem obviamente ser também reunidas.

Conta de Reserva de Manutenção ("MRA"). Se um projeto tiver um ciclo de manutenção significativo (por exemplo, uma usina de processamento que tenha que passar por manutenção a cada cinco anos, com a maioria dos custos de manutenção a cada cinco anos, e não anualmente), estes pagamentos serão "suavizados" colocando-se anualmente os custos de um quinto da manutenção significativa estimada na Conta de Reserva de Manutenção (isto é, um tipo de fundo consolidado), para então sacar dessa conta para pagar a manutenção no quinto ano (§ 9.7.5). Uma abordagem alternativa poderá ser adotada em casos onde não há um ciclo de manutenção de longo prazo (por exemplo, em um prédio de PPP, tal como uma escola ou hospital). Nesse caso, a Empresa do Projeto poderá ser instada a colocar os fundos na MRA em montante igual a 100% dos custos de manutenção estimados no próximo ano (mais custos de manutenção referentes ao período de vida útil), 50% do ano seguinte, e 25% do ano subsequente, para assegurar a constante disponibilidade de fundos para a manutenção.

Conta de Reserva de Mudança na Lei. Se a Empresa do Projeto não estiver totalmente protegida contra Mudanças na Lei, os financiadores poderão solicitar que uma Conta de Reserva seja aberta para fornecer fundos para este propósito. O problema com esta conta, como discutido na Seção § 11.3, é que não há como decidir quanto dinheiro deveria ser depositado nela.

Contas de Reserva para Impostos e Regularização. Se a Empresa do Projeto incorrer em uma responsabilidade fiscal significativa em um ano, mas não tiver que recolher o imposto até o ano seguinte, uma Conta de Reserva de Impostos é normalmente estabelecida para separar o caixa para este propósito. Outras Contas de Reserva desta natureza podem ser abertas para cobrir responsabilidades diferidas ou custos irregulares.

Conta de Indenizações de Seguro. Uma Conta de Reserva separada poderá ser estabelecida para receber as indenizações de seguros, bem como para fornecer os fundos para pagamento sob o controle dos financiadores de restauração do projeto ou redução da dívida (§ 8.6.5). Contas semelhantes poderão ser usadas para outros tipos de indenização recebidos pela Empresa do Projeto, tais como as PDs da Empreiteira da Construção. Nestas contas, onde o dinheiro foi recebido para um propósito específico, o caixa não flui através da Cascata de Fluxo de Caixa discutida na Seção § 14.4.2, mas diretamente para dentro da conta.

Contas de Reserva e Cálculos de Índices de Cobertura. Ao calcular os índices ICSD (§ 12.3.1) e LLCR (§ 12.3.2), os pagamentos às Contas de Reserva, exceto aqueles por serviço da dívida, serão tratados como uma dedução do fluxo de caixa operacional no período em questão, e as retiradas de tais contas (por exemplo, para pagar os custos de manutenção) serão devolvidas ao fluxo de caixa (compensando, assim, os gastos efetivos). Os pagamentos para e da DSRA serão ignorados no cálculo da ICSD (que é destinada a mostrar a capacidade da Empresa do Projeto para honrar sua dívida em dia, sem usar as reservas). O saldo da DSRA normalmente é deduzido da dívida em aberto ao se calcular a LLCR, considerando que este caixa poderia ser usado para quitação imediata do financiamento. A Empresa do Projeto poderá argumentar que os saldos das outras Contas de Reserva, como a destinada à manutenção, deveriam também ser deduzidos no cálculo de LLCR pela mesma razão. Os financiadores poderão, entretanto, salientar que este caixa não é destinado à redução da dívida. Os juros acumulados na Conta de Reserva são normalmente adicionados ao resultado operacional quando se calcula os Índices de Cobertura, a não ser que o saldo da Conta de Reserva em questão esteja abaixo do mínimo solicitado (que poderia significar que os juros acumulados não poderão ser sacados da Conta de Reserva).

Para melhorar a TIR do Acionista, os Empreendedores poderão fornecer aos financiadores uma carta bancária de crédito ou, se aceitável, garantias corporativas, para a quantia que deveria ter sido depositada em uma Conta de Reserva de rotina tal como a DSRA, em troca da concordância dos financiadores com a distribuição deste caixa, ao invés de sua retenção na Empresa do Projeto.

A Empresa do Projeto poderá ter alguma flexibilidade para fazer uma gama limitada de "investimentos autorizados" de baixo risco com os fundos excedentes incluindo aqueles na Conta de Reserva, a fim de ter um retorno melhor sobre estes depósitos, mas os financiadores exigem que estejam incluídos em suas garantias.

§ 14.4.2 Cascata de Fluxo de Caixa

Os controles para utilização do dinheiro recebido pela Empresa do Projeto de suas receitas são apresentados em uma "Cascata de Fluxo de Caixa",[235] que estabelece a ordem de prioridades para o uso destes recursos. Uma típica ordem de prioridades é:

1. O pagamento de combustível ou matéria-prima e custos operacionais, incluindo um Contrato de O&M (baseado nos procedimentos orçamentários acordados — § 9.7.7) e impostos (isto é, todos os custos que a Empresa do Projeto necessita pagar para continuar operando o projeto).

2. As taxas e despesas devidas ao banco gestor, aos agentes fiduciários dos títulos de garantia etc.

3. Os juros sobre a dívida e quaisquer pagamentos de *swap* ou outros pagamentos de *hedge*.[236]

4. Amortizações programadas do principal da dívida (para a "meta" do cronograma, se houver — *vide* § 12.5.4).

5. Os pagamentos para a Conta de Reserva de Serviço da Dívida, e outras Contas de Reserva (ver acima).[237]

6. Distribuições aos investidores (§ 14.4.3).

---

235 Também conhecida como fluxo de caixa "waterfall".

236 Estes podem ser acumulados mensalmente na Conta de Reserva de Pagamento da Dívida (ver acima).

237 Como mencionado na seção § 14.4.1, os fundos nas Contas de Reserva de propósito específico, tais como MRA, ou uma Conta de Reserva de Impostos podem ser sacados para cumprir o seu propósito específico quando necessário, e assim não passar através da Cascata.

Uma vez que todos os fundos exigidos para a primeira categoria tenham sido pagos, o caixa remanescente disponível é movido para a segunda categoria, e assim por diante (como a água fluindo a longo de uma série de piscinas — daí o nome para este sistema de distribuição de fluxo de caixa). Sendo assim, quando não houver caixa suficiente para pagar os primeiros cinco itens, nenhum valor é distribuído aos investidores.

A estrutura de cascata é obviamente um tanto artificial, na medida em que esses pagamentos de caixa não ocorrem todos no mesmo dia. Poderá ser necessário assegurar que para um determinado projeto, o sistema leve em conta as situações onde a Empresa do Projeto tenha recebido o pagamento por um serviço que ainda não tenha sido executado (por exemplo, os pagamentos adiantados para camarotes corporativos em um estádio) — uma Conta de Reserva adicional poderá ser necessária caso este caixa possa vir a ser usado para as Distribuições.

Deve-se observar que este arranjo em Cascata fica inativo durante a construção do projeto, quando os fundos do capital próprio e da dívida são depositados na Conta de Desembolso (§ 14.4.3).

§ 14.4.3 Distribuições aos investidores

Os investidores se encontram na base da Cascata de Fluxo de Caixa; uma vez que os custos operacionais, todos os requisitos impostos pelos financiadores quanto à amortização e Conta de Reserva forem cumpridos, em princípio, as Distribuições aos investidores poderão ser realizadas. Se a Empresa do Projeto não conseguir pagar imediatamente essas quantias aos investidores (por exemplo, porque pode haver um atraso antes que assembleia geral aconteça e dividendos sejam declarados), eles serão pagos por meio de uma Conta de Distribuição aos Acionistas em nome da Empresa do Projeto (que deveria estar fora do pacote de garantias dos financiadores).

Mas se houver alguma quantia restante, não é tão simples quanto parece pagá-la aos investidores: há outros obstáculos a vencer.

Suspensão de Distribuição. A Empresa do Projeto obviamente tem que demonstrar que haverá caixa remanescente, ou será gerado no futuro, em nível suficiente para liquidar a dívida após as Distribuições terem sido feitas. Para tanto é estabelecido um Índice de Suspensão de Distribuição;[238] por exemplo, se o ICSD médio da Projeção Bancária foi de 1.35:1, os financiadores poderão solicitar que as Distribuições sejam suspensas se o ICSD real dos anos anteriores tiver sido mais baixo do que, por exemplo, 1.2:1.[239]

O cálculo da Cascata de Fluxo de Caixa para determinar se há caixa suficiente para pagar as Distribuições é geralmente executado uma vez a cada seis meses (e, portanto, as Distribuições são feitas somente a cada seis meses). Se o fluxo de caixa não puder ser distribuído porque os requisitos do Índice de Suspensão de Distribuição não foram atingidos, qualquer quantia disponível poderá ser usada para amortizar a dívida, ou poderá ser mantida em uma Conta de Reserva especial até que o Índice de Cobertura retorne ao patamar estabelecido.

Ao calcular o Índice de Suspensão de Distribuição, surge a questão se as projeções dos índices de cobertura (por exemplo, o ICSD projetado para o próximo ano, ou o LLCR, ou a média do ICSD como projetado para o restante do financiamento) também deveriam ser usadas para este propósito. Uma vez que o projeto esteja operando, a melhor maneira de projetar como ele irá operar no futuro é ver como ele operou de fato no passado. Nesse caso, os ICSDs reais alcançados são os que mais deveriam preocupar os financiadores. Sobretudo em um projeto com um fluxo de caixa regular assegurado nos termos do Contrato Principal do Projeto, é difícil conceber por que as projeções do fluxo de caixa para o próximo ano deveriam ser muito mais baixas do que aquelas para o ano anterior

---

238 Também conhecido como "*Distribution-Block*", "*Dividend-Stop*", Índice "*Lock-Up*" ou "Cash Trap" (Armadilha de Caixa).

239 E *vide* § 14.12 para o que acontece se o ICSD cair mais ainda.

(flutuações previsíveis, por exemplo, manutenção, deveriam ser tratadas usando as Contas de Reserva). Portanto, embora estimadas pelos financiadores, as projeções dos índices de cobertura são uma grande perda de tempo nesta situação, e ao se livrar delas, também se elimina o problema de decidir quais pressupostos deveriam ser usados para as projeções financeiras para este fim (§ 13.11). Entretanto, as projeções dos índices de cobertura serão pertinentes caso a Empresa do Projeto venda alguma *commodity* no mercado aberto ou assuma risco de demanda no projeto de Concessão, isto é, os casos em que o fluxo de caixa anual é menos previsível.

A Empresa do Projeto terá que cumprir requisitos adicionais antes de fazer as Distribuições, sendo que nenhum Evento de Inadimplemento (§ 14.12) deverá ter ocorrido de acordo com os termos dos Contratos do Projeto ou a documentação do financiamento (§ 14.12).

§ 14.4.4 Excedente de Caixa Direcionado

Há diversas circunstâncias nas quais os financiadores poderão exigir um Excedente de Caixa Direcionado, isto é, direcionar um fluxo de caixa livre para amortizar a dívida ao invés de ser usado para as Distribuições:

Fluxo de Caixa Irregular. Esta abordagem é normalmente usada se houver probabilidade de flutuações substanciais no fluxo de caixa (por exemplo, por causa dos movimentos do preço das *commodities*), desejando os financiadores assegurar que parte do excesso do fluxo de caixa gerado nos bons tempos seja usado para reduzir a dívida e, assim, fornecer uma proteção contra um declínio. Portanto, após ter sido acordado um nível de Distribuição aos investidores, o saldo do fluxo de caixa é utilizado para amortizar a dívida, ou é dividido entre amortização e uma Distribuição adicional para os investidores. Assim, se o projeto desempenhar de acordo com a Projeção Bancária acordada, os investidores receberão o retorno da Projeção Bancária. Entretanto, o fluxo de caixa do projeto acima desse nível é dividido entre os investidores e a amortização da dívida.[240] Um Excedente de Caixa Direcionado desse tipo pode também ser solicitado caso os investidores estejam preocupados com a adequação da Margem de Segurança do Recurso da Dívida (*Debt Tail*) (§ 12.3.4) ou a Margem de Segurança da Reserva (*Reserve Tail*) (§ 12.3.5).

Financiamento de Reserva. A Seção § 17.5.3 dá um exemplo do uso do excedente de caixa direcionado para quitar um financiamento *stand-by* que foi sacado para cobrir um déficit temporário nos fluxos de caixa dos projetos.

Custos do Ciclo de Vida do Projeto. Sabe-se que, em alguns projetos, os custos se estenderão por muito tempo no futuro, sendo relevantes demais para serem cobertos com uma provisão de reserva na Conta de Reserva de Manutenção. Por exemplo, um projeto de rodovia pode exigir uma despesa de ciclo de vida significativa tal como uma importante repavimentação da rodovia após 15 anos. O financiamento inicial pode durar entre 20–25 anos (isto é, passada a data quando recursos adicionais serão obviamente necessários). É possível que seja muito difícil fixar os custos de obras importantes com 15 anos de antecedência. Além disso, arrecadar fundos que não seriam usados por 15 anos é virtualmente impossível (§ 7.6.3). Novamente, a solução poderá ser um Excedente de Caixa Direcionado total (100%). Todo o caixa disponível destina-se ao excedente, não havendo Distribuições para os investidores e começando muitos anos antes da data das obras principais. Desta forma, os Empreendedores são encorajados a refinanciar os termos do financiamento e arrecadar os fundos adicionais necessários no momento em que se tornar viável. Neste caso, o Excedente de Caixa Direcionado aplicar-se-á antes que quaisquer Distribuições possam ser feitas (e, portanto, os investidores não receberão nada a não ser que eles refinanciem a dívida).

---

240 Esse é, algumas vezes, chamado de "excedente de bom desempenho (*good times sweep*)", porque se aplica quando o projeto está desempenhando bem, para contrastar com outros excedentes de caixa quando o projeto está indo mal.

***Mini-Perm* em Condições Subsidiadas.** De forma semelhante, um Excedente de Caixa Direcionado também é muito útil como parte de um pacote de medidas relacionadas com os problemas que os financiadores poderiam ter com a duração total do financiamento. Em tais casos, a maior parte ou todo o fluxo de caixa gerado após o serviço da dívida não é distribuído aos investidores, e sim usado para amortizar a dívida, ou colocado na Conta de Reserva. Por exemplo, suponhamos que os investidores tenham que providenciar um financiamento de 25 anos, mas realmente se sentem confortáveis com apenas um financiamento de 7 anos por razões de liquidez (§ 17.2). Nesse caso, um cronograma de amortização para um financiamento de 25 anos é acordado, mas um Excedente de Caixa Direcionado de 100% (novamente antes que eventuais Distribuições sejam realizadas, e os investidores não recebam fluxo de caixa) poderá ser aplicado, digamos, a partir do ano 5 e em casos em que os juros da dívida podem também ser aumentados drasticamente a partir do ano 5. Isso é conhecido como um *Mini-Perm* em Condições Subsidiadas, ao contrário do *Mini-Perm* em Condições de Mercado, que exigiria a amortização do saldo da dívida ao final do ano 7 (§ 10.6). O objetivo é "incentivar" o refinanciamento da dívida (§ 17.5.5), mas se isso não puder ser feito, o financiamento continuará em vigor pelo prazo de 25 anos. De forma semelhante, os financiadores podem não querer financiar por um prazo maior que 12 anos, por exemplo, no país onde o projeto está localizado, ao mesmo tempo em que a Empresa do Projeto precisa de um prazo de amortização de 15 anos para tornar o projeto viável. Nesse caso, a Empresa do Projeto poderá concordar com um Excedente de Caixa Direcionado a partir do ano 10 em um financiamento de 12 anos, cujo cronograma de amortização é baseado naquele financiamento de 15 anos com uma amortização extraordinária do saldo devedor do financiamento após 12 anos. Isso é normalmente feito na expectativa de que quando chegar a hora, os financiadores estarão preparados para dispensar a exigência do Excedente de Caixa Direcionado e financiar por um prazo mais longo. Pode parecer que a Empresa do Projeto conseguiria o mesmo resultado simplesmente emprestando os fundos pelo prazo que os financiadores estiverem de fato preparados para financiar. Entretanto, nesse caso o cronograma de amortização provavelmente tornaria o financiamento inviável, porque os financiadores exigiriam níveis de amortização mais altos nos anos iniciais do financiamento ao invés de confiarem no Excedente de Caixa Direcionado ao final.

Evento de Inadimplemento. Os financiadores poderão também impor um Excedente de Caixa Direcionado completo se houver um Evento de Inadimplemento nos contratos de financiamento (§ 14.12).

§ 14.4.5 *Clawback*

Se houver alguma incerteza sobre os custos futuros (por exemplo, manutenção em grande escala ou custo vitalício) ou receitas, ainda assim os financiadores poderão estar preparados para permitir que os investidores recebam as Distribuições da Empresa do Projeto, desde que a realização da recuperação de caixa seja oferecida. No caso desta obrigação, os Empreendedores concordam que se o possível problema futuro de fluxo de caixa se desenvolver, a quantia recebida como Distribuições ao longo de um período de tempo determinado será amortizada ou financiada à Empresa do Projeto.

§ 14.5 EXIGÊNCIAS DE RELATÓRIOS

Ao longo do prazo do financiamento, a Empresa do Projeto deverá fornecer relatórios acerca dos vários aspectos de seu negócio aos financiadores e seus consultores. Essas exigências se encaixam naturalmente dentro de duas fases — a fase de construção (§ 14.5.1) e a fase operacional (§ 14.5.2) do projeto.

É comum os Empreendedores e os financiadores ficarem tão entusiasmados com o detalhe da estruturação e negociação da operação que o panorama geral que realmente importa fica escondido. Os financiadores, às vezes, caem na armadilha de solicitarem um fluxo de informações de sistema muito elaborado a respeito do projeto, que impede a Empresa do Projeto de fazer o seu trabalho de conduzir o projeto eficientemente e sobrecarrega os financiadores com informações desnecessárias.

Os custos dos "consultores" dos financiadores continuam a ser de responsabilidade da Empresa do Projeto, sendo devidos antes da Assinatura do Contrato de Financiamento (§ 5.5.1; § 13.5.1).

§ 14.5.1 Fase de Construção

Como pode ser visto no procedimento de saque apresentado na Seção § 14.3.2, os financiadores conferem regularmente as últimas informações sobre o projeto antes de adiantar *tranches* adicionais da dívida. Além das informações exigidas para a certificação dos saques, o Engenheiro dos Financiadores espera receber todas as informações relevantes a respeito do progresso da construção, bem como poder visitar os terrenos importantes ou estar presente a outras reuniões.

§ 14.5.2 Fase Operacional

Uma vez que o projeto tenha sido concluído e pareça estar operando sem problemas, os financiadores tipicamente reduzem para trimestral a obrigação da Empresa do Projeto em apresentar os relatórios formais. Os relatórios incluiriam as contas de gestão da Empresa do Projeto (e as contas auditadas anualmente), e os aspectos principais do projeto, como por exemplo, o desempenho no caso de um projeto baseado em Disponibilidade, ou o trânsito e receitas de pedágio no caso de Concessão de uma rodovia pedagiada, eventuais deduções feitas pelo Tomador ou Autoridade Contratante, variações significativas das projeções ou do orçamento para o período, os cálculos do Índice de Cobertura etc. Isto é suplementado por relatórios adicionais dos consultores principais dos Financiadores a respeito das tendências dos volumes de trânsito. Caso surja um problema específico com o projeto, os financiadores poderão solicitar relatórios ou informações adicionais *ad hoc*.

§ 14.6 CANCELAMENTO E PRÉ-PAGAMENTO DA DÍVIDA

Um Excedente de Caixa Direcionado (§ 14.4.4) é uma forma obrigatória (isto é, compulsória) de pré-pagamento do financiamento pela Empresa do Projeto. Há outros pré-pagamentos obrigatórios normalmente exigidos:

- se a Empresa do Projeto receber recursos pela venda de ativos (a não ser que o recurso seja usado para substituir o ativo);
- se as indenizações de seguro não forem aplicadas na restauração do projeto (§ 8.6.5).

Nestes casos, o recurso é empregado diretamente para o pré-pagamento, ao invés de passar pela Cascata de Fluxo de Caixa.

Se PDs por desempenho forem recebidas da Empreiteira de Construção (§ 8.2.8), o pré-pagamento será feito na medida em que for necessário para manter os Índices de Cobertura dos financiadores. Quaisquer excedentes do fluxo de PDs na Cascata de Fluxo de Caixa (sendo pagos, portanto, provavelmente, como Distribuições, compensando os investidores pela redução da TIR do Acionista decorrente de problemas no desempenho). As PDs por atraso na conclusão, entretanto, fluem direto para a Cascata, já que estão no lugar da receita operacional.

O pré-pagamento do financiamento também será exigido se a sua continuação pelos financiadores torna-se ilegal; o que geralmente significa resguardar-se contra a possibilidade de sanções internacionais contra o país no qual a Empresa do Projeto está situada. (A obrigação poderá ser limitada ao pagamento antecipado na medida em que a Empresa do Projeto tenha disponibilidade de fluxo de caixa).

A Empresa do Projeto poderá também desejar antecipar o pagamento ou reduzir o financiamento voluntariamente:

- O comprometimento de valor financiado poderá ser reduzido pelo fato de a captação de recursos não ser necessária na íntegra (§ 14.6.1).
- A Empresa do Projeto poderá desejar antecipar o pagamento de parte de ou de todo o financiamento (§ 14.6.2).
- A Empresa do Projeto poderá desejar liquidar o financiamento e refinanciá-lo em termos mais atraentes em outro lugar (§ 14.16.1).

§ 14.6.1 Redução de Compromisso

À medida que o projeto avançar, a Empresa do Projeto poderá verificar que não necessitará de todos os recursos captados (incluindo eventual captação contingente de recursos), podendo economizar as comissões de compromisso pela redução da quantia comprometida da dívida, possivelmente reduzindo também os riscos de seus investidores (e aumentando o retorno deles) por reduzir o capital próprio *pro rata* comprometido.

Em princípio, os financiadores não se oporiam, desde que a Empresa do Projeto consiga demonstrar que após a redução haverá fundos suficientes para completar o projeto como programado, com uma adequada margem de segurança remanescente. É, portanto, improvável que os financiadores permitam a redução na captação de recursos comprometida até um estágio bastante avançado da construção do projeto.

§ 14.6.2 Pagamento Antecipado Parcial

Um típico caso em que a Empresa do Projeto poderá preferir antecipar o pagamento de parte do financiamento pode surgir a partir das restrições de Distribuição impostas pelos financiadores (por exemplo, Suspensão de Distribuição). Por esta e outras razões poderá ser vantajoso para os investidores o pré-pagamento de parte da dívida a fim de restaurar os Índices de Cobertura a um nível acima da Suspensão de Distribuição, ao invés de ter fundos imobilizados na Empresa do Projeto.

Na maioria dos financiamentos de projeto, os financiadores bancários geralmente estão dispostos a aceitar uma antecipação de pagamento após a Conclusão do Projeto. Porém, eles poderão impor uma taxa de antecipação (tipicamente 0.5–1.0% da quantia refinanciada). Os custos de infração no contrato de *swap* também precisam ser cobertos (§ 10.3.1). Embora os financiadores bancários sejam flexíveis quanto ao pré-pagamento parcial, isso não é normalmente permitido nas emissões de títulos de dívida, ou pelo menos o pré-pagamento parcial de um título é somente permitido com o pagamento de uma penalidade substancial (§ 10.3.4). O mesmo princípio geralmente se aplica a outros financiamentos com taxa fixa.

A questão principal quanto ao pagamento antecipado parcial (seja voluntário ou obrigatório) é sobre quais parcelas futuras do financiamento deveria ser aplicado? Se, por exemplo, um pagamento antecipado de 120 é feito em um financiamento de 500 a ser amortizado em cinco prestações anuais futuras, o pagamento antecipado poderia ser aplicado de acordo com qualquer uma das maneiras da Tabela 14.2.

- Desde que o excedente de fluxo de caixa possa ser distribuído, a aplicação dos pagamentos antecipados *em ordem de data de vencimento* é a mais benéfica para os investidores, já que isso reduz os pagamentos subsequentes do serviço da dívida e libera caixa mais rapidamente para as Distribuições futuras. Essa abordagem é a mais justa se a Empresa do Projeto optar livremente por antecipar o pagamento do financiamento por causa das restrições temporárias sobre as Distribuições para os investidores.

- Os financiadores, por outro lado, poderão desejar reduzir o prazo médio do financiamento e, portanto, de seu risco sobre o projeto, aplicando as antecipações de pagamentos *na ordem inversa de data de vencimento.*

Tabela 14.2 — Ordem de Pré-pagamento

Pré-pagamento de 120		**Parcelas Remanescentes de Pagamento de Financiamento após o Pré-pagamento em:**		
	Cronograma Original	**Ordem de vencimento**	**Ordem Inversa ao vencimento**	***Pro rata***
Ano 1	100	—	100	76
2	100	80	100	76
3	100	100	100	76
4	100	100	80	76
5	100	100	—	76
Total	500	380	380	380

- Alguns tipos de antecipação de pagamento deverão ser aplicados *pro rata* para poderem funcionar (por exemplo, as PDs de desempenho da Empreiteira da Construção são aplicadas *pro rata* a todas as parcelas a fim de manter as ICSDs dos Financiadores em um nível estável).

Portanto, poderá ser necessário especificar as diferentes aplicações de antecipações parciais de pagamento dependendo das circunstâncias em que forem feitas.

§ 14.7 GARANTIA DOS FINANCIADORES

Como já discutido (§ 2.2), os financiadores não esperam conseguir seu dinheiro de volta vendendo os ativos da Empresa do Projeto. Na maioria dos financiamentos de projeto somente o fluxo de caixa de uma operação contínua e bem-sucedida oferecerá recursos para a amortização da dívida. A liquidação dos ativos raramente é a solução dos problemas com o projeto;[241] entretanto, a garantia para o projeto como um todo permanece importante:

241 Mesmo pressupondo que isso seja possível, o que geralmente não ocorre em um projeto de PPP uma vez que os ativos do projeto pertencem à administração pública,

- para assegurar que os financiadores estejam envolvidos já em um estágio inicial caso o projeto comece a dar errado;
- para garantir que terceiros (tais como credores quirografários) não obtenham quaisquer direitos preferenciais ou *pari-passu* sobre os ativos do projeto;
- para assegurar que os ativos do projeto não sejam alienados sem o consentimento dos financiadores;
- para possibilitar que os financiadores "encorajem" a cooperação por parte da Empresa do Projeto se ela apresentar problemas — isto é, os financiadores poderão orientar a Empresa do Projeto sobre o que fazer.

As garantias dos financiadores — que podem ser custodiadas por um banco gestor ou um agente fiduciário de garantias[242] — normalmente têm quatro camadas:

- controle do fluxo de caixa (§ 14.4);
- a capacidade de interferir no projeto nos termos dos Contratos Diretos (§ 8.11);
- hipotecas e cessões dos ativos e contratos da Empresa do Projeto (§ 14.7.1);
- Garantias sobre as ações da Empresa do Projeto (§ 14.7.2).

---

e frequentemente não têm um uso alternativo do setor privado: por exemplo, não é possível executar uma rodovia.

242 As razões para usar um agente fiduciário de garantias são, em primeiro lugar, tornar mais fácil para o banco gestor, caso assim deseje, renunciar aquele papel (por exemplo, se ele vender a sua parcela da dívida). Do contrário, poderia ser necessário que todas as garantias fossem registradas outra vez para um novo gestor. Em segundo lugar, caso o banco gestor se torne insolvente, colocando em risco as garantias dos financiadores. Os agentes fiduciários de garantias são também geralmente usados nas operações com títulos da dívida (cf. § 5.3.2).

§ 14.7.1 Hipotecas e cessões do contrato

Raramente existe alguma discordância substancial entre os Empreendedores e os financiadores a respeito do direito destes últimos de receberem como garantia os ativos físicos, direitos contratuais e garantias que a Empresa do Projeto tiver. Portanto o pacote de garantias inclui:

- hipotecas e gravames sobre o terreno, prédios, e equipamentos do projeto (na medida em que eles pertencerem à Empresa do Projeto e não à Autoridade Contratante ou a uma outra entidade do setor público);
- cessão dos Contratos do Projeto, incluindo contratos de consultoria com outras partes como o Engenheiro do Acionista, bem como quaisquer títulos de dívida ou garantias previstos nestes contratos;
- cessão do direito da Empresa do Projeto em receber os aportes de *equity* dos Empreendedores (§ 3.6.2; § 12.2.3);
- cessão das receitas (ligadas às Contas do Projeto) — § 14.4.1);
- cessão dos Alvarás e licenças;
- gravames sobre as Contas de Projeto, com exigência de assinaturas conjuntas da Empresa do Projeto e do banco gestor ou do agente fiduciário sempre que a aprovação do Financiador for necessária para transferir fundos de uma conta;
- obrigações do Tomador/Autoridade Contratante, se houver algum, em fazer pagamentos somente para as Contas do Projeto (se isto não estiver estabelecido em um Contrato Direto);
- cessão das apólices de seguro (§ 8.6.5);
- cessão do direito da Empresa do Projeto de receber qualquer pagamento a ela devido se um *swap* da taxa de juros for revogado (§ 10.3.1).

Problemas poderão surgir, entretanto, se for necessária a cooperação de terceiros para criar ou tornar efetivas as garantias:

- O consentimento para cessões pelas outras partes dos Contratos do Projeto poderá não ser obtido. (Se possível, isto deveria estar previsto para se assegurar que haja disposições apropriadas na documentação original do Contrato do Projeto referente a Acordos Diretos (§ 8.11).

- A cessão de Alvarás ou licenças como garantias poderá não ser possível ; alguns países talvez não permitam a cessão de alguns tipos de Alvarás ou licenças, porque elas são concedidas para o titular específico do Alvará ou da licença. (Os Acordos Diretos poderão fornecer algum suporte em tais casos).

No que se refere a um projeto de investimento internacional, já que os ativos da Empresa do Projeto se encontram no País Anfitrião, as garantias referentes a estes ativos geralmente têm que se submeter à lei e jurisdição locais, diferente da situação que poderá se aplicar aos Contratos do Projeto ou à documentação do financiamento (§ 11.5.1). Em países desenvolvidos, esta abordagem normalmente não causa nenhuma dificuldade, embora consultores jurídicos locais sejam obviamente necessários. Entretanto, em alguns países em desenvolvimento, os financiadores poderão não conseguir atingir uma situação ideal quanto a garantias:

- A lei local poderá impedir que estrangeiros sejam proprietários de imóveis e, portanto, os financiadores não poderão assumir os direitos da Empresa do Projeto a esse respeito.

- Altos níveis de impostos instrumentais e impostos *ad valorem* similares poderão ser cobrados no registro dos financiamentos ou das garantias dos financiadores, aumentando significativamente os custos financeiros a serem pagos pela Empresa do Projeto.

- Poderão haver credores preferenciais (tais como obrigações fiscais) que automaticamente terão prioridade sobre as garantias dos financiadores.

- Os financiadores poderão apenas conseguir registrar a garantia sobre os ativos que já existem, não sobre aqueles a serem adquiridos ou construídos no futuro.
- Os financiadores poderão apenas conseguir registrar sua garantia por uma quantia fixa, correndo o risco de que a quantia total devida em caso de inadimplemento possa ser maior quando forem incluídos os juros, custos de infração de contrato de *swap* e custos de execução.
- Os financiadores poderão apenas conseguir registrar as garantias na moeda local, correndo o risco de permanecerem subcolateralizados caso a moeda local se deprecie em relação à moeda na qual o financiamento foi feito (§ 10.5.8).
- Os financiadores poderão ser impedidos de executar suas garantias se a contraparte relevante estiver enfrentando procedimentos de insolvência.
- Os procedimentos para executar as garantias poderão ser inapropriados ou muito onerosos para os financiadores que querem poder assumir o controle do projeto rapidamente. Sobretudo, poderá ser exigido que os financiadores vendam os ativos em um leilão público ou após uma ação judicial ao invés de assumir o controle e a operação através de um administrador ou depositário judicial.
- Os controles de câmbio poderão impedir a transferência pelos financiadores dos procedimentos de execução para o exterior.

As garantias poderão ser registradas em diversas outras jurisdições além daquela do País Anfitrião. Se as Contas de Reserva forem mantidas *offshore* (§ 11.4.1), então as garantias deverão ser registradas em conformidade à lei do país onde estão mantidas; o mesmo se aplicará caso as ações de uma *holding offshore* sejam penhoradas a favor dos financiadores.

Nos países que adotam o *Common-Law*, como a Inglaterra e a Austrália, é possível ter uma "tarifa flutuante" sobre os ativos da Empresa do Projeto. Isto não exige registro da garantia para cada ativo ou contrato específico, já que oferece garantia sobre todos eles, que se consolida quando ocorrem processos de execução.

Se por algum motivo, os financiadores não conseguirem obter garantias para os ativos fixos do projeto, a Empresa do Projeto deverá oferecer uma obrigação "negativa de penhor" (isto é, não penhorar os ativos em questão a favor de qualquer outra pessoa). Isto obviamente tem valor limitado quando comparado com as garantias reais apropriadas. (Mesmo assim, os financiadores exigirão garantias para as Contas do Projeto).

§ 14.7.2 Garantias sobre as ações da Empresa do Projeto

Os financiadores normalmente recebem garantias sobre as ações dos Empreendedores na Empresa do Projeto. Isto permite aos financiadores assumir mais rapidamente a gestão da Empresa do Projeto do que seria possível por meio de hipotecas ou cessões contratuais, podendo haver algumas dificuldades:

- Os financiadores corporativos do Empreendedor poderão impor disposições de negativa de penhor como discutidas acima, que podem impedir a penhora de ações da Empresa do Projeto.
- Também como discutido acima, os procedimentos judiciais complexos poderão tornar muito lenta a execução de penhora sobre as ações.
- Há um problema potencial caso os Empreendedores desejem obter uma cobertura de risco político para proteger seu investimento (§ 16.3).
- Também poderia haver um problema se os Empreendedores desejarem vender suas ações, a não ser que os novos acionistas estejam dispostos a oferecer as mesmas garantias.

Como para a primeira questão, pode ser necessário que o Empreendedor tenha que negociar a renúncia dessa disposição no caso das ações da Empresa do Projeto. Há várias maneiras possíveis de lidar com a segunda questão:

- Os financiadores aceitarem garantias sobre as ações de uma *holding offshore*, de propriedade dos investidores, localizada em uma jurisdição mais conveniente aos credores, que detenha participação na Empresa do Projeto. Isto permite que os financiadores assumam o controle da Empresa do Projeto rapidamente por meio da tomada de controle de seu único acionista. (É preciso tomar cuidado para que não haja outros credores da Empresa do Projeto que possam interferir no processo. Também é importante que a empresa *holding* intermediária não tenha dívida, mesmo com os seus próprios acionistas, caso contrário estes credores terão prioridade sobre seus ativos, isto é, as ações da Empresa do Projeto, em detrimento dos financiadores da Empresa do Projeto).

- Os financiadores escolhem uma opção de compra das ações da Empresa do Projeto (isto é, os Empreendedores concordam em vender as ações aos financiadores por um valor nominal em caso de inadimplemento no financiamento).

- Os Empreendedores dão aos financiadores uma "*golden share*" permitindo que eles indiquem conselheiros em caso de inadimplemento no financiamento.

Estas duas últimas abordagens podem acarretar dificuldades regulatórias para os bancos e criar responsabilidades jurídicas se os financiadores se envolverem diretamente na gestão da Empresa do Projeto. Os financiadores também querem se assegurar de que a Empresa do Projeto não seja afetada por dificuldades financeiras ou mesmo a falência de um Empreendedor ou de um outro investidor (isto é, "falência remota"). Por exemplo, se um Empreendedor falir isto não deveria resultar também na falência da subsidiária ou afiliada da Empresa do Projeto, ou ainda extinguir o benefício da penhora das ações da Empresa do Projeto. Dependendo da localização do projeto e da Empresa do Projeto, poderá ser necessário inserir uma empresa intermediária entre o(s) Empreendedor(es) e a Empresa do Projeto para reduzir este risco.

§ 14.8 CONDIÇÕES PRECEDENTES

A mera assinatura da documentação do financiamento não significa que os financiadores começarão a adiantar fundos à Empresa do Projeto. A fim de sacar qualquer recurso de dívida, o projeto precisa primeiro chegar na Assinatura do Contrato de Financiamento. Esta é a data na qual os Contratos do Projeto e a documentação do financiamento foram assinados, e as condições precedentes à eficácia dos compromissos dos financiadores foram atendidas ou renunciadas. As condições precedentes constituem efetivamente uma lista de documentos que os financiadores exigem como base para o financiamento. Quando cumpridas, os financiadores ficam obrigados a adiantar os fundos. (Isto não significa que os financiadores não tenham obrigações antes daquela data; por exemplo, se a documentação do financiamento estipular que os financiadores mantenham confidencialidade quanto às informações sobre o projeto, essa obrigação entra em vigor já na assinatura).[243]

§ 14.8.1 Condições Precedentes para a Assinatura do Contrato de Financiamento

A lista da documentação prevista nas condições precedentes ("CP") para o financiamento de um *project finance* pode ser bastante longa, frequentemente passando de centenas de documentos e certificados. As exigências típicas dos financiadores (todas devem ser satisfatórias para eles tanto na forma quanto no conteúdo) incluem:

- documentação da empresa:
    - documentação de constituição e operação da empresa, deliberações do conselho, pareceres legais etc., para a Empresa do Projeto, demonstrando sua correta constituição e capacidade de suportar um financiamento;

---

243 Cumpre salientar que todos os Contratos de Projeto e a documentação relacionada terão cada um as suas próprias condições precedentes que precisam ser cumpridas ao mesmo tempo.

- documentação semelhante da empresa para quaisquer outras partes dos Contratos do Projeto ou documentação do financiamento, e dos prestadores de garantias, caução, ou outros tipos de garantias;
- cópias assinadas dos Acordos de Acionistas relacionados à Empresa do Projeto (§ 3.6.2).

- documentação do Projeto:
  - comprovação da propriedade (ou direito de uso) do terreno do projeto;
  - cópias assinadas de todos os Contratos do Projeto e comprovação de que todas as suas CPs foram cumpridas e estão em pleno vigor;
  - as garantias contratuais, títulos, ou outras garantias (§ 8.2.9; § 8.10);
  - NTP (Ordem de Construção) dada à Empreiteira da Construção (§ 8.2.2);
  - Alvarás para o financiamento, construção e operação do projeto (§ 8.8);
  - Contratos Diretos assinados (§ 8.11);
  - acordos para a construção de instalações de terceiros e sistemas de distribuição (§ 9.5.9).
- documentação do financiamento:
  - a assinatura de toda a documentação do financiamento;
  - contrato de financiamento bancário, contrato de agência, ou termos e condições dos títulos e contrato fiduciário;
  - cartas de comissão, cobrindo o pagamento das comissões de coordenação e subscrição;
  - quaisquer Contratos de Serviços de Suporte do Empreendedor (§ 9.7.2) ou garantias (§ 9.13), ou garantias da empresa controladora para as Subcontratadas (§ 8.10);
  - a documentação das garantias (§ 14.7);
  - o registro das garantias.
- a *due diligence* financeira:

  - comprovação de que todo o financiamento do investidor (*equity* ou dívida subordinada) foi pago ou comprometido e quaisquer garantias para isto que estejam em vigor;
  - comprovação da vigência e efeito de quaisquer outros contratos de financiamento paralelos;
  - comprovação da vigência de contratos de *swap* de juros ou de *hedging* (§ 10.3), se estes tiverem que ser concluídos imediatamente na Assinatura do Contrato de Financiamento;
  - comprovação da vigência dos Acordos do Projeto e outros acordos bancários;
  - comprovação da vigência do seguro exigido (§ 8.6.1);
  - demonstrações financeiras atualizadas das partes relevantes.
- *due diligence* técnica/comercial
  - os relatórios finais do Engenheiro dos Financiadores, consultores de seguro, e quaisquer outros consultores (§ 5.5);
  - o relatório do Auditor do Modelo (incluindo um relatório sobre os aspectos fiscais do projeto);
  - orçamento final da construção e do financiamento e cronograma de saques (§ 13.5);
  - modelo financeiro da Projeção Bancária (§ 13.10).
- *due diligence* jurídica:
  - pareceres jurídicos dos advogados dos financiadores (e em algumas jurisdições também dos advogados dos tomadores) quanto à validade da documentação;
  - a confirmação de que nenhum Evento de Inadimplemento (§ 14.12) tenha ocorrido;
  - a confirmação de que a Empresa do Projeto não está envolvida em nenhum litígio.

Algumas dessas CPs são circulares por natureza (por exemplo, o direito de emitir uma ordem de construção para a Empreiteira de Construção poderá depender da Assinatura do Contrato de

Financiamento, e a Assinatura do Contrato de Financiamento poderá não ser realizada até que a NTP tenha sido emitida). Em tais casos os assessores jurídicos das diversas partes combinarão um fechamento simultâneo da documentação.

Algumas CPs poderão não ser cumpridas por ocasião da assinatura da documentação do financiamento ou dos Contratos do Projeto. Pode-se estabelecer, então, uma distinção entre as CPs, que estão disponíveis na assinatura, e as "condições subsequentes" que deverão ser cumpridas antes da Assinatura do Contrato de Financiamento. (Se este for o caso, a assinatura original pode ser referida como um fechamento financeiro condicionado).

O período entre a assinatura da documentação do financiamento e a Assinatura do Contrato de Financiamento pode ser muito longo se não for bem administrado. Os Empreendedores são responsáveis por administrar esse processo de forma eficiente, preferivelmente reunindo o máximo possível de documentação de CP antes da assinatura do financiamento, para assegurar o mínimo de atraso até a Assinatura do Contrato de Financiamento. A concordância quanto à documentação da CP antes da assinatura do financiamento, assegura também que não haverá surpresas inesperadas em relação às questões levantadas pelos financiadores após o financiamento ter sido assinado.

Um Tomador de Serviço/Autoridade Contratante poderá exigir que os Empreendedores forneçam uma garantia de cumprimento das CPs até uma determinada data, mas as questões apontadas nos § 3.7.9 e § 7.5 igualmente se aplicam neste caso.

§ 14.8.2 Condições Precedentes para Saques de Recursos da Dívida do Financiamento

Poderá haver CPs adicionais para cada saque de recurso da dívida (§ 14.3.2), sobretudo:

- confirmação pela Empresa do Projeto e pelo Engenheiro dos Financiadores:

- que as quantias devidas à Empreiteira de Construção estão corretas;
- que a construção está dentro do cronograma;
- que as outras quantias a serem pagas do saque estão dentro do orçamento da construção estabelecido;
- que há fundos suficientes para concluir a construção.

- a confirmação pela Empresa do Projeto:
  - que as Declarações e Garantias existentes (§ 14.9) continuam válidas;
  - que nenhum Evento de Inadimplemento ou Evento de Inadimplemento em potencial tenha ocorrido (§ 14.12).

§ 14.8.3 Cláusulas MAC

Os financiadores poderão exigir que não ocorram mudanças adversas relevantes ("MAC") no projeto após a assinatura da documentação do financiamento, como uma condição precedente tanto para a Assinatura do Contrato de Financiamento quanto para os saques subsequentes dos recursos da dívida (isto é conhecido como cláusula "MAC"). O problema com este tipo de disposição geral vaga é que a Empresa do Projeto poderá ficar vulnerável a uma decisão arbitrária dos financiadores em interromper o financiamento do projeto. Uma redação jurídica cuidadosa torna-se necessária para assegurar que uma vez inserida a cláusula MAC, ela seja razoavelmente objetiva e de natureza limitada.[244]

§ 14.9 DECLARAÇÕES E GARANTIAS

Os fatos que formam a base da provisão dos financiadores para o *project finance* são estabelecidos e confirmados nas "declarações e garantias" oferecidas pela Empresa do Projeto na documentação do financiamento.[245] Como essas são a base para o financiamento, se quaisquer das

244 E § 14.12 para o uso da cláusula MAC como um Evento de Inadimplemento.

245 Também conhecidas como obrigações (*undertakings*).

declarações e garantias forem posteriormente consideradas incorretas, isto criará um Evento de Inadimplemento (§ 14.12).

As declarações e garantias são na realidade uma lista de verificação confirmando os elementos relevantes que os financiadores avaliaram na *due diligence* para confirmar sua concordância com os riscos do financiamento.[246] Declarações e garantias típicas na documentação do financiamento preveem que a Empresa do Projeto:

- está devidamente incorporada, tem poder e tomou todas as ações corporativas necessárias para assumir o projeto e o financiamento;
- é de propriedade dos Empreendedores nas proporções aprovadas pelos financiadores;
- não possui negócios, ativos ou subsidiárias, nem quaisquer obrigações contratuais, exceto aquelas relacionadas ao projeto (sendo que todas foram informadas aos financiadores);
- tem capacidade de celebrar os diferentes Contratos do Projeto e outros contratos, estando todos legalmente válidos e em vigor, sem nenhum inadimplemento; sem a ocorrência de qualquer evento de força maior que possa ter afetado a Empresa do Projeto ou quaisquer Contratos do Projeto;
- possui o título de sua propriedade (Obs.: pode não ser o caso em uma PPP) e todos os direitos necessários para construir e operar o projeto;
- obteve todas licenças e Alvarás exigidos para o projeto, estando todas válidas;
- está de acordo com a lei em todos os aspectos e recolheu todos os impostos devidos;
- não fez, nem os Empreendedores e nenhuma outra parte fez, qualquer pagamento corrupto (isto é particularmente enfatizado

246 Os Contratos de Projeto também têm Declarações e Garantias abrangentes, por exemplo por parte da Empreiteira da Construção, que os financiadores também avaliam.

na Lei de Práticas de Corrupção no Exterior dos EUA, de 1977, e em outros países com legislação similar);

- não violou os termos de contratos existentes;
- não está insolvente e não há nenhum litígio pendente ou ameaça de litígio em que esteja envolvida;
- não possui nenhuma outra dívida (a não ser acordada como parte de um plano de financiamento), tendo os financiadores preferência de cobrança válida sobre os ativos da Empresa do Projeto por meio de seus acordos de garantia; não há outras garantias recaindo sobre os ativos do projeto;
- forneceu informações completas e corretas sobre o projeto em um memorando de informações (§ 5.2.8), ou por outros meios. A Empresa do Projeto deverá apenas se responsabilizar por informações fornecidas diretamente e não, por exemplo, por resumos dos Contratos do Projeto preparados pelo(s) coordenador(es) líder(es) e seus advogados. (Esta disposição pode ser um problema se o financiamento for subscrito pelos bancos que participarão do consórcio com um memorando de informações posteriormente; a obrigação poderá então ter que se basear em um memorando de informações a ser preparado no futuro, que a Empresa do Projeto ainda não tenha visto: isto pode ser contornado dando à Empresa do Projeto um certo grau de controle sobre quais partes do memorando de informações serão de sua responsabilidade).
- tenha providenciado demonstrações financeiras completas e corretas, e nenhuma mudança significativa tenha ocorrido desde a data das demonstrações;
- tenha preparado orçamentos e projeções de boa-fé, usando pressupostos aceitáveis;
- acredite que a Conclusão do Projeto ocorrerá até a data estabelecida.

Se alguma dessas afirmações não forem corretas quando a declaração deva ser prestada, ou a Empresa do Projeto não puder aderir totalmente a elas, os financiadores deverão ser notificados a respeito, e poderão desistir desta exigência temporariamente ou permanentemente (§ 14.13). Se as exigências tiverem que ser cumpridas posteriormente (por exemplo, a obtenção de um alvará operacional), isso pode ser coberto nas *covenants* (§ 14.10).

Para a sua proteção, a Empresa do Projeto poderá optar pela exclusão da responsabilidade por erros "não relevantes" em suas declarações e garantias (por exemplo, se uma multa de estacionamento para o carro do gerente da instalação industrial não for paga, isso significa que a Empresa do Projeto está descumprindo a lei?). Entretanto, os financiadores provavelmente não aceitarão qualquer atenuação relevante da exigência de que a Empresa do Projeto assuma responsabilidade total para a base subjacente do financiamento.

Os próprios Empreendedores poderão também ter que prestar declarações e garantias similares diretamente aos financiadores; neste caso, a dívida torna-se um financiamento com garantias corporativas limitadas, na medida em que os Empreendedores poderão ser responsabilizados por uma perda sofrida pelos financiadores ao basear-se numa declaração incorreta. Os Empreendedores deveriam, portanto, assegurar-se de que sua responsabilidade nesse aspecto limita-se às coisas sob seu controle direto (por exemplo, a propriedade da Empresa do Projeto).

Essas declarações e garantias são prestadas na assinatura da documentação do financiamento e em geral consideram-se reafirmadas na Assinatura do Contrato de Financiamento; elas poderão também ser reafirmadas por ocasião de cada saque, bem como em cada data de pagamento de juros ou de amortização do financiamento.

§ 14.10 COVENANTS

As *covenants* são obrigações por parte da Empresa do Projeto seja para adotar certas medidas (*covenants* positivas), como para não fazer determinadas coisas (*covenants* negativas). Essas obrigações por parte da Empresa do Projeto são uma característica do *project finance*, sendo mais abrangentes e detalhadas do que geralmente encontrado em outros tipos de financiamento. (As *covenants* são tipicamente menos rigorosas no caso de uma emissão de títulos — § 5.4). É por meio das *covenants* que os financiadores exercem o seu controle contínuo sobre a construção e operação do projeto, mas eles precisarão tomar cuidado para que esse controle não os torne também responsáveis pelas obrigações da Empresa do Projeto perante terceiros. Por exemplo, na Grã-Bretanha, se os financiadores forem considerados "conselheiros fictícios" de uma empresa insolvente, isso poderia torná-los responsáveis perante outros credores.

As principais razões das *covenants* são:

- assegurar que o projeto seja construído e operado como acordado com os financiadores;
- fornecer aos financiadores notificação prévia acerca de quaisquer problemas que possam afetar a Empresa do Projeto;
- proteger as garantias dos financiadores.

§ 14.10.1 *Covenants* Positivas

Típicas *covenants* positivas[247] pela Empresa do Projeto incluem obrigações para:

- manter a sua existência corporativa, realizar todos os registros societários, e recolher os impostos quando devidos;
- construir, operar e manter o projeto de acordo com os Contratos do Projeto, a legislação aplicável, e a prática industrial correta;

---

247 Também conhecidas como "*covenants* afirmativas"; as *covenants* positivas que exijam que a Empresa do Projeto mantenha algo não inferior a *x*, como por exemplo o índice da dívida sobre capital próprio, também são conhecidas como "*covenants* de manutenção".

- fornecer ao agente ou agente fiduciário das garantias e aos consultores dos financiadores acesso necessário ao projeto e seus arquivos;
- manter a estrutura de gestão estabelecida com os financiadores (§ 3.6.3);
- obter e manter os seguros do projeto pactuados;
- fornecer cópias das contas de gestão (geralmente trimestrais) e das demonstrações financeiras auditadas anualmente;
- fornecer relatórios (geralmente mensais) sobre o progresso da construção, incluindo o cumprimento das metas em suas respectivas datas, o percentual de avanço do projeto, análise do caminho crítico, e a data prevista da Conclusão de Projeto (esses relatórios são geralmente produzidos ou baseados em informações prestadas pela Empreiteira da Construção — § 14.5.1);
- investir os recursos (*equity* e dívida) na ordem estabelecida (§ 12.2.3; § 13.5.1) e somente para os fins acordados no orçamento da construção e captação de recursos (§ 13.5.1);
- assegurar que a Conclusão do Projeto seja atingida até a data convencionada (§ 8.2.7);[248]
- alcançar o índice da dívida sobre capital próprio convencionado ao fim da fase de construção (§ 12.4);
- assegurar que os Índices de Cobertura exigidos sejam alcançados (§ 12.3);
- fornecer orçamentos anuais previamente a cada ano de operação (§ 9.7.7);

---

248 A definição de Conclusão para esse fim poderá ser mais ampla do que aquela no Contrato de Construção ou no Contrato Principal do Projeto, sobretudo se houver garantias corporativas limitadas de conclusão dos Empreendedores (§ 9.13); em tais casos, além da conclusão física nos termos do Contrato da Construção, a Empresa do Projeto poderá também, por exemplo, ter que alcançar um ICSD mínimo para demonstrar sua capacidade de operação como projetada.

- aplicar todas as receitas de acordo com a Cascata de Fluxo de Caixa (§ 14.4.2);
- fornecer as projeções financeiras revisadas, geralmente a cada semestre durante a operação do projeto (§ 14.4.3);
- fornecer relatórios (geralmente trimestrais) sobre o desempenho operacional do projeto (§ 14.5.2);
- proporcionar aos consultores dos financiadores o acesso necessário ao projeto, bem como a todas as informações solicitadas fundadamente;
- notificar o banco gestor ou o agente fiduciário das garantias acerca de eventual interrupção significativa na operação do projeto ou no fornecimento de combustível, de matérias-primas ou de outros serviços essenciais;
- notificar o banco gestor ou o agente fiduciário das garantias acerca de eventuais pedidos de indenização de seguro;
- notificar o banco gestor ou o agente fiduciário das garantias acerca de eventual Evento de Inadimplemento (§ 14.12), de uma disputa decorrente dos Contratos do Projeto, de litígio, ou de outras reclamações;
- exigir todos os direitos previstos nos Contratos do Projeto;
- indenizar os financiadores por eventuais reclamações decorrentes de responsabilidades ambientais relacionadas ao projeto (§ 9.10.3 — § 9.10.4);
- obter todos os Alvarás futuramente necessários para a construção e operação do projeto (§ 8.8);
- notificar o banco gestor ou o agente fiduciário das garantias acerca de eventual mudança na legislação que afete o projeto (§ 11.3) ou de um cancelamento, ausência de renovação, ou alteração de algum Alvará ou licença;
- tomar qualquer medida exigida para manter a participação acionária dos financiadores (§ 14.7);

- pagar os custos correntes dos consultores dos financiadores.

Os Empreendedores poderão também assumir compromissos perante os financiadores em relação à manutenção do controle acionário da Empresa do Projeto (§ 7.11; § 9.13), prestação de assistência de técnica (§ 3.6.3) etc.

Se a Empresa do Projeto não for capaz de cumprir uma *Covenant* positiva por razão justificada na opinião dos financiadores, uma renúncia temporária ou permanente da exigência poderá ser oferecida (§ 14.11). Já que muitos financiadores têm que passar por um procedimento formal de aprovação de crédito até mesmo por renúncias relativamente simples como estas, as *covenants* acerca da Empresa do Projeto não devem ser tão restritivas para evitar que ela continue solicitando tais renúncias.

§ 14.10.2 *Convenants* Negativas

Típicas *covenants* negativas[249] pela Empresa do Projeto incluem obrigações de não:

- assumir nenhum outro negócio além do projeto;
- alterar seus documentos constitutivos;
- participar de incorporação ou fusão com alguma outra entidade;
- exercer qualquer ato discricionário ou concordar com qualquer aditamento a renúncia ou variação nos Contratos do Projeto, ou quaisquer mudanças no próprio projeto (alguma atribuição pode ser permitida para itens *de minimis*);
- celebrar eventuais contratos novos (além dos Contratos do Projeto), sujeitos à exceção *de minimis* (por exemplo, para arrendamento de uma copiadora);

249 Também conhecidas como "*covenants* de proteção".

- usar os saldos de caixa para eventuais investimentos;[250]
- incorrer em eventual dívida adicional ou emitir garantias para terceiros;
- celebrar eventuais contratos de *hedging*, além dos *hedging* de taxa de juros ou dos riscos de variação cambial pactuados (§ 10.3; § 10.5.2);
- incorrer em qualquer gasto de capital não acordado com os financiadores; [251]
- incorrer em custos operacionais não previstos no orçamento anual aprovado (§ 9.7.7);
- dar a qualquer outra parte garantias sobre quaisquer de seus ativos (isto é conhecido como uma "negativa de penhor"— § 14.7);
- vender, arrendar, ou transferir de alguma maneira quaisquer de seus ativos (sujeito a uma exceção *de minimis*);
- efetuar quaisquer Distribuições exceto aquelas permitidas pela documentação do financiamento (§ 14.4.3);
- alterar seu ano fiscal ou seus auditores.

Caso a Empresa do Projeto queira adotar alguma das opções acima, é necessário pedir permissão aos financiadores.

Pode-se perceber que a diferença entre as *covenants* positivas e negativas é frequentemente uma questão de terminologia; uma *covenant* positiva para manter a estrutura da gestão acordada com os financiadores

---

250 Os fundos excedentes são normalmente mantidos nas Contas de Projeto remuneradas a juros, embora em mercados mais sofisticados a Empresa do Projeto poderá ser capaz de investir em uma lista acordada de instrumentos do mercado financeiro de curto prazo se isto não comprometer as garantias dos financiadores.

251 Mesmo se for financiado com capital próprio — isto é feito a fim de assegurar que as especificações do projeto (e, portanto, os seus riscos) não sejam alteradas sem o consentimento do Financiador.

é o mesmo que uma *covenant* negativa para não mudar a estrutura da gestão acordada com os financiadores. Além disso, as *covenants* se sobrepõem aos Eventos de Inadimplemento (§ 14.12), já que um Evento de Inadimplemento específico poderia ser, por exemplo, uma redução nos Índices de Cobertura abaixo de *x*, mesmo que não haja *covenant* para manter o Índice de Cobertura acima desse valor.

§ 14.11 ALVARÁS, ANUÊNCIAS E ADITAMENTOS

Covenants como a concordância da Empresa do Projeto em não alterar qualquer Contrato do Projeto não impedem que a Empresa do Projeto peça aos financiadores anuência para fazê-lo mesmo assim. Caso a situação tenha mudado desde a Assinatura do Contrato de Financiamento e a alteração dos termos seja benéfica para a Empresa do Projeto e seus financiadores, então esses não deveriam se opor a tal alteração.

Os financiadores poderão também concordar em dar à Empresa do Projeto uma renúncia temporária a algumas das *covenants* e a outros termos apresentados acima, ao invés de imediatamente colocá-la em inadimplemento por descumprimento.

De forma semelhante, poderá vir a ser necessário um aditamento à documentação do financiamento, talvez por conta de mudanças nos pressupostos estabelecidos na época da negociação, ou outras mudanças circunstanciais.

A Empresa do Projeto deveria poder avaliar a necessidade de um alvará, uma renúncia ou um aditamento com bastante antecedência, para assegurar que haja tempo para discussão com os financiadores. Geralmente, os financiadores não gostam de surpresas, e a relação deles com a Empresa do Projeto pode ser afetada seriamente se os financiadores considerarem que os problemas não estão sendo identificados e tratados de forma eficiente.

Os financiadores poderão exigir diferentes níveis de controle sobre as ações tomadas pela Empresa do Projeto:

- nenhuma ação sem o consentimento dos financiadores;

- ação necessária se os financiadores assim requisitarem;
- dispensado o consentimento dos financiadores desde que haja notificação prévia pela Empresa do Projeto;
- a Empresa do Projeto poderá agir sem notificação prévia.

Se os financiadores não concordarem em conceder um alvará ou uma renúncia, ou não aceitarem alterar a documentação do financiamento, isto poderá resultar em um Evento de Inadimplemento.

§ 14.12 EVENTOS DE INADIMPLEMENTO

Os financiadores do *project finance* não querem ter que esperar até a Empresa do Projeto ficar sem fundos para saldar a dívida para tomar alguma providência; assim, eles criam um conjunto definido de "gatilhos" que lhes dão o direito de tomar alguma medida contra a Empresa do Projeto. São os chamados "Eventos de Inadimplemento — uma vez que um Evento de Inadimplemento tenha ocorrido, a Empresa do Projeto não está mais efetivamente capaz de gerenciar o projeto sem o envolvimento dos Financiadores. Alguns desses eventos (tais como a falta de pagamento, a insolvência etc.) se aplicariam a qualquer financiamento corporativo, mas outros (tais como a incapacidade para concluir o projeto) são peculiares do *project finance*.

Os financiadores terão vários cursos de ação após de um Evento de Inadimplemento, dependendo em parte da etapa alcançada pelo projeto:

- renunciar (isto é, ignorar) ao Evento de Inadimplemento;
- exigir que a Empresa do Projeto adote um curso de ação determinado — de fato, os financiadores poderão assumir o controle do processo de tomada de decisões da Empresa do Projeto;
- se o projeto ainda está em construção, congelar quaisquer saques adicionais de recursos da dívida, conhecido como Suspensão de Saques de Recursos da Dívida;

- se o projeto estiver operando, exigir que todo o fluxo de caixa líquido seja aplicado na redução da dívida (isto é, Excedente de Caixa Direcionado — cf. § 14.4.4), ou fique retido em uma Conta de Reserva sob o controle dos financiadores;
- declarar o vencimento antecipado do financiamento,[252] e executar suas garantias.

Uma vez ocorrido o Evento de Inadimplemento, fica inteiramente a critério dos financiadores a decisão sobre quais dessas medidas serão adotadas. Deve-se salientar que esses eventos sozinhos não colocam o projeto em inadimplemento — isto é, colocam um fim no financiamento e permitem que os financiadores declarem o vencimento antecipado do financiamento e executem suas garantias. Os financiadores precisam decidir acerca dessa próxima medida após o Evento de Inadimplemento ter ocorrido (§ 14.14). A ameaça de adotar essa próxima medida dá aos financiadores uma vantagem que lhes assegura negociar com a Empresa do Projeto e outras contrapartes de projeto a fim de buscar uma solução para o problema ou já existente ou latente conforme indicado pelos eventos gatilho.

Os "juros de inadimplemento", isto é, uma margem de juros mais alta sobre a dívida, são geralmente cobrados até que um Evento de Inadimplemento seja renunciado ou resolvido de outra maneira.

Típicos eventos de inadimplemento são:

- A Empresa do Projeto deixar de fazer qualquer pagamento previsto na documentação do financiamento em sua data devida.
- Qualquer declaração ou garantia feita pela Empresa do Projeto (ou qualquer outra parte, tal como um Empreendedor) venha a ser incorreta ou inverídica.
- A Empresa do Projeto não cumprir qualquer de suas *covenants* ou obrigações previstas na documentação do financiamento.

---

252 Isto é, a dívida inteira torna-se devida de uma vez.

- Os Empreendedores deixarem de cumprir quaisquer de suas obrigações ou compromissos perante os financiadores ou a Empresa do Projeto.
- Se houver qualquer alteração na propriedade ou controle da Empresa do Projeto antes de uma data estabelecida.
- A Empresa do Projeto, qualquer contraparte de um Contrato de Projeto, ou algum Empreendedor ou outro garantidor deixar de pagar suas dívidas quando devidas, ou estar sujeito a uma decisão judicial por uma quantia maior do que um valor *de minimis*, ou a procedimentos de insolvência que não forem encerrados dentro de um prazo específico.
- A Conclusão de Projeto não puder ser alcançada até uma data "final" acordada.
- Restarem recursos insuficientes para completar a construção do projeto.
- Revogação de qualquer Alvará ou licença.
- O projeto for abandonado (por um período maior do que um tempo especificado) ou se tornar uma perda total para fins de seguro (mas § 8.6.5).
- Qualquer parte tornar-se inadimplente em um Contrato de Projeto, ou estes contratos deixarem de estar em pleno vigor e efeito.
- A Empresa do Projeto perder o título de propriedade (ou o acesso, conforme o caso) do local do projeto.
- Quaisquer garantias dos financiadores tornarem-se inválidas ou inexequíveis.
- A ICSD mais recente cair abaixo de um determinado nível; assim a ICSD média da Projeção Bancária inicial poderá ser 1.35:1, o nível de Suspensão da Distribuição (§ 14.4.3) 1.2:1, e este nível de Índice de Inadimplemento 1.1:1. Como no caso

das Suspensões de Distribuição, há a questão quanto ao uso das projeções dos índices de cobertura neste contexto.

- O Governo Anfitrião desapropriar o projeto, declarar uma moratória na sua dívida em moeda estrangeira, ou restringir a conversão em ou transferência de moeda estrangeira (se a Empresa do Projeto tiver feito o financiamento em moeda estrangeira).

Períodos de Carência. A Empresa do Projeto precisa assegurar períodos de carência para remediar os eventos de inadimplemento, se isso for possível. A falta de pagamento não é o tipo de inadimplemento que pode se estender, e, portanto, um período de carência de mais de 2–3 dias úteis (para compensar quaisquer problemas técnicos na transferência dos fundos através do sistema bancário) é o máximo normalmente aqui permitido. Um prazo aceitável (digamos, 30 dias) deveria ser concedido a outros eventos de inadimplementos que possam ser remediados; isto é, deixar de cumprir uma obrigação de apresentar informações financeiras.

Evento de Inadimplemento Potencial. Os Financiadores poderão desejar incluir "Eventos de Inadimplemento Potenciais", isto é, um Evento de Inadimplemento que possa ser previsto, mas que ainda não tenha ocorrido, permitindo assim uma ação antecipada por parte dos financiadores. Isso deveria ser aceitável para a Empresa do Projeto, desde que fique claro que a ocorrência do evento é apenas uma questão de tempo.

Alteração Adversa Relevante. Os financiadores poderão também desejar incluir uma cláusula MAC como um Evento de Inadimplemento. Como já foi mencionado, uma cláusula MAC poderá ser usada como uma condição precedente para evitar que o projeto chegue na Assinatura do Contrato de Financiamento, ou saques subsequentes sobre o financiamento (§ 14.8.3). Acrescentar isso aos Eventos de Inadimplemento aumenta a incerteza para a Empresa do Projeto e seus investidores; normalmente os financiadores levam em consideração, no entanto, o fato de não conseguirem prever tudo que pode dar errado com o projeto. Então, eles precisam de uma disposição abrangente para preencher quaisquer lacunas. Se a Empresa do Projeto concordar com tal disposição, uma alteração adversa relevante deverá ser cuidadosamente definida — por exemplo, a cláusula MAC deveria ter um efeito adverso relevante sobre a capacidade de qualquer parte do Contrato de Projeto cumprir as suas obrigações, ou sobre as operações da Empresa do Projeto, os ativos ou a condição financeira, bem como afetar relevantemente a capacidade da mesma em pagar sua dívida ou os juros sobre as garantias dos financiadores.

Relevância. De forma semelhante, alguma limitação de relevância poderá ser aplicável a alguns dos Eventos de Inadimplemento, como, por exemplo, uma declaração inverídica em algum aspecto relevante que poderia configurar um Evento de Inadimplemento. Esta é geralmente uma questão muito debatida entre os Financiadores e a Empresa do Projeto, que poderá argumentar que a totalidade do financiamento não deveria ser colocada em inadimplemento apenas pelo descumprimento de uma *covenant* de entregar as contas da gestão até uma determinada data; entretanto, os Financiadores provavelmente considerarão que o não fornecimento das contas da gestão em um prazo razoável é um sintoma de que há algo seriamente errado nas operações, e isso, portanto, seria um motivo para intervir. Os Financiadores sempre afirmam que não usarão automaticamente os Eventos de Inadimplemento para destruir o projeto (o que raramente é de seu interesse), e que estão lá apenas para conseguir reunir todas as partes interessadas. Obviamente, uma vez que um Evento de Inadimplemento ocorre, os Empreendedores e a Empresa do Projeto estarão em desvantagem em quaisquer discussões com os Financiadores.

Será visto que há um potencial considerável de sobreposição entre as declarações e as garantias, as *covenants* e os Eventos de Inadimplemento, sobretudo porque o descumprimento de uma declaração, garantia ou *covenant* é em si mesma um Evento de Inadimplemento. Há pouco mérito na duplicação entre eles.

§ 14.13 PROCESSO DE TOMADA DE DECISÃO DOS FINANCIADORES

Se houver mais de um financiador fornecendo o financiamento, é necessário que haja um processo de tomada de decisão, ou um financiador desonesto poderá tomar uma ação individual contra a Empresa do Projeto enquanto o resto está tentando achar uma solução, comprometendo a totalidade da operação. (De fato, não é raro que um banco financiador de pequeno porte chantageie os bancos maiores com ameaça de alguma ação individual, a fim de que os financiadores maiores comprem o financiamento do financiador menor). O banco gestor ou o agente fiduciário das garantias também precisam ter instruções claras dos Financiadores, como um todo, sobre qual medida tem que ser tomada em nome deles. Os mecanismos de votação, portanto, têm que ser acordados com antecedência entre os Financiadores. A Empresa do Projeto também tem um interesse nestes acordos para tentar assegurar que um ou dois Financiadores "hostis" não determinem a ação a ser tomada, contra os desejos da maioria.[253]

Os acordos de votação precisam cobrir:

- uma decisão de renunciar a um Evento de Inadimplemento, a fim de que nenhuma medida adicional precise ser tomada sobre o assunto;
- uma renúncia antecipada (isto é, a autorização para que a Empresa do Projeto tome uma atitude que, do contrário, resultaria em inadimplemento; por exemplo, para emitir uma

253 Como foi mencionado na seção § 5.3.2, os detentores dos títulos deixam a maioria das decisões para o Credor Controlador. Então, os procedimentos apresentados aqui referem-se principalmente aos bancos comerciais ou a outros Financiadores que estiverem financiando para eles em paralelo, por exemplo, DFIs ou ECAs.

ordem de mudança para a Empreiteira da Construção, vender um ativo acima do nível *de minimis* previsto nas *covenants*, ou aditar algum aspecto dos Contratos do Projeto);

- aditamentos à documentação do financiamento, quer seja para corrigir erros e mudar as disposições contratuais, de forma a evitar inadimplementos futuros quer para permitir que a Empresa do Projeto faça alguma mudança no projeto;
- as instruções para o banco gestor ou o agente fiduciário das garantias (por exemplo, para executar as garantias após um Evento de Inadimplemento).

Típicos acordos de votações acerca de tais questões poderiam ser:

Renúncias e Autorizações. Estas geralmente exigem uma maioria "normal", normalmente 66,66–75% dos Financiadores (pelo valor de sua participação no financiamento) exceto por inadimplementos "fundamentais" tais como o não pagamento (e possivelmente as mudanças fundamentais nos Contratos do Projeto), para os quais uma maioria absoluta (100%) seria necessária. (Bancos individuais poderão, entretanto, reservar-se o direito de reter saques adicionais se a Empresa do Projeto estiver em inadimplemento na fase de construção, isto é, sem um voto consorciado).

Alteração dos Documentos do Financiamento. As alterações referentes a títulos de garantia dos Financiadores, às datas de amortização, aos valores de amortização, ou à taxa de juros exigem 100% de consentimento; as demais alterações poderão ser feitas com um voto de 66,66%–75%.

Vencimento Antecipado da Dívida. Se não for obtida a maioria necessária para uma renúncia, o banco gestor ou o agente fiduciário das garantias emitir uma notificação de inadimplemento: a próxima etapa é o vencimento antecipado da dívida, que significa que ela se tornou imediatamente devida. Poderá haver uma escala de votação móvel para isto: 75% dos Financiadores devem votar a favor do vencimento antecipado no prazo de 90 dias a partir da notificação de inadimplemento, 66,66% para os próximos 90 dias, e 51% daí por diante.

Execução. A ação de execução das garantias do projeto será a próxima etapa e decorre da decisão de antecipar o vencimento da dívida. Entretanto, alguns Financiadores poderão insistir no direito de adotar uma ação individual de execução se o banco gestor ou o agente fiduciário das garantias não o fizer, uma vez que uma notificação de inadimplemento tiver sido enviada, sobretudo se o inadimplemento for decorrente de falta de pagamento.

O principal problema prático com um acordo de votação é que geralmente um banco, na condição de financiador relativamente pequeno em um consórcio, não quer ser incomodado com votações sobre questões menores. Para a maioria dos bancos, isso significa que o responsável pelo financiamento tem que preparar um documento explicando a questão ao departamento de crédito do banco, e para uma questão de renúncia menor ou técnica, isso não é um uso muito produtivo do tempo do responsável pelo financiamento. Portanto, conseguir que os bancos votem de fato é difícil. (É provável que isso seja um problema ainda maior com os detentores de títulos, mas neste caso o Credor Controlador poderá ser capaz de lidar com estas questões sem um voto formal). Como resultado, se forem estabelecidos obstáculos muito altos para se obter maiorias nas votações acerca de alterações e renúncias corriqueiras, as atividades da Empresa do Projeto poderão ser paralisadas.

As soluções para este problema de inércia na votação incluem ou uma regra de "quem cala, consente", ou então, se uma maioria de 75% for necessária, isto poderá ser alcançado obtendo uma maioria de 75%, não de todos os Financiadores, mas apenas daqueles que de fato votarem dentro de um prazo final definido.[254] Tais abordagens são benéficas não apenas para a Empresa do Projeto, já que paralisar as atividades da Empresa do Projeto por conta da inércia na votação raramente é do

254 Conhecida no mercado como a cláusula "se dormir no ponto perde sua vez" ("*you snooze you lose*").

interesse dos investidores como um todo. A questão torna-se ainda mais aguda quando há um número grande de detentores de títulos envolvidos.

Se o financiamento de um banco comercial for garantido totalmente ou em grande parte (por exemplo, um ECA — § 16.2.4), o banco terá que votar como o garantidor direcionar, mas se houver apenas uma cobertura de risco político, o banco deveria ter liberdade para votar como quiser porque tais votos normalmente referem-se a questões comerciais.

No entanto, o garantidor ainda assim esperará ter um voto em qualquer mudança no projeto que possa afetar o risco que ele concordou em assumir. Isto é, se um garantidor estiver esperando que os Financiadores assumam os riscos da construção, esses Financiadores deveriam ter o direito de tomar decisões acerca das questões que surgirem durante a construção do projeto, mas não se essas questões puderem afetar a operação do projeto após a Conclusão de Projeto.

Assim, uma linha divisória precisa entre casos em que os investidores poderão tomar decisões próprias e outros em que se aplica a decisão do garantidor poderá ser objeto de certa controvérsia.

O mesmo se aplica quando outra parte tenha concordado em substituir os financiadores iniciais por ocasião da Finalização do Projeto.

§ 14.14 QUESTÕES INTER-CREDORES

Se a Empresa do Projeto tiver um consórcio ou "clube" de Financiadores, eles poderão atuar como um bloco único por meio de acordos de votação descritos acima. Mas é bastante comum haver mais de um grupo de Financiadores, por exemplo, um consórcio de bancos e os detentores de títulos, um financiamento concedido pela ECA e um sindicato bancário emprestando sem a cobertura da ECA, bancos domésticos e bancos estrangeiros.

Cada um desses grupos terá o seu próprio contrato de financiamento com a Empresa do Projeto, mas os grupos financiadores também precisarão estabelecer procedimentos para trabalharem juntos, ou a Empresa do Projeto logo se encontrará num beco sem saída, com o projeto em pedaços após ter sido puxada em diversas direções pelos diferentes Financiadores. Embora a Empresa do Projeto possa não ser uma parte direta destes acordos inter-credores, ela tem um forte interesse em assegurar que eles sejam práticos e exequíveis.

Os acordos inter-credores precisam estabelecer no mínimo:

- acordos comuns para a Assinatura do Contrato de Financiamento (geralmente a Assinatura do Contrato de Financiamento não poderá ser alcançada em um financiamento se ela não for simultaneamente alcançada em outro);
- acordos comuns de votação para renúncias, aditamentos e ações de execução: a votação em tais casos é normalmente feita por grupo de Financiadores; cada grupo de Financiadores poderá ainda decidir sozinho as regras da votação, e depois a decisão de cada grupo se torna um bloco de votos (proporcionalmente à exposição do grupo) na votação inter-credores. Entretanto, deve-se ressaltar que os bancos comerciais relutam em ficar numa posição em que sua capacidade de tomar medidas possa ser bloqueada por Financiadores do setor público ou outros que podem não estar motivados por fatores puramente comerciais;
- compartilhamento de garantias;
- compartilhamento das recuperações — por exemplo, um banco poderá recuperar mais do que a sua participação proporcional por deter as Contas de Projeto. Nesse caso, tal recuperação (desde que relacionada ao financiamento do projeto, e não a algum outro financiamento) deverá ser compartilhada proporcionalmente (à exposição de cada um) por todos os financiadores.

É preferível que os acordos inter-credores se estendam bastante além disso, por meio da assinatura de um Acordo de Termos Comuns mais abrangente.[255] Nos termos deste acordo, os contratos individuais de financiamento cobrem um pouco mais do que a quantia do financiamento, taxas, taxa de juros e o cronograma de amortização. Todas as outras disposições são estabelecidas no Acordo de Termos Comuns, como por exemplo:

- CPs para a Assinatura do Contrato de Financiamento e saques;
- o acordo de prioridade de saques de cada financiamento e os acordos entre os financiadores ao final da construção, ou se houver inadimplemento, para manter os financiamentos numa base proporcional acordada;
- declarações e garantias;
- *covenants*;
- Contas de Projeto e Cascata de Fluxo de Caixa;
- Eventos de Inadimplemento, incluindo inadimplemento cruzado — isto é, um Evento de Inadimplemento sob um contrato de financiamento é automaticamente um Evento de Inadimplemento sob os outros acordos;
- indicação de um agente inter-credores para centralizar pagamentos e votação;
- documentação de garantias.

Se essas questões não forem abordadas em um acordo comum, os Empreendedores terão dificuldade em negociar termos exatamente paralelos em acordos de financiamento separados. E se os termos exatamente paralelos não forem negociados, a Empresa do Projeto provavelmente terá uma vez mais muita dificuldade em manter diferentes grupos de Financiadores se movimentando em direções diferentes, em detrimento tanto dos Financiadores e dos investidores.

---

255 O acordo tem uma variedade de outros nomes, tais como Acordo de Coordenação de Projeto ou Acordo Co-Financeiro.

Há também um benefício jurídico no Acordo de Termos Comuns, já que os grupos de financiamento poderão ser de diferentes países e escolher que sua documentação de financiamento seja regulada pelas leis e jurisdição de seu país. Mesmo se a documentação de financiamento for exatamente paralela entre os diferentes grupos, os diferentes sistemas jurídicos poderão levar a interpretações diferentes do significado. Este problema é solucionado em grande parte pela assinatura de acordos de financiamento de escopo limitado como acima, seguido da assinatura do Acordo de Termos Comuns regido por uma lei e uma jurisdição convenientes.

Os grupos de credores normalmente também indicam um gestor inter-credores para desempenhar funções de coordenação para os credores como um todo similares às funções do banco gestor de um grupo único de Financiadores (§ 5.2.9). Questões adicionais inter-credores surgem se grupos particulares de Financiadores ou outras partes do financiamento não estão numa mesma posição:

- fornecedores de *swap* de taxa de juros (§ 14.14.1);
- financiadores à taxa fixa (§ 14.14.2);
- financiadores com diferentes garantias (§ 14.14.3);
- Arrendadores (§ 14.14.4);
- financiadores subordinados ou mezanino (§ 14.14.5);
- financiadores inadimplentes (§ 14.14.6).

§ 14.14.1 Fornecedores de *Swap* da Taxa de Juros

Se um swap da taxa de juros (§ 10.3.1) for fornecido proporcionalmente por todos os bancos de um consórcio de financiamento, obviamente não haverá necessidade de quaisquer acordos especiais inter-credores para tanto. Mas se — como é comumente o caso — o *swap* estiver sendo providenciado por apenas um ou dois bancos (seja por conta própria ou como banco intermediário), a votação deles e os direitos de execução perante o resto do consórcio deverá ser considerado. Uma vez que os custos de eventual infração de contrato de *swap* não podem ser previstos (e podem ser zero se as taxas se moverem na direção certa), a extensão do risco deles — se houver algum — no inadimplemento pela Empresa do Projeto não pode ser fixada com antecedência. Teoricamente, o fornecedor de *swap* desejaria ter um voto no consórcio igual à proporção representada pelos custos de infração de contrato de *swap* no momento do voto em relação ao resto da dívida. Esta incerteza normalmente não é aceitável para os outros Financiadores. O resultado final frequentemente é:

- O fornecedor de *swap* não participa da votação acerca de renúncias e alterações (o fornecedor de *swa*p geralmente também é o banco do financiamento e, portanto, tem direito a se manifestar a esse respeito).

- O fornecedor de *swap* poderá rescindir o *swap* independentemente de a Empresa do Projeto estar inadimplente em um número limitado de categorias (como falta de pagamento e insolvência).

- Após a cobrança ser formalizada pela rescisão do *swap*, o voto do fornecedor de *swap* sobre a execução será também fixado proporcionalmente.

Qualquer que seja a estruturação dos direitos de voto, o fornecedor de swap participa proporcionalmente de qualquer procedimento de execução com base no custo de infração de contrato do *swap* comprovado.

§ 14.14.2 Financiadores à Taxa Fixa

Os financiadores à taxa fixa encontram-se em uma posição semelhante aos fornecedores de *swap* de taxas de juros por ocasião de um evento de inadimplemento: eles também poderão ter um custo de infração de contrato de *swap* (§ 10.3.4). Normalmente, esse fato não lhes dá quaisquer direitos adicionais de votação, mas é levado em conta ao determinar a sua participação proporcional em quaisquer procedimentos de execução.

Entretanto, um problema poderá surgir se o Financiador à taxa fixa cobrar uma penalidade muito grande pela rescisão do financiamento; como discutido na Seção § 10.3.4, por exemplo, a quantia devida na amortização antecipada poderá incluir não apenas o principal e juros em aberto e os custos de infração de contrato de *swap*, mas também o VPL dos lucros futuros dos financiadores. Financiadores à taxa flutuante não costumam cobrar a perda futura de lucros desse modo, embora um fornecedor de *swap* de taxa de juros possa ter uma cobrança semelhante (§ 10.3.1). Isso pode levar a uma grande discrepância no montante relativo da cobrança que os diferentes grupos de financiadores façam jus em um evento de inadimplemento. (Problemas semelhantes poderão surgir quando um grupo de Financiadores fizer um financiamento indexado à inflação).

§ 14.14.3 Financiadores com Diferentes Garantias

Os financiadores geralmente compartilham as mesmas garantias do projeto. (Isto é conhecido como garantias cruzadas).

Entretanto, se um grupo de financiadores tem, por exemplo, uma garantia de Empreendedor que outro grupo não tem, então é evidente que o primeiro grupo não pode ser impedido por este último de executar suas garantias após o inadimplemento da Empresa do Projeto, e vice-versa.[256]

§ 14.14.4 Arrendadores

Se a Empresa do Projeto financiar parte dos custos do projeto por meio de arrendamento, o equipamento financiado é de propriedade do

256 Há um problema potencial com o status das MDFIs do "Credor Preferencial" (§ 16.5.2); as ECAs, por exemplo, que não têm esse *status*, poderão se opor à recuperação excedente pelas MDFIs por este caminho.

arrendador (empresa de arrendamento), que provavelmente relutará em compartilhar o valor destas garantias *pari-passu* com os outros financiadores. Mas nenhum dos outros financiadores desejarão que o arrendador lide separadamente com os componentes principais do projeto. Portanto, um acordo será necessário tanto para coordenar a execução da dívida quanto para compartilhar os benefícios de uma alienação.

Uma posição semelhante poderá surgir se a Empresa do Projeto utilizar financiamento islâmico para arcar com parte dos custos do projeto (§ 4.5.4). Em tais casos, a propriedade do ativo poderá permanecer com o Financiador islâmico, trazendo à tona as mesmas questões de "compartilhamento" presentes no arrendamento.

§ 14.14.5 Financiadores Subordinados ou Mezanino

Uma dívida subordinada fornecida pelos investidores mediante garantia (§ 12.2.2) não pode ser usada para lhes dar quaisquer direitos extras antes ou após o inadimplemento. Os financiadores exigirão que eles reconheçam não ter direitos sobre as garantias e não poder tomar qualquer medida de execução para recuperar essa dívida, ou obstruir de alguma forma os financiadores seniores até que a dívida destes tenha sido totalmente amortizada.

Uma dívida mezanino poderá ser fornecida por terceiros sem relação com os Empreendedores ou com os demais investidores (§ 4.5.1), geralmente garantidos por uma segunda hipoteca ou uma posição júnior sobre as garantias dos financiadores seniores. Os financiadores mezanino são posicionados na Cascata de Fluxo de Caixa (§ 14.4.2) acima das Distribuições para os investidores, sendo reembolsados se houver fluxo de caixa suficiente disponível após os pagamentos prioritários terem sido feitos. Eles concordam que se o pacote de financiamento como um todo estiver inadimplente, e uma ação de execução for ajuizada, eles somente serão reembolsados se os financiadores seniores forem reembolsados totalmente.

Mas há um número de questões potencialmente difíceis com os financiadores mezanino. Em geral, essas questões giram em torno da preocupação dos financiadores seniores com o comportamento de

"Sansão no templo" por parte dos financiadores mezanino. Se o projeto der errado e houver dinheiro suficiente somente para reembolsar os financiadores seniores, e se os financiadores mezanino não tiverem nada a perder (porque há valor suficiente no projeto apenas para pagar os financiadores seniores) eles podem ameaçar destruir todo o projeto a não ser que os financiadores seniores compartilhem parte do valor que os seus financiamentos ainda possuem.

Os financiadores seniores restringem os direitos dos financiadores mezanino de várias maneiras para tentar evitar que isto aconteça:

Cronograma de Saques. Os financiadores seniores poderão desejar que os financiamentos mezanino sejam sacados primeiro pela Empresa do Projeto, de modo semelhante ao financiamento de *equity*. Os financiadores mezanino poderão estar dispostos somente a financiar *pro rata* com os financiadores seniores.

Condições Precedentes aos Saques. Se a captação de recursos for fornecida em uma base *pro rata*, os financiadores seniores optarão por haver somente CPs muito limitadas para os saques dos financiadores mezanino.

Aditamentos aos Termos de Financiamento Sênior. Os financiadores seniores querem liberdade para alterar os termos de seu financiamento, incluindo o cronograma de amortização, a taxa de juros, e a capacidade de aumentar o valor da dívida sênior se o projeto apresentar problemas. Obviamente, isso pode piorar a posição dos financiadores mezanino: poderá haver um compromisso para limitar o valor de dívida extra ou outros custos que poderão ser adicionados à dívida sênior em diferentes etapas do projeto, de forma similar aos limites que poderão ser impostos por um Tomador/Autoridade Contratante na dívida adicional que poderá ser de sua responsabilidade no caso da rescisão antecipada do Contrato Principal do Projeto (§ 7.10.1).

Aditamentos aos Contratos do Projeto. Eventuais alterações dos Contratos do Projeto exigem o consentimento dos financiadores seniores; eles normalmente exigem liberdade para autorizar tais alterações sem interferência dos financiadores mezanino, a não ser que o objetivo seja aumentar o valor da dívida sênior, como discutido acima.

Bloqueio de Pagamentos. Os pagamentos para os financiadores mezanino na Cascata de Fluxo de Caixa poderão levantar algumas questões: a DSRA dos financiadores seniores, ou a Conta de Reserva de Manutenção, precisam ser preenchidas antes que os Financiadores mezanino possam ser pagos? Os pagamentos aos financiadores mezanino poderão ser bloqueados de maneira semelhante aos pagamentos aos investidores (por exemplo, se os Índices de Cobertura caírem abaixo de determinados níveis)?

Inadimplemento. Os financiadores mezanino querem ter o direito de executar as garantias caso não recebam quando devido. É difícil para os financiadores seniores impedirem completamente os financiadores mezanino de adotarem as medidas de execução. Um compromisso comum é exigir que os financiadores mezanino esperem seis meses, por exemplo, após o inadimplemento no pagamento antes de propor qualquer ação (e, claro, tal ação provocará uma ação dos financiadores seniores, a fim de assegurar que eventuais rendimentos dos procedimentos de execução sejam pagos primeiro para eles).

"*Springing Lien*". Nos EUA, uma estrutura específica é utilizada se um financiamento TIFIA (§ 15.4) for concedido para um projeto de transportes. O financiamento TIFIA é subordinado a outros financiadores no que se refere à Cascata de Fluxo de Caixa, mas se o projeto ficar inadimplente, a dívida TIFIA se torna *pari-passu* com os financiadores seniores. Isto é conhecido como uma "garantia condicionada".

§ 14.14.6 Financiador Inadimplente

Após as dificuldades enfrentadas por muitos bancos comerciais depois de 2008, os Empreendedores ficaram preocupados com a possibilidade de um banco (um "Financiador Inadimplente") deixar de cumprir os termos de seu financiamento (§ 12.7.3).

Os outros financiadores provavelmente tomarão o lugar do inadimplente (ou encontrarão outro banco que o faça) para proteger o seu próprio financiamento porque, de outro modo, o projeto poderá desmoronar, mas eles não se comprometerão antecipadamente a fazer isso. Assim, são necessárias disposições contratuais para esclarecer as limitações aos direitos de um banco que não tenha cumprido seu compromisso de financiamento total, como por exemplo no processo de tomada de decisão. Os bancos remanescentes terão várias opções nesta situação, tal como comprar a sua participação no financiamento, ou remover os seus direitos de voto. (Disposições semelhantes para proteger o banco gestor poderão prever a indicação de um novo agente).

§ 14.15 LEGISLAÇÃO APLICÁVEL E JURISDIÇÃO

Se um projeto estiver inteiramente "contido" em um determinado país, isto é, não somente a Empresa do Projeto e o projeto, mas também os financiadores, estirem localizados naquele país, então será natural que tanto os Contratos do Projeto quanto a documentação de *project finance* sejam regidos pela legislação do país em questão, e estejam sujeitos à jurisdição dos tribunais do país.

Entretanto, embora a arbitragem seja frequentemente usada para resolver disputas decorrentes dos Contratos do Projeto (§ 7.12), o mesmo não ocorre com a documentação de financiamento, isto é, os Financiadores geralmente querem ter as disputas a respeito de sua documentação resolvidas por um tribunal apropriado.

Mas se o projeto for internacional —, isto é, se os financiadores estiverem fora do país anfitrião —, os financiadores geralmente optarão por terem seus contratos regidos pelas leis da Inglaterra ou New York, bem como submeterem-se à jurisdição dos tribunais da Inglaterra ou de New York. A razão principal para isso é que estas jurisdições têm experiência em lidar com disputas contratuais complexas que podem aparecer em financiamentos de projeto. Outro fator importante é que os financiadores poderão questionar a imparcialidade dos tribunais do país anfitrião. A eleição de legislação e jurisdição *offshore* impede que o país anfitrião altere a legislação local em detrimento dos financiadores.

§ 14.16 REFINANCIAMENTO DA DÍVIDA

O processo de estruturação financeira não termina necessariamente na assinatura do Contrato de Financiamento. Poderão haver oportunidades de refinanciar a dívida, em geral quando a construção estiver concluída e o projeto operando normalmente (§ 14.16.1). Entretanto, isso traz à tona a questão dos "ganhos inesperados" para os investidores, que podem acarretar problemas políticos, sobretudo em um programa de PPP. Em tais casos, poderá ser aconselhável que os acordos de projeto incluam disposições para que a Autoridade Contratante participe desse "ganho de refinanciamento" (§ 14.16.2), embora o cálculo do ganho a ser compartilhado é complexo (§ 14.16.3). Muitas coisas devem ser excluídas da definição de um refinanciamento (§ 14.16.4), e disposições relevantes poderão ser de difícil execução (§ 14.16.5). Assim, a utilidade prática dessas cláusulas poderá ser questionável (§ 14.16.6).

§ 14.16.1 Base para Refinanciamento

O refinanciamento da dívida, uma vez que o projeto esteja concluído e operando como previsto, é um fenômeno comum em *project finance,* o qual reflete a redução de riscos conforme a evolução do projeto. Poderá haver um simples refinanciamento para reduzir a margem de juros ou custos, mas geralmente o refinanciamento da dívida envolve outras mudanças também na estrutura do financiamento. O objetivo é aumentar o valor da dívida que a Empresa do Projeto poderá sacar (permitindo, assim, uma transferência imediata de dinheiro aos investidores). Dessa forma, uma combinação de alguns ou todos os aspectos seguintes são encontrados na maioria dos refinanciamentos:

- redução da margem de juros;

- alteração do tipo de dívida — por exemplo, de um financiamento bancário para um título de dívida (se isso reduzir a taxa de juros);
- extensão do prazo de amortização da dívida (reduzindo então os pagamentos anuais de serviço da dívida);
- liberação de garantias, ou financiamento de reserva ou de contingência (§ 8.10; § 12.4.2);
- redução das exigências do índice de cobertura;
- aperfeiçoamento dos termos do financiamento (por exemplo, reduzindo as exigências de conta de reserva — § 14.4.1).

O refinanciamento poderá ser realizado pelos financiadores originais, ou a dívida original poderá ser paga antecipadamente (§ 14.6), usando-se a nova dívida levantada junto a outros financiadores.

Deve-se observar que a redução nas taxas de juros básicas de mercado não poderá normalmente servir de base para um refinanciamento. Supondo que a Empresa do Projeto tenha fixado a sua taxa de juros, seja por meio de uma taxa fixa de financiamento ou de um *swap* de taxas de juro, os custos de infração de contrato de *swap* devido à amortização antecipada (§ 10.3.1; § 10.3.4) será igual ou maior que o VPL da redução dos custos em razão das taxas de juros mais baixas a partir de então. Como parte da estruturação do refinanciamento, tais custos terão que ser minimizados ou o benefício será consumido. De fato, os financiamentos a uma taxa fixa (em vez de financiamentos a uma taxa flutuante com um swap da taxa de juros) raramente são refinanciados precisamente porque os custos de infração de contrato de *swap* (incluindo a cláusula de paridade) são elevados demais para que sejam vantajosos.

A Tabela 14.3 mostra o efeito de um refinanciamento da dívida após 2 anos em operação (ano 4 do projeto). A estrutura da dívida original é baseada nas seguintes conjecturas:

- prazo de vigência do Contrato Principal do Projeto: 25 anos;

- custo do projeto: 1000;
- fase de construção: 2 anos, com um terço do custo pago no dia 1, e o balanço no final de cada ano seguinte;
- financiamento: 85% em dívida/15% em *equity*, em saques *pro rata* durante a fase de construção;
- receitas operacionais líquidas: 100 a.a. antes do serviço da dívida, ao longo da fase operacional de 23 anos;
- prazo de vigência do financiamento: 22 anos (2 anos de construção e amortização ao longo dos primeiros 20 anos de operação);
- serviço da dívida: a dívida é amortizada anualmente;
- taxa de juros: 6% a.a. (Obs.: o JDC é acrescentado à dívida e financiado como parte dos custos do projeto);
- ICSD: 1,35:1 (a partir do ano 3);
- os efeitos da inflação e dos impostos são ignorados;
- os valores são arredondados para os números inteiros.

O refinanciamento é baseado nas seguintes mudanças de condições:

- o refinanciamento ocorre no final do ano 2 da operação (ano 4 do projeto);
- prazo de vigência de financiamento: 2 anos são incluídos aumentando para 24 anos;
- Taxa de Juros: reduzida para 5,8%;
- ICSD: reduzida para 1,25:1 (a partir do ano 5);
- saldo devedor do financiamento ao final do ano 4 aumentado para 130;
- estes cálculos não levam em conta as taxas, nem os custos legais e outros custos do próprio refinanciamento, que podem ser 1–1,5% do valor do refinanciamento.

Tabela 14.3 — Efeito do Refinanciamento da Dívida

	Construção							Operação					
Ano:	**0**	**1**	**2**	**3**	**4**	**5**	**6**	**21**	**22**	**23**	**24**	**25**	**Total**
(1) **Pré–Refinanciamento**													
(a) Custo do projeto (incluindo JDC)	−333	−333	−333										−1.000
(b) Fluxo de caixa do projeto				100	100	100	100	100	100	100	100	100	2.300
(c) Saques da dívida [−(a)×85%]	283	283	283										
(d) Pagamentos dos juros da dívida [(h){ano anterior}×6%]				−51	−50	−48	−47	−8	−4				−632
(e) Amortizações do principal da dívida				−23	−24	−26	−28	−66	−70				−850
(f) Serviço de dívida total [(d)+(e)]				−74	−74	−74	−74	−74	−74				
(g) **Fluxo de caixa dos investidores** [(b)−(f)]	−50	−50	−50	26	26	26	26	26	26	100	100	100	**668**
(h) Saldo devedor da dívida ao final do ano [(h){ano anterior}+(c)+(e)]	283	567	850	827	802	776	749	70	0				
ICSD [(b)÷(f)] **1,35** (a partir do Ano 3)													
TIR do Acionista = 15%													
(2) **Pós-Refinanciamento**													
Custo do projeto (incluindo JDC)	−333	−333	−333										−1.000
Fluxo de caixa do projeto				100	100	100	100	100	100	100	100	100	2.300
Saques da dívida	283	283	283										
Dívida adicional					**130**								130
Pagamentos de juros da dívida				−51	−48	−54	−52	−16	−12	−9	−4		−765
Amortizações do principal da dívida				−23	−26	−26	−27	−64	−67	−71	−75		−980
Serviço da dívida total	283	283	283	−74	−74	−80	−80	−80	−80	−80	−80		−2.595
Fluxo de caixa dos investidores	−50	−50	−50	26	156	20	20	20	20	20	20	100	**535**
Saldo devedor da dívida no final do ano	283	567	850	827	931	905	878	214	147	75	0		
ICSD=1,25 (a partir do Ano 5)													
TIR do Acionista = 22%													

Do ponto de vista dos investidores, os resultados do refinanciamento são os seguintes:

- Um adicional de 130 foi retirado do projeto no fim do ano 4.
- Isto aumenta a TIR do acionista (ao longo de toda a vida do projeto) de 15% para 22%.
- O fluxo de caixa total para os investidores ao longo da vida do projeto é *reduzido* de 668 para 535 — isto é um reflexo do aumento no serviço da dívida.

Como, então, um refinanciamento é benéfico para os investidores? A dívida tomada para financiar o projeto foi aumentada — mas esse aumento não torna ninguém mais rico. Com efeito, acrescentar dívida ao projeto piora a situação da Empresa do Projeto e aumenta o risco para os investidores. Igualmente, o aumento na TIR do acionista é um tanto ilusório — o cálculo é distorcido pelo pagamento antecipado de 130 aos investidores (§ 10.2.3). Mas o que o refinanciamento permite é fazer uma grande diferença no período de *payback* do investimento de *equity* (§ 12.2.4). O *payback* não descontado antes do refinanciamento é cerca de 8¼ anos: após o refinanciamento são 4 anos, isto é, o refinanciamento no fim do ano 4 possibilita uma recuperação total do investimento do capital próprio. Do ponto de vista dos investidores, este retorno antecipado do investimento possibilita que o capital seja reinvestido rapidamente em um novo projeto, ainda que a custo de um retorno mais baixo no projeto original ao longo do tempo de vida remanescente. Considerando os dois projetos juntos, os investidores obviamente estarão numa situação melhor (assumindo que eles desejem reciclar uma quantia limitada de capital), e o capital em risco no investimento original terá sido reduzido.

§ 14.16.2 Refinanciamento da Dívida: A Questão do "Ganho Inesperado"

Se o projeto envolver um tomador de serviço, ou uma Autoridade Contratante, a capacidade dos empreendedores de realizar um fluxo de caixa antecipado refinanciando a dívida poderá levantar algumas questões:

- O refinanciamento aumenta o risco de problemas financeiros para o projeto, simplesmente porque a Empresa do Projeto está tomando mais dívida.
- O refinanciamento poderá aumentar o valor devido a título de Indenização por rescisão antecipada pela Autoridade Contratante, se esta for calculada com base na dívida em aberto (§ 7.10).
- A Autoridade Contratante poderá considerar problemático que os empreendedores tenham um risco financeiro de longo prazo limitado no projeto (e, portanto, juros limitados no seu sucesso de longo prazo), se eles retiraram seu investimento em dinheiro e um lucro numa etapa inicial antes da conclusão do projeto. Os empreendedores possuem pouco capital em risco (§ 2.6.2). Entretanto, os financiadores, de fato, têm mais capital em risco após o refinanciamento, o que deveria de alguma forma aliviar esta preocupação.

Em consequência, o contrato principal do projeto poderá exigir o consentimento do Tomador de Serviço/Autoridade Contratante antes que um refinanciamento possa ser realizado. Claramente, este consentimento não será dado se o refinanciamento não oferecer nenhum benefício à Autoridade Contratante, o que significa que algum compartilhamento do benefício terá que ser estabelecido, seja estágio inicial do contrato principal do projeto, seja ou na época da negociação. A flexibilidade dos financiadores para aumentar o valor do financiamento (§ 7.10.1) tem por objetivo somente lidar com um refinanciamento de resgate (§ 14.16.4).

Entretanto, em alguns casos, a maior questão é provavelmente de natureza política: os investidores do setor privado podem ser identificados como destinatários de "lucros inesperados" às custas de um Tomador de Serviços do setor público, ou uma Autoridade Contratante. Isto não é benéfico ao projeto específico porque poderá aumentar o seu risco político geral (§ 11.2), podendo, também, ter potencialmente um sério efeito sobre a aceitabilidade política de um programa de PPP.

Esta questão surgiu durante o desenvolvimento inicial do programa britânico de PFI, onde um grande "ganho" de refinanciamento no projeto de PFI para uma prisão foi pauta de um inquérito Parlamentar.[257] Muitos dos contratos principais do projeto PFI mais antigos exigiam o consentimento da Autoridade Contratante para qualquer refinanciamento pelas razões apresentadas acima. Entretanto, as Autoridades Contratantes não perceberam que poderiam cobrar um preço por este consentimento. Isto levou a uma mudança na minuta padrão do contrato principal do projeto[258] em 2002, de acordo com o qual um "ganho de refinanciamento" deveria ser compartilhado 50:50 entre a parte do setor público e a parte do setor privado nos contratos principais do projeto PFI.[259] Esta cláusula foi amplamente reproduzida em outros programas de PPP em outros lugares no mundo. (Não há nenhuma razão para que as mesmas cláusulas não pudessem ser aplicadas onde há um Tomador de Serviços do setor privado, embora eles não sejam geralmente parte nos contratos principais do projeto do setor privado).

Há outros argumentos para o compartilhamento do ganho de refinanciamento com a Autoridade Contratante, além deste problema de percepção política:

---

257 NATIONAL AUDIT OFFICE. *The refinancing of the Fazakerley PFI prison contract*. Londres: Stationery Office, 2000*; House of Commons Public Accounts Committee, *The refinancing of the Fazakerley PFI prison contract* (13th Report, Session 2001–2001, London, 2001)*. Isto continuou a ser uma importante questão para o programa PFI — cf. NATIONAL AUDIT OFFICE. *The refinancing of the Norfolk and Norwich PFI Hospital*: how the deal can be viewed in the light of the refinancing. Londres: Stationery Office, 2005*. House of Commons Public Accounts Committee, *The refinancing of the Norfolk and Norwich PFI Hospital* (35th Report, Session 2005-6, London, 2006)*, que descreveram o refinanciamento como "a inaceitável face do capitalismo" (pág. 3).

258 § 6.1 nota de rodapé 2.

259 As versões posteriores da SoPC aumentaram a parcela da Autoridade Contratante dos ganhos de refinanciamento dependendo do tamanho do ganho.

- Se, como foi o caso de meados dos anos 1990 a 2007, o mercado de financiamento para *project finance* para as PPPs continuar melhorando (ou seja, os financiadores oferecendo termos cada vez melhores), isto é apenas um "ganho inesperado" para os investidores na Empresa do Projeto — eles não fizeram nada para melhorar o mercado como um todo.
- Além disto, se os termos de financiamentos para as PPPs continuarem melhorando, isto resulta de o governo ter desenvolvido um bem-sucedido canal de projetos de PPPs, refletindo também o risco mais baixo de tais projetos, sobretudo as PPPs baseadas em Disponibilidade, onde o risco de utilização foi assumido pela Autoridade Contratante (§ 9.6.4). Novamente, os investidores da Empresa do Projeto não tiveram qualquer influência para tanto.

Contudo, obviamente, há que se levar em conta o simples fato de que não poderá haver um refinanciamento se o projeto não for bem-sucedido (sujeito aos comentários sobre os "refinanciamentos de resgate" abaixo). O fluxo de caixa para os investidores poderá ser aumentado por uma maior eficiência ou melhor gestão por parte da Empresa do Projeto. Foi o equilíbrio destes fatores específicos de mercado e de projeto que produziram uma base teórica na Grã-Bretanha para o compartilhamento dos ganhos de refinanciamento entre o setor público e o privado.

§ 14.16.3 Calculando o Ganho de Refinanciamento

Entretanto, compartilhar os ganhos de refinanciamento traz algumas questões complexas:

- Como o ganho deverá ser calculado e pago?
- Como o modelo financeiro do Caso-Base para a assinatura do contrato de financiamento (§ 13.10) deveria ser ajustado para o cálculo?

Tabela 14.4 — Diferentes Métodos para Cálculo do Ganho de Refinanciamento

Ano:	**4**	**5**	**6**	**21**	**22**	**23**	**24**	**25**	**Total**
Método 1									
Fluxo de caixa pós-refinanciamento	156	20	20	20	20	20	20	100	535
Fluxo de caixa pré-refinanciamento	26	26	26	26	26	100	100	100	668
Diferença	130	−6	−6	−6	−6	−80	−80	0	−133
Descontado à TIR do Acionista do Caso Base * 74									
(* 15%— Tabela 14.3)									
∴ **Autoridade Contratante (50% de participação) = 37**									
Método 2									
Descontado à TIR do Acionista do mercado atual* 55									
(* 10%— § 14.17)									
∴ **Autoridade Contratante (50% de participação) = 27**									
Método 3									
TIR do Acionista Pré-Refinanciamento = 15%									
TIR do Acionista Pós-Refinanciamento = 22%									
∴ TIR do Acionista ajustada = 19% = (15%+22%)÷2									
Pagamento à Autoridade Contratante = 57									

- Como a síndrome de "Lázaro ressuscitando dos mortos" poderá ser contornada: isto é, o projeto teve desempenhando ruim, mas recuperou-se o suficiente a ponto de permitir um refinanciamento; todo o ganho de refinanciamento deveria ser compartilhado neste caso, ainda que os investidores não recuperem o baixo desempenho da Empresa do Projeto no passado?

O valor do ganho deve ser calculado antes de ser compartilhado. Na Tabela 14.3, embora os investidores tenham retirado o valor adicional de 130 fora das projeções originais do Caso-Base, não se pode afirmar que eles tiveram um "ganho" de 130, já que o fluxo de caixa em seguida foi mais baixo do que no Caso-Base. De fato, como já mencionado, é questionável se os investidores estarão numa situação melhor, já que a única diferença foi aumentar a quantia da dívida tomada pelo projeto.

Claramente, se houver um "ganho" para os investidores em um refinanciamento, deverá de algum modo estar relacionado à liberação inicial de dinheiro do projeto, sugerindo a necessidade de um cálculo de FCD ou TIR para determinar qual o benefício em termos da moeda atual (§ 10.2). Mas, como apresentado na Tabela 14.4, a melhor maneira para tanto não é óbvia, e os resultados de diversos métodos variam consideravelmente. A Tabela 14.4 adota os mesmos pressupostos da Tabela 14.3, a fim de apresentar os resultados desses pressupostos quando utilizados os seguintes métodos diferentes de cálculo:

Método 1: Calcular a diferença entre o fluxo de caixa de pós-refinanciamento futuro e o fluxo de caixa de pré-refinanciamento futuro, e descontar essa diferença no VPL da TIR do Acionista do Caso-Base; o resultado é o ganho de refinanciamento, do qual 50% (ou a fração acordada) é paga à Autoridade Contratante, isto é, 37 sobre os pressupostos apresentados. Este é o método adotado na SoPC (e em outras jurisdições como a Austrália e a África do Sul, cujos Contratos de PPP seguiram a abordagem SoPC). Contraintuitivamente, talvez, quanto menor a taxa de desconto, menor será o ganho de refinanciamento — porque os fluxos de caixa futuros sendo descontados são negativos. Mas discute-se ser inapropriado usar a (relativamente alta) TIR do acionista do Caso-Base como taxa de desconto, porque no momento do refinanciamento esta já não é mais a taxa de desconto correta para avaliação do *equity*, que deveria ser mais baixa refletindo o menor risco de projeto por ocasião do refinanciamento (§ 14.17).

Método 2: Como no *Método 1,* mas aplicando uma taxa de desconto equivalente à TIR do Acionista do mercado atual (portanto mais baixa). Considerou-se 10% na tabela. O resultado foi o pagamento de 50% do ganho de refinanciamento para a Autoridade Contratante no total de 27, demonstrando que quanto menor a taxa de desconto, menor é o ganho de refinanciamento. (Obs.: Se as taxas de desconto fossem reduzidas para 5%, o ganho de refinanciamento seria zero).

Método 3: Adota as TIRs do Acionista projetadas do pré-refinanciamento e do pós-refinanciamento (sobre a vida de todo o projeto — as cifras efetivas para a data do refinanciamento e projetadas daí em diante). De acordo com a Tabela 14.3, as taxas são 15% e 22%, respectivamente. Faz-se em seguida um pagamento à Autoridade Contratante, que tem o efeito de reduzir a TIR do acionista de pós-refinanciamento para 16% [(15%+22%)÷2], isto é, metade do benefício do aumento da TIR é pago (assumindo que o ganho de refinanciamento está sendo dividido 50:50). Como pode ser visto na Tabela 14.3, isto resultaria em um pagamento à Autoridade Contratante de 57, consideravelmente maior do que os dois métodos anteriores. Este é o resultado de aplicar determinados valores a uma taxa de desconto maior. Não é surpreendente que este cálculo aparentemente mais simples não tenha sido usado em nenhum mercado como base para o cálculo de ganhos de refinanciamento.

Método 4: Todos os métodos acima assumem que a dívida aumenta com o refinanciamento, e, portanto, que há dinheiro disponível para pagar imediatamente a parcela da Autoridade Contratante no ganho de refinanciamento. Entretanto, se o benefício do refinanciamento está no futuro — tipicamente porque a única mudança nos termos da dívida é a redução no custo ou na margem de juros —, então nenhum dos sistemas acima funciona bem. A abordagem mais fácil é tratar este tipo de ganho de refinanciamento separadamente, e usar a parcela de benefícios futuros da Autoridade Contratante para reduzir os pagamentos do contrato principal como e quando ocorrerem os benefícios.

Método 5: Se a situação no *Método 4* é compartilhar ganhos futuros, a SoPC tenta encaixá-la dentro da abordagem[260] do *Método 1*. O ganho de refinanciamento é calculado do mesmo modo, descontando-se a diferença entre os fluxos de caixa do pré e do pós-refinanciamento (embora, neste caso, a alta taxa do desconto seja desvantajosa para a Autoridade Contratante, uma vez que as mudanças futuras no fluxo de caixa são positivas). Em seguida, o montante de VPL é aplicado na redução dos pagamentos do contrato principal sobre o prazo remanescente do contrato principal do projeto, incluindo os juros sobre estas reduções futuras,[261] para compensar o não pagamento como quantia atual. Um problema deste método é sua circularidade — a redução dos futuros pagamentos do contrato principal (embora parcialmente compensado pela redução consequente nos pagamentos fiscais), reduz o ganho de refinanciamento.

Por fim, os investidores poderão questionar justificadamente que, se a Autoridade Contratante participa das "vantagens" de um refinanciamento de um projeto bem-sucedido, não deveria também assumir alguma "desvantagem" se o projeto der errado? Isto não acontece na prática, mas o único argumento real contra isto é que negociação unilateral reflete uma solução para um problema politico e não para o equilíbrio comercial.

260 H.M. Treasury, Guidance Note: Calculation of the Authority"s Share of a Refinancing Gain (London, sem data)*.

261 A Nota de Orientação acima sugere que uma taxa de juros comparável à taxa da dívida do governo para a vida média remanescente do projeto, mais uma margem igual à margem de crédito. Esta é, claramente, muito mais baixa do que a taxa de desconto IRR do Capital Próprio em ambos: *Método 1* e *Método 6*, tornando este último método ainda mais desvantajoso para o Autoridade Contratante. A SoPC também permite aos Poderes Concedentes escolherem o *Método* 6, mesmo se um pagamento imediato da parcela do ganho como no *Método 1* for possível. Isto é até mesmo muito mais desvantajoso para a Autoridade Contratante de um ponto de vista financeiro. A Autoridade Contratante terá o risco de nunca recuperar a sua parcela se a Empresa do Projeto tiver problemas no futuro.

Ajuste ao Caso Base do Contrato de Financiamento. Um modelo sensato para mostrar o efeito de um refinanciamento não pode ser produzido se não refletir corretamente a situação atual do projeto. Contanto que o mesmo modelo financeiro seja usado para refletir os fluxos de caixa pré- e pós-refinanciamento (isto é, a única mudança no modelo refere-se ao refinanciamento), isto não deveria distorcer os resultados. Portanto, faz sentido atualizar o modelo do Caso-Base do contrato de financiamento para refletir o desempenho efetivo do projeto até o momento (e fazer hipóteses sobre as futuras projeções), como também atualizar os fatores macroeconômicos (Capítulo 10).

A Síndrome de Lázaro. Com a melhora no fraco desempenho de um projeto, uma perspectiva melhor para o futuro poderá possibilitar um refinanciamento. No entanto, compartilhar este ganho aparente seria injusto com os investidores, que deveriam ser capazes de compensar o desempenho ruim do passado antes de dividir o ganho de refinanciamento baseado num futuro melhor. Por exemplo, suponha-se que o projeto tenha desempenhado mal nos primeiros 5 anos para então retornar ao nível do fluxo de caixa do Caso-Base no ano 6, esperando-se que, assim, continue pelo prazo restante do contrato principal do projeto. Isto significa que, se não houver refinanciamento, o projeto jamais poderá alcançar a TIR do acionista do Caso-Base ao longo da vida do projeto como um todo. O refinanciamento poderá ser contratado após o ano 6, baseado nas previsões mais promissoras para o futuro, mas, se o ganho deste refinanciamento for calculado da forma usual, o investidor não será compensado pelo retorno reduzido dos primeiros 5 anos.

O método usado para se ajustar a esta situação na SoPC é efetuar o pagamento aos investidores de tal modo que eles tenham uma projeção para alcançar sua TIR do acionista do Caso-Base (chamada de "TIR do limiar do acionista" neste contexto) ao longo da vida do projeto. Tem-se a impressão de que o objetivo deste pagamento é servir como uma primeira chamada do dinheiro liberado pelo refinanciamento.

Entretanto, este cálculo produz um efeito distorcido semelhante ao *Método 3* acima, e desta vez para a desvantagem da Autoridade Contratante. Uma outra maneira de lidar com isto é talvez comparar o fluxo de caixa efetivo até data de refinanciamento com as cifras do Caso-Base. As diferenças (positivas ou negativas) deveriam ser combinadas até a data do refinanciamento na TIR do acionista do Caso-Base. Se negativa, esta quantia então seria alocada aos investidores, antes de calcular o ganho de refinanciamento.

§ 14.16.4 Quais refinanciamentos aparentes deveriam ser excluídos das cláusulas de ganho compartilhado?

Há uma série de medidas que poderão ser tomadas pelos investidores ou os financiadores que, à primeira vista, podem parecer um refinanciamento como descrito acima, mas, por uma ou outra razão, não deveriam resultar em pagamento de ganho de refinanciamento à Autoridade Contratante:

Refinanciamento de Resgate. O Refinanciamento poderá ser necessário porque o projeto estava em dificuldade, e não porque estava indo bem, como vista acima. Os financiadores poderão acreditar que sua melhor chance de recuperação máxima para o financiamento de um projeto em dificuldade poderá ser um financiamento adicional para resolver o problema.

Obviamente, este tipo de refinanciamento "ruim" é muito diferente do "bom" refinanciamento discutido acima. Nesta situação, os financiadores não gostariam que sua medida para salvar o projeto esteja sujeita ao consentimento da Autoridade Contratante — eles estão arriscando o seu dinheiro para solucionar o problema, o que é benéfico para a Autoridade Contratante. Entretanto, ainda deve haver um limite sobre o valor de dívida adicional que a Empresa do Projeto poderá tomar sem consentimento, pelo qual a Autoridade Contratante poderá ser responsável por uma rescisão antecipada (§ 7.10.1). Os financiadores poderão aumentar a dívida acima deste limite, mas a Autoridade Contratante não teria responsabilidade alguma sobre esta quantia.

Ausência de Ganho de Refinanciamento. Na hipótese de um refinanciamento que não gera um ganho de refinanciamento de acordo com uma das maneiras acima, por exemplo, a TIR do acionista desce, ao invés de subir como resultado do refinanciamento, então claramente não haverá benefício algum para compartilhar. Esta é uma outra maneira de se olhar para o refinanciamento de resgate, onde é mais provável que isto aconteça. Dessa forma, faz sentido exigir que um refinanciamento que gere ganho deva ter o consentimento da Autoridade Contratante, mas se não houver ganho de refinanciamento os financiadores poderão aumentar a dívida sem consentimento.

Mudanças na Estrutura de *Equity*. Caso os investidores alterem a estrutura de *equity* — por exemplo, reduzindo a dívida subordinada e aumentando o capital acionário (§ 12.2.2) —, isto não seria um refinanciamento por não se relacionar ao financiamento externo (de terceiros) da Empresa do Projeto.

Alienação d *Equity*. Esta é uma questão à parte, discutida na Seção § 14.17.

Ganhos de Taxa de Juros Pós-Assinatura do Contrato de Financiamento. Se a taxa de juros da dívida da Empresa do Projeto for fixa para fins de elaboração de modelos na Assinatura do Contrato de Financiamento (§ 10.3.5), mas não estiver de fato totalmente securitizado (por *hedge*) naquela altura e a Empresa do Projeto economizar nas taxas de juros do mercado comparadas ao Caso Base, isto não configuraria um ganho de refinanciamento, porque a Empresa do Projeto assumiu este risco e tem o direito de se beneficiar do resultado.

Refinanciando no Caso Base. Os investidores poderão assumir o risco da capacidade de conseguirem um refinanciamento no Caso Base. Por exemplo, se os financiadores solicitarem um *Mini Perm* em condições de mercado ou em condições subsidiadas (§ 10.6; § 14.4.4), isto poderá não aparecer no modelo financeiro usado para calcular os pagamentos do contrato principal no qual os empreendedores estão em uma situação de licitação competitiva, isto é, o modelo financeiro do Caso-Base mostrará que o serviço da dívida se estende ao longo da vida do projeto, sem a amortização antecipada do excedente de caixa direcionado pelos financiadores (apesar de estar na projeção bancária), tampouco uma amortização extraordinária). O efeito de o modelo não apresentar tais informações, e portanto, não as considerar no mecanismo de pagamento, significa que os empreendedores estão assumindo o risco de refinanciamento. Assim, obviamente, o benefício total do refinanciamento já está refletido no Caso Base, o que é uma situação muito melhor do que a Autoridade Contratante conseguir apenas uma parcela deste benefício se e quando ocorrer o refinanciamento. Na medida em que o refinanciamento final produzir melhores termos do que aqueles assumidos no Caso Base, este benefício extra poderá, então, estar sujeito ao compartilhamento do ganho de refinanciamento.

Financiamento Corporativo. Um empreendedor poderá optar por financiar a fase de construção com seus próprios fundos, isto é, utilizando um financiamento não específico de projeto, tomando financiamento com base no seu balanço corporativo e resultados contábeis. O objetivo então poderá ser o refinanciamento após a conclusão do projeto por meio de financiamento convencional de empresas. Isto poderá ser feito porque o empreendedor está disposto a assumir o risco de construção, sem um contrato de construção *"turnkey"*, para economizar os custos extras que tal contrato envolve (§ 8.2).

Na prática, o empreendedor está fornecendo um Mini Perm em condições subsidiadas (§ 14.4.4). Evidentemente, se a Empresa do Projeto assume um *project finance*, ocorre um refinanciamento, mas avaliar o ganho de refinanciamento é virtualmente impossível porque o custo do financiamento convencional de empresa original é uma questão interna do empreendedor e pode ser estabelecido em qualquer cifra. Além do mais, o nível de *equity* inicial poderá ser muito menos do que aquele exigido para um *project finance* (até mesmo zero), já que o índice da dívida sobre capital próprio é inexpressivo neste caso, e assim a TIR do acionista do Caso Base também perde o sentido.

O único poder de negociação que a Autoridade Contratante poderá ter é a recusa em assinar qualquer documentação (como um Contrato Direto — § 8.11) com os financiadores do *project finance,* ou alterar as cláusulas de equilíbrio financeiro (§ 7.6.5), ou aquelas relacionadas às indenizações por rescisão antecipada devidas em razão do inadimplemento prematuro (§ 7.10), o que poderá colocar os novos financiadores em risco, como por exemplo de não recuperarem totalmente os custos de infração de contrato de *swap*. Poderá ser, portanto, possível para a Autoridade Contratante obter um preço para cooperar na mudança de projeto para financiamento convencional de empresas, mas, de qualquer forma, isto não poderá ser calculado por quaisquer um dos métodos apresentados acima.

Entretanto, esta abordagem não deveria se aplicar se o empreendedor incluir um refinanciamento com base em *project finance* no modelo Caso-Base, no qual as cláusulas de refinanciamento, como apresentado acima, seriam aplicáveis, devendo a Autoridade Contratante estar preparada para concordar antecipadamente com aditamentos ao contrato principal do projeto para incorporar as exigência normais do financiador de *project finance*.

Impostos e Contabilidade. As mudanças nas alíquotas de impostos, ou outras mudanças no tratamento fiscal das receitas ou dos ativos da Empresa do Projeto, ou no tratamento contábil destes, não representariam um refinanciamento, já que a Empresa do Projeto assumiu estes riscos (§ 11.3.2).

Consórcio de Financiamento. Se o consórcio de financiadores, por outro lado, coloca parte do financiamento com novos financiadores, qualquer lucro que eles possam obter por conta disso não configuraria ganho de refinanciamento.

Serviço Flexível da Dívida. Os financiadores poderão permitir alguma flexibilidade no cronograma exigido para a amortização do principal ou variar a margem de juros dependendo do sucesso do projeto. O exercício deste tipo de flexibilidade normalmente não seria considerado um refinanciamento.

Renúncias e Alterações. Uma renúncia temporária pelos financiadores de uma exigência quanto à documentação do financiamento não seria normalmente considerada um refinanciamento (§ 14.11), mas qualquer alteração que tenha o efeito de mudar o fluxo de caixa para os investidores (por exemplo, autorizando manter menos dinheiro nas Contas de Reserva) poderá representar um refinanciamento.

§ 14.16.5 As cláusulas de compartilhamento dos ganhos de refinanciamento podem ser executadas?

De acordo com o quanto acima exposto, fica evidente que lidar com os ganhos de refinanciamento é uma questão surpreendentemente complexa. Esta complexidade significa, inevitavelmente, que os investidores da Empresa do Projeto e seus consultores tentarão encontrar brechas no sistema que lhes possibilitem obter um ganho de refinanciamento sem pagar qualquer parcela à Autoridade Contratante. Duas maneiras óbvias de fazer isto são:

- Uma estrutura "sintética" de refinanciamento poderá ser usada: o refinanciamento poderá ser canalizado "disfarçadamente" por meio de uma empresa *holding*, enquanto se deixa o fluxo de caixa da Empresa do Projeto igual, mas mesmo assim refinanciado. De forma semelhante, um investidor ou um fundo de investimento detentor de um número de diferentes Empresas de Projeto poderá refinanciar a dívida coletiva delas por meio de uma empresa *holding* do grupo. Isto também pode ser obtido através das estruturas CLO discutidas na Seção § 5.2.10.
- Os subcontratos das "afiliadas" dos empreendedores com a Empresa do Projeto poderão sofrer aditamentos para drenar o caixa no nível operacional (desde que inexista exigência de consentimento por parte da Autoridade Contratante — § 8.9).

Isto pode ser ilustrado pelo que aconteceu após a introdução no programa britânico de PFI da exigência de compartilhar os ganhos de refinanciamento. Foram feitas estimativas de possíveis ganhos com o refinanciamento tanto de projetos passados quanto futuros, mas os ganhos efetivos de refinanciamento compartilhados com o setor público ficaram bem abaixo destas estimativas.

Para abordar este problema, foram introduzidas cláusula nos SoPC de acordo com as quais a Autoridade Contratante poderia exigir que a Empresa do Projeto buscasse no mercado um refinanciamento em intervalos após a conclusão de projeto.[262] Estas cláusulas, todavia, necessitam ser testadas, porque no momento em que entraram em vigor, o mercado de *project finance* havia se deteriorado consideravelmente (§ 17.2) e, assim, as perspectivas para eventual refinanciamento de projetos passados haviam se reduzido substancialmente.

Há que se considerar que mesmo havendo cláusulas permitindo que a Autoridade Contratante force um refinanciamento caso esteja disponível no mercado, não se permite que a Autoridade Contratante

---

262 SoPC § 28.9–15.

aumente a dívida sênior, que é o objetivo principal de qualquer refinanciamento (§ 14.16.1), limitando, portanto, o valor prático da operação.

§ 14.16.6 Vale a pena?

Portanto, é provável que a Autoridade Contratante gaste muito tempo improdutivo tentando vislumbrar como determinada estrutura de financiamento dos empreendedores visa evitar o compartilhamento de quaisquer benefícios decorrentes de ganhos inesperados, estabelecendo o retorno "real" do Caso Base para os investidores como base para medir tais benefícios, distinguindo entre os benefícios oriundos de ganhos inesperados e aqueles decorrentes de uma maior eficiência por parte da Empresa do Projeto, tentando evitar brechas potenciais na elaboração do contrato principal do projeto ao abordar estas questões.

Além disto, a Autoridade Contratante deverá levar em conta o fato de que um refinanciamento poderá ser considerado na fixação de preços inicialmente proposta pelos empreendedores. Estes poderão estar dispostos a aceitar um retorno inicial mais baixo para o seu risco original do que realmente exigem, pressupondo que um retorno mais alto poderá ser obtido por meio de um refinanciamento em etapa mais avançada. Isto é bastante provável se a licitação para o contrato principal do projeto tiver sido muito competitiva. Portanto, se a Autoridade Contratante insistir no compartilhamento destes benefícios, o único resultado poderá ser o aumento do lance inicial para a fixação de preços nos termos do contrato principal do projeto.

Dessa forma, sugere-se ser apenas necessário para a Autoridade Contratante tentar compartilhar os ganhos do refinanciamento se:

- A concorrência na licitação para o contrato principal do projeto tiver sido limitada.
- Tenha havido um "alongamento artificial da negociação" (isto é, uma negociação longa com o licitante preferencial, durante a qual os termos do contrato passaram a lhe favorecer).

- Os termos do financiamento sejam afetados por se referir as um novo tipo de projeto ou em um novo mercado e, uma vez que o mercado tenha se acostumado com o risco, pode-se esperar uma melhora significativa nas condições.
- A concorrência pelo financiamento tenha sido limitada (§ 5.2.3).

Ademais, não é apropriado usar estas cláusulas de refinanciamento no caso de concessões (embora diversas jurisdições tais como Austrália e Texas o fazem), porque o fluxo de caixa futuro de longo prazo é muito mais incerto do que em Contrato *Offtake* ou Contrato do Modelo PFI. No caso da concessão, a melhor maneira de eliminar os ganhos inesperados para os investidores é estabelecer cláusulas robustas de compartilhamento dos excedentes de fluxo de caixa (§ 6.5.3; § 15.18).

Caso a decisão seja de não obter ganhos de refinanciamento no contrato principal do projeto, a Autoridade Contratante precisa estar ciente do potencial impacto político caso tais ganhos venham a surgir.

§ 14.17 VENDA SECUNDÁRIA DE PARTICIPAÇÃO ACIONÁRIA

O retorno exigido pelos investidores também varia dependendo do momento em que eles ingressam no projeto. Os investidores ingressam no projeto em diferentes etapas e com diferentes estratégias de investimentos. Qualquer projeto tem vários níveis diferentes de risco ao longo do tempo. Como discutido na Seção § 12.2.5, a posição de risco mais alta é a de um empreendedor ou licitante para um projeto, sendo possível atrair investidores na assinatura do contrato de financiamento, que aceitarão um retorno mais baixo por não terem assumido os riscos dos custos de desenvolvimento ou da licitação.

O período mais comum para alienar *equity* a novos investidores, entretanto, é cerca de um ano após a conclusão de projeto; o que é considerado como um investimento "secundário" de *equity*, enquanto que um investimento "primário" de *equity* acontece na conclusão de projeto (§ 3.2). Nesta etapa, o projeto deverá ter sido construído com

Tabela 14.5 — Impacto da Venda Secundária de *Equity*

Ano:	0	1	2	3	4	5	6	21	22	23	24	25
Investidor Primário/ Principal												
Fluxo de caixa	−50	−50	−50	26	26							
Venda do projeto					250							
Total	**−50**	**−50**	**−50**	**26**	**276**							
TIR do Acionista: 26%												
Investidor Secundário												
Aquisição do projeto					−250							
Fluxo de caixa						26	26	26	26	100	100	100
Total					**−250**	**26**	**26**	**26**	**26**	**100**	**100**	**100**
TIR do Acionista: 10%												

sucesso e estar operando normalmente, tendo sido consequentemente eliminada uma grande parcela dos riscos iniciais do projeto (§ 9.5). Como resultado, um investidor secundário aceitará uma TIR do acionista mais baixa, refletindo este risco mais baixo. Assim, enquanto os investidores primários no projeto, usados como um exemplo na Tabela 14.3, deveriam receber uma TIR do acionista de 15%, mesmo sem nenhum refinanciamento, um investidor secundário poderá considerar uma TIR do acionista de 10% a.a., por exemplo.

Assim, como uma alternativa para o refinanciamento,[263] os investidores poderão preferir vender parte de ou todo o investimento de seu *equity*. Usando o fluxo de caixa do pré-refinanciamento na Tabela 14.3 como exemplo, a Tabela 14.5 mostra o efeito da venda do *equity* 2 anos após a conclusão de projeto para um investidor secundário disposto a aceitar uma TIR do acionista de 10%, refletindo o menor risco do projeto nesta etapa.

263 Na verdade, é possível tanto refinanciar a dívida quanto vender todo o *equity* em seguida. Há uma troca entre os dois — por exemplo, se a dívida for refinanciada, o *equity* valerá menos, refletindo o caixa inicial retirado do projeto por meio do refinanciamento.

Comparando a Tabela 14.5 com Tabela 14.3, pode-se notar que enquanto o refinanciamento produziu um lançamento de caixa de 130 no fim do ano 4, se todo o *equity* fosse vendido, isto geraria um valor em dinheiro de 250, embora, claro, no último caso, não haveria qualquer renda adicional do projeto. Portanto, no caso da venda secundária de *equity*, o investidor primário investiu 150 nos anos 1-2, recebeu 26 no ano 3, e 276 no ano 4, recebendo, assim, aproximadamente o dobro do investimento original dentro de um período relativamente curto de tempo.

Há problemas potenciais para os financiadores caso uma venda secundária de *equity* for proposta, uma vez que eles financiaram o projeto contando com um compromisso de longo prazo dos empreendedores originais (§ 3.2). Por outro lado, se um dos empreendedores for a subcontratada da Construção, por exemplo, seria razoável que ela pudesse vender a sua participação acionária ao concluir seu papel e construir o projeto com sucesso. Tipicamente, os financiadores solicitam que os empreendedores originais mantenham as suas ações (incluindo qualquer dívida subordinada — § 12.2.2) até cerca de um ano após a conclusão de projeto (§ 9.13). Uma restrição semelhante poderá ser imposta pelo Tomador/Autoridade Contratante (§ 3.2.1; § 7.11).

§ 14.17.1 Venda Secundária de *Equity*—A Questão dos "Ganhos Inesperados"

Conforme as cifras discutidas acima deixaram evidente, em projetos de PPP ou projetos de usinas de processamento com um tomador do setor público, a venda secundária de *equity* está sujeita a ataques por gerar "ganhos inesperados" para os investidores do setor privado aparentemente às custas do setor público. O compartilhamento dos ganhos com a venda secundária de *equity* não foi, até o momento, incluída nos contratos principais de projeto de PPP. O argumento principal para não se fazer nada neste caso é que a venda deveria estar sujeita ao imposto sobre ganho de capital (se existir no país em questão) e, portanto, o setor público recebe sua parcela de ganho por meio da tributação. Entretanto, há maneiras de contornar isto, e uma das mais óbvias é a Empresa do Projeto pertencer a uma empresa *holding* em outro país, com impostos baixos, possibilitando assim que os investidores primários vendam a *holding* em vez de Empresa do Projeto. Além disso, é muito difícil tentar exigir o compartilhamento de um ganho dessa natureza.

- O *equity* poderá ser retido por meio de uma empresa *holding* intermediária, e as ações desta empresa *holding* podem ser vendidas ao invés daquelas da Empresa do Projeto.
- Os investidores poderão vender garantias para subscrever ações ou uma participação nas receitas da empresa, o que formalmente não se considera como venda de *equity*.
- Os investidores poderão ocultar a venda agindo como procuradores dos novos compradores das ações.

A maior questão é porque são tão grandes os lucros da venda secundária de *equity*?[264]

Isto é obviamente uma função da grande diferença entre a TIR do acionista primário de, digamos, 12-15% (§ 12.2.1) e a TIR do acionista secundário de, digamos, 8-10%. É esta diferença comparativamente grande que cria um grande lucro na venda secundária de *equity*.

Um argumento para as elevadas TIRs do Acionista primário é que elas são simplesmente uma consequência aritmética dos requisitos do índice de cobertura dos financiadores: se houver um requisito de ICSD de, digamos, 1.3:1, então após o pagamento do serviço da dívida, deverá haver caixa livre de 0.3 para cada 1.3 da receita, que somente pode ir para os investidores como distribuições. A conexão pode ser vista na Tabela 12.8. Mas se houver a intenção de reduzir as TIRs do acionista primário, isto poderia ser atingido pela diminuição do índice

---

264 Cf. PriceWaterhouseCoopers, *Study into rates of Return in PFI Projects* (Office for Government Commerce, London, 2002)*; National Audit Office, *HM Treasury: Equity investment in privately financed projects* (London, 2012)*.

da dívida sobre capital próprio. Isto também pode ser concretizado pelo uso da dívida mezanino de terceiros (§ 4.5.1).

O problema verdadeiro é o fato de os fundos de investimento em infraestrutura serem os principais empreendedores dos projetos (§ 3.2). Estes fundos precisam de TIRs do acionista primário altas para oferecerem uma TIR+ 20% aos seus investidores (e pagar comissões relativamente altas aos gestores de fundos) vendendo *equity* após a conclusão de projeto como discutido acima. A exigência de retorno foi influenciada por os projetos de infraestrutura terem sido colocados na mesma categoria de risco que as LBO/MBOs (§ 5.2.2).[265] As empreiteiras que entram como investidores primários porque também serão as subempreiteiras para a Empresa do Projeto, não estão preocupadas com este problema, e aceitariam facilmente um retorno de *equity* mais baixo, já que isto não é o motivo principal de envolvimento no projeto (§ 3.2).

A evolução poderá, então, ser no sentido de o mercado dos fundos de investimento em infraestrutura procurar refletir os riscos e retornos inerentes a uma operação de *project finance*, o que irá exigir uma mudança no modo de pensar tanto por parte dos fundos quanto de seus investidores.

Conteúdo *online*

Além da estruturação financeira e as questões de elaboração de modelos discutidas nos Capítulos 12 e 13, a documentação do financiamento também lida com os controles adicionais dos financiadores e outros requisitos que serão impostos à Empresa do Projeto, como abordado nesse capítulo. O resultado final é o acordo de financiamento,

265 BITSCH, Florian; BUCHNER, Axel; KASERER, Christoph. "Risk, return and cash flow characteristics of infrastructure fund investments". *EIB Papers*, vol. 15, nº 1. Luxemburgo, 2010, p. 106*.

do qual a Empresa do Projeto e os financiadores são parte integrante, e a documentação acessória relativa às garantias.

Os termos e condições são comumente apresentados inicialmente em um protocolo de entendimento (conhecido como "*term sheet*") (§ 14.2), antes de negociados em detalhe (§ 14.3–§ 14.15). Este capítulo também cobre dois outros tópicos importantes para os investidores da Empresa do Projeto, que surgem tipicamente quando o projeto está concluído e em operação: o refinanciamento da dívida da Empresa do Projeto (§ 14.16) e a venda de *equity* para investidores secundários (§ 14.17).

CAPÍTULO XV

SUPORTE FINANCEIRO DO SETOR PÚBLICO

§ 15.1 INTRODUÇÃO

Este capítulo aborda o suporte concedido pelas Autoridades Contratantes ou outras entidades governamentais no país anfitrião ao financiamento de projetos. No Capítulo 16, discute-se o apoio estrangeiro advindo de ECAs e DFIs. Já no Capítulo 17, serão tratados, com mais profundidade, os avanços recentes no âmbito do apoio público a projetos como reflexo da crise financeira de 2008. O investimento de *equity* pelo setor público é discutido na seção § 3.2.2.

Em boa parte dos projetos, encontra-se alguma modalidade de suporte público indireto no financiamento (§ 15.2), porém este capítulo concentra-se naquele proporcionado por via direta de várias maneiras (§ 15.3), por meio de empréstimos (§ 15.4 — § 15.9), incentivos públicos ou outras formas de captação de recursos (§ 15.10 — § 15.13), garantias para a dívida [*debt guarantees*] (§ 15.14 — § 15.19) e complementação de receita [*revenue support*] (§ 15.18 — § 15.19), assim como a utilização de uma Empresa do Projeto constituída como estatal (§ 15.20).Também é possível a criação, pelo governo, de um fundo para proporcionar aos investidores e financiadores mais certeza quanto à suficiência de recursos para o cumprimento das obrigações relacionadas às garantias (§ 15.21).

§ 15.2 SUPORTE PÚBLICO INDIRETO NO FINANCIAMENTO

Até esse ponto, a análise do *project finance* baseou-se na premissa de um financiamento autossustentável, isto é, sem direito de regresso nem para os empreendedores, nem para qualquer outra parte, ou, em alguns casos, com garantias corporativas limitadas para aqueles (§ 9.13).

Todavia, boa parte das estruturas prevê alguma forma de suporte público indireto. Nos setores de geração energética ou de PPP, isso pode ocorrer simplesmente por meio de pagamentos, pela Autoridade Contratante, por capacidade nos termos de um CCE ou por disponibilidade no caso dessas parcerias, o que diminui muito os riscos e, portanto, aumenta a viabilidade creditícia do projeto.

Do mesmo modo, a regulamentação dos preços pagos pelo tomador [*offtake prices*] (por exemplo, a garantia de preços mínimos para a venda de energia eólica), destinada a incentivar os investimentos em certos tipos de iniciativas que não prevejam aqueles desembolsos, também pode determinar a atratividade para os financiadores [*bankable*, para não repetir viabilidade creditícia].

Mesmo nas concessões, embora o pagamento pelos serviços caiba aos usuários, e não ao setor público, é provável a existência de passivos contingentes incorridos pela Autoridade Contratante, o que reduz os riscos de credores e investidores, por exemplo:

- *Uma vez que retêm alguns riscos*, tal como aqueles relacionados à disponibilização do terreno ou ao acesso a ele, a Autoridade Contratante deverá assumir o ônus das indenizações em caso de concretização dessas eventualidades (por exemplo, se a área não for providenciada de maneira tempestiva) (§ 7.6).

- *Pagamentos relacionados à rescisão.* Em caso de inadimplemento da Empresa do Projeto, a Autoridade Contratante estará sujeita ao pagamento do valor justo da iniciativa (§ 7.10).

§ 15.3 SUPORTE PÚBLICO DIRETO NO FINANCIAMENTO

Em termos gerais, há quatro tipos de suporte público no financiamento além daqueles mencionados na seção § 15.2: empréstimos, incentivos públicos, garantias e complementação de receita [*revenue support*].[266] A concessão de todos esses benefícios pode ocorrer de várias maneiras, visando à cobertura de parte da dívida ou dos custos do capital, bem como à garantia de faturamento.

Pode-se prestar esse suporte ao financiamento de projetos de infraestrutura ou de usinas de processamento nos quais o tomador de serviço seja uma Autoridade Contratante:

- *Por razões relacionadas ao mercado financeiro:* Nesses casos, o setor público concede financiamento (ou garantias) para suprir uma eventual insuficiência dos recursos disponibilizados por financiadores privados (sobretudo bancos) impossibilitados de conceder um volume necessário de dívida de longo prazo ou mal dispostos a assumir esse compromisso. O efeito da crise de crédito e a subsequente implantação dos Acordos de Basileia III, conforme discutido no Capítulo 17, aceleraram a procura por outras fontes de financiamento de longo prazo, essenciais para a manutenção do investimentos em alguns mercados. O Capítulo 17 aborda as mudanças recentes do mercado e as perspectivas nesse sentido.
- *Por razões de viabilidade financeira:* Nesses casos, é necessário suporte público porque o projeto não seria viável se o financiamento fosse levantado, em sua totalidade, nas condições de mercado.

---

266 Como se verá pelos exemplos abaixo, é comum os programas de suporte público oferecerem um "cardápio" de diferentes formas de apoio no âmbito do mesmo programa.

- *Por razões de custo:* Em outras palavras, visa-se a uma redução dos custos do financiamento privado e, por conseguinte, dos pagamentos do Contrato Principal por parte do tomador do serviço/Autoridade Contratante ou dos usuários. É óbvio que isso também está relacionado com questões de viabilidade financeira.

- *Para reduzir o risco político:* Isso geralmente se aplica ao investimento em projetos estrangeiros ou à concessão de empréstimos a eles (*vide* o Capítulo 11), estando relacionado ao suporte prestado por ECAs ou DFIs (discutido no Capítulo 16).

Ao oferecer o suporte no financiamento, a Autoridade Contratante deverá:

- Considerar a adequação da medida ao projeto em questão;

- Efetuar a análise de *Value for Money* do custo (de empréstimos ou incentivos públicos) ou da perda (de garantias ou a complementação de receita) potencial;

- Avaliar a necessidade da constituição de uma reserva para suprir quaisquer dessas perdas; e

- Definir o valor de uma eventual cobrança pelo suporte.[267]

Do ponto de vista do setor público, o grau de risco ou possibilidade de perdas advindas desse suporte pode ser classificado (em ordem crescente) da seguinte forma:

- *Sem riscos*: o setor público concede o financiamento sem assumir nenhum risco.

267 *Vide* Chris Marrison, "Risk Measurement for Project Finance Guarantees", *The Journal of Project Finance* (International Investor, Nova York, EUA) Verão americano de 2001*; Timothy C. Irwin, *Government Guarantees: Allocating and Valuing Risk in Privately Financed Infrastructure Projects* (Banco Mundial, Washington DC, EUA, 2007)*; European PPP Expertise Centre, *State Guarantees in PPPs: A Guide to Better Evaluation, Design, Implementation and Management* (BEI, Luxemburgo, 2011)*.

- *Segunda perda — Garantia de segunda cobertura [underpinning, baseado em debt underpinning, garantia de 2ª cobertura, do primeiro glossário]:* Antes que o setor público incorra em alguma perda, deve ocorrer a baixa contábil do *equity* e da dívida sênior. Assim sendo, considerando o investimento de US$ 100 em um projeto, dos quais US$ 20 de dívida, US$ 580 de dívida sênior e US$ 30 de garantia de segunda perda [*underpinning*], se o projeto se tornar inadimplente e valer US$ 60, o prejuízo corresponderá aos US$ 20 de *equity* e US$ 20 dos US$ 80 da dívida, mas o setor público não sofrerá nenhuma perda.

- *Pari-Passu.* O financiamento ou a garantia do setor público está *pari passu* com a dívida sênior. Assim sendo, no mesmo caso acima, mas com um suporte *pari passu* de US$ 30, o prejuízo ainda corresponderia aos US$ 20 do *equity*, porém a parcela restante de US$ 20 seria compartilhada *pro rata* entre os financiadores seniores e o setor público de forma que o agravo financeiro para este seria de US$ 12.50 [20÷(50+30)×30].

- *Primeira cobertura de risco — "Melhoramento de crédito":* O prejuízo consome a totalidade do valor comprometido pelo setor público antes que os financiadores seniores sofram qualquer perda. Então, no mesmo caso acima, mas com US$ 30 de melhoramento de crédito proporcionado pelo setor público, perdem-se os US$ 20 de *equity*, bem como US$ 20 dos US$ 30 do financiamento público, sem que os financiadores seniores sofram nenhum prejuízo.

- *Complementação de receita:* Já nesse caso, o setor público incorrerá prejuízos antes dos investidores e dos financiadores seniores.

A Tabela 15.1 traz exemplos dessas modalidades de suporte, classificadas por tipo e risco.[268]

---

268 A Tabela 15.1 não inclui todas as modalidades de suporte público, mas concentra-se nas principais que estejam de fato sendo prestadas. Algumas também poderiam ser oferecidas por Tomadores privados de Serviço, mas isso geralmente não ocorre na prática.

Tabela 15.1 — Modalidades de suporte público no financiamento

	Vide	Primeira cobertura de risco	*Pari-Passu*	Segunda perda	Sem riscos de projeto
Empréstimo do setor público:					
• Dívida mezanino	§ 15.4	×			
• Financiamento de reserva	§ 15.5	×			
• Refinanciamento após a Conclusão do projeto	§ 15.6	×			
• Financiamento de lacuna de viabilidade	§ 15.7		×		
• Bancos de desenvolvimento/ obras públicas	§ 15.8		×		
• Financiamento garantido de crédito	§ 15.9				×
• Incentivos públicos ou outros tipos de financiamento					
• Incentivo público de capital	§ 15.10			×	
• Financiamento de lacuna de viabilidade	§ 15.11			×	
• Construção parcial	§ 15.12			×	
• Investimento complementar	§ 15.13				×
Garantia de dívida concedida pelo setor público					
• Garantia integral da dívida	§ 15.14	×			
• Garantia da primeira cobertura de risco	§ 15.15	×			
• Garantia *pari-passu* da dívida	§ 15.16		×		
• Garantia da Autoridade Contratante	§ 15.17			×	
• Complementação de receita pelo setor público					
• Garantia de Receita Mínima	§ 15.18	×			
• Subsídio de tarifa	§ 15.19	×			
Empresa do Projeto com controle estatal	§ 15.20	×			

É possível que os financiadores privados, que obviamente podem ter alguns receios quanto ao eventual conflito de interesses para o financiador ou garantidor público, sobretudo com a possibilidade da utilização do direito a voto (§ 14.13) para obstruir ações contra a Empresa do Projeto, busquem a exclusão do setor público das votações. Essa questão aplica-se à prestação de suporte no financiamento sempre que o setor público assuma riscos do projeto, sobretudo nos casos de primeira cobertura ou compartilhamento *pari passu*. Já nos riscos de segunda perda, pode-se pressupor que os interesses do setor público estejam protegidos pelos financiadores, que, antes de qualquer ônus para a outra parte, perderão o valor total do empréstimo concedido.

§ 15.4 DÍVIDA MEZANINO

Conforme discutido em § 4.5.1, em termos de risco, a dívida mezanino se situa entre a dívida sênior provida por mutuantes externos, sendo comumente paga ao final da cascata de fluxo de caixa, acima dos dividendos.[269] Portanto, em caso de fraco desempenho da iniciativa, é possível que a dívida mezanino não seja restituída em sua totalidade, tendo que ser baixada pela Autoridade Contratante até o final do prazo de vigência do projeto. Assim, nesse caso, o setor público assume o risco da primeira cobertura de forma que, antes de qualquer prejuízo para os financiadores privados, perderá o valor total do empréstimo concedido.

Trata-se de uma estrutura muito comum nos setores de infraestrutura, por exemplo, os Bancos Estaduais de Infraestrutura (§ 15.4.1) e o programa do TIFIA (*Transportation Infrastructure Finance and Innovation Act*) (§ 15.4.2), nos EUA, além da Iniciativa de Emissão de Títulos para Projetos, do Banco Europeu de Investimento (§ 15.4.3).

§ 15.4.1 Bancos Estaduais de Infraestrutura dos EUA (SIBs)

Essas instituições foram criadas no âmbito de um programa pilotado em dez estados americanos, nos termos da *National Highway System Designation Act* (NHS), datada de 1995, prorrogada pela *Transportation Equity Act for the 21st Century* (TEA-21), em 1998, com permissões

269 Os pagamentos dos empréstimos mezanino também podem ser diferidos até a quitação total da dívida sênior, porém, ao mesmo tempo, as Distribuições também poderão ser vedadas até que a liquidação da dívida mezanino para estimular a Empresa do Projeto a refinanciá-la.

concedidas por legislações posteriores,[270] encontrando-se, agora, em operação em muitas unidades federais dos EUA.

A fundação dos SIBs pode contar com até 10% de incentivos públicos destinados ao transporte federal, sendo que o estado deverá complementar essa dotação, na proporção de 80% de recursos federais e 20% de verbas de outras fontes. Os SIBs podem conceder diversas modalidades de suporte para projetos de transporte do setor privado, inclusive dívida mezanino a taxas subsidiadas. Também se permite a utilização dos recursos dos SIBs no suporte de garantias creditícias e de seguros de caução [*bond insurance*], assim como em linhas de crédito intercalar [*stand-by credits*], para permitir a alavancagem, pelo financiamento privado, dos incentivos federais, bem como sua reciclagem em novos projetos uma vez recebidas as amortizações.

§ 15.4.2 O programa TIFIA

Nos EUA, a *Transportation Infrastructure Finance and Innovation Act* (TIFIA), datada de 1998, incentivou o uso de financiamento privado em grandes projetos de transportes (com valor superior a US$ 50 milhões) realizados como PPPs por meio da concessão de empréstimos e garantias federais diretas cobrindo até 33% dos custos da iniciativa. Os empréstimos no âmbito da TIFIA têm juros mais baixos, com base nas taxas dos títulos do Tesouro americano. As amortizações podem iniciar-se após uma longa carência de até 5 anos, contados a partir da conclusão de projeto, e estender-se por um período muito maior que o da dívida sênior (até 35 anos). A política que respalda o suporte proporcionado sob a égide dessa lei, gerenciado pela *Federal Highway Administration* [agência rodoviária federal dos EUA], estipula que "...um programa federal de crédito para projetos de relevância nacional poderá complementar os recursos já disponíveis, preenchendo eventuais lacunas deixadas pelo

---

270 Além de prorrogações anuais, o dispositivo legal que deu continuidade a isso e ao programa TIFIA foi o 2005 Safe, *Accountable, Flexible, Efficient Transportation Equity Act: A Legacy for Users* ("SAFETEA-LU"). O MAP-21 deu continuidade ao TIFIA, mas não aos SIBs (ver abaixo).

mercado e, desse modo, alavancando um considerável volume de coinvestimento privado".[271]

Em geral, o financiamento TIFIA é concedido na forma de um empréstimo mezanino de baixo custo, o que diminui os riscos do projeto para os financiadores seniores. Também se oferecem garantias e financiamento pré-aprovado, além de uma grande flexibilidade quanto às condições de amortização, porém, em caso de inadimplemento do projeto, o financiamento TIFIA deixa de ser subordinado e passa a ser *pari passu* com a dívida sênior, o que se denomina gravame com vigência diferida [*springing lien*]. Devido à crescente dificuldade de acesso a outras fontes de captação de recursos (por exemplo, títulos municipais e empréstimos bancários), aumentou muito a utilização dessa modalidade.

Inicialmente, o programa TIFIA recebia dotações federais de cerca de US$ 122 milhões por ano, um volume muito reduzido ao que parece. Entretanto, essa quantia corresponde à projeção do custo líquido, para o orçamento federal, ao longo da vida do projeto, com base sobretudo no "subsídio do risco de crédito" [*credit risk subsidy*], isto é, a estimativa das eventuais perdas incorridas nos empréstimos concedidos nos termos da TIFIA, de cerca de 10% do montante dos contratos. Assim, o total dos financiamentos da modalidade foi de cerca de US$ 1,2 bilhões a.a.

A lei *Moving Ahead for Progress in the 21st Century Act* (MAP-21), de 2012, ampliou muito o programa com alocações de US$ 750 milhões em 2013 e US$ 1 bilhão em 2014, elevando para US$ 17,5 bilhões o volume de recursos nesses anos ou uma estimativa total de US$ 50 bilhões de investimentos em projetos.

A associação do programa de crédito TIFIA com as PABs (§ 4.3.1) representou uma fonte importante de financiamento para iniciativas de PPP recentes no setor de transportes nos EUA.

---

271 U.S. Department of Transportation, *TIFIA Program Guide* (Washington DC, EUA, 2011)*, pág. 1-1.

§ 15.4.3 Iniciativa de Emissão de Títulos Para Projetos do EIB

Em 2011, a União Europeia e o *European Investment Bank* (EIB, § 16.5.8) lançaram em conjunto a *Europe 2020 Project Bond Initiative* [Iniciativa de Emissão de Títulos para Projetos Europa 2020], destinada a permitir o acesso de projetos essenciais de infraestrutura (com foco em energia, transporte e telefonia de banda larga) ao mercado de títulos específicos após o fim das seguradoras *monoline* (§ 4.3.3). Foi disponibilizado um montante inicial de € 230 milhões para investimento em uma série de projetos piloto entre 2013 e 2014.

Contudo, o EIB não pretende substituir as seguradoras, propondo-se, em vez disso, a propiciar um suporte correspondente até 20% da dívida sênior na primeira cobertura de risco, com vista a diminuir os riscos dos financiadores seniores e, com isso, elevar a classificação dos títulos da iniciativa (de BBB para A) para atrair compradores para esses papéis. Isso pode dar-se por meio de uma dívida mezanino ou de uma garantia de primeira perda (§ 15.14; § 17.5.2), bem como de uma linha de crédito de reserva [*stand-by facility*] (§ 15.5; § 17.5.3), a qual pode ser retirada para cobrir custos excedentes da construção (§ 9.5), pagar o serviço da dívida sênior ou fazer frente aos casos de inadimplemento do índice de cobertura (§ 14.12), após a conclusão, com a liquidação antecipada de parte dessa obrigação. O programa é descrito como um "melhoramento de crédito para o título do projeto" ("PBCE", na sigla em inglês).

§ 15.5 FINANCIAMENTO DE RESERVA

Como visto nos exemplos do SIB, do TIFIA e do EIB em § 15.4, o financiamento de reserva (isto é, um empréstimo mezanino que pode ser retirado se, por exemplo, o tráfego for abaixo do previsto, levando a um déficit de fluxo de caixa) é um método alternativo de prestar suporte em nível intermediário [*providing financial support at the mezzanine level*].

Outro exemplo dessa estrutura é o Instrumento de Garantia de Financiamento para Projetos do Sistema de Transporte Transeuropeu ("LGTT", na sigla em inglês), uma garantia para uma linha de crédito de reserva, a ser disponibilizada pelos financiadores (em geral bancos nesse caso), destinada a prover liquidez. A cobertura normalmente equivale a 10% da dívida sênior até € 200 milhões por projeto. Esse empréstimo de reserva permanece disponível por até 7 anos após a conclusão do projeto, isto é, destina-se sobretudo a cobrir o risco da fase de amadurecimento (§ 9.6.2). Se não for quitado dentro desse prazo, o EIB assume o empréstimo dos financiadores e torna-se financiador mezanino da iniciativa. Então, costuma-se aplicar um excedente de caixa direcionado (§ 14.4.4; § 14.12) até a liquidação do empréstimo do EIB.

§ 15.6 REFINANCIAMENTO APÓS A CONCLUSÃO DE PROJETO

Após a conclusão de projeto, a Autoridade Contratante pode refinanciar parte da dívida, mas como empréstimo sênior junto aos financiadores privados, isto é, no sistema de segunda perda. Isso foi feito, por exemplo, pelo Tesouro de Queensland, que refinanciou 70% da dívida de alguns projetos de PPP. Em temos de risco, essa medida assemelha-se à garantia da Autoridade Contratante (§ 15.17), sendo que os argumentos a favor e contra ela também se aplicam aqui, mas deixa o setor público exposto ao risco de taxa de juros na ocasião do refinanciamento (§ 10.6).

Forfaiting (§ 6.6) é uma estrutura que possibilita o refinanciamento do total da dívida após a conclusão do projeto de forma que o risco para o setor privado é muito reduzido. Em termos de risco, assemelha-se à prestação de uma garantia integral desse compromisso à qual se aplicam as mesmas questões (§ 15.14). Encontram-se na seção § 17.5.1 mais informações sobre o refinanciamento do total da dívida após a conclusão do projeto.

§ 15.7 FINANCIAMENTO DE LACUNA DE VIABILIDADE

Financiamento de lacuna de viabilidade pode ser necessário para projetos de grande porte se faltar disponibilidade de recursos financeiros no setor privado, de modo que o poder público provê parte da dívida em uma abordagem *pari passu* com os mutuantes.

financiamento de lacuna de viabilidade também pode ser provido por Agências de fomento (§ 15.8).

O Departamento de Desenvolvimento e Infraestrutura do Tesouro Britânico ("TIFU", na sigla em inglês), criado pelo governo do Reino Unido em 2008, é um exemplo de financiamento de lacuna de viabilidade. Ele oferecia dívida em condições bancárias para projetos PFI nos casos em que não era possível captar a integralidade dos recursos no mercado privado. Tais empréstimos eram concedidos *pari passu* e nas mesmas condições oferecidas pelos mutuantes bancários.[272] A necessidade desse serviço se provou limitada — somente um grande projeto PFI contou com sua participação —, mas ele pode ter servido para prevenir a exploração indevida, por parte dos bancos, da falta de competição.[273] Em 2012, com a evolução do mercado bancário de *project finance* posterior a 2008 e que tornou desnecessária a continuidade do TIFU, aparentemente o governo britânico buscou estabelecer uma nova versão do TIFU no Tesouro Britânico, denominada Unidade de Financiamento de Infraestrutura Ltda. (IFUL, na sigla original), assim como a Estrutura de Garantias do Reino Unido (§ 15.16), para exercer função similar. Nada obstante, o Tesouro pode ter reagido em excesso, novamente, a uma redução pontual do mercado.

§ 15.8 AGÊNCIAS DE FOMENTO

Pode-se atribuir a falta generalizada de um mercado de *project finance* nos países em desenvolvimento a vários fatores:

Maior atratividade do financiamento de curto prazo. Boa parte dos países em desenvolvimento mantém taxas de juros

---

272 Essa modalidade de suporte deve ser nesses termos do mercado aberto para acatar as normas do "auxílio estatal" da União Europeia (§ 3.7.9).

273 FARQUHARSON, Ed; ENCINAS, Javier. The U.K. *Treasury Infrastructure Finance Unit*: Supporting PPP Financing During the Global Liquidity Crisis. Washington: World Bank, 2010*; NATIONAL AUDIT OFFICE. *HM Treasury*: Financing PFI projects in the credit crisis and the Treasury's response. Londres: Stationery Office, 2010*.

muito altas, proporcionando aos bancos comerciais nacionais um elevado retorno em financiamentos de curto prazo, que, apresentando também baixo risco, tornam-se mais atraentes que o *project finance* de longo prazo.

Falta de competências. Segue-se que, não dispondo de conhecimento especializado na área de *project finance*, os bancos nacionais não têm condições de realizar com facilidade essas operações, porém, com o maior interesse nessa modalidade de financiamento, pode-se remediar essa situação muito rapidamente. Por exemplo, nos últimos anos, os grandes bancos nacionais da Nigéria criaram departamentos específicos, sob a liderança de profissionais que retornaram ao país após uma experiência em Londres e outros mercados em que a atividade desempenha um papel de destaque.

Inexistência de um mercado de títulos públicos de longo prazo. Uma vez que esse espaço serve de base para qualquer outro do mesmo tipo, com sua ausência, é improvável o desenvolvimento de um mercado de papéis de longo prazo para projetos (§ 12.6.1). Entretanto, verificam-se esforços (por exemplo, na África Subsaariana) para impulsionar a negociação de títulos a um nível que permita a colocação dos projetos em moeda local.

"Agência de Fomento" é um termo genérico que se aplica a bancos estatais criados para conceder financiamento de longo prazo a setores ou atividades específicas da economia nacional.[274] No tocante a *project finance*, essas instituições incluem os bancos especializados em desenvolvimento econômico e obras públicas, cuja função original era o financiamento de projetos nacionais, sobretudo de infraestrutura, porém, no sistema convencional, só por meio da concessão de crédito a instituições públicas, sem que a própria agência assumisse os riscos da iniciativa. São exemplos dessas instituições o Banco Nacional de

274 O termo "instituições financeiras estatais" ("SFIs", na sigla em inglês) pode ser usado para esses bancos, mas seu significado é um pouco mais amplo por abranger os bancos comerciais de controle público, tais como o Banco do Estado da Índia (*State Bank of India*).

Desenvolvimento Econômico e Social,[275] do Brasil; o Banco de Desenvolvimento da China/*China Development Bank* (CDB, *vide* § 16.4.3); o *KfW Bankengruppe* (KfW, *vide* § 16.4.5), da Alemanha; o Banco de Desenvolvimento do Japão/*Development Bank of Japan* (DBJ); o Banco de Desenvolvimento da Korea/*Korea Development Bank* (KDB, *vide* § 16.4.2); o Banco Nacional de Obras e Serviços Públicos do México/*Banco Nacional de Obras y Servicios Públicos del México* (BANOBRAS);[276] e o Banco de Desenvolvimento da África do Sul/*Development Bank of South Africa* (DBSA).[277]

Nos últimos anos, essas agências passaram a dedicar-se ao *project finance*, na maioria das vezes em iniciativas para as quais se constate uma indisponibilidade ou insuficiência de financiamento de bancos comerciais (nesse caso, como financiamento de lacuna de viabilidade). Algumas, como o BNDES e o BANOBRAS, só atuam no mercado interno, sobretudo (em relação ao *project finance*) nos setores de infraestrutura e de unidades de processamento industrial. Como será visto, entretanto, grande parte das Agências de Fomento concede *project finance* a iniciativas internacionais, podendo ser classificadas também como DFIs (§ 16.4).

Mais recentemente, países com programas de PPP em operação criaram instituições de financiamento voltadas à infraestrutura e destinadas, em primeiro lugar, a refinanciar recursos de dívida concedidos a esses projetos por bancos. Uma delas é a *Indian Infrastructure Finance Company*, fundada em 2006, que, para exercer essa função, bem como para administrar recursos de dívida, efetua captações por meio da emissão de títulos não tributados (§ 17.4.2). *Project finance* também pode ser fornecido por outras instituições financeiras públicas especializadas em seu âmbito de atuação. Exemplo disso é o *Green Investment Bank*, criado pelo governo britânico em 2012, entre outros projetos de financiamento

---

275 BNDES.

276 Banco Nacional de Desenvolvimento Econômico e Social.

277 José de Luna-Martínez e Carlos Leonardo Vicente, *Global Survey of Development Banks* (*Policy Research Working Paper* 5969, Banco Mundial, Washington DC, EUA, 2012)*.

para os segmentos de energia renovável e de aproveitamento energético de resíduos sólidos, concedido em paralelo com os financiadores privados. Além disso, entre suas atividades, os bancos comerciais estatais podem fornecer *project finance*, com destaque ao *State Bank of India* (*vide* a Tabela 4.3).

É óbvio que sempre existe o risco de a concessão de recursos por instituições de controle público sujeitar-se a pressões políticas (não havendo, portanto, uma *due diligence* adequada), o que se aplica sobretudo quando esses bancos fornecem 100% do financiamento, isto é, não há outros financiadores privados que executem essa investigação.

§ 15.9 FINANCIAMENTO GARANTIDO DE CRÉDITO

Nessa estrutura, a Autoridade Contratante ou outra organização pública concede crédito à Empresa do Projeto em condições semelhantes às do financiamento privado no tocante à amortização, índices de cobertura, garantias etc., mas a um custo inferior, porque o empréstimo é remunerado à mesma taxa dos títulos públicos ou em patamares próximos a ela. O *equity* é fornecido pelos investidores do setor privado da maneira habitual. A dívida conta com garantia do setor privado (bancos ou seguradoras), que, portanto, assume os riscos da iniciativa, mas os recursos são fornecidos pelo público. Em 2003 e 2004, alguns projetos-piloto foram realizados nesse sistema pelo Tesouro britânico, que o denominou Financiamento Garantido de Crédito ("CGF", na sigla em inglês). Proposto pelas seguradoras *monoline* (§ 4.3.2), para as quais foi obviamente vantajoso ainda que as garantias também pudessem ser prestadas por bancos, o CGF visava aproveitar os custos inferiores dos empréstimos públicos, isto é, a diferença entre as taxas dos títulos do governo e as de *swap* (§ 10.3.1). Além disso, havia um benefício político já que se eliminaria o argumento de que o fundamento público seria "mais barato" (§ 3.7.3). As comissões de garantia [*guarantee fees*] eram, como já esperado, as mesmas que aquelas (ou as margens de crédito) que teriam sido cobradas pelas seguradoras *monoline* ou financiadores.

No entanto, só se financiaram 2 ou 3 projetos pelo CGF, que foi, então, "engavetado".

A principal razão para abandoná-lo foi a necessidade de sistemas e pessoal para efetuar a mesma *due diligence* e controles que os financiadores do setor privado, e o Tesouro não tinha condições de atuar como eles. É preciso que alguém:

- Acompanhe e analise as políticas relativas à exposição dos garantidores;
- Examine toda a documentação, inclusive a do financiamento, para garantir que ela atenda a todos os requisitos;
- Gerencie os desembolsos e a administração dos empréstimos;
- Resolva questões relativas às modificações contratuais unilaterais;
- Monitore a classificação de crédito dos garantidores; e
- Esteja preparado, na pior das hipóteses, para assumir o controle direto do financiamento subjacente, caso o garantidor se torne inaceitável e não consiga ou prestar uma garantia alternativa (tal como caução pecuniária [*cash collateralization*]), ou encontrar um novo garantidor para substituí-lo, e, é claro, a depreciação total da maior parte das garantias da seguradora *monoline* alguns anos mais tarde (§ 4.3.3).

Dito isso, após a crise financeira de 2008, o Tesouro britânico envolveu-se, mais uma vez, no financiamento do programa PFI (ou na prestação de garantias para esses recursos) (§ 15.7; § 15.16), isto é, assumiu riscos de projeto que deveria monitorar (e viu-se obrigado a recrutar profissionais especializados em *project finance* para essa atividade).

§ 15.10 INCENTIVO PÚBLICO DE CAPITAL

A Autoridade Contratante pode cobrir parte do custo inicial do capital de projetos baseados em disponibilidade ou outros no modelo PFI. Os motivos para esse aporte[278] são:

- Reduzir os pagamentos do Contrato Principal, uma vez que o custo do crédito de longo prazo é menor para a Autoridade Contratante do que para a Empresa do Projeto; na maioria dos casos, aquela não cobra esta por esse subsídio, porém a tarifa ou a tarifa de serviço é reduzida de maneira a refleti-lo. Assim, a Autoridade Contratante só paga seus próprios custos da dívida com base na quantia subsidiada.
- Diminuir o volume de financiamento privado, facilitando para a Empresa do Projeto a captação de recursos quando houver restrições de mercado (§ 17.2), sobretudo se a iniciativa for de grande porte.

Em termos efetivos, a Autoridade Contratante paga antecipadamente parte do custo de capital. A economia está no custo da dívida levantada junto ao setor privado para financiar esta parcela pré-paga. Obviamente, isso só cabe em contratos baseados em ativos reversíveis.

O montante do incentivo público de capital deve ser limitado em relação ao custo total do capital. Em casos extremos, caso conceda um volume suficiente de incentivo para que se possa prescindir da dívida, a Autoridade Contratante claramente assume o papel de financiador, perdendo-se, em grande medida, o benefício da transferência, para o setor privado, do risco, que, no entanto, ainda se aplica ao *equity*. Também não se terá a vantagem da *due diligence* do financiador (§ 2.6.2). Além disso, em caso de inadimplemento da Empresa do Projeto, ocasionando a rescisão do projeto (§ 7.10.1), não seria interessante para a Autoridade Contratante ver-se em uma situação na qual o valor da

---

278 Também conhecida como "Contribuição de Capital" (no Reino Unido), ou subsídio de capital.

iniciativa em questão seja inferior ao montante do incentivo público no financiamento, caso contrário ela claramente teria perdido parte de seu investimento.[279] Assim sendo, para que ela se mantenha em uma posição de segunda perda, o limite máximo razoável dessa subvenção corresponderia normalmente a cerca de 50% do custo do capital.[280]

Também é preferível que o incentivo público de capital seja concedido após a conclusão do projeto para que a Autoridade Contratante não assuma nenhum dos riscos da fase de construção (§ 9.5) de forma que, para cobrir essa lacuna temporária, a Empresa do Projeto necessitaria levantar um volume maior de financiamento de curto prazo.

"Alavancagem Operacional". Entre os financiadores, um volume elevado de incentivo pode causar um certo receio por aumentar a "alavancagem operacional" do projeto, que é a relação, na taxa de serviço, entre os pagamentos pelas operações e aqueles relativos ao serviço de dívida e ao retorno do *equity*. Em caso de queda deste último, verifica-se um aumento da exposição relativa dos financiadores ao desempenho operacional e, portanto, das deduções por mau desempenho.

Venda de terrenos. Para financiar o incentivo público de capital, a Autoridade Contratante pode vender algum terreno não utilizado do projeto, por exemplo, o local ocupado por uma antiga escola enquanto se constrói uma nova. Contudo, alguma parte deve assumir o risco da possível venda do terreno no momento em que os recursos forem necessários e pelo preço

279 Para evitar a perda do subsídio devido a desembolsos altos demais pelo projeto, a Autoridade Contratante deve analisar diversas hipóteses de rescisão (§ 7.10.1) de forma que a Indenização por Rescisão Antecipada a ser paga em caso de inadimplemento da Empresa do Projeto deve ser ajustada, levando-se em conta os subsídios à construção. Isso ocorre automaticamente se, nos termos do Acordo do Projeto, a Indenização por Rescisão Antecipada se basear no fluxo de caixa futuro, que terá sido reduzido dando margem a esse benefício.

280 A Autoridade Contratante deve exigir que, na Assinatura do Contrato de financiamento, se estipule a relação entre a capitalização total (considerando a dívida e o *equity*) e o montante do subsídio ao final da fase de construção para permitir a redução *pro rata* dessa subvenção caso a dívida e o *equity* não tenham sido utilizados em sua totalidade.

estimado (§ 9.5.7 para informações sobre a receita durante a construção, à qual se podem aplicar questões semelhantes). Se a escola estiver sendo transferida do terreno antigo para o novo, não se poderá finalizar a venda antes da conclusão do projeto, sendo improvável que a operação seja efetuada muito antes desse momento, por exemplo, na assinatura do contrato de financiamento. Os financiadores dificilmente aceitarão o risco de que o incentivo público de capital dependa dessa venda e, portanto, exigirão que a Autoridade Contratante se comprometa a conceder essa subvenção independentemente do progresso da negociação do terreno, a não ser que os empreendedores estejam dispostos a subscrever a transação.

Quitação do financiamento. Em casos extremos, a Autoridade Contratante pode quitar a dívida após a conclusão do projeto, uma vez passada a principal fase de risco da iniciativa. Com isso, entretanto, perde-se a maior parte do benefício da transferência do risco de longo prazo para o setor privado e acentuam-se outras questões de risco, além do que pode não ser interessante para os financiadores cobrir apenas, ou, principalmente, o risco de construção (§ 15.6; § 17.5.1).

§ 15.11 FINANCIAMENTO PARA LACUNA DE VIABILIDADE (VGF)

Também conhecido como VGF na sigla em inglês, desempenha, nas concessões, um papel semelhante ao dos incentivos públicos de capital nos projetos baseados em disponibilidade, uma vez que reduz o custo da iniciativa para o usuário final. No entanto, também pode ser concedido a projetos que seriam inviáveis se financiados integralmente pelo capital privado.

É evidente que ambas as razões para a concessão do VGF estão interligadas, pois é justamente o custo elevado demais para o usuário, sem essa modalidade de financiamento, que costuma inviabilizar as iniciativas. Em uma licitação, pode-se solicitar que as propostas especifiquem o VGF requerido, sendo que aquela com o valor mais baixo recebe a concessão.

Entretanto, o limite máximo da cobertura do VGF, em relação ao custo de capital, não deve ser o mesmo do incentivo público de capital, pois, em projetos baseados na utilização, a possibilidade de perda é muito mais alta.

Há também a questão do uso, pelos projetos, do VGF como substituto do *equity* enquanto a dívida permanece no mesmo patamar. Embora obviamente permita uma redução dos custos da iniciativa, isso também diminui os riscos dos investidores e, em conjunto com uma garantia integral da dívida (§ 15.14), desestimula os investidores ou financiadores a se preocuparem em efetuar eles mesmos a *due diligence*. Em geral, o VGF, assim como os incentivos públicos de capital, não são restituídos pela Empresa do Projeto. No entanto, em todos os casos semelhantes, se a Autoridade Contratante presta suporte às concessões, nas quais há riscos no tocante aos pagamentos do usuário, nada mais justo que receba algum "benefício", por exemplo, caso o sucesso do projeto exceda as previsões iniciais dos investidores, o excedente de receita acima de determinado patamar deve ser compartilhado com ela (§ 6.5.3).

O VGF foi essencial para o vasto programa de desenvolvimento do transporte rodoviário na Índia, conduzido como uma PPP (§ 4.2.1). O governo federal pode suprir até 20% dos custos de capital a título de VGF, e o do estado em que se situa o projeto, até mais 20%, totalizando um suporte público de 40%. Os licitantes submetem propostas com o VGF de que necessitam.

§ 15.12 CONSTRUÇÃO PARCIAL DO PROJETO

Outra estratégia de suporte a grandes projetos públicos é a divisão da iniciativa em duas independentes, mas relacionadas, uma delas construída pela própria Autoridade Contratante, que, por exemplo, em um projeto ferroviário, pode providenciar, mediante uma licitação convencional e concessão de recursos, a instalação do leito e dos trilhos, enquanto a Empresa do Projeto fornece a sinalização, os demais equipamentos e talvez até mesmo os trens, que também podem representar uma terceira iniciativa. Da mesma forma, em um projeto rodoviário, a Autoridade Contratante pode construir estradas adjacentes à principal ou um trecho caro demais para contar com financiamento privado (por exemplo, onde haja muitas pontes ou túneis).

O principal problema dessa prática é a coordenação entre as atividades com financiamento público e privado. Se o leito ferroviário não for construído a tempo, por exemplo, o cronograma da Empresa do Projeto sofrerá um atraso, ocasionando um pedido de indenização. Também pode haver questões mais complexas relacionadas à interação entre as partes, quando há incerteza no tocante à responsabilidade pela falha, resultando em uma grande perda de tempo com litígios.

§ 15.13 INVESTIMENTO COMPLEMENTAR

Está relacionado a elementos que não fazem parte diretamente do projeto (sendo, portanto, distintos da construção parcial), embora haja uma clara sobreposição desses conceitos. Por exemplo, o investimento na construção de uma via de acesso a uma ponte pode ser classificado como complementar se a rodovia não for considerada nem parte do projeto, nem (caso seja) uma construção parcial. Aplicam-se as mesmas questões acima discutidas.

§ 15.14 GARANTIA INTEGRAL DA DÍVIDA

Já se discutiu na seção § 7.10.1 a quitação total da dívida em caso de rescisão resultante do inadimplemento da Empresa do Projeto. Com uma garantia de 100% da dívida (ou um patamar muito elevado de garantia da Autoridade Contratante, por exemplo, de 90% como é o caso em alguns países em desenvolvimento), a Autoridade Contratante não está mais apenas sujeita a uma segunda perda, mas já presta uma garantia integral do endividamento. O "capital em risco" dos financiadores é muito reduzido ou inexistente (§ 2.6.2), o que representa, portanto, um estímulo muito pequeno ao monitoramento do projeto, quanto mais ao refinanciamento de resgate em caso de falhas (§ 14.16.4). Assim sendo, a Autoridade Contratante deverá assumir um papel mais ativo do que costuma no acompanhamento e controle do projeto, para o que pode não estar capacitada. Porém, nos países em desenvolvimento, a cobertura integral dos empréstimos talvez seja a única opção para iniciar um programa de financiamento de infraestrutura.

Podem surgir outras questões relacionadas aos financiadores caso a fase da construção não esteja coberta pela garantia (§ 17.5.1).

§ 15.15 GARANTIA DA PRIMEIRA COBERTURA DO RISCO COM A DÍVIDA [*FIRST-LOSS DEBT GUARANTEE*]

Trata-se da garantia equivalente à concessão de dívida mezanino, ou seja, aquela que cobrirá a primeira parcela (x%) da perda com a dívida sênior. Portanto, é uma das opções disponibilizadas pelos programas americanos SIB (§ 15.4.1) e TIFIA (§ 15.4.2), bem como pela iniciativa de emissão de títulos para projetos do EIB (§ 15.4.3).

§ 15.16 GARANTIA *PARI PASSU* DA DÍVIDA

Nesse caso, a entidade pública que presta garantia assume o mesmo risco sobre a parcela garantida da dívida que os financiadores privados sobre a parte não coberta. Em geral, uma garantia superior a 50% do custo do capital de uma concessão implica o reconhecimento da totalidade da dívida no balanço patrimonial do setor público, sendo, portanto, é improvável que a cobertura *pari passu* exceda esse patamar. Assim sendo, ao prestar uma garantia de 50% a um empréstimo de US$ 100 do qual só se possa recuperar US$ 60, os financiadores e o garantidor terão, cada um, uma perda de US$ 20. O resultado seria o mesmo no caso de o setor público participar do consórcio bancário, o que pode ocorrer em função do financiamento de lacuna de viabilidade ou por políticas de desenvolvimento nacional, e questões similares sobre o poder de controle surgirão para os mutuantes do setor privado.

Além disso, os financiadores privados podem ter problemas de liquidez no longo prazo, o que se aplica a todas as estruturas de garantia —, a menos que financiadores de fora do setor bancário sejam atraídos para o projeto pela cobertura (o que não é provável, pois eles ainda teriam que assumir o risco pelo saldo não garantido).

O *UK Guarantees Scheme*, anunciado em 2012, é um exemplo de programa de garantia *pari passu*, concedida até 50% do custo de grandes projetos nacionais de infraestrutura (PPPs ou privatizada) "prontos para começar", ou seja, cuja construção possa iniciar-se em pouco tempo. Com orçamento de até £ 40 bilhões, é uma iniciativa temporária (de forma que não se emitiram mais garantias após 2016) destinada sobretudo a estimular a recuperação econômica, acelerando o desenvolvimento dos projetos beneficiados.

Da mesma forma, a Itália anunciou em 2012 um programa de títulos para projetos com garantia de entidades públicas tais como a SACE (§ 16.4.6), que pode ser utilizado no refinanciamento de dívidas, por exemplo, após a conclusão do projeto.

§ 15.17 GARANTIAS DE AUTORIDADES CONTRATANTES

Em certas modalidades de financiamento para infraestruturas, sobretudo nos projetos baseados em disponibilidade, pode-se afirmar que os riscos assumidos pelos financiadores privados são baixos o suficiente após a construção dentro das especificações exigidas e que as probabilidades de uma perda total da dívida são muito baixas para, se o suporte público for necessário por algum dos motivos acima, a Autoridade Contratante (ou outra entidade pública) pode conceder ou garantir, dentro de limites razoáveis, parte do financiamento para essas iniciativas por uma ou mais das razões já apresentadas. Dessa forma, se a dívida totalizar US$ 100, com garantia de 70%, mas a recuperação só chegar a US$ 50, os financiadores perderão US$ 30, o total da parcela não coberta, enquanto o prejuízo da Autoridade Contratante será de

US$ 20, nos termos da garantia.[281] Esse tipo de cobertura em caso de segunda perda é conhecido como garantia da Autoridade Contratante, a qual, portanto, não deve resultar em uma redução do custo total do financiamento. Embora o custo da parcela da dívida beneficiada por essa forma de cobertura deva cair de maneira a refletir a garantia do setor público, o do restante da dívida deve aumentar devido ao maior risco por US$ da parte não garantida. Entretanto, a garantia da Autoridade Contratante ainda é importante porque, com a cobertura do setor público, será menor a reserva compulsória de capital em relação ao empréstimo mantida pelos financiadores, sobretudo os bancos. Trata-se do principal benefício nos países desenvolvidos. Além disso, com esse suporte, fica mais fácil levantar dívida junto ao setor privado nos casos em que isso seria difícil sem ele. Nos países em desenvolvimento, essa é a principal razão para a utilização desse recurso.

Encontra-se a garantia da Autoridade Contratante, por exemplo, nos projetos franceses do Model PFI, nos quais, após o término da construção, até 80% da dívida pode ser incorporada diretamente ao passivo da Autoridade Contratante, nos termos do dispositivo administrativo conhecido como *Cession de Créance* (assunção de dívida).[282]

§ 15.18 GARANTIA DE RECEITA MÍNIMA (MRG)

Os investidores e financiadores privados podem considerar o volume de tráfego ou o nível de qualquer outra forma de utilização da concessão insuficiente para justificar o financiamento do projeto como um todo. Assim sendo, a Autoridade Contratante concede a garantia de um patamar mínimo de receita de usuários ("MRG", na sigla em inglês) para assegurar que o restante da arrecadação baste para a cobertura da dívida.

---

281 Observe-se que isso exclui o *equity*, que claramente proporciona a primeira reserva de caixa para os prejuízos.

282 Também conhecido como a "tranche Dailly" em referência à lei que criou esse procedimento. O banco estatal francês Caisse des Dépôts et Consignations e o EIB (§ 16.5.8) refinanciam a maior parte do financiamento garantido.

No entanto, esse mecanismo não é adequado diante de uma evidente incapacidade do projeto de gerar receita suficiente para ser viável. Nesses casos, com base no princípio da sustentabilidade da iniciativa já a partir do primeiro dia, é mais apropriado o VGF ou o financiamento mezanino. Com a concessão de uma MRG, os investidores e os financiadores assumem, na mesma medida, um risco de crédito de longo prazo em relação à Autoridade Contratante, o que pode representar um problema em alguns países em desenvolvimento. Além disso, o projeto fica mais exposto a ataques políticos caso receba pagamentos regulares no âmbito dessa garantia, em vez do aporte pontual e mais discreto da VGF ou do financiamento mezanino logo de início. Portanto, a MRG só deve ser utilizada para fazer frente a incertezas relativas a receitas futuras e não quando já estiver claro que essa arrecadação será insuficiente para justificar o financiamento do projeto. Como sempre ocorre quando há uma garantia de receita, o provedor dessa cobertura também deve beneficiar-se de um volume de receita muito acima das projeções, isto é, deve haver um compartilhamento desse excedente (§ 6.5.3). Uma diferença fundamental entre essa prática e uma garantia da dívida é que a MRG também pode propiciar vantagens aos investidores. É claro que, se os investidores não estiverem garantidos (mesmo se os financiadores o estiverem, em alguma medida), aqueles ainda têm um incentivo para buscar o êxito da iniciativa, porém esse estímulo é menor se a remuneração do *equity* também estiver coberta.

Caso não se alcance o volume de tráfego previsto na MRG, uma alternativa a ela é a prorrogação da concessão, com a qual o perfil de risco passar a ser semelhante ao de um contrato baseado no VPL das receitas (§ 9.6.3).

Na Coreia, a adoção de um sistema de MRG foi um dos fatores determinantes para o desenvolvimento acelerado de um enorme projeto de infraestrutura de transportes, baseado em concessões,[283] com várias etapas conforme se vê na Tabela 15.2:

- Em 1995, quando o programa foi criado, concederam-se garantias para 90% da previsão de receita em projetos solicitados

283 Outros fatores essenciais para o desenvolvimento do programa coreano foram o VGF (§ 15.11) e o fundo garantidor (§ 15.21).

Tabela 15.2 — Evolução do sistema coreano de MRG.

		1995–2003	2004–2005			2006		2009
Prazo da garantia (anos)		1–20	1–5	6–10	11–15	1–5	6–10	Vide o texto.
Propostas solicitadas	Garantia	90%	90%	80%	70%	75%	65%	
	Compartilhamento	110%	110%	120%	130%	125%	135%	
Propostas não solicitadas	Garantia	80%	80%	70%	60%	Nenhuma		
	Compartilhamento	120%	120%	130%	140%			
			Sem pagamento de MRG se a receita for inferior a 50% do previsto					

Fonte: Jay-Hyung Kim, Jungwook Kim, Sunghwsan Shin e Seung-Yeon Lee, *Public–Private Partnership Infrastructure Projects: Case Studies from the Republic of Korea* (Banco Asiático de Desenvolvimento, Manila, 2011)*.

e 80% em propostas não solicitadas (§ 3.7.11). Assim sendo, se, em um projeto solicitado, essa projeção fosse de 1000 wons sul-coreanos, e o resultado econômico, de 800 wons, a MRG cobriria 100 desse déficit de 200 wons, elevando as receitas a até 90% da previsão. O problema, nesse caso, foi que o setor privado reteve muito pouco risco, de forma que não surpreende a utilização muito frequente da MGR, tornando a iniciativa uma aposta certa para os investidores e financiadores.

- Também se implantou um sistema de compartilhamento de excedentes de receita, a qual era repartida entre a Empresa do Projeto e a Autoridade Contratante sempre que excedesse 110% da previsão (120% no caso de propostas não solicitadas).

- Em 2003, houve mudanças importantes no programa. Adotou-se uma redução progressiva da MGR, que foi extinta após 15 anos, e eliminaram-se os pagamentos no âmbito dessa garantia caso a receita do projeto não atingisse pelo menos 50% de sua projeção, patamar não alcançado por muitas iniciativas antes dessas alterações. O objetivo desta última disposição é impossibilitar a transferência para a MGR do risco de tráfego de projetos nos quais tenha faltado um estudo sério dessa exposição. O limiar para o compartilhamento de excedente de receita foi elevado em paralelo com a diminuição gradativa da garantia (isto é, quanto maior o grau de risco de tarifa assumido pelo setor privado, mais alto o volume de tráfego para essa partilha).

- Em 2006, eliminou-se a MRG para propostas não solicitadas e reduziram-se tanto o período quanto o prazo de diminuição gradual das garantias no caso das solicitadas. Em 2009, 35 das 83 concessões firmadas pelo governo central (isto é, excluindo os projetos de governos locais) tinham MRGs.
- Por fim, em 2009, o sistema de MRG foi profundamente alterado, aplicando-se apenas a propostas solicitadas. A receita a ser garantida corresponde a não menos do que a "parcela de risco de investimento" do governo a ser calculada com base no custo do projeto, excluídos os juros durante a construção (IDC, na sigla original), multiplicado pela remuneração de algum título do governo. (Isso significa que o máximo a ser pago pelo governo nessa situação seria o valor equivalente ao financiamento do projeto com base em dívida pública). Mais uma vez, isso não se aplica se a receita for inferior a 50% da parcela dos riscos do investimento. Além disso, se a arrecadação posteriormente exceder o patamar da garantia, quaisquer desembolsos efetuados a título dessa cobertura poderão ser recuperados.

§ 15.19 SUBSÍDIO DA TARIFA

A Autoridade Contratante pode subsidiar os pagamentos dos usuários de uma Concessão. A Empresa do Projeto ainda assume o risco de utilização, ao contrário dos casos em que se concede uma MRG, uma vez que o subsídio normalmente é pago por usuário. Em geral, aplica-se algum tipo de escala ao desembolso dessas subvenções, isto é, quanto mais usuários, menor o valor, para que a Autoridade Contratante aproveite a vantagem do sistema conforme discutido acima.

Entretanto, aplica-se aqui o mesmo que se disse no caso da MRG: em vez dela, é preferível a utilização de um VGF ou uma dívida mezanino, embora se deva reconhecer que, em alguns casos, a Autoridade Contratante não terá o orçamento para efetuar um pagamento antecipado desse tipo de forma que, nessas situações, a única alternativa é a extensão dos subsídios por um período muito mais longo.

§ 15.20 EMPRESA DO PROJETO COM CONTROLE ESTATAL

Nesse modelo, embora o financiamento seja concedido por financiadores privados, nos moldes do *project finance* convencional, a Empresa do Projeto é estatal e celebra os subcontratos comuns. Esse é o sistema adotado para os títulos de receita no mercado de papéis municipais dos EUA (§ 4.3.1).[284]

Também é possível o franqueamento da Empresa do Projeto ao setor privado no momento da conclusão do projeto. Contudo, é a obtenção de dívida em vez de *equity* a principal razão para o suporte público no financiamento, o que essa estratégia obviamente não auxilia. Mesmo assim, isso pode ocorrer a título de refinanciamento após a conclusão do projeto (§ 15.6). Uma variante desse sistema prevê a imposição, para a empresa, de uma obrigação legal de agir no interesse público. Alguns exemplos são a canadense *Public Interest Company* (PIC), a britânica *Community Interest Company* (CIC) e as empresas americanas sem fins lucrativos (*vide* § 4.3.1), todas as quais podem levantar *project finance* para seus investimentos.

§ 15.21 FUNDOS GARANTIDORES

Talvez caiba a questão: por que é necessário que um fundo garantidor preste suporte aos diversos tipos de cobertura governamental, sobretudo a MRG acima discutida? O problema está relacionado à credibilidade dessa garantia. Em alguns países, os investidores e os financiadores não acreditam que o governo manterá a disposição ou a capacidade de atender aos pedidos de MRG. Essa desconfiança assemelha-se ao receio de uma dependência de subsídios de longo prazo para as tarifas (§ 15.19). Atuando de forma independente do governo, o fundo garantidor dispõe de suas

284 Isto é, Títulos de Receita exceto os PABs.

próprias fontes de recursos, entre as quais podem estar contribuições do governo, comissões cobradas pelas garantias e eventuais ganhos compartilhados em troca de garantias de receita ou semelhantes. Por exemplo, o *Indonesian Infrastructure Guarantee Fund* (IIGF), estabelecido em 2009 com financiamento de *equity* concedido pelo governo do país e linhas de crédito de DFIs, presta garantias em nome das Autoridades Contratantes mediante uma compensação dada por elas, além de efetuar *due diligence* independente e monitorar os projetos. A cobertura pode aplicar-se a uma série de riscos, tais como aqueles relacionados às obrigações financeiras da Autoridade Contratante, às indenizações por rescisão antecipada, às mudanças na lei e aos riscos convencionais do investimento (§ 11.4). Há fundos semelhantes no Brasil e na Coreia, entre outros países.

Conteúdo *online*

O presente capítulo aborda o suporte concedido pelas Autoridades Contratantes ou outras entidades públicas do país anfitrião no financiamento de projetos. No Capítulo 16, discute-se o apoio estrangeiro prestado por ECAs e DFIs.

Em boa parte das iniciativas, há alguma forma de suporte público indireto no financiamento (§ 15.2), mas este capítulo trata do apoio direto, que ocorre de diversas maneiras (§ 15.3), por meio de empréstimos do setor público (§ 15.4 — § 15.9), incentivos (§ 15.10 — § 15.13), garantias de dívida (§ 15.14 — § 15.19) e complementação de receita (§ 15.18 — § 15.19), bem como a utilização de uma Empresa do Projeto com controle estatal (§ 15.20). Também é possível a instituição, pelo governo, de um fundo garantidor para proporcionar aos investidores e financiadores mais certeza quanto à suficiência de recursos para o cumprimento das obrigações relacionadas às garantias (§ 15.21).

CAPÍTULO XVI

AGÊNCIAS DE CRÉDITO À EXPORTAÇÃO E INSTITUIÇÕES FINANCEIRAS DE DESENVOLVIMENTO

§ 16.1 INTRODUÇÃO

Este capítulo abrange os tipos de apoio internacional para projetos, sobretudo em países em desenvolvimento.[285] São três as principais fontes desse apoio:

- as agências de crédito à exportação, que fornecem financiamento, seguro financeiro ou de risco político ou garantias para

---

285 *Vide* a discussão contextual sobre infraestrutura em países em desenvolvimento em MATSUKAWA, Tomoko; HABECK, Odo. *Review of risk mitigation instruments for infrastructure financing and recent trends and developments*. nº 4, Washington: World Bank, 2007*; Antonio Estache, 'Infrastructure finance in developing countries: An overview', *EIB Papers* vol. 15 No.2 (EIB, Luxemburg, 2010), pág. 60*; Riham Shendy, Zachary Kaplan & Peter Mousley, *Towards Better Infrastructure Conditions, Constraints, and Opportunities in Financing Public-Private Partnerships: Evidence from Cameroon, Côte d'Ivoire, Ghana, Kenya, Nigeria, and Senegal* (World Bank/PPIAF, Washington DC, 2011).

exportações de bens de capital para projetos fora do país em questão (§ 16.2); as ECAs também fornecem cobertura de risco político para os investidores — mas, obviamente, sem cobertura de riscos comerciais (§ 16.3).

- as *DFIs bilaterais,* que fornecem financiamentos "não vinculados" à exportação, seguro de risco político ou garantias, geralmente para projetos fora do país em questão (isto é, sem ligação com exportações específicas do país em questão); esses países frequentemente trabalham com suas ECAs nacionais; as DFIs bilaterais podem incluir tanto as agências de desenvolvimento que também fornecem apoio, quanto as instituições financeiras de desenvolvimento ou fundos; os diversos tipos de apoio fornecidos pelas ECAs líderes e as DFIs bilaterais serão discutidos na Seção § 16.4.
- as *DFIs multilaterais* ("MDFIs") fornecem apoio para todos os tipos de projetos, principalmente em países em desenvolvimento, mas não apenas nestes (§ 16.5).[286]

Seguro do setor privado para riscos políticos está também disponível (§ 11.8.1).

§ 16.2 AGÊNCIAS DE CRÉDITO À EXPORTAÇÃO

As ECAs são tanto instituições do setor público em seus respectivos países, criadas para apoiar as exportações daquele país, quanto empresas

286 As informações e dados sobre as ECAs, DFIs e demais organizações, discutidas neste Capítulo, podem ser encontrados em seus websites, conforme links disponibilizados em www.yescombe.com. Para o resumo das informações sobre as 31 DFIs multilaterais e bilaterais, *vide International Finance Institutions and Development through the Private Sector* (International Finance Corporation, Washington DC, 2011), Annex*. Há também uma pesquisa disponibilizada no Infrastructure Consortium for Africa, *Donor Debt and Equity Financing for Infrastructure: User Guide Africa* (African Development Bank, Tunis, 2007)*. O Banco Mundial mantém uma base de dados sobre PPIs (§ 2.5.2) em países em desenvolvimento na página http://ppi.worldbank.org/.

do setor privado que atuam como canal para o apoio governamental às exportações do país em questão.

O financiamento das ECAs para projetos importantes se dava, tradicionalmente, na forma de compra de créditos para entidades do setor público ou para grandes empresas de serviços públicos essenciais no país em questão, frequentemente segurados por uma garantia do país anfitrião. Isso mudou após a metade dos anos 1990 porque os grandes projetos (inicialmente, sobretudo no setor de energia) eram financiados cada vez mais pelo setor privado, em vez de pelo governo local — daí a exigência para respaldar as operações de financiamento de projetos. Mais recentemente, o respaldo das ECAs tem sido principalmente no setor de recursos naturais, em projetos de petróleo, de gás e de oleodutos/gasodutos.

O respaldo das ECAs é pertinente quando a Empresa do Projeto estiver importando bens de capital, isto é, relaciona-se, em grande parte, a projetos em construção a partir de um contrato EPC, em vez de a partir de um contrato D&B. A razão disso é o fato de os custos de um contrato D&B se relacionarem principalmente a obras civis, onde a importação de equipamento é geralmente muito limitada (por exemplo, somente equipamento de construção especializado) em comparação a um contrato EPC, no qual o equipamento representa uma parte muito maior dos custos do projeto.

§ 16.2.1 Apoios das ECAs para Projetos

O apoio das ECAs para o financiamento de projeto pode ser oferecido de diferentes maneiras:

Seguro de Crédito: As ECAs poderão oferecer apoio de crédito aos financiadores, isto é, o seguro ou garantias para cobertura de todos os riscos, tanto políticos quanto comerciais, restando assim, aos financiadores, o financiamento sem risco sobre o próprio projeto (cobertura total).

Seguro de Risco Político ("SRP"): As ECAs poderão oferecer SRP aos financiadores, que terão que arcar apenas com os riscos comerciais do projeto. O uso do SRP para os financiadores é um importante produto das ECAs, sobretudo em *project finance,* e geralmente depende do envolvimento de um empreendedor do país da ECA com a Empresa do Projeto. Tal cobertura poderá ajudar a preencher as lacunas no pacote de financiamento (por exemplo, pelo fato de os créditos à exportação se aplicarem apenas às exportações de equipamentos, e não às obras civis). O SRP para os investidores será discutido na Seção § 16.3. Esse tipo de cobertura não é regido pelo Consenso da OCDE (§ 16.2.3).

Apoio Financeiro: As ECAs poderão também fornecer apoio financeiro a projetos, ou seja:

- *Financiamentos diretos à Empresa do Projeto* (que geralmente significa que a ECA está assumindo o mesmo risco que correria se oferecesse cobertura total); alguns países, como os Estados Unidos, o Canadá, a China e o Japão têm bancos de exportação e importação que podem financiar diretamente a Empresa do Projeto de forma semelhante a um banco comercial do setor privado, mas com taxas de juros fixas e baixas.

- *Equalização de Taxa de Juros.* Outros países, como a França (COFACE) e a Itália (SACE), dependem do mercado bancário comercial do setor privado para financiar créditos à exportação, mas fornecem subsídio para a diferença entre o custo do financiamento de bancos e a TR, taxa referencial de juros comerciais (§ 16.2.3). De fato, a ECA celebra um contrato de *swap* de taxa de juros com os bancos comerciais (§ 10.3.1), possibilitando que ofereçam à Empresa do Projeto uma taxa de juros fixa subsidiada. (Em alguns países, o respaldo da taxa de juros é fornecido por outro órgão que não o fornecedor de seguro de créditos à exportação — § 16.4).

Alguns países, como o Reino Unido, têm defendido a eliminação do apoio financeiro (isto é, empréstimos a taxas baixas ou a taxas de juros subsidiadas) para exportações, com o objetivo de restringir o fornecimento pelas ECAs de 'cobertura pura' (isto é, seguro de crédito para exportações, mas com financiamento a taxas de juros de mercado). Há outras objeções aos programas de apoio das ECAs, como o fato de que eles seriam um tipo de subsídio à exportação, quando, na verdade, os exportadores deveriam ser autossuficientes. Porém, o problema é que se algumas ECAs pararem de oferecer crédito ou apoio de financiamento aos exportadores de outros países que ainda o oferecem, isso levaria a uma vantagem injusta.

A decisão de uma ECA no sentido de fornecer apoio para exportações a um determinado país é em parte baseada na credibilidade desse país, além de levar em conta os fatores políticos.

Na maioria dos casos em que as ECAs oferecem cobertura de seguro ou mesmo garantia a financiamentos, o pagamento se torna devido somente se os riscos cobertos levarem ao inadimplemento do serviço da dívida pela Empresa do Projeto (isto é, trata-se de garantias de pagamento, e não de garantias de desempenho). Muitas ECAs, então, não pagam os mutuantes imediatamente, mas somente de acordo com o cronograma original de amortização (com juros).

As ECAs poderão também apoiar as exportações de outros países, dependendo dos acordos entre as ECAs individuais. Na União Europeia, por exemplo, as ECAs de um país da UE cobrirão as exportações de outros países da UE em até 30% do valor do contrato.

A maioria das principais ECAs também celebrou entre si acordos de cooperação a fim de lidar com a situação comum em que as exportações se originam em mais de um país e, portanto, contam com o envolvimento de mais de uma ECA no mesmo projeto. A estrutura típica nessa situação é a designação de uma ECA líder, geralmente a ECA para a empreiteira líder do projeto e para todas as coberturas ou empréstimos a serem fornecidos por essa ECA. Quaisquer outras ECA(s) envolvida(s), desse modo, farão o resseguro de sua parcela do risco. Assim, a Empresa do Projeto precisa somente lidar com documentação e pagamentos e uma única ECA.[287]

---

287 Também existe o resseguro entre ECAs e seguradoras privadas de PRI (§ 11.8.1), e *vice-versa*.

Os créditos à exportação empregados em *project finance* são, normalmente, empréstimos ao importador (ou seja, empréstimos diretos fornecidos ao importador pelo banco do exportador ou pela própria ECA), em vez de empréstimos pelo exportador (isto é, empréstimos fornecidos pelo exportador ao importador, com financiamento do banco do exportador ou da ECA). Portanto, em termos formais, as ECAS lidam com o banco do exportador ou com a Empresa do Projeto, embora os empreendedores dos principais projetos geralmente tenham suas próprias negociações diretas com as ECAs. E estas contam apenas com um pequeno número de funcionários dedicados ao *project finance*: várias ECAs, portanto, valem-se de consultores financeiros externos para ajudá-las a estimar os riscos financeiros do projeto.

§ 16.2.2 União de Berna

A União Internacional de Instituições de Crédito e Seguradoras de Investimento, geralmente conhecida como "União de Berna", fundada em 1934, promove a coordenação internacional e o intercâmbio de informações sobre créditos à exportação e, desde 1974, o seguro do investimento. A União tem 78 membros, incluindo todas as principais ECAs, e algumas seguradoras do setor privado (§ 11.8.1).

As atividades desenvolvidas pela União de Berna nos últimos anos estão resumidos na Tabela 16.1.

O uso de créditos de longo prazo à exportação (incluindo a cobertura para as operações de *project finance*) perdeu terreno nos anos 1990 porque os financiadores estavam cada vez mais dispostos a assumir o risco nos países em desenvolvimento sem essa cobertura. Porém essa tendência se reverteu após a crise asiática de 1997, na qual investidores e financiadores sem seguro sofreram perdas significativas. O mesmo padrão pode ser visto nos anos 2000: o uso da cobertura de crédito de longo prazo à exportação foi relativamente reduzido até a crise financeira de 2007-8, tendo aumentado desde então.

Além disso, o financiamento direto pelas ECAs, em vez de realizado por meio de ofertas de garantias, tornou-se mais importante à

Tabela 16.1 — Operações de *Project Finance* dos Membros da União de Berna

(US$ milhões)	2000	2007	2008	2009	2010	2011
Operações de médio e longo prazo†	71.000	142.120	153.591	190.589	173.393	191.175
das quais: *project finance*		2.613	3.419	7.300	13.530	7.658
Exposição ao final do ano††	453.000	501.423	523.704	582.792	593.089	647.073
Seguro de Investimento†††	13.000	52.937	58.580	49.337	65.415	77.599
Exposição ao final do ano	57.000	141.868	145.580	145.785	184.398	197.326

† Refere-se a seguro de crédito, SRPs e financiamentos diretos; valores individuais do setor N/D.

†† Valores separados de *project finance:* N/D.

††† SRP para os investidores em todos os tipos de projeto (§ 16.3); valores separados de *project finance*: N/D.

Fonte: *Berne Union Yearbooks**

medida que os bancos de *project finance* perderam a capacidade de prover empréstimos de longo prazo (§ 17.2). No passado, os financiamentos cobertos ou garantidos pelas ECAs eram geralmente tratados como risco soberano nos balanços patrimoniais dos bancos comerciais e, assim, não exigiam a alocação de capital. Mas o sistema de Basiléia III (§ 17.3) impõe limites absolutos à alavancagem bancária, independentemente da classificação de risco dos financiamentos e, portanto, a disposição dos bancos no sentido de oferecer tais financiamentos diminuiu, acompanhando o mercado geral de *project finance*.

Entretanto, a escala geral de operação de *project finance* de ECAs é relativamente pequena, se comparada ao financiamento do setor privado, mas não se pode esquecer de que:

- O apoio das ECAs costuma ser ligado ao apoio bilateral da DFI para projetos, e os dois juntos são significativamente mais importantes (§ 16.4).
- O apoio das ECAs é significativo em determinados mercados, bem como em países em desenvolvimento.

§ 16.2.3 O Consenso da OCDE

Os pormenores das condições pelas quais as ECAs fornecem apoio para os créditos à exportação (sejam empréstimos diretos, subsídios de taxa de juros ou seguro de crédito para os financiadores) são regidos por um acordo internacional firmado sob a égide da Organização para Cooperação e Desenvolvimento Econômico ("OCDE"). O *Acordo sobre Diretrizes para Créditos à Exportação com Apoio Oficial* data de 1978, sendo assinado por: Austrália, Canadá, União Europeia, Japão, Coreia, Nova Zelândia, Noruega, Suíça e os Estados Unidos (ou seja, a maioria dos principais exportadores, mas não todos, sendo notável a ausência da China).

Esse "Consenso da OCDE" garante o funcionamento de um mercado de crédito à exportação ordenado e procura evitar a concorrência entre os países para a oferta de termos mais favoráveis de financiamento para as exportações. A concorrência entre as ECAs é, portanto, limitada ao montante do apoio ao crédito disponível (isto é, quanto de risco de crédito as agências desejam assumir para determinado projeto em determinado país). O Consenso da OCDE não é juridicamente vinculante,[288] embora suas disposições tenham efeito jurídico em algumas regiões (por exemplo, a União Europeia).

As disposições mais relevantes do Consenso da OCDE (até 2013, uma vez que, anualmente, os pormenores das condições do Consenso sofrem alterações) são:

- 85% do valor do contrato de exportação, incluindo o fornecimento de outros países, pode ser coberto: assim, exige-se o pagamento à vista e em espécie de 15% do valor do contrato.
- 100% do prêmio de crédito cobrado pela ECA também pode ser financiado.
- O apoio também pode ser fornecido para até 30% dos custos locais.

---

288 É um "acordo de cavalheiros", sem a força de um tratado.

- Os países são classificados em dois grupos:
    - *Categoria I*: Países da OCDE de Alta Renda, conforme definido pelo Banco Mundial com base na renda nacional bruta *per capita* (GNI);
    - *Categoria II*: Todos os demais países.
- O prazo máximo de amortização (a partir da entrega final, isto é, da conclusão do projeto no caso da maioria dos financiamentos de projetos) é de 5 anos para os países da Categoria I, e 10 anos para aqueles da Categoria II (todos os demais). É provável que a maioria dos *project finance* com créditos à exportação seja originada nos países da Categoria II; há um regime especial para centrais elétricas, que podem ser financiadas em até 12 anos.
- As amortizações devem ser feitas em parcelas iguais do principal no mínimo semestralmente, no prazo máximo de 6 meses após a conclusão dos testes de desempenho previstos no Contrato da Construção. Entretanto, se o fluxo de caixa do projeto assim não permitir, há alguma flexibilidade no perfil de pagamento.
- Os juros (seja em financiamentos diretos ou por meio de subsídios da taxa de juros) têm que ser cobrados usando-se as taxas fixas mínimas de 1% sobre o custo dos títulos do governo de longo prazo equivalentes na moeda em questão. Essas taxas de juros, conhecidas como TRs (Taxas Referenciais de Juros Comerciais), são as mesmas para qualquer moeda, independentemente de onde o crédito for fornecido (por exemplo, uma taxa de juros na moeda americana é a mesma, caso o crédito tenha o apoio de uma ECA nos Estados Unidos ou na Europa); as taxas são recalculadas uma vez por mês e estão baseadas nas taxas de mercado para uma dívida de longo prazo.
- A taxa de juros aplicada sobre um determinado projeto poderá ser fixada na assinatura do contrato ou ter como base as TRs do mês em que a ECA propuser um financiamento, desde

que isso ocorra dentro de 120 dias (nesse último caso, 0,2% adicionais serão acrescentados às TRs).

- As Taxas Mínimas de Prêmio ("MPR", na sigla em inglês para *Minimum Premium Rates*), isto é, o custo mínimo do seguro de crédito, têm que ser cobradas com base em diversos fatores, incluindo o risco do país, o prazo do risco, o risco do devedor, a proporção de cobertura, bem como se a cobertura é total ou somente do SRP, além de eventual mitigação desses riscos. A MPR é calculada como pagamento antecipado que cobre a vida do projeto. Essas disposições não se aplicam aos países da Categoria I e a outros países de baixo risco.

Um acordo inicialmente estabelecido em 1998 (Anexo X do Consenso) permite maior flexibilidade em *project finance*:

- prazo de amortização de até 14 anos, desde que:
    - a primeira amortização do principal (de no mínimo 2%) ocorra dentro de 24 meses;
    - nenhum pagamento de parcela do principal exceda 25% da dívida; e
    - o prazo médio ponderado do período de amortização (§ 12.5.2) não exceda 7 e 3 meses.
- as TRs sejam aplicadas aos empréstimos pelo prazo máximo de 12 anos, quando, então, uma margem de 0,2% será acrescentada.
- Se o projeto estiver em um "país de alta renda", as seguintes condições também se aplicam ao *project finance* das ECAs:
    - a participação em consórcio de financiamento com os financiadores do setor privado com participação minoritária da ECA, sendo que o apoio total à ECA pelos membros do Consenso não superior a 50%;
    - o custo do prêmio não deve reduzir os custos financeiros disponíveis do setor privado.

§ 16.2.4 Assunção de Riscos e Âmbito de Cobertura

As ECAs poderão não estar dispostas a assumir o risco total de um projeto (isto é, a fornecer cobertura total ou financiamentos diretos sem nenhuma garantia do Financiador). As políticas entre as ECAs diferem consideravelmente a esse respeito (essas questões não fazem parte do consenso da OCDE), sendo que as ECAs também trabalham de várias outras maneiras.

Percentual de Risco. Algumas ECAs que oferecem garantias ou seguros seguem a política de não cobrir mais do que, por exemplo, 95% de qualquer que seja o risco que elas assumam, deixando 5% (*pari-passu*) com os financiadores (assim, elas cobririam 95% de 85% do custo do equipamento a ser exportado, após permitirem um pagamento inicial de 15%), porque isso ajudará a garantir que os financiadores protejam os interesses das ECAs no projeto, em vez de dependerem do seguro e não adotar adequadamente as medidas para obtenção das indenizações. Outras cobrem 100% do risco relevante.

Risco de Construção. Algumas ECAs não assumirão o risco de construção do projeto, porque esse risco está predominantemente no controle do exportador (isto é, a empreiteira), e não é do seu interesse assumir um risco sobre o desempenho do exportador. Elas exigem, assim, que bancos comerciais assumam esse risco e garantem apenas o risco político do projeto durante a fase de construção. Nos casos em que uma ECA normalmente ofereceria um financiamento direto, pode-se exigir que os bancos comerciais ofereçam o financiamento para a fase de construção (novamente com a cobertura de risco político somente durante esse período), sendo, então, refinanciado pela ECA na conclusão da construção.

Risco Comercial. Algumas ECAs não estão dispostas a assumir os riscos comerciais contínuos do projeto mesmo durante sua operação e somente fornecem a cobertura de risco político ao longo da vida do projeto. Outras cobrem o risco total dos financiadores no projeto (isto é, fornecem cobertura total); outras podem cobrir 95% do risco político e 80% do risco comercial. Há uma tendência generalizada de oferecer cobertura total em função da dificuldade de distinção entre o risco político e o risco comercial (§ 11.5.2). Ao fornecer um financiamento direto, a ECA obviamente assume todos os riscos comerciais e políticos de projeto, embora, em alguns casos, exija-se dos bancos comerciais uma garantia de conclusão.

Risco Político. Quando apenas SRP for oferecido (com a captação de recursos de financiadores do setor privado), as políticas das ECAs sobre a definição de risco político também diferem:

- Todas as ECAs fornecem cobertura para os riscos de investimento padrão (§ 11.4), isto é, a disponibilidade e a transferência da moeda, a expropriação e a violência política, embora o âmbito preciso da cobertura possa variar entre as ECAs.
- Os efeitos de uma mudança na lei (§ 11.3) costumam ser cobertos apenas indiretamente (isto é, se cláusulas sobre indenização por mudança na lei estiverem incluídas no contrato do projeto em questão e levarem à falta de pagamento).
- Algumas ECAs fornecem cobertura para descumprimento contratual no sentido estrito, caso o governo local tenha responsabilidades contratuais diretas (por exemplo, previstas em acordo de apoio governamental) ou preste garantias para as responsabilidades previstas no contrato, e desde que isto envolva a falta de pagamento que leve então ao inadimplemento dos termos do financiamento, o que é conhecido como cobertura de 'risco político melhorado'.
- Algumas ECAs fornecem cobertura mais ampla para descumprimento contratual (§ 11.5.1).
- O fato de o risco de descumprimento contratual por um risco infrassoberano (§ 11.6) poder ou não ser coberto é muito mais uma questão a ser analisada caso a caso.

- A cobertura para expropriação indireta (§ 11.5.2) também poderá ser difícil de se obter em função da natureza vaga desse risco.

Contratos Diretos. Algumas ECAs poderão exigir a assinatura de um contrato direto com o governo local pelo qual este último aceita a responsabilidade por quaisquer pagamentos feitos aos financiadores pela ECA nos casos em que o Tomador de Serviço/Autoridade Contratante seja um órgão do setor público, ou de oferecer garantias menos robustas para a ECA. Alguns não consideram esse instrumento adequado, porque o *project finance* é considerado uma operação do setor privado.

Financiamento de Prêmios. Os prêmios de seguro ECA (isto é, os pagamentos pela assunção pela ECA da cobertura total ou da cobertura de risco político) podem ser substanciais, porque são geralmente pagos na assinatura do contrato de financiamento, mas cobrem o risco por toda a vida do financiamento (isto é, o prêmio é o VPL de uma taxa anual cobrada para garantir a dívida). O nível do prêmio varia de acordo com o risco do país e a natureza da cobertura fornecida, mas em um típico financiamento de projeto, para um país em desenvolvimento, poderá alcançar ou exceder 10% da quantia coberta. Algumas ECAs incluem o seu prêmio nos custos para os quais fornecerão cobertura ou financiamento, enquanto outras não.

Juros Durante a Construção. Da mesma forma, algumas ECAs cobrem e financiam os JDCs, enquanto outras não.

Questões Ambientais. Apesar de não ser diretamente uma questão financeira, as ECAs diferem acerca de normas ambientais; um pequena minoria das ECAs, em particular lideradas pelo Eximbank dos Estados Unidos, exige uma AIA para os projetos que financiam (§ 9.10.1), ao contrário da maioria das ECAs, que somente exige AIA caso a lei do país anfitrião assim determine.

Elegibilidade. De forma semelhante, a elegibilidade para a cobertura pela ECA difere de país para país, embora essa questão não esteja limitada somente a *project finance.* Algumas ECAs que fornecem garantias ou seguros somente o farão para bancos estabelecidos e domiciliados no país da ECA; as outras o farão para qualquer banco que atue no país (incluindo as filiais de bancos estrangeiros); e outras o farão para qualquer banco, independentemente de sua localização.

Documentação. A natureza da documentação exigida varia consideravelmente entre as ECAs, embora isso não se torne realmente um problema graças aos acordos de cooperação mencionados acima.

§ 16.2.5 Reserva de Caixa em Garantia

Como mencionado acima, algumas ECAs não cobrem totalmente a quantia de risco coberto por elas; por exemplo, se 85% do valor do contrato for financiado por um banco comercial com cobertura de uma ECA, o seguro poderá apenas ser ampliado para até 95% desses 85%, deixando, assim, o banco comercial descoberto em 5% de sua exposição, ou 4,25% do custo do contrato. Mesmo esse pequeno nível de exposição em um país complicado poderá não ser aceitável para o banco comercial.

Uma abordagem desse problema é a reserva de caixa pela Empresa do Projeto em uma conta-garantia, a fim de garantir a exposição descoberta do banco comercial. É provável que isso seja um problema para a ECA em questão; geralmente, há uma política de que, nos termos do seu direito de sub-rogação (§ 8.6.5), isto é, o direito de assumir os ativos que estavam cobertos ou garantidos — o financiamento no presente caso —, quaisquer valores mobiliários deverão ser divididos na proporção de 5:95. A ECA, portanto, exigirá 95% dos rendimentos da conta de reserva de caixa por ocasião de inadimplemento, deixando, então, o banco comercial com o mesmo risco para os seus 5% de exposição que a ECA tem para os seus 95%.

§ 16.2.6 Vantagens do Apoio de uma ECA

Devido à necessidade de se manter dentro da estrutura das regras do Consenso da OCDE, à complexidade causada pelo fato de haver outra parte envolvida no financiamento e aos prêmios iniciais relativamente altos cobrados pelas ECAs (em vez de uma margem de crédito), a utilização do apoio de uma ECA normalmente torna-se atraente somente se os financiadores do setor privado não estiverem dispostos a fornecer financiamento ao país ou ao projeto em questão sem a participação da ECA.

Outro ponto-chave é que as ECAs fornecem principalmente apoio para as exportações de equipamentos, não de toda a quantia devida nos termos do contrato de construção: projetos de energia ou de infraestrutura incorrem em custos substanciais em razão dos contratos de construção para os trabalhos de engenharia civil (normalmente realizados pelas subcontratadas locais, sem envolver qualquer elemento de exportação), nos quais as ECAs podem dar suporte apenas nos termos do Consenso da OCDE até o limite de 15% do valor total do contrato. Esses custos podem ser parcialmente cobertos pela contribuição de *equity* dos investidores, mas se o projeto tiver um componente de engenharia civil considerável (por exemplo, uma rodovia ou uma usina hidrelétrica), os créditos à exportação sozinhos normalmente não serão suficientes para o financiamento.

A TR aplicada aos créditos à exportação costuma ser atraente se disponível; além disso, a taxa poderá ser fixada quando o crédito for aprovado, antes da conclusão do financiamento, o que é muito útil para um planejamento financeiro de um projeto, por eliminar o problema da variação da taxa de juros antes da assinatura do contrato de financiamento (§ 10.3.5).

O envolvimento da ECA poderá também oferecer um grau de apoio político intangível para o projeto que poderia ajudar tanto os investidores quanto os financiadores, mas esse fato isolado raramente é razão suficiente para optar pela cobertura de uma ECA.

§ 16.3 SEGURO DE RISCO POLÍTICO PARA INVESTIDORES

Os investidores nas Empresas do Projeto não fazem necessariamente uso de SRP mesmo se os seus financiadores assim exigirem quanto à dívida. O argumento teórico para tanto é que o investimento na Empresa do Projeto é bem conhecido, faz parte de suas atividades comerciais, estando, o risco envolvido, portanto, refletido no preço de suas parcelas. Outro argumento semelhante é o fato de os investidores não se sentirem confortáveis em atuar em um país tendo que se esconder atrás de seguros, o que os desestimula a ali operar. Entretanto, a significativa natureza política de muitos investimentos de *project finance* pode justificar tal seguro (§ 11.2).

Há uma dificuldade potencial inerente ao SRP no que tange ao investimento de *equity* em uma Empresa do Projeto. Um segurador ou garantidor responsável por alguma indenização normalmente tem o direito de sub-rogação, embora as ECAs geralmente exijam que os bancos comerciais financiadores continuem tentando reaver o empréstimo em seu nome, tal qual ocorre nas seguradoras privadas. As ECAs podem, assim, pagar somente as indenizações por SRP sobre o *equity*, caso a participação societária dos investidores seja cedida à seguradora. Isso pode causar um grande problema para os investidores que fazem seguro para seu *equity*, pois pode indiretamente levá-los a perder o benefício do seguro.

A cessão da participação acionária dos investidores na Empresa do Projeto é uma parte padrão da garantia dos financiadores para que possam controlar a Empresa do Projeto mais facilmente após um evento de inadimplemento (§ 14.7.2). Isso leva a dois níveis de problema, caso os investidores tenham segurado o *equity* por meio de SRP e um prejuízo baseado em risco político ocorra nas seguintes condições:

- Caso o empréstimo não seja totalmente amortizado após um evento de inadimplemento, os financiadores não estarão propensos a liberar a garantia sobre as ações para permitir que os investidores as transfiram para a seguradora em troca da indenização contemplada no SRP; os financiadores alegarão que devem ser ressarcidos antes dos investidores e, portanto, os rendimentos do seguro sobre o *equity* deveriam ser pagos aos financiadores. Entretanto, do ponto de vista dos investidores na Empresa do Projeto, se os financiadores receberem os rendimentos do seguro sobre o *equity*, o SRP dos investidores torna-se inútil.
- Mesmo que os financiadores concordem, o problema ainda persiste se houver diferentes seguradoras de SRP para *equity* e

para o recurso da dívida, já que a seguradora que cobre o recurso da dívida desejará assumir a garantia dos financiadores, incluindo o penhor das ações na Empresa do Projeto, a fim de recuperar qualquer valor que possa ser obtido com a alienação desse *equity*, o que, mais uma vez, significa que a seguradora a cobrir os investidores não estará preparada para ressarci-los.

Do ponto de vista das seguradoras, o problema é um tanto teórico, já que uma vez que a Empresa do Projeto esteja inadimplente, torna-se improvável a recuperação de grandes quantias sobre o *equity*, e as chances de recuperação dessas quantias antes da amortização da dívida são muito pequenas. Todavia, essa situação provou-se um obstáculo ao financiamento de alguns projetos.

Até mesmo o Eximbank dos Estados Unidos e a OPIC — ambos controlados pelo do governo americano — não conseguiram resolver essa questão até 1999, quando, então, assinaram um acordo conjunto de indenizações, cujos termos definiram o adiamento dessa discussão e seu trabalho conjunto nas recuperações dos valores, para só depois se preocuparem com a divisão de eventuais rendimentos. Essa medida funciona porque os dois órgãos fazem parte do orçamento Federal dos EUA, restando, apenas, a questão sobre em qual bolso entrarão as recuperações dos valores. No entanto, entre outras agências não existe esse tipo de acordo.

Essa questão não parece ser tanto um problema para as seguradoras do setor privado, que podem estar dispostas a aceitar uma posição subordinada em relação aos financiadores (isto é, as seguradoras poderão apenas recuperar eventuais pagamentos sobre o *equity* após o ressarcimento dos financiadores).

§ 16.4 ECAs E DFIs BILATERAIS

As ECAs e DFIs bilaterais de cada país costumam trabalhar juntas para oferecer suporte financeiro. Desse modo, faz sentido analisar suas atividades como um todo.[289] É difícil encontrar estatísticas nessa área,

---

289 Deve-se observar que se as ECAs ou DFIs fornecerem financiamentos diretos, em vez de garantirem ou segurarem os financiadores do setor privado, esses financiamentos diretos não constarão das estatísticas de mercado apresentadas nos Capítulos 2 e 3.

Tabela 16.2 — Maiores Seguradoras de Crédito à Exportação, Garantidores e Bancos (ECAs), e DFIs Bilaterais — Financiamentos e Garantias de *Project Finance*

				(US$ milhões)		
País	**Seguradora ECA**†	**Financiador ECA**	**DFI Bilateral**	**2010**	**2011**	**2012**
Japão	Nexi	JBIC	JBIC	4.776	7.691	16.825
Coréia	K-sure	KEXIM	KDB	2.578	5.396	8.747
China	SINOSURE	China Exim	CDB	9.578	218	6.013
E.U.A.	US Exim/OPIC	US Exim		1.422	967	3.620
Alemanha	Hermes	KfW	DEG	5.739	4.260	3.247
Itália	SACE			1.508	3.730	1.286
Dinamarca	EKF			251	4.054	1.155
França	COFACE		Proparco/AFD	1.013	0	761
Outros††				2.975	2.146	2.942
Total				**29.840**	**28.462**	**44.596**

Há alguma redundância de contagem em relação à Tabela 2.1, onde as ECAs e DFIs oferecem garantias para financiamentos de bancos comerciais. As instituições que somente fornecem subsídios com taxas de juros indexadas à TR (§ 16.2.1) não estão relacionadas aqui.

† Pode também atuar como financiador.

†† 9 entidades diferentes em 2010; 6 em 2011; 12 em 2012.

Fonte: a mesma da Tabela 2.1.

mas a pesquisa anual do *Project Finance International* acerca de mercados de *project finance* reúne alguns números incluídos na Tabela 16.2 (note-se que essa tabela se refere principalmente a *project finance* "com base em política" oferecida por essas instituições, isto é, um financiamento no qual há algum elemento de apoio ao crédito ou redução de precificação: como será visto abaixo, muitas dessas instituições oferecem *project finance* comercial normal, e aparecem dessa forma na Tabela 4.3).

Financiamento Vinculado à Exportação. O financiamento conjunto entre as ECAs e suas DFIs nacionais está sujeito às regras referentes ao "financiamento vinculado à exportação" conforme os termos do Consenso da OCDE (§ 16.2.3), ou seja, qualquer incentivo público ou financiamento concedido por entidade bilateral oficial de assistência governamental para desenvolvimento ("ODA", na sigla em inglês para *official development assistance*) na forma de concessão para incentivar a licitação a partir do país doador:

- O financiamento vinculado à exportação segue as diretrizes estabelecidas pelo Comitê de Ajuda ao Desenvolvimento ("DAC"),[290] conhecidas como *Guiding Principles for Associated Financing and Tied and Partially Untied Official Development Assistance* (1987)*.
- O financiamento vinculado à exportação não é permitido para países que estejam acima do limite superior dos países com renda média e baixa estabelecido pelo Banco Mundial (PNB *per capita* de US$ 4.035, atualizado até 2013).
- O financiamento vinculado à exportação não deve ser oferecido a projetos que seriam financeiramente viáveis sem o mesmo.
- O financiamento vinculado à exportação não deve ser oferecido com um "nível de subsídio" inferior a 35%, ou 50% para países menos desenvolvidos. O nível é calculado descontando o financiamento vinculado à exportação da TR aplicável, comparando em seguida o valor descontado aos recursos fornecidos.
- As disposições do financiamento vinculado à exportação não se aplicam aos créditos à exportação ou demais financiamentos em condições normais de mercado.

As seções § 16.4.1–§ 16.4.7 apresentam informações acerca das ECAs e DFIs bilaterais de diversos países incluídas na Tabela 16.2, que conforme indicadas na tabela foram as maiores apoiadoras de *project finance* em comparação a seus pares. Conjuntamente, esses exemplos fornecem uma boa referência cruzada das diferentes abordagens adotadas. Apesar das diferenças em termos de estrutura, a combinação de forças de mercado e o Consenso da OCDE garante que os resultados finais sejam bastante semelhantes, embora haja algumas diferenças na assunção de riscos no campo do *project finance,* como resumido na Seção § 16.2.4.

---

290 Comitê de Ajuda ao Desenvolvimento.

§ 16.4.1 Japão (NEXI/JBIC)

Financiamentos ou garantias prestados pelo NEXI ou JBIC concentram-se fortemente nos projetos que são fontes de matérias-primas estratégicas, isto é, os setores de petróleo, gás natural e os de mineração, assim como as principais exportações japonesas, por exemplo, o setor ferroviário de fabricação de trens de passageiros.

Seguradora de Exportação e Investimentos do Japão (NEXI). O seguro de crédito à exportação era oferecido anteriormente pela Divisão de Seguro de Exportação e Importação do Ministério de Comércio Internacional e Indústria (EID/MITI), estabelecido em 1950. Em 1993, o EID/MITI foi uma das primeiras ECAs a oferecerem cobertura para operações de *project finance*, contando com um departamento especializado em *project finance* desde 1995.

Em 2001, o Ministério da Economia, Comércio e Indústria (METI) substituiu o MITI, e a responsabilidade por créditos à exportação e por seguro de investimento do MITI foram transferidas para Seguradora de Exportação e Investimentos do Japão (NEXI), uma agência autônoma que oferece crédito à exportação e seguro de investimento.

As responsabilidades da NEXI são resseguradas pelo METI. A NEXI segura 100% dos riscos comerciais dos financiadores (após a conclusão), e até 100% dos riscos políticos. O SRP é oferecido contra convertibilidade e transferência de moeda, guerra, revolução, guerra civil e 'quaisquer outras ocorrências que surjam fora do Japão e que não possam ser imputadas à parte segurada ou ao tomador' que cobre questões como descumprimento contratual.

A NEXI também oferece seguro de investimento. A NEXI disponibiliza seguro de crédito desvinculado a financiadores do Japão, tendo um programa especial de seguro de crédito e seguro de investimento para 'projetos de desenvolvimento de recursos estrangeiros' cujo propósito é "segurar o suprimento estável de recursos naturais": para tais projetos, a NEXI oferece cobertura total aos financiadores e cobertura aos investidores contra guerra, expropriação, terrorismo ou força maior, como um desastre natural.

Banco Japonês para Cooperação Internacional ("JBIC"). O JBIC foi constituído em 1999, decorrente de uma fusão entre o Banco de Exportação e Importação do Japão ("JEXIM") e o Fundo de Cooperação Econômica Internacional do Japão. Em 2008, o JBIC se tornou parte da estatal Agência Financeira do Japão ("JFC"), mas o nome continuou a ser empregado para as operações internacionais da JFC. Em 2011, a JFC foi cindida novamente.

O financiamento do primeiro projeto do JEXIM (para um projeto de GNL na Austrália) foi em 1986, e em 1988 foi criado um departamento especializado em *project finance*. As atividades do JBIC incluem financiamento com base em TRs para exportações (créditos do comprador), frequentemente em financiamentos conjuntos com bancos comerciais, além de financiamentos de importação para empresas japonesas que desenvolvem projetos internacionais de recursos naturais.[291] O JBIC também fornece financiamentos não vinculados à exportação (ODA) de acordo com dois programas principais: financiamentos para investimentos internacionais, os quais exijam o envolvimento japonês na propriedade e gestão da Empresa do Projeto, além de financiamentos diretos desvinculados como parte do programa de assistência do Japão. O banco também oferece participações de *equity* nos investimentos japoneses internacionais. Por fim, o banco presta garantias relacionadas a essas atividades.

291 *Vide* JBIC Project Finance Initiatives: Japanese Enterprise and Global Prosperity (JBIC, Tokyo, n.d.)*.

§ 16.4.2 Coreia (K-sure/KEXIM/KDB)

Em comparação com o Japão, a maior parte das operações de *project finance* da ECA da Coreia se refere às exportações coreanas, em vez de projetos de desenvolvimento de recursos naturais.

Companhia de Seguro Comercial Coreana ("K-sure"). A Companhia de Resseguros Coreana foi criada em 1968 para fornecer seguros de crédito à exportação; sendo transferida para o Kexim (ver abaixo) em 1977. Em 1992, a Companhia de Seguros à Exportação Coreana (KEIC) foi criada para fornecer garantias de crédito à exportação, passando a ser denominada "*K-sure*" em 2010, a fim de refletir a ampliação de seu escopo de atividades. A K-sure fornece empréstimos ECA com subsídios de taxas de juros ou empréstimos diretos com aplicação de TRs, bem como financiamentos não vinculados e garantias para projetos nos quais uma empresa coreana atue como investidor. A empresa coreana com projetos de construção internacionais também recebe cobertura total. A K-Sure também fornece seguros relacionados a investimentos e financiamentos para desenvolvimento de projetos de recursos naturais exigidos pela Coreia.

Banco da Coreia para Fomento à Importação e Exportação ("KEXIM"). O KEXIM foi criado em 1976 e fornece créditos à exportação com base na TR, financiamentos para investimentos e financiamento de dívida para empresas internacionais nas quais haja participação acionária coreana, assim como garantias para bancos internacionais por trás do financiamento. O Banco também fornece financiamento para importações de *commodities* essenciais para a Coreia, bem como gerencia o Fundo de Cooperação de Desenvolvimento Econômica, por onde a ODA da Coreia é canalizada.

Banco De Desenvolvimento da Coreia ("KDB"). O KDB foi fundado em 1954. Sua política de financiamento (em conjunto com a K-sure e o KEXIM) está sendo assumida pela estatal *Korea Finance Corporation* ("KoFC"), criada em

2009, apesar de o próprio KDB estar sendo privatizado. No que se refere a financiamento de *project finance* comercial, e como pode ser visto na Tabela 4.3, o KDB ficou em 5º lugar entre os coordenadores mundiais de financiamentos de *project finance*, tendo fornecido US$ 5.411 milhões em 27 financiamentos. A operação doméstica de *project finance* se concentra principalmente em infraestrutura, ao passo que suas operações internacionais concentram-se em projetos de recursos naturais com conexão coreana.

§ 16.4.3 China (SINOSURE/China Eximbank/ Banco de Desenvolvimento da China (CDB)

Estimou-se que o China Exim e o CDB juntos emprestaram mais de USUS$ 110 bilhões para países em desenvolvimento em 2010-11, uma cifra consideravelmente maior do que a do Banco Mundial durante o mesmo período.[292] Porém apenas uma pequena quantia desse montante foi concedida na forma de *project finance*, principalmente em projetos de mineração e gás natural, cuja *commodity* será exportada à China.

Companhia de Seguros Chinesa de Exportação e Crédito ('SINOSURE'). A SINOSURE foi criada em 2001 para fornecer seguro para as atividades de comércio exterior e cooperação econômica da China. Como mencionado na Seção § 16.2.3, a SINOSURE não participa do Consenso da OCDE. Ela fornece a gama usual de produtos ECA, tais como empréstimos e investimentos estrangeiros. O seu envolvimento em *project finance* até o momento parece ter sido muito limitado.

O Banco Chinês de Fomento à Importação e Exportação ('China Exim'). O China Exim foi fundado em 1994 e fornece, entre outros, empréstimos ECA, financiamentos internacionais de construção e financiamentos para

292 "China's lending hits new heights" [Financiamentos pela China atingem novas proporções], *Financial Times*, Londres, Janeiro 17, 2011.

investimentos internacionais, assim como as respectivas garantias. Sua missão principal é 'facilitar a exportação e a importação de produtos mecânicos e eletrônicos chineses, conjuntos completos de equipamentos e produtos de nova e alta tecnologia, dar assistência a empresas chinesas oferecendo vantagens comparativas em seus projetos de contratos *offshore* e investimento estrangeiro, além de promover o relacionamento e a cooperação econômica e comercial internacionais entre a China e estrangeiros'. Os financiamentos são normalmente feitos com base na LIBOR com uma margem. Novamente, as suas operações de *project finance* parecem ser limitadas (*vide* § 11.4.1 para o envolvimento no 'Modelo de Angola').

Banco de Desenvolvimento da China ('CDB'). O CDB foi fundado em 1994. Sua principal missão na China é fornecer financiamento para grandes projetos de infraestrutura. Alguns desses projetos parecem ser desenvolvidos com base em *project finance*. (Dois projetos domésticos, de uma rodovia e de uma usina de carvão, totalizando US$ 1045 bilhões estão presentes nas listagens do *Project Finance Internacional* para 2012, com o CDB ocupando a 45ª posição na lista de coordenadores-líderes do *Project Finance Internacional* (ver Tabela 4.3)). O CDB também financia projetos internacionais.

§ 16.4.4 Estados Unidos (Eximbank dos Estados Unidos/Companhia Internacional de Investimento Privado — OPIC)

Embora o apoio do Eximbank dos Estados Unidos e da OPIC para financiamento de projeto tenha um histórico longo, o volume de operações de *project finance* realizado por essas agências é relativamente pequeno, tendendo a se concentrar nos setores de recursos naturais e de geração de energia.

Banco de Importação e Exportação dos Estados Unidos (The Export–Import Bank of the United States ('U.S. Exim')). O Eximbank dos Estados Unidos foi criado em 1934 e em 1994 foi instituída uma divisão de *project finance*. O Eximbank dos Estados Unidos oferece financiamentos de longo prazo ou garantias para bancos comerciais, até o nível máximo do Consenso da OCDE. O apoio é fornecido nas condições-padrão do Consenso da OCDE, não excedendo 85% do preço do contrato ou 100% da parte americana. Desde que exportações americanas estejam envolvidas, o Eximbank dos Estados Unidos fornecerá suporte a bancos não americanos.

A maioria dos *project finance* financiados pelo Eximbank dos Estados Unidos está relacionada a projetos de geração de energia e a petróleo e gás, sendo muito baixo o número anual de operações de *project finance*, conforme ilustrado na Tabela 16.2, embora os valores de financiamento para projetos individuais possam ser altos.

O Eximbank dos Estados Unidos utiliza a flexibilidade total proporcionada pelas disposições de *project finance* do Consenso da OCDE, incluindo o financiamento pelo prêmio de risco e JDC. Após a conclusão, o financiamento normalmente é fornecido pelo Eximbank dos Estados Unidos, assumindo os riscos totais (políticos e comerciais) do projeto, ou oferecendo apenas a cobertura de risco total ou a de risco político aos bancos comerciais financiadores.

Os riscos políticos cobertos são a conversibilidade e a transferência da moeda, expropriação, incluindo a expropriação indireta, e violência política (resultando em dano físico ao projeto ou em perda de receita). O não pagamento decorrente de litígios ou do descumprimento contratual não está coberto, o que não representa tanto um problema como pode parecer caso o Eximbank dos Estados Unidos esteja oferecendo financiamento pós-conclusão: o não pagamento pelo governo local antes da conclusão só poderá ocorrer se a Empresa do

Projeto rescindir o contrato e executar a garantia do Poder Público, sendo que a gama de eventos de inadimplemento que poderia causar isso (antes que a Empresa do Projeto deva iniciar as operações ou gerar alguma receita) é limitada.

O Eximbank dos Estados Unidos poderá exigir a celebração de um acordo bilateral (conhecido como contrato de incentivo de projeto) com o Poder Público local, dando direito de regresso contra este em caso de inadimplemento decorrente de riscos políticos: isso se decide caso a caso.

O Eximbank dos Estados Unidos fornece uma lista de verificação dos critérios e informações exigidas para avaliação dos projetos que poderão ser comparados aos requisitos dos memorandos informativos apresentados na seção § 5.2.8 e os riscos analisados nos Capítulos 9–11: uma cópia pode ser encontrada no Anexo a este capítulo.

O Eximbank dos Estados Unidos emprega consultores financeiros externos (às custas dos empreendedores) para avaliar os riscos presentes em um financiamento de projeto.

Companhia Internacional de Investimento Privado (Overseas Private Investment Corporation ('OPIC')). A OPIC é uma agência governamental dos Estados Unidos, fundada em 1971 para assumir as responsabilidades de seguro de risco político da Agência dos Estados Unidos para o Desenvolvimento Internacional ('U.S. AID'), a sucessora nesse aspecto do Plano Marshall pós-Segunda Guerra Mundial, que forneceu o primeiro seguro contra riscos políticos. A OPIC (e a AID antes dela) apresenta um bom histórico de pagamento da maioria das indenizações por riscos políticos. Considerando esse longo histórico, a abordagem da OPIC para seguros contra riscos políticos foi adotada como modelo pelos participantes recém-chegados ao mercado; o uso da cobertura de risco político da OPIC, bem como os financiamentos diretos que a OPIC também pode fornecer, tornaram-se mais comuns no mercado de *project finance*.

A OPIC pode segurar até US$ 250 milhões por projeto, cobrindo 90% dos investimentos de *equity* e 100% dos financiamentos, por até 20 anos. (Não há exigência para segurar tanto o *equity* quanto o financiamento, embora possa ser feito). A OPIC poderá também oferecer financiamentos diretos em condições semelhantes. Para investimentos de *equity*, a OPIC normalmente emite compromissos de seguro equivalentes a 270% do investimento inicial, 90% representando o investimento original e 180% para cobrir a perda de ganhos futuros. No caso de uma reclamação decorrente de um seguro de financiamento, a OPIC poderá optar por não amortizar o financiamento imediatamente, mas por fazer os pagamentos dentro do cronograma original de serviço da dívida. Os critérios de elegibilidade para obtenção do apoio da OPIC são:

- O apoio é fornecido aos investidores ou financiadores americanos (isto é, entidades americanas com no mínimo 50% de propriedade de cidadãos americanos, ou empresas estrangeiras 100% controladas por tais entidades, ou 95% por cidadãos americanos).
- O investimento ou financiamento se refere a empresas do projeto internacionais, as quais a maioria do *equity* ou a gestão diária permanece no setor privado, sendo 25% do *equity* de propriedade de investidores americanos dos EUA.
- O apoio total da OPIC não pode exceder 50% do custo de um novo projeto ou 75% do custo de expansão de um projeto existente.
- Os candidatos devem demonstrar que o seguro exigido não pode ser fornecido pelo setor privado.

A OPIC não exige que o investimento ou o financiamento seja usado para cobrir a exportação de equipamentos dos Estados Unidos, embora geralmente o equipamento importado de países industrializados não fosse coberto (já que deveria existir cobertura de créditos à exportação). A OPIC não está sujeita ao Consenso da OCDE.

Os riscos cobertos são riscos "padrão" de investimento (a convertibilidade e a transferência de moeda, a expropriação e a violência política), assim como a expropriação indireta e o não pagamento devido a descumprimento contratual. Os EUA e os governos locais assinam acordos bilaterais que cubram programas da OPIC, devendo o Poder Público local aprovar qualquer seguro emitido pela OPIC.

§ 16.4.5 Alemanha (Hermes/KfW/DEG)

Na Alemanha, o financiamento de projeto de concessão concentra-se fortemente no apoio às exportações, sobretudo no setor de geração de energia.

Euler Hermes Kreditversicherungs A.G. ('Hermes'). A Hermes, majoritariamente controlada pela seguradora Allianz A.G., administra a operação de seguro de créditos à exportação do governo alemão (conjuntamente com a filiada alemã da PricewaterhouseCoopers). A Hermes criou um departamento de *project finance* em 1988. Tanto o risco comercial quanto o político podem ser cobertos, com uma flexibilidade de até 95% do risco segurado. O seguro de investimento também é fornecido com cobertura de 95% do risco.

KfW IPEX Bank ('KfW'). O *KfW Bankengruppe* é um banco de desenvolvimento estatal (80% do governo federal e 20% do Länder), fundado como *Kreditanstalt für Wiederaufbau* em 1948. Sua maior subsidiária, o KfW IPEX-Bank, fornece financiamentos diretos para créditos à exportação, custeando em conjunto com os bancos comerciais alemães, além de administrar o apoio das TRs em nome do governo alemão. O KfW também fornece financiamentos não vinculados à exportação para projetos com investidores alemães ou relacionados à aquisição de matérias-primas para a Alemanha. Além de financiamentos relacionados a fomento, o KfW também oferece *project finance* em condições semelhantes às dos bancos comerciais, e em 2012 se classificou logo abaixo dos 20 melhores bancos líderes da Tabela 4.3, em 23º lugar. Em 2008, como resultado da preocupação da União Europeia sobre a competição com os bancos comerciais, o IPEX se tornou legalmente e financeiramente independente do KfW Bankengruppe.

Deutsche Investitions- und Entwicklungsgesellschaft ('DEG'). A DEG (cujo nome significa 'Sociedade Alemã de Investimento e Desenvolvimento') é também uma subsidiária do KfW Bankengruppe, e promove o investimento pelo setor privado em países em desenvolvimento.

§ 16.4.6 Itália (SACE/Simest)

O apoio italiano para projetos internacionais é primordialmente destinado a projetos de engenharia (EPC).

SACE SpA. *Sezione Speciale per l'Assicurazione del Credito all'Esportazione* (SACE)[293] era um departamento do Tesouro Italiano, estabelecido em 1977. O *Istituto per i Servizi Assicurativi e il Credito all'Esportazione* (ISACE),[294] uma agência estatal autônoma, assumiu a responsabilidade pelos seguros de créditos à exportação em 1999. Em 2004, tornou-se uma sociedade limitada, a SACE SpA, sendo atualmente controlada pela agência estatal *Cassa Depositi e Prestiti SpA* ('CDP'), que oferece financiamento de longo prazo para infraestrutura, ofertando seguros de crédito à exportação em nome do governo italiano. A primeira cobertura de *project finance* da SACE ocorreu em 1994. 95% da cobertura pode ser fornecida a bancos comerciais dentro e fora da Itália, tanto para riscos comerciais quanto políticos: a SACE exige que os investidores assumam pelo menos 30% do risco em um projeto, e pelo menos 35% do custo é coberto por financiamentos oferecidos por outros bancos comerciais

293 Special Section for Export-Credit Insurance.

294 '*Institute for Export Credit and Insurance Services*', ou 'Instituto para Crédito à Exportação e Serviços de Seguro'.

(isto é, a SACE não cobre mais do que 35% do custo total do projeto). O custo do prêmio do seguro da SACE não pode ser incluído na cobertura ou no financiamento subsidiado, não estando coberto o descumprimento contratual.

Società Italiana per le Imprese all'Estero ('Simest'). A Simest, uma empresa estatal (sendo a CDP agora sua acionista majoritária), mas com outros acionistas do setor privado, foi estabelecida em 1991. Ela oferece apoio de TR a bancos comerciais (um papel assumido no lugar do Mediocredito Centrale em 1999). A Simest também oferece financiamentos não vinculados à exportação para projetos controlados pelos investidores italianos, adquirindo participação em tais projetos.

§ 16.4.7 França (COFACE/DREE/Proparco)

O *project finance* oferecido por essas agências francesas se refere, principalmente, às exportações francesas de equipamento.

Compagnie Française d'Assurance pour le Commerce Extérieur ('COFACE'). A COFACE foi fundada em 1946 como uma ECA francesa. Foi privatizada em 1994 e em 2002 tornou-se uma subsidiária do Natexis Banques Populaires (atualmente Natixis). Atua em nome do governo francês oferecendo seguros de crédito à exportação, tendo estabelecido um departamento de *project finance* em 1995. A cobertura é fornecida a bancos comerciais na França. Tanto os riscos comerciais (pós-conclusão) como os riscos políticos (para os riscos padrão de investimento) podem ser cobertos, no limite de até 95% do risco segurado. O financiamento coberto pela COFACE não pode exceder 50% dos custos totais do projeto. A COFACE também oferece seguro de investimento. A Natixis também fornece suporte para TR em nome do governo. A política de créditos à exportação é supervisionada pela *Direction des Relations Economiques Extérieures* ('DREE'), uma agência governamental.

Société de Promotion et de Participation pour la Coopération Economique ('Proparco'). A Proparco foi criada em 1977 pelo predecessor da *Agence Française de Développement* ('AFD'), a agência de desenvolvimento francesa. A AFD detém 57% do *equity*, sendo o resto detido por diversos acionistas de países desenvolvidos e de países em desenvolvimento. Sua missão é ser um catalisador para o investimento privado em países em desenvolvimento.

§ 16.4.8 Dinamarca (EKF)

A Eksport Kredit Fonden ('EKF') é uma das ECAs mais antigas do mundo, tendo sido criada em 1922. Em 2012, as atividades comerciais da EKF consistiam inteiramente em garantias para projetos de parques de energia eólica na Bélgica, Itália, Chile e México, dado que a Dinamarca é a sede de uma importante fabricante de turbinas eólicas.

Como exemplo interessante do envolvimento de investidores institucionais em atividades que no passado pertenciam primariamente a bancos comerciais (§ 17.4), em 2011 o Pensiondanmark (o fundo de pensão estatal) celebrou um contrato com a EKF para fornecer até USUS$ 1,8 bilhões em financiamento para as exportações dinamarquesas.

§ 16.5 INSTITUIÇÕES MULTILATERAIS FINANCEIRAS DE DESENVOLVIMENTO

A Tabela 16.3 apresenta informações sobre a escala das operações relacionadas a *project finance* assumidas pelas MDFIs.[295]

As MDFIs discutidas abaixo englobam:

- o Banco Mundial (§ 16.5.1) e suas filiadas IFC (§ 16.5.2), IDA (§ 16.5.3) e MIGA (§ 16.5.4);

---

295 As MDFIs são conhecidas como 'IFIs (instituições financeiras internacionais), 'MDBs' (bancos de desenvolvimento multilaterais) ou 'MLAs' (agências financiadoras multilaterais).

Tabela 16.3 — DFIs Multilaterais — Garantias e Empréstimos de *Project Finance*

(US$ milhões)	2010	2011	2012
World Bank Group	1.070	677	2.721
European Investment Bank ('EIB')	5.735	5.584	2.302
Inter-American Development Bank ('IADB')	131	735	1.094
European Bank for Reconstruction & Development ('EBRD')	1.080	194	788
African Development Bank ('AfDB')	300	57	710
Asian Development Bank ('ADB')		359	586
Outros*	1.393	2.234	1.133
Total	9.709	9.940	9.334

* 9 entidades diferentes em 2010; 5 em 2011; 6 em 2012.
Fonte: *Berne Union Yearbooks**.

- os principais bancos de desenvolvimento regionais:
    - o Banco Asiático de Desenvolvimento (§ 16.5.5);
    - o Banco Africano de Desenvolvimento (§ 16.5.6);
    - o Banco Europeu para a Reconstrução e o Desenvolvimento (§ 16.5.7);
    - o Banco Europeu de Investimento (§ 16.5.8);
    - o Banco Interamericano de Desenvolvimento (§ 16.5.9).

Todos esses bancos são de propriedade dos governos — o Banco Mundial é detido pelos governos em todo o mundo, e as outras MDFIs são detidas pelos governos de suas respectivas regiões, bem como por outros países desenvolvidos.

Entre outras MDFIs menores que tiveram atuação no mercado de *project finance* durante os últimos anos incluem-se:

- O *Banco Nórdico de Investimento*, a DFI dos países nórdicos na Europa, fundado em 1976 e de propriedade da Dinamarca, Estônia, Finlândia, Islândia, Letônia, Lituânia, Noruega e Suécia; fornece financiamentos tanto para os seus países membros quanto para países em desenvolvimento.

- *Banco Islâmico de Desenvolvimento* (§ 4.5.4).
- Banco de Desenvolvimetno da Eurásia (*Eurasian Development Bank),* a MDFI da Rússia e dos países da CEI, fundado em 2006.
- *Corporação Andina de Fomento* (CAF), a MDFI para vários países latino-americanos e caribenhos, fundada em 1968.
- *Banco Norte Americano de Desenvolvimento,* a MDFI formada pelos Estados Unidos e México em 1994 para promover o desenvolvimento nas regiões fronteiriças.
- *Banco Centro-Americano de Integração Econômica* (CABEI), fundado em 1960 para promover o desenvolvimento na Guatemala, Honduras, El Salvador, Nicarágua e Costa Rica.

'Adicionalidade'. Todas as MDFIs visam ser um catalisador para outras fontes de financiamento, geralmente limitando a proporção da dívida para um determinado projeto que estejam dispostos a oferecer (normalmente, 50%). Além disso, as MDFIs podem, também, impor uma exigência de 'adicionalidade' — por exemplo, em que o valor só será financiado o projeto se não for possível obter financiamento de outras fontes (tornando-se, então, 'financiadores de último recurso'). Assim, não competem com os bancos comerciais ou com os bancos nacionais de desenvolvimento.[296]

As MDFIs podem desempenhar um papel importante, não apenas como financiadores diretos dos projetos, mas também mobilizando a captação adicional de recursos do setor privado para projetos em países em desenvolvimento.

Os financiadores do setor privado se sentem mais confortáveis ao emprestarem para países em desenvolvimento sob o patrocínio ou em paralelo com uma MDFI, porque o envolvimento geral

296 *Vide* Stephen Spratt and Lily Ryan Collins, Development Finance Institutions and Infrastructure: A Systematic Review of Evidence for Development Additionality (Private Infrastructure Development Group, London, 2012)*.

da MDFI na economia do país, a importância para a economia de seus programas gerais de financiamento, e sua capacidade de acessar o governo local no mais alto nível caso o projeto enfrente dificuldades políticas (embora o grau da influência a esse respeito varie amplamente entre os diferentes países).

Isso pode dar à Empresa do Projeto a proteção de um 'guarda-chuva' de MDFI, o que importa claramente um benefício aos investidores.

***Status* de Credor Preferencial.** Outro importante fator para estimular a participação dos financiadores do setor privado em financiamentos providenciados pela MDFI é o *status* de 'Credor Preferencial', oriundo da prática que consiste na oferta de uma preferência às MDFIs quando os recursos para a amortização dos credores externos forem limitados, e não envolverem os financiamentos da MDFI na renegociação de dívida do país. Tal *status* foi criado para reduzir o risco das MDFIs (e de seus acionistas) devido ao seu papel especial dentro da comunidade financeira internacional. Cumpre salientar que tal *status* foi criado por costume e não por lei, mas tem sido honrado na prática quando os países enfrentam problemas de dívida. Os financiadores do setor privado também se beneficiam desse *status* caso participem dos empréstimos 'B', como aqueles oferecidos pela IFC (§ 16.5.2).[297]

Impacto Econômico. As MDFIs são mais atentas que os financiadores do setor privado se o projeto a ser financiado é adequado ao contexto econômico mais amplo de um país. Entretanto, isso pode ser uma faca de dois gumes, já que alguns países se ressentem das tentativas das MDFIs em usar financiamentos de um determinado projeto como meio de promover uma agenda político-econômica mais ampla. De forma semelhante, se o projeto apresentar problemas, a MDFI poderá ter uma agenda de longo prazo para lidar com o problema aparentemente

297 Isso pode causar um problema intercredores com as ECAs — § 14.14.3.

irrelevante para o financiador ou o investidor que simplesmente está tentando obter a amortização do financiamento ou a recuperação do *equity*.

Preparação de Projeto. Há vários programas ligados a MDFIs que oferecem financiamento para arcar com o custo substancial da preparação do projeto pelo setor público nas áreas de infraestrutura e energia (§ 3.7.3).

§ 16.5.1 O Banco Mundial

O Banco Internacional para Reconstrução e Desenvolvimento ('BIRD'), conhecido como Banco Mundial, foi fundado em 1944, sendo uma organização internacional de propriedade da maioria dos governos mundiais. Suas filiadas IFC, IDA e MIGA (discutidas abaixo), foram adicionadas ao Grupo do Banco Mundial desde a sua criação.

Sua missão é fornecer a governos financiamento para o desenvolvimento (originalmente para a reconstrução da Europa após a Segunda Guerra Mundial, e, a partir dos anos 1960, para países em desenvolvimento), daí sua relevância imediata ao *project finance* parecer limitada, dado ser sempre uma atividade do setor privado; entretanto, a importância crescente de financiamento do setor privado para a infraestrutura nos países em desenvolvimento inevitavelmente levou a uma mudança de ênfase na abordagem do Banco Mundial.[298] O financiamento pelo Banco é fornecido pela emissão de títulos e outros instrumentos nos mercados de capital internacionais.

Financiamentos Diretos. O Banco Mundial inicialmente estimulou o envolvimento dos bancos do setor privado em suas atividades por meio de operações de financiamento conjunto, também conhecidas como Financiamentos B. Nessa estrutura, o banco do setor privado financia paralelamente ao Banco Mundial (que fornece o financiamento A nesse contexto), e se

---

298 *Vide* BENOIT, Philippe. *Project finance at the World Bank*: an overview of policies and instruments. Washington: World Bank, 1996.

beneficia do *status* de credor preferencial dos financiamentos do Banco Mundial. Isso é de relevância limitada no contexto de *project finance*, pois esses financiamentos devem ainda ser para o setor público, mas, como será visto, essa estrutura tem sido usada extensivamente pela IFC, filiada do Banco Mundial, além de outras MDFIs regionais.

A única forma de o próprio Banco Mundial fornecer financiamentos a projetos do setor privado é tendo o governo local como um intermediário. Isso pode ser feito pelo financiamento do Banco Mundial ao Estado, que por sua vez financia diretamente a Empresa do Projeto, ou, mais comumente, financia por meio de um banco de desenvolvimento local. De forma semelhante, o financiamento do Banco Mundial pode também ser utilizado por um governo para fornecer financiamento para lacuna de viabilidade à empresa do projeto (§ 15.11).

Alternativamente, o Banco Mundial pode financiar diretamente a Empresa do Projeto mediante garantia do governo local. A Empresa do Projeto que utiliza financiamento do Banco Mundial deverá seguir as regras de licitação ao comprar equipamentos ou contratar serviços a serem financiados dessa maneira, a não ser que tais regras tenham sido observadas pelo Tomador de Serviço/Autoridade Contratante ao selecionar a Empresa do Projeto (§ 3.7.4). As regras estão incluídas nos procedimentos de propostas para licitações internacionais ('ICB') do Banco Mundial.

Tal como nos demais financiamentos oferecidos, o Banco Mundial procura incentivar o fornecimento de instrumentos paralelos por outras MDFIs, ECAs e DFIs bilaterais. O Banco Mundial é também o 'financiador de última instância' entre as DFIs, incluindo os demais membros do grupo do Banco Mundial, o que significa que, caso o financiamento possa ser obtido junto a essas outras fontes, o Banco Mundial não o oferecerá. O valor dos compromissos de financiamento totais do Banco Mundial em 2011/2012 totalizou US$ 21 bilhões, menos da metade dos US$ 44 bilhões em 2009/10, refletindo os efeitos da crise financeira de 2007/8 (e um aumento importante dos níveis normais de compromisso de financiamento dos anos anteriores de cerca de US$ 12–14 bilhões).

Garantia Parcial de Risco ('PRG'). Entretanto, o uso de financiamentos diretos deixou de ser a abordagem preferida do Banco Mundial para apoiar o *project finance* do setor privado. Atualmente, o principal instrumento oferecido se chama Garantia Parcial de Risco do Banco Mundial (previamente conhecida como Garantia ECO [cofinanciamento expandido]), que foi a primeira utilizada para *project finance* em 1994. Trata-se de uma garantia de risco político que poderá ser prestada aos financiadores da Empresa do Projeto.

A PRG destina-se primordialmente a apoiar projetos de infraestrutura, não estando ligada à exportação de produtos de nenhum país, tampouco devendo a Empresa do Projeto seguir as regras de licitação do Banco Mundial (embora as licitações devam ser 'econômicas e eficientes'). A PGR existe nos países candidatos a financiamentos do Banco Mundial, com exceção dos países mais pobres que obtêm financiamento da IDA (além da garantia de enclave discutida abaixo). Até 100% do financiamento pode ser coberto. A PRG poderá cobrir também as mudanças na lei, e o descumprimento das obrigações contratuais de pagamento, a obstrução de um processo de arbitragem, a expropriação e a nacionalização, a disponibilidade e a conversibilidade da moeda estrangeira, ou o não pagamento da rescisão contratual ou o descumprimento de uma decisão arbitral após um evento de inadimplemento coberto, e a não concessão de licenças, aprovações e consentimentos em tempo hábil.

Outros riscos políticos não cobertos diretamente poderão ser cobertos indiretamente por meio de obrigação contratual incluída em Acordo de Apoio Governamental. Assim como os créditos à exportação, essa é uma garantia de pagamento e não uma garantia de desempenho; portanto, qualquer evento que enseje sua reivindicação deve levar a um evento de inadimplemento do Contrato Principal do Projeto, e, portanto, do *project finance,* e não apenas causar prejuízo à Empresa do Projeto que, embora possa afetar seus investidores, não dê causa ao inadimplemento no financiamento.

A garantia pode cobrir as obrigações contínuas do Tomador de Serviço/Autoridade Contratante, ou o pagamento de indenização por rescisão antecipada (§ 7.10.2). Em todos os casos, o governo local deve reembolsar o Banco Mundial por eventual execução da garantia, o que significa que a garantia não poderá ser usada para riscos infrassoberanos. Em outras palavras, todas as obrigações garantidas devem ser obrigações diretas do Poder Público local ou obrigações de um Tomador de Serviço/Autoridade Contratante garantidas pelo governo do país alvo dos investimentos.

A PRG serve como último recurso e assim existe apenas para projetos em que (a) não haja financiamento do setor privado, e (b) o financiamento suficiente não possa ser obtido *via* IFC ou com o apoio da MIGA (ver abaixo). Da mesma forma que os financiamentos diretos, o Banco Mundial também tenta atuar como catalisador para mobilizar o financiamento ou garantir o apoio de outras agências de desenvolvimento bilaterais e multilaterais. Ao contrário de outras MDFIs, não há limite máximo para o valor da PRG do Banco Mundial, além de prudência e dos limites da exposição total no país em questão.

Garantia Parcial de Crédito ('PCG'). O Banco Mundial poderá prestar uma garantia para parte do financiamento oferecido pelos financiadores do setor privado, cujo principal uso tem sido a cobertura das amortizações atrasadas de um financiamento, caso os financiadores não estejam dispostos a financiar pelo período exigido. A garantia poderá ser usada também para cobrir um vencimento extraordinário (isto é, uma amortização final alta que a Empresa do Projeto pretende refinanciar oportunamente). Finalmente, a garantia poderá ser usada para apoiar um banco ou outro crédito em moeda local, a fim de eliminar o risco de câmbio nos projetos (§ 10.5.1). Obviamente, em tais casos, isso representa uma garantia total, e não uma cobertura de risco político apenas. Seu uso em *project finance* tem sido limitado por enquanto.

Garantia de Enclave. O Banco Mundial também oferece garantias de enclave (isto é, garantias para projetos de enclave baseados em exportação — § 11.4.1) nos países da IDA. Neste contexto, não há Contrato Principal de Projeto que envolva o governo local, uma vez que o projeto está baseado na venda internacional de uma *commodity*. O objeto da garantia, portanto, limita-se à expropriação, às mudanças na lei, a guerras e conflitos civis, excluindo a conversibilidade da moeda e transferindo riscos que não deveriam surgir, já que as receitas são recebidas no exterior.

§ 16.5.2 Corporação Financeira Internacional ('IFC')

A IFC, criada em 1956, é a filiada financeira do Banco Mundial para o setor privado, sendo, portanto, o único membro do Grupo Banco Mundial que não necessita do envolvimento direto de um governo nos projetos como base para a concessão do financiamento.[299] A IFC se tornou financeiramente autônoma do Banco Mundial desde 1984, emitindo seus próprios títulos nos mercados de capital internacionais.

Programa de Financiamentos. A IFC poderá investir ou financiar até US$ 100 milhões por projeto, com um limite de 25% do custo do projeto (50% para a expansão de um projeto existente). As datas de vencimento do financiamento podem ser de até 20 anos. Os financiamentos IFC são baseados

299 *Vide* International Finance Corporation: *Project Finance in Developing Countries* (IFC, Washington, 1999).

nos valores do mercado (isto é, sem nenhum elemento de subsídio), sendo que a IFC não aceita garantias diretas do governo local.

Empréstimos B. Além dos financiamentos diretos (Financiamentos A), a IFC tem um programa ativo de 'Financiamento B', para obter financiamento paralelo do setor privado para projetos.[300] O programa de Financiamento B data de 1957 e segue princípios semelhantes àqueles do Banco Mundial: a IFC vende participações nos Financiamentos B (com taxas de juros de mercado que refletem o risco) para bancos comerciais, mas continua atuando como o financiador do registro, para administrar os financiamentos, e para ter garantias.

Assim, o tomador poderá pagar a IFC e inadimplir os Financiamentos B, já que todos os pagamentos estão divididos proporcionalmente entre os Financiamentos A e B em uma operação. Portanto, o inadimplemento de um Financiamento B representa inadimplemento do financiamento da IFC. Embora não haja nenhuma garantia formal para risco político, o *status* de credor preferencial das MDFIs se aplica aos Financiamentos B, e a maioria das autoridades supervisoras de bancos não exige que os bancos façam provisões para os Empréstimos B da IFC meramente pelo fato de o país estar inadimplente em sua própria dívida geral. (Obviamente, o financiamento poderá ainda ficar inadimplente se o projeto não for bem-sucedido). Cabe salientar, todavia, que há um potencial conflito de interesses entre o papel da IFC enquanto gestora de Financiamentos B prestados por outros bancos e, por outro lado, como investidora nos mesmos projetos, bem como em relação ao seu papel enquanto parte do Grupo Banco Mundial e, portanto, preocupada com as políticas de desenvolvimento mais amplas que poderão entrar em conflito com os investidores de um determinado projeto.

---

300 Em outras palavras, a IFC coordena as participações de consórcios em seus financiamentos (§ 5.2.8).

Financiamentos em Moeda Local. A IFC é capaz de oferecer financiamentos em moeda local ou *swaps* de moeda de longo prazo (§ 10.5.2) em muitos países em desenvolvimento. O desenvolvimento dos mercados de dívida de longo prazo nos países em desenvolvimento tem sido bastante significativo nos últimos anos graças aos esforços da IFC e de outras DFIs.

Produtos Derivativos (*Hedge*). A IFC tem oferecido *swaps* de taxas de juros (§ 10.3.1), opções (§ 10.3.2), contratos de câmbio a termo (isto é, *swaps* de moeda possibilitando o financiamento nas moedas locais — ver acima) e outros produtos derivativos para seus tomadores para lhes permitir um melhor gerenciamento de seus riscos financeiros.

As Empresas do Projeto nos países em desenvolvimento não poderão acessar facilmente os mercados diretamente para os produtos de gestão de risco. A IFC procura superar essa dificuldade fornecendo o acesso ao mercado intermediando a compra de instrumentos de *hedging*, mobilizando a participação de bancos comerciais em tais transações com base na divisão de riscos e promovendo o desenvolvimento dos mercados de capital locais ao disponibilizar essas técnicas para as instituições financeiras locais.

Investimento de *Equity*. A IFC pode também investir *equity* minoritário (normalmente 5–15% até um máximo de 35%) em Empresas do Projeto; a IFC não desempenha um papel ativo na gestão da empresa, sendo considerada uma investidora passiva. Para cumprir os requisitos nacionais de propriedade, as participações/acionárias da IFC podem, em alguns casos, ser tratadas como capital doméstico ou ações 'locais'. A IFC geralmente mantém investimentos por um período de 8–15 anos, sendo considerada uma investidora de longo prazo.

O principal objetivo da IFC é vender suas ações no mercado de ações doméstico. '*Equity*', nesse contexto, inclui financiamentos conversíveis em *equity*, e ações preferenciais, como também os financiamentos com participação nos lucros. O investimento em *equity* pela IFC tem sido objeto de alguma controvérsia, porque a IFC poderá insistir na compra de *equity* pelo valor nominal — isto é, sem pagar um prêmio aos empreendedores para cobrir os riscos iniciais (§ 12.2.5) ou cobrindo eventuais custos do próprio desenvolvimento.

Fundos de *Equity* e de Dívida. A IFC também investe em fundos de *equity* administrados por bancos de investimento do setor privado, sendo uma investidora importante nessa área de financiamento para países em desenvolvimento. O objetivo é investir cerca de US$ 500 milhões por ano em cerca de 20–25 diferentes fundos. A IFC também tem investido em fundos de dívida (§ 17.4.2).

Garantias. A IFC oferece garantias de crédito parcial semelhantes àquelas do Banco Mundial, as quais cobrem todos os riscos de crédito durante uma parte especificada do prazo do financiamento e podem assim ser usadas para prorrogar o prazo de amortização dos financiamentos oferecidos pelo setor privado.

Serviços de Consultoria. Por fim, a IFC atua como assessora ativa nos projetos do setor privado em países em desenvolvimento, particularmente os países da IDA (ver abaixo), oferecendo também treinamento e outros cursos de capacitação.

No exercício financeiro de 2011/12, a IFC investiu em dívida, *equity* e outros financiamentos num total de US$ 12 bilhões em 518 projetos (claro que apenas em parte relacionada a *project finance*).

§ 16.5.3 Associação Internacional de Desenvolvimento ('IDA')

A IDA, criada em 1960, é uma filiada do Banco Mundial que fornece financiamento para desenvolvimento em condições subsidiadas (empréstimos de 35–40 anos sem juros, mas mediante a taxa de serviço de 0,75% a.a., frequentemente atrelada com incentivo público) para os países mais pobres.

Desde 2012, para receber o apoio da IDA, um país precisa ter a renda nacional bruta (GNI) *per caput* não superior a US$ 1.175 (no câmbio de 2010): 81 países eram elegíveis para o suporte da IDA, dos quais 39 estavam na África.

A IDA pode fornecer financiamentos indiretos para projetos de forma semelhante ao Banco Mundial, tendo também seu próprio programa de garantias (para projetos em que as garantias de enclave do Banco Mundial não podem ser usadas). O valor total de financiamentos e compromissos de garantia fornecidos pela IDA em 2011/12 somaram US$ 15 bilhões.

§ 16.5.4 Agência Multilateral de Garantia de Investimento ('MIGA')

Outra filiada do Banco Mundial, a MIGA foi criada em 1988 para estimular o investimento pelo setor privado nos países em desenvolvimento fornecendo cobertura a financiadores e investidores contra riscos políticos. O papel da MIGA é atuar como o principal veículo do Grupo Banco Mundial para garantias de risco político (e claramente foi criada nos moldes da OPIC — (§ 16.4.4)).

Em 2011/12, US$ 2 bilhões de cobertura contra riscos políticos foram destinados a 50 projetos diferentes em 28 países. A exposição total de garantia da MIGA em 2012 foi de US$ 10 bilhões, dos quais US$ 4 bilhões foram ressegurados (ver abaixo). 58% dessa cobertura destinava-se a projetos de infraestrutura, o maior setor de atividade da MIGA. (Novamente, essa cobertura foi fornecida a uma gama muito mais ampla de investimentos do que apenas aqueles nas Empresas do Projeto).

Os parâmetros para cobertura pela MIGA são:

- A cobertura refere-se a investimentos ou financiamento internacionais.
- Tanto o *equity* (incluindo financiamentos do acionista) quanto o recurso da dívida podem ser cobertos (a MIGA exigia antigamente a cobertura do *equity* caso o recurso da

dívida tivesse que ser coberta, o que deixou de ser exigido em algumas circunstâncias).

- Outras formas de investimento tais como contratos de assistência técnica e de gestão, securitizações de ativos, emissões de títulos, *leasing* e contratos de franquia e licenciamento também poderão ser cobertos.
- A MIGA cobre até 95% dos pagamentos programados do principal do financiamento (incluindo até uma vez e meia o principal para cobrir perdas de juros), ou 90% do investimento do *equity* (incluindo até 5 vezes o investimento para cobrir a perda de juros).
- O montante de até US$ 220 milhões poderá ser segurado em qualquer projeto por conta da própria MIGA.
- A MIGA normalmente poderá oferecer uma cobertura de 15 anos e de 20 anos quando justificado.
- A MIGA opera um Programa de Subscrição Cooperativa ('CUP') com seguradoras do setor privado, baseado no princípio do Banco Mundial e dos Financiamentos 'B' da IFC (isto é, a MIGA atua como um intermediário para a participação do setor privado em seus riscos); usando esses e outros acordos de resseguro, a MIGA pode cobrir significativamente mais de US$ 220 milhões em um determinado projeto.
- Os prêmios ficam entre 0,50-1,75% ao ano sobre as quantias seguradas.
- O beneficiário tem a opção de cancelar a cobertura após 3 anos.

As garantias da MIGA cobrem:

- A *conversibilidade e a transferência de moeda*: ao receber moeda local bloqueada de um investidor, a MIGA paga a compensação na moeda garantida; a cobertura inclui os atrasos excessivos nas transferências.
- A *expropriação* (incluindo expropriação dissimulada): as medidas de boa-fé e não discriminatórias praticadas pelo governo

local no exercício da autoridade regulatória legítima não estão cobertas. Para a expropriação total dos investimentos de *equity*, a MIGA paga o valor contábil líquido do investimento segurado. Para a expropriação de fundos, a entidade paga a parte segurada dos fundos bloqueados. Para financiamentos e garantias do financiamento, a MIGA segura o principal não pago e eventuais juros acumulados e não pagos. O pagamento é feito mediante a cessão dos juros do investidor/financiador.

- *Guerra, terrorismo e desobediência civil (incluindo revolução, insurreição, golpes de estado e sabotagem)*: cobertura *não apenas* do custo de dano físico ao projeto, mas também se estende a eventos que, pelo prazo de um ano, resultem em uma interrupção das operações do projeto essenciais para a viabilidade financeira total.
    - Para garantias de financiamento, a MIGA paga a parte segurada do principal e juros vencidos, resultante da interrupção do negócio causada por eventos cobertos.
    - Para perdas de ativos tangíveis, a MIGA pagará a parcela do investidor pelo menor valor contábil dos ativos do projeto, o seu custo de substituição e o custo do conserto dos ativos danificados.
    - A interrupção temporária das atividades poderá também ser incluída e cobriria três fontes de interrupção: danos aos ativos, abandono forçado e perda da posse. Para a interrupção de curto prazo das atividades, a MIGA pagará as despesas contínuas inevitáveis e as despesas extraordinárias referentes à retomada das operações e rendimentos perdidos ou os pagamentos perdidos no caso de financiamento.
    - Essa cobertura abrange não apenas violência no país em questão contra um governo local, mas também contra governos estrangeiros ou investimentos internacionais, incluindo o governo ou a nacionalidade do investidor.
- *Descumprimento contratual pelo governo local (ou empresas estatais em alguns casos)*: após a Empresa do Objeto ter obtido uma indenização por meio de mecanismo de resolução de litígios (ação judicial ou arbitragem); entretanto, se, após um determinado período de tempo, o pagamento não tiver sido recebido ou se

o mecanismo de resolução de litígios não surtir efeito em razão das medidas adotadas pelo Poder Público, a MIGA pagará a indenização. A entidade poderá fazer um pagamento provisório pendente do resultado do mecanismo de resolução de litígios.

Como o Banco Mundial, a MIGA não cobria riscos infrassoberanos (a não ser que o governo local oferecesse alguma garantia) e apenas oferecia cobertura nos termos do contrato celebrado com o Estado. Entretanto, em 2013 a cobertura da MIGA foi estendida para as SOEs (§ 11.6)

Para estar de acordo com os objetivos da MIGA de promover crescimento e desenvolvimento econômico, os projetos de investimentos devem ser viáveis financeira e economicamente, ambientalmente sustentáveis e compatíveis com as normas trabalhistas e outros objetivos de desenvolvimento do país anfitrião. Tal qual as Garantias de Risco Parcial do Banco Mundial, portanto, a capacidade de oferecer cobertura poderá ser prejudicada por questões de políticas não relacionadas ao projeto específico, mas ao país ou setor em geral, assim como a exigência de que o Governo Anfitrião preste uma garantia. Cumpre destacar que entre o Grupo Banco Mundial, e as MDFIs regionais mais antigas (ADB, AfDB, IADB), somente a MIGA oferece cobertura contra risco político para investimentos.

§ 16.5.5 Banco Asiático de Desenvolvimento

O ADB foi fundando em 1966 como uma MDFI regional. Os compromissos totais de financiamento em 2011/12 perfizeram US$ 23 bilhões.

O ADB iniciou suas operações no setor privado em 1983, podendo financiar projetos do setor privado, investir em *equity* (até 25% do investimento total de *equity*), ou prestar garantias de financiamentos. A sua exposição total em qualquer projeto não pode ser menor do que 25% do custo do projeto ou US$ 50 milhões (50% ou US$ 150 milhões quando houver garantias), não podendo investir mais do que 25% do *equity*.

Os financiamentos são fornecidos em moedas fortes (em alguns casos nas moedas locais do país anfitrião, onde os mercados financeiros sejam suficientemente desenvolvidos), em condições de mercado, por até 15 anos. O ADB também conta com um programa de Financiamentos B. O principal foco do ADB nos projetos do setor privado está no desenvolvimento de mercados de capitais e infraestrutura.

O programa de garantia de financiamentos é semelhante àquele do Banco Mundial: há dois tipos de garantias fornecidas aos projetos do setor privado:

Garantia sobre Risco Político. As primeiras garantias sobre risco político do ADB foram emitidas em 2000. Os riscos cobertos incluem a restrição de transferência, expropriação, violência política, disputas contratuais e descumprimento de obrigação ou a garantia soberana, para os financiamentos com prazo de até 15 anos. A garantia, entretanto, é emitida somente para projetos nos quais o ADB também tenha um financiamento direto ou envolvimento de *equity*, sendo o limite máximo reduzido na proporção de tal envolvimento. Uma contragarantia do Poder Público poderá ser exigida.

Garantia de Crédito Parcial. Semelhante à PCG fornecida pelo Banco Mundial, a garantia de crédito parcial poderá cobrir todos os eventos para uma parcela específica do serviço da dívida ou o principal e/ou juros para vencimentos de dívida que dificilmente seriam oferecidos pelos financiadores comerciais. A cobertura poderá ser fornecida aos bancos nacionais na moeda do país anfitrião, possibilitando assim que a Empresa do Projeto obtenha financiamentos de longo prazo sem a troca de riscos, o que de outro modo poderia não existir.

§ 16.5.6 Banco Africano de Desenvolvimento

O AfDB foi fundado em 1963. Os compromissos de financiamento totais (financiamentos, investimentos de *equity* e incentivos públicos) em 2011 totalizaram UA 5,7 bilhões.[301] Assim como as outras DFIs, o número de financiamentos fornecidos pelo AfDB aumentaram consideravelmente após a crise financeira de 2007/8, mas voltaram a níveis mais normais em 2011. Os financiamentos do setor privado se tornaram cada vez mais importantes para o AfDB, com ênfase principal na infraestrutura, especialmente energia. O *project finance* é, portanto, um produto relativamente novo para o Banco. As aprovações do projeto do setor privado somam cerca de US$ 1,5 bilhões ao ano.

O AfDB pode fornecer financiamentos diretos por até 15 anos, com prazo de carência de até 5 anos, em moedas fortes (incluindo o *rand* sul africano), ou, em alguns casos, nas moedas locais em que contratos de *hedging* apropriados podem ser celebrados. O Banco também conta com um programa de Financiamento B. Garantias parciais de risco e de crédito são fornecidas de maneira similar às demais MDFIs.

O AfDB também oferece produtos de gestão de risco, tais como *swaps* de taxas de juros, tetos máximos e mínimos (§ 10.3), *swaps* de moeda (§ 10.5) e contratos de derivativo do preço da *commodity* (§ 9.6.1).

§ 16.5.7 Banco Europeu para Reconstrução e Desenvolvimento

O EBRD foi fundado em 1991. Sua proposta inicial era oferecer apoio para o investimento do setor privado na Europa Central, no Leste Europeu e na CEI. Mais recentemente, as suas atividades se estenderam à Turquia (2009) e a vários países do norte da África após a 'Primavera Árabe' (2012).

O EBRD promove atividades do setor privado, o fortalecimento das instituições financeiras e os sistemas jurídicos, assim como o desenvolvimento da infraestrutura necessária para dar suporte ao

301 O AfDB usa 'unidades de conta' ('UA'), como base para a sua contabilidade. Uma UA equivale a 1 direito de retirada especial ('SDR') do Fundo Monetário Internacional, ou aproximadamente US$ 1,50.

setor privado. Os compromissos financeiros totais em 2011 somaram € 9,1 bilhões. Assim como outras MDFIs, as atividades financeiras aumentaram significativamente após a crise financeira de 2007/8. O financiamento do Banco é feito pela emissão de títulos.

As atividades do setor privado do EBRD assemelham-se às do IFC, fornecendo tanto *equity* quanto dívida, assim como garantias, estimulando o cofinanciamento (por meio de financiamentos consorciados semelhantes ao sistema de Financiamento B do IFC) e investimento direto estrangeiro dos setores privado e público, ajudando a mobilizar o capital interno. Para projetos do setor privado, o Banco Europeu EBRD normalmente está equipado para fornecer, na forma de dívida ou *equity*, até 35% das exigências de capital de longo prazo de um único projeto ou empresa. O seu programa de garantia é flexível, disponibilizando diversos tipos, desde as garantias do tipo "todos os riscos" até garantias contingentes para riscos específicos. Em *project finance*, o EBRD tem sido ativo nos setores de, entre outros, telecomunicação, eletricidade, petroquímica e infraestrutura.

§ 16.5.8 Banco Europeu de Investimento

O caso mais notável de MDFI que fornece apoio a uma ampla variedade de operações de *project finance* em países desenvolvidos é o do EIB.

O EIB foi criado em 1958 nos termos do Tratado de Roma como uma agência autônoma dentro da União Europeia para financiar investimentos de capital estimulando a integração europeia ao promover as políticas econômicas da E.U.[302] O seu capital é fornecido pelos países membros da E.U., mas apenas 5% foi integralizado, estando o restante disponível se exigido. Com essa estrutura de participação e capital, o EIB se beneficia de uma classificação de risco AAA (§ 5.3.1), o que possibilita a captação de recursos com um relativo baixo custo nos

302 Para o contexto jurídico das atividades do EIB, *vide* European Investment Bank, *Statute and other provisions* (Luxemburg, 2009)*.

mercados de capitais (por meio de emissões de títulos, o EIB é o maior emissor de títulos não governamentais na Europa).

Os objetivos basilares de políticas/financiamento do Banco são:

- *coesão e convergência*: abordar desequilíbrios econômicos e sociais em regiões em desvantagem.
- *a luta contra mudanças climáticas*: mitigar e se adaptar aos efeitos do aquecimento global.
- *proteção ambiental e comunidades sustentáveis*: investir em um meio ambiente mais limpo, natural e urbano.
- *energia sustentável, competitiva e segura*: produzir energia alternativa e reduzir a dependência em importados.
- *a economia do conhecimento*: promover uma economia que estimule o conhecimento e a criatividade por meio do investimento em tecnologias da informação e da comunicação, o capital humano e social.
- *redes transeuropeias*: construir redes internacionais de transporte, energia e comunicações.

Essas definições são suficientemente amplas para abranger um grande setor do mercado europeu de *project finance*, sendo o EIB um financiador importante nesse setor. Os financiamentos são fornecidos para até 50% do projeto,[303] podendo ser tanto em euros quanto nas outras principais moedas.

Até 2008, o principal benefício do financiamento do EIB era o seu baixo custo: por conta da classificação AAA, o Banco capta fundos no mercado de títulos a taxas fixas baixas e repassa esse benefício à Empresa do Projeto. O EIB não visa lucros, além de cobrir seus custos e riscos operacionais, o que também ajuda a manter o custo do financiamento

303 Assim como as outras DFIs, o objetivo do EIB é atuar como um catalisador para as outras partes financiadoras, não apenas conceder todo o financiamento exigido.

mais baixo do que os bancos comerciais ou o mercado de títulos. Dado que esse financiamento era facilmente obtido junto a bancos comerciais ou no mercado de títulos, o EIB ignorava a exigência do Artigo 16(2) de seus Estatutos, dispondo que o EIB deveria financiar somente projetos 'na medida em que não houvesse fundos disponíveis de outras fontes em condições comercialmente aceitáveis', ou seja, a condição de 'adicionalidade' normalmente aplicável a todas as DFIs (§ 16.5). Entretanto, após a crise financeira de 2008, os financiamentos do EIB tornaram-se essenciais para muitos projetos europeus, especialmente no setor de infraestrutura, tornando-se, assim, uma verdadeira adição às fontes de financiamento do setor privado.

Até 2008, os financiamentos anuais do EIB somaram cerca de € 45 bilhões, tendo aumentado para € 70 bilhões em 2009/10 como uma medida extraordinária para preencher algumas das lacunas criadas pelo declínio no financiamento bancário comercial, e tendo que ser reduzido de volta ao nível normal em 2012. Após um aumento de capital em 2013, a capacidade de financiamento do EIB aumentou para cerca de € 70 bilhões.[304] (Os problemas gerais na Zona do Euro indicavam que, se o EIB tivesse continuado a emprestar no nível de 2011, sem um aumento de capital, a sua classificação AAA ficaria ameaçada e aumentaria significativamente os custos de captação de fundos). Como pode ser visto na Tabela 16.3, os financiamentos em *project finance* refletiram esse padrão, reduzindo de US$ 5,6 bilhões do nível da crise em 2011 (mais do que todas as outras principais MDFIs juntas) para US$ 2,4 bilhões em 2012.

O EIB comporta-se de forma bastante similar à de um banco comercial quando avalia e estrutura o *project finance*, precisando, entretanto, estar satisfeito com os benefícios econômicos mais amplos do projeto. Os projetos também devem obedecer às normas ambientais da EU, bem como as regras de licitação do bloco (§ 3.7). O governo do país em que estiver situado o projeto deve dar ao EIB consentimento

---

304 European Investment Bank Group, *Operational Plan 2013–2015* (EIB, Luxemburg, 2012)*, pg. 6.

para o financiamento, o que normalmente é uma formalidade já que o EIB concorda com antecedência com o governo em questão como os seus recursos podem ser melhor utilizados para apoiar determinados projetos ou setores.

O EIB poderá deixar de assumir os riscos de construção nos projetos (ver o "Programa de Financiamento Estruturado" descrito abaixo), assumindo apenas os riscos operacionais de forma bastante conservadora, e não imediatamente na conclusão de projeto, mas considerando o seu desempenho inicial. Em tais casos, o Banco exige garantias bancárias comerciais para os financiamentos até atingir 'o risco'; o valor dessas garantias cobre não apenas o financiamento em aberto como também juros de 6 meses, além de uma provisão para o custo de infração de contrato de *swap* (§ 10.3.1) caso o financiamento seja amortizado antecipadamente. As garantias devem ser emitidas por 'bancos qualificados,' geralmente tendo como base as classificações de crédito mínimas; se um banco for rebaixado, o EIB poderá exigir que a garantia seja colateralizada à vista.[305] (O EIB também aceitava o seguro *monoline* como alternativa às garantias bancárias, o que deixou de ser uma estrutura viável pelas razões apresentadas na Seção § 4.3.2).

Programa de Financiamento Estruturado. Em 2001, o EIB estabeleceu o Programa de Financiamento Estruturado (*Structured Finance Facility* — SFF, no original em inglês), pelo qual assume um nível mais alto de riscos de projeto ao fornecer:

- financiamentos e garantias seniores pelas quais o banco assumirá os riscos pré-conclusão e os riscos operacionais iniciais;
- financiamento mezanino e garantias com preferência ao *equity* do acionista ou dívida subordinada;
- derivativos relacionados ao projeto (*hedging*).

---

305 O governo português forneceu contragarantias para bancos portugueses que estão fornecendo garantias para o EIB, como meio de contornar esse problema.

A decisão de criar esse programa foi provavelmente influenciada pelo fato de que, apesar de o financiamento pelo EIB ser barato, deixou de ser competitivo com o financiamento bancário comercial e o de títulos em função dos riscos limitados que o Banco assumiria — ignorando novamente a adicionalidade exigida, como discutido acima. O SFF tem sido regularmente aumentado e estendido regularmente desde sua criação; o último aumento (2008) elevou os fundos alocados para € 3,75 bilhões.

Iniciativa de Emissão de Títulos para Projeto na Europa em 2020. *Vide* Seções § 15.4.3; § 17.5.

Instrumento de Garantia de Financiamento para Projetos da Rede de Transportes Transeuropeia. Ver § 17.5.3.

Financiamento Fora da U.E. Cerca de 10% do financiamento total pelo EIB destina-se a países fora da União Europeia, incluindo países candidatos ou candidatos potenciais a membros da U.E., outros países adjacentes (Leste Europeu e Rússia; países mediterrâneos) e países em desenvolvimento em outras regiões. Esses financiamentos são assumidos com base em um 'mandato' da Comissão Europeia para fornecer valores definidos de financiamento a determinados países e regiões, sendo, de fato, um componente de assistência de desenvolvimento da UE. Tais financiamentos são administrados pelo EIB, mas a U.E. presta garantia.

§ 16.5.9 Banco Interamericano de Desenvolvimento

O BID foi fundado em 1959, sendo, assim, a mais antiga das MDFIs regionais, abrangendo a América Latina e o Caribe. O BID é a fonte principal de crédito DFI na região, com novos compromissos em 2012 totalizando US$ 11 bilhões, o que representa aproximadamente o dobro do nível de compromissos antes da crise de 2007/8, após um aumento de capital em 2010.

O Departamento de Setor Privado do IADB (agora Departamento de Financiamento Estruturado e Corporativo) foi criado em 1994. O IADB fornece financiamentos diretos ou garantias de crédito a tomadores do setor privado, predominantemente em US$, trazendo a participação do setor privado nesses financiamentos por meio de uma estrutura de Financiamento B. O próprio IADB pode fornecer até US$ 200 milhões ou 25% do custo total do projeto em um Financiamento A, com vencimento típico de 5–15 anos.

Em 1996, o IADB criou um programa para oferecer garantias de risco político em favor dos bancos comerciais financiadores e emissões de títulos. A cobertura é fornecida para a conversibilidade e transferência de moeda, expropriação, e descumprimento contratual. Nesse caso, até US$ 200 milhões ou 50% do custo do projeto poderá ser fornecido .

O IADB tem uma filiada, a Corporação Interamericana de Investimentos, que investe *equity* em projetos.

ANEXO: "CRITÉRIOS E INFORMAÇÕES PARA SUBSCRIÇÃO DE PROJETOS" DO EXIMBANK DOS EUA

(§ 16.4.4.)

I - PROJETO GERAL

- Na maioria dos casos, o projeto deveria ter contratos de longo prazo de entidades idôneas para compra dos resultados do projeto e a compra dos principais insumos do projeto como combustível, matérias-primas, bem como operações e manutenção. Tais contratos deveriam ter prazo superior ao do financiamento exigido do *Eximbank*. Em setores como telecomunicações e petroquímicos, caso contratos de longo prazo não estejam disponíveis, o *Eximbank* avaliará as operações caso a caso a fim de encontrar uma explicação comercial economicamente atraente.

- O projeto deveria incluir uma alocação de risco adequada às partes mais bem preparadas para gerir aqueles riscos. Uma análise de sensibilidade deveria resultar em um índice de cobertura do serviço de dívida suficiente para assegurar o serviço ininterrupto da dívida durante toda sua vigência.

- O custo total do projeto deveria ser comparável a projetos de natureza e tamanho similares em um determinado mercado.

- A definição das tarifas e custos do produto deveria refletir a precificação de mercado.

- O risco de desvalorização precisa ser substancialmente mitigado pela receita em moedas fortes, fórmulas de reajuste de receita com base nas relações variáveis de moeda, ou outros mecanismos estruturais.

Informações Exigidas

1. O resumo de todos os aspectos do projeto, contido em estudo independente de viabilidade e/ou em memorando de informação detalhado elaborado por uma parte qualificada. No estudo ou memorando deveriam constar a descrição, o local, a situação jurídica, a propriedade, o histórico e a situação dos elementos principais da estrutura do projeto, como contratos, licenças, participação e financiamento do sócio local.

2. Acordos para elementos principais do projeto. O *Eximbank* considera os acordos principais para incluir todos os contratos necessários para a construção e operação do projeto. Isso inclui contratos relacionados à infraestrutura, assim como contratos de fornecimento e contratos *offtake*. Esses contratos devem ser apresentados substancialmente na sua versão final, uma vez que o Banco *Eximbank* não aceitará resumos ou esboços.

3. Um detalhamento dos custos antecipados do projeto até o comissionamento, incluindo exigências de juros durante a construção e de capital de giro, por ordem de importância de custo e país de origem. Essa informação deve também incluir um detalhamento de eventuais 'custos subsidiados' como custos de desenvolvimento, taxas de

desenvolvimento, contingências do acionista e demais itens semelhantes. Um detalhamento da cobertura proposta para os juros durante a construção e o método de cálculo também deverá ser incluído.

4. Um resumo do plano de financiamento do projeto antecipado e do pacote de garantias, incluindo a fonte, a quantia, a moeda e os prazos de vigência da dívida e investimentos de *equity* propostos; as fontes de financiamento no evento de custos excedentes do projeto; bem como uma descrição das contas *escrow*. Devem ser fornecidas informações sobre as condições, exigências de garantias, situação dos compromissos de financiamento de outros financiadores para o projeto, se existentes. Todas as demais fontes acessadas para financiamento (bancos de desenvolvimento multinacionais, outras agências de crédito à exportação, bancos comerciais, mercados de capitais e investidores privados) devem ser informadas.

5. As demonstrações financeiras anuais projetadas que abranjam desde a fase de desenvolvimento do projeto até a data final de vencimento do financiamento proposto pelo *Eximbank*, incluindo o balanço patrimonial, resultado do exercício, fonte e aplicação dos demonstrativos de fundos, e os índices de serviço da dívida. As projeções devem incluir análise de sensibilidade não apenas para o cenário esperado, mas também para os casos pessimistas e otimistas.

6. Essa informação deve também ser fornecida eletronicamente em Lotus 123 ou em Excel. A estrutura do modelo financeiro deve estar em formato acessível ao usuário. O Banco *Eximbank* deve ser capaz de revisar e ajustar as suposições no modelo.

7. Suposições para as projeções financeiras, incluindo, dentre outros, a base para o volume de vendas e preços; custos operacionais e administrativos; depreciação, taxas de amortização e de juros; e políticas locais de governo sobre a regulação de preços.

8. As informações de mercado devem incluir dez anos de histórico de preços e dados de volume; capacidade presente e projetada da indústria; previsão da demanda de produto com suposições; descrição da concorrência e parcela do mercado projetada do projeto em comparação com as parcelas da concorrência; identidade e localização dos clientes; e estratégia de distribuição e marketing.

9. Uma descrição dos principais riscos e benefícios do projeto para os empreendedores, financiadores e governo local.

10. Uma descrição dos tipos de cobertura de seguros a serem comprados para as fases pré e pós conclusão do projeto.

11. Informações sobre a infraestrutura necessária para a operação do projeto, especificamente informações relacionadas ao momento, situação e planos de desenvolvimento.

12. Uma articulação clara da necessidade de cobertura do *Eximbank*.

II – PARTICIPANTES

- Os empreendedores do projeto, os compradores *offtake*, as empreiteiras, operadores e fornecedores devem ser capazes de demonstrar as capacidades técnicas, gerenciais e financeiras para desempenhar as suas respectivas obrigações dentro do projeto.

Informações Exigidas

1. Os empreendedores devem fornecer um breve histórico e uma descrição de suas operações em inglês, uma descrição de suas experiências pertinentes em projetos semelhantes, e três anos de demonstrações financeiras auditadas.

2. Caso os empreendedores sejam parte de uma *joint venture* ou consórcio, as informações devem ser fornecidas por todos os participantes. Um acordo de acionistas também deve ser fornecido. Todos os documentos pertencentes a essa área (contrato de *joint venture*, contratos de gestão e serviços) devem ser apresentados em sua versão final.

3. Os compradores e os fornecedores *offtake* devem fornecer em inglês um histórico e uma descrição das operações, demonstrações financeiras auditadas de pelo menos três anos, e uma descrição de como o projeto se encaixa em seu plano estratégico de longo prazo. Se o projeto utilizar matérias-primas (petróleo, gás, carvão, etano etc.) devem ser fornecidas cópias dos contratos revisados

por um consultor jurídico quanto à adequação e aderência à legislação local.

4. Empreiteiras e operadores devem fornecer currículos de experiência com projetos semelhantes e um histórico recente das informações financeiras.

III - TÉCNICO

- A tecnologia de projeto deve ser comprovada e confiável, e os acordos de licenciamento devem ser segurados contratualmente por um prazo maior que o prazo de financiamento do *Eximbank*.
- Um estudo da viabilidade técnica ou informações de engenharia suficientemente detalhadas precisa ser fornecido a fim de demonstrar a viabilidade técnica do projeto.

Informações Exigidas

1. Descrição técnica e um fluxograma do processo para cada instalação do projeto.
2. Estimativa detalhada dos custos operacionais.
3. Acordos para o fornecimento de matérias-primas e serviços públicos essenciais.
4. Minuta do contrato *turnkey* de construção e descrição das fontes de possíveis aumentos de custos e atrasos durante a construção, incluindo uma descrição detalhada das disposições de indenização contratual e exigências de seguro-garantia.
5. Cronograma de implementação do projeto, mostrando as datas esperadas para atingir as etapas essenciais do projeto.
6. Uma avaliação ambiental específica do local, ressaltando preocupações, exigências e soluções. Esses documentos devem demonstrar conformidade com as diretrizes ambientais do *Eximbank*. Todos os candidatos devem apresentar relatório de Avaliação

Ambiental Preliminar elaborado por especialista independente antes de apresentarem seu pedido para um compromisso final.

IV – CONJUNTURA REGULATÓRIA E JURÍDICA E PAPEL DO GOVERNO ANFITRIÃO

- O compromisso do governo local para atender às necessidades do projeto deve ser demonstrado.
- Uma análise legal e regulatória precisa demonstrar que as condições do país e a estrutura do projeto são suficientes para suportar uma exposição de dívida de longo prazo para o projeto por meio de relações contratuais exequíveis.
- As relações do *Eximbank* com o governo local serão abordadas caso a caso. Um Acordo de Incentivo de Projeto (*Project Incentive Agreement* (PIA), no original em inglês) celebrado entre o *Eximbank* e o governo anfitrião poderá ser exigido. O PIA aborda determinados riscos políticos e o método de resolução de conflitos do *Eximbank* com o governo anfitrião acerca dessas questões. Somente determinados mercados exigirão um PIA.

Informações Solicitadas

1. Uma descrição do papel do Poder Público local no projeto, e o progresso feito para se obter os compromissos governamentais essenciais, incluindo autorizações das entidades governamentais competentes para seguir com projeto. Cópias de todos os alvarás, licenças, contratos de concessão e aprovações são exigidas, além da descrição de todos os alvarás necessários para a conclusão do projeto e a sua condição. Essas informações são críticas para a consideração da inscrição pelo *Eximbank*.

2. Uma definição do controle, se for o caso, que o governo terá na gestão e operação do projeto, bem como a situação de eventuais garantias de que o governo não interferirá na operação do projeto. Se o governo for também um empreendedor do projeto, essas questões serão de importância especial.

3. Prova do compromisso atual e histórico do governo e políticas para disponibilidade e conversibilidade de moeda estrangeira.

4. A situação e a estratégia de obtenção de obrigações governamentais para apoiar eventuais partes governamentais envolvidas no projeto, na medida em que tais obrigações sejam necessárias ao fornecimento de apoio de crédito adequado para tais entidades.

Conteúdo *online*

Este capítulo trata dos tipos de suporte internacional que podem estar disponíveis para projetos, sobretudo em países em desenvolvimento. Há três fontes principais de tal suporte: (1) agências de crédito à exportação, que fornecem empréstimos, ou seguro ou garantias de risco financeiro ou político, para exportações de bens de capital para projetos fora do país em questão (§ 16.2); as ECAs também fornecem cobertura de risco político para investidores — mas obviamente, não oferecem cobertura para riscos comerciais (§ 16.3). (2) as DFIs bilaterais, que fornecem financiamentos não vinculados à exportação, ou seguros de risco político ou garantias, geralmente para projetos fora do país em questão (isto é, não ligados a exportações específicas do país em questão); estes geralmente trabalham com suas ECAs domésticas; estas podem incluir tanto as agências de desenvolvimento, que também fornecem assistência, assim como as instituições de financiamento de desenvolvimento ou fundos; os vários tipos de suporte oferecidos pelas ECAs líderes e DFIs bilaterais são discutidos no § 16.4. (3) as DFIs multilaterais — que fornecem suporte para todos os tipos de projetos, principalmente, mas não somente nos países em desenvolvimento (§ 16.5).

CAPÍTULO XVII

DESENVOLVIMENTOS RECENTES DO MERCADO E PERSPECTIVAS PARA O *PROJECT FINANCE*

§ 17.1 INTRODUÇÃO

A partir dos anos 1980, até 2008, o uso do *project finance* continuou a se expandir constantemente ao redor do mundo, pois somente foi afetado marginalmente pelas crises financeiras anteriores, tais como a crise asiática de 1997 ou o colapso da Enron em 2001. Mas os efeitos diretos e indiretos da crise financeira de 2008 sobre o mercado de *project finance* foram muito maiores em escala. Embora até 2009–10 o mercado de *project finance* parecesse estar se recuperando, a crise da Zona do Euro teve um efeito adicional adverso, não apenas sobre os projetos na Europa, mas também em outras partes do mundo, onde os bancos de *project finance* europeus importantes estavam ativos, sobretudo nas Américas.

Embora as perdas de crédito dos bancos sobre os empréstimos de *project finance* não fossem significativas após 2008, a liquidez de tais empréstimos foi uma questão importante (§ 17.2), acentuada pelos requisitos de 'Basileia III' (§ 17.3). O incentivo à atuação dos financiadores não bancários para o mercado de *project finance*, especialmente para a infraestrutura, foi uma prioridade nos países mais afetados pelos declínios de crédito bancário (§ 17.4), e o melhoramento do risco de crédito das transações de *project finance* é visto como uma parte-chave deste processo (§ 17.5). Modelos novos para as estruturas de *project finance* podem ser relevantes em poucos setores do mercado (§ 17.6).

Até meados de 2013, os bancos foram rapidamente retornando ao mercado e competindo fortemente com os financiadores não bancários e medidas extraordinárias para levantar financiamento privado, sobretudo, para projetos de infraestrutura estavam provando ser desnecessárias. Então, o importante papel desempenhado pelos bancos comerciais no mercado de *project finance* pode diminuir um pouco e se reduzir consideravelmente em alguns mercados, mas é improvável que desapareça (§ 17.2).

§ 17.2 O EFEITO DA CRISE FINANCEIRA DE 2008

As carteiras de empréstimos de *project finance* sobreviveram muito bem à recessão econômica após 2008: os níveis de perdas incorridas pelos bancos e outros financiadores no *project finance* foram baixos se comparados a outras formas de empréstimo tais como empréstimos à habitação ou financiamento corporativo. Não há dúvida de que a tese de que o *project finance* como um tipo de empréstimo de baixo risco — talvez contrária às primeiras impressões — confirmou-se diante dessas condições difíceis. A razão para as baixas taxas de perda claramente se relaciona à diligência ostensiva e aos controles cuidadosos que os bancos usam no *project finance*.

Mas o *project finance* não se amparou bem em um outro aspecto — o da liquidez. Sempre houve uma suposição implícita de que os empréstimos de *project finance* fossem líquidos, isto é, eles podiam ser consorciados (liquidados) para outros bancos (cf. § 5.2.8) se o banco original quisesse reduzir o seu nível de risco de longo prazo em um dado projeto. A contração do empréstimo completamente através do setor bancário tornou isso impossível na maioria dos mercados ocidentais e reduziu drasticamente o apetite para risco dos bancos, e, assim, a captação de recursos disponíveis para novos projetos. A falta de liquidez foi, obviamente, também uma importante razão para os problemas em outros mercados financeiros naquela época.

Uma outra questão importante, lançada para alívio pela questão da liquidez, é aquela da captação de recursos dos bancos para empréstimos de longo prazo para o *project finance* com depósitos de curto prazo nos mercados monetários (cf. § 10.3). Alguns bancos começaram a enfrentar problemas com a captação de negócios para as suas carteiras de *project finance* a partir de 2008, porque os bancos se tornaram muito conservadores a respeito dos seus riscos de contraparte, os mercados de captação de recursos interbancários se tornaram mais e mais ilíquidos. Isso, novamente, reduziu o apetite para novos empréstimos por meio de *project finance*.

Dessa forma, o resultado foi uma redução acentuada de novos empréstimos por meio de *project finance* (assim como para todos os outros empréstimos). A redução foi mais intensa nas regiões que sofreram a maior parte da recessão, como a Tabela 4.1 mostra. Isto foi seguido — não surpreendentemente — de um acentuado aumento nas taxas de juros (cf. § 12.6.1) e uma contração geral dos prazos de vigências dos empréstimos de curto prazo, tais como os "*soft mini perms*" disponíveis no mercado (cf. § 14.4.4).

De forma semelhante, os mercados de títulos sofreram severamente com o desaparecimento virtual das seguradoras *monoline*, embora os negócios em escalas um pouco menores tenham continuado para os projetos que não os de PPP e com requisitos financeiros de curto prazo (cf. § 4.3.3).

Esta redução nos empréstimos levou alguns governos a tomarem medidas para preencher a lacuna financeira para os projetos PPP: por exemplo, o governo britânico criou a Unidade Financeira de Infraestrutura do Tesouro ("TIFU", na sigla em inglês para *Treasury Infrastructure Finance Unit*) como abordada em § 15.7

Estes efeitos de curto prazo foram um pouco reduzidos em 2009/10, e então os mercados melhoraram, mas com a combinação da crise da Zona do Euro e a questão dos longos prazos do financiamento bancário para financiamentos, de acordo com os requisitos do "acordo de Basileia", discutidos abaixo, houve uma contração adicional do mercado, especialmente na Europa.

Entretanto, até 2013, o mercado de empréstimo bancário estava mostrando sinais de ressurgimento apesar destas preocupações de longo prazo; em alguns mercados, tais como a América do Norte, uma ampla linha de financiamentos institucionais estava disponível para os setores de energia e infraestrutura, e, na verdade, havia até alguma competição entre os financiadores institucionais e os bancos. Uma posição semelhante também estava se desenvolvendo na Europa. Em outros mercados, tal como o Golfo Pérsico, os bancos locais assumiram a posição dos tradicionais financiadores internacionais, e em outros, tal como a Índia, o governo agiu para desenvolver o mercado de títulos mais rapidamente.

§ 17.3 O "ACORDO DA BASILEIA"

A tendência para os bancos comerciais se desviarem do *project finance*, que não é nova nem unicamente resultado da crise financeira de 2008 (cf. § 4.2.2), está sendo acelerada pelo "Acordo da Basileia". A Basileia aqui se refere ao *Bank for International Settlements* (BIS), localizado na Basileia, Suíça, que é o banco central para os bancos centrais nacionais. Ele sedia o Comitê da Basileia de Supervisão Bancária (*Basel Committee on Banking Supervision*), que define os padrões de adequação de capital internacional para os principais bancos internacionais (para nivelar o campo competitivo de atuação, evitando, então a concorrência desleal na regulação bancária entre os países — se isto não fosse feito, haveria um perigo de que os supervisores de bancos nacionais reduzissem os requisitos de adequação de capital para permitir que seus bancos reduzam os custos de seus empréstimos; isto é especialmente importante onde os empréstimos internacionais estão em questão). Estes padrões atravessaram três iterações:

- 'Basileia I' (1988), introduzida nos países do G-10 em 1992: esta propôs uma proporção mínima para os empréstimos bancários em relação ao capital próprio; ela foi aplicada do mesmo modo para todos os empréstimos, a não ser os empréstimos soberanos para governos (ignorando, assim, a qualidade de crédito); ela não tomou a devida consideração das responsabilidades registradas fora do balanço.

- 'Basileia II' (2004): foi baseada na proporção entre capital e medida de risco, tanto pela classificação externa de risco de crédito, quanto da própria experiência de perda do banco.[306] Assim, quanto mais alto o risco, mais capital é solicitado. Mas os bancos deveriam dispor somente de uma pequena quantia do capital — 2% — em relação aos ativos de risco ponderados.
- 'Basileia III' (2011, para ser introduzida a partir de 2013/18) introduzido com o aprendizado de decorrente da crise financeira de 2008, de que a liquidez é tão importante para um banco quanto a qualidade de crédito. Então, os requisitos de liquidez mínima têm que ser introduzidos para os bancos, que desencorajarão a demasiada captação de recursos defasada (tomando emprestado em curto prazo e emprestando no longo prazo). O nível de capital solicitado terá também que ser aumentado em 7% dos ativos de risco ponderado.

Para o *project finance*, isto provavelmente significa que a ênfase maior será baseada na redução de disparidades de datas de vencimentos ao forçar os bancos a obterem empréstimos por prazos mais longos

306 De maneira interessante, quando o acordo da Basileia II foi primeiro elaborado, o *project finance* foi colocado relativamente em uma categoria de alto risco, junto com outros financiamentos estruturados (cf. § 5.2.2), significando que os bancos teriam que alocar mais capital para estes empréstimos, tornando-os menos atrativos e assim diminuindo o fornecimento de crédito do *project finance* e aumentando o seu custo para o tomador. Quatro bancos líderes de *project finance* encomendaram estudos de suas carteiras pela agência de classificação de risco de crédito Standard & Poor's que mostrou que, de fato, o risco de inadimplência e a consequente perda dos empréstimos de *project finance* foi provavelmente mais baixo do que o seu negócio geral de financiamento corporativo, e consequentemente, as regras de Basileia II foram mudadas em 2005 para refletir isto. Cf. ESTY, Benjamin C.; SESIA, Aldo M. *Basel II*: assessing the Default and loss characteristics of project finance loans. Cambridge: Harvard Business School, 2004. Esta base de dados continua a ser mantida e atualizada pela S&P, e muitos mais bancos agora fornecem informações para eles. (cf. § 9.15).

quando captarem recursos através dos empréstimos de longo prazo. No mínimo, isto tornará o *project finance* fornecido pelo banco mais caro do que seria de outra forma. Alguns bancos podem considerar o incremento do *project finance*, sobretudo se as margens de empréstimo retornarem aos níveis pré-2008 (cf. § 4.2.2). Outros bancos podem permanecer ostensivamente no mercado, mas se concentrarem em obter empréstimos que são destinados à venda subsequente ao mercado institucional. Alguns bancos já montaram equipes para este trabalho. Alternativamente, um banco pode continuar a ser o 'financiador de histórico' para projetos (e, então, podem ser vistos na Tabela 4.3), mas cobrem pelo menos parte de seus créditos de risco ao entrarem nas trocas de inadimplência de créditos com o mercado institucional. O problema foi mais agudo para o financiamento da infraestrutura, em que as datas de vencimento do empréstimo são tipicamente mais longas (20 anos ou mais) do que em outros setores do *project finance* (menos que 20 anos). Houve também um impacto no mercado de empréstimo internacional para projetos desta natureza, com mais bancos se concentrando primariamente em seu mercado interno. Os bancos estavam usando empréstimos de curto prazo ("*soft mini perms*") e estruturas semelhantes para reduzir as datas prováveis de vencimento dos empréstimos, mas até a metade de 2013, parece que eles foram incentivados pela competição não bancária a retornar mais a datas de vencimento mais longas. Por outro lado, os projetos de recursos naturais são frequentemente de curto prazo e de interesse estratégico para os compradores destes produtos e, então, o financiamento dos bancos destes países (tal como o Japão) está, ainda, facilmente disponível.

§ 17.4 FINANCIADORES NÃO BANCÁRIOS

A fonte mais natural de dívida para projetos deveriam ser entidades que têm necessidade de fluxo de caixa de longo prazo e relativamente seguro, por exemplo, seguradoras de vida e previdência, fundos de pensão, fundos especulativos/de cobertura, fundos soberanos, empresas financeiras etc. (o mercado 'institucional'). Entretanto, o limitado desenvolvimento do mercado do *project finance* baseado em títulos (cf. § 4.3.3),[307] apesar de muitas falsas auroras, mostra que ainda há um longo caminho a percorrer antes de que tais fontes possam substituir o financiamento bancário e o desaparecimento virtual das seguradoras *monoline* (cf. § 4.3.2), obviamente, não tem ajudado.

§ 17.4.1 Financiadores Institucionais

Parcialmente como um resultado da contração acentuada no *project finance* bancário após 2008, crescendo no histórico muito mais longo dos fundos de investimento de capital próprio no mercado de infraestrutura (cf. § 3.2), e combinado com a procura por ativos de renda alta variável de baixo risco, os últimos anos assistiram a um aumento significativo no fornecimento de dívida institucional, isto é, instituições não bancárias atuando como financiadores. Um outro fator que obviamente encorajou este crescimento é o aumento acentuado nas margens que aconteceu após 2008 (cf. § 17.2). Grandes seguradoras de vida e previdência e fundos de pensão já estão fazendo empréstimos diretos de *project finance* para projetos.

O Canadá é talvez o melhor exemplo disto — o mercado canadense sempre dependeu dos bancos europeus e japoneses para *project finance* de longo prazo porque os bancos canadenses não tinham permissão para emprestar com datas de vencimentos tão longas. Por outro lado, há seguradoras grandes e sofisticadas de vida e previdência e fundos de pensão no Canadá. Essas entidades desenvolveram *expertise* investindo diretamente o capital próprio no *project finance*, então, fornecer financiamento não é um campo desconhecido para eles, de modo que substituíram os bancos em considerável escala. O efeito

---

307 Não é necessário, para os financiadores institucionais, tais como as seguradoras de vida e previdência e fundos de pensão, estruturar seus empréstimos apenas na forma de títulos: eles podem também fazer empréstimos diretos. Entretanto, os títulos têm sido tradicionalmente a melhor rota, porque eles são estruturados para permitir uma venda fácil, e assim, fornecer alguma liquidez para os investidores, embora como discutido abaixo, mudanças estejam a ocorrer a este respeito.

desta nova fonte de financiamento pode ser visto na margem sobre as taxas de títulos públicos para tal financiamento que havia caído cerca de 4% em 2008 para cerca de 1,75% até o final do ano de 2012.

É difícil de se obter estatísticas, mas a agência de classificação de risco de crédito Standard & Poor's (cf. § 5.3.1) estimou o que o volume captado de 'fontes alternativas' por projetos em 2012 foi comparável, em tamanho, ao mercado de títulos internacional (cf. § 4.3.3), a cerca de $ 20 bilhões. Entretanto, o crescimento está restrito pela falta de dados históricos sobre o desempenho e preocupações sobre o risco de construção (discutidos mais adiante no § 17.5.1).[308]

Mas há limites na possível demanda dos investidores institucionais: não há um mercado no qual os empréstimos para as Empresas do Projeto possam ser negociados e, por isso, eles são ilíquidos. (E mesmo se títulos possam ser, em teoria, negociados, na prática, o mercado para a emissão de determinados títulos não é muito líquido também).

Isto significa que, como com investimento de capital próprio, os financiadores institucionais irão querer manter somente uma proporção muito limitada de seus ativos (provavelmente menos do que 5%) nos empréstimos de *project finance.* Os financiadores institucionais também tendem a preferir projetos de acomodação convencionais, ao invés de projetos mais complexos e/ou arriscados de geração de energia ou estruturados na forma de concessão, então, setores tais como esses podem ainda ter que depender primariamente do financiamento bancário. É também possível que, se o nível geral de taxas de juros aumentar, os financiadores institucionais se afastem das complexidades do *project finance* para a relativa simplicidade de outros mercados de financiamento, tais como os empréstimos corporativos.

Há, também, os riscos inerentes ao fato de que a informação sobre o que está acontecendo no mercado de instituições não bancárias

---

308 WILKINS, Michael. *Out of the shadows*: the rise of alternative financing in infrastructure. Londres: Standard & Poor's, 2013*.

é muito limitada, comparado aos empréstimos bancários e títulos (bancários) e então, como com a crise financeira de 2008, é possível que os altos níveis de risco possam se acumular sem o conhecimento dos reguladores do mercado financeiro. Também não é ideal que, enquanto os financiadores bancários ou outros entes regulados tenham que alocar níveis específicos de capital e liquidez para fornecer os empréstimos, ao passo que entidades não reguladas, assumindo os mesmos riscos, não tenham que aderir a tais requisitos prudenciais.

§ 17.4.2 Fundos de Financiamento

Um outro problema para o desenvolvimento do mercado de dívida institucional é que somente as maiores instituições costumam dispor de recursos para empregar pessoal especializado para avaliar e monitorar uma carteira de empréstimo de *project finance*. Já que o financiamento por meio de *project finance* será somente uma pequena porcentagem do *portfolio* institucional, não é vantajoso para instituições de menor porte empregar pessoal especializado para avaliar e monitorar uma carteira de crédito por meio de *project finance*. Os fundos de pensão menores, entretanto, podem, ainda, estar interessados em alocar uma parte de seu *portfolio* para o setor de infraestrutura em particular.

Os fundos de investimento dedicados ao *project finance* estão começando a abordar este problema. Eles fornecem financiamento para projetos em termos semelhantes aos adotados para empréstimos diretos e as participações em tais fundos são normalmente exercidas por partes que já têm algum envolvimento em investimentos de capital próprio neste setor, isto é, seguradoras de vida e previdência e fundos de pensão, e — especialmente nos países em desenvolvimento — as DFIs.

Há questões de conflito de interesses potenciais que podem inibir parte do desenvolvimento neste setor: um modelo possível para os fundos de investimento é a cessão de um financiamento já fornecido por um banco (com um resultado semelhante ao CLO — cf. § 5.2.10): os riscos aqui são evidentes. A solução simples é assegurar que o banco retenha uma parte razoável do empréstimo em suas próprias carteiras de crédito, mas isto é difícil de controlar porque o banco pode facilmente vender, silenciosamente, sua participação enquanto permanece como financiador histórico, ou empregar uma *swap* de inadimplência de crédito como discutido acima.

Uma dificuldade adicional é que como apenas gestores de não originários de fundos tendem a classificar o investimento do capital próprio em *project finance* como sendo de 'alto risco e alto retorno, e cobram taxas altas de acordo (cf. § 14.17.1), a mesma filosofia se aplica a fundos de investimento, que torna os retornos não atrativos para muitos investidores institucionais.

§ 17.4.3 Fundos de Pensão do Setor Público

Entretanto, fundos grandes de pensão do setor público de países desenvolvidos, tais como o Canadá e os E.U. já são agentes significativos no uso de capital próprio em *project finance* e estão começando a se envolver no seu financiamento. Os fundos de pensão deste tipo geralmente tentam assegurar que eles diversifiquem o seu *portfolio*, então eles se envolvem com uma variedade de tipos de projeto em uma diversos países, não apenas o seu mercado interno.

Então, desde que os fundos de pensão do setor público sejam capazes de trabalhar com bases razoáveis e não sejam empurrados para determinados projetos em função de pressão política, não há nenhuma questão aqui, mas este não é sempre o caso. Especialmente em países em desenvolvimento (por exemplo, na Nigéria e na África do Sul), o fundo nacional de pensão do setor público é frequentemente a maior fonte potencial de financiamento institucional, e é difícil para tais fundos resistir à pressão para investir em projetos para o benefício da economia nacional. No entanto, o objeto principal do fundo de pensão é assegurar que seus membros recebam as pensões que lhes são devidas e a concentração indevida de ativos em um setor, tais como projetos importantes, provavelmente com diligência inadequada por causa das pressões políticas, compromete potencialmente sua função primária de prover pensões.

§ 17.4.4 Solvência II

Uma outra questão para as seguradoras de vida na União Europeia que pode afetar a sua participação no fornecimento de *project finance* é a 'Diretriz de Solvência II' de 2009,[309] que harmoniza a regulação das seguradoras e que poderia ser descrita como 'Basileia III para as seguradoras'.

Isto deveria se tornar efetivo no começo de 2014, mas esta data foi antecipada pelo parlamento europeu e, a partir de meados de 2013 nenhuma nova data tinha sido anunciada. A maior preocupação se relaciona ao nível aumentado de capital a ser retido pelos investimentos de longo prazo. (Nenhuma distinção é feita a este respeito entre os empréstimos corporativos e os empréstimos do *project finance*). Então a Solvência II pode tornar o financiamento de longo prazo do *project finance* menos atrativo para as seguradoras que já tenham somente acabado de entrar no mercado.

§ 17.5 MELHORAMENTO DE RISCO DE CRÉDITO DO *PROJECT FINANCE*

Melhorar a classificação de risco de crédito para os projetos financiados por meio de *project finance* tem sido como a chave para explorar o mercado de financiamento institucional de longo prazo em uma escala muito maior. Estes projetos são tipicamente classificados em BBB/Baa, isto é, a extremidade inferior do grau de investimento (cf. § 5.3.1), que não é atrativa para muitos financiadores institucionais, que prefeririam ver uma classificação 'único A' (A/A), embora algumas das maiores instituições estejam dispostas a assumir o risco BBB/Baa diretamente nos Projetos de Acomodação.

Os governos têm se preocupado especialmente com o *project finance* para o setor de infraestrutura, incluindo as PPPs, que como foram

309 A Diretriz 'Solvência I' foi emitida em 1973.

mencionadas acima solicitam as mais longas datas de vencimento. As várias formas de suporte do setor público para tais projetos são discutidas no Capítulo 15, mas há muitas maneiras possíveis de melhorar o crédito de risco do *project finance*, que podem ser adotadas sem necessariamente precisar do suporte do setor público.

- risco separado de construção (§ 17.5.1);
- financiamento intermediário (§ 17.5.2);
- financiamento de reserva (§ 17.5.3);
- prazos mistos de vigência (§ 17.5.4);
- Incremento de *equity* (§ 17.5.5).

§ 17.5.1 Risco Separado de Construção

Uma maneira de reduzir o risco e, assim, melhorar a classificação de risco de crédito para o financiamento é remover o risco de construção. Isto pode ser feito pelos bancos comerciais ou por outras partes dando garantias de conclusão de projeto, ou pelo financiamento de construção sendo fornecido separadamente pelos bancos e depois refinanciados pelos financiadores institucionais, uma vez que o projeto esteja concluído (cf. § 15.6). A lógica de envolver bancos para a fase de construção é obviamente que este é o típico caso de financiamento de curto prazo, que é inerentemente mais apropriado como um negócio bancário.[310]

---

310 Aprofundando este tema, o Poder Concedente pode fornecer uma retirada, isto é, incluindo o capital próprio, no final da fase de construção, e assim se beneficiar do ânimo do valor do projeto neste estágio (cf. § 14.17.1). O projeto pode então ser franqueado novamente. Mas isto torna o investimento de capital próprio muito pouco atraente ao investidor do setor privado, porque o retorno sobre o capital próprio será muito limitado, então é provável que somente uma parte disposta a fornecer algum capital próprio seria a empreiteira da construção (talvez na forma de financiamento de reserva ao invés de capital próprio). Em tais casos a Renúncia (cf. § 6.6) é provavelmente a abordagem mais simples.

Mas esta solução aparentemente simples levanta algumas questões:

- *O risco de refinanciamento* (cf. § 10.6). Este risco tem que ser assumido pelo Poder Concedente, a não ser que ele possa persuadir os financiadores de longo prazo a fornecer uma retirada adiantadamente.[311]

- *Diligência*: Os financiadores e avalistas da fase de construção têm pouco incentivo para executar a diligência devida sobre os riscos da fase de pós-construção, então quem faz isto e quando?

- *Momento de entrega*: Como a data sobre a qual a fase de construção os financiadores e avalistas são pagos e seria fixada, e qual responsabilidade permanente deles? Mesmo se o projeto passa em quaisquer testes de conclusão ou cumpre as especificações de *output* de produtos seria necessário para o projeto operar por algum tempo para assegurar que não ocorram outros problemas? Entretanto, estas questões podem ser mais um problema com os projetos envolvendo equipamento, ao invés dos projetos diretos Baseados em Acomodação.

- *Deadline*: Tipicamente, uma vez que a construção de um projeto está um ano atrasada no cronograma (a não ser devido aos riscos do proprietário) tanto o contrato de construção quanto o acordo do projeto podem ser rescindidos por inadimplência (cf. § 7.10.1; § 8.2.8). Se houver financiadores de longo prazo, eles podem ter a opção de interferir e tentar remediar a situação (cf. § 8.11), e até mesmo se isto criar perdas, há uma chance de recuperar algumas ou todas estas perdas (às custas dos retornos dos investidores) sobre a vida restante do contrato. Mas se houver somente um empréstimo ou garantia

311 O aspecto de risco de taxa de juros do risco de refinanciamento poderia ser coberto por uma troca de taxa de juros de longo prazo, mas há obviamente uma questão a respeito de quem estaria disposto a assumir o risco de tal troca, sem empréstimo de longo prazo correspondente em vigor.

de construção de curto prazo, os financiadores da fase de construção podem cristalizar uma perda imediata que eles não têm esperança de recuperar.

Levando-se em consideração estas questões, o financiamento da construção provavelmente funciona melhor para projetos, onde a construção é relativamente de baixo risco, por exemplo, Projetos Baseados em Acomodação, ao invés de projetos com risco de alta tecnologia tal como um incinerador de lixo.

§ 17.5.2 Financiamento Intermediário

Esta lógica sugere que a provisão de financiamento intermediário, tanto pelos bancos quanto pelas outras partes tais como os financiadores especializados ou fundos de financiamento intermediários, pode ser uma maneira mais viável de lidar com este problema. Se um projeto tem 15% de capital próprio e 10% de dívida/financiamento intermediária/o, as perdas têm que ser de 25% do total do financiamento antes que os financiadores seniores tenham que sofrer alguma perda, como comparado a 15% se não houvesse financiamento intermediário. Assim, o risco dos financiadores preferenciais/privilegiados/seniores reduziu, o que deveria ser refletido em uma classificação de risco de crédito melhor, e uma maior disposição da parte de financiadores institucionais mais cautelosos.

A seção do § 15.4 dá exemplos de uso do financiamento intermediário do setor público (SIBs, TIFIA e EIB). Um ponto fundamental, aqui, são programas desse tipo que oferecem o financiamento intermediário a um custo comparativamente baixo, enquanto o custo do financiamento intermediário de fontes comerciais (em oposição às (fontes) subsidiadas), tais como os fundos de financiamento intermediário, poderiam ser quase o mesmo que a TIRs *Equity* solicitada pelo *equity*, isto é, quase a mesma coisa que aumentar o capital próprio, discutido abaixo. Então, as tentativas de se criar fundos de financiamento intermediário para projetos não têm sido bem-sucedidas.

§ 17.5.3 Financiamento de Reserva

Uma alternativa para a provisão imediata de financiamento intermediário é um arranjo para fornecer tal financiamento apenas se este for solicitado. Isto é extremamente relevante para as concessões, onde pode haver incerteza sobre realizar as previsões de tráfego, especialmente durante a fase inicial (cf. § 9.6.2). Os SIBs, TIFI e a iniciativa de título de Projeto EIB também podem fornecer financiamento de reserva (*stand-by*), que, diferentemente do LGTT, está disponível ao longo de toda a vida do projeto.

Em relação ao *equity*, o uso dos compromissos contingentes — ou de reserva do capital próprio dos patrocinadores para cobrir déficits de fluxo de caixa imprevistos não é novo (cf. § 9.13).

§ 17.5.4 Prazos Mistos de Vigência

Outra variação é o uso de 'prazos mistos', isto é, a dívida é fornecida tanto por bancos, quanto por detentores de títulos (ou outros empréstimos de longo prazo). Nessa estrutura, ambos os financiamentos são *pari-passu*, mas o empréstimo bancário tem um prazo mais curto (por exemplo, 7-10 anos) e, assim, é amortizado mais rapidamente, com os pagamentos dos financiadores institucionais sendo quitados no final no fluxo de caixa.[312] O perfil global do serviço da dívida total reúne esses dois cronogramas de amortização para produzir um pagamento por anuidade normal. Entretanto, há algumas questões práticas quando os bancos estão emprestando em conjunto com detentores de títulos (cf. Tabela 5.2), de modo que essa estrutura funciona melhor com os financiadores institucionais ou fundos de dívida que estão completamente envolvidos na diligência e no controle de projetos, isto é, que se comportam como bancos.

---

312 O último tipo de empréstimo é conhecido como 'Termo de Empréstimo B', em oposição ao empréstimo bancário que é o 'A'. O Termo Empréstimo B é geralmente usado para descrever um empréstimo institucional, no qual a amortização é muito baixa nos primeiros anos, com amortizações maiores mais tarde, ou amortização com um pagamento *ballon*.

§ 17.5.5 Incremento de Capital Próprio

O incremento da proporção de *equity* no financiamento do projeto terá o mesmo resultado um financiamento intermediário — isto é, o risco para os financiadores seniores é reduzido a encorajar, assim, o financiamento institucional. A questão aqui, como discutida no § 12.8, é se o risco reduzido para ambos, investidores e financiadores, resultará em cada um deles estar disposto a receber um retorno mais baixo. Se esse não for o caso, o resultado será, obviamente, um projeto mais caro.

Em seu programa PF2, anunciado em 2012,[313] o Tesouro Britânico anunciou um requisito para aumentar o nível usual de *equity* próprio nos projetos futuros de Modelo PFI (de cerca de 10–15% dos custos do projeto para 20–25% em um projeto típico). Isto deveria ser dividido entre os Patrocinadores originais, o setor público[314] e o capital próprio para ser vendido em uma concorrência para provisão do financiamento do *Equity* (cf. § 12.2.5).

Já que se esperava que o *equity* do não–patrocinador teria uma TIR mais baixa e que o financiamento teria um custo mais baixo por causa do incremento do *equity*, não se esperava que os custos totais do financiamento fossem muito maiores do que sob o modelo financeiro convencional. Isto foi direcionado para tornar o financiamento mais atrativo ao mercado institucional (e de fato, o Tesouro disse que "espera-se que os projetos PF2 ...forneçam o financiamento da dívida de fontes outras que a dívida bancária") mas em 2013, como se tornou claro que o financiamento bancário para os projetos PPP estava se tornando mais livremente disponível de novo, a ideia de aumentar a proporção do capital próprio nos contratos PF2 foi abandonada. [HM Treasury, op. cit. *supra*, para 8.22.][315]

---

313 HM Treasury, A New Approach to Public Private Partnerships (London, 2012)*.

314 O *equity* é retido por uma unidade do Tesouro Britânico, não o Poder Concedente, embora esse se beneficie da maior parte do retorno.

315 Entretanto, a divisão compulsória de capital próprio entre o proponente/licitante original, um novo investidor escolhido através de uma Concorrência de Financiamento de Capital Próprio, e o Tesouro permanecem operando. Isto é

Nos projetos financiados com empréstimos de curto prazo refinanciáveis do tipo "*soft mini perms*" (§ 14.4.4; § 14.16.4), os Patrocinadores podem decidir aumentar o investimento de capital próprio quando eles têm que refinanciar antes que o *miniperm* entre em vigor, o que deveria ser comparativamente fácil porque haveria um fluxo de caixa estável. Isto tornaria, então, o financiamento mais fácil de ser captado.

§ 17.6 NOVOS MODELOS

Há alguns modelos novos, ainda pouco utilizados, que podem ser úteis em alguns setores, por exemplo:

- Financiamento tendo como Base um Ativo Regulado (§ 17.6.1);
- Assistência Baseada no *Output*/Saída (§ 17.6.2);
- Títulos de Impacto Social (§ 17.6.3);
- Financiamento de Incremento Fiscal (§ 17.6.4);

§ 17.6.1 Financiamento Baseado em Ativo Regulado

A regulação, frequentemente, aplica-se a serviços do setor privado que cobram dos usuários finais. O propósito disto é assegurar que o público não seja explorado pelo monopólio dos fornecedores de serviços, enquanto, ao mesmo tempo, que o serviço em questão

---

direcionado a defletir a crítica de que os 'ganhos inesperados' feitos sobre a venda de capital próprio pelos Patrocinadores (cf. § 14.17.1): os ganhos inesperados se tornarão menores e o setor público terá uma parcela deles. Ele permanecerá visível se os Patrocinadores estiverem dispostos a perder o controle de um projeto deste modo (especialmente se eles se tornam uma minoria acionista), e também se eles considerarão isto vantajoso para fazer uma proposta para os projetos onde o seu retorno absoluto de capital próprio é reduzido (porque eles não conseguem obter 100% do capital próprio).

tenha condições para desenvolver a infraestrutura necessária e receber um retorno razoável sobre este investimento. Os papéis do regulador, frequentemente apontado pelo governo, mas desse independente, são:

- estabelecer os padrões de serviço, que podem resultar na empresa prestadora ter que investir em novos projetos;
- aprovar o custo de novos projetos, mas baseados no que eles deveriam ter custado, ao invés do que foi, de fato, gasto neles — deixando, então, o risco de construção com os acionistas da empresa prestadora;
- aprovar a 'base de ativo' da empresa de serviço, isto é, o custo razoável de seus ativos, incluindo as adições indicadas acima, que são solicitadas para fornecer o serviço, menos sua depreciação;
- aprovar o custo de capital da empresa prestadora, isto é, o custo razoável de financiar a sua base de ativos e fornecer retorno aos acionistas;
- aprovar os custos operacionais da empresa prestadora, incluindo uma margem de lucros razoável sobre estes custos.

O que resulta no cálculo dos preços a serem cobrados dos usuários finais, geralmente fixados por um determinado período (digamos cinco anos) até a próxima avaliação regulatória, com aumentos sobre o período ligado a CPI.[316]

Dada esta estrutura, os financiadores da empresa prestadora sabem que, uma vez que a base de ativos foi definida, ela terá um fluxo de caixa seguro e, então, poderá captar dívida com um custo bem baixo. Assim, não há, geralmente, necessidade de serviços regulados em usar *project finance* ao invés do financiamento corporativo.

316 Isto é obviamente um processo altamente complexo, e há o perigo da 'captura regulatória', isto é, como as entidades reguladas têm melhores recursos e são melhor informadas do que o regulador, provavelmente serão mais bem-sucedidas na pressão contra as propostas regulatórias que consideram desfavoráveis.

Mas, diferente dos serviços privatizados, as PPPs e os projetos de instalações industriais de processamento contratados com a Autoridade Contratante geralmente não operam sob o controle de um regulador no sentido empregado acima.

Tais projetos são baseados em 'regulação contratual', isto é, o Contrato Principal do Projeto estabelece os padrões de serviço e o custo máximo que tal projeto pode cobrar do Tomador/Autoridade Contratante ou do usuário final. De fato, não seria adequado que um regulador apontado pelo próprio governo regulasse o preço de um contrato assinado entre a Empresa do Projeto do setor privado e a Autoridade Contratante.[317] Mas, é claro que isso significa que, se os pagamentos do contrato são percebidos como excessivamente altos, provavelmente surgirá um problema político (cf. § 11.2).

Nos últimos anos, houve discussões a respeito da regulação aplicáveis ao setor de PPP a fim de tornar a dívida de longo prazo mais fácil e barata de captar e contornar a inflexibilidade dos contratos PPP de longo prazo (cf. § 7.2.6). Isso é chamado Financiamento Baseado em Ativo Regulado ('RAB').[318]

A ideia é que a Empresa do Projeto construirá o projeto e captará o *project finance* para cobrir a fase de construção. Quando o projeto estiver concluído, o regulador decidirá se o seu custo é razoável e, se assim for, permitirá um retorno sobre este custo (isto é, ele se tornará a base do ativo), o que possibilitará que o custo do financiamento seja construção ser refinanciado por um empréstimo tendo, por base, o retorno regulado.

---

317 Cf. BAKOVIC, Tonci; TENENBAUM, Bernard; WOOLF, Fiona. *Regulation by contract*: a new way to privatize electricity distribution?. Washington: World Bank, 2003★.

318 Cf. HELM, Dieter. "Infrastructure investment, the cost of capital, and regulation: an assessment". *Oxford Review of Economic Policy*, vol. 25, nº 3, 2009; HELM, Dieter. "Infrastructure and infrastructure finance: the role of the government and the private sector in the current world". *EIB Papers*, vol. 15, nº 2, 2010, p. 34★.

Mas as PPPs e os projetos de unidades industriais de processamento contratados com uma Autoridade Contratante geralmente não operam sob o controle de um regulador no sentido que este é empregado acima. Tais projetos são baseados em 'regulação contratual, isto é, o Contrato Principal do Projeto estabelece padrões de serviços e o custo máximo que tais projetos podem cobrar do Tomador/Autoridade Contratante ou do usuário final.

De fato, não seria tão convincente para um regulador apontado pelo governo regular o preço de um contrato assinado entre uma Empresa do Projeto do setor privado e um Poder Concedente.[319] Mas obviamente, isto significa que se os Pagamentos de Contrato são percebidos como sendo excessivamente altos, provavelmente resultará em um problema político (cf. § 11.2).

Então, enquanto uma regulação pode ser apropriada para a infraestrutura privatizada, é improvável que ela seja apropriada para o setor PPP.

§ 17.6.2 Assistência Baseada em Especificações de Resultado

A assistência baseada em especificações de resultado (*Output Based Aid — OBA* no original) foi definida como:

> ...um mecanismo baseado em resultados que é cada vez mais usado para entregar a infraestrutura básica e serviços sociais aos pobres... o OBA condiciona o desembolso de recursos públicos na forma de subsídios para a obtenção de resultados claramente definidos que asseguram o acesso direto a serviços básicos de melhor qualidade. Os serviços básicos incluem o

319 Cf. BAKOVIC, Tonci; TENENBAUM, Bernard; WOOLF, Fiona. *Regulation by contract*: a new way to privatize electricity distribution?. Washington: World Bank, 2003*.

> suprimento de água e saneamento, acesso à energia, cuidado de saúde, educação, serviços de comunicações e transportes.[320]

O conceito de OBA foi primeiro desenvolvido pelo Banco Mundial em 2002. Ele tem como meta os necessitados que são excluídos dos serviços básicos porque eles não podem pagar o custo das tarifas do usuário, tais como as taxas de conexão. Há, agora, uma Parceria Global de Assistência Baseada em Especificações de Resultado (*Global Partnership on Output Based Aid — GPOBA* no original) que foi fundada pelo Banco Mundial e outras DFIs bilaterais e fornece suporte para projetos usando esta estrutura.

Há uma conexão óbvia entre a OBA e os Contratos PPP baseados em especificações de resultado. Especialmente, essa é uma maneira por meio da qual a lacuna de viabilidade orçamentária, que tão frequentemente se encontra nos países em desenvolvimento que tentam estruturar projetos sociais no Modelo PFI, pode ser preenchida. A OBA pode fornecer captação de recursos de longo prazo para cobrir em parte ou eliminar tarifas de serviço de projetos de infraestrutura social, o que ajudaria a torná-los acessíveis aos usuários e assegurar a responsabilidade pela maneira que os recursos da assistência são empregados.[321] Mas um problema pode ser que obter o compromisso de que os doadores teriam que se comprometer a realizar os pagamentos durante a vida toda do Contrato de PPP para possibilitar que o recurso da dívida para o projeto seja captado, porém, a maior parte desse tipo de assistência é concedida em períodos mais curtos.

---

320 MUMSSEN, Yogita; JOHANNES, Lars; KUMAR, Geeta. *Output-based aid*: lessons learned and best practices. Washington: World Bank, 2010, p. 5*. A OBA também é conhecida como 'ajuda baseada no desempenho' ou 'financiamento baseado em resultados'.

321 Cf. GIRISHANKAR, Navin. *Innovating development finance*: from financing sources to financial solutions. Washington: World Bank, 2009*, para uma discussão mais ampla sobre a mudança de modelos padrão de financiamento DFI.

§ 17.6.3 Títulos de Impacto Social

Os Títulos de Impacto Social (*Social Impact Bonds* — *SIB* no original) [322] têm atraído muito interesse nos últimos anos. Eles têm como base um contrato com uma Autoridade Contratante, no qual os pagamentos são feitos para obtenção de resultados sociais de melhor qualidade que resultem em economia para o setor público.

O primeiro dentre tais títulos, emitido na Grã-Bretanha em 2010, ilustra como os SIBs operam. O título foi emitido por investidores (tipicamente instituições de caridade e outros investidores sociais) e seus rendimentos estão sendo usados para pagar por um programa de 6 anos de reabilitação de presos após sua libertação. Se o grau de reincidência for reduzido em 7,5%, parte da economia com os custos do setor público que decorreriam disso é paga aos detentores dos títulos pela Autoridade Contratante (o Ministério de Justiça Britânico).

Quanto mais os resultados estão incrementais estejam abaixo daquele limiar, mais se pagará aos detentores dos títulos até um retorno máximo de 13%. Como pode ser visto desta taxa de retorno, os SIBs são investimentos de alto risco, com riscos semelhantes ao '*equity*'.[323] O primeiro SIB dos Estados Unidos foi emitido em 2012 para financiar um programa de reabilitação de prisioneiros na cidade de Nova Iorque ($ 9,6 milhões — totalmente subscrito pela Goldman Sachs). Outros países, tais como a Austrália, estão ativamente considerando usar SIBs.

Enquanto o exemplo acima não se relaciona ao investimento em um projeto físico, não há razão inerente pela qual os SIBs não poderiam também ser usados para criar investimentos em um projeto, com suas receitas baseadas em resultados sociais. Entretanto, isto é obviamente um nicho de mercado.

---

322 Para ser distinguido dos bancos estaduais de infraestrutura ('SIBs') discutido no § 15.8; também conhecido como "*Pay for Success Bond*", ou "*Social Benefit Bond*".

323 Cf. Social Finance, A Technical Guide to Commissioning Social Impact Bonds (London, 2011)*.

§ 17.6.4 Financiamento de Incremento Fiscal

O Financiamento de Incremento Fiscal ('TIF')[324] não é um novo conceito nos Estados Unidos, onde ele existe desde os anos 1950,[325] e é agora usado muito amplamente em todo o país. Entretanto, ele está atraindo o interesse em outros lugares do mundo como uma maneira para as cidades financiarem a recuperação urbana e possivelmente a melhoria da infraestrutura social.

O TIF é muito simples no conceito: a receita/renda fiscal incremental da propriedade (e às vezes a receita dos impostos sobre as vendas) gerada pelo desenvolvimento da infraestrutura é usada para quitar os títulos ou empréstimos usados para financiar essa nova infraestrutura. Esse incremento de receitas fiscais é identificado separadamente e isolado — tal como no *project finance* — para quitar o financiamento original para o desenvolvimento da infraestrutura. Legislação local pode ser necessária para assegurar que o isolamento seja assegurado, por exemplo, por meio do estabelecimento de um 'distrito TIF' especial. A infraestrutura em questão pode ser, por exemplo, uma rodovia ou outras melhorias de transporte, em decorrência das quais os investidores privados podem construir novos empreendimentos comerciais e moradias. Outras instalações de infraestrutura social, tais como delegacia ou quartel de bombeiros, bibliotecas, clínicas de saúde, alojamentos sociais, instalações de tratamento de água e assim por diante também podem ser financiadas desta maneira.

Os requisitos básicos nos Estados Unidos para criar um projeto tendo como base o TIF são que a área esteja "degradada" pela

---

324 Cf. Council of Development Finance Agencies & International Council of Shopping Centres, *Tax Increment Finance: Best Practices Reference Guide* (CDFA/ICSC, 2007)*.

325 Ironicamente, a Califórnia foi o primeiro estado a usar os TIFs, mas em 2012, aboliu-os efetivamente. Houve várias razões para isso, incluindo um grande número de projetos TIF que resultou em uma proporção significativa de impostos prediais estaduais "bloqueados" nos TIFs numa época em que o estado estava em dificuldade financeira — e uma razão para haver um grande número de TIFs foi que o conceito de "degradação", pelo qual foi necessária a recuperação, foi interpretado de forma muito ampla.

decadência urbana e necessite de recuperação que só acontecerá se o TIF estiver disponível.

O financiamento pode ser construído de diferentes maneiras:

- *Títulos da Autoridade Contratante*: A Autoridade Contratante pode emitir títulos (*munis* isentos de impostos nos EUA[326] — cf. § 4.3.1) que são usados para financiar investimentos de infraestrutura e quitados pelas receitas incrementais e isoladas dos impostos.[327]
- *O financiamento do Desenvolvedor*: A Autoridade Contratante celebra um acordo para usar os recursos isolados do incremento de receitas fiscais para pagar a um desenvolvedor contanto que esse realize o investimento de infraestrutura necessário e use esse acordo (de fato, como um Contrato Principal do Projeto) como garantia para captar dívida e realizar os investimentos.
- Como solução intermediária entre as duas abordagens, o desenvolvedor pode solicitar executar as melhorias por conta própria, sendo, então, reembolsado na conclusão por um título TIF. Isto também reduz os riscos envolvidos e, assim, pode reduzir os custos de financiamento de longo prazo.

Algumas questões têm que ser consideradas:

Que Tipo de Infraestrutura? Um grande setor do mercado TIF nos Estados Unidos tem sido o de construção de *shopping centers* — isso não é, necessariamente, uma prioridade quando se considera a renovação urbana. A má utilização do conceito

326 De fato, o tratamento fiscal dos Títulos de Receita TIF é complexo por causa do seu uso misto de privado e público, de modo que assessoria fiscal apropriada é necessária para assegurar que os títulos sejam isentos de impostos se este for o objetivo.

327 Como com outros projetos, já que os benefícios começarão a fluir somente após a construção das melhorias estiverem concluídas, os juros são geralmente capitalizados por até 3 anos. As outras características de financiamento típicas do projeto são encontradas em tais títulos, por exemplo, uma DSRA.

de TIF pelas incorporadoras imobiliárias com boas conexões políticas locais é claramente um perigo.

Capital Próprio Social: Alguma parte do benefício incremental das receitas fiscais deveria fluir para a própria Autoridade Contratante, isto é, o benefício deveria não apenas ficar confinado àqueles que têm sorte suficiente para estar em um bairro ou uma área de TIF. Isto é tipicamente alcançado quando se dedica não mais que, digamos, 50% da receita fiscal incremental para recuperar a dívida TIF, deixando, então, a Autoridade Contratante livre para decidir o que fazer com os outros 50%.

Risco de Receita Fiscal: Quem assumirá o risco de que o incremento nas receitas fiscais de fato ocorrerá? A depender da natureza do projeto, pode haver, obviamente, um elevado risco de que não haja novos investimentos do setor privado na área TIF, e assim o financiamento não consiga ser quitado. (Há geralmente um limite de tempo dentro do qual o isolamento do incremento de receitas fiscais se aplica: pode ser de 15-20 anos em alguns casos de investimentos importantes ou períodos mais curtos em transações menores).

Também o fracasso de um desenvolvedor importante na área TIF pode afetar a recuperação dos títulos — por exemplo, se um *shopping center* cujo objeto principal do TIF requerer falência, ele não estará, obviamente, pagando os impostos prediais. A concentração de risco (ao invés de uma base de pagamento de tributos mais pulverizada) é, assim, outra questão-chave. Se a Autoridade Contratante emitir Títulos de Receita como no mercado de títulos municipais dos EUA, não há necessidade de utilizar receitas gerais de tributos.

É o mesmo caso se a obrigação em relação ao desenvolvedor estiver também limitada. Não faz muito sentido para a Autoridade Contratante garantir a receita decorrente do incremento fiscal: se ela pretende assumir esse risco, poderia muito bem captar o financiamento com garantias plenas (por exemplo, Títulos de Obrigação Gerais ou *General Obligation bonds)*, a não ser que exista alguma restrição sobre o seu empréstimo que não somente não se aplicaria se ele não der uma garantia. Mas por outro lado, o risco aqui é potencialmente muito complexo e difícil de avaliar. Em alguns casos, os títulos TIF podem ser assegurados sobre as melhorias no distrito/na área, mas isto é claramente útil somente se uma execução de hipoteca sobre elas pudesse gerar algum valor para os detentores dos títulos. Em alguns Estados, uma garantia estadual para o financiamento TIF pode ser obtida. Do contrário, o melhoramento de crédito por parte de uma seguradora *monoline*, bancos ou outros avalistas pode ser necessário.

Análise de Outros Riscos: Alguns riscos que surgiriam em qualquer financiamento de projeto também se aplicam a um título TIF, por exemplo, se a construção pode ser concluída a tempo e dentro do orçamento, mas é claro que o risco-chave de incremento insuficiente da receita fiscal é peculiar dos TIFs.

Programas-piloto TIF estão sendo introduzidos no financiamento público local na Grã-Bretanha, mas com uma base diferente daquela usada nos EUA[328] a Grã-Bretanha, o governo local, em geral, não precisa levantar financiamento de seu capital ao emitir títulos porque os governos locais podem captar do Departamento de Gestão de Dívida do Reino Unido ("DMO", na sigla em inglês para *Debt Management Office*) com taxas atraentes. Então, na Grã-Bretanha, o TIF está apenas sendo usado como uma nova forma para os governos locais captarem recursos perante o DMO em nome próprio, sem envolvimento do setor privado com os riscos TIF, que obviamente permanecem com os governos locais.

328 Mark Sandford, *Tax Increment Financing* (Standard Note: SN/PC?05797, House of Commons Library, London, 2013)*.

§ 17.7 O FUTURO DO *PROJECT FINANCE*

Seria prematuro sugerir que o mercado do *project finance* fornecido por bancos comerciais está para desaparecer. A escala do empréstimo bancário no setor de *project finance* é ainda muito grande, e, enquanto alguns bancos se retiraram deste mercado, outros ingressaram. Mas é claro que há tendências de longo prazo que podem afetar o mercado *project finance* mais e mais, especialmente e em particular, setores tais como a infraestrutura, ou em determinadas regiões, principalmente a Europa.

Um incremento significativo do financiamento institucional está claramente ocorrendo, mas é ainda muito cedo para dizer se ele é sustentável numa concorrência bancária mais forte. Um artigo elaborado por funcionários de uma Comissão Europeia conclui que: "uma melhor canalização dos recursos de longo prazo via mercados de capital e dependência reduzida da captação de recursos bancários é necessária. Todavia, tal transformação na estrutura da captação de recursos pode levar algum tempo".[329] Este é um resumo apropriado da posição atual, pelo menos na Europa.

Contudo, mesmo se o *project finance* fornecido por bancos tradicionais secasse amanhã e os projetos fossem financiados com dívidas institucionais, este livro não se tornaria obsoleto; de onde quer que o recurso da dívida de um dado projeto venha, as mesmas considerações sobre estruturação e avaliação de risco que foram apresentadas nos capítulos anteriores continuarão a ser aplicadas.

---

329 European Commission Staff Working Document, *Long-Term Financing of the European Economy* (SWD(2013) 76 final, Brussels, 2013), p. 18*.

Conteúdo *online*

Este capítulo final avalia os efeitos diretos e indiretos da crise financeira de 2008 sobre o mercado do *project finance.*

Embora as perdas de crédito bancários sobre os empréstimos de *project finance* não fossem significativas após 2008, a liquidez de tais empréstimos foram uma questão importante (§ 17.2), acentuada pelos requisitos de 'Basileia III' (§ 17.3). O encorajamento dos financiadores de instituições/entidades não bancárias dentro do mercado de *project finance,* especialmente para a infraestrutura, tem sido uma prioridade nos países mais afetados pelos declínios nos créditos bancários (§ 17.4), e melhorar o risco de crédito das transações de *project finance* é visto como uma parte-chave deste processo (§ 17.5). Os novos modelos para estruturas de *project finance* podem ser relevantes em poucos setores do mercado (§ 17.6).

Até meados de 2013, os bancos foram rapidamente retornando ao mercado e competindo fortemente com os financiadores de instituições/entidades não bancárias, e medidas extraordinárias para levantar financiamento privado para projetos de infraestrutura, sobretudo, estavam se mostrando/provando ser desnecessárias. Então, o papel importante desempenhado pelos bancos comerciais no mercado de *project finance* pode diminuir um pouco em geral e se reduzir consideravelmente em alguns mercados, mas é improvável que desapareça (§ 17.7).

GLOSSÁRIO

Termo Original	Termo Equivalente (se houver)	Definição	Referência
$	US$	dólares americanos	
3P	PPP	*Vide* parceria público-privada	
abandonment	abandono	Falta de continuidade à construção ou operação do projeto por parte dos Empreendedores	§ 7.10.1; § 8.5.6; § 9.5.5; § 14.12; § 16.5.4
abatement	abatimento	*Vide* multas indenizatórias (para Contratos PFI)	§ 6.4.3
acceleration	Vencimento antecipado do saldo	Ação por parte dos financiadores para exigir o pagamento antecipado do saldo em aberto integral do recurso da dívida após Evento de Inadimplemento	§ 14.12; § 14.13
Accommodation Project	Projeto de Acomodação	Contrato Baseado em Disponibilidade envolvendo a construção de edificações, tais como escolas, hospitais, penitenciárias, repartições públicas etc. *Vide* infraestrutura social	
accounting officer	secretário executivo	Servidor público de alto escalão responsável pelos processos de licitação pública de uma PPP	§ 3.7.1

Termo Original	Termo Equivalente (se houver)	Definição	Referência
accreting swap	*swap* de acumulação	*Swap* de taxa de juros amortizado em prestações para parear com os saques do recurso da dívida (*q.v.*)	§ 10.3.1
acknowledgements and consents	termos de anuência	*Vide* Contrato Direto	§ 8.11
Act of God	Força Maior	*Vide* Força Maior da Natureza	
ADB	Banco de Desenvolvimento Asiático	Banco de Desenvolvimento Asiático, uma MDFI regional	§ 16.5; § 16.5.5
additionality	adicionalidade	Condição imposta pelas DFIs para concessão de financiamento: só cabe se o projeto não conseguir captar recursos junto ao setor privado	§ 16.5; § 16.5.8
ADSCR	ICSD	Índice de Cobertura do Serviço da Dívida (Anual). *Vide* Índice de Cobertura do Serviço da Dívida (Anual)	§ 12.3
advance payment guarantee	garantia de pagamento adiantado	Garantia oferecida pela Empreiteira de EPC sobre quantias pagas antecipadamente nos termos do Contrato de EPC celebrado com a Empresa do Projeto	§ 8.2.9
AfDB	Banco de Desenvolvimento Africano	Banco de Desenvolvimento Africano, MDFI regional	§ 16.5; § 16.5.6
Affermage	Franquia de Uso (*affermage*)	Contrato pelo qual a Empresa do Projeto assume a operação de um serviço público existente e recebe uma tarifa de serviço da Autoridade Contratante ou uma tarifa cobrada dos usuários pela prestação do serviço. *Vide* Franquia	§ 6.6

GLOSSÁRIO

Termo Original	Termo Equivalente (se houver)	Definição	Referência
Affordability	Viabilidade Orçamentária	A capacidade de a Autoridade Contratante efetuar os Pagamentos do Contrato com recursos próprios de seu orçamento ou da arrecadação junto aos usuários para pagar a Tarifa de Usuário	§ 3.7.3; § 7.2.2
agent bank	banco gestor	Banco que promove a intermediação entre a Empresa do Projeto e seus financiadores	§ 5.2.9; § 12.6.4; § 14.4.1; § 14.10.1; § 14.13
all risks insurance	seguro com cobertura de risco total	Seguro contra danos físicos ao projeto durante a fase de operação	§ 8.6.2
ALOP insurance	seguro com cobertura de lucros cessantes	Cobertura de Lucros Cessantes (ALOP, na sigla em inglês para *Advance Loss of Profits*). *Vide* Seguro DSU (Seguro de Atraso no Início das Operações)	§ 8.6.1
amortizing swap	*swap* de amortização	*Swap* de taxa de juros amortizado em prestações para parear com as reduções admitidas no valor do principal (*q.v.*)	§ 10.3.1
Angola Model	Modelo de Angola	Projetos de construção de infraestrutura com contrapartida de direito de exploração de recursos naturais	§ 11.4.1
Annual Debt Service Cover Ratio	Índice de Cobertura do Serviço da Dívida (Anual) — ICSD	Coeficiente entre o fluxo de caixa operacional e o serviço da dívida calculado para cada ano do projeto. *Vide* ICSD	§ 12.3
Annuity Contract	Contrato de Anuidade	*Vide* Contrato baseado em Disponibilidade	§ 6.4

Termo Original	Termo Equivalente (se houver)	Definição	Referência
annuity repayment	amortização anual	Cronograma de amortização da dívida por meio do qual são efetuados pagamentos constantes do serviço da dívida, isto é, a soma do valor do principal (*q.v.*) e dos juros em cada período	§ 12.5.3
Asset Management Plan	Plano de Gestão de Ativos	Requisitos de manutenção e renovação do ciclo de vida útil dos ativos do projeto estabelecidos no Contrato Principal do Projeto	§ 7.10.7
Asset Register	Registro de Ativos	Cadastro dos ativos da Empresa do Projeto que é entregue ao Tomador de Serviço/Autoridade Contratante ao final do Contrato Principal do Projeto	§ 7.10.7
assumptions book	Estudo de pré-viabilidade	Fonte de dados para alimentação do modelo financeiro	§ 13.3
authorized investments	investimentos autorizados	Investimentos de baixo risco da Empresa do Projeto realizados com recursos de caixa das Contas de Reserva	§ 14.4.1
availability	disponibilidade	O fato de o projeto estar disponível conforme os termos do Contrato Principal do Projeto	§ 6.3.6; § 6.4.3; § 6.5.5; § 9.7.4
Availability Charge	Tarifa de Disponibilidade	*Vide* Tarifa de Capacidade	§ 6.3.5
Availability Period	Período de Disponibilidade	Período posterior à Assinatura do Contrato de Financiamento durante o qual as linhas de crédito do financiamento ficam disponíveis para saque	§ 14.3.1

Termo Original	Termo Equivalente (se houver)	Definição	Referência
Availability-based Contract/project	Contrato/Projeto Baseado em Disponibilidade	Projeto no Modelo PFI no qual a Empresa do Projeto recebe para disponibilizar o projeto para uso da Autoridade Contratante (Nota: Embora apresente semelhanças com os Contratos Principais de Projeto para usina de processamento com Tarifa de Capacidade, esse tipo de contrato é tratado separadamente).	§ 2.5.2; § 6.4; Capítulo 7; § 9.6.4; § 9.7.4
average life	prazo médio do financiamento	Prazo médio pelo qual o valor principal do financiamento (*q.v.*) fica em aberto	§ 12.5.2
'B' Loan	Financiamento B	Participação de financiadores do setor privado em uma parcela do financiamento concedido por uma *MDFI* (financiamento A)	§ 16.5.1; § 16.5.2
BAFO	*MOF*	*Vide* Melhor Oferta Final	§ 3.7.4; § 3.7.7; § 5.6
balloon repayment	amortização extraordinária	Amortização final do financiamento através de parcela de pagamento bem alta (após uma série de pagamentos de menor valor). *Vide* amortização anual; amortização integral	§ 10.6; § 14.4.4
bankers' clauses	cláusulas dos financiadores	Exigências adicionais do financiador em contratos de seguros	§ 8.6.5
Banking Case	Projeção Bancária	As projeções de fluxo de caixa do projeto na data da assinatura, ou imediatamente antes da Assinatura do Contrato de Financiamento, pactuadas entre a Empresa do Projeto e os financiadores. *Vide* Caso Base	§ 5.2.8; § 7.6.5; § 7.10; § 13.10
Base Case	Caso Base	As projeções de fluxo de caixa do projeto na data da Assinatura do Contrato de Financiamento, ou imediatamente antes disso, pactuadas entre a Empresa do Projeto e o Tomador de Serviço/Autoridade Contratante; *vide* Projeção Bancária	§ 5.2.8; § 7.6.5; § 7.10; § 13.10

Termo Original	Termo Equivalente (se houver)	Definição	Referência
Basel process	Convenção de Basileia	Requisitos de capital e liquidez pactuados internacionalmente entre os maiores bancos internacionais	§ 17.3
basis point	ponto-base	1/100 de 1%	§ 12.6.1
bbl	bbl	Barril (de petróleo)	
benchmarking	benchmarking	Correção nos Pagamentos do Contrato com base na análise periódica dos custos dos serviços prestados para a Empresa do Projeto (ou das despesas adicionais de capital incorridas pela Empresa do Projeto)	§ 6.4.5; § 7.6.3
Berne Union	União de Berna	União Internacional de Instituições de Crédito e Seguradoras de Investimentos	§ 16.2.2
Best and Final Offer	Melhor Oferta Final	Segunda rodada de propostas em licitação pública ("BAFO")	§ 3.7.4; § 3.7.7; § 5.6
BI insurance	Seguro BI	*Vide* Seguro contra Interrupção da Atividade	§ 8.6.2
bid bond	garantia de proposta	Garantia de proposta oferecida pelo proponente em licitação pública como compromisso de assinatura do Contrato Principal do Projeto caso sua proposta seja adjudicada; *vide* caução	§ 3.7.9
bilateral DFI	DFI bilateral	DFI de um determinado país que concede financiamentos e realiza investimentos de capital em projetos sediados em países em desenvolvimento; *vide* Banco de Desenvolvimento, SFI	§ 15.8; § 16.4
Blended Equity IRR	TIR Mista do Acionista	A TIR remunerada aos investidores, considerando-se todas as Distribuições de dividendos	§ 12.2.2

Termo Original	Termo Equivalente (se houver)	Definição	Referência
BLOT	BLOT	Construção-Arrendamento-Operação-Transferência (na sigla em inglês para *Build-Lease-Operate-Transfer*); *vide* BLT	§ 6.2
BLT	BLT	Construção-Arrendamento-Transferência (na sigla em inglês para *Build-Lease-Transfer*)	§ 6.2
bond	título	Título de dívida negociável no mercado de capitais; instrumento de garantia; *vide* caução	§ 4.3; § 5.3; § 5.4
bondholder	detentor de título	Parte que fornece financiamento à Empresa do Projeto com base na emissão de títulos	
bonding	caução	Garantia oferecida pelo licitante, ou por uma das partes dos Contratos do Projeto como instrumento de suporte ao cumprimento de suas obrigações	§ 3.7.9; § 7.5; § 8.2.9; § 14.8.1
BOO	BOO	Construção-Propriedade-Operação (na sigla em inglês para *Build-Own-Operate*)	§ 6.2
book runner	banco-líder coordenador do consórcio	O banco responsável pela coordenação de consórcio bancário (*q.v.*) financiador ou participante da emissão privada de títulos	§ 5.2.8; § 5.3.1
BOOT	BOOT	Construção-Propriedade-Operação-Transferência (na sigla em inglês para *Build-Own-Operate-Transfer*)	§ 6.2
borrowing base	saques periódicos	Sistema de saques dos recursos do financiamento para custear sucessivas etapas de investimento à medida que se atinjam o fluxo de caixa ou outras metas	§ 5.2.2; § 14.3.3
BOT	BOT	Construção-Operação-Transferência (na sigla em inglês para *Build-Operate-Transfer*)	§ 6.2

Termo Original	Termo Equivalente (se houver)	Definição	Referência
breach of contract	Infração de contrato	*Vide* rejeição do contrato	§ 11.5.1
breach of provision clause	Infração de cláusula de fornecimento ou prestação	*Vide* cláusula de não invalidação	§ 8.6.5
breach of warranty clause	Cláusula de quebra de garantia	*Vide* cláusula de não invalidação	§ 8.6.5
breakage cost	custo de infração de contrato de *swap*	Custo da rescisão antecipada de um contrato de *swap* de taxa de juros, financiamento ou título remunerado a taxa de juros fixa, financiamento indexado à inflação, ou *swap* de inflação	§ 10.3.1; § 10.3.4; § 10.4.3; § 14.14.1; § 14.14.2
BTO	BTO	Construção-Transferência-Operação (na sigla em inglês para *Build-Transfer-Operate*)	§ 6.2
Building-Services Contract	Contrato de Prestação de Serviços Prediais	Contrato para prestação de serviços acessórios à construção, contabilizados como custos não essenciais ("*soft costs*"), tais como: de limpeza, *catering* e segurança, para a Empresa do Projeto; *vide* Contrato de Manutenção Estrutural de Instalação	§ 2.5.2; § 8.4
bullet repayment	Amortização integral	A amortização do principal do financiamento é basicamente realizada em um único pagamento na data de vencimento em vez de numa série de pagamentos; *vide* amortização extraordinária, amortização anual	§ 10.3.1; § 12.5.2
Business Case	Plano de Negócio	Relatório elaborado pela Autoridade Contratante como base para aprovação para avançar ao próximo estágio da licitação	§ 3.7.3
Business Interruption insurance	Seguro contra Interrupção de Atividade	Seguro com cobertura de lucros cessantes após a ocorrência de danos ao projeto ("*Seguro BI" [na sigla em inglês para Business Interruption]*)	§ 8.6.2

Termo Original	Termo Equivalente (se houver)	Definição	Referência
buyer credit	Empréstimo ECA	Financiamento concedido por Agência de Crédito à Exportação (ECA) a importador de bens de capital para projetos	§ 16.2.1
buy-down payment	pagamentos iniciais com redução	*Vide* PDs por atraso*; redução nas taxas de juro*	§ 8.2.8 § 12.8
Capacity Charge	Tarifa de Capacidade	O elemento fixo de uma Tarifa devida nos termos de Contrato Principal do Projeto de central energética, a exemplo de um CCE (Contrato de Compra de Energia) que será paga independentemente da utilização ou demanda do produto	§ 6.3.5
Capital Contribution	Contribuição de Capital	*Vide incentivo público de capital*	§ 15.10
capital grant	incentivo público de capital	Pagamento efetuado pela Autoridade Contratante como parte do custo de capital de um projeto baseado em Disponibilidade ou outro modelo de PPP	§ 15.10
capitalized interest	juros capitalizados	Juros durante a construção (JDC) que são acrescidos ao valor do principal da dívida (*q.v.*)	§ 10.3; § 12.2.3; § 13.5.1
CAR insurance	seguro com cobertura total da construção	Seguro de Construção com Cobertura Total de Riscos; *vide* Seguro de Cobertura Total dos Riscos de Edificação e Construção	§ 8.6.1
Cascade	Fluxo de Caixa em Cascata	Ordem de prioridades de pagamentos e recebimentos conforme disposta na documentação de financiamento para a aplicação dos recursos do fluxo de caixa da Empresa do Projeto; hierarquia de pagamentos	§ 14.4.2
cash flow	fluxo de caixa	Caixa gerado (fontes) ou consumido (usos) por um projeto	

Termo Original	Termo Equivalente (se houver)	Definição	Referência
Cash Sweep	Excedente de Caixa Direcionado	Direcionamento de excedentes de fluxo de caixa para pagamento da dívida	§ 14.4.4; § 14.12; § 14.16.4; § 15.5
Cash Trap	*Cash Trap*	*Vide* Interrupção de Distribuição	§ 14.4.3
CDB	*Banco de Desenvolvimento da China*	Agência de Fomento e DFI denominada *China Development Bank em inglês*	§ 15.8; § 16.4.3
CEAR insurance	seguro CEAR	*Vide* Seguro de Cobertura Total dos Riscos de Edificação e Construção	§ 8.6.1
Cession de Créance	Assunção de Divida	Conceito emprestado do direito administrativo francês que autoriza a Autoridade Contratante a assumir responsabilidade direta por parte da dívida da Empresa do Projeto; *vide* Garantia da Autoridade Contratante	§ 15.17
CfD	CfD	*Vide Contrato por Diferenças* (na sigla em inglês para *Contract for Differences*)	§ 6.3.1; § 9.6.1
CGF	CGF	*Vide Financiamento Garantido de Crédito*	§ 15.9
change in law	mudança na lei	Mudança nas leis e regulamentações que afetam o projeto ou a Empresa do Projeto, acarretando custos operacionais ou despesas de capital extras; também conhecida como risco regulatório	§ 7.6.4; § 11.3; § 14.4.1
change order	comando de alteração	*Vide Modificações Contratuais Unilaterais*	§ 7.6.3; § 8.2.3
China Exim	China Exim	O Eximbank chinês	§ 11.4.1; § 16.4; § 16.4.3

Termo Original	Termo Equivalente (se houver)	Definição	Referência
CHP	CHP (combinação de potência e calor)	combinação de potência e calor (na sigla em inglês para *Combined Heat and Power)*	
CIRR	TR	*Vide* Taxa Referencial de Juros Comerciais	§ 16.2.3; § 16.2.6
CIS	CEI	Comunidade dos Estados Independentes, organização das antigas repúblicas da antiga União Soviética	
clawback	cláusula de *clawback*	Exigência imposta aos investidores para que restituam as Distribuições recebidas antecipadamente em caso de insuficiência de caixa da Empresa do Projeto	§ 14.4.5
CLO	Obrigação de Dívida Garantida (CLO)	*Literalmente,* "Obrigação de Empréstimo Colateralizado", da sigla em inglês "CLO", para *Collateralized Loan Obligation*	§ 5.2.10; § 14.16.5
COD	DOC	*Vide Data da Operação Comercial* (na sigla em inglês para *Commercial Operation Date*)	§ 6.3.3; § 6.3.6; § 8.5.1
COFACE	COFACE	Companhia Francesa de Seguros ao Comércio Exterior; ECA francesa	§ 16.4; § 16.4.7
collateral warranties	garantias colaterais	Acordos segundo os quais as partes que fornecem serviços relacionados à construção ou operação do projeto assumem a responsabilidade frente aos credores pela execução do serviço; *vide* garantias	§ 8.11
collateralized loan obligation	obrigação de dívida garantida	Mecanismo de refinanciamento de uma carteira de empréstimos através de securitização de títulos ou recebíveis ("CLO")	§ 5.2.10; § 14.16.5

Termo Original	Termo Equivalente (se houver)	Definição	Referência
Commercial Acceptance	Aceite Comercial	*Vide Conclusão do Projeto*	
commercial banks	bancos comerciais	Bancos do setor privado, principais fornecedores de dívida para os mercados de *project finance*	§ 4.2; § 5.2; § 5.4; Capítulo 17
Commercial Close	Assinatura do Contrato	Assinatura do Contrato de Construção (e/ou outros Contratos Subordinados importantes) antes da Assinatura do Contrato de Financeiro	§ 8.2.2
Commercial Interest Reference Rates	Taxa Referencial de Juros Comerciais	Taxas de juros (TR) cobradas nos financiamentos de crédito à exportação concedidos por ECAs com base na Equalização da Taxa de Juros	§ 16.2.1; § 16.2.3; § 16.2.6
Commercial Operation Date	Data da Operação Comercial (DOC)	Data em que o projeto com base em um contrato EPC é concluído e a Empresa do Projeto está pronta para iniciar as operações (COD, na sigla em inglês para *Commercial Operation Date*). *Vide* Conclusão do Projeto	§ 6.3.3; § 6.3.6; § 8.5.1
commercial risks	riscos comerciais	Riscos de *project finance* intrínsecos ao projeto ou ao mercado comprador de seu produto ou serviço; *vide riscos da receita da construção, operacionais, de insumos e ambientais*	Capítulo 9
commitment fee	comissão de compromisso	Comissão percentual cobrada sobre a parte disponível, mas não sacada dos recursos da dívida, isto é, durante a fase de construção de um projeto	§ 12.6.3
Common Terms Agreement	Acordo de Termos Comuns	Condições de financiamento comuns pactuadas entre diferentes grupos de financiadores	§ 14.14

GLOSSÁRIO

Termo Original	Termo Equivalente (se houver)	Definição	Referência
Compensation Events	Eventos Indenizáveis	Evento que causa prejuízos ou que exige novos investimentos pela Empresa do Projeto, cuja responsabilidade pela ocorrência é do Tomador de Serviço/Autoridade Contratante; *vide Excludente de responsabilidade; Evento de Isenção*	§ 7.6; § 8.2.5
completion risks	riscos de conclusão	*Vide riscos da construção*	§ 7.4.1; § 9.5
Concession	Concessão	PPP na qual o público em geral paga Tarifas de Usuário sob a forma de pedágio, tarifa ou outro tipo de cobrança para utilizar o serviço público prestado; *vide Modelo PFI*	§ 2.5.2; § 6.5
Concession Agreement	Contrato de Concessão	Contrato Principal do Projeto relativo a uma Concessão	§ 2.5.2; § 6.5; Capítulo 8
conditions precedent	condições precedentes	Condições a serem cumpridas pela Empresa do Projeto antes do primeiro saque de recursos da dívida ("CPs"); *vide condições resolutivas*	§ 14.8
conditions subsequent	condições resolutivas	Condições que devem ser cumpridas entre a data de assinatura da documentação relativa ao financiamento ou aos Contratos do Projeto e a data da Assinatura do Contrato de Financiamento	§ 14.8
consent to assignment	consentimento para cessão de crédito	*Vide* Contrato Direto	§ 8.11
consortium	consórcio	O grupo de Empreendedores que trabalham em conjunto no desenvolvimento do projeto	§ 3.5
Construction & Erection All Risks insurance	Seguro de Cobertura Total dos Riscos de Edificação e Construção	Seguro com cobertura de danos materiais para o projeto durante a fase de construção	§ 8.6.1

Termo Original	Termo Equivalente (se houver)	Definição	Referência
construction *budget*	orçamento da construção	Custo da construção pactuado com os financiadores, sendo que eventuais divergências desse custo exigem consentimento expresso dos financiadores; *vide* orçamento operacional	§ 9.5.5; § 13.5.1
Construction Contract	Contrato de Construção	Contrato Subordinado EPC ou Contrato Subordinado D&B	§ 2.5.2; § 8.2
Construction Contractor	Empreiteira de Construção	A Empreiteira de EPC ou Subcontratada de D&B da Empresa do Projeto	§ 2.5.2; § 8.2
construction risks	riscos da construção	Riscos comerciais relativos à construção do projeto	§ 7.4.1; § 9.5
construction subsidy	subsídios à construção	*Vide* incentivo público de capital	§ 15.10
construction-phase insurances	apólices de seguro relativas à fase de construção	Seguros CEAR, de Carga Marítima, DSU Marítimo, e de Força Maior	§ 8.6.1
contingency	contingência	Reserva não alocada no orçamento do custo da construção do projeto, coberta por financiamento de contingência	§ 9.5.6; § 9.5.7; § 10.3; § 12.4.2
Contract for Differences	Contrato por Diferenças	Contrato Principal do Projeto pelo qual a Empresa do Projeto vende seu produto no mercado, mas paga ou recebe do Tomador de Serviço a diferença entre o preço de mercado e o nível de preço acordado ("CfD", na sigla em inglês para *Contract for Differences*)	§ 6.3.1; § 9.6.1
contract mismatch	discrepâncias contratuais	Cláusulas contraditórias entre as estabelecidas no Contrato Principal do Projeto e nos demais Contratos do Projeto	§ 9.12

Termo Original	Termo Equivalente (se houver)	Definição	Referência
Contract Payments	Pagamentos do Contrato Principal	Pagamentos devidos à Empresa do Projeto nos termos de um Contrato Principal do Projeto, a exemplo da Tarifa devida pelo Tomador de Serviço definida no projeto de uma usina de processamento, pagamentos de Tarifas ou Comissões de Serviço, devidas pela Autoridade Contratante e definidas em um projeto no Modelo PFI ou Tarifas de Usuário, devidas nos termos de Contrato de Concessão	§ 6.3.5; § 6.4.1; § 6.5.1; § 7.3
contract repudiation	descumprimento contratual	Descumprimento, por parte do órgão ou entidade da Administração Pública, de suas obrigações previstas em um Contrato do Projeto, ou descumprimento, por parte do Governo Anfitrião, de sua obrigação de indenizar o referido inadimplemento contratual assim estabelecido em Acordo de Apoio Governamental	§ 11.5.1; § 16.2.4
Contract Variations	Modificações Contratuais Unilaterais	Alterações em Contrato de PPP pelas quais a Autoridade Contratante é responsável	§ 7.6.3
Contracting Authority	Autoridade Contratante	Entidade da Administração Pública que é a contraparte contratual da Empresa do Projeto nos termos de Contrato *Offtake* (distinto daquele celebrado com entidade do setor privado) ou de Contrato de PPP	§ 2.4; § 2.5.2; § 2.6.2; § 3.7; Capítulo 6; Capítulo 7; § 9.2; § 9.14
Controlling Creditor	Credor Controlador	Pessoa jurídica que toma as decisões em nome dos detentores de títulos (*bondholders*)	§ 5.3.2; § 14.13

Termo Original	Termo Equivalente (se houver)	Definição	Referência
corporate finance	financiamento convencional de empresas	Financiamento baseado na análise do balanço patrimonial da empresa e da atividade existente; uma alternativa à modalidade de *project finance*	§ 2.2; § 2.6
cost-benefit ratio	índice de custo-benefício	Coeficiente entre o VPL dos benefícios decorrentes e o VPL dos custos incorridos de um projeto	§ 10.2.3
country risk	risco país	*Vide riscos políticos*	§ 9.1; Capítulo 11; Capítulo 16
coupon	taxa de juros do coupon	Taxa de juros remuneratórios de um título de dívida (*bond*)	§ 12.6.1
coupon swap	*swap* de cupom	*Vide contrato de swap de taxa de juros*	§ 10.3.1; § 14.14.1
counterparty risk	risco da contraparte	Riscos da capacidade financeira e técnica, relacionados a todas as partes envolvidas nos Contratos do Projeto com a Empresa do Projeto	§ 9.5.4
covenants	*covenants*	Compromissos assumidos pela Empresa do Projeto junto aos credores	§ 14.10
Cover Ratios	Índices de Cobertura	Coeficientes entre o fluxo de caixa gerado pelo projeto e o serviço da dívida, por exemplo: ICSD, ou Índice de Cobertura do Serviço da Dívida (Anual), da sigla em inglês ADSCR (*Annual Debt Service Cover Ratio*), LLCR (Índice de Cobertura do Ciclo de Vida do Financiamento, na sigla em inglês para *Loan-Life Cover Ratio*), PLCR (Índice de Cobertura do Ciclo de Vida do Projeto, na sigla em inglês para *Project Life Cover Ratio*)	§ 12.3

Termo Original	Termo Equivalente (se houver)	Definição	Referência
CPI	IPC	Índice de Preços ao Consumidor; um dos indicadores de inflação	
CPs	CPs	*Vide condições precedentes*	§ 14.8
credit agreement	contrato de mútuo	*Vide contrato de financiamento*	Capítulo 14
credit-*default* swap	*swap* de inadimplemento	Contrato de *hedge* de risco pelo qual o risco de crédito é assumido por outra parte que não o financiador	§ 17.2
Credit Enhancement	Melhoramento de Crédito	Provisão de garantia, financiamento *stand-by* ou outro recurso financeiro adicional para o financiamento de um projeto	§ 15.3
Credit Guarantee Finance	Financiamento Garantido de Crédito	Iniciativa do Tesouro britânico para o financiamento público de Empresas do Projeto na modalidade PPP, com garantias de dívida do setor privado ("CGF")	§ 15.9
credit margin	margem de crédito	A margem de juros sobre o custo da contraprestação pública cobrada por um financiador para cobrir o risco de crédito e garantir retorno sobre o capital, ou a margem sobre a taxa de remuneração do título do governo aplicada a um título; *vide* prêmio de crédito de *swap*	§ 12.6.1
credit rating agency	agência de classificação de risco de crédito	Empresa que oferece uma perspectiva independente sobre a capacidade de crédito da Empresa do Projeto	§ 5.3.1; § 9.15; § 9.16; § 17.5
creeping expropriation	expropriação indireta	Uma série de medidas tomadas pelo Governo Anfitrião ou órgão da administração pública que, no conjunto, têm o efeito de expropriação	§ 11.5.2

Termo Original	Termo Equivalente (se houver)	Definição	Referência
cross-*default*	*inadimplemento* cruzado	Se houver mais de um financiador, o Evento de Inadimplemento previsto no contrato de financiamento automaticamente configurará um Evento de Inadimplemento nos demais contratos	§ 14.14
cross-border	estrangeiro	Recurso da dívida concedido ou investimento realizado por um país a outro	
cross-collateralization	garantias cruzadas	Compartilhamento e alocação de garantias entre diferentes grupos de financiadores	§ 14.14.3
CUP	CUP	Programa de Subscrição Cooperativa da MIGA (na sigla em inglês para *Co-operative Underwriting Program*), baseada em princípios semelhantes aos dos Financiamentos *B*	§ 11.8.1; § 16.5.4
cure period	prazo de cura	Período de tempo permitido para solucionar um evento de inadimplemento segundo os termos de determinado contrato	§ 8.11
currency swap	*swap* de moedas	Contrato de *hedge* que prevê a taxa de câmbio futuro de uma moeda em relação a outra	§ 4.2.2; § 10.5.2
cushion	reserva de caixa	Recursos do fluxo de caixa acima da quantia necessária para efetuar os pagamentos de financiadores, investidores ou demais partes; *vide* Índices de Cobertura	§ 2.6.1
D&B Contract	Contrato D&B	*Vide Contrato de Projeto & Construção*	§ 2.5.2; § 8.2
Daily tranche	Etapa diária	Parte da Comissão de Serviços de um Contrato do Modelo PFI francês que é coberta por contratos de Assunção de Dívida (*q.v.*)	§ 15.17
DBFO	DBFO	*Projeto*-Construção-Financiamento-Operação (na sigla em inglês para *Design-Build-Finance-Operate*)	§ 6.2

Termo Original	Termo Equivalente (se houver)	Definição	Referência
DCF	FCD	*Vide fluxo de caixa descontado*	§ 10.2.1
deal creep	alongamento artificial da negociação	Aumentos graduais dos Pagamentos do Contrato originalmente pactuados, ou recusa das transferências de riscos acordadas, pelos Empreendedores durante as negociações do Contrato Principal do Projeto, geralmente causados pelas negociações ocorridas após a indicação do Licitante Vencedor	§ 3.7.4; § 3.7.7; § 14.16.6
debt	recurso da dívida	Financiamento concedido pelos financiadores (seniores)	§ 2.4; Capítulo 12; Capítulo 14
debt:equity ratio	índice da dívida sobre capital próprio	Índice ou Coeficiente da dívida sobre o capital próprio; *vide* alavancagem	§ 2.6; § 10.5.6; § 12.4; § 12.8; § 14.3.2
Debt Accretion	Acumulação de Dívida	Aumento do montante de dívida durante a fase de operação de uma Concessão em função do crescimento do fluxo de tráfego superior às projeções iniciais; *vide saques periódicos*	§ 14.3.3
Debt *Funding* Competition	Concorrência pela provisão do Recurso da Dívida	Processo de concorrência pelo financiamento (endividamento) para um projeto de PPP após o Licitante Vencedor ter sido selecionado; *vide* Concorrência pela Provisão do Financiamento de *Equity*	§ 5.6.1
debt service	serviço da dívida	Pagamento de parcelas ou prestações compostas por juros e Principal (*q.v.*) da dívida	§ 12.5
Debt Service Reserve Account	Conta de Reserva do Serviço da Dívida	Conta de Reserva com saldo de caixa suficiente para cobrir o próximo pagamento programado do serviço da dívida (na sigla em inglês para *Debt Service Reserve Account* — DSRA)	§ 14.4.1

Termo Original	Termo Equivalente (se houver)	Definição	Referência
Debt Tail	Margem de Segurança do Recurso da Dívida (*Debt Tail*)	Receitas do projeto que continuam sendo geradas após a amortização do recurso da dívida; *vide* Margem de Reserva (*Reserve Tail)*	§ 7.2.3; § 12.3.4; § 12.4; § 14.4.4
Debt Underpinning	Garantia da Autoridade Contratante	Garantia de risco fornecida pela Autoridade Contratante relativa a parte da dívida de um projeto PPP	§ 15.17
deductible	franquia de seguro	Valor inicial do prejuízo gerado antes do pagamento dos sinistros de seguros	§ 8.6.3
deductions	deduções	Quantias deduzidas dos pagamentos de Comissão de Serviços de um Modelo PFI ou de Tarifa de um projeto de usina de processamento por falta de cumprimento de requisitos relativos à Disponibilidade ou à prestação de serviços; *vide Abatimentos, Multas Indenizatórias*	§ 6.3.6; § 6.4.3; § 9.7.4
default interest	juros de *inadimplemento*	Aumento na margem de crédito cobrada após um Evento de Inadimplemento	§ 14.12
Default Ratio	Índice de Inadimplemento	Índices Mínimos de Cobertura abaixo dos quais ocorre um Evento de Inadimplemento	§ 14.12
Defaulting bank Lender	Financiador Bancário Inadimplente	Banco que não tem capacidade de financiar sua parcela de participação em um saque do recurso do financiamento	§ 12.7.3; § 14.14.6
defects liability period	período de responsabilidade por defeitos da construção	Período após a Conclusão do Projeto durante o qual a Empreiteira de Construção está obrigada a sanar eventuais defeitos relativos à construção do projeto	§ 8.2.9
degradation	degradação	Declínio gradual dos níveis de eficiência de um projeto causado por sua utilização	§ 6.3.5; § 9.7.3

Termo Original	Termo Equivalente (se houver)	Definição	Referência
Delay in Start-Up insurance	Seguro contra Atrasos no Início das Operações	Seguro com cobertura de lucros cessantes ou custos extraordinários causados por atraso na Conclusão do Projeto após a ocorrência de danos ao projeto ("Seguro DSU")	§ 8.6.1
delay LDs	PDs por atraso na conclusão	Indenização por Perdas e Danos (PDs, que nesta obra correspondem às LDs, na sigla em inglês para *Liquidated Damages*) devida pela Empreiteira de Construção por deixar de concluir o projeto na data pactuada; *vide* PDs de desempenho	§ 8.2.8
denial of justice	erro judiciário	*Vide rejeição do contrato*	§ 11.5.1; § 16.2.4
depreciation	depreciação	Baixa dos custos dos bens de capital de um projeto para fins contábeis ou tributários	§ 3.6.1; § 4.5.2; § 6.3.5; § 7.2.8; § 12.3.1; § 12.5.3; § 13.7
derivative	derivativos	Contrato que determina pagamentos e recebimentos ao longo de um período de tempo, a preços "derivados" das flutuações subjacentes do mercado financeiro, a exemplo do *swap* de taxa de juros (*q.v.*); *vide hedging*	
Design & Build Contract	Contrato de Projeto e Construção	Contrato *turnkey* destinado a projetar e construir o projeto (D&B, na sigla em inglês para *Design & Build*); *vide* Contrato de Construção, Contrato EPC	§ 2.5.2; § 8.2
Design, Procurement and Construction Contract	Contrato de Projeto, Licitação e Construção	*Vide* Contrato EPC	§ 2.5.1
design risk	risco de projeto	Riscos relacionados ao projeto de engenharia e assumidos pela Empreiteira de Construção, especialmente no caso de o projeto ser integral ou particularmente complexo	§ 9.5.5

Termo Original	Termo Equivalente (se houver)	Definição	Referência
developers	desenvolvedores	*Vide Empreendedores*	Capítulo 3; § 9.13
Development Agreement	Acordo de Desenvolvimento	Acordo relativo ao desenvolvimento do projeto celebrado entre Empreendedores	§ 3.5
development costs	custos de desenvolvimento	Custos incorridos pelos Empreendedores antes da Assinatura do Contrato de Financiamento	§ 3.3; § 3.5; § 9.5.6; § 13.3
development fee	comissão de desenvolvimento	Comissão a ser paga comumente na Assinatura do Contrato de Financiamento a um ou mais Empreendedores para reembolsar os custos por eles incorridos no desenvolvimento do projeto, acrescidos de uma margem de lucro	§ 3.7.11; § 9.5.6; § 12.2.5
DFI	DFI	Instituição financeira de desenvolvimento; *vide* DFI bilateral, *MDFI*	§ 16.4; § 16.5
Direct Agreement(s)	Contrato(s) Direto(s)	O(s) contrato(s) firmado(s) entre financiadores e as partes que assinam Contratos do Projeto com a Empresa do Projeto, e que protegem os interesses dos financiadores previstos nos referidos contratos; ou contrato(s) similar(es) assinado(s) pelo Tomador de Serviço/ Autoridade Contratante; *vide termos de anuência*, instrumento tripartite	§ 7.4.3; § 8.11
Disbursement Account	Conta de Desembolso	Conta bancária em nome da Empresa do Projetona qual os adiantamentos de *equity* (capital próprio) e *debt* (recurso da dívida) são depositados para cobrir os custos de construção do projeto; *vide* Conta de Resultados	§ 14.3.2
discount rate	taxa de desconto	Taxa utilizada para reduzir o fluxo de caixa futuro ao valor presente e, portanto, calcular seu VPL (*q.v.*)	§ 10.2.1
discounted cash flow	fluxo de caixa descontado	Cálculo do valor presente de um fluxo de recursos futuros (FCD); *vide* taxa de desconto	§ 10.2.1

Termo Original	Termo Equivalente (se houver)	Definição	Referência
discounted payback period	período de *payback* descontado	Cálculo do período de *payback* (*q.v.*) no qual os fluxos de caixa futuros são descontados ao VPL (*q.v.*)	§ 12.2.4
dispatch	transmissão	Geração de energia de um projeto do setor energético, por exemplo, segundo as instruções de transmissão do Tomador de Serviço	§ 6.3.4
dispatch risk	risco de transmissão	Risco relativo à transmissão da energia produzida por uma usina para uma rede de distribuição ou comprador de energia	§ 6.3.4
Distribution Stop	*Suspensão de Distribuição (Distribution Stop)*	Restrição imposta pelos financiadores que impede o pagamento de Distribuições de Dividendos aos investidores quando o(s) Índice(s) de Cobertura estiver(em) abaixo de um determinado nível; *vide Cash Trap*	§ 14.4.3
Distributions	Distribuições	Fluxo de caixa líquido do projeto pago aos investidores na forma de dividendos ou pagamentos do serviço da dívida subordinada concedida pelos acionistas	§ 12.2.2; § 14.4.2
dividend	dividendo	Valor distribuído pela Empresa do Projeto aos acionistas investidores em função dos lucros registrados; *vide* Distribuições	
dividend trap	armadilha de dividendo	Impossibilidade de a Empresa do Projeto pagar dividendos aos acionistas apesar de registrar caixa disponível para a distribuição, devido à existência de prejuízos acumulados nos registros contábeis	§ 13.7.2
Dividend-Stop Ratio(s)	Índice(s) de Suspensão de Dividendo (*Dividend-Stop Ratio(s)*)	*Vide* Índice de Suspensão de Distribuição *Distribution-Stop Ratio*	§ 14.4.3
domestic	doméstico	Referente ao país do projeto	

Termo Original	Termo Equivalente (se houver)	Definição	Referência
DPC Contract	Contrato DPC	*Vide* Contrato de Projeto, Licitação e Construção, Contrato EPC	§ 2.5.1; § 8.2
drawdown	saque	Processo pelo qual a Empresa do Projeto efetua os saques de recursos da dívida conforme as necessidades de pagamento durante a fase de construção do projeto	§ 14.3.2
drawdown request	solicitação de saque	Procedimento formal para solicitação de saques de recursos da dívida	§ 14.3.2
Drawstop	Suspensão de Saques de Recursos da Dívida (*Drawstop*)	Suspensão dos saques dos financiamentos concedidos pelos financiadores em função da ocorrência de Evento de Inadimplemento	§ 7.10.1; § 14.12
dry closing	fechamento financeiro condicionado	Assinatura do contrato de financiamento (*q.v.*) e de Contratos do Projeto, porém sujeita a condições resolutivas (*q.v.*)	§ 14.8.1
DSRA	DSRA	*Vide* Conta de Reserva do Serviço da Dívida	§ 14.4.1
DSU Insurance	Seguro DSU	*Vide* Seguro contra Atrasos no Início das Operações	§ 8.6.1
due diligence	due diligence	Auditoria e avaliação de Contratos do Projeto, bem como dos riscos comerciais, financeiros e políticos inerentes ao projeto	§ 2.6; § 5.5; § 5.6; § 9.2; § 14.8.1
e.g.	p. ex.	por exemplo	
E.U.	U.E.	União Europeia	
easement	servidão de passagem	Direito de uso de terra ou terreno adjacente ou serviente, p. ex., para descarte de efluentes	§ 8.8.2

Termo Original	Termo Equivalente (se houver)	Definição	Referência
EBITDA	EBITDA	Lucro operacional antes da dedução de despesas financeiras, depreciação e impostos; índice financeiro utilizado na concessão de financiamentos convencionais para empresas (*corporate finance*)	§ 12.3.1; § 12.3.6
EBRD	EBRD	Banco Europeu para Reconstrução e Desenvolvimento *(na sigla em inglês para European Bank for Reconstruction and Development)*, uma *MDFI* que abrange a Europa Central e Oriental, CEI e Norte da África	§ 16.5; § 16.5.7
ECA	ECA	Agência de Crédito à Exportação (ou banco de fomento à importação e exportação)	§ 11.8.1; § 16.2; § 16.4
economic infrastructure	infraestrutura econômica	Serviços de infraestrutura essenciais ao funcionamento de uma economia, como por exemplo: transportes, comunicações, energia, abastecimento de água e sistema de esgoto; *vide* infraestrutura social	§ 2.3
Effective Date	Data de Início de Vigência	*Vide Assinatura do Contrato de Financiamento*	§ 3.1; § 3.6.3; § 5.2.7; § 8.2.2; § 13.10; § 14.8.1; § 14.14
Efficacy insurance	Seguro de Eficiência	Seguro que cobre a responsabilidade que recai sobre a Subcontratada de Construção de pagar indenização por perdas e danos (PDs) por atrasos ou baixo desempenho da construção	§ 8.6.1
EIA	AIA	*Vide* Avaliação de Impacto Ambiental	§ 9.10.1
EIB	EIB	*Vide* Banco Europeu de Investimento	§ 15.4.1; § 16.5.8; § 17.5.2; § 17.5.3

Termo Original	Termo Equivalente (se houver)	Definição	Referência
EID/MITI	EID/MITI	Departamento de Seguros para Exportação e Importação do Ministério da Indústria e Comércio Internacional do Japão (EID/MITI, na sigla em inglês para *Export-Import Insurance Division of the Ministry of International Trade and Industry of Japan)*, atualmente substituído pela NEXI (Seguradora de Exportação e Investimentos do Japão)	§ 16.4.1
emergency Step-In	Intervenção emergencial	Direito do Tomador de Serviço do setor público, ou da Autoridade Contratante, de assumir o controle do projeto por razões de segurança pública ou de ordem geral	§ 7.9
Enclave Project	Projeto de Enclave	Projeto cujos produtos são exportados e o pagamento correspondente é recebido fora do País Anfitrião	§ 11.4.1; § 16.5.1
Energy Charge	Tarifa de Energia	Elemento integrante da Tarifa de um Contrato de Compra de Energia ("CCE" ou "PPA", na sigla em inglês para *Power Purchase Agreement*) destinado a cobrir os custos de combustível; *vide* Tarifa de Utilização, Tarifa Variável de Energia	§ 6.3.5
Environmental Impact Assessment	Avaliação de Impacto Ambiental	Estudo sobre os efeitos e impactos da construção e operação do projeto no meio ambiente e nas comunidades locais e vizinhas afetadas pelo projeto (AIA)	§ 9.10.1
environmental risks	riscos ambientais	Riscos relativos ao impacto ambiental da construção e da operação do projeto	§ 9.10

Termo Original	Termo Equivalente (se houver)	Definição	Referência
EPC Contract	Contrato EPC	Contrato de Projeto de Engenharia, Licitação e Construção (na sigla em inglês para *Engineering, Procurement and Construction Contract*); *vide* Contrato D&B, Contrato de Construção	§ 2.5.1; § 8.2
equity	*equity* (capital próprio)	Parcela de contribuição dos investidores da Empresa do Projeto na forma de capital social ou dívida subordinada	§ 2.4; § 12.2
Equity Bridge Loan	*Equity Bridge Loan*	Empréstimo corporativo concedido por financiadores durante o período de construção em valor equivalente ao montante do investimento de capital próprio	§ 12.2.3
Equity *Funding* Competition	Concorrência para provisão do Financiamento de *Equity*	Processo de concorrência para fornecer parte do investimento de *equity* para a Empresa do Projeto com um Contrato de PPP, no momento (ou imediatamente antes) da Assinatura do Contrato de Financiamento; *vide* Concorrência para o Fornecimento da Dívida	§ 12.2.5; § 17.5
Equity IRR	TIR do acionista	Taxa Interna de Retorno (TIR) sobre o capital próprio paga aos investidores; *vide TIR Mista do Acionista*	§ 12.2
Equity Subscription Agreement	Contrato de Subscrição de *equity*	Contrato entre os Empreendedores e a Empresa do Projeto em que estabelecem a subscrição de seu capital próprio (e também a concessão de financiamento subordinado) na Empresa do Projeto	§ 3.5; § 12.2.3
escrow account	conta escrow	Conta bancária sob o controle conjunto de duas partes envolvidas no projeto; *vide* Contas de Reserva	§ 9.6.1; § 11.4.1

Termo Original	Termo Equivalente (se houver)	Definição	Referência
European Investment Bank	Banco Europeu de Investimento	Agência Oficial de Fomento da União Europeia (EIB); *vide* LGTT, Instrumento de Emissão de Títulos para Projetos	§ 15.4.3; § 16.5.8; § 17.5.2; § 17.5.3
Events of *Default*	Eventos de Inadimplemento	Eventos cuja ocorrência confere aos financiadores o direito de suspenderem a liberação de saques dos recursos da dívida (*drawstop*) ou de rescindirem o financiamento	§ 5.4; § 14.12
events of d*efault*	eventos de inadimplemento	Eventos que conferem às partes dos Contratos do Projeto o direito de rescindi-los	§ 7.10.1; § 7.10.2; § 8.5.6
exchange-rate risks	riscos de variação cambial	*Vide riscos de câmbio*	§ 10.5
Excusing Cause	Excludente de Responsabilidade	Eventos que causam a indisponibilidade do projeto, porém não geram a obrigação de pagamento de multas indenizatórias; *vide* Evento Indenizável, Evento de Isenção	§ 7.7
export credits	créditos de exportação	Garantias ou seguros para os financiadores, ou financiamentos diretos para a Empresa do Projeto, vinculados às vendas para exportação, oferecidos por Agências de Crédito à Exportação (ECAs)	Capítulo 16
expropriation	expropriação	Transferência ilegal do controle sobre o projeto ou sobre a Empresa do Projeto pelo Governo Anfitrião	§ 11.4.2
facilities agreement	*contrato de concessão de recursos*	*Vide* contrato de financiamento	Capítulo 14
facility	instalação	O projeto ou empreendimento	
facility agent	agente de crédito	*Vide* banco gestor	§ 5.2.9; § 12.6.4; § 14.4.1; § 14.10.1; § 14.13

Termo Original	Termo Equivalente (se houver)	Definição	Referência
FIM	MFI	Memorando Final de Informações (na sigla em inglês para *Final Information Memorandum*) contendo esclarecimentos sobre a Empresa do Projeto e utilizado para a formação do consórcio que participará da disputa pelo projeto	§ 5.2.8
Final Business Case	Plano de Negócio Final	Revisão da licitação de PPP realizada pela Autoridade Contratante antes da seleção do Licitante Vencedor para confirmar que o processo de licitação atingiu os objetivos definidos no Plano de Negócio Referencial (*q.v.*)	§ 3.7.3
financial advisor	consultor financeiro	Consultor contratado pelos Empreendedores para coordenar a estrutura de financiamento da Empresa do Projeto; ou consultor contratado pela Autoridade Contratante	§ 3.4.1
Financial Close	Assinatura do Contrato de Financiamento	Data em que todos os Contratos do Projeto e documentação financeira são assinados e as condições precedentes ao saque inicial do recurso da dívida estão devidamente cumpridas	§ 3.1; § 3.6.3; § 5.2.7; § 8.2.2; § 13.10; § 14.8.1; § 14.14
Financial Equilibrium	Equilíbrio Financeiro	Pagamento por Evento Indenizável cujo objetivo é restaurar a situação financeira de investidores e financiadores da Empresa do Projeto ao patamar que se encontravam antes da ocorrência do evento.	§ 7.6.5
financial model	modelo financeiro	Modelo ou modelos financeiros utilizados por: Empreendedores, para estruturarem a operação de *project finance*; financiadores, para reverem e monitorarem o projeto; ou Autoridade Contratante (se houver), para rever o projeto	§ 3.4.1; § 3.4.3; § 3.7.3; § 3.7.6; § 5.2.6; § 5.5.5 Capítulo 13
financial risks	riscos financeiros	*Vide* riscos macroeconômicos	Capítulo 10

Termo Original	Termo Equivalente (se houver)	Definição	Referência
financing agreement	contrato de financiamento	*Vide contrato de financiamento*	Capítulo 14
first loss	primeira cobertura de risco	Garantia ou financiamento concedido por entidade da administração pública e subordinado ao dos financiadores seniores (preferenciais)	§ 15.3
Fisher formula	fórmula de Fisher	Fórmula para efetuar ajustes em uma taxa de juros real à inflação resultando na taxa de juros nominal (*q.v.*)	§ 13.4.3
Fixed Charge	Tarifa Fixa de Capacidade	*Vide* Tarifa de Capacidade	§ 6.3.5
fixed costs	custos fixos	Elemento que compõe os custos operacionais da Empresa do Projeto e que não varia em função da produção final ou utilização do projeto; *vide* Tarifa de Capacidade; Tarifa de Serviço	§ 6.3.5; § 6.4.1
floating interest rate	taxa de juros flutuante	Taxa de juros revista em intervalos regulares e ajustada à taxa corrente de mercado; *vide* LIBOR, data da fixação da taxa de juros	§ 10.3
FM Contract	Contrato FM	Contrato de Gestão das Instalações do Projeto; *vide Contrato de Manutenção Estrutural de Instalação*, Contrato de Acessórios de Manutenção, Contrato de Manutenção, Contrato de Prestação de Serviços Prediais	
Force Majeure	Força Maior	Evento que prejudica a capacidade de uma das partes de cumprir suas obrigações contratuais, mas pelo qual não pode ser responsabilizada, nem tampouco poderia tê-lo previsto; *vide* Evento de Isenção	§ 7.8; § 7.10.4; § 8.5.2; § 8.5.5; § 9.9

Termo Original	Termo Equivalente (se houver)	Definição	Referência
Force Majeure insurance	Seguro contra Força Maior	Seguro com cobertura de lucros cessantes e custos extraordinários causados por atraso na conclusão ou pela interrupção das operações devido à ocorrência de evento de força maior não coberto por apólices de seguro nas modalidades DSU ou BI	§ 8.6.1; § 8.6.2
forced outage	desligamento forçado	*Vide* manutenção não programada; refere-se particularmente a uma usina de processamento	§ 9.7.5
foreign-exchange risks	*riscos de câmbio*	Riscos macroeconômicos resultantes de flutuações nas taxas de câmbio das moedas	§ 10.5; § 13.4.4
Forfaiting	Forfaiting	Sistema similar ao da PPP em que o custo de construção do projeto é amortizado ou refinanciado integralmente na data da conclusão	§ 6.6
forward-looking ratios	projeções dos índices de cobertura	Projeção dos Índices de Cobertura do Serviço da Dívida (ICSD) ou do Ciclo de Vida do Financiamento (LLCR, na sigla em inglês para *Loan Life Coverage Ratio*) futuros, após o início das operações de um projeto, a fim de calcular a Suspensão de Distribuição ou o Índice de Inadimplemento	§ 14.4.3
Franchise	Franquia	Direito de operar uma infraestrutura pública já existente e receber pagamentos dos usuários do serviço prestado; difere de uma PPP porque não são exigidos novos investimentos substanciais por parte do setor privado; *vide* Franquia de Uso (*affermage*), *Arrendamento*	§ 6.6; § 7.2.8; § 15.20
fronting bank	banco intermediário	Banco que atua como intermediário na operação de *swap* de taxa de juros	§ 10.3.1; § 14.14.1
Fuel Supply Contract	Contrato de Fornecimento de Combustível	Contrato de Fornecimento de Insumos para abastecimento de combustível de um projeto	§ 8.5

Termo Original	Termo Equivalente (se houver)	Definição	Referência
full cover	cobertura total	Garantias ou seguros para riscos tanto políticos quanto comerciais, oferecidos ao financiador por uma ECA	§ 16.2.1; § 16.2.4
Gap Financing	Financiamento de Lacuna de Viabilidade	Subsídio de capital oferecido por entidade da administração pública em caso de os recursos para financiamento do projeto captados junto ao setor privado não terem sido suficientes; *vide* TIFU	§ 3.7.9; § 15.7
gearing	fortalecimento do endividamento	*Vide* alavancagem	
GIC	GIC	*Vide* Contrato de Investimento Garantido	§ 5.4; § 10.3.4
GOCO	GOCO	Empresa do Projeto controlada pelo governo e operada por empreiteira do setor privado (na sigla em inglês para *government-owned, (private-sector) contractor-operated Project Company)*	§ 6.6
governing law	lei aplicável	A lei que disciplina um Contrato do Projeto ou a documentação financeira	§ 11.5.1; § 14.15
government	governo	Governo central do país onde o projeto está localizado	
Government Support Agreement	Acordo de Apoio Governamental	Contrato do Projeto que estabelece a base jurídica para o projeto ou pelo qual o Governo se compromete a fornecer diversos tipos de suporte e garantias	§ 11.7
GPA	ACG	Acordo de Compras Governamentais (na sigla em inglês para *Agreement on Government Procurement*), regime jurídico de licitação e compras públicas no âmbito da Organização Mundial de Comércio (OMC) [também designado em inglês *Government Purchase Agreement*, ou GPA]	§ 3.7.4

Termo Original	Termo Equivalente (se houver)	Definição	Referência
GPOBA	GPOBA	Parceria Global para Assistência Baseada em Especificações de Resultado (na sigla em inglês para *Global Partnership on Output-Based Aid) vide* OBA	§ 17.6.2
grace period	período de carência	Período de tempo concedido para remediar e reparar inadimplementos contratuais. Período que antecede o pagamento da primeira parcela de amortização devida de um financiamento.	§ 7.10.1; § 14.12 § 12.5.3
gross up	majoração	Aumentar ou tornar mais alto o valor de um pagamento de modo a compensar as deduções fiscais	§ 7.10.6; § 12.7.1
GST	GST	Imposto incidente sobre mercadorias e serviços (na sigla em inglês para *Goods & Services Tax)*; *vide* VAT	§ 11.3.2; § 13.5.1; § 13.7.5
Guaranteed Investment Contract	Contrato de Investimento Garantido	Taxa de juros fixa paga pelo banco depositário sobre o produto de uma emissão de títulos até que este seja exigido para pagamento dos custos de construção do projeto ("GIC", na sigla em inglês para *Guaranteed Investment Contract*); *vide* arbitragem negativa	§ 10.3.4
handback	reversão do ativo	Processo de transferência ou repasse dos ativos ao Tomador de Serviços/ Autoridade Contratante ao término do Contrato Principal do Projeto	§ 7.10.7
Hard FM Contract	Contrato de Manutenção Estrutural de Instalação (Contrato FM)	Contrato FM que cobre os serviços de manutenção; *vide* Contrato de Manutenção; este termo é usado em oposição a Contratos Acessórios de Manutenção (*Soft FM) (q.v.)*	§ 2.5.2; § 8.3; § 9.7.5
Hard Mini-Perm	Mini-Perm em condições de mercado	*Vide Mini-Perm*; este termo é usado em oposição a *Mini-Perm* em condições subsidiadas (*Soft Mini-Perm) (q.v.)*	§ 10.6

Termo Original	Termo Equivalente (se houver)	Definição	Referência
heat rate	taxa de aquecimento	Quantidade de combustível necessária para produzir determinado montante de energia elétrica	§ 6.3.6; § 9.7.3
hedging	*hegding*	Contrato de derivativo financeiro ou do mercado de *commodities* para proteger a Empresa do Projeto contra flutuações adversas nas taxas de juros, inflação de preços, taxas de câmbio e preços de *commodities*	§ 6.3.1; Capítulo10
Hermes	Hermes	*Euler Hermes Kreditversicherungs A.G.*, a ECA alemã	§ 16.4.5
Host Country	País Anfitrião	País em que o projeto está localizado (geralmente utilizado para recepção do investimento estrangeiro)	§ 11.4
Host Government	Governo Anfitrião	O governo do País Anfitrião	
hurdle rate	taxa mínima de atratividade (TMA)	Taxa de desconto ou TIR mínima empregada para determinar se um investimento gera a rentabilidade mínima exigida	§ 10.2; § 12.2.1; § 12.2.4
IADB	BID	Banco Interamericano de Desenvolvimento (na sigla em inglês para *Inter-American Development Bank)*, uma *MDFI*	§ 16.5; § 16.5.9
IBRD	BIRD	*Vide* Banco Mundial	§ 16.5.1
IDA	IDA	Associação Internacional de Desenvolvimento *(na sigla em inglês para International Development Association*), integrante do Grupo do Banco Mundial para concessão de financiamento direcionado ao desenvolvimento de países mais pobres	§ 16.5; § 16.5.3
IDB	IDB	Banco Islâmico de Desenvolvimento (na sigla em inglês para *Islamic Development Bank*), instituição financeira islâmica	§ 4.5.4; § 16.5

Termo Original	Termo Equivalente (se houver)	Definição	Referência
IDC	JDC	Juros incorridos durante a construção	§ 10.3; § 10.5.1; § 12.2.3; § 13.5.1
IFC	IFC	Instituição do Banco Mundial que financia investimento do setor privado *(na sigla em inglês para International Finance Corporation)*	§ 16.5.2
IFIs	IFIs	Instituições financeiras internacionais; *vide* DFIs	Capítulo 16
Implementation Agreement	Acordo de Implementação	*Vide Acordo de Apoio Governamental*	§ 11.7
income statement	demonstrativo de resultados	*Vide* conta de L&P	§ 13.7
incomplete contract	contrato incompleto	Contrato no qual as partes não conseguem prever ou antever todos os resultados possíveis	§ 9.4
Independent Engineer	Engenheiro Independente	Empresa de engenharia não relacionada a qualquer parte contratante de Contratos do Projeto e que certifica que a construção do projeto está sendo executada em conformidade com os requisitos do Contrato Principal do Projeto e com as especificações do Contrato EPC	§ 7.4.1; § 7.10.1; § 8.2.4
independent power producer	produtor independente de energia	Projeto de geração de energia não controlado por concessionária pública do setor de energia elétrica (na sigla em inglês para *independent power producer* — IPP)	§ 2.3; § 6.3
inflation risks	riscos de inflação	Riscos macroeconômicos (*q.v.*) resultantes de mudança nos índices de inflação de preços	§ 7.3.3; § 10.4; § 13.4.1
inflation swap	*swap* de inflação	Contrato de *hedge* para trocar o fluxo de caixa sujeito às correções inflacionárias por um fluxo de caixa fixo (ou vice-versa); *vide swap de RPI*	§ 10.4.3

Termo Original	Termo Equivalente (se houver)	Definição	Referência
inflation-indexed bond	título indexado à inflação	Título cujo serviço da dívida está indexado à inflação	§ 10.4.3
Initial Business Case	Plano de Negócio Inicial	Estudo prévio de viabilidade de um projeto de PPP realizado pela Autoridade Contratante; *vide* Esboço do Plano de Negócio; Plano de Negócio Final	§ 3.7.3
Input Supplier	Fornecedor de Insumos	Empresa contratada por Contrato de Fornecimento de Insumos	
Input-Supply Contract	Contrato de Fornecimento de Insumos	Contrato do Projeto destinado ao abastecimento de combustível ou fornecimento de matérias-primas para a Empresa do Projeto	§ 2.5.1; § 8.5; § 9.8
input-supply risks	riscos de fornecimento de insumos	Riscos comerciais relativos à disponibilidade e custo dos insumos fornecidos para o projeto	§ 9.8
institutional market/lenders	Mercado/financiadores institucionais	Mercado não bancário de investimento em projetos de grande escala ou de concessão de financiamento para projetos (especialmente representado por companhias de seguros de vida e fundos de pensão); os financiamentos são comumente realizados por intermédio do mercado de emissão de títulos, fundos de investimento em dívida, ou mesmo diretamente.	§ 3.2.1; § 17.4
Institutional PPP	PPP Institucional	Empresa do Projeto em operação em que a Autoridade Contratante vende parte do *equity* para um investidor que se envolve ativamente na administração da empresa.	§ 6.6

Termo Original	Termo Equivalente (se houver)	Definição	Referência
insurance	seguro	Seguro contra danos materiais ao projeto, lucros cessantes e responsabilidade perante terceiros; *vide* seguros da fase de construção e seguros da fase de operação. O termo "seguro" também pode se referir ao seguro-garantia oferecido por seguradoras *monoline*, ECAs ou DFIs para cobertura de riscos políticos e de crédito relativos ao financiamento (*debt*) ou capital próprio (*equity)* de um projeto	§ 7.8; § 8.6; § 9.9.1 § 4.3.2; § 4.3.3; Capítulo 16
insurance advisor	consultor de seguros	Consultor contratado pelos financiadores para tratar dos aspectos relacionados ao seguro do projeto (exceto seguro de risco político ou de crédito)	§ 5.5.4
insurance premium	prêmio de seguro	Valor pago para obter a cobertura do seguro	§ 8.6.8; § 9.9.2
intercreditor	inter-credores	Relacionamento entre os diferentes grupos de financiadores	§ 14.14
intercreditor agent	agente inter-credores	Agente responsável por intermediar as relações entre os diferentes grupos de financiadores	§ 14.14
Intercreditor Agreement	Acordo Inter-Credores	*Vide* Acordo de Termos Comuns	§ 14.14
interest buy-down	*redução nas taxas de juro*	Redução na taxa de juros em troca da injeção adicional de capital próprio *(equity)* no projeto	§ 12.8
interest during construction	juros durante a construção	Juros sobre os saques dos financiamentos durante a construção, que são capitalizados (*q.v.*) e fazem parte do orçamento da construção (JDC)	§ 10.3; § 10.5.1; § 12.2.3; § 13.5.1
interest-rate cap	*cap* de taxa de juros	Contrato financeiro de *hegde* que determina a taxa de juros máxima do financiamento da Empresa do Projeto	§ 10.3.2

Termo Original	Termo Equivalente (se houver)	Definição	Referência
interest-rate collar	*collar* de taxa de juros	Contrato financeiro de *hegde* que determina piso (mínimo) e teto (máximo) para a taxa de juros a pagar pela Empresa do Projeto	§ 10.3.2
Interest-Rate Equalization	Equalização de Taxa de Juros	Subsídio de juros oferecido pelas ECAs aos bancos para cobrir a diferença entre o custo de financiamento do banco e a taxa referencial de juros, ou TR (*q.v.*)	§ 16.2.1; § 16.2.3
interest-rate risks	riscos de taxa de juros	Riscos macroeconômicos (*q.v.*) resultantes de aumentos nas taxas de juros	§ 10.3; § 13.4.3
interest-rate swap	*swap* de taxa de juros	Contrato financeiro de *hegde* para trocar uma taxa de juros flutuante por uma taxa de juros fixa	§ 10.3.1; § 14.14.1
internal-rate of return	taxa interna de retorno	A taxa interna de retorno de um investimento em função dos fluxos de entrada e de saída de caixa futuros; TIR; *vide* TIR Mista do Acionista *(Blended Equity IRR)*, TIR do acionista *(Equity IRR)*, TIR do Projeto *(Project IRR)*	§ 10.2.2; § 10.2.3
investment bank	banco de investimento	Banco que coordena a emissão de títulos, mas não concede nenhum tipo de financiamento	§ 5.3.1
investmente grade	grau de investimento	Classificação de crédito BBB–/Baa3 ou superior	§ 5.3.1; § 17.5
investmente insurance	seguro do investimento	Seguro de Risco Político, ou SRP, oferecido aos investidores por ECAs, DFIs, ou seguradoras do setor privado	§ 11.8.1; § 16.3
investment risks	riscos do investimento	Riscos políticos relacionados à conversão e transferência de moedas, expropriação e eventos políticos de força maior	§ 11.4; § 16.2.4

Termo Original	Termo Equivalente (se houver)	Definição	Referência
investors	investidores	Empreendedores e outras partes investidoras de capital próprio da Empresa do Projeto. O termo "investidores" também se refere aos compradores de títulos da divida (*bonds*) emitidos pela Empresa do Projeto	§ 2.4; § 2.6.1; § 3.2; § 12.2 § 4.3; § 5.3
IPP	IPP	*Vide* produtor independente de energia	§ 2.3; § 6.3
IRR	TIR	*Vide taxa interna de retorno*	§ 10.2.2; § 10.2.3
IRS	IRS	A Receita Federal americana (na sigla em inglês para *U.S. Internal Revenue Service)*	
ISDA	ISDA	Associação Internacional de Swaps e Derivativos *(na sigla em inglês para International Swap and Derivatives Association)*, que elabora formulários padronizados relativos à documentação para celebração de contratos de *swap* de taxa de juros e outros instrumentos de proteção financeira (*hedge*)	§ 10.3.1
Islamic financing	Financiamento islâmico	Financiamento sem cobrança de juros	§ 4.5.4; § 16.5
ITN	ITN	Convite à Negociação (na sigla em inglês para *Invitation to Negotiate)*; *vide* RfP	
ITT	ITT	Convite à Licitação (na sigla em inglês para *Invitation to Tender)*; *vide* RfP	
JBIC	JBIC	Banco do Japão para Cooperaração Internacional (na sigla em inglês para *Japan Bank for International Co-operation),* que concede linhas de crédito para exportação bem como financiamento não vinculado à exportação	§ 16.4; § 16.4.1

Termo Original	Termo Equivalente (se houver)	Definição	Referência
JEXIM	JEXIM	Banco do Japão para Fomento à Importação e Exportação (na sigla em inglês para *Export-Import Bank of Japan*), atualmente sucedido pelo JBIC	§ 16.4.1
KDB	KDB	Banco de Desenvolvimento da Coreia (na sigla em inglês para *Korea Development Bank*), uma Agência Oficial de Fomento	§ 15.8; § 16.4.2
KEXIM	KEXIM	Banco da Coreia para Fomento à Importação e Exportação (na sigla em inglês para *Export-Import Bank of Korea*)	§ 16.4.2
Key Performance Indicators	Indicadores-chave de Desempenho	Indicadores dos padrões de serviço segundo um Contrato de PPP ("KPIs"); o não cumprimento dessas normas geram deduções na Pontuação de Desempenho	§ 6.4.4; § 7.4.2; § 8.4
KfW-IPEX Bank	KfW-IPEX Bank	Banco alemão de fomento à exportação e importação que concede financiamento com base na TR para exportações alemãs bem como financiamento não vinculado à exportação	§ 16.4; § 16.4.5
KPIs	KPIs	*Vide* Indicadores-chave de Desempenho	§ 6.4.4
K-sure	K-sure	Companhia de Seguro Comercial Coreana *(na sigla em inglês para Korea Trade Insurance Corporation)*, a ECA coreana	§ 16.4; § 16.4.2
latent defects	defeitos latentes	Defeitos nas estruturas do local do projeto que ninguém teria conseguido descobrir e cujos efeitos só surgem em momentos futuros	§ 9.5.2
LDs	PDs — indenização por perdas e danos fixada em cláusula penal	*Vide* indenização por perdas e danos fixada por cláusula penal *(liquidated damages)*	§ 6.3.6; Capítulo 8; Capítulo 9; § 13.9; § 14.4.1; § 14.6.2

Termo Original	Termo Equivalente (se houver)	Definição	Referência
lead arranger(s)	coordenador-líder	Banco ou bancos responsáveis pela coordenação e subscrição da dívida de *project finance* ou o banco de investimento responsável pela colocação privada de um título de *project finance*	§ 5.2.3; § 5.2.5; § 5.3.1
lease	arrendamento	Modalidade de dívida na qual os bens de capital financiados pertencem ao arrendador; *vide* arrendador, arrendatário. O direito de uso de determinado terreno (e edificações) por um determinado período de tempo. *Vide* Franquia	§ 4.5.2; § 14.14.4 § 8.7 § 6.6
lenders	financiadores	Bancos, detentores de títulos e demais fornecedores de dívida sênior para a Empresa do Projeto	§ 2.4; Capítulo 4; Capítulo 5; Capítulo 14; § 17.4
lenders' advisors	consultores dos financiadores	Consultores externos contratados pelos financiadores	§ 5.5
Lenders' Engineer	Engenheiro dos Financiadores	Empresa de Engenharia contratada para prestar consultoria aos financiadores	§ 5.5.3; § 8.2.4; § 8.2.7; § 9.5.4; § 9.5.6; § 13.11; § 14.3.2; § 14.5; § 14.8
lessee	arrendatário	O devedor no contrato de arrendamento, ou seja, a Empresa do Projeto	§ 4.5.2
lessor	arrendador	O fornecedor de financiamento no contrato de arrendamento (equivalente a um financiador)	§ 4.5.2; § 14.14.4
leverage	alavancagem	Refere-se ao índice de endividamento sobre o capital próprio (*equity*)	§ 2.6; § 12.4; § 12.8; § 14.3.2

Termo Original	Termo Equivalente (se houver)	Definição	Referência
LGTT	LGTT	Instrumento de Garantia de Financiamento para Projetos do Sistema de Transporte Transeuropeu (na sigla em inglês para *Loan Guarantee Instrument for Trans-European Transport Network Projects)* do Banco Europeu de Investimento (*European Investment Bank* — EIB)	§ 15.5; § 17.5.3
LIBOR	Taxa LIBOR	Taxa de juros interbancária de Londres, uma das principais referências de taxas de juros variáveis	§ 10.3; § 12.6.1; § 12.7.3
lifecycle	ciclo de vida (útil)	Renovação ou substituição de bens de capital essenciais e de valor significativo ao final de sua vida operacional	§ 7.2.7; § 7.10.7; § 8.3.2; § 9.7.5; § 14.4.1; § 14.4.4
limited-recourse	garantias corporativas limitadas	Financiamento com garantias limitadas da parte dos Empreendedores; *vide* sem garantias corporativas	§ 9.13
linear project	projeto linear	Projeto que envolve a construção de uma instalação sobre longa extensão de terra, por exemplo, uma rodovia	§ 8.6.5; § 8.6.9; § 9.5.1; § 9.5.2
Liquid Market clause	cláusula de Mercado Líquido	Cláusula do Contrato de PPP que dispõe que a venda do Contrato Principal do Projeto, após descumprimento contratual por parte da Empresa do Projeto, não é exigida se no mercado não houver proponentes potenciais, ou se houver muito poucos proponentes potenciais que se interessem pela transação	§ 7.10.1
liquidated damages	indenização por perdas e danos fixada em cláusula penal	Nível de prejuízo previamente convencionado quando o desempenho de uma das partes fica abaixo do nível exigido pelo contrato ("PDs"); *vide* PDs por atraso, PDs de desempenho.	§ 6.3.6; Capítulo 8; Capítulo 9; § 13.9; § 14.4.1; § 14.6.2

Termo Original	Termo Equivalente (se houver)	Definição	Referência
liquidity support	suporte de liquidez	Financiamento de reserva que pode ser sacado pela Empresa do Projeto para cobrir a desvalorização da moeda local em relação à moeda estrangeira na qual o recurso da dívida foi obtido	§ 10.5.4
LLCR	LLCR	*Vide Índice de Cobertura do Ciclo de Vida do Financiamento*	§ 12.3.2; § 12.3.6
LMA	LMA	Associação que elabora os formulários-padrão relativos à documentação exigida nos financiamentos bancários (na sigla em inglês para *Loan Market Association*)	§ 14.2
LNG	GNL	Gás Natural Liquefeito	
loan agreement	Contrato de financiamento	Contrato celebrado entre a Empresa do Projeto e seus financiadores (*q.v.*); *vide contrato de concessão de crédito, contrato de concessão de recursos*	Capítulo 14
Loan-Life Cover Ratio	Índice de Cobertura do Ciclo de Vida do Financiamento	Coeficiente entre o VPL do fluxo de caixa operacional gerado durante o prazo remanescente de vigência do financiamento e o saldo do principal (*q.v.*) da dívida em aberto (LLCR)	§ 12.3.2; § 12.3.6
Lock-Up Ratio(s)	Índice de Bloqueio (Lock-Up Ratio)	*Vide Índices de Suspensão de Distribuição*	§ 14.4.3
MAC clause	cláusula MAC	*Vide* cláusula(s) de alteração adversa relevante	§ 14.8.3; § 14.12
macro-economic risks	riscos macroeconômicos	Riscos de *project finance* relativos a: inflação, taxa de juros ou taxas de câmbio	Capítulo 10; § 13.4
maintenance bond	garantia de manutenção	Garantia destinada a assegurar que um projeto de PPP ou de usina de processamento conte com serviços de manutenção adequados nos últimos anos do contrato antes da reversão; *vide garantias*	§ 7.5; § 7.10.7; § 8.2.9

Termo Original	Termo Equivalente (se houver)	Definição	Referência
Maintenance Contract	Contrato de Manutenção	Contratado de serviços de manutenção de infraestrutura, tais como: rodovias ou prédios; *vide* Contrato O&M	§ 2.5.2; § 8.3; § 9.7.5
maintenance covenant	*covenant* de manutenção	*Covenant* positiva (*q.v.*) destinada a manter um determinado nível, por exemplo, de Índice de Cobertura	§ 14.10.1
Maintenance Reserve Account	Conta de Reserva de Manutenção	Conta de Reserva para formação de saldo de caixa suficiente para cobrir os custos necessários à manutenção de maior porte do projeto ("MRA")	§ 7.10.7; § 9.7.5; § 14.4.1; § 14.4.2; § 14.4.4
Maître d'Œuvre	Mestre de Obras	*Vide Engenheiro Independente*	§ 7.4.1
make-whole clause	cláusula de resgate antecipado	*Vide cláusula de paridade*	§ 10.3.4
Management Contract	Contrato de Gestão	Contrato entre a Empresa do Projeto e um de seus Empreendedores ou mais pelo qual estes últimos se obrigam a prestar serviços de gestão empresarial. Contrato entre uma entidade da administração pública e uma empresa do setor privado para prestação de serviços de gestão da infraestrutura pública	§ 3.6.3 § 6.6
mandate	mandato	Nomeação como banco coordenador-líder (*q.v.*)	§ 5.2.3; § 5.3.1
mandatory costs	custos obrigatórios	Custos adicionais de financiamento que os bancos comerciais cobram do tomador; *vide* MLA, MLRs	§ 12.7.2
margin	margem	*Vide* margem de crédito, prêmio de crédito de *swap*	
margin ratchet	revisão de taxa de juros	Aumento da taxa de juros (*spread*), ou da margem de crédito, ao longo do período de financiamento de um projeto	§ 12.6.1

Termo Original	Termo Equivalente (se houver)	Definição	Referência
Marine Cargo insurance	seguro Marine Cargo	Seguro contra danos ao equipamento em trânsito até o local do projeto durante a fase de construção	§ 8.6.1
Marine *DSU insurance*	seguro Marine DSU	Seguro contra lucros cessantes ou custos extras causados por atraso na conclusão após a ocorrência de danos ao equipamento em trânsito até o local do projeto durante a fase de construção; *vide* seguro *DSU*	§ 8.6.1
market disruption	interrupção no mercado	Incapacidade dos bancos para renovar a provisão de recursos de curto prazo para seus financiamentos nas condições pactuadas no contrato de financiamento	§ 12.7.3
market flex	flexibilidade de mercado	Direito dos bancos coordenadores-líderes de efetuarem alterações dos termos do financiamento, propostos antes da contratação e assinatura do contrato de financiamento, para que reflitam uma deterioração do mercado	§ 5.2.7
market stabilization	estabilização de mercado	Exercício de um contrato de *hedge* antes da colocação de um título de montante elevado ou *swap*, de modo a assegurar que a colocação em si não altere as taxas de mercado	§ 10.3.5
mark-to-market	valor ajustado ao mercado	Método de cálculo do valor corrente de um *swap* ou do custo de rescisão antecipada de contrato de *swap* ou de sua infração. *Vide* custo de infração de contrato de *swap*	§ 10.3.1
material adverse change clause(s)	cláusula(s) de alteração adversa relevante	Cláusula(s) constante(s) da documentação financeira que faculta aos financiadores recusarem-se a autorizar novos saques ou exigirem a amortização da dívida em função de alterações adversas relevantes no projeto ("cláusula MAC", na sigla em inglês para *material adverse change clause*)	§ 14.8.3; § 14.12

Termo Original	Termo Equivalente (se houver)	Definição	Referência
maturity	data de vencimento	Data final programada para o término de um financiamento ou contrato	
MDB	MDB	Banco de Desenvolvimento Multilateral; *vide MDFI*	
MDFI	*MDFI*	Instituição Financeira de Desenvolvimento formada por vários governos *(na sigla em inglês para Multilateral Development Financial Institution)*	§ 16.5
Mechanical Completion	Conclusão Mecânica	Em um Contrato EPC, a confirmação de que o projeto é capaz de atender aos critérios de desempenho e operação exigidos.	§ 8.2.7
merchant power plant	usina geradora e comercializadora de energia	Um IPP (produtor independente de energia) que não tem um Contrato de Compra de Energia (CCE, ou PPA, na sigla em inglês para *Power Purchase Agreement*) e que vende sua energia no mercado livre de energia	§ 9.6.2
mezzanine debt	dívida mezanino	Dívida subordinada em favor de terceiros e não dos investidores	§ 4.5.1; § 14.14.5; § 15.4
MIGA	MIGA	Agência Multilateral de Garantia de Investimento (na sigla em inglês para *Multilateral Investment Guarantee Agency*), do Grupo do Banco Mundial que concede coberturas contra riscos políticos aos financiadores e investidores	§ 16.5.4
Mini Perm	Mini Perm	Financiamento para o período de construção e primeiros anos de operação de um projeto, a ser refinanciado oportunamente por uma dívida de prazo mais longo; também conhecido como *Mini Perm* em condições de mercado (*Hard Mini-Perm*), em oposição a um *Mini Perm* em condições subsidiadas (*Soft Mini-Perm*) (*q.v.*)	§ 10.6

Termo Original	Termo Equivalente (se houver)	Definição	Referência
Minimum Revenue Guarantee	Garantia de Receita Mínima	Garantia fornecida pela Autoridade Contratante sobre um valor mínimo de receita gerada por uma Concessão ("MRG")	§ 15.18
MIRR	TIR-M	*Vide* TIR modificada	§ 10.2.3; § 12.2.3
MLA	MLA	Nível mínimo de ativos líquidos (MLA, na sigla em inglês para *minimum liquid asset*) exigido pelos bancos; *vide custos obrigatórios. Para "Agência Financiadora Multilateral", vide MDFI*	§ 12.7.2 § 16.5
MLRs	MLRs	Índice de liquidez mínimo exigido pelos bancos; *vide custos obrigatórios*	§ 12.7.2
mobilization	mobilização	Transição entre a fase de construção e a fase de operação de um projeto	§ 9.5.6
Model Auditor	Auditor do Modelo	Escritório de contabilidade independente (ou consultoria especializada em modelagem financeira) que audita e certifica o modelo financeiro	§ 5.5.5; § 13.10; § 14.8.1
modified IRR	TIR Modificada	TIR calculada com uma taxa de reinvestimento reduzida para o caixa retirado do projeto (da sigla em inglês "MIRR", para *Modified Internal Rate of Return*)	§ 10.2.3; § 12.2.3
monoline insurance	seguro *monoline*	Seguro contra um risco financeiro individual (em oposição ao seguro contra acidentes gerais)	§ 4.3.2; § 4.3.3; § 5.3.2; § 15.4.3; § 15.9; § 16.5.8; § 17.2
Monte-Carlo simulation	simulação de Monte Carlo	Método de avaliação de risco	§ 9.2; § 12.2.4
MRG	MRG	Garantia de Receita Mínima *(na sigla em inglês para Minimum Revenue Guarantee)*	§ 15.18

Termo Original	Termo Equivalente (se houver)	Definição	Referência
muni bonds	títulos de dívida municipal	Títulos de dívida municipal emitidos no mercado americano; *vide PAB*; Título de Receita *Revenue Bond*; Financiamento de Incremento Fiscal *(TIF, na sigla em inglês para Tax Increment Finance)*	§ 4.3.1
Natural Force majeure	Força Maior da Natureza	Evento natural imprevisível que afeta o projeto, como por exemplo: incêndio, explosão, inundação, condições climáticas extraordinárias; *vide* Força Maior	§ 7.10.4
negative arbitrage	arbitragem negativa	Perda dos juros causada pela exigência de saque do montante integral de um financiamento de títulos de longo prazo para em seguida depositar novamente os recursos no curto prazo até serem solicitados; *vide GIC (Contrato de Investimento Garantido)*	§ 5.4; § 10.3.4
negative equity	patrimônio líquido negativo	Prejuízos contábeis acumulados que excedem o valor do capital integralizado na Empresa do Projeto	§ 13.7.3
negative pledge	negativa de penhor	Contrato entre um tomador e seu financiador para que não seja oferecida garantia sobre seus ativos a terceiros	§ 14.7.1; § 14.7.2; § 14.10.2
Negotiated Procedure	Procedimento Negocial de Esclarecimento	Procedimento de licitação pública no qual são realizadas reuniões de negociação com os proponentes da concorrência para esclarecer elementos contidos em suas propostas	§ 3.7.4
net present value	valor presente líquido	Valor presente descontado dos retornos de caixa futuros (VPL)	§ 10.2.1; § 10.2.3
Network Risk	Risco de Redes de Distribuição	Riscos para uma Concessão, resultantes do sistema de distribuição e ligações externas ao projeto	§ 9.6.3
NEXI	NEXI	Seguradora de Exportação e Investimentos do Japão *(na sigla em inglês para Nippon Export and Investment Insurance)*, a ECA japonesa	§ 16.4; § 16.4.1

Termo Original	Termo Equivalente (se houver)	Definição	Referência
no-fault termination	rescisão sem culpa	Rescisão do Contrato Principal do Projeto causada por motivos de Força Maior (*q.v.*)	§ 7.10.4
nominal interest rate	taxa de juros nominal	Taxa de juros a pagar que inclui o efeito inflacionário; valor dos juros a pagar de fato; *vide* taxa de juros real	§ 13.4.3
nominal sum	valor nominal	Montante em dinheiro a preços correntes, isto é, incluindo a inflação; valor efetivamente pago ou recebido; *vide* valor real (líquido do efeito inflacionário)	§ 10.4
non-recourse	sem garantias corporativas	Financiamento baseado exclusivamente no fluxo de caixa gerado pelo projeto, sem contar com garantias dos Empreendedores; *vide* garantia corporativa limitada	§ 2.2; § 2.6.1; § 3.2; § 9.13; § 9.14
Non-Reverting Asset	Ativo Não Reversível	Ativos financiados mediante Contrato de PPP que não são revertidos para o controle ou propriedade da Autoridade Contratante ao término do contrato	§ 6.2; § 7.2.5; § 7.6.5; § 7.10.8; § 7.10.9; § 9.14
non-vitiation clause	cláusula de não invalidação	Cláusula constante da apólice de seguros que garante que os direitos dos financiadores não serão afetados por medidas tomadas pela Empresa do Projeto que invalidem o seguro	§ 8.6.5
Nordic Investment Bank	Nordic Investment Bank	*MDFI* dos países nórdicos	§ 16.5
notional principal amount	valor nocional	Parte da dívida que é objeto de *swap* de taxa de juros	§ 10.3.1
NPV	VPL	*Vide valor presente líquido*	§ 10.2.1; § 10.2.3
NPV at risk	VPL em risco	Método de avaliação de risco do capital do investidor aplicado no projeto	§ 12.2.4

Termo Original	Termo Equivalente (se houver)	Definição	Referência
NPV of Revenues	VPL das Receitas	Sistema de fixação de prazo de vigência variável para a Concessão, para administrar o risco de tráfego	§ 9.6.2
NTP	NTP	Ordem de Construção *(na sigla em inglês para Notice to Proceed)*, dada pela Empresa do Projeto à Empreiteira de Construção para que dê início às obras do projeto	§ 8.2.2
O&M	O&M	Operação e Manutenção (na sigla em inglês para *Operation and maintenance*)	
O&M Contract	Contrato O&M	Contrato de Operação e Manutenção (na sigla em inglês para *Operation & Maintenance Contract*); Contrato do Projeto destinado a operar e manter um projeto de usina de processamento em nome da Empresa do Projeto	§ 2.5.1; § 8.3; § 9.7.2
O&M Contractor	Empreiteira de O&M	A empreiteira prevista em Contrato O&M	
OBA	OBA	*Vide* assistência baseada em resultados	§ 17.6.2
obsolescing bargain	deterioração do poder de negociação	Situação em que um investidor multinacional conta com posição favorável e de peso em relação à do Governo Anfitrião antes de fazer um investimento em um projeto. Contudo, posteriormente, a situação se inverte em favor do Governo Anfitrião.	§ 11.2
ODA	ODA	Assistência Governamental para Desenvolvimento (na sigla em inglês para *Official Development Assistence*); *vide* Financiamento Vinculado à Exportação	§ 16.4
OECD	OCDE	Organização para Cooperação e Desenvolvimento Econômico	§ 2.2; § 16.2.3

Termo Original	Termo Equivalente (se houver)	Definição	Referência
OECD Consensus	Consenso da OCDE	Acordo sob a égide da OCDE que regulamenta prazos e condições de crédito oferecidos pelas ECAs	§ 16.2.3
Offtake Contract	Contrato *Offtake*	Contrato Principal do Projeto pelo qual a Empresa do Projeto produz determinado produto e o vende ao Tomador de Serviço	§ 2.4; § 2.5.1; § 6.3; Capítulo 7; § 9.6.1; § 9.14
Offtaker	Tomador de Serviço	O comprador da produção da Empresa do Projeto, nos termos de um CCE (Contrato de Compra de Energia), por exemplo	§ 2.4; § 2.5.1; § 9.14
operating budget	orçamento operacional	Orçamento de custos operacionais que estejam sob o controle da Empresa do Projeto; *vide* orçamento da construção	§ 9.7.7
operating cash flow	fluxo de caixa operacional	Receitas menos despesas operacionais da Empresa do Projeto, ou seja, o resultado do fluxo de caixa antes do pagamento do serviço da dívida	
operating phase insurances	seguros da fase operacional	Seguros de Risco Total, BI e Força Maior	§ 8.6.2
operating risks	riscos operacionais	Riscos comerciais relacionados à operação do projeto	§ 9.7
operational gearing	alavancagem operacional	Índice empregado na Tarifa de Serviço, calculado pelo coeficiente entre o serviço da dívida e o retorno de capital e os pagamentos para cobertura dos custos operacionais	§ 15.10
OPIC	OPIC	Companhia Internacional de Investimento Privado (na sigla em inglês para *Overseas Private Investment Corporation*), agência governamental norte-americana	§ 16.4; § 16.4.4; § 16.5.4

Termo Original	Termo Equivalente (se houver)	Definição	Referência
optimism bias	viés otimista	Tendência para subestimar custos e superestimar probabilidades de sucesso de um projeto	§ 3.7.3
Optional Termination	Rescisão Antecipada Facultativa	Exercício, por parte da Autoridade Contratante, de sua opção de rescindir antecipadamente um Contrato de PPP; *vide* Rescisão por Conveniência, *Rescisão Voluntária*	§ 7.10.3
Outline Business Case	Plano de Negócio Referencial	Estudo de viabilidade detalhado encomendado pela Autoridade Contratante sobre uma PPP e realizado antes da aproximação ao mercado para solicitação de propostas; *vide Plano de Negócio Inicial, Plano de Negócio Final*	§ 3.7.3
output-based aid	assistência baseada em especificações de resultado	Sistema de concessão de subsídios para projetos em países em desenvolvimento que opera de modo semelhante às PPPs ("OBA")	§ 17.6.2
output dedication	exclusividade de fornecimento	O Fornecedor de Insumos se compromete a fornecer todos os insumos disponíveis provenientes de fonte específica (mas não se compromete em termos de volume ou quantidade de insumos); *vide fornecedor exclusivo*	§ 8.5.1
Output Specifications	Especificações de Resultado	Especificações sobre o que é exigido de um projeto definidas em um Contrato de PPP	§ 6.4.2
over-indexation	indexação conservadora	Indexação à inflação dos Pagamentos do Contrato Principal em proporção maior do que os custos variáveis da Empresa do Projeto	§ 10.4.2
Owner's Engineer	Engenheiro do Acionista	Engenheiro responsável pela supervisão dos trabalhos da Empreiteira de Construção em nome da Empresa do Projeto	§ 8.2.4

Termo Original	Termo Equivalente (se houver)	Definição	Referência
Owner's Risks	Riscos do Acionista	As responsabilidades da Empresa do Projeto segundo os termos do Contrato de Construção	§ 8.2.3; § 8.2.5; § 9.5.5
P&L account	conta de L&P (Lucros e Perdas)	Resultados contábeis apurados em regime de competência (em vez de em regime de caixa) da Empresa do Projeto; *vide income statement*	§ 13.7
p.a.	a.a.	*per annum*, ao ano, anual, anualmente	
PABs	PABs	Títulos de financiamento para Atividades do Setor Privado *(na sigla em inglês para Private Activity Bonds)*, método de captação de financiamento para projetos de PPP junto ao mercado de títulos municipais norte-americano	§ 4.3.1
par floor	Cláusula de paridade	Cláusula constante de financiamentos a taxa de juros fixa ou com base em títulos de dívida que determina que o ajuste sobre as alterações nas taxas de juros na data do pagamento antecipado não pode incidir sobre menos que 100% do pagamento do principal (*q.v.*) amortizado; *vide cláusula de resgate antecipado*, cláusula *spens*	§ 10.3.4
pari-passu	pari-passu	Equivalente à divisão *pro rata* de garantias; relativo à garantia compartilhada por diferentes financiadores ou aos pagamentos para outros legitimados	
Partial Credit Guarantee	Garantia Parcial de Crédito	Garantia oferecida por uma *MDFI* sobre uma parcela do risco de crédito ("PCG", na sigla em inglês para *Partial Credit Guarantee*)	§ 16.5.1
Partial Risk Guarantee	Garantia Parcial de Risco	Garantia oferecida por uma *MDFI* com cobertura de riscos políticos relacionados a um projeto ("PRG", na sigla em inglês para *Partial Risk Guarantee*); *vide* PRI (na sigla em inglês para *Political-Risk Insurance)*	§ 16.5.1

Termo Original	Termo Equivalente (se houver)	Definição	Referência
payback period	período de *payback*	Período de tempo em que as Distribuições para os investidores se equalizam ao investimento original feito por eles; *vide período de pagamento descontado*	§ 12.2.4
paying agent	agente pagador	Empresa que efetua os pagamentos do serviço da dívida da Empresa do Projeto aos detentores de títulos	§ 5.3.2
Payment Mechanism	Mecanismo de Pagamento	A fórmula e outros métodos de cálculo empregados para calcular os Pagamentos do Contrato Principal (*q.v.*)	§ 2.5.1
PBCE	PBCE	Melhoramento de Risco de Crédito de Debênture do Projeto *(na sigla em inglês para Project-Bond Credit Enhancement*): resultado do uso de Iniciativas de Emissão de Títulos para Projetos do Banco Europeu de Investimento ("EIB")	§ 15.4
PCG	PCG	Garantia da Empresa Controladora (para uma Subcontratada) (na sigla em inglês para *Parent-company guarantee*)	§ 8.10
		Vide Partial Credit Guarantee	§ 16.5.1
penalties	multas indenizatórias	Indenização por perdas e danos (PDs) devida pela Empresa do Projeto pelo não cumprimento dos requisitos relativos aos serviços previstos em uma Concessão; *vide abatimentos*, deduções	§ 6.3.6; § 6.4.3; § 6.5.5; § 9.7.4
performance bond	seguro-garantia	Garantia oferecida pela Empreiteira de Construção (ou outra Subcontratada) de que ela conseguirá atingir o desempenho previsto em seu contrato; Garantia oferecida pela Empresa do Projeto que assegura seu desempenho segundo os termos do Contrato Principal do Projeto	§ 8.2.9 § 7.5

Termo Original	Termo Equivalente (se houver)	Definição	Referência
performance LDs	PDs de desempenho	Indenização por Perdas e Danos (PDs) devida pela Empreiteira de EPC caso o projeto concluído não atinja os padrões de desempenho mínimos exigidos	§ 8.2.8; § 9.5.10; § 14.6
Performance Management System	Sistema de Gestão de Desempenho	Sistema de monitoramento de desempenho de um Contrato de PPP ("PMS")	§ 6.4.4
Performance Points	Pontuação por Desempenho	Método de aferição do descumprimento dos KPIs. Seu acúmulo pode resultar em multas indenizatórias ou deduções no valor dos Pagamentos do Contrato Principal e, eventualmente, na rescisão do Contrato Principal do Projeto	§ 6.4.4
performance risks	riscos de cumprimento do requisito de desempenho	Riscos de conclusão relacionados ao desempenho do projeto	§ 9.5.10
performance-based contracting	contratação baseada em desempenho	Contratos com base em resultado ou em padrões de desempenho semelhantes aos das PPPs	§ 6.6
Permits	Alvarás	Licenças, Permissões ou Alvarás necessários ou obrigatórios para construir e operar o projeto, investir na Empresa do Projeto ou para que esta contrate financiamentos no mercado	§ 8.8; § 9.5.3
Persistent Breach	Descumprimento Persistente	Descumprimento contínuo, por parte da Empresa do Projeto, de disposições previstas no Contrato Principal do Projeto que não são abrangidas por multas indenizatórias ou deduções, mas que são distintas de Inadimplemento	§ 7.10.1
PF2	PF2	Versão revisada da PFI introduzida pelo governo britânico em 2012; os aspectos revistos são de pouca relevância; portanto, o termo PFI permanece sendo usado nesta obra	§ 2.5.2; § 3.2.2; § 17.5.5

Termo Original	Termo Equivalente (se houver)	Definição	Referência
PFI	PFI	*Vide* Iniciativa de Financiamento Privado (na sigla em inglês para *Private Finance Initiative)*	§ 2.3; § 4.3.3
PFI-Model Contract	Contrato do Modelo PFI	Contrato Principal do Projeto celebrado com uma Autoridade Contratante pelo qual a entidade pública remunera a Empresa do Projeto pelo direito de uso do projeto, também conhecido como Contrato por Disponibilidade (*q.v.*), embora poucos Contratos do Modelo PFI, como por exemplo, os projetos de rodovias com Pedágio "Sombra" (*Shadow Toll),* não sejam remunerados dessa forma; *vide Projeto de Acomodação*; *Concessão*	§ 2.5.2; § 6.4; Capítulo 7
PIM	MPI	Memorando Preliminar de Informações, ou memorando de esclarecimento sobre o projeto usado como base para obtenção de propostas (lances) de financiamento de potenciais bancos coordenadores-líderes	§ 5.2.8
planned maintenance	manutenção planejada	*Vide* manutenção programada	§ 9.7.5
planned outage	desligamento planejado	*Vide* manutenção programada; refere-se principalmente a usinas de processamento	§ 9.7.5
PLCR	PLCR	*vide Índice de Cobertura do Ciclo de Vida do Projeto*	§ 12.3.4
PMS	PMS	Sistema de Gestão de Desempenho (*q.v.)*; *vide Performance Management System*	§ 6.4.4
Policy Banks	Agências de Fomento	Bancos públicos que fornecem linhas de crédito para financiar projetos de determinadas indústrias ou setores da economia; *vide SFI, DFI bilateral*	§ 15.8

Termo Original	Termo Equivalente (se houver)	Definição	Referência
Political Force Majeure	Força Maior Política	Atos e manifestações violentas de cunho político que impactam o projeto, como guerras, atos de terrorismo ou distúrbios civis	§ 7.10.4; § 9.9.1; § 11.4.3
political risks	riscos políticos	Riscos relacionados aos eventos de Força Maior Política e demais riscos do investimento (*q.v.*), mudança na lei (*q.v.*) e riscos equivalentes aos políticos (*q.v.*)	Capítulo 11
political-risk cover	cobertura de risco político	Seguro de Risco Político ou Garantia de Risco Parcial; *vide cobertura total*	§ 11.8; Capítulo 16
Political Risk Insurance	Seguro de Risco Político (SRP)	Seguro contra riscos políticos (*q.v.*) oferecido por seguradoras do setor privado, ECA ou *MDFIs* ("SRP")	§ 11.8; Capítulo 16
power purchaser	comprador de energia	O tomador de serviços, conforme os termos de um PPA (ACE)	§ 6.3; § 7.12.1; § 9.4
Power-Purchase Agreement	Contrato de Compra de Energia (CCE)	Um tipo de Contrato *Offtake*, ou de Compra ("PPA", na sigla em inglês para *Power-Purchase Agreement*)	§ 2.5.1; § 6.3; Capítulo 7
PPA	CCE	*Vide Contrato de Compra de Energia*	§ 2.5.1; § 6.3; Capítulo 7
PPI	PPI	Participação privada em infraestrutura, ou seja, infraestrutura pública privatizada e PPPs	§ 2.5.2; § 16.1
PPIAF	PPIAF	Iniciativa de Consultoria em Infraestrutura Público-Privada *(na sigla em inglês para Public-Private Infrastructure Advisory Facility)*, fundo patrimonial com múltiplos doadores que oferece suporte e assistência técnica aos governos de países em desenvolvimento em programas e projetos de PPI	

Termo Original	Termo Equivalente (se houver)	Definição	Referência
PPP	PPP	*Vide* parceria público-privada	2.5.2; 2.6.2; 3.7; 6.4; 6.5; 6.6; Capítulo 7
PPP Contract	Contrato de PPP	Contrato de Concessão ou Contrato do Modelo PFI	2.5.2; 2.6.2; 6.4; 6.5; 6.6; Capítulo 7
PPP Unit	Unidade de PPP	Unidade ou centro de informação e conhecimento formado por servidores públicos capacitados e especializados em PPP para dar suporte em processo de licitação e gestão de contratos	§ 3.7.1
PPPI	PPPI	PPPs para projetos de infraestrutura (para fazer distinção às demais modalidades de PPPs)	6.6
PQQ	QPQ	Questionário de pré-qualificação (em licitações com o governo)	3.7.5
præcipium	præcipium	Comissão líquida de coordenação retida pelo(s) banco(s) coordenador(es)-líder(es) após a formação do consórcio de financiadores	§ 5.2.8
Preferred Bidder	Licitante Vencedor	Licitante com o qual a Autoridade Contratante tem intenção de assinar um Contrato de PPP após ter passado pelo processo de licitação pública	§ 3.7.3, § 3.7.4; § 3.7.7; § 3.7.9
premium	prêmio	*Vide* prêmio de seguro, prêmio de crédito de *swap*	
pre-NTP works	obras anteriores à NTP	Obras preliminares do projeto (como *design*, por exemplo) executadas pela EPC antes de ser emitida a Notificação de Prosseguimento (NTP)	§ 8.2.2
prepayment	pré-pagamento	Pagamento antecipado da dívida, parcial ou integralmente	§ 14.6.2

Termo Original	Termo Equivalente (se houver)	Definição	Referência
pre-qualification	pré-qualificação	O primeiro estágio do processo de licitação pública para compras governamentais	§ 3.7.5; § 5.6; § 9.5.4
PRG	PRG	*Vide* Garantia Parcial de Risco	16.5.1
PRI	PRI	*Vide Seguro contra Risco Político*	11.8; Capítulo 16
primary investors	investidores primários	Investidores originais de uma Empresa do Projeto, incluindo-se os Empreendedores; *vide investidores secundários*	§ 3.2
principal	principal	Valor (ou valor do saldo em aberto) de um financiamento	
Private Finance Initiative	Iniciativa de Financiamento Privado	PPP britânico ("PFI"), rebatizado de PF2 em 2012	2.3; 4.3.3
private placemente	colocação privada de títulos	Venda de títulos não cotados em bolsa de valores	4.3.3
Proceeds Account	Conta de Resultados	*Vide Conta de Desembolso*	§ 14.3.2
process-plant project	projeto de usina de processamento	Projeto no qual determinado insumo (gás, por exemplo) é processado para produzir determinado produto, ou *resultado* (eletricidade, por exemplo)	§ 2.5.1; § 6.2; § 6.3; Capítulo 7; § 9.6.1
Project Accounts	Contas do Projeto	Contas Operacionais e de Reserva através das quais as entradas e saídas do fluxo de caixa da Empresa do Projeto são efetuadas segundo a hierarquia de pagamentos definida pelo Fluxo de Caixa em Cascata	§ 14.3.2; § 14.4
Project Agreement	Contrato Principal do Projeto	Contrato entre a Empresa do Projeto e um Tomador de Serviço ou Autoridade Contratante relacionado ao projeto, construção, financiamento e operação de um projeto, bem como às principais garantias que dão cobertura ao financiamento do projeto; *vide* Contrato *Offtake*, Contrato Baseado em Disponibilidade (ou Modelo *PFI*), Concessão, Contrato de PPP	§ 2.4; § 2.5; Capítulo 6; Capítulo 7

Termo Original	**Termo Equivalente (se houver)**	**Definição**	**Referência**
Project Bond Initiative	Iniciativa de Emissão de Títulos para Projetos	Melhoria da estrutura de crédito oferecida pelo Banco Europeu de Investimento (EIB) para os títulos emitidos em função de financiamento de projetos de infraestrutura	§ 15.4.3; § 17.5.2; § 17.5.3
Project Company	Empresa do Projeto	SPE constituída para construção e operação de um projeto	§ 2.2; § 2.4; § 3.6
Project Company costs	custos da Empresa do Projeto	Custos para gerir a própria Empresa do Projeto	§ 9.5.6; § 9.7.7
Project Completion	Conclusão do Projeto	Data em que a construção é concluída e as operações e prestação de serviços podem ter início; *vide DOC*, Aceite Comercial, Conclusão *Substancial*, Data de Início dos Serviços	§ 3.1; § 7.3.1; § 8.2.7; § 8.5.4
Project Contracts	Contratos do Projeto	Contratos assinados pela Empresa do Projeto, dentre os quais: Contrato Principal do Projeto, Contrato de Construção, Contratos de Fornecimento de Insumos, Contrato de O&M/Manutenção, Contrato de Serviços de Edificação, Acordo de Apoio Governamental, Contratos Diretos e apólices de seguro	Capítulos 6–8
Project Coordination Agreement	Acordo de Coordenação do Projeto	*Vide* Acordo de Termos Comuns	§ 14.14
project cost *budget*	orçamento de custos do projeto	*Vide orçamento da construção*	§ 9.5.5; § 13.5.1

Termo Original	Termo Equivalente (se houver)	Definição	Referência
project finance	*project finance*	Método de levantamento de recursos financeiros de longo prazo para projetos de grande porte através de "engenharia financeira", sendo o financiamento concedido em função da geração de fluxo de caixa do projeto em si; depende de avaliação minuciosa de diversos aspectos relativos ao projeto, a saber: projeto e construção da infraestrutura, riscos operacionais e de receita e respectiva alocação de riscos entre investidores, financiadores e outras partes por meio da celebração de contratos e outros acordos	§ 2.2
Project IRR	TIR do Projeto	O fluxo de caixa do projeto antes do pagamento do serviço da dívida e das Distribuições, medido na forma de retorno sobre o investimento de caixa necessário (seja por meio de endividamento ou de capital próprio, ou *equity*)	§ 7.10.1; § 10.2.2; § 12.2.4; § 13.8
Project Life Cover Ratio	Índice de Cobertura da Vida Útil do Projeto	O coeficiente entre o VPL do fluxo de caixa operacional líquido durante a vida remanescente do projeto e o saldo devedor do principal da dívida (*q.v.*); ("PLCR")	§ 12.3.4
Project Preparation Facility	Financiamento para Preparação do Projeto	*Provisão de recursos* para que a Autoridade Contratante contrate consultores especializados para desenvolver um projeto de PPP	§ 3.7.2
project risks	riscos de projeto	*Vide* riscos comerciais	Capítulo 9
project-finance risks	riscos de *project finance*	*Vide* riscos comerciais, *riscos macroeconômicos, riscos regulatórios e riscos políticos*	Capítulo 9 — Capítulo 11
promoters	promotores	*Vide Empreendedores*; também se refere à Autoridade Contratante em contrato de PPP	3.2

Termo Original	Termo Equivalente (se houver)	Definição	Referência
protection covenants	obrigações de proteção	*Vide covenants negativas*	14.10.2
PSC		*Vide* Indicador Comparativo do Setor Público	3.7.3
public liability insurance	seguro de responsabilidade civil	Seguro contra perdas e danos materiais causados a terceiros pelo projeto; *vide Seguro de Responsabilidade Civil*	§ 8.6.1; § 8.6.2
public procurement	licitação	Licitação pública para celebração de um Contrato Principal do Projeto organizada pela Autoridade Contratante	§ 3.7
public-private partnership	parceria público-privada	Contrato pelo qual a Empresa do Projeto presta um serviço público no lugar de uma Autoridade Contratante ("PPP"); *vide Concessão, Contrato Baseado em Disponibilidade, Contrato do Modelo PFI*	2.5.2; 6.2; 6.4;§ 6.5; Capítulo 7
Public-Sector Comparator	Indicador Comparativo do Setor Público	Cálculo do custo do período total de vida útil do projeto como se o mesmo fosse construído e operado pelo setor público para servir de base de comparação para análise dos custos previstos para determinada PPP ("PSC", na sigla em inglês para *Public- Sector Comparator*)	§ 3.7.3
pull tolling	comissão de abastecimento de combustível	Contrato de comissão firmado com o Tomador (*Offtaker*) responsável pelo abastecimento de combustível e matérias-primas para o projeto (*vide* comissão de fornecimento de insumos)	§ 8.5.1
purchasing-power parity	paridade do poder de compra	Premissa de que a relação das taxas de câmbio futuras entre as moedas de dois países refletirá o diferencial da função de suas taxas de inflação	§ 13.3.4

Termo Original	Termo Equivalente (se houver)	Definição	Referência
push tolling	comissão de fornecimento de insumos	Contrato de comissão firmado com o Fornecedor de Insumos (*vide* comissão de abastecimento de combustível)	§ 8.5.1
put-or-pay contract	contrato "*put-or-pay*"	Tipo de Contrato de Fornecimento de Matéria-Prima e Insumos celebrado na modalidade "Leve ou Pague", ou "*Take-or-Pay*"	§ 8.5.1
QIB	QIB	Investidor Institucional Qualificado (na sigla em inglês para *Qualified Institutional Buyer*), o investidor institucional ao qual é permitida a venda de títulos ou debêntures (*bonds*) segundo a *Rule144a*, instrução normativa emitida pela SEC, a CVM norte-americana	§ 4.3.3
quasi-*political risks*	riscos equivalentes aos políticos	Riscos do projeto no limite entre os riscos comerciais e os políticos, a saber: infração contratual (pelo Governo Anfitrião ou órgão da administração pública), riscos infra-soberanos (de estados e municípios) e de expropriação indireta	§ 11.5.1; § 11.6
RAB finance	financiamento RAB	*Vide Financiamento Baseado em Ativos Regulados*	§ 17.6.1
ramp-up	fase de amadurecimento	Os primeiros anos após a conclusão de um projeto de tráfego, onde seu uso está sendo formado (a exemplo de uma rodovia pedagiada). O período de tempo que leva uma usina de energia ou outra usina de processamento para atingir o montante integral de sua produção	§ 9.6.2
rate-fixing date	data de fixação da taxa de juros	Data na qual determinada taxa de juros flutuante é redefinida com base na taxa referencial de juros corrente no mercado	§ 10.3
real interest rate	taxa de juros real	Taxa de juros ajustada à taxa de inflação	13.4.3

Termo Original	Termo Equivalente (se houver)	Definição	Referência
real sum	valor real (líquido do efeito inflacionário)	Valor ajustado à taxa de inflação (*vide valor nominal*)	§ 10.4
real tolls	preço nominal do pedágio	Tarifas ou preços pagos em dinheiro pelo usuário do projeto (*vide* Pedágios "Sombra")	§ 6.4.6; § 6.5.1; § 9.6.2
refinancing	refinanciamento	Antecipação do pagamento de dívida existente e substituição por dívida nova, em condições mais favoráveis	5.4; 10.3.1; 10.6; 14.16
refinancing gain	ganho de refinanciamento	Benefícios financeiros para os investidores da Empresa do Projeto gerados pelo refinanciamento da dívida	§ 14.16
Regulated Asset Base finance	Financiamento Baseado em Ativos Regulados	Utilização de taxa de retorno de referência regulamentada na captação de recursos para um projeto (financiamento *RAB*)	§ 17.6.1
regulation by contract	regulamentação por contrato	Fixação de Pagamentos do Contrato Principal com base no Mecanismo de Pagamento constante do Contrato Principal do Projeto, em vez de usar uma agência de regulamentação independente	§ 17.6.1
regulatory capture	influência na regulamentação	A tendência de agências independentes de regulamentação do setor sofrerem influência excessiva por parte das empresas que estarão sujeitas à sua regulamentação	§ 17.6.1
regulatory risks	riscos regulatórios	Riscos de alteração em leis e regulamentações (por exemplo: sobre a segurança no ambiente de trabalho) que venham a resultar em despesas de capital ou custos operacionais adicionais para a Empresa do Projeto.	§ 11.3.1
reinsurance	resseguro	Resseguro de passivos e garantias por parte de uma seguradora, ECA ou DFI	§ 8.6.6; § 16.5.4

Termo Original	Termo Equivalente (se houver)	Definição	Referência
Relief Events	Evento de Isenção	Eventos temporários de Força Maior que impedem a conclusão de um projeto ou a continuidade de suas operações, pelos quais à parte contratante afetada pelo evento será concedido certo prazo para que providencie o cumprimento, sem que isso configure inadimplemento contratual	§ 7.8; § 8.2.6; § 8.5.2; § 9.9
representations and warranties	declarações e garantias	Confirmação, por parte da Empresa do Projeto, dos termos e condições sobre os quais se baseia o financiamento e aceitação de responsabilidade sobre eventuais erros	§ 14.9
Request for Proposal	Chamada de Propostas (RFP)	Convite para participar em processo de licitação pública (RFP)	§ 3.7.6
Request for Qualifications	Chamada de Qualificação (CdQ)	Solicitação para que os potenciais proponentes apresentem suas qualificações técnicas e financeiras por meio de formulário padronizado (Questionário de Pré-Qualificações, ou QPQ), no estágio inicial do processo de licitação pública	§ 3.7.5
rescue refinancing	refinanciamento de resgate	Refinanciamento do recurso da dívida da Empresa do Projeto, resultante de problemas enfrentados durante projeto	14.16.4
Reserve Accounts	Contas de Reserva	Contas controladas pelos financiadores (ou por seus agentes fiduciários ou agentes de *escrow*) em que parte do fluxo de caixa da Empresa do Projeto é destinado a garantir o recurso da dívida ou a cobrir custos futuros; *vide* Conta de Reserva do Serviço da Dívida *(DSRA); Conta de Reserva de Manutenção*	§ 14.3.2; § 14.4.1

Termo Original	Termo Equivalente (se houver)	Definição	Referência
Reserve Cover Ratio	Índice de Reserva de Cobertura	Equivalente ao LLCR (Índice de Cobertura do Prazo do Financiamento) empregado nos projetos de exploração de recursos naturais	§ 12.3.5
reserve risk	risco de reserva	Risco de extração insuficiente de insumos dos recursos naturais necessários ao projeto	§ 9.8.4
Reserve Tail	Margem de Segurança da Reserva (*Reserve Tail*)	Nível de reservas comprovadas, disponível após o prazo final de vencimento da dívida; *vide* Margem de Segurança do Recurso da Dívida (*Debt Tail)*	§ 9.8.4; § 12.3.5; § 14.4.4
Residual Cushion	Reserva Residual de Caixa	*Vide* Margem de Segurança do Recurso da Dívida (*Debt Tail)*	§ 7.2.3; § 12.3.4; § 12.4 § 12.4.1; § 14.4.4
residual-value risk	risco de valor residual	Risco sobre o valor remanescente do projeto após a data de vencimento do Contrato Principal do Projeto.	6.2; 7.2.5; 7.10.7; 7.10.9; 9.11
Restricted Procedure	Procedimento Restrito	Procedimento de licitação pública no qual não é permitido fazer qualquer negociação após a apresentação das propostas	§ 3.7.4
retainage	retenção	Parcela proporcional de cada pagamento do Contrato de Construção que é retida pela Empresa do Projeto a título de segurança até a Data da Operação Comercial (*DOC* ou "*COD*", na sigla em inglês para *Commercial Operation Date*)	§ 8.2.9
retained risks	riscos retidos	Riscos retidos pela Autoridade Contratante, ou as suas obrigações, previstas em contrato de PPP ou de implementação de unidade de processamento.	7.6; 15.2
retention amount	valor retido	*Vide retenção*	8.2.9

Termo Original	Termo Equivalente (se houver)	Definição	Referência
Revenue Bond	Título de Receita	Título municipal do mercado americano (conhecido como título de dívida municipal, ou *muni bonds*) reembolsado somente por receitas geradas pelo emitente (do setor público)	§ 4.3.1; § 15.20; § 17.6.4
revenue risks	riscos de receita	Riscos comerciais relacionados à geração de receitas da Empresa do Projeto, derivados da quantidade ou do preço dos produtos vendidos, ou do grau de utilização do projeto	§ 9.6
Reverting Asset	Ativo Reversível	Contrato de PPP pelo qual o controle do projeto é revertido, ou sua titularidade é transferida para a Autoridade Contratante ao final do prazo de vigência contratual; *vide Ativo Não Reversível*	§ 6.2; § 7.2.5; § 7.10.7; § 9.14
RFP	RFP	*Vide Chamada de Propostas (RFP)*	§ 3.7.6
RFQ	CdQ	*Vide Chamada de Qualificação*	§ 3.7.5
right of way	direito de passagem	Direito de acesso ou de servir-se de terreno adjacente (por exemplo, para trazer combustível para o projeto por meio de oleoduto)	§ 8.8.2
risk matrix	matriz de riscos	Tabela dos riscos do projeto e das respectivas medidas mitigadoras	9.3
rollover risk	risco de rolagem	Risco de que o contrato de *swap* de taxa de juros deixe de ser alterado em condições aceitáveis em caso de alteração no valor da dívida ou de mudança no cronograma de amortização	§ 10.3.1
RPI swap	RPI de swap	*Vide swap de inflação*	10.4.3

Termo Original	Termo Equivalente (se houver)	Definição	Referência
Rule 144a	Rule 144a	Instrução da SEC (na sigla em inglês para *Securities and Exchange Commission*, a CVM norte-americana) que autoriza a negociação de títulos (debêntures) por meio de colocação privada junto a Investidores Institucionais Qualificados ("QIB", na sigla em inglês para *Qualified Institutional Buyers*)	§ 4.3.3
SACE	SACE	*SACE SpA*, a ECA italiana	§ 15.16; § 16.4.6
SAFETEA-LU	SAFETEA-LU	Sigla em inglês para *U.S. Safe, Accountable, Flexible, Efficient Transportation Equity Act: A Legacy for Users of 2005*, a lei que aumentou os limites dos títulos emitidos para financiamento do setor privado, os *Private Activity Bonds ou PABs*, bem como ampliou o nível de suporte financeiro estabelecido pela TIFIA (*q.v.*)	§ 4.3.1; § 15.4
scheduled maintenance	manutenção programada	Prazo reservado no Contrato Principal do Projeto para manutenção das instalações; *vide desligamento planejado; manutenção não programada*	§ 9.7.5
SEC	SEC	*Securities and Exchange Commission*, autoridade norte-americana que regulamenta os mercados de investimentos; equivale à Comissão de Valores Mobiliários (CVM) brasileira	4.3.3
second loss	segunda perda	Financiamento ou garantia de uma entidade do setor público em que o pagamento ou prejuízo somente ocorre se o prejuízo do projeto for maior do que o saldo devedor do financiamento sênior (privilegiado); *vide primeira cobertura de risco; pari-passu*	§ 15.3

Termo Original	Termo Equivalente (se houver)	Definição	Referência
secondary investors	investidores secundários	Investidores que adquirem a participação societária dos Empreendedores no projeto depois que a construção é concluída; *vide investidores primários*	§ 14.17
securitization	securitização	Processo de montagem de pacote de financiamentos bancários para ser vendido a investidores não bancários; *vide* CLO (Obrigação de Dívida Garantida). Processo de montagem de pacote de recebíveis, a exemplo da venda da dívida de cartão de crédito, para investidores em títulos	§ 5.2.10 § 4.3.1
senior debt	dívida sênior	Financiamento concedido por financiadores seniores (*q.v.*)	
senior lenders	financiadores seniores	Financiadores cujo serviço da dívida tem privilégio em relação à dívida subordinada ou aos financiamentos intermediários, do tipo mezanino e às Distribuições para os investidores, sendo pagos em primeiro lugar no caso de liquidação da Empresa do Projeto; *vide* financiador mezanino *mezzanine lenders*, financiadores subordinados *subordinated lenders*; Nesta obra, os financiadores seniores são denominados financiadores, exceto quando o contexto exigir outro sentido	§ 4.5.1; § 12.2.2; § 14.14.5
sensitivity analysis	análise de sensibilidade	Variações nas premissas da Projeção Bancária com o objetivo de analisar o desempenho possível em um ou mais cenários desfavoráveis	§ 13.8
Service Availability Date	Data da Disponibilização do Serviço	*Vide* Data de Início dos Serviços	6.4.1
Service Commencement Date	Data de Início dos Serviços	Data de Conclusão do Projeto de um projeto de PPP	§ 6.4.1

Termo Original	Termo Equivalente (se houver)	Definição	Referência
Service Fee	Tarifa de Serviço	Pagamentos efetuados pela Autoridade Contratante nos termos de um Contrato PFI; *vide* Pagamentos do Contrato Principal, *Tarifa, Tarifa de Usuário, Mecanismo de Pagamento*	§ 6.4.1
SFI	SFI	Instituição financeira do setor público (na sigla em inglês para *State Financial Institution*); *vide Agências de Fomento, DFI Bilateral*	§ 15.8
Shadow Bid Model	Modelo de Simulação de Licitação	Projeções realizadas pela Autoridade Contratante, na fase de análise de viabilidade, dos custos de licitação de um projeto, como o de uma PPP, usando o modelo de *project finance*	§ 3.7.3
Shadow Tolls	Pedágios "Sombra"	Pedágio calculado com base na utilização do projeto [por meio de sensores que contabilizam os veículos], porém pago pela Autoridade Contratante em vez de pelo público em geral; *vide preço real do pedágio*	§ 6.4.6; § 9.6.2
Shareholder Agreement	Acordo de Acionistas	Acordo entre os Empreendedores, relativo ao investimento integralizado e à administração da Empresa do Projeto; *vide Acordo de Desenvolvimento*	§ 3.6.2
SIB	SIB	Bancos Estaduais de Infraestrutura norte-americanos (na sigla em inglês para *State Infrastructure Banks*) que concedem financiamentos intermediários (do tipo mezanino) para projetos do setor de transportes utilizando provisão de financiamento Federal	§ 15.4.1; § 17.5.2; § 17.5.3 § 17.6.3
		Títulos federais de impacto social, (*q.v.*)	

Termo Original	Termo Equivalente (se houver)	Definição	Referência
Simest	Simest	*Società Italiana per le Imprese all'Estero*, agência italiana que concede subsídios com base na taxa básica de juros ("TR"), bem como financiamentos não vinculados a exportações	§ 16.4; § 16.4.6
SINOSURE	SINOSURE	Companhia de Seguros Chinesa de Exportação e Crédito *(na sigla em inglês para China Export & Credit Insurance Corporation)*, a ECA chinesa	§ 16.4; § 16.4.3
site risks	riscos do terreno	Riscos relacionados à aquisição ou condições do terreno do projeto	§ 8.2.5; § 9.5.1; § 9.5.2
site-legacy risk	risco de legado do terreno	Risco de contaminação pré-existente do terreno do projeto	§ 9.10.3
social-impact bond	título de impacto social	Título cujo pagamento depende da obtenção de resultados sociais específicos	§ 17.6.3
social infrastructure	infraestrutura social	Infraestrutura para a prestação de serviços sociais, tais como: escolas, hospitais, penitenciárias, conjuntos habitacionais populares e outros prédios públicos, como repartições ou delegacias de polícia, etc.; *vide infraestrutura econômica;* Projeto de Acomodação	§ 2.3; § 2.5.2
SOE	SOE	Empresa pública ou entidade da administração pública (na sigla em inglês para *state-owned enterprise*)	§ 11.6
Soft FM	Contratos Acessórios de Manutenção	*Vide* Contrato de Prestação de Serviços Prediais	§ 2.5.2; § 8.4

Termo Original	Termo Equivalente (se houver)	Definição	Referência
Soft Mini-Perm	Mini-Perm em condições subsidiadas	Imposição dos financiadores por Excedente de Caixa Direcionado, ou seja, direcionamento dos excedentes de caixa para pagamento do serviço da dívida, começando de 2 a 3 anos após a Conclusão do Projeto, para incentivar os investidores a refinanciarem seus financiamentos; *vide* também: *Mini-Perm em condições de mercado*	§ 14.4.4; § 14.16.4
sole supplier	fornecedor exclusivo	*Vide* exclusividade de fornecimento	§ 8.5.1
Solvency II	Solvência II	O "Solvência II" de 2009 é o regime normativo da União Europeia que estabelece o capital mínimo exigido para as companhias de seguro de vida	§ 17.4.4
SoPC	SoPC	Modelos padronizados de Contrato de PPP utilizados pelo Tesouro britânico e que foram adotados (com alterações) por diversos outros países (na sigla em inglês para *Standardisation of PF2 Contracts*) (v. 5, Londres 2012)	§ 6.1
sovereign risk	risco soberano	Risco que envolve a autonomia e das instituições e decisões de um país, ou seja, relativo ao Governo Anfitrião; *vide* risco infra-soberano	§ 11.6
Spens clause	Cláusula spens	*Vide par floor*	§ 10.3.4
Sponsor(s)	Empreendedor(es)	Investidor(es) que desenvolve(m) e lidera(m) o projeto através de seu investimento de capital na Empresa do Projeto	§ 3.2
SPV	SPE	Sociedade de Propósito Específico (SPE) (na sigla em inglês para *Special Purpose Vehicle*), ou seja, pessoa jurídica constituída e independente, que não possui qualquer atividade ou negócio que não os diretamente relacionados ao seu financiamento; a Empresa do Projeto é geralmente uma SPE	§ 3.6.1

Termo Original	Termo Equivalente (se houver)	Definição	Referência
stand-by finance	financiamento de reserva	Linha de financiamento disponível para saque, caso o fluxo de caixa da Empresa do Projeto esteja abaixo do projetado	§ 15.5
state aid	auxílio estatal	Normas da União Europeia que impedem a Autoridade Contratante de apoiar determinado projeto e com isso abra espaço para concorrência desleal com demais projetos que não contam como o mesmo tipo de apoio	§ 3.7.9
Step-In rights	Direito de Intervenção	Direito previsto em Contrato Direto e conferido aos financiadores de assumirem a gestão de um Contrato do Projeto com o objetivo de proteger seu investimento; Contrato Direto; *vide* Intervenção emergencial; *substituição*	§ 8.11
structural risk	risco estrutural	*Vide* discrepâncias contratuais	§ 9.12
Sub-Contractor	Subcontratada	O devedor, de acordo com o respectivo Contrato Subordinado	
Sub-Contract(s)	Contrato(s) Subordinado(s)	Contratos do Projeto celebrados pela Empresa do Projeto, que não o Contrato Principal do Projeto	§ 2.5; Capítulo 8
subordinated debt	dívida subordinada	Dívida cujos valores do principal e dos juros são pagos somente depois de pagas as quantias devidas aos financiadores seniores, mas antes das Distribuições de dividendos aos investidores; *vide* dívida mezanino	§ 4.5.1; § 12.2.2; § 14.14.5
subrogation	sub-rogação	Direito da seguradora ou garantidora de assumir determinado ativo sobre o qual o sinistro do seguro foi pago ou a garantia executada	§ 8.6.5; § 16.2.5; § 16.3
sub-sovereign risk	risco infra-soberano	Riscos relativos a outros órgãos do setor público que não o Governo Anfitrião	§ 11.6

Termo Original	Termo Equivalente (se houver)	Definição	Referência
Substantial Completion	Conclusão Substancial	Confirmação de que o projeto atingiu o desempenho exigido ou satisfez as demais especificações	§ 8.2.7
Substitution	Substituição	Direito dos financiadores, previsto em Contrato Direto, que lhes permite substituir a Empresa do Projeto por nova entidade que assumirá seus direitos e obrigações previstos em um Contrato do Projeto	§ 8.11
sukuk bond	título "sukuk"	Título orientado pelos princípios islâmicos, com a remuneração baseada no negócio ou atividade subjacente do tomador em vez de no pagamento de juros remuneratórios	§ 4.5.4
Sunset Date	Data Limite	Última data possível para conclusão da construção de um projeto antes de ser considerado descumprimento, ou seja, de configurar Evento de Inadimplemento	§ 7.10.1; § 8.2.7
Support Services Agreement	Contrato de Prestação de Serviços de Suporte	Contrato entre a Empresa do Projeto e um ou mais Empreendedores para a prestação de suporte técnico de *back-up*, peças sobressalentes, etc.	§ 3.6.3
swap *credit premium*	prêmio de crédito de *swap*	Margem de risco de crédito cobrada em um *swap* de taxa de juros	§ 10.3.1
swap provider	fornecedor de *swap*	Banco que fecha contratos de *swap* de moeda, inflação ou taxa de juros com a Empresa do Projeto	§ 10.3.1; § 10.4.3; § 10.5.2; § 14.14.1
syndication	consórcio bancário	Processo pelo qual o banco coordenador-líder reduz sua subscrição fazendo a colocação de parte do financiamento junto a outros financiadores	§ 5.2.8

Termo Original	Termo Equivalente (se houver)	Definição	Referência
TA	CT	Consultor Técnico (CT) (na sigla em inglês para *Technical Advisor*); *vide Engenheiro dos Financiadores*	
take-and-pay contract	contrato "leve-e-pague" (*take-and-pay*)	Contrato pelo qual o comprador paga o preço pactuado pelo produto comprado, mas não é obrigado a adquiri-lo	§ 6.3.1; § 8.5.1
take-or-pay contract	contrato "leve ou pague"(*take-or-pay*)	Contrato pelo qual o comprador deve adquirir (retirar) o produto em certa data ou fazer um pagamento (multa) caso não o faça	§ 6.3.1; § 8.5.1
target repayments	metas de amortização	Estrutura flexível de amortização de modo a permitir deficiências temporárias de fluxo de caixa	§ 12.5.4
Tariff	Tarifa	Pagamentos do Contrato Principal de acordo com um CCE (Contrato de Compra de Energia), ou com o Contrato Principal do Projeto de usina de processamento, que seja semelhante	§ 6.3.5
Tax Increment Finance	Financiamento de Incremento Fiscal	Método de captação de recursos para financiamento de projetos de desenvolvimento urbano	§ 17.6.4
Technical Support Agreement	Contrato de Suporte Técnico	*Vide* Contrato de Prestação de Serviços de Suporte	§ 3.6.3
technology risk	risco tecnológico	Riscos inerentes às tecnologias novas e ainda não comprovadas	§ 9.7.1
tenor	prazo de vigência	*Vide* prazo	§ 12.5.1
term	prazo de vigência; termo	Duração de um Contrato do Projeto; período decorrido até a data final do pagamento da dívida. Uma das condições contratuais (*vide* protocolo de entendimento)	§ 7.2; § 12.5.1

Termo Original	Termo Equivalente (se houver)	Definição	Referência
Term Loan B	Financiamento de Prazo B	Financiamento de longo prazo com baixa amortização nos primeiros anos, e/ou amortização extraordinária (*q.v.*), concedido por um financiador institucional (*q.v.*)	§ 17.5.4
term sheet	protocolo de entendimento	Carta de intenção, manifestação de interesse ou memorando de entendimento para contratação de *project finance*	§ 5.2.7; § 14.2
Termination for Convenience	Rescisão por Conveniência	*Vide* Rescisão Antecipada Facultativa	§ 7.10.3
Termination Sum	Indenização por Rescisão Antecipada	Indenização devida pelo Tomador de Serviço ou pela Autoridade Contratante em virtude de rescisão antecipada de um Contrato Principal do Projeto	§ 7.10
third-party revenue	receitas de terceiros	Receitas recebidas pela Empresa do Projeto, provenientes de fontes diversas dos Pagamentos do Contrato Principal	§ 7.3.4; § 7.10.2
third-party risks	riscos de terceiros	Riscos de que o não cumprimento por partes não envolvidas nos Contratos do Projeto possam afetar a conclusão do projeto.	§ 9.5.9
Throughput Contract	Contrato de Transporte por Oleoduto	Contrato Principal do Projeto para uso de oleoduto como meio de transporte	§ 6.3.1
Tied Aid	Financiamento Vinculado à Exportação	Operação conjunta de financiamento concedido por agência de crédito à exportação (ECA) e auxílio nacional disponibilizado por instituição financeira de desenvolvimento (DFI) nacional, sendo este último vinculado à exportação coberta pelo primeiro; *vide Consenso da OCDE; Financiamento Não Vinculado à Exportação*	§ 16.4

Termo Original	Termo Equivalente (se houver)	Definição	Referência
TIF	TIF	Financiamento de Incremento Fiscal (na sigla em inglês para *Tax Increment Finance*)	§ 17.6.4
TIFIA finance	financiamento TIFIA	Recursos para financiamento direcionados a projetos de infraestrutura de transportes concedidos nos termos do TIFIA (*Transportation Infrastructure Finance and Innovation Act*) de 1998 e da legislação norte-americana subsequente	§ 15.4.2; § 17.5.2; § 17.5.3
TIFU	TIFU	Departamento de Desenvolvimento e Infraestrutura do Tesouro Britânico (na sigla em inglês para *British Treasury Infrastructure Finance Unit*), que disponibiliza financiamentos destinados a preencher potencial Financiamento de Lacuna de Viabilidade em projetos de PPP	§ 15.7
Tolling Contract	Contrato de Processamento de Insumos	Contrato de Fornecimento de Insumos no qual o combustível ou a matéria-prima são fornecidos gratuitamente para a Empresa do Projeto que, por sua vez, recebe pelo processamento do insumo	§ 8.5.1
tranche	*tranche*	Parcelas separadas do montante de um financiamento ou investimento que podem ser disponibilizadas por partes distintas em prazos distintos ou para uma finalidade específica que não o financiamento do projeto como um todo	
Transportation Contract	Contrato de Transporte	*Vide Contrato de Transporte por Oleoduto*	§ 6.3.1
tripartite deed	Instrumento tripartite	*Vide* Contrato(s) Direto(s)	§ 8.11
Turnkey Contract	Contrato *Turnkey*	Um dos tipos de Contrato de Construção que abrange as fases de projeto e construção, ou de engenharia, licitação e construção, de um projeto entregue por completo. *Vide* Contrato de Projeto e Construção; Contrato *EPC*	§ 8.2; § 9.5

Termo Original	Termo Equivalente (se houver)	Definição	Referência
U.S. Exim	U.S. Exim	Export-Import Bank of the United States, a agência de crédito à importação e exportação (ECA) norte-americana	§ 16.4.4
Unavailability	Indisponibilidade	Período durante o qual o projeto não está disponível (*q.v.*)	
undertakings	obrigações	*Vide declarações e garantias*	§ 14.9
Unitary Charge	Tarifa Unitária	*Vide Tarifa de Serviço*	6.4.1
unplanned maintenance	manutenção não programada	Manutenção necessária para solucionar imprevistos; também conhecida como desligamento forçado (em usinas de processamento); *vide manutenção programada*	§ 9.7.5
unsolicited bids	propostas não solicitadas	Propostas para participar de projeto de PPP entregues sem chamamento público ou publicação de edital de licitação por parte da Autoridade Contratante	§ 3.7.11; § 15.18
Untied Financing	Financiamento Não Vinculado à Exportação	Financiamento ou outro tipo de suporte oferecido pelas agências de crédito à exportação (ECAs) ou outros órgãos públicos sem ligação com exportações	§ 16.4
unwind cost	custo de rescisão de contrato de derivativo	*Vide custo de infração de contrato de swap*	§ 10.3.1; § 10.3.4; § 10.4.3; § 14.14.1; § 14.14.2
Usage Charge	Tarifa de Utilização	*Vide* Tarifa de Energia	§ 6.3.5
User Charge	Tarifa de Usuário	Pedágios, tarifas ou outras formas de pagamento pelos usuários dos serviços de um empreendimento, nos termos de um contrato de Concessão	§ 2.5.2; § 6.5.1; § 9.6.3

Termo Original	Termo Equivalente (se houver)	Definição	Referência
Value for Money	Análise de Value for Money (VfM)	Análise que fundamenta a decisão do Tomador de Serviço/Autoridade Contratante de transferir ou não os riscos de projeto para a Empresa do Projeto ("VfM")	§ 9.2
Variable Charge	Tarifa Variável de Energia	*Vide* Tarifa de Energia	§ 6.3.5
variation bonds	Títulos de valor variável	Direito de aumentar o valor de uma emissão de título após sua colocação, a fim de cobrir despesas de capital adicionais	§ 5.4; § 7.6.3
VAT	IVA	Imposto sobre o valor agregado; *vide* GST	§ 11.3.2; § 13.5.1; § 13.7.5
vendor finance	financiamento de fornecedores	Financiamento concedido por fornecedor de equipamentos ou prestador de serviços para a Empresa do Projeto	§ 4.5.3
VfM	VfM	*Vide* Análise de *Value for Money* (VfM)	§ 9.2
VGF	VGF	*Vide* Financiamento para Lacuna de Viabilidade	§ 15.11
Viability Gap Funding	Financiamento para Lacuna de Viabilidade (VGF)	Subsídio de capital proveniente do setor público para financiamento da fase de construção, a fim de viabilizar projetos na modalidade de Concessão ("VGF")	§ 15.11
Voluntary Termination	Rescisão Voluntária	*Vide* Rescisão Voluntária	§ 7.10.3
WACC	CMPC	Custo Médio Ponderado de Capital *(na sigla em inglês para Weighted Average Cost of Capital)*	§ 12.8
warranties	garantias	*Garantias contra ineficiências na construção ou falha de equipamento após a Conclusão do Projeto, oferecidas pela Empreiteira de Construção; vide garantias colaterais; declarações e garantias*	§ 8.2.9

Termo Original	Termo Equivalente (se houver)	Definição	Referência
waterfall	*waterfall*	*Vide Cascata*	§ 14.4.2
willingness to pay	disposição para pagar	Disposição e capacidade dos usuários de uma Concessão para pagar Tarifas de Usuário pelo serviço utilizado; *vide Viabilidade Orçamentária*	§ 9.6.2
windfall gains	ganhos inesperados	Lucros sensíveis a eventos de caráter político, realizados por investidores em PPPs e resultantes de refinanciamento de dívida ou da venda de seu investimento	§ 14.16.2; § 14.17.1
winner's curse	maldição do vencedor	Proponente vencedor da licitação demasiadamente otimista em relação ao fluxo de tráfego ou demais riscos de uso de uma Concessão	§ 9.6.2
withholding tax	retenção de impostos	Dedução de impostos no País Anfitrião por parte da Empresa do Projeto antes das despesas com pagamento de juros ou da distribuição de dividendos para financiadores ou investidores internacionais	§ 12.7.1; § 13.7.6
without recourse	sem direito de regresso	*Vide sem garantias corporativas*	
working capital	capital de giro	Volume de recursos necessário para financiar estoques e outros custos incidentes antes do recebimento das receitas de vendas	§ 13.5.1
World Bank	Banco Mundial	Banco Internacional para Reconstrução e Desenvolvimento; uma *MDFI* que disponibiliza linhas de financiamento para governos	§ 16.5.1
wrapped bonds	títulos garantidos	Títulos de dívida garantidos por uma seguradora *monoline*	§ 4.3.2
yield	rendimento	Taxa de retorno sobre um investimento ou financiamento	

NOTAS

NOTAS

NOTAS

NOTAS

NOTAS

NOTAS

NOTAS

NOTAS

NOTAS

A Editora Contracorrente se preocupa com todos os detalhes de suas obras!
Aos curiosos, informamos que este livro foi impresso no mês de fevereiro de 2022, em papel Pólen Soft 80g, pela Gráfica Grafilar.